国家出版基金项目
NATIONAL PUBLICATION FOUNDATION

中国近代
思想家文库

◎

杨琥 编

李大钊卷

中国人民大学出版社
·北京·

总　序

　　对于近代的理解，虽不见得所有人都是一致的，但总的说来，对于近代这个词所涵的基本意义，人们还是有共识的。一个国家、一个民族走入近代，就意味着以工业化为主导的经济取代了以地主经济、领主经济或自然经济为主导的中世纪的经济形态，也还意味着，它不再是孤立的或是封闭与半封闭的，而是以某种形式加入到世界总的发展进程。尤其重要的是，它以某种形式的民主制度取代君主专制或其他不同形式的专制制度。中国是个幅员广大、人口众多、历史悠久的多民族国家，由于长期历史发展是自成一体的，与外界的交往比较有限，其生产方式的代谢迟缓了一些。如果说，世界的近代是从 17 世纪开始的，那么中国的近代则是从 19 世纪中期才开始的。现在国内学界比较一致的认识，是把 1840 年到 1949 年视为中国的近代。

　　中国的近代起始的标志是 1840 年的鸦片战争。原来相对封闭的国门被拥有近代种种优势的英帝国以军舰、大炮再加上种种卑鄙的欺诈打开了。从此，中国不情愿地加入到世界秩序中，沦为半殖民地。原来独立的大一统的中央集权的君主专制国家，如今独立已经极大地被限制，大一统也逐渐残缺不全，中央集权因列强的侵夺也不完全名实相符了。后来因太平天国运动，地方军政势力崛起，形成内轻外重的形势，也使中央集权被弱化。经历第二次鸦片战争、中法战争、甲午战争、八国联军入侵的战争以及辛亥革命后的多次内外战争，直至日本全面侵略中国的战争，致使中国的经济、政治、教育、文化，都无法顺利走上近代发展的轨道。古今之间，新旧之间，中外之间，混杂、矛盾、冲突。总之，鸦片战争后的中国，既未能成为近代国家，更不能维持原有的统治秩序。而外患内忧咄咄逼人，人们都有某种程度"国将不国"的忧虑。

　　"天下兴亡，匹夫有责"，读书明理的士大夫，或今所谓知识分子，尤为敏感，在空前的危机与挑战面前，皆思有所献替。于是发生种种救亡图存的思想与主张。有的从所能见及的西方国家发展的经验中借鉴某些东西，形成自己的改革方案；有的从历史回忆中拾取某些智慧，形成某种民族复兴的设想；有的则力图把西方的和中国所固有的一些东西加以调和或结合，形成某种救亡图强的主张。这些方案、设想、主张，从世界上"最先进的"，到"最落后的"，几乎样样都有。就提出这些方案、设想、主张者的初衷而言，绝大多数都含着几分救国的意愿。其先进与落后，是否可行，能否成功，尽可充分讨论，但可不必过为诛心之论。显而易见，既然救国的问题最为紧迫，人们所心营目注者自然是种种与救国的方案直接相关的思想学说，而作为产生这些学说的更基础性的理论，及其他各种知识、思想，则关注者少。

围绕着救国、强国的大议题，知识精英们参考世界上种种思想学说，加以研究、选择，认为其中比较适用的思想学说，拿来向国人宣传，并赢得一部分人的认可。于是互相推引，互相激励，更加发挥，演而成潮。在近代中国，曾经得到比较广泛的传播的思想学说，或者够得上思潮的，主要有以下几种：

（一）进化论。近代西方思想较早被引介到中国，而又发生绝大影响的，要属进化论。中国人逐渐相信，进化是宇宙之铁则，不进化就必遭淘汰。以此思想警醒国人，颇曾有助于振作民族精神。但随后不久，社会达尔文主义伴随而来，不免发生一些负面的影响。人们对进化的了解，也存在某些片面性，有时把进化理解为一条简单的直线。辩证法思想帮助人们形成内容更丰富和更加符合实际的发展观念，减少或避免片面性的进化观念的某些负面影响。

（二）民族主义。中国古代的民族主义思想，其核心是"非我族类，其心必异"，所以最重"华夷之辨"。鸦片战争前后一段时期，中国人的民族思想，大体仍是如此。后来渐渐认识到"今之夷狄，非古之夷狄"，"西人治国有法度，不得以古旧之夷狄视之"。但当时中国正遭受西方列强的侵略和掠夺，追求民族独立是民族主义之第一义。20世纪初，中国知识精英开始有了"中华民族"的概念。于是，渐渐形成以建立近代民族国家为核心的近代民族主义。结束清朝君主专制，创立中华民国，是这一思想的初步实现。第一次世界大战爆发，中国加入"协约国"，第一次以主动的姿态参与世界事务，接着俄国十月革命爆发，这两件事对近代中国的发展历程造成绝大影响。同时也将中国人的民族主义提升到一个新的层次，即与国际主义（或世界主义）发生紧密联系。也可以说，中国人更加自觉地用世界的眼光来观察中国的问题。新生的中国共产党和改组后的国民党都是如此。民族主义成为中国的知识精英用来应对近代中国所面临的种种危机和种种挑战的一个重要的思想武器。

（三）社会主义。社会主义作为一种模糊的理想是早在古代就有的，而且不论东方和西方都曾有过。但作为近代思潮，它是于19世纪在批判近代资本主义的基础上产生的。起初仍带有空想的性质，直到马克思和恩格斯才创立起科学社会主义。20世纪初期，社会主义开始传入中国。当时的传播者不太了解科学社会主义与以往的社会主义学说的本质区别。有一部分人，明显地受到无政府主义的强烈影响，更远离科学社会主义。直到五四新文化运动兴起之后，中国人始较严格地引介、宣传科学社会主义。但有一段时间，无政府主义仍是一股很大的思想潮流。中国共产党的成立，从思想上说，是战胜无政府主义的结果。中国共产党把在中国实现社会主义乃至共产主义作为自己的奋斗目标。此后，社会主义者，多次同各种非科学社会主义思想的信仰者进行论争并不断克服种种非科学社会主义思想的影响。

（四）自由主义。自由主义也是从清末就被介绍到中国来，只是信从者一直寥寥。直到五四新文化运动兴起，具有欧美教育背景的知识精英的数量渐渐多起来，自由主义始渐渐形成一股思想潮流。自由主义强调个性解放、意志自由和自己承担责任，在政治上反对一切专制主义。在中国的社会条件下，自由主义缺乏社会基础。在政治激烈动荡的时候，自由主义者很难凝聚成一股有组织的力量；在稍稍平和的时候，他们往往更多沉浸在自己的专业中。所以，在中国近代史上，自由主义不曾有，也不可能有大的作为。

（五）激进主义与保守主义。处于转型期的社会，旧的东西尚未完全退出舞台，新的东西也还未能巩固地树立起来，新旧冲突往往要持续很长的时间，有时甚至达到很激烈的程度。凡助推新东西成长的，人们便视为进步的；凡帮助旧东西排斥新东西的，人们便视为保守的。其实，与保守主义对应的，应是进步主义；与顽固主义相对的则应是激进主义。不过在通常话语环境中人们不太严格加以区分。中国历史悠久，特别是君主专制制度持续两千余年，旧东西积累异常丰富，社会转型极其不易。而世界的发展却进步甚速。中国的一部分精英分子往往特别急切地想改造中国社会，总想找出最厉害的手段，选一条最捷近的路，以最快的速度实现全盘改造。这类思想、主张及其采取的行动，皆属激进主义。在中共党史上，它表现为"左"倾或极左的机会主义。从极端的激进主义到极端的顽固主义，中间有着各种程度的进步与保守的流派。社会的稳定，或社会和平改革的成功，都依赖有一个实力雄厚的中间力量。但因种种原因，中国社会的中间力量一直未能成长到足够的程度。进步主义与保守主义，以及激进主义与顽固主义，不断进行斗争，而实际所获进步不大。

（六）革命与和平改革。中国近代史上，革命运动与和平改革运动交替进行，有时又是平行发展。两者的宗旨都是为改变原有的君主专制制度而代之以某种形式的近代民主制度。有很长一个时期，有两种错误的观念，一是把革命理解为仅仅是指以暴力取得政权的行动，二是与此相关联，把暴力革命与和平改革对立起来，认为革命是推动历史进步的，而改革是维护旧有统治秩序的。这两种论调既无理论根据，也不合历史实际。凡是有助于改变君主专制制度的探索，无论暴力的或和平的改革都是应予肯定的。

中国近代揭幕之时，西方列强正在疯狂地侵略与掠夺殖民地和半殖民地，中国是它们互相争夺的最后一块、也是最大的资源地。而这时的中国，沿袭了两千年的君主专制制度已到了奄奄一息的末日，统治当局腐朽无能，对外不足以御侮，对内不足以言治，其统治的合法性和统治的能力均招致怀疑。革命运动与改革的呼声，以及自发的民变接连不断。国家、民族的命运真的到了千钧一发之际，危机极端紧迫。先觉分子救国之心切，每遇稍具新意义的思想学说便急不可待地学习引介。于是西方思想学说纷纷涌进中国，各阶层、各领域，凡能读书读报者，受其影响，各依其家庭、职业、教育之不同背景而选择自以为不错的一种，接受之，信仰之，传播之。于是西方几百年里相继风行的思想学说，在短时期内纷纷涌进中国。在清末最后的十几年里是这样，五四时期在较高的水准上重复出现这种情况。

这种情况直接造成两个重要的历史现象：一个是中国社会的实际代谢过程（亦即社会转型过程）相对迟缓，而思想的代谢过程却来得格外神速。另一个是在西方原是差不多三百年的历史中渐次出现的各种思想学说，集中在几年或十几年的时间里狂泻而来，人们不及深入研究、审慎抉择，便匆忙引介、传播，引介者、传播者、听闻者，都难免有些消化不良。其实，这种情况在清末，在五四时期，都已有人觉察。我们现在指出这些问题并非苛求前人，而是要引为教训。

同时我们也看到，中国近代思想无比的多样性与复杂性呈现出绚丽多彩的姿态，各种思想持续不断地展开论争，这又构成中国近代思想史的一个突出特点。有些论争为我们留下了非常丰富的思想资料。如兴洋务与反洋务之争，变法与反变法之争，革命与改良之争，共和与立宪之争，东西文化之争，文言与白话之争，新旧伦理之争，科学与人生观之争，中国社会性质的论争，社会史的论争，人权与约法之争，全盘西化与本位文化之争，民主与独裁之争，等等。这些争论都不同程度地关联着一直影响甚至困扰着中国人的几个核心问题，即所谓中西问题、古今问题与心物关系问题。

中国近代思想的光谱虽比较齐全，但各种思想的存在状态及其影响力是很不平衡的。有些思想信从者多，言论著作亦多，且略成系统；有些可能只有很少的人做过介绍或略加研究；有的还可能因种种原因，只存在私人载记中，当时未及面世。然这些思想，其中有很多并不因时间久远而失去其价值。因为就总的情况说，我们还没有完成社会的近代转型，所以先贤们对某些问题的思考，在今天对我们仍有参考借鉴的价值。我们编辑这套《中国近代思想家文库》，希望尽可能全面地、系统地整理出近代中国思想家的思想成果，一则借以保存这份珍贵遗产，再则为研究思想史提供方便，三则为有心于中国思想文化建设者提供参考借鉴的便利。

考虑到中国近代思想的上述诸特点，我们编辑本《文库》时，对于思想家不取太严格的界定，凡在某一学科、某一领域，有其独立思考、提出特别见解和主张者，都尽量收入。虽然其中有些主张与表述有时代和个人的局限，但为反映近代思想发展的轨迹，以供今人参考，我们亦保留其原貌。所以本《文库》实为"中国近代思想集成"。

本《文库》入选的思想家，主要是活跃在 1840 年至 1949 年之间的思想人物。但中共领袖人物，因有较为丰富的研究著述，本《文库》则未收入。

编辑如此规模的《文库》，对象范围的确定，材料的搜集，版本的比勘，体例的斟酌，在在皆非易事。限于我们的水平，容有瑕隙，敬请方家指正。

《中国近代思想家文库》编纂委员会

目　录

导　言

一

　　李大钊，原名耆年，字寿昌，后改名大钊，字守常，1889 年 10 月 29 日生于直隶乐亭县（今属河北省）大黑坨村。七岁起在私塾读书，1905 年入永平府中学，1907 年入天津北洋法政专门学校。青年时代，目睹在帝国主义侵略下的国家危亡局势和社会黑暗状况，激发了爱国热忱，立志要为苦难的中国寻求出路。1913 年，东渡日本，就读于东京早稻田大学。在日本向中国袁世凯政府提出"二十一条"亡国条件后，参加中国留日学生总会的爱国斗争，向国内寄发《警告全国父老书》。1916 年 5 月回国后，任北京《晨钟》报编辑主任、《甲寅日刊》编辑，积极参与正在兴起的新文化运动。1917 年 12 月至北京大学工作，1918 年 1 月担任北京大学图书馆主任，后兼任政治学系、史学系教授，参加《新青年》杂志编辑部。1918 年 12 月，与陈独秀创办《每周评论》，介绍一战结束之后兴起的世界新思潮——社会主义。

　　1920 年 3 月，李大钊指导北京大学进步学生邓中夏、高尚德、何孟雄、黄日葵、罗章龙等 19 人秘密发起成立北京大学马克思学说研究会。1920 年初，他与陈独秀探讨了创建中国共产党组织的问题。1920 年 8 月，在共产国际的帮助下，陈独秀在上海创建中国共产党第一个党组织。10 月，李大钊在北京发起建立了北京中国共产党早期组织。1921 年中国共产党成立后，李大钊任中共北京地方委员会书记兼中国劳动组合书记部北方区分部主任，负责领导党在北方地区的全面工作。

1922 年 8 月底，李大钊参加了中共中央在杭州西湖举行的特别会议。1923 年 6 月，他出席了在广州召开的中国共产党第三次全国代表大会，积极参与了党的统一战线策略方针的制定。此后，李大钊多次会晤孙中山，商讨国共合作问题。同年 10 月，李大钊应孙中山电邀再赴上海，讨论并直接参与了国民党改组的筹备工作。

1924 年 1 月 20 日，国民党第一次全国代表大会在广州正式开幕。李大钊为大会主席团五人成员之一。此外，他还担任大会宣言审查委员会委员、国民党章程草案审查委员会委员、出版及宣传审查委员会委员等职，参与了大会各项主要文件的审定。会上，李大钊当选为国民党中央执行委员。

1924 年国共合作统一战线成立后，李大钊除继续领导中共北方区的工作之外，还负责国民党中央北京执行部工作，领导北方地区国共两党的革命斗争，以策应北伐战争的胜利进行。1927 年 4 月 6 日，李大钊被奉系军阀张作霖逮捕，4 月 28 日，英勇就义。

二

在中国近代史上，李大钊是一个具有特殊历史意义的人物。他在世的时间仅仅 38 年，但他跨越了中国近代史上的几个重要的历史时期。他开始探索救国救民道路的时候，仅仅是天津北洋法政学校的一名青年学生，他交往的师友主要是北洋法政学会的成员，他的思想也主要受清末康梁维新派和立宪派的影响，与当时已经兴起的以孙中山为首的革命派及其主张尚有一定距离。可以说，他思想的起点并不高，主客观条件又很不利，但他锲而不舍，一往无前，冲破重重艰难险阻，一步一步地越过曾经走在他前面的同时代人，勇敢地站到了新的历史潮流的最前列，亲手揭开了中国革命史的新篇章。他不愧是中国共产主义运动的先驱和最早的马克思主义者。

李大钊从一个爱国青年成长为我国共产主义运动的先驱和最早的马克思主义者，毫无疑问，主要是由近代中国的社会、历史条件和政治、经济、思想文化等时代环境决定的。但从思想史的角度来考察，除了诸种客观原因以外，李大钊的思想特点、人格品质和精神素质起了相当重要的作用。综观李大钊短暂的一生，他身上具有一般历史人物不可比拟的思想特点和精神素质。这主要体现在：

1. 忠贞爱国的情怀，提倡新爱国主义

李大钊生活在内忧外患、灾难深重的近代中国，自他步入社会起，即以救国救民、民族振兴为职志："感于国势之威迫，急思深研政理，求得挽救民族、振奋国群之良策。"（《狱中自述》，本导言凡引用李大钊语，均收入本书，故只注篇名，具体页码省略。）而李大钊的这一特点，在他与陈独秀关于"爱国心"与"自觉心"的论争中非常鲜明地反映出来。

这场关于"爱国心"与"自觉心"的讨论，是由陈独秀引发的。1914 年 11 月，针对"二次革命"后袁世凯实行的名为共和、实为专制的专制统治，陈独秀在《甲寅杂志》上发表《爱国心与自觉心》一文，提出"爱国心与自觉心"的问题。陈独秀说："国人无爱国心者，其国恒亡。国人无自觉心者，其国亦殆。二者俱无，国不必国。"他尖锐地指出："国家者，保障人民之权利，谋人民之幸福者也。不此之务，其国也存之无所荣，亡之无所惜。若中国之为国，外无以御侮，内无以保民，且适以残民。"国家本应是保护人民自由权利、增进个人自由幸福的工具，而中国的实际情形则是，国家为专制者所把持，成了他们残民以逞的工具，这样的国家值不值得人民去爱呢？他认为："保民之国家，爱之宜也；残民之国家，爱之也何居？"愤激之余，他说中国只有听任亡国瓜分的命运："立国既有所难能，亡国自在所不免，瓜分之局，事实所趋"，"海外之师至，吾民必且有垂涕而迎之矣"。他以激烈的态度宣称："穷究中国之国势人心，瓜分之局，何法可逃？亡国为奴，何事可怖？""国家国家，尔行尔法，吾人诚无之不为忧，有之不为喜。"（陈独秀《爱国心与自觉心》，载《甲寅杂志》第 1 卷第 4 号，1914 年 11 月 10 日）

陈独秀《爱国心与自觉心》一文的主旨，本意是呼吁人们对个人自由权利的自觉，呼吁人们爱国应以对国家目的的自觉为前提。但"瓜分之局，何法可逃？亡国为奴，何事可怖？"的说法则又失之偏激、悲观，而"有国不如无国"说法的流行更表明了人们在自觉之后的彷徨心情，因此，这篇文章发表以后，招致许多误解与批评。经过半年的思考，李大钊撰写了《厌世心与自觉心》一文，进一步从理论与现实两方面探讨了爱国心与自觉心的问题，把近代以来中国人对国家与个人的关系的认识提高到了一个新的层次。

首先，李大钊说，陈独秀的文章，"厌世之辞，嫌其泰多；自觉之义，嫌其泰少"。因此，他的立论主要针对陈独秀文中的不足而进行阐发。李大钊指出，要求爱国应当以对国家目的的自觉为前提，是要人们认识到不能保护自己权利的国家没有存在的价值，目的是要人们造一可爱之国而爱之，并不是要人们不爱国，更不是使人们自甘亡国。对中国人来说，真正的自觉，不仅仅是对国家目的的自觉，而应当是："改进立国之精神，求一可爱之国家而爱之，不宜因其国家之不足爱，遂致断念于国家而不爱。更不宜以吾民从未享有可爱之国家，遂乃自暴自弃，以侪于无国之民，自居为无建可爱之国之能力者也。"李大钊提出要"求一可爱之国家而爱之"，那么，如何才能求到一可爱国家呢？

李大钊指出："吾民今日之责，一面宜自觉近世国家之真意义，而改进其本质，使之确足福民而不损民。民之于国，斯为甘心之爱，不为违情之爱。一面宜自觉近世公民之新精神，勿谓所逢情势，绝无可为，乐利之境，陈于吾前，苟有为者，当能立致，惟奋其精诚之所至以求之，慎勿灰冷自放也。"（《厌世心与自觉心》，载《甲寅杂志》第 1 卷第 8 号）所谓"近世公民之新精神"，就是"本自由意志之理，进而努力，发展向上"，以发扬"我"之"良知良能"，"尽我天职"，而"致国家于善良可爱之域"。即培育个人人格的独立与自觉，改造专制国家为民主共和国家。反过来说，只有尽其在我，才能承担起挽救民族、重建民族国家的任务。由此可见，李大钊所谓自觉，不仅仅是对个人自由权利的自觉，而且也包括对个体独立人格精神与自我意识的自觉。

从关于"爱国心与自觉心"的讨论中可以看出，李大钊继承了中国传统的以天下为己任的担当精神和爱国主义，又受到了近代西方民主主义和自由主义等学说的影响，提出了个体独立人格基础之上的新爱国主义。从他后来的表现可以看出，终其一生，李大钊都保持了这种精神和情怀。

2. 全球政治与世界文化的眼光，追踪世界新思潮

李大钊是近代中国具有全球政治头脑和世界文化眼光的代表人物。他生活的时代，是中国与世界的联系越来越密切的时代，国际、国内问题互相纠缠、互相影响、互相渗透。一方面，世界局势的变动迅速而深刻地影响到中国政治、经济形势的变动，世界主要国家的语言、文化、思想通过不同渠道传入中国；另一方面，中国先进的仁人志士为了救亡图存，变革自强，也密切关注世界政治、经济形势的变化，时刻追踪和学习世界思潮的最新演变，以因应世界潮流，寻求使中华民族走向国家

独立、民族振兴的真理与道路。作为这群仁人志士代表人物之一的李大钊，在他初登历史舞台开始成长之际，国际上第一次世界大战爆发，影响着远东局势的变化；国内袁世凯逐渐暴露出复辟帝制的野心，引起反袁护国战争。这一系列重大事件的发生，促使寻求救国救民之路的青年李大钊，将中国国内的问题与世界局势的变化联系在一起来考察。而这种中国与世界互相影响的客观形势，以及李大钊参加反袁护国运动的实际斗争的锤炼，又使李大钊在探索和寻求中华民族的命运和出路时，更加自觉、主动地密切结合世界格局的变化、世界思潮的演变、世界发展的未来趋势等世界大势来思考这一重大问题。在此，我们以李大钊关于第一次世界大战的论述为例，说明他的这种思想特点。

1918 年 11 月 11 日，持续四年之久的第一次世界大战结束，这件事在中国引起很大反响。作为加入"协约国"一方参战的中国，虽未出一兵一卒，但毕竟也跻身战胜国之列。为庆祝胜利，北洋政府国务院发布通告，规定："本月二十八日，庆祝欧战完全胜利，所有机关应放假一日。"段祺瑞在紫禁城太和殿前指挥了盛大的阅兵式。14 日至 16 日，北京各校放假 3 天，庆祝"协约国"胜利。28 日，北京政府各机关全天放假，而北京大学师生及各界群众一连 3 天，在中央公园再度举行庆祝大战胜利的讲演会。

大战胜利了，但如何认识这次大战胜利，或者说对这次大战的意义如何认识？对此，当时思想文化界的代表人物有不同的认识和答案。

在蔡元培看来，这次的战争是互助主义战胜了竞争主义；而将来的世界是"光明主义"代替"黑暗主义"（蔡元培《黑暗与光明的消长》，载《北京大学日刊》，1918 年 11 月 27 日）。胡适指出："这一次协商国所以能完全大胜，不是'武力解决'的功效，乃是'解决武力'的功效。"（胡适《武力解决与解决武力》，载《新青年》第 5 卷第 6 号，1918 年 12 月）陈独秀认为，这次大战的胜利是"公理战胜强权"的结果，因此，他认为，今后的中国与东亚"对于战后的觉悟和要求，最要紧的是对外对内两件大事"："对外的觉悟和要求，是人类平等主义，是要欧美人抛弃从来歧视颜色人种的偏见。……对内的觉悟和要求，是抛弃军国主义，不许军阀把持政权。"（陈独秀《欧战后东洋民族之觉悟及要求》，载《每周评论》第 2 号，1918 年 12 月 29 日）

对于北洋政府的这一系列庆祝活动，对于报刊舆论对段祺瑞的颂扬，对于知识界对战后世界的乐观分析，李大钊都是看在眼里的，而究竟如何认识第一次世界大战，认识战后世界的发展趋势，尤其是战后世界与中国的关系以及中国的前途和出路，是李大钊在大战结束前后思考的重要问题。

早在1917年，在主持《甲寅日刊》国际版时，李大钊就发表了一系列关于第一次世界大战及中国是否参战的文章，而在俄国发生了二月革命、十月革命这两次革命以后，李大钊于1918年7月发表了《法俄革命之比较观》，更加密切关注着国际局势的变化和欧战的结局。

而此时，当欧战胜利以后，在政府、民众和大部分知识分子异口同音的欢呼声中，在中央公园召开的庆祝大会讲演会上，李大钊发表了题为《庶民的胜利》的著名演说。在这场讲演中，李大钊面对听众发出了疑问：这次战争中获胜的"究竟是那一个"？我们大家"究竟是为那个庆祝"？他的结论是："这回战胜的，不是联合国的武力，是世界人类的新精神。不是那一国的军阀或资本家的政府，是全世界的庶民。""我们庆祝，不是为那一国或那一国的一部分人庆祝，是为全世界的庶民庆祝。不是为打败德国人庆祝，是为打败世界的军国主义庆祝"（《庶民的胜利》）。

首先，李大钊论述了一战的社会基础，指出其爆发的真正原因是资本主义的发展、竞争与扩张，需要更加广阔的市场和组织，以掠夺其他国家的资源与市场，这种发展就促使资本之间的斗争转化为国家力量的斗争。他指出："原来这回战争的真因，乃在资本主义的发展。国家的界限以内，不能涵容他的生产力，所以资本家的政府想靠着大战，把国家界限打破，拿自己的国家做中心，建一世界的大帝国，成一个经济组织，为自己国内资本家一阶级谋利益。"（《庶民的胜利》）他又说："此次战争的真因，原来也是为把国家界限打破而起的。因为资本主义所扩张的生产力，非现在国家的界限内所能包容；因为国家的界限内范围太狭，不足供他的生产力的发展，所以大家才要靠着战争，打破这种界限，要想合全球水陆各地成一经济组织，使各部分互相联结。……这种战胜国，将因此次战争，由一个强国的地位进而为世界大帝国。"（《Bolshevism 的胜利》）

在此基础上，李大钊指出，第一次世界大战的结束，则是帝国主义国内民族矛盾与阶级矛盾互相转化的结果，是俄国、德国工人阶级觉醒并发动革命的结果。他说："俄、德等国的劳工社会，首先看破他们的野心，不惜在大战的时候，起了社会革命，防遏这资本家政府的战争。……这亘古未有的大战，就是这样告终。这新纪元的世界改造，就是这样开始。资本主义就是这样失败，劳工主义就是这样战胜。"（《庶民的胜利》）他进一步指出，大战的结束，并不是帝国主义武力之间的胜利，不是德国被"协约国"的武力所打败，而是德国军国主义被国内工人阶级的社会主义所打败："原来这次战局终结的真因，不是联合国的兵力战胜德国的兵力，乃是德国的社会主义战胜德国的军国主义。不是德国的国民降服在联合国武力的面前，乃是德国的皇帝、军阀、军国主义降服在世界新潮流的面前。"（《Bolshevism 的胜利》）

俄国、德国革命浪潮冲击着世界，在世界各国的国内都发生了争自由、民主而反专制的革命斗争，争取自由和民主将成为世界性的潮流。李大钊从第一次世界大战的爆发与结束，俄国和德国等国革命的爆发与革命思潮的传播中，敏锐地意识到整个人类社会历史即将发生大变革的征兆。他说：

> 人类的历史，是共同心理表现的记录。一个人心的变动，是全世界人心变动的征几。一个事件的发生，是世界风云发生的先兆。一七八九年的法国革命，是十九世纪中各国革命的先声。一九一七年的俄国革命，是二十世纪中世界革命的先声。（《庶民的胜利》）

又说：

> 一七八九年法兰西的革命，不独是法兰西人心变动的表征，实是十九世纪全世界人类普遍心理变动的表征。一九一七年俄罗斯的革命，不独是俄罗斯人心变动的显兆，实是二十世纪全世界人类普遍心理变动的显兆。俄国的革命，不过是使天下惊秋的一片桐叶罢了。（《Bolshevism 的胜利》）

表面上看，李大钊在这里论述的是世界大战，是中国之外发生的事情，实际上，他内心时时思考和关心的是中国的社会现实。他借评述第一次世界大战爆发和结束的原因、大战的性质和大战的后果，一方面批评国内各派人士对它的误解与曲解，另一方面则是指出革命是世界化的浪潮，将来的中国也将受到世界化的影响，受到俄、德革命思潮的影响："俄国的革命，不过是世界革命中的一个，尚有无数国民的革命将连续而起。"可以说，在当时的知识界和思想界，蔡元培、胡适、陈独秀、梁启超等领袖人物关于第一次世界大战的认识都未能达到如此高度，也未能如此深透。李大钊关于第一次世界大战的论述，将这次战争的后果——世界化、俄国革命、马克思主义思想、社会主义文化都引进到了中国，他的这些论述和思想深刻影响了陈独秀和五四新文化运动，使新文化运动上升到一个新台阶——开始了对世界"新思潮"的传播。

3. 与时俱进的品格，率先在中国传播马克思主义

李大钊出生的时候，古老的中国正缓慢地向近代社会转变。严重的民族危机使积弱的晚清政府在资本主义列强的野蛮侵略面前，已经遭受了多次重大失败和屈辱。由统治者上层所设计的所谓变法自强运动，正在进行。同时，一批新的社会成分和社会力量也正在这种新的历史条件下孕育和成长起来。这种新的社会力量登上历史舞台的主要代表，起先是康有为、梁启超、谭嗣同、严复等维新志士；后来，则是以孙中山、黄兴、章太炎等人为代表的革命民主主义者。当李大钊开始了学习生活进入少年时代以后，以这些人为代表的企图挽救中国命运的斗争，正分别顽强地进行着。李大钊在寻找救国道路的探索过程中，首先受到了他们不同程度的启迪或影响。

然而，由于近代中国的剧烈变化，新旧更替远比以往任何时代都要剧烈和迅速。昨天的新人物，今天就会变成旧人物；今天的新思潮，明天又被认为是旧思潮。中国的先进分子，就是这样，在短短的 20 多年中，前进的历史把一代代英雄人物推到幕前来。

在近代中国，陈独秀、李大钊是继康梁、孙黄之后奋起的探索救中国真理的第三代人。从历史发展的趋势和潮流来看，代替康梁维新派而成为时代主潮的是以孙中山为代表的革命民主主义派，代替革命民主派而成为时代主潮的是中国共产党人。凡此，无不具有新旧交替、新陈代谢的含义，但几乎绝大多数的前一类成员不易实现向后者的转变。而李大钊短短的一生，与这三种历史主潮均密切相关并参与其中。当他青年时代初步登上历史舞台之时，首先是追随当时与康梁一样信奉立宪思想的孙洪伊、汤化龙等领袖人物，在清末与他们一起参与立宪运动，在民初与他们一道拥护袁世凯；而当袁世凯开始实行专制统治尤其是称帝野心暴露以后，李大钊又追随孙洪伊参与反袁革命斗争。在革命的实践过程中，李大钊迅速成长起来，终于与自己曾经一度追随但后来仍继续依附和支持北洋军阀的领袖人物汤化龙毅然决然地断绝关系。第一次世界大战结束后，李大钊又受到世界社会主义革命思潮的影响，再一次跨过了其他人难以跨越的障碍，率先信仰和传播马克思主义。可以说，在近代中国，还没有第二个曾经信奉过民主主义思想的人，像李大钊那样率

先信仰马克思主义，率先成为一个共产主义者。而这一转变，正是李大钊艰难探索救国救民道路、真正与时俱进的结果。

众所周知，在俄国十月革命前，五四新文化运动的基本取向是西方的资本主义文化，而主要领袖人物陈独秀则更是法兰西文明的崇拜者。青年时代的李大钊也不例外，他也是西方资产阶级民主主义和自由主义的信奉者，但在俄国十月革命爆发以后，具有敏锐的世界眼光、追踪世界潮流的李大钊，通过法、俄两种大革命的比较，首先指出：人类方向已经从崇尚法国大革命的文明转向崇尚俄国大革命的新文明即社会主义方向的新文明，俄国革命代表了人类历史发展的新方向。他指出：俄国革命是"二十世纪初期之革命，是立于社会主义上之革命，是社会的革命而并著世界的革命之采色者也"。而中国的先进分子，"对于俄罗斯今日之事变，惟有翘首以迎其世界的新文明之曙光，倾耳以迎其建于自由、人道上新俄罗斯之消息，而求所以适应此世界之新潮流"（《法俄革命之比较观》）。

当人们对于俄国十月革命还多抱漠然态度乃至疑虑悲观的时候，李大钊却率先发出欢呼声。他认为，欧战中德国的失败与俄国十月革命的胜利，其实质："是人道主义的胜利，是平和思想的胜利，是公理的胜利，是自由的胜利，是民主主义的胜利，是社会主义的胜利，是 Bolshevism 的胜利，是赤旗的胜利，是世界劳工阶级的胜利，是二十世纪新潮流的胜利。"对于这样史无前例的伟大胜利，李大钊将其"功业"，归之于"是马客士（Marx）的功业"（《Bolshevism 的胜利》）。多少年来，无数优秀人物所艰苦探索的救国之道，在这里，终于由李大钊率先揭示而明白。这就是，真正要解决中国的救亡与复兴问题，中国必须在世界上正在形成的两大阵营、两条道路之间作出抉择，即信仰马克思主义，依之建立革命党组织，选择社会主义道路。

李大钊在接受马克思主义之后，义无反顾地承担起在中国传播马克思主义的历史责任。1919 年 9 月、11 月，李大钊在《新青年》第六卷第五号、第六号上发表长文《我的马克思主义观》，系统阐述了马克思主义理论的三个组成部分：唯物史观、政治经济学和科学社会主义。从1920 年起，李大钊先后在北大史学系、政治学系等系开设了"唯物史观"、"史学思想史"、"现代政治"、"工人的国际运动与社会主义的将来"、"社会主义与社会运动"等课程，编写了《唯物史观》和《史学思想史》等专著和讲义，开中国大学讲授马克思主义理论课程之先河。尽管这些文章和论述，在今天看来，有一些不完善、不准确之处，但李大钊率先信仰和传播马克思主义，为中华民族的独立解放和中国革命开辟新方向作出了卓越的贡献。

诚然，作为学者和思想家的李大钊，其知识涉猎之广，其思想见解之丰富，在近代历史人物中是非常突出的，本文仅对他思想、精神、品格中特别鲜明的一些特征作了简略介绍。至于他渊博的学识，深刻的思想，独到的见解，读者不难从阅读他的论著中体会和理解到。

三

李大钊著作的搜集、编辑工作早在 20 世纪 30 年代就已经在十分艰难、危险的条件下开始，这就是 1939 年 4 月由北新书局出版的《守常全集》。新中国成立后，人民出版社分别于 1959 年和 1984 年出版过《李大钊选集》、《李大钊文集》（上、下册）等。20 世纪 90 年代开始，中国李大钊研究会组织和主持了新版《李大钊文集》的编辑和注释工作，交付人民出版社出版。2006 年，经过修订后，该书改名为《李大钊全集》出版。2013 年，人民出版社再次出版了该书的第三版——《李大钊全集》（修订本）。

由于编者参加了中国李大钊研究会组织的《李大钊全集》的编注工作，并承担了该书第一、二卷的编辑和注释工作，因此，本集在选编过程中，参考和吸收了《李大钊全集》（修订本）的一些成果。在此，需要说明的是：

一、本书收入李大钊 1913 年至 1927 年的论文、演讲和讲义等，考虑到本书的主题，所收文章内容为能反映作者思想主张的著述，较为偏重于思想性、理论性的文字，杂文、随感录等仅收入具有代表性的个别篇章。

二、本书所收李大钊著述，凡是当时公开发表、能够找到最初发表的原件的，一律使用原件作为底本排印，力求所收录的文字均为发表时的原貌。如未能找到原件的，则据《李大钊全集》（修订本）收入。

三、部分文章的时间和排序以《李大钊全集》（修订本）为依据作了调整。主要有两篇文章：

一是《青春》。该文原发表于 1916 年 9 月 1 日出版的《新青年》第 2 卷第 1 号，以往所有李大钊文集，都按该文在《新青年》发表的时间

（1916 年 9 月 1 日）编排，本书则将该文改排在《民彝与政治》（1916 年 5 月 15 日）之后，即把它作为是与 1916 年 4、5 月作者撰写的《民彝与政治》同一时期的作品。

二是《我的马克思主义观》。该文原按《新青年》发表的时间（1919 年 9 月、11 月）编排，即排在《再论问题与主义》（写于 1919 年 7 月 21 日，发表于 1919 年 8 月 17 日）的后面，本书则将该文排在《再论问题与主义》一文之前。之所以如此调整，是编者经过考证，《我的马克思主义观》的最后定稿时间尽管是在该期《新青年》交付出版的 1919 年 8 月初，但李大钊开始撰写此文时，应在《新青年》第 6 卷第 5 号策划之初，且该文的主体部分在该期《新青年》计划出版的 1919 年 5 月已撰就，其写作时间在《再论问题与主义》之前。[①]

编者将这两篇按新考订的时间排序，使李大钊著述的文本逻辑、思想逻辑与历史逻辑相应一致，以求更加真实、全面地展现李大钊的思想与生命历程。

本书在编辑过程中，在篇目选择、次序编排等方面，向业师、清华大学历史系教授刘桂生先生及中国人民大学《教学与研究》编审张步洲先生、清华大学马克思主义学院王宪明教授多有请教与讨论，并得到不少教益，在此谨表谢忱！

当然，编者尽管作了各种努力，力求使本书编得较为完善，但限于学识和时间，本选集难免会存在一些不足与错误，恳请读者批评指正。

[①] 详细考证，参阅杨琥：《李大钊〈我的马克思主义观〉一文若干问题的探讨》，收入牛大勇、欧阳哲生主编：《五四的历史与历史中的五四》，北京，北京大学出版社，2010。

隐忧篇
(1912 年 6 月)

　　国基未固，百制抢攘，自统一政府成立以迄今日，凡百士夫，心怀兢惕，殷殷冀当世贤豪，血心毅力，除意见，群策力，一力进于建设，隆我国运，俾巩固于金瓯，撼此大难，肩此巨艰，斯固未可以简易视之。而决未意其扶摇飘荡，如敝舟深泛溟洋，上有风雨之摧淋，下有狂涛之荡激，尺移寸度，原望其有彼岸之可达，乃迟迟数月，固犹在惶恐滩中也。

　　蒙藏离异，外敌伺隙，领土削蹙，立召瓜分，边患一也；军兴以来，广征厚募，集易解难，饷糈罔措，兵忧二也；雀罗鼠掘，财源既竭，外债危险，废食咽以，财困三也；连年水旱，江南河北，庚癸之呼，不绝于耳，食艰四也；工困于市，农叹于野，生之者敝，百业凋蹙，业敝五也；顽梗未净，政俗难革，事繁人乏，青黄不接，才难六也。凡此种种，足以牵滞民国建设之进行，矧在来兹，隐忧潜伏，创国伊始，不早为之所，其贻民国忧者正巨也。悬测逆睹，厥要有三：

　　一、党私

　　党非必祸国者也。且不惟非祸国者，用之得当，相为政竞，国且赖以昌焉。又不惟国可赖党以昌，凡立宪国之政治精神，无不寄于政党，是政党又为立宪政治之产物矣。而何以吾国政党甫萌，遽断断焉警之、惕之、箴之、戒之、诋之、祺 [谋] 之，甚至虑为亡国之媒者。岂吾华历代君主失国之际，均豫有党争为之朕，而有以促其亡，俾后之人受历史之迷惑，一闻党字，遂谈虎色变，而以旧历史之眼光，视今之政党欤？非也。唐之清流，宋之蜀、洛、朔，明之东林、复社，均一时干国英杰，使在今日，吾人且铸金事之。徒以君子小人，有如水火。一方既以道义相号召，则嬖幸之流，恐不见容，遂而荧惑诽谤，以泄其私，举正人义士，排挤倾轧于无余。私心党见之足以祸国，讵以时之今古而殊耶？试观今日之政党，争意见不争政见，已至于此，且多假军势以自固。则将来党争之时，即兵争之时矣。党界诸君子，其有见及此者乎？盍早图之。

二、省私

中华建国，版舆辽阔。昔者山川睽隔，交通尼阻，风俗之异，言语之差，胥以地理之关系，为疏通结络之梗，则界域之见，存乎其间，势使然也。然以中央权重，集中于一，前此省见，殊未与政治上以影响。逮满清末叶，各省督抚握权渐重，益以政运趋新，地方日增活动，省见因以稍启。革命军兴，各省以次脱离满清羁绊，宣告独立，自举都督，此不过一时革命行军之计画也。而孰知省界之分，以是及于人心者匪鲜耶。试思一国设省，一省设县，纯因地理人情之便而划之政治区域，其土地犹是国家之领土，其人民犹是国家之国民，宁可省自私之。乃近顷用人行政，省自为治，畛域日深，循是以往，数年或数十年后，势至各省俨同异国，痛痒不关，即军事财政之协助，系乎国家兴亡者，将亦有所计较而不为矣。至神州粉碎，同归于尽，始追悔痛恨于向者省见之非，晚矣！

三、匪氛

历稽载籍，一代兴亡之交，其先必匪乱丛起，良以失政之朝，民多怨之，加之饥馑荐臻，灾异迭见，于是枭雄乘之，狐鸣篝火，愚惑斯民，凡以欲遂其帝王事业之私图也。明之亡也，流寇遍天下，即无满清之西侵，亦决不能永其国祚，而黎元之遭其糜蹦，亘数十年，亦不堪矣！民国之兴，基于大义，用兵不过三阅月，成功之速，为东西历史所未有，吾华之幸，抑亦吾民之幸也。然窃有忧者，则匪氛之起，不在满清末运，而在民国初年。何则？战后之兵，蛮野浮动，在伍时既大肆劫掠，退伍后仍将流为盗寇，则今日之兵，即他日之匪，其因一；愚民不识共和为何物，教育不克立收成效，责以国民义务，群惊为苛法虐政，起而抗变，其因二；一度战乱，元气大丧，民间愁苦怨嗟，实为乱阶，其因三；左道之流，造谣惑众，此次革命，引起此辈帝王思想，其因四。怅望前途，不寒而栗，黯黯中原，将沦为盗贼世界，吾民尚有噍类耶！

以上三端，百思恐不获免。凡百君子，其有以嘉谋嘉猷而弭于未然者乎？曷有以解我忧？

按：斯篇成于民国元年六月，迄今将及一纪，党争则日激日厉，省界亦愈划愈严。近宋案发生，借款事起，南北几兴兵戎，生民险遭涂炭。人心诡诈，暗杀流行，国士元勋，人各恐怖，而九龙、龙华诸会匪，又复蠢蠢欲动，匪氛日益猖炽，环顾神州，危机万状。抚今思昔，斯文着笔时，犹是太平时也。呜呼！记者附识。

署名：李钊
《言治》月刊第 1 年第 3 期
1913 年 6 月 1 日

大哀篇
——（一）哀吾民之失所也
（1913年4月1日）

嗟呼！斯民何辜！大胡厄之数千年而至今犹未苏也！暴秦以降，民贼迭起，虐焰日腾，陵轧黔首，残毁学术，范于一尊，护持元恶，抑塞士气，摧折人权，莫敢谁何！口谤腹诽，诛夷立至，侧身天地，荆棘如林，以暴易暴，传袭至今。噫嘻！悲哉！此君祸也，吾言之有余痛矣。然自满清之季，仁人义士，痛吾民之憔悴于异族专制之下，相率奔驰，昭揭真理之帜，以号召俦类，言之者瘏口哓音，行之者断头绝脰，掷无量之头颅、骸骨、心思、脑血，夙兴夜寐，无时不与此贼民之徒，相激战于黯黯冤愁之天地中，以获今日之所谓共和者又何如也？吾殉国成仁杀身救民之先烈，所以舍生命以赴之者，亦曰："是固为斯民易共和幸福也。"吾民感先烈之义，诚铭骨镂心，志兹硕德，亦欣欣以祝之曰："是固为吾民易共和幸福也。"而骄横豪暴之流，乃拾先烈之血零肉屑，涂饰其面，傲岸自雄，不可一世，且悍然号于众曰："吾固为尔民造共和幸福也。"呜呼！吾先烈死矣！豪暴者亦得扬眉吐气，击柱论功于烂然国徽下矣。共和自共和，幸福何有于吾民也！

彼等见夫共和国有所谓政党者矣，于是集乌合之众，各竖一帜，以涣汗人间，或则诩为稳健，或则夸为急进，或则矫其偏，而自矜为折衷。要皆拥戴一二旧时党人、首义将士，标为自党历史上之光荣。实则所谓稳健者，狡狯万恶之官僚也；急进者，蛮横躁妄之暴徒也；而折其衷者，则又将伺二者之隙以与鸡鹜争食也。以言党纲，有一主政，亦足以强吾国而福吾民。以言党德，有一得志，吾国必亡，吾民无噍类矣。此非过言也。试观此辈华衣美食，日摇曳于街衢，酒地花天，以资其结纳挥霍者，果谁之脂膏耶？此辈蝇营狗苟，坐拥千金，以供其贿买选票者,又果谁之血髓耶?归而犹绐吾蠢百姓曰:"吾为尔作代表也,吾为尔解痛苦也。"然此辈肥而吾民瘠矣。抑吾闻之,各党之支分部,因选举耗用者,动辄数万金,此其所需,要皆仰给于其党魁俊之踞要津享大名者。夫此踞要津享大名者,充其极不过一总统、一都督耳,否则两袖清风之空衔伟人耳,既无邓氏之铜山,更乏郭家之金穴,顾安得此巨金者,其故不大可思乎?或谓子殆不知政党之作用,故讥之无完肤。曰:吾侪小民,固不识政党之作用奚似,但见吾国今之所谓党者,敲吾骨吸吾髓耳。夫何言哉!夫何言哉!

共和后,又有所谓建国之勋者矣。其今日一榜,明日一榜,得勋位、嘉禾、上将、中将者,要以武人为多,而尤以都督为横,以其坐拥重兵,有恃无恐,上可以抗中央,下可以胁人民。其抗中央也,则曰:"吾拥护民权也。"其胁人民也,则曰:"吾尊重国法也。"究之,国法当遵,而彼可以不遵,民权当护,而彼可以不护。不过假手于国法以抑民权,托辞于民权以抗国法,国法民权,胥为所利用以便厥私。中央视之无奈何也,人民视之无奈何也。则革命以前,吾民之患在一专制君主;革命以后,吾民之患在数十专制都督。昔则一国有一专制君主,今一省有一专制都督。前者一专制君主之淫威,未必及今日之都督,其力复散在各省,故民之受其患也较轻。今者一专制都督之淫威,乃倍于畴昔之君主,其力更集中于一省,则民之受其患也重矣,则所谓民权、民权者,皆为此辈猎取之以自恣,于吾民乎何与也?

嗟呼!今之自命为吾民谋福利护权威者,竟若是矣!吾民更奚与共安乐者,耗矣!哀哉!吾民瘁于晚清稗政之余,复丁干戈大乱之后,满地兵燹,疮痍弥目,民生凋敝,亦云极矣。重以库帑空虚,岁出增巨,借款未成,司农仰屋,势不能不加征重敛于民。民既托庇于其下,在理当负斯责,亿辛万苦,其又何辞。然求于民者民应之矣,民之切望于国家者,乃适得其友〔反〕。呜呼!吾民乃委无望矣。富强之本不外振农、通商、惠工。农以生之,工以成之,商以通之。试观吾国,版图若兹其阔,民庶若兹其繁,江河贯于南北,沃野千里,天府之区也。苟有善治者,不待十年,丰庶之象,可坐而睹,而锋镝扰攘之余,为之国家者,不有以解其倒悬,乃坐视困苦飘零而不救,以致农失其田,工失其业,商失其源,父母兄弟妻子离散,茕焉不得安其居,刀兵水火,天灾乘之,人祸临之,荡析离居,转死沟洫,尸骸暴露,饿殍横野。呜呼!国家至此而穷于用,则吾民之所以牺牲其天秩自由,而屈其一部以就范于国家之下者，果何为乎？然是岂国家自身之咎哉？夫今之为政者，匪不纲其政缔以示斯民，若社会政策也，保护制度也，是又徒炫耀其名以贾吾民之欢心已耳。钻营运动争权攘利之不暇，奚暇计及民生哉？然则所谓民政者，少数豪暴狡狯者之专政，非吾民自主之政也；民权者，少数豪暴狡狯者之窃权，非吾民自得之权也；幸福者，少数豪暴狡狯者掠夺之幸福，非吾民安享之幸福也。此少数豪暴狡狯者外，得其所者，有几人哉？吾惟哀吾民而已矣！尚奚言！

署名：李钊

《言治》月刊第 1 年第 1 期

1913 年 4 月 1 日

暗杀与群德
（1913 年 5 月 1 日）

暗杀，可倡于有德之群，不可倡于丧德之群。暗杀，可行于英雄，不可行于盗贼。暗杀行于英雄，则锄奸诛佞，长义侠之风，功乃比于甘露杨枝。暗杀行于盗贼，则摧贤害能，启残忍之端，祸乃深于洪水猛兽。而行暗杀者之或为英雄，或为盗贼，实其群德有以范成之。是暗杀之风，所以不可长于群德堕丧之国欤！

战国之际，任侠成风。秦暴而荆卿献匕，韩亡而子房椎车。流血五步，壮快千秋，斯以知其时群德之昌也。三韩既并，重根一愤而断藤，载明一愤而刺李，斯以知韩社虽屋，其群德尚未衰也。晚清之季，吾族男儿，慨中原之陆沉，愤虏廷之误国，相率乞灵于铁血者，则有吴樾之炸五使，徐伯荪之殪恩铭，燕都桥下，精卫飞来，良弼门前，彭公尽节。一瞑不顾，视死如归，群德将有复活之机，遂以开民国方兴之运。而孰知夫昔以殄民贼者，今乃伤我国士；昔以功我民国者，今乃祸我民国。神州光复之后，吾群德之堕落，乃反有江河日下者哉！痛矣，吾群德之衰也！

夫世之衰也，任侠每流为盗贼，衣冠遂沦于禽兽。盖天良一灭，万法无灵，而德义节操，不复能矩范于残暴之群。则向者崇侠之风，适开今者好杀之渐，犯禁之习，遂亦为蔑理之阶。而嫉良妒能，仇怨相寻，杀机环报，宁有已时？毒庆之伦，贪利忘义，更敢于杀人以图酬赠。朝缠黄锧，夕弄黑铁，其去率兽食人者几何哉！则所谓手枪炸弹，譬诸甘露杨枝者，其于群德堕落之国，功能或有穷时也。

抑暗杀者，不获已之举也。仁人志士，本悲天悯人之苦衷以出于暗杀，大不幸之遇也。惟以反抗暴力之故，有不得不需乎暴力者；以毁灭罪恶之故，有不得（不）蹈乎罪恶者。纵赖以为斯民除暴，而其深自忏悼者，终其身弗能怡然自安。仁人志士，疾恶若仇，犹必不获已而出此，且引以为大不幸焉。及强暴者为之，反恃此为快心之具，以济厥奸，滔滔祸水，流毒尚有穷时耶？

桃源渔父，当代贤豪，不幸而殒于奸人之手。死之者武士英，所以死之者群德也。群德非〈非〉能死渔父者，群德非能使武士英死渔父者，群德之衰，武贼之流，乃敢出没于光天化日之下，以行其滔天之罪恶。群有巨憝而容之，群有彦俊而无以卫之，乃渔父之所以死耳！然则渔父之死，非死于群德之衰而何也？非其群杀之而何也？昔晋灵公患赵宣子之骤谏也，使鉏麑贼之。晨往，寝门辟矣。盛服将朝，尚早，坐而假寐。麑退，叹而言曰："不忘恭敬，民之主也，贼民之主不忠，弃君之命不信，有一于此，不如死也。"触槐而死。夫麑，灵公之鹰犬耳，乃为民爱贤，为君守信，不惜杀身以殉。今渔父奔走南北，调洽统一，天以大任责斯人，生民利赖，旷世难遇，而栖息于其群者，遽戕贼之，俾赍志以殁。呜呼！黯黯中原，并鉏麑其人者，亦不可得，吾于是益悼吾群德之衰矣。悲夫！

署名：李钊
《言治》月刊第1年第2期
1913年5月1日

裁都督横议
（1913 年 6 月 1 日）

一、裁都督之必要

都督一职，产生于革命怒潮之中。或拥戴以称雄，或攘窃以自立。风云扰攘之际，旧府既倾，新枢未建，破坏初步，兵寇麏集，不有权雄，何以镇压？崇立慓悍，亦固其所。惟猛鸷之兽，可以备非常，而不可以供畜饲。酷烈之剂，可以医急病，而不可以资补天。应运而生者，时过境迁，群且视为不祥之物，而谋所以除之，非敢以重镇为功狗也。一载以来，南北都督之举措，往往轶乎法范，暴戾恣睢，飞扬跋扈，论功则拔剑击柱，抗命则叱咤狂呼。盗贼强藩，阴谋窃国，祸机不杜，立召分崩。是则都督一日不裁，国权一日不振，民权一日不伸，养痈贻患，嗟何及哉！兹条举于下：

（甲）解除军法不可不裁都督

夫都督，军职，非政职也；暂制，非永制也。溯自军兴，各省争揭独立之帜，虽戎马倥偬，仓皇举义，而进行方略，要有程序可寻，综其前后，约为三期：曰军法时代，曰约法时代，曰宪法时代。自武汉首义至南京政府成立宣布《约法》，为军法时代。自宣布《约法》至宣布宪法，为约法时代。国会既集，宪法将颁，屈指计之，为期弗远，今已脱约法时代，渐入宪法时代矣。都督在军法时代，法所当有，势不可无。在约法时代，军法既解，军职自宜退居本位，归还政权。惟以大局阽危，飘摇未定，中原多故，伏莽堪虞，骤去斯职，军心或有动摇。不获已而姑留之，使兼长民政，在法已属迁就，一旦宪法成立，断不容此过渡机关，梗背国化。近顷各省都督往往借口戒严，缔以军法，捕风捉影，尽法诛夷，瓜李稍有近嫌，清浊不暇置辨，草菅人命，弁髦约章，人民生命财产自由，不蹂躏于军法之下者几希！都督不裁，军法未解，民命未安，一人威福自恣，斯民乃在水深火热中也。

（乙）拥护宪法不可不裁都督

都督横恣，无所不至，气焰万丈，咄咄逼人，典宪昭垂，视若无物，《约法》其前车也。夫宪法乃立国之根本，尊严无上，倘或加以摧折，效力消失，而国以摇，所关讵为浅鲜。今人不察，徒断断于中央之是防，而不知跳梁违宪者，实不在总统，而在都督也，不在中央，而在地方也。且政府违宪，制以都督，都督违宪，又将奈何？都督而以抗拒中央为能事，邦分离析，萧墙构祸之媒也。都督而助政府为虐，吾侪小民，引颈待毙而外，莫敢谁何矣！群国民之全策全力，监视中央，其事尚较易为；留数十蜂目豺声之都督，俾虎踞一方，制黔首之死命，其策至愚，其情至险。吾民不欲拥护宪法则已，如欲拥护之，当斯之际，舍首行裁撤都督，其将奚为？

（丙）巩固国权不可不裁都督

中国大势，合则存，分则亡。革命之初，各省宣告独立，都督之权，殆皆自满清政府攘夺而来者，故其实权在握，集政权、财权、兵权而一之，俨然联邦专制君主也。自由借债，自由加赋，收支动用，罔有准则，刮民肉血以自肥，削民脂膏以济党，财政源流，纷如乱丝。近闻各省司国税厅职者，纷纷遄返中央。盖以都督把持其间，不容过问，否，亦形同傀儡，秩等闲曹。财政为国脉所关，乃受制于都督若此，其专恣横暴，已可概见。中央政令，不出都门，割据隐成，划疆而守，此畛彼界，痛痒不关，接壤邻封，势成敌国，外祸乘之，国其不永厥祀矣！先烈在天之灵，行沦为若敖之鬼。言念及此，都督之害，罄竹难书。试思政权、财权、兵权，萃集于一，共和国焉有此专暴之机关？君宪政治之下，宫中府中，既已显划鸿沟，而预算决算，尚须议会之协赞，君主与政府不得自专。曾是都督，仅属军职，权乃迈立宪国君主而上之，共和政治之谓何也？故欲巩固国权，非裁去都督，决不克有所奏效焉！

（丁）伸张民权不可不裁都督

都督既可以上抗中央，从而贱视其治下之民微若蚁蛭，淫威肆虐，惟［为］所欲为。曩者神州国体，有德者王，后世独夫，私相传袭，纵存专制之形，而平民政治之精神，实亘数千百年巍然独存，听讼征租而外，未闻有所干涉。谚谓"天高皇帝远"，斯言实含有自由晏乐之趣味。即其间胡元、满清，相继篡夺，而中原民物之安平，未敢稍有所侵扰，安享既久，实效与宪典相侔，而浑噩之中，芸芸者沐其休明于不知不识之间，此其政治上特具之精神，讵容微有所摇撼。自有都督，威势所及，鸡犬不宁，前此自由晏乐之恢余，渐为强权所侵逼，斯民遂无安枕日矣。彼愚妄之徒，偏欲以地方分权之谬说拥庇之，抑知无论地方分权说，在中国今日，已无存在之余地，即令万一可行，而都督拥权，果岂地方所能享有？是都督拥权，非地方分权也！迷罔者其何知所自反乎？

（戊）整顿吏治不可不裁都督

军兴以来，吏治日弛，上下推诿，百务俱废。山野之氓，骤闻鼎革大变，以谓法章可视为无效，而奸宄之徒，相率藐法为非，尝试新邦之典纪。近畿省分，未经破坏，而盗贼横行，赌风大炽，已属不可收拾。有司发愤逮捕，致之公庭，询以何为敢于为非，辄曰"今日非中华民国耶？"愚民玩法，至于此极。其光复时用兵省分，匪氛满地，民众益不聊生，使吏治仍沿旧日颓茶之习，民命其何由苏乎？赳赳武夫，庸识治体，奸官猾吏，欺饰有方，毒厉斯民，怨声四起，不及十稔，中原鼎沸，藉非深谙治理者，出而整饬澄清之，决无良象可睹。此裁撤都督，更不可一日缓也！

二、裁都督之时机

临时政府，继南京草创之局，南北猜嫌，未尽泯也。益以伏莽遍地，风鹤频惊，中央操持治术，不得不勉为优容，而都督一职，因获以少延其运命者势也。使正式政府告成，仍此泄沓，尚复成何国家？故宪法昭布之后，立国方针既定，苟非采联邦制者，都督断无依旧存留之理。然吾国非可采联邦制者，又无容置议。则宪典昭示之日，正式政府成立之日，即都督罢权解职之时。雷厉风行，不少宽假，奠邦家长治久安之基胥在乎是。其或怙恶逆命，抗不解兵，叛迹已著，挞伐宜速。开创之际，缔造之初，不有震雷劈空之举，其何以张国权而消反侧。倘复迁延姑息，不肯决然行之，则跋扈骄横之武夫，日以激动政潮、煽起兵争为能事，政潮高涨之会，即干戈四起之时，宪法尊严，扫地以尽，狐鼠纵横，神州将终于割裂之局。国脉民生，于以俱斩。则优容都督之为患，何可胜言。语云："当断不断，反受其乱。"呜呼！裁之此其时矣。

失此不图，更无振厉之期，天下岂有宁日乎！

三、裁都督之办法

如上所论，都督实为祸根。则芟除之，务绝其本株，弗使稍留芥蒂，后患方不复萌。故余言裁撤都督，乃主张根本解决，首须划清军政、民政界限；次须举民政权，完全畀之省尹（废省则畀之道尹），勿令稍受牵制；次须打破军权上之地方区域。本此三大主旨，处置之方，厥有数端缕述之：

（子）中央收回军政实权

政府北迁而后，号称统一，实则虚与委蛇。不惟指臂之效未收，甚且肘腋之患隐伏。河东逆命，其往例也。至于江南各省，远在南服，中央之威信不灵，内外之猜嫌纷启。皖赣湘粤，岸傲自雄，不待宋案发生，借款事起，始有离异之迹也。其他名义上纵称服从，实力所及，确受中央调遣者，光复后改建之都督外，均未敢必。都督既撤，中央派员接收军队，大权一揽之中央，则以后措置裕如，不虞他变。且都督解职之顷，虽其人深明大义，难保无奸徒煽惑其间，军情或因以震动。中央实收此权，则更替时之危险，庶或可免。

（丑）简任省尹

都督既罢，政权当归之省尹。省尹一律由中央任命，一以破地域之束缚，一以收统治之实权。于此尤有当注意者，即：（一）曾任都督者，暂不得授以省尹。说者辄谓都督之中，不乏磊落奇特之材，俾充省尹，成绩当有可观。且裁都督裁其职耳，若并其人而亦抑之，未免有弃材之憾。又况都督治辖一省，膺职既逾二载，其间不无经验可言，国基初定，遽行骤易疆吏，诚恐变起仓卒，坐误机宜，反不如旧日都督之为愈也。应之曰：否，否。都督雄长一方，挟兵自肆之既久，纵一旦兵权慨解，横行几成惯癖，夫岂甘伏法纪，愁然忘情于曩昔之权威者。以若所为，是芟蔓草而仍留其根株，异日滋长，其难图矣。其人果具雄杰之伟略，不妨专事军务，重备干城；即不然韬光晦德，养成大器，他日邦基巩固，终有展布之时，何必汲汲于是哉？（二）曾由都督设置之省尹，急宜更调。临时政府期间，以军民分治，为统一之入手政策。故设民政长，专司民政，其都督一职，则专司军政。此策既施，遵违参半。中央优柔寡断，乃自开迁就之途。或则都督而外，另设省长；或则以都督兼之。其以都督兼省长者，固为掩耳盗铃，其置省长与都督并列者，亦属饩羊告朔，实则用舍之权，仍在都督。其人而得都督同意也，中央始敢任命；其人而仅为中央所信任也，都督则百计阻挠，拒而弗纳。江西近事，往辙匪遥。浔阳江头，几酿战祸。若都督虽撤，傀儡犹存，前此嚣狂，恐难遽杀。莫如量其才能，以定黜陟，即才堪寄托，亦必更调他省，杜渐防微，不得不如此也。中央用人权能行于各省，从此励精图治，振敝起衰，国事其庶有豸乎（按：行省之制，本非经世之筹，特相因相沿，迄于今日，光复而后，隐然成割据之局，拔本塞源，固统一之基，莫如废之。故废省存道，记者颇主张之。苟能于裁撤都督之际，同时并省制而亦废之，一举两得，祸根尽绝，所殷鉴也。关于此有说甚烦，俟专篇论之）！

（寅）划分军区

军区匪可以省界分也。盖军权为国权之一部，当然操之国家，分之于地方。拥兵之将，据地自雄，统一之局，何由保守？况划分军区之目的，纯在消泯都督专政之弊，犹复以地域自限，前此之迹，踵行依然，则是举不几徒劳耶？故夫省为政区非军区也。军区政区，各依其形势施设之便而划其界域，非可混而为一。合军区于政区，政权势为军权所压倒，而仍蹈曩者之覆辙也。若曰分驻政区，以资镇抚，然国家养兵耗饷，担负匪轻，固将以御外，匪以服内也。即缔造伊始，昏昧者未尽心悦诚服，恐有乘机窃发，阴图破坏者。山川险阻，形势不同，是又可以量地为宜酌驻防军。只其驻扎之军确可倚信，兵额固无取其多也。集重兵于一隅，良莠不齐，桀骜之夫，振臂一呼，应者四起，所恃以靖乱者，转为倡乱之资。有兵虽众，有饷虽丰，适以资寇兵而赍盗粮。使其士卒悉明大义，一旅之众，足以镇乱而有余，狐鸣篝火之流，乌合之众，旋即兽散，奚足虑者。窃以为军区之划，宜应时势之缓急以制其宜，非可胶柱鼓瑟而为者。今日之势，边患正殷，内地又苦兵多，故暂设军区，注重边鄙。内地若鄂若宁，首义之区，情势迥异，宜各驻一师。沿江要隘，以二师分驻之。其他沿边省分，斟酌内外情势，分配军力。以一师分驻粤、闽，一师分驻黔、桂，滇南地接安南，地位较险，则驻二师。其余军队，悉数移边备战。全国暂分五大军区，闽、粤、黔、桂、滇为一区，沿江各省为一区，南北满为一区，内外蒙为一区，前后藏为一区。区置统帅一员，由中央任命，区内军队各属之，不预民政。以东西北沿边三区，兼顾附近内地，畿辅酌驻军队，拱卫国都，由中央直辖，不另置区。近畿省分有事，亦足以资调遣。如是则内地兵虽寡，而要隘不虚，既无煽乱之资，复有靖乱之力，边塞则云屯蚁集，首尾灵通，国无内顾之忧，边患岂（不）足平乎！

（卯）废除都督名义

都督裁矣，省尹置矣，军区划矣，然则都督名义尚可存留于军职中乎？曰：都督二字，与统制、都统、管带等名辞同一趣味，置之原无不可，惟既经此沿革，因少留历史之陈迹，后之人顾名思义，或妄起非分之希冀，强藩跋扈，死灰复燃，名实混淆，谁能逆睹，此正名之义，所不能不慎厥始也。故都督之名，当随临时政府等名义以俱销，留作历史家之考证而已，不宜复存以名军职也。

四、裁都督之善后

都督在职之日，雄风所播，宵小闻而胆寒，匪氛因以不炽。一旦都督罢秩，军队外调，流氓土匪，必思蠢动，此宜筹善后者一也。二载以还，各省滥招之兵，训练未精，饷糈坐耗，当兹边氛孔亟，财政万难之交，宜有以清其源，而节其流，此宜筹善后者二也。

（乾）整顿全国警察

警察之设，将以保安缉盗也。办理得宜，民户实赖以安堵。军兴以来，通都大埠，军旅如林，所至戒严时布，军律森肃，盗匪因而敛迹，警察之效，遂以日微，当道亦从而忽之。军队既散布要区，省尹又无直接调遣之权，所恃以绥靖地方者，厥惟警察。宜速行整顿，编练精良，军力虽撤，警察继之，使无青黄不接之虞。都会固然，即城乡镇僻陬荒区，亦宜力图振作，一革前清敷衍之习。其他水上警察等，亦当同时兴举。兵燹之余，罢卒流寇，散之四方，奸掠劫杀，所在多有，匪氛一炽，乡曲小民，难安厥居，迁徙流离，莫得其所，民生不安，乱之源也。乱源不塞，何以为治？欲塞乱源，整顿警察，其急务也。

（坤）甄淘各省军队

吾闻各省军队，多有名无实。或有师无旅，或有旅无兵，空额盗饷，蚀国何极！且其集也，来自召募，老弱疲癃，滥竽充数，训练无方，节制无术，不教而战，弃之何忍。军中多一废兵，国家少一健卒，元元亿辛万苦，竭其脂膏，以供养兵之用，今乃坐耗虚糜，何以对此负重肩巨之编氓。况疲骄之众，强以临敌，丧国辱邦，祸何忍言。宜由中央精校甄阅，虚者实之，缺者补之，冗者汰之，不精者练之，不一者齐之，编成劲旅，俾为节制之师。用饷一份，得兵一丁，有饷不至空糜，有兵皆能应战。清兵之源，节饷之流，即以所节之饷移助警察经费，此亦善后之策也。

嗟虖！吾为此论，岂得已哉！盖尝秘观天下大势，中央命令，何以不行？地方乱机，何以不戢？民生幸福，何以不享？财政之紊，何以不清？吏治之颓，何以不振？神州郁塞，颙颙斯民。萁豆相煎，操戈同室。推原探本，何莫非都督为之梗也。往者痛哭流涕，慷慨激昂，相率中原豪杰，还我河山，昔何其烈，今何其愚！方今国势之危，倍于前清，蒙藏离异，外患日亟，财政匮竭，仰屋空嗟。若犹各自雄长，不速筹共救之谋，近蹈巴尔干之覆辙，远步埃及之后尘，哀哀炎裔，讵鲜英杰，忘[忍]见祖若宗，筚路篮[蓝]缕、披荆刘棘、辛艰缔造之河山，豆剖粉裂以去耶！忍见四千余载声华明盛之族，为波兰、为印度、为朝鲜，宝珧王孙，相泣路隅，长为异类之奴乎？呜呼！都督皆建国之勋，中央非专制之局，苟利国家，何所不可，兵权慨解，天下晏安。在都督自无功狗之悲，在中央何须杯酒之术。所望当轴诸公，开诚布公，雍容揖让，赦吾四亿同胞之蚁命，吾民纵属痴愚，大德高厚，感且不朽矣。衮衮诸公，其念之哉！

署名：李钊
《言治》月刊第 1 年第 3 期
1913 年 6 月 1 日

论民权之旁落
（1913 年 6 月 1 日）

黎庶之患，不患无护权之政制，患在无享权之能力；不患无为之争权之人，患在为之争权者，转而为窃权之人。倘无承受之力，则权之所至，将有匪徒法空制之能强附于其躬，而黠诡武健之夫，既奋其力以劫夺于独夫一姓之手，辗转经由之际，乃不能不涎羡觊觎，有所〈有〉惏吝而弗忍释，卒攘窃之以自恣。则虽日以甘言聒于吾侧，亦不能眩惑吾心，而吾所托命之枢，既握于恶魔掌中，纵瞋目痛心以相向，终亦莫可谁何。彼狡险者，复侈然自以为得计，累矜功市德于吾前。呜呼！生民之痛，又孰与于兹耶？吾党有懦者，其资产久已见霸于富豪，族有强盗数辈，群相与懦者谋，将以取还其所失者于富豪，富豪慑于盗贼之威，决然舍去，而懦者复无奈强盗何矣！彼且挟其暴戾之气以临之，辄曰：“微吾辈之力不及此。”并其未见夺于富豪之残余，亦为所横领。嗟呼！吾不知今之假民权民意以济其奸私者，果其去强盗几何也！

吾人不幸，沉郁于专制阨运。彼其时辄以“民权”、“民权”之声浪，流动于抑塞冥晦之空气中，口于斯、耳于斯者，莫不有愉快之感。迄今，暴君仆矣，共和成矣。向者，从事铁血本赤诚拯济斯民者，或则葬于硝烟弹雨之中，或则侪于闲云野鹤之列。一时梦梦攘攘，竞进以鼓荡政治恶潮者，不为武断蛮野之军人，则为豪横骄喧之暴党。政权争握，不归甲则必归乙，如水益深，如火益热。而以政争之故，兵争或因之以起，民生益沦于涂炭。汗血编氓大旱霓云之望，忽绝于风摧电掣之后，乃不得不瞠目咋舌，如冷水浇身，灰肠断气于兹时，而一闻民权之语，若有隐痛于衷，惨苦不忍闻者。耳犹是耳，声犹是声，何其相遇有悲喜今昔之殊欤？愚者则归罪共和，伤痛备至；愤者则切齿豪暴，诟谇交闻。抑知共和不任厥咎，豪暴亦奚足尤？但叹悼吾民德之衰、民力之薄耳！民力宿于民德，民权荷于民力，无德之民，力于何有？无力之民，权于何有？即无图攘窃于其后者，恐此权之为物，终非乏担当力者所能享有，则亦如行云流水、礓石土砾之空存于宇宙间耳，其不能加诸仔肩而运行之，一也。矧眈眈逐逐以冀希者，又蹈瑕抵〔抵〕间以来耶！载余以还，大局寝于厝火积薪之安。险象环生，时虞粉裂，枭雄之桀，习为掉弄风云，而自当其运遇之骄子，其举动恒有轶乎法范者。方风驰云扰之会，所以震伏群魔、收拾残局者，固不得不惟此枭雄是赖也。顾威势所播，疑忌斯起，而崎岖奔越，日向康衢泰运以陵进乎前辕。世之倚重于彼者，其效用乃随时势而有所蜕减，终且视为祸根，则疑而防之诚宜矣。然既防之疑之，即不能不谋所以削其权、杀其势，此所削所杀之权之势，又不能不潜有所移以为其归属。则取而代之者，无论其为个人、为机关，果足以取信于斯民乎？果其为害于斯民，较其所疑忌者为轻乎？为重乎？吾于此不能无疑焉！防北京军警干政者，吾闻之矣；防各省都督跋扈者，未之闻也。各省议会多数于异党都督而为攻讦者，吾闻之矣；于同党都督而为救正者，未之闻也。防总统政府专制者，吾闻之矣；防议会专制者，未之闻也。虑中央集权，启政府专制之患者，吾闻之矣；虑地方分权，召国家分崩之祸者，未之闻也。将谓各省都督贤于北京军警耶，则蔑视国法、弁髦民意，俨然联邦君主者，各省都督也！将谓同党都督贤于异党都督耶，则其党朝发一不利于都督地位之政见，夕乃有反对其党主张之明文者，亦某党同党之都督也（前某党曾主张总统无解散省议会权时，有某督出而反对。某督固该党之中坚人物，而乃反对其党之主张。至其主张之如何，反对之是否，乃别一问题。而其因不利于都督地位而发者，则敢断言。使其事不涉及都督地位者，则彼且违良心之自由，而助桀为虐，以贾其欢心矣）！将谓议会贤于总统政府耶，则总统、议员同为来自民选，政府、议会同为国家机关，则亦何嫌何疑，何善何恶！若谓总统政府易于为恶，议会独不能为恶乎？吾恐泰半之豪暴，或且烈于专制之一人也。将谓中央权重易流专制，故分其权与各省以防之耶，则都督跋扈，各据一方，几人称帝，几人称王，泱泱禹甸，宁复成国，吾民又将何以制之也！此无他，党私有所蔽，执见有所拘，具同党神圣、异党盗贼之眼光，挟顺我者生、逆我者死之气焰，以观人论事，而于民生疾苦、国势阽危之实状，未尝有所经心寓目者也。自今而后，政权不入于军人，则入于暴党，其为少数柄政、暴民专制一也。军人与暴党何择焉，以暴易暴而已矣！其叱咤皆裂，以攻其所谓政敌者，乃权利之念有以驱之。迨其政权在握，虽其最初动机，本于良知正义，犹或为境位所移，矧原以劫夺政权为标的者也。嫫母笑闾娵（东方朔《七谏》谓为丑恶）之妪，而自以为毛嫱、西施之不我及者，岂能尽掩天下人之目而惑其心哉。呜呼！民生敝矣，国患亟矣，迷妄者何知所自返乎！

盖夫权之为物，其本体原具有一种实力，欲其适寄于其所而不稍移，则其间必有力焉与之相称，否则未有不颠堕者。如天秤然，将欲置其权于某点，则必量酌其物之多寡而增减其重力以称之。毫厘之差，畸轻畸重，其权不移于左，则移于右，甚且砰然堕地，而承此权者，乃在飘摇震动之间，不获安处焉。今吾民力之于权，其不相称，有若是夫？于此吾敢断言曰："凡民力之不能受其权者，则其权必归于旁落。"语云："惟名与器，不可以假人。"有以知名器之假人，其终也且受其患。名器尚不可假人，而况权乎？夫权，非能假人，亦非能假诸人者。享之不胜，自为强有力者所袭取耳！瞰彼神州，黔庶凋丧颓弱，虽尧、舜、华（盛）顿复生，亦难睹真正共和之隆治，况其下焉者乎？所望仁人君子，奋其奔走革命之精神，出其争夺政权之魄力，以从事于国民教育，十年而后，其效可观。民力既厚，权自归焉，不劳尔辈先觉君子，拔剑击柱，为吾民争权于今日。不此之图，纵百喙以夸功于吾民之前，吾民不尔感也。若夫国民教育，乃培根固本之图，所关至巨，余当更端论之。

署名：李钊
《言治》月刊第 1 年第 3 期
1913 年 6 月 1 日

论官僚主义
（1913 年 9 月 1 日）

昔王崐绳目睹明代之覆辙，心进往古，缅怀修猷，累日稽夜营之力，著《平书》成帙。其《建官》上篇有云："近代建官之弊七，而取士之弊不与焉。任之不专，十羊九牧，可以诿过，不可以见功，使政事日坏而不知，弊一。用之不久，官如传舍，贤者不能尽其才，不肖者苟且以免罪，举天下无一任事之人，弊二。人才长短，各有所宜，乃司兵者转而司农，司刑者转而司礼，但以官之大小为升降，不论其才与识之称否，似天下皆通才，遂致天下皆废才，弊三。硕德奇才，应不次用之，庸众即终身末职不为过，乃铨选以掣签听之命，迁次以资格听之法，人才何由得乎？弊四。法密如牛毛，建官使守法，法孰习之？习之者吏耳。官不得不听于吏，是谓不任官而任吏；不任官而任吏，吏之奸弊，遂日深而不可除，弊五。凡养民造士，钱谷刑名，无巨无细，皆本于县。今之州县，可比古诸侯之国，诸侯之卿大夫士，为之分理者何其众；今之佐贰，为县令分理者何其寡。诸侯之上，为之总者，不过方伯；今县之上，有府与府佐贰，府之上有监司，监司之上有布按，布按之上有督抚，且兵有监司，粮有监司，河有监司，学有监司，粮又有督，河又有督。以数十长官，林立督之于上，而佐贰其下者，不过二三人，吏治何由善乎？弊六。官之应设者不设，而不应设之冗官，徒糜廪禄者，不可胜数，弊七。"又曰："官不在多，在专与久；不在全才，在用其长；不在任法，在任人。"而李恕谷亦尝以"仕与学合"为治国大端之一。呜呼！近世建官之弊，二子诚痛乎其言之矣。顾二子之言，虽云惩鉴前明，而于亡清吏治腐敝之真源，实已毕形得之。民国鼎新，政俗始有涤革之机运，励精缔造，百制方兴，来者将惩前毖后以振颓末之风，而扫惰萧之习，乃吾人所汲汲冀希者。惟亡清享祚三百纪，久为储污纳垢之容器，其浸酝于人心，蜕遗于世俗者，殊未可以一旦之鼓励拂刷，遽图其恶根秽蒂之被除净尽，则昔人议古制、砭时政之论，正未可以陈言弃之箧底，而不加一顾之值。矧二子才用其长、仕与学合之说，于最近政局之失，已为洞见症结，且其精理所在，尤为近世各国竞行之官僚主义之嚆矢乎？故吾今著论，首揭二子之言，以为斯篇之引也。前吾友天问论平民与官僚，痛抉其隐微而揭其利弊，固先得我心之同然。盖当时内阁中（即二次内阁）之人物，前清官僚多厕其间，天问虑民国初萌之新象，或至为所濡染末流之毒，爬梳匪易，而后进躁嚚，易于同化，其敝也，亦不让于腐旧官僚。故其所谓官僚，乃前清时代之官僚，平民亦前清时代之平民，吾今所论，与兹正同，而天问所虑者，吾则谓非取官僚主义，无以绝流杜渐也。

今日一言官僚，即为邦人所厌闻。盖官僚字义，殆为前清民贼所辱没，致一般之心理，恶被其名之人，乃并其字书而痛绝之矣。但官僚主义者，乃近代各国建官之一种政策，即国家建官宜据学识为陟降之主义也。清之季世，政败俗靡，朝野上下，日营营于脑际者"升官发财"四字而已。如愿以偿，踌躇满志者几何人；循途递进，兴高采烈者几何人；虽经一度革命风云，随之撼退者，固不为鲜，而其心犹未死也。执前清旧日官僚，与夫新邦勋贵，孰非凝眸瞰视于政途以图逞其猎官之技者？间有一二臭味相同者，跻于要位，或出于夤缘，或由于提拔，相率联翩而上，将民国革新之政局，复为奔走运动之舞台矣。旧日官僚恶劣性根，已蟠伏深固而不可拔，果有开其渐者，斯乃自然之势，于若辈原无足责。而今之自号国民志士云者，日以会党相号召，其间容有以救国为怀者，未可以一笔抹倒，其以是为猎取利禄之具者，尚实繁有徒也。即其思进之动机，果发于正义，而境之移人，尤为可虑。以邦人今日道德之日堕，节行之不修，根器不厚，恒为外物所诱牵，其感于外缘而蔽灵失本者，亦不少觏也。又况党私其党，于别鉴才识，益增障蔽，此端一开，相习成风，因之败俗害政者，其患岂可胜言哉！此吾所由以学识为奖进之本，而欲张官僚主义之帜，以清政界之源也。吾固预知夫骄矜傲泰之风势，又缘兹以启，然其消债事误国之媒，则固彼善于此矣。今当民主政治勇进之冲，骤闻官僚主义，似与一般心理有所扞格。顾法兰西非民主政治乎？英吉利非议院政治乎？其建官之方，则皆取官僚主义者也。即美以平民政治号于世界，近亦

悟官由民选之害，而亦急急于规定任官制度，则侈谈民政民政而斥官
僚主义者，亦可醒然悟矣！

署名：李大钊
《言治》月刊第 1 年第 4 期
1913 年 9 月 1 日

文　豪
（1913 年 11 月 1 日）

　　洒一滴墨，使天地改观，山河易色者，文豪之本领也。盖文之入人者深，而人之读其文者，展卷吟哦，辄神凝目炫于其文境，潜移默化，观感旋殊，虽旷世异域，有千秋万里之遥，而如置身其间，俨然其时其境也者。文字感化之伟，充其量可以化魔于道，化俗于雅，化厉于和，化凄切为幽闲，化狞恶为壮伟。三寸毛锥力，能造光明世界于人生厄运之中。则夫文豪者，诚人类之福星也矣。

　　长天一碧，万木葱森，人影在山，樵歌出谷，科学家视之，僵石枯木之类耳；而一经文豪之点缀，则觉清风习习，透人肌骨焉。枫叶萧萧，江滨渔火，钟声夜半，月落乌啼，科学家视之，声光变动之象耳；而一经文豪之绚绘，则幽深潇洒，万念俱息焉。尽文豪之眼界灵机，悠悠宇宙之间，形色万殊，无不可为发舒性灵，感触兴趣之资。造物者降生万物，而不能使其所生之物，各自直觉其生机之大本，局部自限，缺陷靡穷；文豪本其直觉，发为文章，俾人天物我之实相，稍能映露万一，以通消息于其间，而补造物者之缺陷，斯其有功于造物者不小也。

　　嗟嗟！古今文豪，其身世何多在怨悲凄苦、飘零沦落之中也。征之东西，如出一辙。文王锢居羑里，寂寞铁窗，乃演《周易》。左丘失明，乃传《春秋》。屈灵均忠爱缠绵，而蔽伤于谗，憔悴行吟，卒沉湘水，而（作）《离骚》、《楚辞》，《诗》亡而后，此其继音。马迁身被宫刑，填胸愤慨，《史记》之作，模式来兹。乃至少陵忧国，血泪挥干。白也无家，佯狂弃世。放翁有种族之痛，渔洋有故国之思。他如金圣叹、李温陵之流，千古奇才，竟罹惨祸，杀其身而不足，更毁其书。中土文豪，大抵有身世悲凉，家国陵夷之痛者。而环稽西乘，唐德系出名族，中年飘泊，流寓天涯，《神曲》之作，为意大利文学之警钟。杰尔邦德士少年投笔，荷戈从军，雷邦特之战，伤中左腕，展转归途，虏于海寇，五载穷岛，困苦作奴，僧侣救之，始返故国，潜心著作，致西班牙文学得跻于英、德之林。汉伯德曼目击社会悲惨，痛心阶级制度之不良，发愤著书，有十九世纪沙翁之目。伊普逊以贫商之子，生于北欧，寂寞荒寒，贫且不能自给，童年供使，药屋愉〔偷〕闲，辄事文学，大学卒业后，伤祖国文学之不振，闭户著书，对兹缺陷社会，不惮口诛笔伐，文章声价，重于全欧。士多林贝尔西幼时，无力求学，艰苦卓绝，著书自活，为文伤时厌世，颇极深酷凄切之致，瑞典奄无生气之文学，至是始有新机。托尔斯泰生暴俄专制之下，扬博爱赤帜，为真理人道与百万貔貅、巨家阀阅、教魔、权威相搏战，宣告破门，杀身之祸，几于不免，而百折不挠，著书益力，充栋汗牛，风行一世。高尔基身自髫龄，备历惨苦，故其文沉痛，写社会下层之黑暗，几于声泪俱下。凡此者类皆艰苦备尝，而巨帙宏篇，独能照耀千古者也；是岂文章憎命，才华有以使之然欤？抑遭时不遇，荡析流离，余兹历劫之身，乃得优游以事文学，故其言之深长足以动人欤？嗟嗟！江山故宅，文藻空存，册籍千秋，声华不朽。吾侪生兹末世，不见古人之面影，不闻古人之欬謦，徒对陈编，怅维遗迹，叹文豪之遭遇，不禁掩卷失声也矣。而于彼古人，虽躯尽骨灰，一点灵光，尚能岿然与天地终古，亦安庸吾辈之欷歔慨感为者！文豪之幸不幸，夫岂在瞬息百年之遭遇也哉！

　　吾尝论文豪与世运之关系，其见重于社会，不在盛世，而在衰世。盖当承平之世，物阜民康，群德日进，饮食各适其宜，作息各得其所，凡属圆颅方趾之伦，均得优游歌舞于熙皞和乐之天，击壤鼓腹之歌，曲巷流俗之谚，何莫非盛世元音，粉饰泰平，文章祝颂，岂必俟夫文豪者。若夫世衰道微，国风不作，举世滔滔，相率而趋于罪恶之途，百物丧尽，民不聊生，天地有晦冥之象，群象无生人之趣，倘无文豪者应运而出，奋生花之笔，歌黍离之章，则茕茕者不平之诉，呼吁何从，而精神上乏优美高尚之感化，忏悔之念，亦无自而发。人心来复之机既塞，惟日与禽兽暴掠强夺，相残杀以自活，其类将绝灭于天地之间也久矣。文豪之于衰世也，顾不重哉！顾不重哉！

　　抑吾闻之，千古之文章，千古文人之血泪也。盖欢愉之词难工，而愁苦之音易好。昔人尝有"诗以穷而益工"之语矣。夫喜怒哀乐，同为心理之变象，胡以一时感性之殊，发为文章，遂有声韵工拙之别。盖尝考之，其因缘有二：一世界观，一同情心也。吾人幻身于兹，假现世界，形躯虽间物我，精神则源于一。故优美高尚之文章，每为世人所同好。作者执笔之际，愁思郁结，哀感万端，悄然有厌倦浊世之思，精神之所倾注，恍然若见。彼真实世界之光影，不自知其流露于声气之间。人天物我，息息相见以神，故能得宇宙之真趣，而令读之者，有优美之感。若彼欢愉之词，大抵囿于兹世，纷纭人事，幻妄尘缘，乌从窥宇宙之美，又乌能深动乎人者，此愁苦之辞易动世界观者一也。人之生也，一切苦恼，环集厥躬，匆匆百年，黄粱梦冷，无强弱，无智愚，无贫富，无贵贱，无男女，生老病死，苦海沉沦，必至末日忏悔，始有解脱之期。芸芸有众，夫谁无隐痛者，平居特未尝以示人耳。一旦读愁苦之词，哀怨之什，觉满腔热泪，洒泄无从者，作者已先我而淋漓痛切出之，安能与作者无同情之感者？骚人之怨，秋士之悲，幽恨缠绵，有展转不忍释手者矣！此愁苦之文之易动同情心者二也。

嗟嗟！世之衰也！怨气郁结，人怀厌世之悲观，文人于此，当以全副血泪，倾注墨池，启发众生之天良，觉醒众生之忏悔。昭示人心来复之机，方能救人救世，使更以愁怨之声，凄怆之语，痛其心脾，断其希望，则求一瞑而自绝者，将接踵以闻也。暴俄肆虐，民遭荼毒，一时文豪哲士，痛人生之困苦颠连，字里行间，每含厌世之彩色。凶生赞死，厌倦人间，如苏罗古夫、阿尔慈巴塞夫、载切夫等，各以诡幻慑人灵魂之笔墨论"死"，致一般青年厌世、自裁者日益加多。虽文学本质，在写现代生活之思想，社会黑暗固无与于作者，而社会之乐有文豪，固将期以救世也。徒为厌世之文，不布忏悔之旨，致社会蒙自杀流行之影响，责又岂容辞乎？

嗟呼！嗟呼！中土不造，民德沦丧，天理人纪，荡然无存，愤世者已极厌世之怀，当代作者，其有大声疾呼，以唤醒众生于罪恶迷梦之中者乎？宜知所慎择，勿蹈俄人之覆辙，度人度世，其在兹矣。

署名：李大钊
《言治》月刊第1年第6期
1913年11月1日

风　俗
（1914 年 7 月 10 日）

　　哀莫大于心死，痛莫深于亡群。一群之人心死，则其群必亡。今人但惧亡国之祸至，而不知其群之已亡也。但知亡国之祸烈，而不知亡群之祸更烈于亡国也。群之既亡，国未亡而犹亡，将亡而必亡。亡国而不亡其群，国虽亡而未亡，暂亡而终不亡。顾氏亭林有言曰："有亡国，有亡天下。亡国与亡天下奚辨？曰：易姓改号，谓之亡国，仁义充塞而至于率兽食人，人人将相食，谓之亡天下。"谓亭林亡国之说，仅指一姓之丧灭，则其亡天下之说，即今日亡国之说也。谓其亡国之说，乃混易姓亡国于一事，则其亡天下之说，即今日亡群之说也。今日之群象，人欲横于洪流，衣冠沦于禽兽，斯真所谓仁义充塞人将相食之时也，斯真亡群之日也。群之人而甘于亡也，夫又何说？其不然也，则保群之事，必有任其责者矣。

　　夫群之存亡，非人体之聚散也。盖群云者，不仅人体之集合，乃具同一思想者之总称。此种团体，实积有暗示力与暗示于他人者之层级而结合者。结合之容愈扩，暗示之力愈强。群之分子，既先天后天受此力之范制，因以成共是之意志，郁之而为风俗，章之而为制度，相维相系以建其群之基。群其形也，风俗其神也。群其质也，风俗其力也。风俗之变，捷于雷火。《易》曰："挠万物者，莫疾乎风。"今其所挠，挠于人心也。龚氏自珍亦尝为说以释之，曰："古人之世倏而为今之世，今人之世倏而为后之世，旋转簸荡而不已，万状而无状，万形而无形，风之本义也。"今其所倏，亦倏于人心也。是故离于人心则无风俗，离于风俗则无群。人心向道义，则风俗日跻于纯，人心向势力，则风俗日趋于敝。声之所播，力之所被，足以披靡一世之人心。人心之所向，风俗之所由成也，人心死于势利，则群之所以亡也。故曰："一群之人心死，则其群必亡"。

一群之中，必有其中枢人物以泰斗其群，是曰群枢。风之以义者，众与之赴义。风之以利者，众与之赴利。顾群枢之所在，亦因世运之隆污而殊。世运隆也，其人恒显于政，而势与义合，故其致俗于善也较易。世运污也，其人恒隐于学，而势与利合，义与势分，故其致俗于善也较难。前者易奏登高而呼之功，后者愈重障而东之之责。世无论其否泰，要于其群有自宅之位。功不问难易，要于其群负克尽之任。在朝可也，在野亦可也，因政可也，因学亦可也。惟群枢既离于政，则高明之地，必为势利所僭居，夺天下之观听，贼风俗之大本，斯时苟非别建群枢，以隐相与抗，则权势之所丛，利禄之所诱，群之人靡然趋之，亡群之祸，将无可幸免。仲尼之论政也，有风行草偃之说，垂上好下甚之戒。匡稚圭之疏政也，亦曰："朝廷者，天下之桢干也。公卿大夫，相与循礼恭让，则民不争；好仁乐施，则下不暴；上义高节，则民兴行；宽柔和惠，则众相爱。朝有变色之言，则下有争斗之患；上有自专之主，则下有不让之人；上有克胜之佐，则下有伤害之心；上有好利之臣，则下有盗窃之民。……考《国风》之诗《周南》、《召南》，被圣贤之化深，故笃于行而廉于色。郑伯好勇而国人暴虎，秦穆贵信而士多从死，陈夫人好巫而民淫祀，晋侯好俭而民畜聚，太王躬仁，邠国贵恕。"诚以化俗于政，力非加强，势使然也。汉之光武，崇尚名节，士风丕变，哀、平之衰，而能进于东京之盛，变齐至鲁，功亦何伟，流风所被，虽至末造，党锢之流，独行之士，犹能依仁蹈义，舍命不渝。而孟德既有冀州，崇奖跅弛之士，观其下令再三，至于求负污辱之名，见笑之行，不仁不孝，而有治国用兵之术者，于是权诈迭进，奸逆萌生，故董昭太和之疏，已谓当今年少不复以学问为本，乃以趋势求利为先。光武、明、章数世为之而不足，孟德一人变之而有余，毁世败德，可胜慨哉！宋史言士大夫忠义之气，至于五季，变化殆尽。宋之初兴，范质、王溥，犹有余憾。艺祖首褒韩通，次表卫融，以示意向。真、仁之世，田锡、王禹偁、范仲淹、欧阳修、唐介诸贤，以直言谠论倡于朝，于是中外荐绅，知以名节为高，尽去五季之陋，故靖康之变，志士投袂，起而勤王，临难不屈，所在有之，及宋之亡，忠节相望。亭林躬逢亡国之痛，深致慨于风俗之靡敝。而风俗之厚薄，自乎一二人之心之所向，曾涤生原才之言，殆亦非欺我者矣。

今以观于朝，执政之人，则如何者，政如疾风，民如秋草。施其暴也，上之所好，下必有甚；逞其杀也，盈廷皆争权攘利之桀，承颜尽寡廉鲜耻之客，钩心斗角，诈变机谲。将军变色于庙堂，豺狼横行于道路，雄豪自专其政柄，强藩把持其兵权。论功闻击柱之声，思乱多满山之寇，勇不如郑伯，其民敢劫货杀人，信不如秦穆，有士皆鸡鸣狗盗。祭祷开淫祀之风，有类好巫，嘉禾锡聚敛之臣，庸知尚俭。仁暴不同，流风自异，与人以术不以诚，取士以才不以德，不仁不孝，乃受崇奖，有气有节，则遭摈斥。意向既示，靡然向风，少年不以学问为本，士夫但以势利为荣。谗谄面谀，青蝇惑耳，直言谠论，寒蝉销声，不为光武之成，徒事孟德之毁。群学告我，风俗之行，一缘暗示，一缘模仿，相应并行，群之人且不识不知，顺率其则矣。况以有意之揣摩，益造一时之风气。嗟呼！汉室之倾，宋社之屋，尚有一二慷慨就义从容尽节之士，以殉其所忠。循是以往，任群德之沦丧，若江河之日下，智者尽其智，勇者尽其勇，肆恶作孽，惟所欲为，似太平天日之无多，胥奴隶生活之是备，国终于必亡，人尚希苟免。一旦天倾地坼，神州陆沉，旌旗飘扬于海外，壶箪奉负于中原，将求一正邱首而死者，亦不可得，亡群之祸，于斯为痛已。吾尝论之，群与己之关系，盖互为因果者也。有如何之人群，斯产如何之人物，有如何之人物，更造如何之人群。必有法之人群，始产拿破仑，亦自有拿破仑之人物，而后法之人群至今犹尚权诈。必有美之人群，始产华盛顿，亦自有华盛顿之人物，而后美之人群至今犹重道义。昔人评骘孟德，亦谓为治世能臣，乱世奸雄。同一人也，胡以可为能臣，可为奸雄，则世之治乱为之也，则所产孕之人群异也。深山大泽，实生龙蛇，亡国废墟，乃兴妖孽。平心论之，亡群之罪，不必全尸于助长之人，群之自身，亦实有自作之业，惟幸而遇光明之人物，与人为善，则世风可隆，不幸而更遇桀黠之人物，助桀为虐，则世风愈下。观于哀、平可变于东京，五季可变于宋世，今之风俗，胡遽不可反于纯良。既握政权，世风攸系，赫赫师尹，民具尔瞻，未可以挽狂，适益以阶厉，竟其所造，险恶秽暗，正不知其胡底。属望已绝，责备斯严，所不能为当今执政之人物讳，愈不能不为未来之人群忧者此也。

大易之道，剥上而复下，改邑不改井，群枢倾于朝，未必不能兴于野，风俗坏于政，未必不可正于学，立于朝显于政者，吾无敢责矣。草茅之士，宜有投袂而起，慨然以澄清世运、纲纪人心为己任者。而以观于野，或则以圣人自居，有奉之者，利禄之徒也；或则以英雄自命，有从之者，暴厉之子也。一将以术取，一将以力夺，阴希政柄，殊途同归。及其究也，圣人得志，欺世盗名，英雄吐气，殃民乱国，均非吾侪所敢望也。余若一般士夫，则又鸡鸣而起，暮夜叩门，孳孳焉以求官为业，逢恶为能。势在一党，则蝇附一党，势在一人，则狐媚一人，既以贿而猎官，更以官而害民，栖栖皇皇，席不暇暖，各择其地位之便，从而发挥其才智聪明，尽量以行于恶。满清之亡，民国之乱，党人之狂，政府之暴，皆有若辈之幻影，趋承缘附其间，以长其恶。一旦恶贯满盈，则首示离异，争下落井之石者，又若人也。突梯滑稽，暮楚朝秦，世运有时而沧桑，人情有时而荣枯，若辈总无失势之日。明之亡也，朱舜水究致虏之由，归莫大之罪于士大夫。今之士夫，其罪视明之士夫为何如？而望其培刚正之风俗，倾罪恶之势力，石烂海枯，绝无可望，欲群不亡而国或保，乌可得哉！乌可得哉！然灵均去国，犹冀改俗，之推仕人，尚知明耻，凄凄碑碣，永招党锢之魂，滚滚黄河，不没清流之骨，松柏未凋于岁寒，鸡鸣讵已于风雨，纵遭彼昏之日，宁无独醒之人。时至今日，术不能制，力亦弗胜，谋遏洪涛，昌学而已。圣人既不足依，英雄亦莫可恃，昌学之责，匹夫而已。国一日未亡，责一日未卸，我尽我责，以求亡国之后，无憾而已。论者得毋谓祸已迫于眉睫，计尚求之迂缓，此诵经退敌之事也。曰，是不然。宇宙尚存，良知未泯，苟有好学知耻之士，以讲学明耻为天下倡，崇尚道义，砥砺廉节，播为风气，蒸为习尚，四方之士，望风兴起，千里一人焉，百里一人焉。或闻名而向慕，十人之尤者，百人之尤者，或吊风而感叹，声应气求，流湿就燥，未尝以志道相约也，而士皆和之，未尝以徒党相召也，而士皆归之。利达不易其心，威武不夺其气，力矫凉薄之习，共切澄清之志。朝有乱政，议论以裁抑之，于是世复有清议。人而无耻，风节以折服之，于是世复知耻辱。严杜求仕之风，恬安百姓之分，积为群力，蔚成国风，其效至迅。群枢潜树于野，风俗默成于学，元恶大憝，必不敢披昌于吾群矣。亭林所谓"匹夫之责"，涤生所云"一命之士"，拯救国群，是在君子。虽以不肖之陋，亦将勴勖其匹夫之任以从之。

署名：李守常

《甲寅杂志》第 1 卷第 3 号

1914 年 7 月 10 日

政治对抗力之养成
（1914 年 11 月 1 日）

　　子舆氏有言："以力服人者，非心服也。"服人且不可，况治国乎？而今之为治者，辄欲滥施其力，以图苟安；受治者亦弗知求所以对抗，以维两力之平。宜乎言治者愈众，求治者愈殷，而区夏之域，愈扰攘无已也。自清政不纲，国民怵于危亡之祸迫，喻之以理，告之以哀，求之立宪而弗从，不获已侥幸于万一，奋全力以颠挤之，其亡也忽焉。浅躁者遂以为力之效也，而不知功之幸成，由敌之弱，非己之强也。更不自厚其力以养其锋，且妄思举政治势力而一之，以与强者搏。于是政力失其轨，专制炽其焰，而民国之实遂不复举，时势之所牵就者可诿曰："无奈何"，而人谋之不臧，有以自贻伊戚者，要不可不悔心自忏也。深思凝识之士，乃相与探其理而示以道，或昌尚异之说，曰政本在有容，或陈互抵之旨，曰政本在有抗。着眼不同，据理则一。顾时至于今，抗既不能，容于何有？吾人今日之责，惟在阐明政理，若者宜自敛以相容，若者宜自进以相抗，但期保其衡平，勿逾乎正轨，以求各方储有政治能力之分子，无论朝野仕学，苟不自外于政治关系，继兹各当率其良知之真，断然为决顿之觉悟。本篇之作，如斯而已。

　　民之所以求获良政治者，亦曰欲享治平之幸福耳。顾此治平之幸福，究何所凭依？乃在确有实力足以保障此治平幸福之宪法。此种宪法，以何因缘，负兹实力？则一以宪法量之有容与否为断，而其量之有容与否，则又以宪法构成之质得其衡平与否为断也。吾尝为宪法量之说矣，谓宪法之善，在乎广被无偏，勿自限于一时一域，勿自专于一势一体。彼柔性之宪法，学者颇主张之。盖世运日进，求治之道，今古各殊，制法者当葆其与时俱化之性，以待时势之变迁，俾勿穷于用，此扩其量于时者也。法儒布托米氏（布氏著有《英法美比较宪法论》，英儒戴雪尝译成英文）之论英宪也，谓："其特质正在其散漫无纪，不整不合，使英人不避编纂宪法之劳，而以成文典章齐一之，吾恐朝成典而苏、爱夕离矣。"可知英宪之不成文，乃欲虚其量以范治苏、爱二州，免分崩离析之祸耳，此扩其量于势者也。量之扩于时者，只须制宪之初，一二湛深宪法学者，陈其利弊，为之而已足。量之扩于势者，则非辩士之口、学者之说，所能济事，必其制宪之势力，歧为别派，并峙相抗，以实贯之，而其势力自身，亦各知尊奉政理，容纳涵蓄，不敢妄冀专断。盖衡平之宪法，成于对抗之势力。自两力相抵以维于衡平而外，决不生宪法为物，有之则一势力之宣言，强指为宪法者耳。力存与存，力亡与亡，更何遵守之足云，更何治安之能保，更何幸福之克享也。由是言之，吾民不欲享治平幸福，斯亦已耳，如欲享之，则不可不求衡平之宪法。然则对抗势力之养成，其首务矣。

吾今秘揆政治势力之消长，知朝野士夫，均有应尸之咎，始构成今日之难局。则谋所以匡救扶翼之者，朝野士夫，遂又各有其分任之责，一如其尸咎之量。天下无绝难之事，伟大之功业，往往发于一念之微明，寐兴复旦之际，疚心自悔，光明之运，即蕴蓄于斯。此平治修齐之功，所以基于诚正格致之德，惟吾人勿自馁耳。吾乃参汇时贤论旨，以张吾说，于政治对抗力之养成，有四大希望。百尔君子，幸垂听焉。

（一）希望有力者，自节其无极之势力，容纳于政治正轨内发生之异派势力，幸勿过事摧残，致政治新运，斩绝中途也。

宇宙间之动力，凡吾人精神物质所感触而认为有者，无论以如何之权力策术，不克致之于无，放之六合之外，俾逐云烟以去。苟有似归于无者，乃隐显之变，非果尽有而之无也。智者烛微察理，每于事物发动之原，穷其究竟，与其力以相当之间，俾得同流于宇宙之间，而勿有所冲决，惟政治势力为尤。然吾国自革命以还，政治势力骤分为二，实则阴结而郁酿者，固已有年也。惟清室不知有以消容，务排之使尽，究之愈排而不惟愈不可尽，且愈加强，政潮怒发，不可抑制。武汉一呼，清社以屋，民国承之。激进之子，粗莽灭裂，犹不知惩鉴亡清之失，设法以求有容。于是两力接触之际，轧轹不已，卒至南中再乱，烽火连天，国民党覆灭以殉，政府乘凯旋之余威，大张统一九服之功。巨敌潜声，惟所欲为，举从前艰难缔造之政治对抗力，穷年累纪，仅具基型者，至是不惜举全力以倾之。于斯时也，未尝无纤羽之势力，必所谓危，稍示异向，冀以匡戢其焰。顾斯区区者，不为大力所并，则难当其摧折而潜伏于无形。幸而仅存者，力亦无足自显于政治。政府遂益矜除异务尽之能，自谓微此不足奏长治久安之效，而不知厝火积薪。其谓安也，胡以异此。世有贾生，固早为之痛哭流涕也矣。秦并六国，威震八荒，始皇销兵，铸金人十二，自谓异种势力，无由复生也。不二世而陈涉之徒，揭竿一呼，应者四起。俄政之暴，著称于时。方谓哥萨克铁骑，足以制反抗之发生。昂头四顾，莫予毒也。而虚无党徒，遍布全国，权位之雄，每粉身碎骨于烈弹之下。社会恐怖，政情阴暗，正未知爆发于何日？近始稍知悔悟，宣布立宪，此而犹可曰古今异势，国情殊辙也。彼墨西哥，宁非殷鉴？墨国自马克亚美利安帝政告倾，共和之帜，飘然再竖。狄亚士未得与选，遁居美国，其徒党亦受政府之排斥而不见容，卒也此异派势力，竟以酿革命之风云。狄氏取而代之，一旦身临势位，遽忘前车，尤而效之，以自速祸，放逐异己，出尔反尔，所施视其所受，殆有甚焉。李曼德尔者，久司度支，颇著成效，只以他党推为候补总统，遂而见疾，徘徊异域，欲归不得。排异之严，亦云极矣。于是革命又起，狄氏亦遭放逐。继狄氏而为总统者，马得罗则死，胡尔泰则窜。近又警电飞来，威拉又揭叛帜，以抗加朗札。继兹之岁月，墨人之以血染其历史者，当不知伊于胡底！是皆由于一势力崛兴，不容他势力平和活动之余地，终至溃决狂奔，演成怵目惊心之惨剧。向使稍自敛抑，不迫之于穷绝之域，政治正轨中，自有其展布之所。秦祚不永，庸止二世？俄人纵暴，岂尽好杀？墨人虽迷沉于革命狂涛之中，亦何至迭起环生之无己［已］也。呜呼！可以深长思矣！

昔李卓吾论政有曰："君子之治，本诸身者也，至人之治，因乎人者也。本诸身者，取必于己，因乎人者，恒顺于民，其治效固己［已］异矣。夫人之与己不相若也，有诸己矣，而望人之同有，无诸己矣，而望人之同无。此其心非不恕也，然此乃一身之有无也，而非通于天下之有无也。而欲为一切有无之法以整齐之，惑也。于是有条教之繁，有刑法之施，而民日以多事矣。其智而贤者，相率而归吾之教，而愚不肖则远矣。于是有旌别淑慝之令，而君子小人从此分矣。岂非别白太甚，而导之使争乎？至人则不然，因其政不易其俗，顺其性不拂其能。"斯语虽简，而足以破开明专制之迷梦。盖其所谓同，未必不善，犹致民于多事，导民于争。愚不肖则远之，而趋于铤而走险之途，此种条教刑令，卓吾且不之许，若其同乃使愚不肖者既远，智而贤者亦不之归，大乱之起，可立而待，为治之术穷矣。识者所由于为同之患，痛切言之也。尤有进者，新旧之分，亦萌于好同恶异之念。老成者每病新进者之思想动作，不能同于己，则深斥而痛绝之，此大谬也。宙合万化，逐境而进，一经周折而或滞或退者，逆乎宇宙之大化者也。居今日而求治，断无毁新复古之理，虽人惟求旧，倚重老成，而世乃嬗进，即有大力，亦莫能抗。旧者日益衰落，不可淹留，新者遏其萌芽，勿使畅发，此自绝之道也。在政府一方，岂不以新进浮夸，举不足信，必屏之政治活动之外，俾暂勿我扰，始能徐图治理。殊不知新进者即尽愚不肖，而相去日远，恐终难与为治。况天地者万物之逆旅，光阴者百代之过客，曜灵易逝，岁月如流，红叶西风，秋来万卉珍为晚节黄花者，一旦纷纷蕾落，硕果无存，政治之人才，必有青黄不接之一日，无能为继者矣。政治新运之不斩绝中途者几何哉！故老成政治家之义务，在介绍后进之士于世运新旧绝续之交，不宜横断前路，不俾后进者以自进之阶，此则当局者所宜反省者也。

（二）希望从前因甲派势力勃兴，专恣武断，遂致迎附乙派势力，以图抵制者，今当以绝大之觉悟，应时势之要求，至少须不拒正当异派力势〔势力〕之发生，稍进更宜自振独立之精神，以指导专断或暴乱之势力，舍迷途而趋正轨也。

向读往史，见夫历朝朋党之祸，大抵由于所谓君子者，不能合〔和〕衷共济，牺牲意气，专力以抗谗佞，而乃门户横分，自相水火，小人乘之，百计中伤，而为一网打尽之计。朝廷之上，遂无忠贞之士，诤谏之臣，党祸己〔已〕而国亦随之亡，未尝不心焉痛之。向使所谓君子者，不自开倾轧排挤之风，授人以柄，正气不至销沉，国事何由板荡。安石之祸，吾辈激成，思之真堪咽泪。汉之党锢，唐之清流，宋之蜀、洛、朔，明之东林、复社，凡兹伤心之史迹，小人则何足咎，君子实无容恕。《春秋》之义，所以责备贤者也。晚清季世，维新之士，愤国势之将倾，朝局之不振，相与奔呼吁请，号召徒党，求所以拯国之术而致之行。于是刚柔异趣，温激殊辙者，不悟其志在救国，殊途同归，徒以操术不同，遂而讦攻迭起，忘提携之谊，开冰炭之局。识者忧之，每为浩叹。党派分流，势力削弱，所谋遂亘数年而各无所成。迨至武汉义声，江湖震动，举国人士，鉴于满清之不克与图存，温和政社，相率奔驰运动，而亦同情于激进派之主张，并力以赞改革之新运，共和遂以告成。设非二派同心协力，仍相背驰，则革命之成否，未可知也。虽今之政党，非古之朋党可比，然其不可互相水火，与人以渔夫之利，所谋斯均无成，此理宁以今古而殊耶？即一势力初兴，势焰熏天，弗可向迩，不可不引他势以矫其偏，矫之至于相当之程而已〔已〕足，慎勿过正。若至所矫之势已〔已〕尽，不复为患，而所引之势，专恣自僭，亦复相同。于斯时也，勿牵拘于其势之尝为吾所引，遂不为匡制，即度己力有未能，亦宜平情持理，立于批评谏正之地位，勿仍助之虐而阶之厉。力能矫则矫之，一如其初。力不能矫，则离以自树，待他势力崛起，相引而与此绝盛之势力抗，以遏抑其横暴。故于一势力之发生，当先察其动作，是否合于正轨，合则引为己友，与前之引一势力制一势力者正同。即令有所顾忌，未能毅然引之，亦当勿阻其势力之进行。倘其动作不合于正轨，仍狂奔于迷而不复之域，尤须掬血诚披肝胆以相告戒，俾有所遵率，必如斯方叶于政治上之义理。盖政治之活动，殊无历史关系之足顾，更无恩怨之可言，或昔合而今离，或昨敌而今友，为引为抗，举不必有恋舍之顾虑，恩怨之痕蒂，丛杂于其间。政治界无上之大义，在权衡政治势力之轻重畸于何方，然后以自挟之势力，称之剂之，以保厥衡平。苟能剂政力于平，则毅然以临于离合引抗之间，而豪〔毫〕无所于惓恋，无所用其夷犹，径本政理，以为向背，此政治家自觉之道义，所当共矢者也。

吾尝遨游东邦，当其时，政友会于彼邦议会居最多数，山本内阁乃结之以自固，国民党则联合他派以攻击之，不遗余力。山本内阁既倒，大隈氏继任，则承陆军阀之意旨，国民党以其犹吾大夫崔子也，则又与政友会有携手之势。此种情形，几为政党之常态。然则政党之间，安有恩怨之情，又安有固执之向背，特以时势为的，因之变迁，以遏当局之势力，勿使专恣而已〔已〕矣。今也国会灭，政党涣，自治解，政治势力，一人万几。环顾政局，更无毫末之力，足当遏制之任，衡平之度，云胡能保？必欲保之，厥惟求抗。对抗之道，自有正轨可循。吾愿举国士夫，并力一辙，勿因幻云逝水之微嫌，不肯蠲弃，而重贻政治前途以无穷之累也。

（三）希望畴昔滥用其势力，致遭败覆，仍欲以零碎之血，快意气报恩仇者，至是当以绝痛之忏悔，放下屠刀，立地成佛，速纳其力于正轨，勿任狂奔横决，不知自反，以摧国命而躬蹈自杀也。

革命初成，国民党以全盛之势力，蓬勃一时，而不能善用其锋，与当局相见于政治平和竞争之轨。徒欲以感情相尚，血气相陵。党中虽不无卓特之士，忧深虑远，以政术学理相规绳，而国士俊才，头颅横断，凄风苦雨，天外飞来，自是口众我寡，莠言繁兴，真理正义之建言，胥为狂噪嚣喧之声所湮掩。卒之赣宁再乱，乃欲以力试力，坐令如火如荼之政党，殉于强暴凌厉者之意气，而国运之斲丧，民命之摧残，政局之变迁，同时亦有至多之量，供其牺牲。此其咎自今日论之，凡在吾侪国民，各当有以自任，正不必尽诿于当其冲者，然滥用势力，自轶于政治竞争之正轨，则实百喙不能避免。往者已矣，来者犹不为敏断之自觉，仍复蹈循故智，今日一机关，明日一党册，驱有志之青年，无业之游民，供专制政治之血祭，自非生性好乱，凉血不仁，专以破坏［坏］为能者，吾人宁忍坐视其死，而不一示警告，唤醒迷途。且夫善良之政治，非可以暴力求也。俄儒托尔斯泰（Leo Tolstoy）曰："反省与经验，吾知之矣。与政府抗战所取之术，至是悉归无效，岂惟无效，且有以致政府之权力与无责任愈甚焉。盖求抵抗之力，不可不立于坚固之地盘。"地盘惟何？求之别章，氏复有所明告，曰："暴烈之革命，既过其时，一切能与诸人者，既为彼等所与，同时其所难与者，亦昭然若揭。实际之自由，非能依巷战虐杀而获者，宁罢止服从一切人界之权威，始能获也。"绎氏之意，殆谓真正之和平，非能依暴力而得，必人各从良知而恶暴力，则暴力不除自隐，此义谅哉！盖政权之起伏于暴力间者，恒奔驰于极端之域。彼以力据，此以力攻，力之所冲，反动必起。两力消长之际，强者居胜，同时反动之力，应强者之量而郁酝于无形。及其发也，亦必预蓄有较强之力，方能摧折其所向。于是复反动力又应之以起，其强又愈于其初。如是展转，互应不已。反动之力，愈激愈强，其力既足倾其所恶，而能自行，又安所惮而不自任以恣。愈激愈强之反动，将终不能潜消，其结果则以暴易暴而已。此即依暴力不能得平和之理也。法之陈迹，葡之现情，足以征之。

法人之揭三色旗谋建共和也，固以民众幸福为职志。而政力相轧，一波未平，一波又起，遂至山岳之党，无袴之氓，横握政权，残杀异己，不遗噍类，卒演成千古寒心之恐怖时代。而罗卜士比尔等借口共和，厉行专制，设革命审院，诛非革命党员，王侯士女，中流士绅，惨被刑僇。创掩击（集众人于一处，发炮击之，谓之 Husillades）、溺舟（载众人于一舟溺之，谓之 Noyades）之极刑，用机螺金（刑具也，英、德诸国，素用以杀人，一七九一年医者机螺金改良之，劝立法会议采用，故有是名）之毒器，民众惊怖，亡窜流离，间阎无鸡犬之声，妇孺瞿虫沙之劫，毁及于陵寝，禁施于宗教，旧时典制，鲜有存者。无何，暑月变起，首雪诛夷，政力渐趋平和，法民获以少安。而拿破仑之帝制自雄，或即兆端于暴民横行之际。于斯时也，法人所享之共和幸福，果安有也。更观诸葡，事例尤显。葡自革命以还，马奴尔王（King Manoel）去国，国体变更，列邦承认，炭夫党（Carbonarios）独揽政权，立士奔（Iisbert［Lisbon］）之愁云惨雾，阴霾漫天，惨虐之状，令人心悸。炭夫党本一秘密社会，以暗杀卡楼士王（King Carlos）及其子为志而组织者也，实具有无治党之性质。现政府之内阁总理、外交总长及其他阁员，均与该党有密切之关系。党员入党伊始，必须宣誓，辞旨谓凡由该党机关部判决死刑者，以手枪、毒药、匕［匕］首杀之。每人日得四先零（shilling）为杀人之酬。党员恐无人可杀，受报为素餐，则广肆罗织，任意株连，结队成群，巡游通国，滥入私宅，贿收仆隶，捏造证据，以陷其主。缇骑四出，鸡犬皆惊，稍涉嫌疑，则投犴狴。葡国政界名流，罔或免其狂噬，假共和之名，施专制之虐。葡人何辜，罹此惨祸。享［亨］利魁士神父（Father Henriqn［u］es）者，宗教信士，横被禁锢，只以报章，捏辞诬陷，凄凄囹圄，悲愤以陨厥生。如此暴行，不堪枚举。于斯时也，葡人所享之共和幸福，又安有也。论者或谓一国政治之骤行变易，必有艰辛之代价，以培植其本根，始能获无疆之福祉，垂裕后昆。法惟有是艰辛痛楚之代价，共和乃克卒成。葡亦惟有是艰辛痛楚之代价，共和亦必终固。此等往事，适足以壮吾侪牺牲之敌［毅］力，不足引为戒惕。

抑知英兰绝美之政治，未尝极杀人流血之惨。迄今三岛宏规，苟为立宪国家，孰不宗为模式。即以英、法相较，英无法之惨剧，而获得之政治，什倍于法。法以百年之血历史，易得者仅勉为共和，而其所以能勉为共和者，尤非纯为杀人流血之制造，实赖一二明敏稳健之政治家，投袂于骚乱之后，收拾傀伦，爬梳棼绪，俾暴力潜销而隐戢也。葡人今犹不悟，仍逐革命流血之濛雾，以求良政治，徒演法兰西之惨史以震骇世人而外，他无所得也。而在吾华今日，尤非可与他国同日而语。不幸而共和初叶，相安未逾一载，阋墙之痛，遽起萧墙，侥幸弭平，未即沦胥，国之仅存者，岌岌乎危于累卵矣。而今天发杀机，祸起欧陆，东亚风云，亦与全欧之烽烟相结。渡海而来，咄咄相逼，青岛之弹血横飞，济南之羽书又急，所谓危急存亡、千钧一发之秋也。当此之时，若犹执迷不悔，仍欲以杀召杀，以暴止暴，此曰除恶务尽，彼曰与汝偕亡，冲突愈烈，恶感愈深，过此以往，国家之谓何，政治之谓何，均非所计，惟日于黯黯冤仇之天，恩仇报复之是快耳。夫至于忘怀家国以快恩仇，外力乘之，收为虎伥，伤心之结局，夫何忍言，夫又何忍不言！韩社虽墟，殷鉴未远。过箕子之遗封，听大同之呜咽，东学党之已事，所当惩为前车者也。夫不见欧乱之腾也，外侮横来，内忧斯戢。俄之虚无党，则停止运动；德之社会党，则宣言救国；英之爱兰自治案，则暂泯争议。先进国民与吾人之教训，不可不深为领会。当局者凭一时之势力，以图除尽异己之根株，吾人已叹其误。反之，民党各派之弗循正轨，而欲以暴止暴，吾人亦惜其妄而悯其愚。盖扬汤止沸，不如抽薪，故深蕲其豁然憬悟，自纳其力于正轨，静待机势。但使横断之势力，稍自衰替，吾民果储有正当之势力，终有相牵相引、相提携，以共趋于政治轨路之时。纷纷藉藉，以自绝绝国，胡为者？苟能如是，则今日正当之势力增加一分，即异日横断之势力减退一分。今日对抗之势力不浪掷一分，即异日反动之势力潜销一分，国若民之受其赐者，良非浅鲜。嗟呼！历朝专制之余，民力所存者几何？群雄角逐之日，国命所存者几何？忍令轻轻断送于倒行逆施之途，而终不知所自反耶？

（四）希望社会各方人士，正义所在，勿受势位利禄权威之驱策，致为绝盛之势力所吸收，而盲心以从同也。

吾尝远缅历史之陈案，近窥世局之潮流，见夫兴亡倏忽，文运变迁，世主倾颓，宗教改革，而知凡百事件之因缘，罔弗基于人类思想之变化。思想之酝酿，遂为一时之势力。表示此势力者，无问其为一人物为一制度，均不过一时民众思想之代表而已。罗马帝国之陵夷，亚拉伯帝国之建设，自外象观之，或由外敌之侵入，或由王朝之颠覆，而其真因，实在国民思想之变化耳。即如吾国革命，成功之速，世所罕觏，平心论之，清室非有凶暴之君，民军不过一旅之众，而黄鹤楼头，一呼百应，谓非由于国民思想之变化而何也？盖世运之变，于今为极，前代思想，半遭破坏。王气则与秦宫汉院，俱见荒凉，宗教则与祠宇丘陵，同归残阙。凄凉断碣，零落废墟，多少旧势力之基址，徒供新势力之凭藉，璀璨华丽，建置其上，举诸势力而吸收之，所以支撑社会。今有存者，惟此新势力耳。新势力维何？即群众势力，有如日中天之势，权威赫赫，无敢侮者。故法儒社会学者鲁彭氏，名今世曰"群众时代"。吾人生当群众之时代，身为群众之分子，要不可不自觉其权威。既轻以己之势力假诸他人，而转伏于其势力之下而不自知，斯非大惑者乎？读者若犹疑吾说，则请更诵托尔斯泰之言，以明势力之概念。托氏之言曰：

"何为历史上事件之因缘？势力是也。何为势力？则让于一定人物之群众意志之累积也。于如何条件之下，群众之意志，让于一定之人物欤？则于'其人物表示群众之意志'条件之下，让之者也。"准斯言也，历史上人物之势力，莫非群众意志之累积，而群众意志，一旦既让诸其人，其人复得以斯势力范制群众，群众不悟其人物之势力，即群众意志之累积，其人物遂得久假不归。群众苟自觉悟，则其势力顿倾。拿破仑一世之雄，势力倾动全欧，历史家每谓革命之观念、公众之舆论，实招致拿破仑之势力。同时拿破仑之势力，亦抑塞革命之观念、公众之舆论。迨其悲凉末路，幽闭荒岛，皇皇势力，而今安在？此无他，群众意志有以成之，亦复有以倾之。群众之意志，既不之假，虽欲抑塞，夫将奚由？足见人物之势力，非其固有之物，与夺之权，实操于群众之手也。

嗟夫！风俗之衰也，举世滔滔，以乡［向］势利之府，不复知有德义之足依，廉节之足守，乘时之人物，默窥人心之弱，风俗之靡，乃思利用之以张一已［己］所之势力。古今雄杰，方其崛兴草泽，以一匹夫之微，而欲号召群众，自非有术焉以罗致人心，俾为凭藉，不能广树风声。荣之以势位，诱之以利禄，畏之以权威，而一时风俗人心，既无道义中枢以资循守，一为势位利禄权威所试［诱］，辄靡然从风，乐为所用。于是专制之势成，对抗之力失，抱经遗老，政社名贤，平居或娱心泉石，肥遁鸣高，或擅誉文坛，治安陈策，一旦纡金曳紫，宠以殊荣，遂而名士发狂，徒传笑柄，书生得意，自背初衷。所谓谨厚之儒，聪颖之士，供人驱策，亦复若是，下此者更安足论！吾惧夫一般士夫，不解势力为物，视为一时人物之特有，蔑却群众分子固有之权威。故特详析其原，薪士夫之凡活动于社会中者，各宜自觉其固有之势力，自宅于独立之地位，自营不羁之生活，我无所乞怜于人，人即无要挟于我。虽有势位利禄权威，将焉用也？此种分子活动于社会者渐多，各个之势刀［力］不集而自集，不合而自合。社会中枢于以确立，以昌学术，以明廉耻，以正人心，以厚风俗。流风所播，应求至普。人心有来复之几，世运即有回转之势，虽有权谋，莫能抗也。势力既基于人心，人心能卓自树立，则乡［向］之所谓势力者，斯弗能表示群众之意志，则将驯伏于人心之下，勿敢自恣。人心自觉其固有之权威，不甘为弗能表示其意志者所利用，虽有强暴，莫由施也。此则社会各方人士，均宜自葆其精神上之尊严，勿为物质上之挟制所屈，自重其主观之意志，勿为客观之情势所劫，而速自觉悟者也。

　　凡上所述，只依自动，无取他动。盖含生负气之伦，莫不具有良知。一已［己］之罪恶过失，当依自已［己］之良知被除之。若并一已［己］之良知而不足恃，是即所谓心死，惟有听其倒行逆施，以自杀其身心性命，自丧其邦家禋祀而已。呜呼！尚何言哉？尚何言哉！

署名：李守常

《中华杂志》第 1 卷第 11 号

1914 年 11 月 1 日

国　情
（1914 年 11 月 10 日）

自《临时约法》为集矢之的，而世之谈国情者众。夫衡宪典于国情，宁匪可尚者，而以客卿论国情，则扞格之处恒多。纵其宅心立言，力辟国拘，而欲以诚挚自贡，虑其所谓国情者，究属皮相之见，不叶于实象，所向愈切，所去愈遥。况邦国之际，利害相反者有之，使其人而褊塞阴狠者，忠于己不必忠于人，则其标为治安之制者，安可信赖。盖国情之不可与客卿谋也久矣。

今国人信为足与谋国情者，为日人有贺长雄与美人古德诺。二氏学诣之所造，吾不敢知。但知古德诺氏之论国情也，必宗于美，否亦美洲人目中之中国国情，非吾之纯确国情也。有贺氏之论国情也，必比于日，否亦日本人目中之中国国情，亦非吾之纯确国情也。幸而与谋国情者仅一美人一日人耳，而新约法之毛颜已斑杂二种。设更得黄金百万，开馆筑台，延纳列国博士，相与辩析天口，文擅雕龙，抵〔抵〕掌而论吾国情，时势潮流之所推移，群众狂暴之所酿煽，一人意志之所专恣，所能容与斟酌于国情者之量几何？将亦为天下挟策干时之士裂矣。夫非筑室道谋之类乎？

往者有贺氏倡为总统内阁制之说，以迎当道，而宪法之风潮以起，吾侪已惊其立言之异趣矣。而新约法颁布之顷，古德诺氏复有《新约法论》刊于北京各报，所论是否谐理，姑不置辩，以新约法为物，无吾侪管窥法理之余地，独其所谓国情者，不能无疑焉。

氏之论国情也，要谓吾民俗重视家族，淡于政治，自昔无选举制度，似谓国情如此，行代议政治有所未安者。吾尝思之，中国自唐虞之世，敷教明伦，亲九族以协万邦，家族之基，于以确立，聚族为村，有礼俗以相维系，国家权力之及于民者，微乎渺矣。百年而上，尚纯以放任为治，征赋折狱而外，人民几与国家无涉，国权之及于民也轻，故民意之向于政治也淡。然历代君人者，必以省刑罚、薄税敛为戒，其民始相安于无事，否则揭竿四起矣。尤以宅国大陆之中，闭关自守，历有年所，初无外力之激迫感［撼］动，而家族制度之巩固，亦足以远却国家之权力，故此状保持独久，民情亦因之稍异，斯诚近似。而今则何如者？近世国家政务日繁，财政用途亦日增，人民负担之重，已非昔比。于是"不出代议士，不纳租税"之声愈高，而争获参政之柄者，亦不惜牺牲身命以求之。稽近世政变之由来，直可谓为因赋税之加重而起也。中国海通而后，亦竞立于列国之林，财政用途之扩张，不惟不能独异，而以屡逢创挫，国力益微，养兵赔款，穷索编氓，维新以来，负担益重。夫前之漠然于政治者，以国家权力之及乎其身者轻耳，今则赋重于山矣，法密于毛矣，民之一举一动，莫不与国家相接矣！纵悬厉禁以阏之，民亦将进索政权而不顾，乃谓其不习于代表政治，退抑之使仍听命于行政者意旨之下，此实逆乎国情之论也。苟能返吾民于上古榛莽之域，耕田而食，凿井而饮，帝力何有于我者，虽无国家可也。即不然，取于民者有限，法令不如今之繁，赋敛不如今之重，使民不闻政犹可也。奈世无兹大力者堪与时势抗耳。抑氏不云乎："官吏诛求过苛，民不堪命，故群起而抗之，然人民对于政治之权力，舍此固无他术也。"夫然，当此负担加重之时，吾侪乃谋所以避其反抗之道，欲以代议政治行于吾国，以免于祸乱，而氏必欲保吾已往之国情，必欲使吾民舍群起反抗无他术焉。吾不识制宪法衡国情者，将以求治乎，抑以蓄乱乎？

氏论最奇者，莫如"人民生计至艰，无参究政治之能力"，及"其人民既不习于代表之政治，而又有服从命令与夫反抗苛虐之积习，一旦改数千年专制之政体，一变而为共和，欲其晏然无事，苟非其政府有维持秩序之能力，盖必不可得之数矣"。吾之国民生计，日濒艰窘，无可掩讳，然遽谓其至于无参政能力之度，吾未之敢信。盖所谓生计艰者，比较之辞，非绝对之语，较之欧美，诚得云然，较之日本，尚称富裕，胡以日人有参政能力，而我独无也？此则大惑不解者矣。共和国民之精神，不外服从法令与反抗苛虐二者。盖共和国之所由建造，大抵为反抗苛虐之结果，而其所以能安于共和政治之下者，则必有服从法令之精神。今氏指斯二者为吾之国情民性，虞其不能晏然于共和之下者，抑又何也？且国无间东西，政无分共和、专制，政府要宜具有维持秩序之能力，此政府之通性也。共和国既不能独异，亦非特因吾之国情而需乎此者，氏以忠于国情过笃，竟忘其为政府之通性，何其率也！

言国情者，必与历史并举，抑知国情与历史之本质无殊，所异者，时间之今昔耳。昔日之国情，即今日之历史；来日之历史，尤今日之国情。谈宪法者，徒顾国情于往者，而遗国情于近今，可怪也。吾以为近今之国情，较往昔之国情为尤要，盖宪法为近今之国情所孕育，风云变色，五彩旗翻，曾几何时？汉江之血潮未干，盟誓之墨痕宛在，共和政治之真义，尚未就湮，人且弃之若遗。如古德诺氏者，至不惜掘发欧洲古代之文辞故事于亡国荒冢之中，以章饰新约法，谓国家即帝国其质，元首即终身其任，亦无妨于共和之修名，惜氏所知者仅于 Republic 之一字耳。使更有人以周人逐厉之事相告，则论共和先例者，当更添一奇观矣。伤时之士，见有贺氏议论，怦然心动，至谓以地势相连，遂成今果，无善法以弥此憾，惟深望识时之彦，常往来欧美。呜呼！欧美人之言，岂尽可恃哉！求国情于外人，窃恐此憾终难弥耳。

　　按：此篇著社已久，前期幅满，为手民仓卒抽出，未及排入，深以为歉。然文中所含真理，历久不渝，且古氏之论，恶果甚深，正赖有人随时匡救。作者或不以出版之迟速为意也。编者识。

署名：李大钊
《甲寅杂志》第 1 卷第 4 号
1914 年 11 月 10 日

警告全国父老书
（1915 年 2 月初）

寅卯之交，天发杀机，龙蛇起陆，婣昔鹑火。战云四飞，倭族乘机，逼我夏宇。我举国父老兄弟姊妹十余年来隐忧惕栗，梦寐弗忘之亡国惨祸，挟欧洲之弹烟血雨以俱来。噩耗既布，义电交驰。军士变色于疆场，学子愤慨于庠序，商贾喧噪于廛市，农夫激怒于甿郊。凡有血气，莫不痛心，忠义之民，愿为国死。同人等羁身异域，切齿国仇，回望神州，仰天悲愤。以谓有国可亡，有人可死，已无投鼠忌器之顾虑，宜有破釜沉舟之决心。万一横逆之来，迫我于绝境，则当率我四万万忠义勇健之同胞，出其丹心碧血，染吾黄帝以降列祖列宗光荣历史之末页。事亟寇深，危险万状，谨陈斯义，布于有众，皇天后土，实式凭之。

呜呼，吾中国之待亡也久矣！所以不即亡者，惟均势之故。前此痛史，姑不殚述。粗摄厥要，断自甲午。列强在华，拔帜竖帜，均势之局，乃具规模，以中国泱泱万里，天府之区，广土丰物，迈绝寰宇，任何一国，欲举而印度之，势所弗许。即欲攘我权利，亦辄为他国所遏，群雄角逐，赖以苟安。故欲夷我如卢克森堡、比利时者，亦所不能。惟是燕幕之惨，志士寒心，牛后之羞，壮夫切齿，诚以寄生即亡国之基，履霜乃坚冰之渐也。甲午之战既终，日人挟其战胜之余威，索我辽东半岛。外交黑幕，捭阖纵横；坛坫樽俎之间，乃不得不有所迎拒以图一时之牵制。而引狼拒虎之祸，势又缘兹以起，且至不可收拾。卡西尼《中俄密约》之结果，旅大租于俄，广州租于法，威海租于英，胶州租于德。意大利闻而生心，亦欲据我三门湾。自是卧榻之侧，有他人鼾睡之声，独立之邦，伏列强割据之迹。若则齐驱竞进，若则单骑独行，铁路告成，矿山斯去，军旗所至，商旅遂来。中更庚子之乱，日俄之争，外力益以潜滋，势力略有转易。凡其利权垄断之域，辄扬势力范围之言，均势之界愈明，瓜分之机愈迫；英之于西藏及长江流域也，俄之于外蒙、伊犁也，日之于福建、南满也，法之于滇，德之于鲁也。或由战胜攻取，或由秘密缔约，或由清廷断送，或由列国协谋，均于其所志之地，攘得不让他国之特权。夫势力范围云者，欧人拓土非洲，分据海岸，而以其后方之地，价（？）定界域，俾隶各国，以避纷争之事也。非洲荒漠之野，欧人临之，视若无物，横行罔忌。而奈何以其施于非洲黑人者，施于吾文化渊源神明遗裔之宗邦，斯其夷视吾国族于何等耶！美之于华，向无领土野心，惟冀扩其商路，见夫列强之植力于华，若兹其猛进，深虑其不利于华者，将亦不利于美。于是其国务卿甄海氏，于千九百年，牒布各国，标门户开放、机会均等主义，旨在使列强在华之势力，无问何国之于何地，均当与其他各国持平衡之度，勿得擅禁其贸易之权。虽于周缘租借之域，声明势力范围，亦弗许擅自封锢，秘为独有。一面破中国闭关锁国之故习，俾与各国以同一之机会，均沾利益。各国既受此牒，无不阳示赞同，而阴实梗之，美则益奋力以求此主义之实现。其间列强关系，斗角钩心，亦复互思防制。故扬子江流域者，英视为其势力范围也，而有粤汉、川汉二路之四国借款以间之，日本亦于汉冶萍公司及南浔铁路享有投资之权利。满洲者，日、俄视为其势力范围也。而美前国务卿诺克士有满铁中立之提议，同时，中国亦与英、美有爱锦铁路借款之商榷。虽皆尼于日、俄而未果，而其变相则为四国借款，以振兴满洲实业，改革满洲币制为其用途。磋商妥洽，将有成议，而滔滔江汉，革命怒潮，掀天以起，兹事竟寝。然而门户开放、机会均等主义，至是不可不认为告几分之成功，而中国于此，乃得偷安苟存于旦夕之残喘。革命战后，剜肉补疮，犹患弗给，乃大举借款，以铁路作抵。列强在华之经济势力益密，经纬参差，纤维若织，中国等于自缚之春蚕，列强如争食之饿虎。而蒙、藏与俄、英之关系，较前益彰，各国对我领土之兴味，复从兹而益浓。然均势之基，固未动摇也。是则致中国于将亡者，惟此均势；延中国于未亡者，惟此均势；迫中国于必亡者，亦惟此均势。此列强在华中世（"中世"，疑为"均势"之误。——编者）之概观，世指为远东问题者也。同时其纷纭杂沓，有与之同符者，即所谓近东问题是。奥斯曼利土厥（即土耳其）帝国之兴也，飘飘半月旗，一挥而蔽欧洲之日月。自十七八世纪以还，一败于奥，再屈于俄，国势日促，外患既不可遏，内忧又复梦乘。巴尔干诸小邦，或前属行省，或久列藩封，以历史所遗种族宗教之痕印，历久未湮，根本一弱，遂纷纷畔离，谋所以自树。列强于此，则利用其种族之感情，阴操其宗主之权，大日耳曼主义与大斯拉夫主义之二大暗流，冲激摩荡，轧轹不已。彼一国一族之隆替，与之连封接壤者，即属异类殊族，亦莫不同其休戚。于是各从其利害之所同，而有三国同盟与三国协商之对抗，三同盟国者，德、奥、意也，三协商国者，英、法、俄也，以保一时之均势，以郁全欧之暗云。此近东之均势，又遥与远东之均势相为呼应，以成世界全局之均势。牵一发，则全身俱动，若待爆之火山，若奇幻之魔窟，风云万变，光怪陆离。巴尔干风鹤一惊，列强莫不皇皇焉戒惧以临，若大难之将至。盖企平和于均势之局，犹厝火积薪以求安也。近年巴尔干两次战争，列强相戒，勿事干涉，虽能幸免于乱。今以奥储一滴之血，塞人一弹之光，霹雳一声，天惊石破。举世滔天之祸，全欧陆沉之忧，遂汹涌于巴尔干半岛之一隅。余波所及，更与极东之沉沉大陆相接。正如铜山东崩，洛钟西应，而呱呱堕地之中华民国，遂无安枕之日，此欧洲大战及于极东均势之影响也。民国肇造，邦基未安，方期举我全国刚毅强固之人心，尝胆卧薪之志气，艰难缔造，补苴弥缝。内之巩我邦家于金瓯磐石之安，外之与世界各友邦共臻和平康泰之盛运。何图天意难知，祸机卒发，奥、塞构兵于前，德、俄攘臂于后，英、法牵于协商之义，突厥（土耳其）念其累世之仇，黑山国（门的尼哥罗）则救助同族，比利时则捍卫中立，前后数月间，相率沦溺于战祸洪流之中而勿容自拔。我中华民国，爱人类之平和，悯友邦之殃厉，乡人有斗，披发缨冠，同胞互仇，宁容坐视。当夫战牒纷传，羽书四达，我政府体国民维持人道之众意，亦尝东顾日本，西讯彼美，蕲斯三邦携手，近维东亚之大局，远解西欧之惨变。美国政府复电赞同，许与共作调人。日本阳诺阴违，机谋诈变，假日、英同盟之虚名，报还附辽东之旧怨，朝发通牒，夕令动员，师陈黄海之滨，炮击青岛之垒。夫青岛孤悬一隅，德人不过几千，兵舰不过数艘，仅足自卫，乌敢犯人，讵能扰乱东亚之平和，阻塞过商之要路，日本必欲取之者，非报德也，非助英也，盖欲伺瑕导隙，借以问鼎神州，包举禹域之河山耳。溯自日、俄战后，旅大移租，三韩见并，南满实权，亦归日人掌握，殖民则任意经营，筑路则自由行动，关东有都督之设，铁路为军人所司，黑水白山俨非我有。夫鲁之有胶、澳，辽之有旅顺，相犄角而镇渤海之门户。旅顺失则辽东不保，胶、澳失则齐鲁亦危。旅顺与胶、澳，尽为日本所据，则扼燕京之咽喉，撼中国之根本，而黄河流域，岌岌不守矣。今日本乘欧人不暇东顾之时，狡焉思启，作瓜分之戎首，逞吞并之野心，故其进攻青岛，迟迟吾行，沿途淫掠，无所弗至，杀戮我人民，凌辱我官吏，霸占我电局，劫发我公库。我政府勉顾邦交，再三隐忍，不得已而划交战区域，冀其蛮行稍有所限制。我国民茹痛吞声，亦勉遵政府之命令，多所供其牺牲。日本犹不自足，更进而强劫胶济铁路，军士肆其横暴，意欲挑起衅端，思得口实，试其戈矛。我国廉知其谋，咽满腔之血泪，忍切肤之奇痛，百般横逆，一味屈从，两国邦交，幸无枝节。青岛既陷，方谓一幕风云，暂可中止，我政府遂向各国宣告交战区域之撤去，本其固有之权，与所应为之事，而在交战期间，对于双方竭诚相与，无左右袒，严守局部中立之义务。凡在友邦，当所共鉴，纵欲加罪，宁复有辞。而孰知竟以撤去交战区域撄日本之盛怒，谓为辱其国体，挟其雷霆万钧之势，迫以强暴无理之条。全案内容，虽未确知，东西报章，已揭其要，析为四项，凡十九条，谨节原文撮举于下：

（甲）南满洲及东蒙古

一、辽东半岛之租借，自一九一五年起，展期九十九年；

二、南满洲铁路条约，延长九十九年；

三、南满洲警察行政权；

四、日本人在南满洲应得居住、经商及购置田地之自由；

五、安奉吉长铁道租借条约，延长九十九年；

六、承认内蒙古（即东蒙）为日本独享之势力范围；

（乙）山东

七、胶济铁路及所有德国在山东之矿山铁路实业，须无条件的让与日本；

八、烟潍铁路及龙口支路之建筑权；

（丙）福建

九、承认福建为日本独享之势力范围；

一〇、自福建至江西、湖南之铁路建筑权；

一一、福建省内所有矿山、铁路及其他实业，应归日本与中国合资兴办；

（丁）一般的要求

一二、中国陆海军应聘用日本人为教练官；

一三、中国财政、教育、交通各部，应聘用日本人为顾问；

一四、中国学校之教授外国语者，应教授日本语；

一五、汉冶萍盛宣怀借款之事，应办理清结；

一六、凡授给矿山、铁路及其他工业之特权时，应询问日本之意见；

一七、若中国有内乱时，应求日本武力之辅助，日本亦担负中国秩序之维持；

一八、煤油特权让与日本；

一九、开放中国全部，使日本人自由经商。

凡兹条款，任允其一，国已不国。况乃全盘托出，咄咄逼人，迫之以秘密，胁之以出兵，强之以直接交涉，辱我国体，舆论激昂，则捏词以诬之；国民愤慨，则造谣以间之。不曰独探，辄曰收买，忽而离间，忽而煽动，一若吾国人皆鹿豕之不如，尽金钱之可赂。至彼报章横议，主兴问罪之师，政社建言，促行解决之策，欲举其详，难更仆数。此日本乘机并吞中国之由来，吾人所当镂骨铭心，志兹深仇奇辱者也。日本既发此大难，中国不敢〔甘〕于坐亡，日复一日，势必出于决裂。彼有强暴之陆军，我有牺牲之血肉；彼有坚巨之战舰，我有朝野之决心。蜂虿有毒，而况一国，海枯石烂，众志难移。举四百余州之河山，四万万人之坟墓，日本虽横，对此战血余腥之大陆，终恐其食之不下咽也。且极东突有震动，欧战必亟议和，群雄逐逐，马首东回，德报新仇，俄修旧怨，美有邻厚之虞，英有弃盟之势，万矢一的，以向日本，而以我中原为战场，中国固已早亡，日本岂能幸免。苟至于此，黄种沦于万劫之深渊，皙人独执世界之牛耳，野心勃勃之日本，果安在哉！嗟彼日人，阴贼成性，当民国初建之际，挑兄弟阋墙之机，射影含沙，无所不至。双方盅以顾问，百计施其鬼谋，欺我政府，愚我黎庶。凡兹岛国之阴谋，尽成一家之痛史，创痕犹在，前事未忘。今更恃强挟迫，无理要胁，大欲难填，野心不死，是不义也。且维持东亚平和，保全中国领土，日、英既有成言，举世实闻此语。今遽背盟爽约，躬为破坏东亚平和，吞并中国领土之戎首，而无所于恤，为世界扰乱之媒，酿未来大战之祸。今日既种恶因，异时焉有善果。戕贼人道，涂炭生灵，是不仁也。恶因既种，后祸难逃。直接以贾中国之怨者，间接以树列国之敌。今日以之亡中国者，异日即以亡其日本，利令智昏，同根自煎，辅车既失，唇亡齿寒，是不智也。向者日本对德恭顺备至，一旦卒遭大难，遽而反颜。趁火行劫，强盗所耻，堂堂国家，且又过之，是不勇也。查其对德通牒有云，以还付中国为目的，以欺世人耳目。曾几何时，青岛既下，牒章之墨未干，汶阳之田不返，因得陇而望蜀，遂雨覆而云翻。世俗相交，犹重然诺，国际宣言，弃若敝屣，是不信也。此不义、不仁、不智、不勇、不信之行为，于日本为自杀，于世界为蟊贼，于中国为吾四万万同胞不共戴天之仇雠，神州男子，其共誓之！

抑日本蕞尔穷岛，力非能亡我中国者。国人而不甘于亡，虽至今日，犹可不亡；国人而甘于亡，则实中国有以自亡耳，何与日本！忆昔甲午痛创，艨艟巨舰，旌旗蔽空，横槊临江，威震海表，纵不能称雄一世，以与敌较，数倍其力，宜可以摧折强邻，威加三岛，乃竟一战而败，尽歼于敌，国威自此一蹶不可复振。日、俄战后，敌气益炽。青岛之役，有如昨日，吾关东山左之父老，惊窜流离，死不得所。他如二辰丸之鸣炮升旗，五警士之死不瞑目，非分相干，有加无已，一日纵敌，数世之患。呜呼！岂止数世而已哉！曩者去国，航海东来，落日狂涛，一碧万顷，过黄海，望三韩故墟，追寻甲午覆师之陈迹，渺不可睹。但闻怒潮哀咽，海水东流，若有殉国亡灵凄凄埋恨于其间者。居东京，适游就馆，见其陈列房夺之物，莫不标名志由，夸为国荣。鼎彝迁于异域，铜驼泣于海隅，睹物伤怀，徘徊不忍去。盖是馆者，人以纪其功，我以铭其耻；人以壮其气，我以痛其心。惟有背人咽泪，面壁吞声而已。言念及此，辄不胜国家兴亡之慨，而痛恨于前清末季，民国初年，朝野上下之忘仇寡耻，徒事内争，颓靡昏罔之人心也。夫苟一经创辱，痛自振励，起未死之人心，挽狂澜于既倒，则今日欧洲莽怪之风云，宁非千载一时、睡狮决起之机，以报累代之深仇，以收已失之土地，从此五色国徽，将亦璀璨光耀于世界。徒以清之君臣，酣嬉自废，畛域横分，民国承之，操戈同室，时机坐误，夫复何言！国人及今而犹不知自觉，犹不急起而为生聚训练之谋，来者视今，恐犹今之视昔，炎黄远裔，将沦降于永劫不复之域，而灭国之仇，夷族之恨，真天长地久，无复报雪之期矣！呜呼，同胞！亦知今世亡国之痛乎？波兰之灭也，俄人迁其世族贵胄于荒寒绝漠之西伯利亚，玉关万里，故国长辞。印度之灭也，英人役之以充兵，驱之以赴敌，出印人之血肉，为英族之牺牲，吁天无路，牛马长沦。乃若安南亡于法，朝鲜并于日，其墐户无天，避秦无地之惨剧，尤为见者心酸，闻者发指。昔者改姓易代，兴亡倏忽，而一二遗老孤臣，不忍见宗社之倾，君父之辱，犹或黄冠草履，歌哭空山，乱礁穷岛，相望饮泣，亦欲抱残经于学绝之交，存正朔于危难之际，虽至势穷力尽，卒无变志灰心，杀身成仁，刎颈殉国，流离转徙，客死天涯。宋之文山、叠山，明之苍水、舜水，垂于史册，炳如日星。矧今之世，允非昔比，国社为墟，种族随殄，亡国新法，惨无人理。君子有猿鹤之哀，小人罹虫沙之劫。空山已无歌哭之地，天涯不容漂泊之人。犹太遗民，梦怀故国，文豪富贾，屡出其热烈之文章，宝贵之黄金，以求一地，聚族而居，累世远谋，卒无所成。韩社既屋，安重根以哈宾之弹，当博浪之椎，虽此一滴刚正之血，未尝不足以点缀其黯淡无光之亡国痛史。然而枯藤可断，十三道之江山不可复保矣。呜呼，同胞！值此千钧一发之会，当怀死中求活之心，最后五分，稍纵即逝，过此以往，皆凄凉悲惨之天地也。然则吾国民于今日救国之责，宜有以仔肩自任者矣。

吾国民今日救国之责维何？曰：首须认定中国者为吾四万万国民之中国，苟吾四万万国民不甘于亡者，任何强敌，亦不能亡吾中国于吾四万万国民未死以前。必欲亡之，惟有与国同尽耳。顾外交界之变幻，至为诡谲，吾国民应以锐敏之眼光，沉毅之实力，策政府之后，以为之盾。决勿许外敌以虚喝之声，愚弄之策，诱迫我政府，以徇其请。盖政府于兹国家存亡之大计，实无权以命我国民屈顺于敌。此事既已认定，则当更进而督励我政府，俾秉国民之公意，为最后之决行，纵有若何之牺牲，皆我国民承担之。智者竭其智，勇者奋其勇，富者输其财，举国一致，众志成城。胜则此锦绣之江山可保，而吾祖宗袭传之光荣历史，从此益可进展于无穷。败则锦绣之江山虽失，而吾祖宗袭传之光荣历史，遂结束于此。葆有全始全终之名誉，长留于宇宙之间，虽亡国杀身，亦可告无罪于我黄帝以降列祖列宗之灵也。河岳镇地，耀灵炳天，血气在人，至刚至大。九世之深仇未复，十年之胆薪何在！往者不谏，来者可追，愿我国民，从兹勿忘此弥天之耻辱可耳。泣血陈辞，不知所云。

留日学生总会李大钊撰

1915 年 2 月 11 日之前

国民之薪胆
（1915 年 6 月）

　　吾国对日关系之痛史，宜镂骨铭心纪其深仇大辱者，有三事焉：曰甲午，曰甲辰，曰甲寅。甲午之役，丧师割地，东亚霸权，拱手以让诸日本。甲辰之役，日本与俄，争我满洲，而以我国为战场，我反作壁上观，其结果致敌势益见披昌。甲寅之役，日德构衅，以吾国山东为战场，一如日俄故事，后幅文章，竟欲演亡韩之惨剧于吾中国。此三甲纪念，实吾民没齿不忘者也。吾人于甲寅之新印象，更牵起甲午、甲辰之回顾，以青岛之战祸，无异辽东之劫，通牒之酷虐，几于城下之盟，将来欧洲战云若霁，此风雨摧零之中华国徽，究因横暴之侵陵，作何颜色，茫茫前路，殊难预卜。但知吾国沦降之新地位至于何等，皆日本此次乘世界之变局，强携我国家若民族濒于万劫难复之域，而堕之于九渊之中。吾人历数新仇旧怨之痕影，苟时势尚许我以最后之奋斗，则此三甲纪念中之甲寅，吾人尤愿与之共未来之薪胆生涯者矣。

　　交涉告急之顷，吾人执笔欲纪其经过之概略，而以外交秘密，莫从探检辄止。内外报章，虽各间有传载，亦东鳞西爪，莫辨虚实。延至今日，吾国竟屈于敌，震于其强暴无理之最后通牒，丧失国权甚巨，国将由此不国矣！交涉既结，两国政府，均有发表之公文，而自青岛战争伊始，迄于日本向我国提出要索条件，其间交涉详情，本会前曾刊行之《日人谋我近事》（雷君殷著），述之颇详，雷君且愿广续终篇，饷我国民。兹篇之作，仅撮其要，而以最近国民之血泪，略事点缀，取其便置座右，永志弗忘而已！

　　民国三年八月，欧洲大战之血幕既开，日本政府于八月四日，发表一种公文，旨在宣言对于战局严守中立，惟万一英国亦涉战潮，日、英协约目的濒于危殆，日本当尽协约义务，而执必要之措置。识者已预知东亚之悲惨风云，将从其所谓必要措置者腾波叠浪而来矣。于是同月六日，大隈氏召集内阁会议，八日夜召集元老会议，九日与英政府开始交涉，英不同意，日更要之以利害，请其再思，十二日夜半，得英同意，但附条件，十四日，日、英交涉完毕。

十五日午后七时，致最后通牒于德国，借保东亚和平之名，要求德国以胶州湾租借地全部交还中国为目的，限于一九一四年九月十五日交付日本，并称至八月二十三日正午，不接完全承认之答复，日本当执必要之行动。届时德不答，是日午后六时，日本政府遂向德国宣战。二十七日，奥国亦向日本宣战。先是八月二、三、四日，欧战起，六日，吾国遂布中立。同日，电驻日、美我国公使，俾向日、美二国政府陈辞，请其与中国协力限制战局。美国复电赞同，日本不应，后遂果攻胶州湾。但宣战前日本代理公使小幡酉吉，亦尝向我国声明："此次用兵，原为维持东亚和平，履行日、英盟约起见，日本决不侵占中国领土，违害中国中立。"乃九月二日，日本军突由山东黄县之龙口、莱州之金口、即墨之虎头口上陆，公然侵我中立。我国政府，仓卒不知所措，德国起而抗议，乃听顾问日本人有贺长雄之言，援日、俄战时旧例，推广战区，宣布局部中立。德、奥不平，屡起抗议，抗议未已，而日军又于九月二十五日抵山东中部，迫我交战区域以外之潍县。时日本新派驻华公使日置益氏已就任，我国向之质问，彼初委为不知，继不认潍县在交战区域以外，日军一面仍西进不已，我国虽两次抗议，皆置弗理。至十月二日，始有答复，谓山东铁路确属德国管理，可视为租借地之延长，称以在县西之铁路，弃诸敌国，有军事上之危险，且中国有援助敌国之事实，并反质中国何以不允撤退铁路守兵。三日，驻军一进济南，挑隙之举，不一而足。我国一味隐忍，虽压迫纷来，皆忍不与较，其间山东境内茹痛至深，盖无日不受惊窜流离之苦，惨杀侵掠之祸也。十一月七日，青岛陷，吾国朝野以谓战局既收，幸无枝节，凡兹一隅所起之国际问题，一俟欧战构和之日，听列强处分，目前或无困难问题之更发。庸讵知青岛之战，乃不过如初揭全书之首页乎（日本政界要人尝有斯言）！盖项庄之剑，志在沛公，青岛之用兵，不在报德之前仇，非为履英之盟约，殆欲借端以树兵威于我大陆，作强暴要索之先声耳。方八、九月之交，日、德战端既启，日本朝野各团体争呈意见书于其外交当局，以定对我要索之条款。外相加藤氏参酌众见，制成原案。其时大阪各报，略泄其秘，揭有所谓日、华新协约者，传闻由日置氏携入北京，国人当能忆及，此即今回要索之幻影。当时拓殖新报内田良乎干涉中国国体、要求聘用大宗顾问、普设日语学校之说，或亦即备其外交当局采择之一部。于是加藤氏于十一月二日，自山县始，历访其元老，并密召日置公使回国，托言母病，此轺车之去来，当有无限之风云从之以行。各方意见，既皆疏通融会，日本之决心，已泰半持定，乃作盘马弯弓乘机欲发之势，见有青岛关税问题，以为可乘之机，我国虽允其请，任大连税关长之花树氏为青岛税关长，彼又反以为辱其国体，真所谓欲加之罪，何患无辞也。十二月三日，加藤又历访元老，征其同意，要索条件，本可于是时提出，故欲牵税关问题，以为导线，惟其时以议会弹劾内阁之喧声甚高，一时搁置，税关问题，遂得含糊了结，无可借口。适本年一月七日，我国以青岛既陷，正式通告日、英、德三国，声明拟销交战区域，日本政府向我严行抗议，民间舆论主持尤为不逊，东京《日日新闻》等报，至大书特书，谓宜派问罪使于北京。十八日，日本提出之二十一条款，分为五项，约以秘密，勿使宣布，而其通告各国者则仅十一条，内容轻重，且迥相异。盖此次日本提起交涉，全出于强盗乘火劫掠之行径，对于中国纯用迫胁威吓之术，对于世界各国，则取欺瞒诈骗之方，国际上不信不义之交涉，莫过于是也。我国既遭此奇辱，乃委由外交部当交涉之冲，彼亦自知其曲，未遽更为无理，政府遂亟任陆徵祥氏为外交总长，而交涉遂于二月二日正式开始矣。会议地点，在外交部迎宾馆，外交舞台中之人物，吾国则为外交总长陆徵祥，次长曹汝霖，秘书施履本；日本则为公使日置益，一等书记官小幡酉吉，秘书高尾亨。会议之间，因日使堕马受伤，我外交当局移就日使馆会议者数次。每次会议，日使态度，备极强硬，闻小幡氏尤为蛮暴，其飞扬跋扈之状，咄咄逼人。至三月二十二日，日本托言换防，益大派军队，前往南满、山东，政府以该国驻屯军，并未满期，径向日使质问，原有防军，何时撤回？日使答以必待交涉有圆满结束，方能撤退。日本之辱我国体，竟至此极。自开议至四月十七日，为期有三月之久，前后会议共二十八次，计其要索条款之中，至是中国已表示同意者十五款。关于山东者，如沿海一带岛屿之不割让，烟台或龙口接济南铁路借款之优先权，要地之开放商埠，均经承认。惟于山东将来之处分，提出附加条款，其大旨为：（一）日本政府声明中国政府承认前项利益时，日本应将胶、澳交还中国；（二）将来日、德会议时，应准中国参加；（三）中国因胶战所蒙之损失，应由日本赔偿。此外尚有对待要求一条，即速行回复山东原状。关于南满者，如旅大及南满、安奉两铁路，租借延期至九十九年，南满洲铁路借款，南满洲税课抵借外债及南满洲聘用顾问之优先权，南满洲开矿之特权，吉长铁路借款合同之改订，吉长铁路股本及完全管理权之让与，日人在南满有置产盖造商工业及农业应用地及内地杂居之权利，均一一承诺。惟关于管辖并保护享受末项权利之日本人，中国欲加修正条款。关于汉冶萍公司者，中国亦允该公司如愿与日本资本家合办，政府不加反对。关于全国沿海一带不割让，中国允自己宣言。关于福建者，亦允日后按照日本之意愿，另行声明。其他诸款，或有损于中国主权太甚，或背乎各国机会均等主义，如汉冶萍问题之第二款，合办中国警察（后经日使解释为仅指南满警察而言，并云：如中国聘用日人为南满警政顾问，日政府必能满意，中国遂勉允之），学校、医院、寺院用地及布教权，扬子江铁路权利，聘请有力之日本人为政治、财政、军事顾问及教习，购定数军械，与合办军械厂各要求，悉以无从商议拒之，并详细说明其理由。其余争执最多之事项，厥惟南满洲土地所有权及东蒙古问题。日本原案要求日人有在南满租地或购置地亩及居住、游历、贸易、制造权，中国以若是则不惟限制中国主权，且害及机会均等，遂于第一次修正案提出在南满洲添开商埠，且设立中日合办农垦公司，日本不允。嗣又提出第二次修正案，收回前案，允其杂居，惟声明商埠以外之日本人，须服从中国警章，完纳各项赋税，与邦人一律，并援引间岛交涉成案，既有杂居之权，断不容领事裁判权与之并行，但准日本领事到堂听审，日本仍不允。乃为第三次修正案，民刑讼案，分别处理，照土耳其之先例，日本犹不允。遂于第四次提案，完全照原案承诺，惟易土地所有权为租借权，耕作土地加以另订章程数字而已。东蒙古为日本杜撰之新名词，界域既不分明，且与日本无何关系，今遽与南满相提并论，政府于此，亦主退让，允于该处开辟若干商埠。据上所述，吾国政府退让已至于无可退让之地，乃日本益以为易与。停议十日后，竟于四月二十六日重提修正案。此新议案综计二十四款，声明中国如将此二十四款全部承认，日本政府拟将胶州湾一带之地，以适当之机会，附加条件，归还中国，是为日本最后之让步云云。中国对此新议案，于五月一日答复，又予以新让步，将此追加提出东部内蒙四款承认三款，对于日本人务农，中国曾提有另订章程一节，径即取消。对于日人间或日、华人间之讼案，允日本领事派员旁听，并徇其请，将警察法令章程，改为违警章程，以缩小中国行政权。对于汉冶萍问题，中国承认此新议案要求诸款，即中国政府声明该公司不归国有，又不准充公，不准使该公司借用日本国以外之外国资本。关于福建问题，亦允向日本声明中国政府并无允准何国在福建省沿岸，建设造船厂、军用蓄煤所、海军根据地及其他一切军务上设施并无拟借外债自行建设或施设上开各事。于该答复中，婉陈中国不能再行让步之苦衷，冀其迅表同意，日本终不以为满意，仍以严重手段相威吓，我国政府犹声称未经承认之条款，尚可再加考量，而日本雷厉风行之最后通牒，已于五月六日电寄北京矣。是日夜间，曹外交次长复往日使馆，称第五项中学校用地所有权或租借权，尚有磋商余地，其他扬子江铁路问题，第三国之关系如能解决，亦无不可云云。日使闻之大喜。盖其所谓最后通牒中之要求，犹未及此，遂电告日本政府，请示可否将通牒内容稍事更换，日本政府复电，谓已经御前会议，且已通告各国，碍难再改（此事二十二日日本众议院议员长岛隆二氏，曾以质问其外相加藤氏，加藤氏答以此系曹次长私人之见，非代表中国政府），此通牒遂于七日下午三时递到。通牒内容，与四月二十六日提出之新议案，大旨不相出入，惟将第五项作为悬案，限于五月九日下午六时答复。政府既受此牒，骇愕四顾，内无强兵，外无与国，惟有承认之一途，坦荡可行。爰于九日早一时，陆总长亲往日使馆，正式承认。二十五日下午，条约正文签字。日本于此次交涉，以区区一纸恫吓之书，居然索我巨量之权利于坛坫俎豆之间，所获不可谓不丰，宜其踌躇满志私心窃喜也。而顾吾国，既丧目前之权利，更萌异日之祸根。呜呼政府！呜呼国民！其永永世世勿忘此五月七日可耳！吾纪此痛心刺骨之中日新交涉颠〔巅〕末，取材多由于两国政府所发表之公文，更参集中外报章，补其未备。其外交黑幕之风云，以锢封于秘密之键，无从窥其奥蕴，即此已足为吾民未来二十年卧薪尝胆之资，幸勿依样葫芦，事过境迁，仍葬于太平歌舞沉沉酣梦之中也。弱国外交，断无不失败之理，吾人今欲论政府办理此次交涉之失败与否，惟问其失败之程度如何。然国家根本之实力，既脆弱不足以自支，吾人亦何敢侥幸于外交当局一时比较之胜利，且即望之，亦乌能得。斯则徒为支〔枝〕节节之谈，以与政府论外交之得失，自相怨诉，不惟无补，且以纷扰国民之观感。吾人以为与之辩得失于事后，勿宁与之图挽救于方来。故对于政府，诚不愿加以厚责，但望政府之对于国民，亦勿庸其欺饰。盖时至今日，国亡家破，已迫眉睫，相谋救死之不遑，更何忍互为诿过，互相归咎，后此救亡之至计，端视政府与国民之协力。吾乃更就此次丧失权利之内容及其影响，本乎事实，试为推断，亦欲促政府之反省，奋国民之努力而已。

（甲）山东问题

山东自青岛陷后，日本已视为第二之满洲。惟欧洲战争未结以前，吾国关于山东问题，实无与日本交涉之必要。盖德国海外之海军根据地，不独吾国领土德国租借之青岛为日本所占领，如扶罗陵群岛萨摩，亦皆与青岛居同等之地位，将来媾和之际，当有适当之处分，吾国但保将来加入会议之权，以待其时之折冲可也。日本于交战伊始，即附以归还中国为目的之文句于其最后通牒之中，虽青岛既下，一般日本国际法学者争主张此文句已失其效，然即此愈见此项文句之来历，当于日、德战前之日、英交涉有一段历史，即愈见日本将来之不能弃国际宣言若敝屣。日本政府既自知其不能常此保有，乃取避名居实之计，以归还青岛为饵，给吾外交当局。不图我政府果中其计，与之交涉，约山东沿岸不割让何国，与以铁路借款优先权，并开放沂州、济宁、德州等要地十一所为商埠，从兹尼峰邹峄之乡，泱泱表海之国，又为木屐儿安乐之天府，而山左之同胞苦矣。且当欧战未结之际，受日本之形式归还，将来德国必有责言，吾又何辞以对，吾又何恃以为抗？纵将山东权利全部还我，今日受之，犹且未可，况徇虚名而受实祸，甘为日本效傀儡之勤劳，政府苟不慎审及此，异日噬脐，嗟何及哉！

（乙）南满问题

此次交涉结果，关于南满洲者，几与割让领土权无异。盖旅大及南满、安奉二路之租借期延长，自租借时起，为九十九年。吉长铁路之管理经营，亦归日本掌握，其他重要行政之顾问权，种种借款之优先权，九处矿山采掘权，内地杂居营业权，土地租借权，治外法权，均皆囊括无遗。日本朝野十年以来处心积虑求之而未能者，今于谈笑指顾间得之，其欣喜为何如者。然而白山黑水间之华裔死无葬身之地矣！

（丙）东蒙问题

东蒙界域，虽未知若何划定，据中国宣布之公文，当为奉天属之一部，与热河道辖之一部，此次交涉，许以合办事业，借款优先权，并开放商埠若干处，日本势力，骎骎乎入畿辅重地矣。

（丁）汉冶萍问题

今此强国之要素，厥惟煤铁。汉冶萍产煤铁甚丰，造兵造船，莫不资为宝库。日本欲垄断之，绝我国武器之渊源，使我永无恢复旧物之希望。以一时经营未善，遽借外资，结造今日之孽缘，回思往事，能勿痛心！呜呼！外债真亡国之媒也。

（戊）福建问题

日本既于汉冶萍公司得有垄断权，足断我国兵器之渊源，制我国军政之死命，犹虑海军或尚有一线之生机，亦求所以绝之。遂于福建省限制我国借外资建造海军港湾，兴办造船所，并惧许他国以海军根据地、煤炭贮蓄所，我国亦悉允之。甲午一败之后，海军残舰，已无可言，今并其未来之命运而亦斩之矣。

（己）第五项悬案问题

第五项之所以列为悬案者，乃由其要索条件为列强所侦知。美国以利害相关尤切，且与路特高平觉书，及去年日本攻青岛前之约束相背，美以未入战争之潮流，稀有东顾之暇，遂得向日本为严重之质问，英国亦以扬子江铁路问题相为尼阻，乃得置为悬案。日本于此，颇惧操之过激，招列强之反感，然其念固仍未断也。观其加藤外相答复某议员之质问，公然声明异日仍求解决。但其有解决之机会与否，纯以欧洲战争之形势为断。苟欧洲兵火，连年不休，则日本即举我中国存亡问题视为悬案以自由处分之，亦或无所忌惮。盖纵无所借口，势之所许，又何不可，况于约章明订为悬案者乎？惟望我朝野，励精图治，以预防此祸根之萌发，而与之为最后之一决也。

总之，此次日本要索之主的，对于吾国，则断绝根本兴复之生机，毁灭国家独立之体面，使我永无自存图强之实力。对于列国，则阴削其极东之势力，既得者使之减损，未得者预为防遏，得志则称霸东方，不得志则以我国为嫁祸之所。即如"中国沿海不割让何国"之宣言，日本所以迫我为此者，意果何居？使我国而有此实力者，即无宣言，他国岂能强索？苟无实力，纵宣言万遍，宁有丝毫效果，足遏列强之雄心？此殆日本诡谲之阴谋，以备万一欧洲战后，列强中有欲求偿于中国以抵制日本势力于东方者，彼且有辞以进而再事强索于我，以为瓜分中国时多获权利之地步耳。且日本此次于中国获得之权利，占世界各国之优势，欧洲战后，攘臂东来，必且忌妒之而暂求偿于中国喘余之微命，势必形成一亚东之新均势。此新均势之实质，将与瓜分之境相去不远。所以暂留一步者，西方各国方疲命于巴尔干战局之中，元气未复，不愿骤兴兵争于东大陆也。迨其国力稍见充实，终必出于一战，以解决中国问题，而为权利分配之裁判。然则日本今番之行动，吾人认为异日瓜分之戎首可也。吾于最后，欲为一言：政府果不愿为亡国之政府，则宜及早觉悟其复古之非，弃民之失，速与天下更始，定根本大计，回复真正民意机关，普及国民教育，实行征兵制度，生聚训练，以图复此深仇奇辱。国民而不愿为亡国之国民，亦宜痛自奋发，各于其本分之内，竭力振作其精神，发挥其本能，锻炼其体魄，平时贡其知能才艺于社会，以充足社会之实力，隐与吾仇竞争于和平之中；战时则各携其平时才智聪明素积之绩效，贡其精忠碧血于国家。吾辈学生，于国民中尤当负重大之责任，研究精神上之学术者，宜时出其优美之文学，高尚之思潮，助我国民精神界之发展；研究物质上之学术者，宜时摅其湛深之思考，施以精巧之应用，谋我国军事工艺器械之发达。诚以精神具万能之势力，苟克持之以诚毅，将有伟大之功能事业。基于良知一念之微明，则曹沫雪辱，勾践复仇，会有其时。堂堂黄帝之子孙，岂终见屈于小丑！前此四千余年，吾民族既于天演之中，宅优胜之位置，天道未改，种性犹存，胡竟昔荣而今枯，昔畅而今萎。或者盛衰剥复之几，此暂见之小波澜，正为多难兴邦，殷忧启圣之因缘，惟国民勿灰心，勿短气，勿轻狂躁进，困心衡虑，蕴蓄其智勇深沉刚毅果敢之精神，磨炼其坚忍不拔百折不挠之志气，前途正自辽远。光明缉熙之运，惟待吾民之意志造之，惟赖吾民之实力辟之。吾民惟一之大任，乃在迈往直前，以应方来之世变，成败利钝，非所逆计。吾信吾国命未必即此终斩，种性未必由此长沦也。愿我国民，善自为之！

署名：李大钊
《国耻纪念录》
1915 年 6 月

厌世心与自觉心
——致《甲寅杂志》记者
（1915 年 8 月 10 日）

记者足下：

前于大志四期独秀君之《爱国心与自觉心》，风诵回环，伤心无已！有国若此，深思挚爱之士，苟一自反，要无不情智俱穷，不为屈子之怀沙自沉，则为老子之骑牛而逝，厌世之怀，所由起也。有友来告，谓斯篇之作，伤感过甚。政治之罪恶既极，厌世之思潮，隐伏于社会，际兹晦盲否塞之运，哀哀斯民，谁则复有生趣，益以悲观之说，最易动人心脾。最初反问，我需国家，必有其的，苟中其的，则国家者，方为可爱。设与背驰，爱将何起？必欲爱之，非愚则妄。循是以进，自觉之境，诚为在迩。然若所思及此而止，将由兹自堕于万劫不复之渊，而以亡国灭种之分为可安，夫又安用此亡国灭种之自觉心为也。愚惟独秀君构文之旨，当不若是。观其言曰："国人无爱国心者，其国恒亡；国人无自觉心者，其国亦殆。"似其言外所蓄之意，未为牢骚抑郁之辞所尽也。厥后此友有燕京之行，旋即返东。询以国门近象，辄又未言先叹曰："一切颓丧枯亡之象，均如吾侪悬想之所能及，更无可说。惟兹行颇赐我以觉悟，吾侪小民，侈言爱国，诚为多事。曩读独秀君之论，曾不敢谓然，今而悟其言之可味，而不禁以其自觉心自觉也。"是则世人于独秀君之文，赞可与否，似皆误解，而人心所蒙之影响，亦且甚巨。盖其文中，厌世之辞，嫌其泰多；自觉之义，嫌其泰少。愚则自忘其无似，僭欲申独秀君言外之旨，稍进一解。诚以政俗靡污，已臻此极，伤时之士，默怀隐痛，不与独秀君同情者，宁复几人！颇领行吟，怅然何之！欲寻自觉之关头，辄为厌世之云雾所迷，此际最为可怖，所述友言，即其征也。他人有心，予忖度之，妄言梗喉，不吐不释，独秀君其许我乎？

国家善恶之辨，古今学者，纷纷聚讼，亚里士多德、柏拉图、黑智儿诸人，赞扬国家之善，装璜备至。自然法派，则谓为必要之罪恶，而昌无治之义者，辄又遮拨国家，几欲根本推翻，不稍宽假。此事诉于哲理，太涉邈玄，非本篇所欲问。惟就今世论今世。国家为物，既为生存所必需，字以罪恶，未免过当。至若国家目的，东西政俗之精神，本自不同。东方特质，则在自贬以奉人；西方特质，则在自存以相安。风俗名教，既以此种特质精神为之基，政治亦即建于其上，无或异致。但东西文明之融合，政俗特质之变革，自赖先觉者之尽力，然非可期成功于旦夕也。惟吾民于此，诚当自觉。自觉之义，即在改进立国之精神，求可爱之国家而爱之，不宜因其国家之不足爱，遂致断念于国家而不爱。更不宜以吾民从未享有可爱之国家，遂乃自暴自弃，以侪于无国之民，自居为无建可爱之国之能力者也。夫国家之成，由人创造，宇宙之大，自我主宰，宇宙之间，而容有我同类之人，而克造国。我则何独不然？吾人苟不自薄，惟有本其自觉力，黾勉奋进，以向所志，何时得达，不遑问也。若夫国家兴亡，民族消长，历史所告，沧桑陵谷，迁流罔极，代兴代亡者，夥然其非一姓氏一种族也。秦皇、元代之雄图，波斯、罗马之霸业，当其盛时，丰功伟烈，固莫不震赫于当世。曾几何时，江山依旧，人事全非，英雄世主之陈迹，均已荒凉沦没于残碑断阙之间，杳如烟雾，不可复识，所谓帝国宏规者，而今安在哉！是故自古无不亡之国，国苟未亡，亦无不可爱之国，必谓有国如英、法、俄、美而后可爱，则若而国者，初非与宇宙并起，纯由天赐者。初哉首基，亦由人造，其所由造，又罔不凭其国民之爱国心，发挥而光大之，底于有成也。既有其国，爱固不妄。溯其建国伊始，或纵有国，而远不逮今，斯其爱国，又将云何！复次谓朝鲜、土耳其、墨西哥乃至中国之民，虽有其国，亦不必爱，则是韩并于日，土裂于人，墨联于美，或尚足夸为得所。如吾国者，同一自损，更何所择，惟有坐以待亡，听人宰割，附俄从日，惟强者之威命是听，方为得计。斯而可乐，人间更有何事足为畏怖？愚不识斯时果有何幸福加于国家尚存残体之时，并不识斯时自甘居亡国奴地位以外，究有奚裨助于吾侪者。独秀君之所谓自觉心者，必不若是矣。

恶政苦民，有如猛虎，斯诚可痛，亦宜亟谋所以自救之道。但以较失国之民犹为惨酷，殆亦悲观过激蔽于感情之辞。即果有之，亦不过一时之象，非如亡国惨劫，永世不复也。昔有文人 Souvestre 者，尝游巴黎，感怀所触，著为笔录。曾纪一日漫游曲巷，目击穷苦细民，杂处蓬窦，褴褛曝日，风飘蔽〔敝〕牖，泥沟流秽，臭气逼人。亦有孤客，愁死他乡，累然一棺，零丁过市，北邙委骨，狐狸食之，泉台咽恨，幽魂何依！感此惨象，归而咏叹，辄谓人世悲苦，真不如草木之无知，鸟兽之自得也。迨见梁前燕子，雏倡〔侣〕分飞，中有弱稚，弃于故巢，绕室哀鸣，母燕不顾，呢喃自啭，竟以僵死。以视人间母子之爱，海枯石烂，卒无穷期者，判若天渊矣。则又憬然曰："佳儿慈母，例证若斯，其足令人反省，使仍乐为人类者，何其深也。一时激于厌世之思，则羡蛮貊之人为幸运，谓以人而不如飞鸟之回翔自得，但平允之明察，旋即轨似是而非之念于正理。试深考之，当知人性于善恶杂陈之间，善量如此之宏，乃以惯见而不觉，恶一感人，辄全觉之，以其为善之例外也。"（见所著 *An Attic Philosopher in Paris* 第八章 Misanthropy and Repentance）与其于恶国家而盲然爱之，诚不若致国家于善良可爱之域而怡然爱之。顾以一时激于政治之恶潮，厌倦之极，遽祈无国，至不惮以印、韩亡国之故墟，为避世之桃源，此其宅心，对于国家，已同自杀，涉想及此，亦可哀已。第平心以思，国苟残存，善之足以庇民而为惯见不觉者何限，其恶之为吾人所不耐者，乃以其为善之例外，感而易察。反之，亡国之境，甘苦若何，印、韩之民，类能道之。万一不幸，吾人而躬蹈其遇，亲尝其苦，异日者天涯沦落，同作亡民，相逢作楚囚之泣，或将兴狐兔之悲矣。吾人今日取以自况，而羡为善者，殆以为其恶之例外耳。故吾人自愧于印、韩之民，乃与厌世者之憎恶人间，以为不如草木鸟兽之无知者，出于同一之心理。是当于厌倦（Misanthropy）之后，继以觉悟（Repentance）。纯正之自觉，斯萌发于此时矣。

中国至于今日，诚已濒于绝境，但一息尚存，断不许吾人以绝望自灰。晚近公民精神之进行，其坚毅足以壮吾人之意气。人类云为，固有制于境遇而不可争者，但境遇之成，未始不可参以人为。故吾人不得自画于消极之宿命说（Determinus），以尼精神之奋进。须本自由意志之理（Theory of free will），进而努力，发展向上，以易其境，俾得适于所志，则 Henri Bergson 氏之"创造进化论"（Creative Revolution〔Evolution〕）尚矣。吾民具有良知良能，乌可过自菲薄，至不侪于他族之列。他人之国，既依其奋力而造成，其间智勇，本不甚悬，舜人亦人，我何弗若？必谓他人能之，我殊未必，则此特别之民，当隶于特别之国，治以特别之政，此种论调，客卿尝以之惑吾当局，而若吾民，又何可以此自鄙也。吾民今日之责，一面宜自觉近世国家之真意义，而改进其本质，使之确足福民而不损民。民之于国，斯为甘心之爱，不为违情之爱。一面宜自觉近世公民之新精神，勿谓所逢情势，绝无可为，乐利之境，陈于吾前，苟有为者，当能立致，惟奋其精诚之所至以求之，慎勿灰冷自放也。倘谓河清已叹无期，风云又复卷地，人寿百年，斯何可望！则愚闻之，国之存亡，其于吾人，亦犹身之生死。日人中江兆民，脱〔晚〕年罹恶疾不治，医言一年有半且死。兆民曰："命之修短，宁有定限，若以为短，则百年犹旦夕耳。若以为修，则此一年有半，亦足为余寿命之丰年矣。"遂力疾著书不稍倦。愚今举此，或且嗤为拟于不伦，但哲士言行，发人深省，吾国今日所中之疾，是否果不可为，尚属疑问。即真不可为，犹有兆民之一年有半，为吾民最终奋斗之期，所敢断言。吾民果能谛兆民精勤不懈之意，利此余年，尽我天职，前途当发曙光，导吾民于光华郅治之运，庸得以目前国步之崎岖，猥自沮丧哉！

近者中、日交涉，丧权甚巨，国人愤激，骇汗奔呼。湘中少年，至有相率自裁者。爱国之诚，至于不顾身命，其志亦良可敬，其行则至可悯，而亦大足戒也。国中分子，昏梦罔觉者去其泰半，其余丧心溃气者又泰半，聪颖优秀者，悉数且甚寥寥，国或不亡，命脉所系，即在于是。而今或以精神，或以躯干，纷纷以向自杀之途，人之云亡，邦国殄瘁，国真万万无救矣。然则国家之亡，非人亡我，我自亡之；亡国之罪，无与于人，我自尸之。少年锐志，而亦若此，是亡国之少年，非兴国之少年也。夫自杀之举，非出于精神丧失之徒，即出于薄志弱行之辈。日本少年，一遭艰窘，只有投华严之泷之本领，哲人每以是薄之。今吾少年，亦欲以湘水之波，拟彼华严之泷，人其又谓我何也。且时日害丧，国耻难忘，充吾人之薪胆精神，迟早当求一雪，即怀必死之志，亦当忍死须臾，以待横刀跃马，效命疆场，则男儿之死，为不虚死。不此之图，一朝之忿，遽效匹夫匹妇之自经沟渎，是人不战而已屈我于无形，曹社之鬼，嘻嘻笑于其侧矣。是皆于自觉之义有未明也。往岁愚居京师，暗杀、自杀之风，并炽于时，乃因蒋某自铳之事，作《原杀》一文以论之。兹复摘录其一节：

　　自杀何由起乎？宇宙万象，影响于人类精神之变化者，至极复杂，渺不知其主因何在也。即如蒋君自杀一端，就蒋个人观之，则出于一时愤激，就其愤激之原因考之，则又原于校事棘手，其影响及于一人，其原因基于一事，其愤激起于一时。若作社会现象观之，则蒋君自杀之现象，实为无量之他种社会现象促动之结果，模仿、激昂、厌倦、绝望，皆其造因，积此种种之心理现象，而缘于一事，发于一朝。其所由来者渐，其所蕴蓄者素，而所以激发此心理现象者，实以有罪恶之社会现象为其对象也。人类行为，有不识不知而从其途辙者，谓之模仿，是乃社会力之一种。今人轻生好杀，相习成风，自清季已然。陈星台、杨笃生诸先辈，均以爱国热诚，愤极蹈海而死，自杀之风，遂昌于国，而接其踵者，时有所闻，则模仿之力也。鄙陬之夫，有自裁者，其家人或相继出此，至有以同一方法行于同一场所者，庸俗不察，指为冤魂作祟，抑知此亦模仿之故，然发现此类事实之家庭，其隐痛必有难言者矣。复次，社会不平，郁之既久，往往激起人心之激昂。光复以还，人心世道，江河日下，政治纷絮，世途险诈，廉耻丧尽，贿赂公行，士不知学，官不守职，强凌弱，众暴寡，天地闭，贤人隐，君子道消，小人道长，稽神州四千余年（历史），社会之黑暗，未有甚于此时者，人心由不平而激昂，由激昂而轻生，而自杀，社会现象激之使然，乌足怪者。夫世之衰也，政俗不良，人怀厌倦之思，忠贤放逐，归隐林泉，其极乃至厌弃人世，饮恨自裁者有之。在昔暴秦肆虐，仲连蹈海；荆楚不纲，灵均投江，一暝不顾，千古同悲。而清洁之流，不为世容，相率黄冠草履，歌哭空山者，征诸史册，又未可以偻指数。则厌倦浊世，宁蹈东海而死，古今盖有同兹感慨者矣。抑自杀亦为绝望之结果也。自古忠臣殉国，烈妇殉夫，临危尽节，芳烈千秋，此其忠肝义胆，固足以惊天地而泣鬼神。然人见忠臣之殉国也难，而忠臣之所以殉其国也不难；人见烈妇之殉夫也难，而烈妇之所以殉其夫也不难。盖忠臣烈妇之所望于其国其夫者，至恳且厚，既举其毕生之希望，寄于其国其夫，一旦国危夫死，天长地久，绵绵无尽，更安可望者，则殉之以出自裁，其于精神，实觉死而愉快，有甚于生而痛苦者焉。满清末造，吾人犹有光复之希望，共和之希望，故虽内虐外侵，压迫横来，而以有前途一线之望，不肯遽灰其志，卒忍受其毒苦。今理想中之光复佳运，希望中之共和幸福，不惟豪［毫］末无闻，政俗且愈趋愈下，日即卑污，伤心之士，安有不痛愤欲绝，万念俱灰，以求一暝，绝闻睹于此万恶之世也。呜呼！社会郁塞，人心愤慨，至于此极，仁者于此，犹不谋所以救济之方。世变愈急，人生苦痛，且随之益增，而生活艰窘，饥寒更相困迫。佛说天堂，而天堂无路；耶说天国，而天国无门。万象森罗，但有解脱之一路，即自杀是。哀哀禹域，行见其民之相杀、自杀以终也。然则求之荒渺，索之幽玄，毋宁各自忏悔，涤濯罪恶，建天堂天国于人世，化荆棘为坦途，救世救人，且以自救，茫茫来纪，庶尚有生人之趣乎！

由斯以谈，自杀之象，其发也虽由一时一事之激动，而究其原，则因果复杂，其酝酿郁积者，固非一朝一夕之故也。今欲遏之，惟望政治及社会，各宜痛自忏悔；而在个人，则对之不可蔽于物象，猥为失望，致丧厥本能，此即自觉之机，亦即天堂天国之胚种也。尤有进者，文学为物，感人至深，俄人困于虐政之下，郁不得伸，一二文士，悲愤满腔，诉吁无所，发为文章，以诡幻之笔，写死之趣，颇足摄人灵魄。中学少年，智力单纯，辄为所感，因而自杀者日众。文学本质，固在写现代生活之思想，社会黑暗，文学自畸于悲哀，斯何与于作者？然社会之乐有文人，为其以先觉之明，觉醒斯世也。方今政象阴霾，风俗卑下，举世滔滔，沉溺于罪恶之中，而不自知。天地为之晦冥，众生为之厌倦，设无文人，应时而出，奋生花之笔，扬木铎之声，人心来复之几〔机〕久塞，忏悔之念更何由发！将与禽兽为侣，暴掠强食以自灭也。若乃耽于厌世之思，哀感之文，悲人心骨，不惟不能唤人于罪恶之迷梦，适以益其愁哀。驱聪悟之才，悲愤以戕厥生，斯又当代作者之责，不可不慎也。偶有怅触，拉杂书之，仅以述感，不复成文。惟足下进而教之，余不白。李大钊白。

《甲寅杂志》第 1 卷第 8 号
1915 年 8 月 10 日

民彝与政治
（1916 年 5 月 15 日）

《民彝》何为而作也？大盗窃国，予智自雄，凭藉政治之枢机，戕贼风俗之大本。凡所施措，莫不戾乎吾民好恶之常，而迫之以党于其恶。迫已极其暴厉恣睢之能事，犹恐力有弗逮，则又文之以古昔之典诰，夸之以神武之声威，制之以酷烈之刑章，诱之以冒滥之爵禄，俾其天赋之德，暗然日亡，不得其逻辑之用，以彰于政治，而伦纪宪章，失其常矣。呜呼！此其所系，讵止一时之安危治乱而已哉！《书》曰："天视自我民视，天听自我民听。"视听之器，可以惑乱于一时，秉彝之明，自能烛照夫万物。如铸禹鼎，如燃温犀，魑魅妖魔，全形毕现。究之，因果报偿，未或有爽。向之盗劫民彝罔惑民彝者，终当听命于民彝而伏诛于其前，则信乎正义之权威，可以胜恶魔，天理之势力，可以制兽欲也。《诗》云："天生烝民，有物有则。民之秉彝，好是懿德。"[1] 言天生众民，有形下之器，必有形上之道。道即理也，斯民之生，即本此理以为性，趋于至善而止焉。爰取斯义，锡名民彝，以颜本志。一以示为治之道，在因民彝而少加牖育之功，过此以往。即确信一己所持之术足以福利斯民，施之实际亦信足以昭其福利，极其越俎之害，必将侵及民彝自由之域，荒却民彝自然之能，较量轻重，正不足与其所被之福制［利］相消，则毋宁于牖育之余，守其无为之旨，听民之自器其材，自踏其常，自择其宜，自观其成，坦然以趋于至当之途之为愈也。一以见民彝者，吾民衡量事理之器。藏器于躬，待时而动，外界所加之迷惑迫压，如何其梦且重，彼自有其纯莹之智照，坚贞之操守，有匪先民之典谟训诰所能翳障以尽，奸雄之权谋数术所能劫持以穷也。方今求治之道虽广，论治之言虽庞，而提纲挈领，首当审谛兹理，以为设施。违此则去治日遥，泯棼之端，且惧迭起环生之无已矣。

诠"彝"之义，古有殊训。一训器：宗彝者宗庙之常器也。古者宗法社会时代，即祭即政。盖政莫始于宗庙，地莫严于宗庙，器亦莫重于宗彝也。故称其重者以概其余而为百器之总名。有祭器焉，有享器焉，有养器焉，有藏器焉，有陈器焉，有好器焉，有征器焉，有从器焉，有旌器焉，有约剂器焉，有分器焉，有赂器焉，有献器焉，有媵器焉，有服器焉，有抱器焉，有殉器焉，有乐器焉，有徽器焉，有重器焉。国家于冠、昏、丧、祭、征讨、聘盟、分封、赂献、旌功、平讼诸典，必以器从。[2]是器乃为国家神明尊严之所托，有敢窥窃神器者，律以叛逆。周之衰也，楚人问鼎之轻重，王孙满严辞绝之，《春秋》嘉其功焉。古之灭人国者，迁其重器，此名与器所由不可以假人也。商器之文，不过象形指事而已。周器之文，乃备六书，乃有属辞。其有通六书、属文辞、载钟鼎者，皆雅材也。制器能铭，居九能之一。凡古文可以补今许慎书之阙，其韵可以补《雅》、《颂》之隙，其事可以补《春秋》之隙，其礼可以补《逸礼》，其官位、氏族可以补《世本》之隙，其言可以补七十子大义之隙。三代以上，无文章之士，而有群史之官。群史之官之职，即在以文字刻之宗彝。[3]是则宗彝至于有周，不啻文史、舆诵、箴规、典要之渊源。殆如罗马十二铜表[4]之类，固不徒供金石家鉴定之资而已。余今举此，非故罗列古光古色，以坟冢窟藏之物眩惑吾二十棋[秭]国民之耳日［目］，如古董论者之所为；乃以疏证文义之初，明古者政治上之神器在于宗彝，今者政治上之神器在于民彝。宗彝可窃，而民彝不可窃也；宗彝可迁，而民彝不可迁也。然则民彝者，悬于智照则为形上之道，应于事物则为形下之器，虚之则为心理之澂［征］，实之则为逻辑之用也。

彝亦训常，《书·洪范》云："彝伦攸叙。"彝伦者，伦常也，又与夷通用。老子云："大道甚夷，而民好径。"[5]夷，平也。为治之道不尚振奇幽远之理，但求平易［易］近人，以布帛菽粟之常，与众共由。所谓以其易饱易暖者自过吾之身，以其同饱同暖同过人之日，故能易简而得理，无为而成化也。盖非常之原，黎民惧焉，庸言庸行，匹夫与知。以非常之政术，增庸众之迷瞀，以非常之教令，重庸众之桎梏，虑其闻见不熟，或将未寤而惊也，动止不安，或将絷而颠且仆也。吾国求治之君子，每欲以开明之条教，绳浑噩之编氓，依有方之典刑，驭无方之群众。己所好者，而欲人之同好，己所恶者，而欲人之同恶。有诸己矣，而望人之同有，无诸己矣，而望人之同无。抑知此一身之好恶非通

于社会之好恶也，此一身之有无非通于社会之有无也。今以一身之好恶
有无制为好恶有无之法，以齐一好恶有无不必相同之人，是已自处于偏
蔽之域，安有望于开明之途也！任其好同恶异之性，施其强异从同之
权，擅权任性，纵其所之，别白太纷，争攘遂起，同者未必皆归，异者
从此日远，而政以乖方，民以多事矣。此好同恶异之性所以不可滋长，
强异从同之事所以宜加痛绝也。[6]《诗》云："天之牖民，如埙如篪，
如璋如圭，如取如携。携无曰益，牖民孔易［易］。民之多辟，无自立
辟。"[7]是知牖民之道，在因其天性之和合，而浚发其资能之所固有，
如量以显，勿益其所本无，以求助长之功，则其效易［易］睹。盖人生
有欲，政治亦达其欲之一术耳。民之罹于辟者原自多端，不因性以为
法，而立法以禁欲，则是辟自我立，不因乎人。但求其同，不容其异，
专制之源而立宪之反，其结果必至法网日密，民命日残，比户可诛，沿
门可僇也。欧洲当中世之际与改革之初，人之演用魔术而触法以死者累
千累万，为其演用之者，不论谁何，皆害天人之法也。然其时，对于魔
术之信念，颇踞坚厚之势，于象心之中，故虽诉之刑僇，亦无能减其演
用与对之之信念。新旧教坛之疾呼，民政官司之竭力，其于禁遏魔术之
演用，均无效力。惟至数辈明达，简明以示其理，谓兹世绝无演用魔术
其事，以［亦］无魔术其物，故其事乃止。寻其舛误，乃在诉由误解而
动作之人于刑，与听诉人为其实际所不能为之事而后因之以为惩责
焉。[8]夫非常之法，其于民也，背逆其生之常态，实与绝无是物之魔术
相等。今以魔术迫之使行，不用则从而刑之僇之，此其为害，尤甚于欧
洲中世之禁用魔术者远矣。彼其非常之法，果为政治之良图，而离于其
民，已失其本然之价值，不能收功，反以贻害，况以诪张为幻，鬼蜮阴
行，躬演盗国欺民之魔术，陆离光怪，莫可名状者，而犹觍颜以白于众
曰，此民意也，此国情也，此长治久安之道也，此救国救民之心也。呜
呼！亡国妖孽，遘之不祥。苟天地不改其常道，人类未泯其常性，将必
有操矛矢张弓眷以被除之者，而不能与一朝居矣。此非常之法、反常之
象所以终不可久也。

　　彝又训法。《书》曰："永弼乃后于彝宪。"民彝者，民宪之基础也。
英伦宪法之美，世称为最。戴雪尝论之曰："英伦宪法，吾人自束发受
书，即稔闻之。匪制造而成者，乃发育而成者也；非空玄理论之果，乃
英人固有本能之果也。此固有本能，乃以致英人建此基础巩固之制度，
不必经建筑方术之研究，正如蜂之构巢，何种技艺不足拟其良巧焉。故

英宪时优之质,不一而足。吾人祖若宗,所由崇为宝典,决非近百年来世界开化诸邦之模拟赝造、剽窃,所可同日而语也。但英宪之发生,究在何时?创造之者,究为谁某?均非能明。其记载章条之成典何在,亦无能示。要之,英宪实自然发育之物,无论英人外人,纵遇不能晰解之处,而亦不可不尊信者也。"[9]此其所云英人固有之本能,即英之民彝也。所云固有本能之果,即以明英宪乃顺民彝自然之演进,而能一循其常轨,积习成性,遂为不文之典,不惟勿需编纂之劳,且力避编纂之举,以柔其性,而宽其量也。吾民彝之屈而不信、郁而不彰于宪典也久矣。兹世文明先进之国民,莫不争求适宜之政治,以信其民彝,彰其民彝。吾民于此,其当鼓勇奋力,以趋从此时代之精神,而求此适宜之政治也,亦奚容疑。顾此适宜之政治,究为何种政治乎?则惟民主义为其精神、代议制度为其形质之政治,易[易]辞表之,即国法与民彝间之连络愈易疏通之政治也。先进国民之所以求此政治者,断头流血,万死不辞,培养民权自由之华,经年郁茂以有今日之盛。盖其努力率由生之欲求而发,出于自主之本能,其强烈无能为抗也。吾民对于此种政治之要求,虽云较先进国民为微弱,此种政治意识觉醒之范围,亦较为狭小;而观于革命之风云,蓬勃飞腾之象,轩然方兴而未有艾,则此民权自由之华,实已苞蕾于神州之陆。吾民宜固其秉彝之心田,冒万难以排去其摧凌,而后以渐渍之工夫,熏陶昌大其光采,乃吾民惟一之天职,吾侪惟一之主张矣。

夫代议政治,虽起于阶级之争,而以经久之历验,遂葆有绝美之精神焉。论善治标准最精者,莫如弥勒[10],其言曰:"夫以善治初哉首基之要素,既为其群各个小己之智德。斯凡一政治所具之长,即在增进人民之智德。而关于政制首当悬为问题者,遂在其涵育其群小己可嘉之资能至于何度。是等资能,曰德与智。从边沁氏[11]较详之析类,智德而外,更益以活动之能焉。治之优于此者,其他凡百措施,类能悉臻于善。盖其蕴蓄之善,得以如量以彰于政治之用者,全赖其民之是等资能矣。"又曰:"凡求善治,必取素存于其群善良资能之几分而组织之,俾以执司公务。代议政治者,即致其群一般聪明正直之平准,先觉之殊能于政治相接,视其他组织之方式,较有径切关系并生宏大势力之方也。即于何政制之下,此类势力,皆为其善之存于而政者之渊源,恶之免于而政者之防遇焉。惟一国政制组织是等善良资能之分量愈扩者,其组织之法乃愈善,其政治乃愈良。"[12]然代议政治之施行,又非可徒揭橥其名，而唤［涣］汗大号于国人之前，遂以收厥成功者。必于其群之精神植一坚固不拔之基，俾群己之权界，确有绝明之域限，不容或紊，测性瀹知，习为常轨，初无俟法制之力以守其藩也。厥基维何？简而举之，自由是已。而"意念自由之重，不必于思想大家乃为不可阙之心德也，其事实生民之秉彝，天既予人人以心矣，虽在常伦，而欲尽其心量者，尤非自由不可"[13]。此亦穆勒氏之所诏谕吾人者也。此类意念自由，既为生民之秉彝，则其活动之范围，不至轶越乎本分，而加妨害于他人之自由以上。苟不故为人为之矫制，俾民庶之临事御物，本其夙所秉赋涵修各自殊异之知能，判其曲直，辨其诚伪，较其得失，衡其是非，必可修一中庸之道，而轨纳于正理，决无荡检逾闲之虞也。由是言之，政治之良窳，视乎其群之善良得否尽量以著于政治；而其群之善良得否尽量以著于政治，则又视乎其制度礼俗于涵育牖导而外，是否许人以径，由秉彝之诚，圆融无碍，而为象决于事理得失利害之余裕。盖政治者，一群民彝之结晶，民彝者，凡事真理之权衡也。民彝苟能得其用以应于事物之实，而如量以彰于政，则于纷纭错综之间，得斯以为平衡，而一一权其畸轻畸重之度，寻一至当之境而止。余信公平中正之理，当自现于从容恢廓之间，由以定趋避取舍之准，则是即所谓止于至善矣。良以事物之来，纷沓毕至，民能以秉彝之纯莹智照直证心源，不为一偏一曲之成（见）所拘蔽，斯其包蕴之善，自能发挥光大至于最高之点，将以益显其功于实用之途，政治休明之象可立而待也。惟若绳以至严之义，责以必守之规，民彝自然之所好，屡遭阻制而无由畅达其志，是其本能必由久废而全荒，所标为微言大义者，终以扞格而不能深中乎人心，而其指为离经畔道之防者，将终于遇机而卒发，久遏之余，破藩溃堤以出，一决且至不可收拾，此其为患何胜言哉！窃尝端居深念，秘探吾国致乱之源，因果复颐，莫可悉举而拓其窍要。举凡历史积重之难及［反］，依赖根性之难除，众论武断之难抗，法制拘执之难移，莫不为自由之敌、民彝之蔽、政治之关也。嗟乎！吾民不欲为二十棋［稘］立宪政治下之国民，斯亦已耳。否则勿恤被体血汗之劳，澄心涤虑之功，以被除此不祥之闶障，勿任驰骤束缚长此暗郁吾神州矣。

盖尝远稽列国，近证宗邦，知民彝之绞蔽，自由之屈束，每于历史传说、往哲前贤、积久累厚之群为尤甚焉。为其历史所经阅者弥久，斯其圣哲所垂诏者弥多；其圣哲所垂诏者弥多，斯其民彝受繁［翳］蒙也弥厚，其民彝受繁［翳］蒙者弥厚，斯其政治趋腐败也弥深。故释迦之不生于他国，而生于印度，他国之歆羡之者，或引为遗憾千万；而自印度言之，印度之有释迦，印度之幸，亦印度之不幸也。耶稣之不生于他国，而生于犹太，他国之歆羡之者，或引为遗憾万千；而自犹太言之，犹太之有耶稣，犹太之幸，亦犹太之不幸也。孔子之不生于他国，而生于吾华，他国之歆羡之者，或亦引为遗憾万千；而吾华之有孔子，吾华之幸，亦吾华之不幸也。自有孔子，而吾华之民族不啻为孔子而生，孔子非为吾民族而生焉。自有耶稣，而犹太之民族不啻为耶稣而生，耶稣非为犹太民族而生焉。自有释迦，而印度之民族不啻为释迦而生，释迦非为印度民族而生焉。是故释迦生而印度亡，耶稣生而犹太灭，孔子生而吾华衰。迄今起视此等文化古邦，其民之具秀逸之才、操魁奇之资者，日惟鞠躬尽礼、局促趋承于败宇荒墟、残骸枯骨之前，而黯然无复生气。膜拜释、耶、孔子而外，不复知尚有国民之新使命也；风经诂典而外，不复知尚有国民之新理想也。吁！此岂是等圣哲之咎哉！毋亦相沿相习之既久，斯民秉彝之明，悉慑伏于圣智之下、典章之前，而罔敢自显，遂以荒于用而绌于能耳。余为斯言，亦岂敢被罪先圣以撄人心者。惟以今日吾之国民，几于人人尽丧其为我，而甘为圣哲之虚声劫夺以去，长此不反，国人犹举相讳忌噤口而无敢昌说，则我之既无，国于何有？若吾华者，亦终底于亡耳。孔子云："舜何人也，予何人也，有为者亦若是。"是孔子尝示人以有我矣。孟子云："当今之世，舍我其谁。"是孟子亦示人以有我矣。真能学孔孟者，真能遵孔孟之言者，但学其有我，遵其自重之精神，以行己立身、问学从政而已足。孔孟亦何尝责人以必牺牲其自我之权威，而低首下心甘为其傀儡也哉！

且吾民尝以夸耀于世者，固莫不曰：吾有四千余年之历史也。缅维吾祖降自昆仑，转徙播迁，宅于夏土，氏系于以蕃衍，圣哲于以代作。其间典章制度，德礼政刑，历数千祀，足示吾人以崇奉之则者，繁缛彪炳，美矣备矣。史册俱在，照［昭］然可寻，洵非妄自夸大、虚为构饰之辞也。而抑知其崇奉之专，即其庸愚之渐；美备之胜，即其偏蔽之由；四千余年历史之足夸，即其四千余年历史之足病者乎？一群之中，纲常法度之入人既深也，先圣创其规仪，后儒宗其模式，群之人视彼性［往］圣之嘉言懿行，正若天经地义，莫或敢违。虽以旷世殊俗，理之创于古者不必其宜于今也，法之适于前者不必其合于后也，夏葛之不宜于冬裘也，胶柱之不足以鼓瑟也，结绳之治不能行于文字传译之世也，巢穴之居不能用于宫室轮奂之美也，茹毛饮血之生活不能代烹调珍错之生活也，弓矢之器不能施于飞潜炮火之战也，井田之不可复反也，封建之不可复兴也。例之最近，一九一四年且为古代史矣。[14]欧洲战前之一切政治艺术，人文种种，胥葬埋于坟墓之内矣。[15]斯固天演之进[迹]，进化之理，穷变通久之道，囿于天地，莫或可逃，莫或能抗者。即以吾人所能为光荣之历史观之，已足示人以迁流之迹，有进无退，不可淹留。而吾民族思想之固执，终以沿承因袭，踏故习常，不识不知，安之若命。言必称尧、舜、禹、汤、文、武、周、孔，义必取于《诗》、《礼》、《春秋》；即其身体力行之际，确见形格势禁，心尝有所未安，究因一群风习之气压，一国历史之尘积，为势绝重，为力綦宏，弗克坚持一己意志之自由，冲其网罗而卓自树立，破其勒羁而突自解放，举一切迷蔽民彝之死灰陈腐，摧陷而澄清之，以畔夫旧贯而畅育其新机，一群之思辨知能，遂若萎缩而勿振，决无活泼之机、崭新之象矣！豪强者出，乘时崛兴，取之以盗术，胁之以淫威，绳之以往圣前贤之经训，迟之以宗国先君之制度。锢蔽其聪明，夭阏其思想，销沉其志气，桎梏其灵能，示以株守之途，绝其迈进之路，而吾之群遂以陵替。盖自有周之衰，暴秦踵起，用商鞅、李斯之术，焚书坑儒，销兵铸镤，堕名城，徙豪杰，生民之厄，极于此时。汉兴，更承其绪，专崇儒术，定于一尊。为利一姓之私，不恤举一群智勇辩力之渊源，斲丧于无形。由是中国无学术也，有之则李斯之学也；中国无政治也，有之则嬴秦之政也。学以造乡愿，政以畜大盗，大盗与乡愿交为狼狈，深为盘结，而民命且不堪矣。以剥知丧能之民，居无政无学之国，其不为若辈之鱼肉以尽者几何？斯其民彝之晶影，又乌由彰著于政治？卒至一夫窃国，肆志披昌，民贼迭兴，貌无忌惮。虽以今日民权丕振、宪治普行之世，光化之下，犹有敢以一身演曹操、王莽、石敬塘［瑭］、张邦昌、刘豫、路易十四、拿破仑第三之历史，而犯其应有尽有之罪恶者。且复饰迹于祭天尊孔之典、匿身于微言大义之辞，以图压服人心，钳制人口。异邦干禄之子，不远梯山航海之劳，以事助桀为虐之业，雌黄其口，颠倒是非，鄙夷吾之国情民性，悍然指为特别之民，当行特别之政。以致祸水横流，滔滔未已，使吾民不得不别觅表见（民彝之道），以与乡愿大盗相周旋。〈民彝之道，〉湘贤谭复生而生于今日，更不知作若何沉痛之语。[16]而耳食者流，犹不审致乱之源，翻然改图，徒梦想中天之盛遐，起思古之幽情，而复古之潮流，遂更为黠狯奸雄所利用。嗟呼！邈古之世，前无尧、舜、禹、汤、文、武、周、孔之圣，而尧、舜、禹、汤、文、武、周、孔乃能成其伟大之功德。自尧、舜、禹、汤、文、武、周、孔之历史，有式范人伦之权威，而尧、舜、禹、汤、文、武、周、孔反以绝迹于后世。以如是蕃庶优秀之民族，如是广漠沃美之江山，乃末由以丰亨豫大，光昌于世。不亡于初棋［稘］之洪水猛兽，不斩于历劫之灾异兵荒，而独忧其不保于广土众民文明闿［开］敷之今日者，则岂非以累代之大盗乡愿，假尧、舜、禹、汤、文、武、周、孔之名，所构酝之历史与经传，积尘重压，盘根深结，以障蔽民彝，俾不得其当然之位置，而彰于政治实用之途也欤！历稽载籍，一部廿四史中，斩木揭竿，狐鸣篝火，蠢然起于草泽之间者，不绝于书。岂诸夏之民，皆具好乱之天性乎？毋亦民彝者，心理之自然，经传者，伦理之矜持。以论［伦］理制心理，以矜持御自然，伦理矜持之道，有时而穷，心理自然之势，终求其达。[17]其为势也，不以常达必以偶达，不以正达必以变达，不以顺达必以逆达，不以和达必以激达。不谋达以常正顺和之道，必遏之使出于偶变逆激之途。蚩蚩者泯［氓］，铤而走险，何所不可。老子曰："民不畏死，奈何以死惧之？"[18]死且不惧，其他桁杨图圄压迫钳制之道，更有何效以图苟安？夫山林草野之间，一夫狂呼，应者四起。瓮牖绳枢之子，岂皆怀帝制自为之野心者，顾敢奋臂以起，悍然与当世之雄强相角抗，此自当代之国法伦理观之，固可加以叛逆之显僇，被以盗贼之恶名；而自心理观之，固皆民彝见制，迫不得伸，乃于偶变逆激之道以求其达之征也。此之不察，徒欲以历史之陈死人，制服社会之活心理，终见心劳日拙，致政象于阽危不安而已矣。耶马逊［逊］曰："文史诸书，皆意思之所显，即志愿奋勉之记录也。"是则民彝者，可以创造历史，而历史者，不可以束制民彝。过去之历史，既为乡愿大盗假尧、舜、禹、汤、文、武、周、孔之典谟训诰为护符，尽倾其秽恶之心血，以污其幅帙矣。今后之历史，尽有无限光华洁白之空页，全俟吾民本其清新纯醇之资能，以晶映其异采。断不容大盗乡愿涓滴之恶浊血液阑入其中，致其流毒终古，附着于吾民族之历史而莫可涤濯。即尧、舜、禹、汤、文、武、周、孔之嘉言懿行，传流虽久，施之今世，决非所通。盖尧、舜、禹、汤、文、武、周、孔之所以承后世崇敬者，不在其法制典章示人以守成之规，而在其卓越天才示人以创造之力也。吾人生千百年后，俯仰今昔，惟有秘契先民创造之灵，而以创造新国民之新历史，庶以无愧于先民。若徒震于先民之功德，局于古人之成规，堕其自我之本能，蔽其秉彝之资性，是又尧、舜、禹、汤、文、武、周、孔之罪人也矣。

　　夫尊重史乘、崇奉圣哲之心既笃，依赖之性遂成于不知不识之间。然而史乘之往辙，不可以回旋也，圣哲之伟迹，不可以再见也。而兹世所遭之艰巨，所遇之屯蹇，虑非一己微末之才所能胜。于是忧乱思治之切者，骇汗奔呼，祷祀以求非常之人物出而任非常之事业，从而歌哭之，崇拜之，或曰此吾国之拿破仑也，或曰此吾国之华盛顿也，或曰此内圣外王，尧、舜、汤、武之再世也，吾民宜举国权而托诸其人也。神奸悍暴之夫，窥见国民心理之弱，乃以崛起草茅，作威作福，亦遂蒙马虎皮，炫罔斯民曰：吾将为汝作拿破仑也，吾将为汝作华盛顿也，吾将为汝作尧、舜、汤、武也。炫罔之犹以为未足，更为种种羁縻延揽之术，以迎秽纳垢，府聚群恶。凡夫权势利禄之资，无不为收拾人心之具。风声所树，群俗为靡，而顽懦澉涊之徒，相率趋承缘附于其侧，以供奔走驱策之用，而颂言斯人为"神武"。然而"神武"之人，兹世亦安有是物，特一群心理，以是相惊，伯有之厉，遂为黎丘之鬼，而"神武"之势成，而生民之祸烈矣。例证不远，即在袁氏。两三年前，吾民脑中所宿之"神武"人物，曾几何时，人人倾心之华、拿，忽变而为人人切齿之操、莽，袒裼裸裎，以暴其魑魅罔两之形于世，掩无可掩，饰无可饰，此固遇人不淑，致此厉阶，毋〔毋〕亦一般国民依赖英雄，蔑却自我之心理有以成之耳！阳明有言："除山中贼易，除心中贼难。"秦政之世，践华为城，因河为池，自以为关中之固，金城千里，恃险足以威天下之众矣。然而陈涉一呼，山东豪杰投袂而起，一夫作难，七庙以隳，曾不二世，而嬴氏子孙身死人手矣。以知残民之贼，锄而去之，易如反掌，独此崇赖"神武"人物之心理，长此不改，恐一桀虽放，一桀复来，一纣虽诛，一纣又起。吾民纵人人有汤武征诛之力，日日兴南巢牧野之师，亦且疲于奔命。而推原祸始，妖由人兴，孽由自作。民贼之巢穴，不在民军北指之幽燕，乃在吾人自己之神脑。是则犁庭扫穴之计，与其张皇六师，永事戒备，毋〔毋〕宁各将盘营结寨伏于其脑之"神武"人物，一一僇尽，绝其根株而肃清之。诚能如是，则虽华山归马，孟津洗兵，不筑路易断头之台，不拓拿翁窜身之岛，亦可以高枕而无忧矣。由来西哲之为英雄论者，首推加莱罗、耶马逊、托尔斯泰三家。[19]加氏论旨，则谓世界之历史，不过英雄传记之联续耳。常人薪也，英雄火也，薪无论燥至何度，不能以自燃。引以一星之火，可使燎原也。常人之于社会，其受压迫酷至何度，亦不能自奋其力而为反抗。

于此有英雄焉，一夫崛起，赍有天锡之灵光，足以烘耀常人之精神。而社会之改革，于是乎行，社会之进步，于是乎远焉。故英雄者，神人也，神而降为人者也，能见人之所不能见，知人之所不能知，此其所以异于常人也。耶氏则异于是，谓英雄者，顺从有众之心理，摄取有众之努力，而始成其为英雄。人第见其人之功业，震于一时，而不知有无数同其意志者，潜盾于其后焉。此所谓英雄者，不过代表此无数之意志，而为其活动之中心耳。故英雄者，人神也，人而超为神者也。托氏之说，则正与加氏之说相反，谓英雄之势力，初无是物。历史上之事件，固莫不因缘于势力，而势力云者，乃以代表众意之故而让诸其人之众意总积也。是故离于众庶则无英雄，离于众意总积则英雄无势力焉。以余言之，加氏之说犹含希腊英雄时代之采色[20]，而为专制政治产孕之思想，今已无一顾之值。耶说视加说为核实矣，而其立论，终以神秘主义为据，以英雄政治为归，此点与加说略同，故亦病未能取。独托氏之论，精辟绝伦，足为吾人之棒喝矣。夫圣智之与凡民，其间知能相去不远。彼其超群轶类者，非由时会之因缘，即在众庶之信仰。秉彝之本，无甚县［悬］殊也。就令英雄负有大力，圣智展其宏材，足以沛泽斯民，而一方承其惠恩，一方即损其自性；一方蒙其福利，一方即丧厥天能。所承者有限，所损者无穷；所蒙者易去，所丧者难返。寖微寖弱，失却独立自主之人格，堕于奴隶服从之地位。若而民族，若而国家，即无外侵亦将自腐，奚能与世争存！即苟存焉，安有价值之可言。老子云："圣人不死，大盗不止。"[21]此所谓盗，殆指盗人秉彝之能而荒之，其民过崇圣智厚赖英雄之性，其即引盗入室之媒欤。或曰：法律，死物也，苟无人以持之，不能以自行。古人"人存政举，人亡政息"之言，终寓有不磨之理。若惩人治之弊而专任法律，与鉴法治之弊而纯恃英雄，厥失维均，未易轩轾。排斥英雄之说，失其中庸，必至流于众愚政治，聚众瞽以事离娄之明，驱众尪以当乌获之役，乌乎可哉！况十九棋［期］初叶，悉全欧之人，胜一拿破仑，故是棋［期］之文明，植基于唯民主义。二十棋［期］初叶，竭维廉二世之力，以制全欧，即以制全世界。苟或胜焉，则是棋［期］之文明，纵不敢云返于适与唯民主义相反之英雄主义，而必植基于一种新英雄主义，可以断言。庸得以因噎废食，痛恶人治之说至于此极也。应之曰：唯唯否否。余为此言，非纯恃法律万能之力，以求致治之功。乃欲溯本穷源，以杀迷信人治之根性，免致野心之徒，谬种流传，祸机隐伏，野草不尽，春风吹又生也。盖此性不除，终难以运用立宪政治于美满之境。今后取人之准，宜取自用以效于民之人，无取用民以自现之人；宜取自用其才而能适法之人，无取为之制法始能展才之人。盖唯民主义乃立宪之本，英雄主义乃专制之原。而立宪之所以畔夫专制者，一则置重众庶，一则侧重一人；一则使知自重其秉彝，一则多方束制其异性；一则与以自见其我于政治之机，一则绝其自现其我于政治之路。凡为立宪国民（之）道，在〈道〉能导民自治而脱他治。民以是相求，政以是相应，斯其民之智能，必能共跻于一水平线而同茂并育。彼其众庶，立于水平线以上，以驱策英雄俾为民用可也；降于水平线以下，以待英雄之提撕，听英雄之指挥不可也。彼其英雄守一定之限度，以代众庶而行众意可也；越一定之限度，背众庶以独行其意不可也。此实专制国民服事英雄与立宪国民驱使英雄之辨，亦即专制政治与立宪政治之所由殊也。且拿破仑之与全欧争也，法兰西国民实为之效命。德意志国民之与世界战也，维廉二世实为之前驱。为因不同，为果自异。故拿破仑之败，得谓为全欧败一拿破仑；德意志国民之胜，不得谓维廉二世胜全世界。然则唯民主义可以勃兴于十九棋［稘］，英雄主义则断不能复活于二十棋［稘］也。代议政治虽今犹在试验之中，其良其否，难以确知，其存其易，亦未可测。然即假定其不良、其当易，其起而代之者，度亦必为较代议政治益能通民彝于国法之制，决非退于专制政治，可以笃信而无疑焉。此美今总统威尔逊氏有言曰："余敬塔虎脱与罗斯福，余信二氏为吾美国民而活动，与二氏有可敬之人格绝无所疑。但二氏仅为为吾美国民活动之人，而无与吾美国民共动之意；故余代二氏而与吾美国民共行政治。"[22] 吾民当知国家之事，经纬万端，非一二人之力所能举，圣智既非足依，英雄亦莫可恃，匹夫之责，我自尸之。必需求一人焉，以司机关，则遴与民共动之人。此而难获，更择为民活动之人，而施以驱策。彼神武自雄者，物大莫容，无所用之。盖迷信英雄之害，实与迷信历史同科，均为醢［酝］酿专制之因，戕贼民性之本，所当力自涮除者也。

立宪政治基于自由之理，余既略陈其概矣。顾自由之保障，不仅系于法制之精神，而尤需乎舆论之价值。故凡立宪国民，对于思想言论自由之要求，固在得法制之保障，然其言论本身之涵养，尤为运用自由所必需。盖夫一国专制之积习，沦浃既深，民间持论之态，每易昧于商榷之旨，好为抹杀之辞。末［未］尽询谋之诚，遽下象定之语，此其流弊，以视偶语之禁，腹诽之罚，尚为可怖。汉土自春秋战国以还，诸子争鸣，百家并起，子舆氏以论政名家，所言多与近世民政相符，独其距辟杨墨，至诋为邪说淫辞，而谓"杨子为我，是无君也，墨子兼爱，是无父也。无父无君，是禽兽也。"吁！此其言之背于逻辑，何其甚也！自是而后，儒者排距党伐之风，日以昌炽。韩退之之徒，持议尤为偏激。李卓吾倾心内典，一时学士大夫诋为异端。卓吾自知所言为世弗容，至自名其书为"李氏焚书"。未几，身系囹圄，而书亦成灰烬。呜呼！其群之对于言论之虐，其视专制之一人为何如也。爰及于今，欧西自由之说，虽经东渐，神州共和之帜，亦既飘然高树。而社会言论武断之力，且与其庞杂喧阗之度而俱增，而是非乱，面真伪淆，公理正义乃更无由白于天下，自由之精神，转以言论自由愈湮没而不彰。吾人追究作俑之罪，《春秋》之义，责备贤者，虽以子舆氏阐明民政之功，而亦不能为之曲讳矣。

昔者穆勒氏之论自由曰："凡在思想言行之域，以众同而禁一异者，无所往而合于公理。其权力之所出，无论其为国会，其为政府，用之如是，皆为悖逆。不独专制政府其行此为非，即民主共和行此亦无有是。依于公信而禁独伸之议者，其为恶浮于违众议而禁公是之言。就使过去来三世之人所言皆同，而一人独持其异，前之诸同不得夺其一异而使同，犹后之一异不得强其诸同以从异也。盖义理言论，不同器物，器物有主人所独宝，而于余人不珍，故夺其所有，谓之私损。而所损者之家寡，犹有别也。义理言论，乃大不然。有或标其一说，而操柄者禁不使宣，将其害周遍于人类。近之其所被者在同世，远之其所被者在后人。与之同者，固所害也。与之异者，被害尤深。其所言为是，则禁之者使天下后世无由得是以救非，其所言为非，则禁之者使天下后世无由得非以明是。盖事理之际，是惟得非，而后其为是愈显，其义乃愈不刊，此其为用正相等耳。是二义者，必分立审辨而后明。言论之出也，当议禁绝之时，从无能决其必非者，就令能决其必非矣，而禁绝之者，仍无功而有过。"[23]此透宗之旨。余之谫陋，初事论事，何以加兹，故微引其言，以证社会言论，对于异说加以距辟，无论其说之本非邪说淫辞，真理以是而隐，不得与天下后世共见，其害滋甚。即令为邪说矣、淫辞矣，其背理之实亦不能以昭示于天下后世，其害仍隐中而无由逃。法制禁之，固非所宜，舆论禁之，亦岂有当。此即征诸杨墨之说，而益信矣。试问今之读书明理之士，有仍以杨墨之学说为无君无父足以尽之者乎？有仍以无君之民为禽兽者乎？希腊圣者苏格拉的，今世哲俊共许为西方孔子者也。顾当其身，国人众推廷鞫，被以慢神不道、惑众倾邪之罪而戮之矣。耶稣基督，今世奉为唯一之救主者也。顾当其身，时人以其人为逆天而戮之矣。最近如托尔斯泰，世尝尊为文豪大哲者也，而前曾受破门之宣告矣。此可知邪说之未必果邪，淫辞之未必果淫。真理正义，且或在邪说淫辞之中也。二十年以前，洋海始通，西学输入，缙绅先生尚持天动地静之说，而以为奇技淫巧焉。今地球环绕太阳之理，声光化电之学，虽在童騃，亦粗知其义矣。盖所谓真理者，亦有从世运而变迁者乎。所不可变者，独此民彝之智察耳。予之自人者，人可以夺之。秉之自天者，则非人为之威福，人为之毁誉，所能汩没以空、澌灭以尽也。故夫声色货利，足以蛊人之形骸也；而民彝之所操，不以是而移也。桁杨刀锯，足以屈人之躯体也；而民彝之所守，不以是而渝也。诋谋距辟，足以禁人之昌说也；而民彝之所向，不以是而反也。即于一言一行之微，其以声色货利蛊之者，其物即缘声色货利而俱存。以桁杨刀锯屈之者，其物即与桁杨刀锯而并立。以低谋距辟禁之者，其物即从诋谋距辟而潜滋。此无他，凡事之涉及民生利害者，其是非真妄宜听民彝之自择，未遽可以专擅之动作云为，以为屏斥杜绝之方也。天之所赋人焉能夺，天之所禁人何能予。道在听民彝之自为趋向，因势而利导之，为容相当之余裕，俾得尽形于政，以收自然之成，无事束缚驰骤之劳、防闲检制之工矣。其或不尔，利其不著，便于制异从同，潜存之势，亦终必发。声色货利桁杨刀锯之力，且不为功，而谓诋谋距辟之事，庸能有成哉！

是故立宪国民之于言论自由也，保障之以法制，固为必要，而其言论本身，首当洞明此旨。但察其是，勿拒其非，纵喜其同，莫禁其异，务使一群秉彝之所好，皆得相当之分，反复辩论，获其中庸之理以去。最后彖定之辞，勿得轻用，终极评判之语，勿得漫加。健全之舆论成，而美满之宪政就矣。近人海智氏著《政治常识》一书[24]，开宗明义即叙著书之旨，不在对于一人一事而为终极彖定之语，惧其侵及天禀而为智力之绐也。其言曰："排斥终极之彖定，其利乃在致一切政治问题，得应有尽有之人，续行讨论。此类讨论，每足以唤起有效之思索，导于理想社会之域。而此理想社会，即所以表示吾美人生之协和者也。倘吾全美或其一州之国民心觉，不克活泼泼地以呈于公共问题，则其政治之体，不得尽其全能。正犹一人之身，有其一部麻木不仁，余则仅存形式动作之观而已。于宪法限制之内，法令与判决即多数表布之意思，迄于为新行立法制定所更，为兹土之法律，并政治行为之准则焉。在此期间，进步方法之讨论罔有息绝，其查［察］事之精，析论之透，均为其进程所达之验也。盖背乎逻辑之推论，苟为根于事实而设者，其视合乎逻辑之推论，所据之事全为子虚者，厥失为少。前者得其时而或有合，后者徒为美辞之助而永无其果。前者犹为实用，后者只为空理。心性之重乎讨议，殆与求构之结论无殊也。"[25]准乎斯言，不以凡事之理曲是非揽之于己，而下最后判象之辞，则其理曲是非自能获于天下公论之中。盖其参究互议之果，乃能求一事实为之根据。而后逻辑之用，方为不荒，心觉之能，始能昭著，舆论之声，乃能扬于社会而有伟大之权威也。吾民可以谛审其理矣。

群演之道，在一方固其秩序，一方图其进步。前者法之事，后者理之事。必以理之力著为法之力，而后秩序为可安；必以理之力摧其法之力，而后进步乃可图。是秩序者，法力之所守，进步者，理力之所摧也。欧洲当文艺复兴之顷，罗马教皇，权威赫赫，虽以帝王之尊，莫不俯首帖耳于教皇之前，其法之力，可谓风靡全欧矣。胡以路德之徒，昂然崛起，别树新教之帜，以与炙手可热之教皇抗，而卒能胜之，则理之力也。法兰西革命之时，上自王家，下至贵族僧侣，蹂躏平民，无所弗至，其法之力，可谓火热水深矣。而胡以卢梭、孟德斯鸠、乌尔泰[26]之流，扬其民权自由之声，卒酿革命之风云，而共和之基卒以奠定，则理之力也。他如英之《大宪章》、《权利请愿书》，美之《独立宣言》，吾国之南京《约法》，乃至《云南宣言》之四大政纲，莫非以理之力冲决法之力，而流露之民彝也。盖法易腐而理常新，法易滞而理常进。国之存也存于法，人之生也生于理。国而一日离于法，则丧厥权威，人而一日离于理，则失厥价值。故立宪国民之责任，不仅在保持国之权威，并宜尊重人之价值。前者政治法律之所期，后者学说思想之所为。前者重服从、尚保守，法之所禁不敢犯也，法之所命不敢违也。后者重自由、尚进取，彝性之所趋，虽以法律禁之，非所畏也。彝性之所背，虽以法律迫之，非所从也。必使法之力与理之力，息息相攻，即息息相守，无时不在相摩相荡相克相复之天，即无时不得相调相剂相蓄相容之分。既以理之力为法之力开其基，更以理之力为法之力去其障，使法外之理，无不有其机会以入法之中，理外之法，无不有其因缘以失法之力。平流并进，递演递嬗，即法即理，即理即法，而后突发之革命可免，日新之改进可图。是在民彝与国法疏通之脉络途径何如耳，是在吾民本其秉彝之能以为改进之努力何如耳。

余论至斯，已嫌过冗，最终有欲为吾国民告者：人之生也，莫不有其环境，而常与其生以莫大之影响焉。其境丰者其能啬，其境匮者其能增。此理虽常见于僿野之民，而非可论于文明之族。盖文明云者，即人类本其民彝改易环境，而能战胜自然之度也。文明之人，务使其环境听命于我，不使其我奴隶于环境。太上创造，其次改造，其次顺应而已矣。国家之存立，何莫不然。国民全体，亦有其大生命焉，其与环境相战，所需之秉彝之能，努力之勇，正不减于小己之求生。吾华建国，宅于亚陆，江山秀美，泱泱大风，世界之内，罕有其匹。沃土如兹其广也，河流如兹其多也，海线如兹其修也，煤铁如兹其富也。苟吾四亿同胞之心力，稍有活泼之机，创造改造之业，姑且莫论，但能顺应此环境而利用之，已足以雄视五洲威震欧亚矣。而今则何如者？神衰力竭，气尽能索。全国之人，其颖智者，有力仅以为恶，有心惟以造劫。余则死灰槁木，奄奄待亡，欲东不能，欲西不得，养成矛盾之性，失其自然之天[27]，并其顺应环境之力而亦无之。遂令神州，鞠为茂草，昔称天府，今见陆沉。呜呼！是果孰之咎欤？余思之，且重思之，则君主专制之祸耳。盖民与君不两立，自由与专制不并存，是故君主生则国民死，专制活则自由亡。而专制之政与君主之制，如水与鱼，如胶与漆，固结不解，形影相依。今犹有敢播专制之余烬，起君主之篝火者，不问其为筹安之徒与复辟之辈，一律认为国家之叛逆、国民之公敌，而诛其人，火其书，殄灭其丑类，摧拉其根株，无所姑息，不稍优容，永绝其萌，勿使滋蔓，而后再造神州之大任始有可图，中华维新之运命始有成功之望也。吾任重道远之国民乎！当知今日为世界再造之初，中华再造之始。吾人宜悟儒家日新之旨，持佛门忏悔之功，遵耶教复活之义，以革我之面，洗我之心，而先再造其我，弃罪恶之我，迎光明之我；弃陈腐之我，迎活泼之我；弃白首之我，迎青年之我；弃专制之我，迎立宪之我；俾再造之我适于再造中国之新体制，再造之中国适于再造世界之新潮流。我不负此中国，中国即不负此河山，是在吾国民之善用其秉彝，以之造福邦家，以之挽回劫运。国家前途，实利赖之矣。

托尔斯泰诠革命之义曰："革命者，人类共同之思想感情遇真正觉醒之时机，而一念兴起欲去旧恶就新善之心觉变化，发现于外部之谓也。除悔改一语外，无能表革命意义之语也。"今者南中倡义，铁血横飞，天发杀机，人怀痛愤，此真人心世道国命民生之一大转机也。一念之悔，万劫都销，此则记者斋戒沐浴，愿光奉其忏悔之心，以贡于同胞之前。而求以心印心，同去旧恶，同就新善，庶不负革命健儿庄严神圣之血，洒于自由神前，为吾侪洗心自忏之用矣。

（樱花节中脱稿）

作者注：

[1]《诗·大雅·烝民》章。

[2] 见《龚定庵续集》卷一，《说宗彝》。

[3] 见《龚定庵续集》卷三，《商周彝器文录序》。

[4] Twelve Tables. 罗马法典名。

[5] 老子：《道德经》。

[6] 参阅《甲寅》第一期，秋桐君《政本》。

[7]《诗·大雅·板》章。

[8] 参阅 Hedges, *Common Sense in Politics*，pp. 8-9。

[9] 见 A. V. Dicey. *The Law of Constitution*，pp. 2-3。

[10] John Stuart Mill.

[11] Bentham.

[12] 见 Mill. *Consideration on Representative Government*，第二章，The Criterion of a Good Form of Government.

[13] 见严译：《群己权界论》，第四十六、四十七页。

[14] H. G. Meles 曾寄文于 *Daily Chronicle*，中有警句曰："1914 is ancient history."

[15] 英人奥士本，曾于 *Morning Post* 撰文，中有"战争者，文学家之坟墓也"句。

[16] 谭嗣同著《仁学》一书，痛论中国无学术，有之皆荀学也；中国无政治，有之皆秦政也云云。

[17] 参阅《甲寅》第三期，秋桐君《自觉》。

[18] 老子：《道德经》。

[19] Carlyle，苏格兰史学家（1795—1881）；Emerson，美国文学家（1803—1882）；Tolstoy，俄国文学家（1828—1910）。

[20] 希腊称英雄为 Demigod，译言"半神"，古代史家尝谓英雄为神族之一。

[21] 老子：《道德经》。

［22］见所著《新自由主义》，曾于日文译本见之。

［23］见严译：《群己权界论》，第二十、二十一页。

［24］Hedges，美人，所著《政治常识》（*Common Sense in Politics*）于一九一二年出版。

［25］Hedges：《政治常识》，第四、五页。

［26］Rousseau，Montesquieu，Voltaire。

［27］日人市村赞次郎，尝谓吾国民有五矛盾性：（一）保守而不厌变化；（二）从顺而有时反抗；（三）一般文弱而个人有所不屈；（四）极好主我而又能雷同；（五）贵实行而泥于形式。此其所言，未必皆中，而矛盾之说，要亦不无所见。余谓此非吾民族秉彝之性，只以事［专］制政治，戕贼民性泰甚，遂成此不自然之态耳！

署名：守常

《民彝》创刊号

1916 年 5 月 15 日

青 春
（1916 年 4、5 月）

　　春日载阳，东风解冻。远从瀛岛，返顾祖邦。肃杀郁塞之象，一变而为清和明媚之象矣；冰雪冱寒之天，一幻而为百卉昭苏之天矣。每更节序，辄动怀思，人事万端，那堪回首，或则幽闺善怨，或则骚客工愁。当兹春雨梨花，重门深掩，诗人颎领，独倚栏杆之际，登楼四瞩，则见千条垂柳，未半才黄，十里铺青，遥看有色。彼幽闲贞静之青春，携来无限之希望、无限之兴趣，飘然贡其柔丽之姿于吾前途辽远之青年之前，而默许以独享之权利。嗟吾青年可爱之学子乎！彼美之青春，念子之任重而道远也，子之内美而修能也，怜子之劳，爱子之才也，故而经年一度，展其怡和之颜，饯子于长征迈往之途，冀有以慰子之心也。纵子为尽瘁于子之高尚之理想，圣神之使命，远大之事业，艰巨之责任，而夙兴夜寐，不遑启处，亦当于千忙万迫之中，偷隙一盼，霁颜相向，领彼恋子之殷情，赠子之韶华，俾以青年纯洁之躬，饫尝青春之甘美，浃浴青春之恩泽，永续青春之生涯。致我为青春之我，我之家庭为青春之家庭，我之国家为青春之国家，我之民族为青春之民族。斯青春之我，乃不枉于遥遥百千万劫中，为此一大因缘，与此多情多爱之青春，相邂逅于无尽青春中之一部分空间与时间也。

　　块然一躯，渺乎微矣。于此广大悠久之宇宙，殆犹沧海之一粟耳。其得永享青春之幸福与否，当问宇宙自然之青春是否为无尽。如其有尽，纵有彭、聃之寿，甚且与宇宙齐，亦奚能许我以常享之福？如其无尽，吾人奋其悲壮之精神，以与无尽之宇宙竞进，又何不能之有？而宇宙之果否为无尽，当问宇宙之有无初终。宇宙果有初乎？曰：初乎无也。果有终乎？曰：终乎无也。初乎无者，等于无初；终乎无者，等于无终。无初无终，是于空间为无限，于时间为无极。质言之，无而已矣,此绝对之说也。若由相对观之,则宇宙为有进化者。既有进化,必有退化。于是差别之万象万殊生焉。惟其为万象万殊,故于全体为个体,于全生为一生。个体之积,如何其广大,而终于有限。一生之命,如何其悠久,而终于有涯。于是有生即有死,有盛即有衰,有阴即有阳,有否即有泰,有剥即有复,有屈即有信,有消即有长,有盈即有虚,有吉即有凶,有祸即有福,有青春即有白首,有健壮即有颓老,质言之有而已矣。庄周有云:"朝菌不知晦朔,蟪蛄不知春秋。"又云:"小知不如大知,小年不如大年。"夫晦朔与春秋而果为有耶,何以菌、蛄以外之有生,几经晦朔几历春秋者皆知之,而菌、蛄独不知也?其果为无耶,又何以菌、蛄虽不知,而菌、蛄以外之有生,几经晦朔几历春秋者,皆知之也?是有无之说,亦至无定矣。以吾人之知,小于宇宙自然之知,其年小于宇宙自然之年,而欲断空间时间不能超越之宇宙为有为无,是亦朝菌之晦朔、蟪蛄之春秋耳!秘观宇宙有二相焉:由佛理言之,平等与差别也,空与色也。由哲理言之,绝对与相对也。由数理言之,有与无也。由《易》理言之,周与易也。《周易》非以昭代立名,宋儒罗泌尝论之于《路史》,而金氏圣叹序《离骚经》,释之尤近精微,谓:"周其体也,易其用也。约法而论,周以常住为义,易以变易为义。双约人法,则周乃圣人之能事,易乃大千之变易。大千本无一有,更立不定,日新、日日新、又日新之谓也。圣人独能以忧患之心周之,尘尘刹刹,无不普遍,又复尘尘周于刹刹,刹刹周于尘尘,然后世界自见其易,圣人时得其常,故云周易。"仲尼曰:"自其异者视之,肝胆楚越也;自其同者视之,万物皆一也。"此同异之辨也。东坡曰:"自其变者而观之,则天地曾不能以一瞬;自其不变者而观之,则物与我皆无尽也。"此变不变之殊也。其变者青春之进程,其不变者无尽之青春也。其异者青春之进程,其同者无尽之青春也。其易者青春之进程,其周者无尽之青春也。其有者青春之进程,其无者无尽之青春也。其相对者青春之进程,其绝对者无尽之青春也。其色者差别者青春之进程,其空者平等者无尽之青春也。推而言之,乃至生死、盛衰、阴阳、否泰、剥复、屈信、消长、盈虚、吉凶、祸福、青春白首、健壮颓老之轮回反复,连续流转,无非青春之进程。而此无初无终、无限无极、无方无体之机轴,亦即无尽之青春也。青年锐进之子,尘尘刹刹,立于旋转簸扬循环无端之大洪流中,宜有江流不转之精神,屹然独立之气魄,冲荡其潮流,抵拒其势力,以其不变应其变,以其同操其异,以其周执其易,以其无持其有，以其绝对统其相对，以其空驭其色，以其平等律其差别，故能以宇宙之生涯为自我之生涯，以宇宙之青春为自我之青春。宇宙无尽，即青春无尽，即自我无尽。此之精神，即生死肉骨、回天再造之精神也。此之气魄，即慷慨悲壮、拔山盖世之气魄也。惟真知爱青春者，乃能识宇宙有无尽之青春。惟真能识宇宙有无尽之青春者，乃能具此种精神与气魄。惟真有此种精神与气魄者，乃能永享宇宙无尽之青春。

　　一成一毁者，天之道也。一阴一阳者，易之道也。唐生维廉与铁特二家，邃研物理，知天地必有终极，盖天之行也以其动，其动也以不均，犹水之有高下而后流也。今太阳本热常耗，以彗星来往度之递差，知地外有最轻之冈气，为能阳物，既能阻物，斯能耗热耗力。故大宇积热力，每散趋均平，及其均平，天地乃毁。天地且有时而毁，况其间所包蕴之万物乎？漫云天地究何所指，殊嫌茫漠，征实言之，有若地球。地球之有生命，已为地质学家所明证，惟今日之地球，为儿童地球乎？青年地球乎？丁壮地球乎？抑白首地球乎？此实未答之问也。苟犹在儿童或青年之期，前途自足乐观，游优乐土，来日方长，人生趣味益以浓厚，神志益以飞舞；即在丁壮之年，亦属元神盛涌，血气畅发之期，奋志前行，亦当勿懈；独至地球之寿，已臻白发之颓龄，则栖息其上之吾人，夜夜仰见死气沉沉之月球，徒借曜灵之末光，以示伤心之颜色于人寰，若以警告地球之终有死期也者，言念及此，能勿愀然。虽然，地球即成白首，吾人尚在青春，以吾人之青春，柔化地球之白首，虽老犹未老也。是则地球一日存在，即吾人之青春一日存在。吾人之青春一日存在，即地球之青春一日存在。吾人有现在一刹那之地球，即有现在一刹那之青春，即当尽现在一刹那对于地球之责任。虽明知未来一刹那之地球必毁，当知未来一刹那之青春不毁，未来一刹那之地球，虽非现在一刹那之地球，而未来一刹那之青春，犹是现在一刹那之青春。未来一刹那之我，仍有对于未来一刹那之地球之责任。庸得以虞地球形体之幻灭，而猥为沮丧哉！

　　复次，生于地球上之人类，其犹在青春乎，抑已臻白首乎？将来衰亡之顷，究与地球同时自然死灭乎，抑因地球温度激变，突与动植物共死灭乎？其或先兹事变，如个人若民族之死灭乎？斯亦难决之题也。生物学者之言曰：人类之生活，反乎自然之生活也。自妇人畏蒽，抱子而奔，始学立行，胸部暴露，必须被物以求遮卫，而人类遂有衣裳；又以播迁转徙，所携食物，易于腐败，而人类遂有火食。有衣裳而人类失其毛发矣，有火食而人类失其胃肠矣。其趋文明也日进，其背自然也日遐，浸假有舟车电汽，而人类丧其手足矣。有望远镜、德律风等，而人类丧其耳目矣。他如有书报传译之速，文明利器之普，而人类亡其脑力。有机关枪四十二珊之炮，而人类弱其战能。有分工合作之都市生活，歌舞楼台之繁华景象，而人类增其新病。凡此种种，人类所以日向灭种之途者，若决江河，奔流莫遏，长此不已，劫焉可逃？此辈学者所由大声疾呼，布兹骇世听闻之噩耗，而冀以谋挽救之方也。宗教信士则从而反之，谓宇宙一切皆为神造，维护之任神自当之，吾人智能薄弱，惟托庇于神而能免于罪恶灾厄也。如生物家言，是为蔑夷神之功德，影响所及，将驱人类入于悲观之途，圣智且尚无灵，人工又胡能阀，惟有瞑心自放，居于下流，荒亡日久，将为人心世道之忧矣。末俗浇漓，未始非为此说者阶之厉也。吾人宜坚信上帝有全知全能，虔心奉祷，罪患如山，亦能免矣。由前之说，固易流于悲观，而其足以警觉世人，俾知谋矫正背乎自然之生活，此其所长也。由后之说，虽足以坚人信仰之力，俾其灵魂得优游于永生之天国，而其过崇神力，轻蔑本能，并以讳蔽科学之实际，乃其所短也。吾人于此，宜如宗教信士之信仰上帝者信人类有无尽之青春，更宜悚然于生物学者之旨，以深自警惕，力图于背逆自然生活之中，而能依人为之工夫，致其背逆自然之生活，无异于顺适自然之生活。斯则人类之寿，虽在耄耋之年，而吾人苟奋自我之欲能，又何不可返于无尽青春之域，而奏起死回生之功也？

人类之成一民族一国家者，亦各有其生命焉。有青春之民族，斯有白首之民族，有青春之国家，斯有白首之国家。吾之民族若国家，果为青春之民族、青春之国家欤，抑为白首之民族、白首之国家欤？苟已成白首之民族、白首之国家焉，吾辈青年之谋所以致之回春为之再造者，又应以何等信力与愿力从事，而克以著效？此则系乎青年之自觉何如耳！异族之觇吾国者，辄曰：支那者，老大之邦也。支那之民族，濒灭之民族也。支那之国家，待亡之国家也。洪荒而后，民族若国家之递兴递亡者，蹄然其不可纪矣。粤稽西史，罗马、巴比伦之盛时，丰功伟烈，彪著寰宇，曾几何时，一代声华，都成尘土矣。祇〔祇〕今届指，欧土名邦，若意大利，若法兰西，若西班牙，若葡萄牙，若和兰，若比利时，若丹马，若瑞典，若那威，乃至若英吉利，罔不有积尘之历史，以重累其国家若民族之生命。回溯往祀，是等国族，固皆尝有其青春之期，以其畅盛之生命，展其特殊之天才。而今已矣，声华渐落，躯壳空存，纷纷者皆成文明史上之过客矣。其较新者，惟德意志与勃牙利，此次战血洪涛中，又为其生命力之所注，勃然暴发，以挥展其天才矣。由历史考之，新兴之国族与陈腐之国族遇，陈腐者必败；朝气横溢之生命力与死灰沉滞之生命力遇，死灰沉滞者必败；青春之国民与白首之国民遇，白首者必败，此殆天演公例，莫或能逃者也。

支那自黄帝以降，赫赫然树独立之帜于亚东大陆者，四千八百余年于兹矣。历世久远，纵观横览，罕有其伦。稽其民族青春之期，远在有周之世，典章文物，灿然大备，过此以往，渐向衰歇之运，然犹浸衰浸微，扬其余辉，以至于今日者，得不谓为其民族之光钦？夫人寿之永，不过百年，民族之命，垂五千载，斯亦寿之至也。印度为生释迦而兴，故自释迦生而印度死；犹太为生耶稣而立，故自耶稣生而犹太亡；支那为生孔子而建，故自孔子生而支那衰，陵夷至于今日，残骸枯骨，满目魋然，民族之精英，澌灭尽矣，而欲不亡，庸可得乎？吾青年之骤闻斯言者，未有不变色裂眦，怒其侮我之甚也。虽然，勿怒也。吾之国族，已阅长久之历史，而此长久之历史，积尘重压，以桎梏其生命而臻于衰敝者，又宁容讳？然而吾族青年所当信誓旦旦，以昭示于世者，不在断断辩证白首中国之不死，乃在汲汲孕育青春中国之再生。吾族今后之能否立足于世界，不在白首中国之苟延残喘，而在青春中国之投胎复活。盖尝闻之，生命者，死与再生之连续也。今后人类之问题，民族之问题，非苟生残存之问题，乃复活更生、回春再造之问题也。与吾并称为老大帝国之土耳其，则青年之政治运动，屡试不一试焉。巴尔干诸邦，则各谋离土自立，而为民族之运动，兵连祸结，干戈频兴，卒以酿今兹世界之大变焉。遥望喜马拉亚山之巅，恍见印度革命之烽烟一缕，引而弥长，是亦欲回其民族之青春也。吾华自辛亥首义，癸丑之役继之，喘息未安，风尘澒洞，又复倾动九服，是亦欲再造其神州也。而在是等国族，凡以冲决历史之桎梏，涤荡历史之积秽，新造民族之生命，挽回民族之青春者，固莫不惟其青年是望矣。建国伊始，肇锡嘉名，实维中华。中华之义，果何居乎？中者，宅中位正之谓也。吾辈青年之大任，不仅于空间能致中华为天下之中而遂足，并当于时间而谛时中之旨也。旷观世界之历史，古往今来，变迁何极！吾人当于今岁之青春，画为中点，中以前之历史，不过如进化论仅于考究太阳、地球、动植各物乃至人类之如何发生、如何进化者，以纪人类民族国家之如何发生、如何进化也。中以后之历史，则以是为古代史之职，而别以纪人类民族国家之更生回春为其中心之的也。中以前之历史，封闭之历史，焚毁之历史，葬诸坟墓之历史也。中以后之历史，洁白之历史，新装之历史，待施绚绘之历史也。中以前之历史，白首之历史，陈死人之历史也。中以后之历史，青春之历史，活青年之历史也。青年乎！其以中立不倚之精神，肩兹砥柱中流之责任，即由今年今春之今日今刹那为时中之起点，取世界一切白首之历史，一火而摧焚之，而专以发挥青春中华之中，缀其一生之美于中以后历史之首页，为其职志，而勿逡巡不前。华者，文明开敷之谓也，华与实相为轮回，即开敷与废落相为嬗代。白首中华者，青春中华本以胚孕之实也。青春中华者，白首中华托以再生之华也。白首中华者，渐即废落之中华也。青春中华者，方复开敷之中华也。有渐即废落之中华，所以有方复开敷之中华。有前之废落以供今之开敷，斯有后之开敷以续今之废落，即废落，即开敷，即开敷，即废落，终竟如是废落，终竟如是开敷。宇宙有无尽之青春，斯宇宙有不落之华，而栽之、培之、灌之、溉之、赏玩之、享爱之者，舍青春中华之青年，更谁与归矣？青年乎，勿徒发愿，愿春常在华常好也，愿华常得青春，青春常在于华也。宜有即华不得青春，青春不在于华，亦必奋其回春再造之努力，使废落者复为开敷，开敷者终不废落，使华不能不得青春，青春不能不在于华之决心也。抑吾闻之化学家焉，土质虽腴，肥料虽多，耕种数载，地方〔力〕必耗，砂土硬化，无能免也，将欲柔融之，俾再反于丰穰〔壤〕，惟有一种草木为能致之，为其能由空中吸收窒素肥料，注入土中而沃润之也。神州赤县，古称天府，胡以至今徒有万木秋声、萧萧落叶之悲，昔时繁华之盛，荒凉废落至于此极也！毋亦无此种草木为之文柔和润之耳。青年之于社会，殆犹此种草木之于田亩也。从此广植根蒂，深固不可复拔，不数年间，将见青春中华之参天翁郁，错节盘根，树于世界，而神州之域，还其丰穰〔壤〕，复其膏腴矣。则谓此菁菁苗苗之青年，即此方复开敷之青春中华可也。

　　顾人之生也，苟不能窥见宇宙有无尽之青春，则自呱呱堕地，迄于老死，觉其间之春光，迅于电波石火，不可淹留，浮生若梦，直菌鹤马蜩之过乎前耳。是以川上尼父，有逝者如斯之嗟；湘水灵均，兴春秋代序之感。其他风骚雅士，或秉烛夜游；勤事劳人，或重惜分寸。而一代帝王，一时豪富，当其垂暮之年，绝诀之际，贪恋幸福，不忍离舍，每为咨嗟太息，尽其权力黄金之用，无能永一瞬之天年，而重留遗憾于长生之无术焉。秦政并吞八荒，统制四海，固一世之雄也，晚年畏死，遍遣羽客，搜觅神仙，求不老之药，卒未能获，一旦魂断，宫车晚出。汉武穷兵，蛮荒慴伏，汉代之英主也，暮年咏叹，空有"欢乐极兮哀情多，少壮几时奈老何"之慨。最近美国富豪某，以毕主［生］之奋斗，博得＄式之王冠，衰病相催，濒于老死，则抚枕而叹曰："苟能延一月之命，报以千万金弗惜也。"然是又安可得哉？夫人之生也有限，其欲也无穷，以无穷之欲，逐有限之生，坐令似水年华，滔滔东去，红颜难再，白发空悲，其殆人之无奈天何者欤！涉念及此，灰肠断气，厌世之思，油然而生。贤者仁智俱穷，不肖者流连忘返，而人生之靳［蕲］向荒矣，是又岂青年之所宜出哉？人生兹世，更无一刹那不在青春，为其居无尽青春之一部，为无尽青春之过程也。顾青年之人，或不得常享青春之乐者，以其有黄金权力一切烦忧苦恼机械生活，为青春之累耳。谚云："百金买骏马，千金买美人，万金买爵禄，何处买青春？"岂惟无处购买，邓氏铜山，郭家金穴，愈有以障繄［翳］青春之路俾无由达于其境也。罗马亚布达尔曼帝，位在皇极，富有四海，不可谓不尊矣，临终语其近侍，谓四十年间，真感愉快者，仅有三日。权力之不足福人，以视黄金，又无差等。而以四十年之青春，娱心不过三日，悼心悔憾，宁有穷耶？夫青年安心立命之所，乃在循今日主义以进，以吾人之生，洵如卡莱尔所云，特为时间所执之无限而已。无限现而为我，乃为现在，非为过去与将来也。苟了现在，即了无限矣。昔者圣叹作诗，有"何处谁人玉笛声"之句。释弓年小，窃以玉字为未安，而质之圣叹。圣叹则曰："彼若说'我所吹本是铁笛，汝何得用作玉笛？'我便云：'我已用作玉笛，汝何得更吹铁笛？'天生我才，岂为汝铁笛作奴儿婢子来耶？"夫铁字与玉字，有何不可通融更易之处。圣叹顾与之争一字之短长而不惮烦者，亦欲与之争我之现在耳。诗人拜轮，放浪不羁，时人诋之，谓于来世必当酷受地狱之苦。拜轮答曰："基督教徒自苦于现世，而欲祈福于来世。非基督教徒，则于现世旷逸自遗［遣］，来世之苦，非所辞也。二者相较，但有先后之别，安有分量之差。"拜轮此言，固甚矫激，且寓风刺之旨。以余观之，现世有现世之乐，来世有来世之乐。现世有现世之青春，来世有来世之青春。为贪来世之乐与青春，而迟吾现世之乐与青春，固所不许。而为贪现世之乐与青春，遽弃吾来世之乐与青春，亦所弗应也。人生求乐，何所不可，亦何必妄分先后，区异今来也？耶曼孙曰："尔若爱千古，当利用现在。昨日不能呼还，明日尚未确实。尔能确有把握者，惟有今日。今日之一日，适当明晨之二日。"斯言足发吾人之深省矣。盖现在者吾人青春中之青春也。青春作伴以还于大漠之乡，无如而不自得，更何烦忧之有焉。烦忧既解，恐怖奚为？耶比古达士曰："贫不足恐，流窜不足恐，囹圄不足恐，最可恐者，恐怖其物也。"美之政雄罗斯福氏，解政之后，游猎荒山，奋其铁腕，以与虎豹熊罴相搏战。一日猎白熊，险遭吞噬，自传其事，谓为不以恐怖误其稍纵即逝之机之效，始获免焉。于以知恐怖为物，决不能拯人于危。苟其明日将有大祸临于吾躬，无论如何恐怖，明日之祸万不能因是而减其豪〔毫〕末。而今日之我，则因是而大损其气力，俾不足以御明日之祸而与之抗也。艰虞万难之境，横于吾前，吾惟有我、有我之现在而足恃。堂堂七尺之躯，徘徊回顾，前不见古人，后不见来者，惟有昂头阔步，独往独来，何待他人之援手，始以遂其生者？更胡为乎"念天地之悠悠，独怆然而涕下"哉？惟是为累于我之现在及现在之我者，机械生活之重荷，与过去历史之积尘，殆有同一之力焉。今人之赴利禄之途也，如蚁之就膻，蛾之投火，究其所企，克致志得意满之果，而营营扰扰，已逾半生，以孑然之身，强负黄金与权势之重荷以趋，几何不为所重压而僵毙耶？盖其优于权富即其短于青春者也。耶经有云："富人之欲入天国，犹之骆驼欲潜身于针孔。"此以喻重荷之与青春不并存也。总之，青年之自觉，一在冲决过去历史之纲〔网〕罗，破坏陈腐学说之囹圄，勿令僵尸枯骨，束缚现在活泼泼地之我，进而纵现在青春之我，扑杀过去青春之我，促今日青春之我，禅让明日青春之我。一在脱绝浮世虚伪之机械生活，以特立独行之我，立于行健不息之大机轴。袒裼裸裎，去来无罣，全其优美高尚之天，不仅以今日青春之我，追杀今日白首之我，并宜以今日青春之我，豫杀来日白首之我，此固人生惟一之蕲向，青年惟一之责任也矣。拉凯尔曰："长保青春，为人生无上之幸福，尔欲享兹幸福，当死于少年之中。"吾愿吾亲爱之青年，生于青春死于青春，生于少年死于少年也。德国史家孟孙氏，评骘锡札曰："彼由青春之杯，饮人生之水，并泡沫而干之。"吾愿吾亲爱之青年，擎此夜光之杯，举人生之醍醐浆液，一饮而干也。人能如是，方为不役于物，物莫之伤。大浸稽天而不溺，大旱金石流土山焦而不热，是其尘垢秕穅，将犹陶铸尧、舜。自我之青春，何能以外界之变动而改易，历史上残骸枯骨之灰，又何能塞蔽青年之聪明也哉？市南宜僚见鲁侯，鲁侯有忧色，示〔市〕南子乃示以去累除忧之道，有曰："'吾愿君去国捐俗，与道相辅而行。'君曰:'彼其道远而险,又有江山,我无舟车,奈何?'市南子曰:'君无形倨,无留居,以为舟车。'君曰:'彼其道幽远而无人,吾谁与为邻? 吾无粮,我无食,安得而至焉?'市南子曰:'少君之费,寡君之欲,虽无粮而乃足,君其涉于江而浮于海,望之而不见其崖,愈往而不知其所穷,送君者将[皆]自崖而反,君自此远矣'。"此其谓道,殆即达于青春之大道。青年循蹈乎此,本其理性,加以努力,进前而勿顾后,背黑暗而向光明,为世界进文明,为人类造幸福,以青春之我,创建青春之家庭,青春之国家,青春之民族,青春之人类,青春之地球,青春之宇宙,资以乐其无涯之生。乘风破浪,迢迢乎远矣,复何无计留春望尘莫及之忧哉? 吾文至此,已嫌冗赘,请诵漆园之语,以终斯篇。

署名:李大钊
《新青年》第 2 卷第 1 号
1916 年 9 月 1 日

《晨钟》之使命
——青春中华之创造
（1916 年 8 月 15 日）

一日有一日之黎明，一棋［期］有一棋之黎明，个人有个人之青春，国家有国家之青春。今者，白发之中华垂亡，青春之中华未孕，旧棋［期］之黄昏已去，新棋［期］之黎明将来。际兹方死方生、方毁方成、方破坏方建设、方废落方开敷之会，吾侪振此"晨钟"，期与我慷慨悲壮之青年，活泼泼地之青年，日日迎黎明之朝气，尽二十棋黎明中当尽之努力，人人奋青春之元气，发新中华青春中应发之曙光，由是一一叩发一一声，一一声觉一一梦，俾吾民族之自我的自觉，自我之民族的自觉，一一彻底，急起直追，勇往奋进，径造自由神前，索我理想之中华，青春之中华，幸勿姑息迁延，韶光坐误。人已汲新泉，尝新炊，而我犹卧榻横陈，荒娱于白发中华、残年风烛之中，沉鼾于睡眠中华、黄粱酣梦之里也。

外人之祇［诋］吾者，辄曰：中华之国家，待亡之国家也；中华之民族，衰老之民族也。斯语一入吾有精神、有血气、有魂、有胆之青年耳中，鲜不勃然变色，思与四亿同胞发愤为雄，以雪斯言之奇辱者。顾吾以为宇宙大化之流行，盛衰起伏，循环无已，生者不能无死，毁者必有所成，健壮之前有衰颓，老大之后有青春，新生命之诞生，固常在累累坟墓之中也。吾之国家若民族，历数千年而巍然独存，往古来今，罕有其匹，由今论之，始云衰老，始云颓亡，斯何足讳，亦何足伤，更何足沮丧吾青年之精神，销沉吾青年之意气！吾人须知吾之国家若民族，所以扬其光华于二十棋之世界者，不在陈腐中华之不死，而在新荣中华之再生；青年所以贡其精诚于吾之国家若民族者，不在白发中华之保存，而在青春中华之创造。《晨钟》所以效命于胎孕青春中华之青年之前者，不在惜恋黰黰就木之中华，而在欢迎呱呱坠地之中华。是故中华自身无所谓运命也，而以青年之运命为运命；《晨钟》自身无所谓使命也，而以青年之使命为使命。青年不死，即中华不亡，《晨钟》之声，即青年之舌，国家不可一日无青年，青年不可一日无觉醒，青春中华之克创造与否，当于青年之觉醒与否卜之，青年之克觉醒与否，当于《晨钟》之壮快与否卜之矣。

过去之中华，老辈所有之中华，历史之中华，坟墓中之中华也。未来之中华，青年所有之中华，理想之中华，胎孕中之中华也。坟墓中之中华，尽可视为老辈之纪录，而拱手以让之老辈，俾携以俱去。胎孕中之中华，则断不许老辈以其沉滞颓废、衰朽枯窘之血液，侵及其新生命。盖一切之新创造，新机运，乃吾青年独有之特权，老辈之于社会，自其长于年龄、富于经验之点，吾人固可与以相当之敬礼，即令以此自重，而轻蔑吾青年，嘲骂吾青年，诽谤吾青年，凌辱吾青年，吾人亦皆能忍受，独至并此独有之特权而侵之，则毅然以用排除之手段，而无所于踌躇，无所于逊谢。须知吾青年之生，为自我而生，非为彼老辈而生，青春中华之创造，为青年而造，非为彼老辈而造也。

老辈之灵明，蔽翳于经验，而青年脑中无所谓经验也。老辈之精神，局牖于环境，而青年眼中无所谓环境也。老辈之文明，和解之文明也，与境遇和解，与时代和解，与经验和解。青年之文明，奋斗之文明也，与境遇奋斗，与时代奋斗，与经验奋斗。故青年者，人生之王，人生之春，人生之华也。青年之字典，无"困难"之字，青年之口头，无"障碍"之语；惟知跃进，惟知雄飞，惟知本其自由之精神，奇僻之思想，锐敏之直觉，活泼之生命，以创造环境，征服历史。老辈对于青年之道义，亦当尊重其精神，其思想，其直觉，其生命，而不可抑塞其精神，其思想，其直觉，其生命。苟老辈有以柔顺服从之义规戒青年，以遏其迈往之气，豪放之才者，是无异于劝青年之自杀也。苟老辈有不知苏生，不知蜕化，而犹逆宇宙之进运，投青年于废墟之中者，吾青年有对于揭反抗之旗之权利也。

今日之中华，犹是老辈把持之中华也，古董陈列之中华也。今日中华之青年，犹是崇拜老辈之青年，崇拜古董之青年也。人先失其青春，则其人无元气；国家丧其青年，则其国无生机。举一国之青年，自沉于荒冢之内，自缚于偶像之前，破坏其理想，黯郁其灵光，遂令皓首皤皤之老翁，昂头阔步，以陟于社会枢要之地，据为苑丘终老之所，而欲其国不为待亡之国，其族不为濒死之族，乌可得耶？吾尝稽究其故矣，此其咎不在老辈之不解青年心理，不与青年同情，而在青年之不能与老辈宣战，不能与老辈格斗。盖彼老辈之半体，已埋没于黄土一坏［抔］之中，更安有如许之精神气力，与青年交绥用武者。果或有之，吾青年亦乐引为良师益友，不敢侪之于一般老辈之列，而葬于荒冢之中矣。吾国所以演成今象者，非彼老辈之强，乃吾青年之弱；非彼旧人之勇，乃吾新人之怯；非吾国之多老辈多旧人，乃吾国之无青年无新人耳！非绝无青年，绝无新人，有之而乏慷慨悲壮之精神，起死回天之气力耳！此则不能不求青年之自觉与反省，不能不需《晨钟》之奋发与努力者矣。

由来新文明之诞生，必有新文艺为之先声，而新文艺之勃兴，尤必赖有一二哲人，犯当世之不韪，发挥其理想，振其自我之权威，为自我觉醒之绝叫，而后当时有众之沉梦，赖以惊破。欧人促于科学之进步，而为由耶教桎梏解放之运动者，起于路德一辈之声也。法兰西人冒革命之血潮，认得自我之光明，而开近世自由政治之轨者，起于孟德斯鸠、卢骚、福禄特尔诸子之声也。他如狄卡儿、倍根、秀母、康德之徒，其于当世，亦皆在破坏者、怀疑主义者之列，而清新之哲学、艺术、法制、伦理，莫不胚孕于彼等之思潮。萨兰德、海尔特尔、冷新乃至改得、西尔列尔之流，其于当代，因［固］亦尝见诋为异端，而德意志帝国之统一，殆即苞蕾于彼等热烈之想象力，彼其破丹败奥，摧法征俄，风靡巴尔干半岛与海王国。抗战不屈之德意志魂，非俾士麦、特赖克、白仑哈的之成绩，乃讴歌德意志文化先声之青年思想家、艺术家所造之基础也。世尝喷喷称海聂之名矣，然但知其为沉哀之诗人，而不知其为"青年德意志"弹奏之人也。所谓"青年德意志"运动者，以一八四八年之革命为中心，而德国国民绝叫人文改造□□□也。彼等先俾斯麦、摩尔托克、维廉一世而起，于其国民之精神，与以痛烈之激刺。当是时，海聂、古秋阔、文巴古、门德、洛北诸子，实为其魁俊，各奋其颖新之笔，掊击时政，攻排旧制，否认偶像的道德，诅咒形式的信仰，冲决一切陈腐之历史，破坏一切固有之文明，扬布人生复活国家再造之声，而以使德意志民族回春，德意志帝国建于纯美青年之手为理想，此其孕育胚胎之世，距德意志之统一，才二十载，距今亦不过六十余年，而其民族之声威，文明之光彩，已足以震耀世界，征服世界，改造世界而有余。居今穷其因果，虽欲不归功于青年德意志之运动，青年文艺家、理想家之鼓吹，殆不可得。以视吾之文坛，堕落于男女兽欲之鬼窟，而罔克自拔，柔靡艳丽，驱青年于妇人醇酒之中者，盖有人禽之殊，天渊之别矣。记者不敏，未擅海聂诸子之文才，窃慕青年德意志之运动，海内青年，其有闻风兴起者乎？甚愿执鞭以从之矣。

吾尝论之，欧战既起，德意志、勃牙利亦以崭新之民族爆发于烽火之中。环顾兹世，新民族遂无复存。故今后之问题，非新民族崛起之问题，乃旧民族复活之问题也。而是等旧民族之复活，非其民族中老辈之责任，乃其民族中青年之责任也。土尔其以老大帝国与吾并称，而其冥顽无伦之亚布他尔哈米德朝，颠覆于一夜之顷者，则青年土尔其党愤起之功也。印度民族久已僵死，而其民间革命之烽烟，直迷漫于西马拉亚山之巅者，则印度青年革命家努力之效也。吾国最近革命运动，亦能举清朝三百年来之历史而推翻之。袁氏逆命，谋危共和，未逾数月，义师勃兴，南天震动，而一世之奸雄，竟为护国义军穷迫以死。今虽不敢遽断改革之业，为告厥成功，而青春中华之创造，实已肇基于此。其胚种所由发，亦罔不在吾断头流血之青年也。长驱迈往之青年乎，其各百尺竿头，更进一步，取由来之历史，一举而摧焚之，取从前之文明，一举而沦葬之。变弱者之伦理为强者之人生，变庸人之哲学为天才之宗教，变"人"之文明为"我"之文明，变"求"之幸福为"取"之幸福。觅新国家，拓新世界，于欧洲战血余腥、炮焰灰烬之中，而以破坏与创造、征服与奋斗为青年专擅之场，厚青年之修养，畅青年之精神，壮青年之意志，砺青年之气节，鼓舞青春中华之运动，培植青春中华之根基，吾乃高撞自由之钟，以助其进行之勇气。中华其睡狮乎？闻之当勃然兴；中华其病象乎？闻之当霍然起。盖青年者，国家之魂，《晨钟》者，青年之友。青年当努力为国家自重，《晨钟》当努力为青年自勉，而各以青春中华之创造为唯一之使命，此则《晨钟》出世之始，所当昭告于吾同胞之前者矣。

附言

篇中所称老辈云者，非由年龄而言，乃由精神而言；非由个人而言，乃由社会而言。有老人而青年者，有青年而老人者。老当益壮者，固在吾人敬服之列，少年颓丧者，乃在吾人诟病之伦矣。

署名：守常
《晨钟》创刊号
1916 年 8 月 15 日

制定宪法之注意
（1916 年 10 月 20 日）

天佑中国，枭强自陨，议坛诸公，得以卷土重来，制定宪法，此实国民之幸运，亦吾国之转机也。凡夫与兹邦有休戚之关系者，义当布其一得之诚，以贡议坛之参考，俾兹群伦托命之宪典，获备调剂平衡之能，并收审慎周详之效。彼东西立宪国家，遇兹制宪大典，其民间政团学圃，硕士名家，罔不竭思弹虑，以相商榷，而以其主张布之报章，宣之册牍。吾人苟一翻法国革命时代、美国独立时代之载籍，当能回忆其盛况。吾国今举制宪之重典，而杂志小册之刊布，专以商榷宪法者，求之著林书肆，殊有岑寂落寞之感，斯足以深自愧恧者矣。窗友秦、田二君，有慨于此，乃有本志之组创，征稿于愚，愚于宪法之学，未窥涯津，勉就斯文，何足一哂。然而愚者千虑，不无一得。斯非徒应友谊之雅，抑亦扬国民一分之声也。

著者附志

愚于构论之始，偶忆及北美合众国最初发布之成文宪法，名《联邦条规》（Articles of Confederation）者，诸多缺点，北美合众国实不能赖此以完成。政识深沉如鲍德荫（Bowdoin）、哈弥敦（Hamilton）者，乃各运其缜密之思，以发见其困难之根底。然欲取其困难一举而摧清之，尤非革命不为功，似此新造之邦，何堪屡构革命流血之惨祸。鲍、哈二氏乃前后各出其深沉之政略，蕲于巧避革命之祸，而暗收改造之功。苦心筹运之结果，费拉德费雅（Philadelphia）会议卒以成立。是会也，凡于革命血潮中涌出之名流杰士，网罗殆尽，雍雍济济，会于一堂，而北美合众国长治久安之宪法，遂以改造于若辈之手，至今论政者传为佳话。愚之举此，以证新邦缔造之初，所制宪典，缺憾恒多未免，必经行之若干岁月，中间遭遇若干险阻，明达之士，烛识几先，而谋以妥慎之方，总救其敝，方能奏长治久安之效也。愚非敢谓吾国今日与美国费府会议时情事相同，惟于经验一点，此等史迹，实足诏吾人以觉醒。彼自《联邦条规》施行以迄费府会议，中历十年。吾自《南京约法》以迄今兹，才弥五稔。以时日计之，适当其半，而以其间遭遇之险阻言之，其与吾人以严厉之教训者，千百倍之。即彼《天坛宪法》，自遭前岁秋间之凄风苦雨以后，与天坛废宇共度荒凉之岁月者，亦复二载。其间容吾贤士大夫以思补之机会，亦正优裕，议坛诸子，或不无鲍德荫、哈弥敦其人乎？痛定思痛，求于宪法，收美国费府会议之功，今其时矣。愚辄忘其无似，条举二义，乞议坛诸公注意焉！

一、制宪者当知宏厚宪法之势力，苟得其道，不必虞法外势力之横来摧毁，而蓄意防制也。制宪之事，有不可失之律二焉：一即调和，一即抵抗是也。夫调和与抵抗，其用相反，其质则同。宪法实质之备此二用者，惟在平衡。但宪法之实质，必如何而能致平衡之境，则征之各国通例，制宪之际，必将各方之意思情感，一一调剂之，融和之，俾各得相当之分以去。而各种势力，亦均知遵奉政理，而能自纳于轨物之中，则法外之势力，悉包涵于宪法，而无所于不平。宪法之力，乃克广被无既，以垂于永久。惟在吾国今日特殊势力，别峙于宪法以外，而又不自觉醒，不能自觅途辙以求涵蕴于宪法。在若而国，此等势力亦非可以漠视。吾人制宪宜预与以相当之分，以为其回翔之地，此义议坛诸公若深甃之，而本之以制定宪法，则愚敢断言议坛诸公之尽职，已为无憾。盖越此以为防制之用者，不惟多事，抑且无功。以宪法为物之势力，不在宪法之自身，而在人民之心理。国中有一部分势力，不得其相当之分于宪法，势必别寻歧径以求达，而越轨之行为，必且层见而迭出。事果至兹，法之自身，果有何力以为制裁？甚且有并宪法全部之精神而根本推翻之者，又有何术以为保持乎？顾或谓就令于宪法，已有容量，以为相当之分，而其势力之顽强，终有不能与宪法并存，而弗明其尽分之道者，则又何如？应之曰：此亦非足虑者，法外之势力，而与宪法为敌，国民执宪法而无如之何，势必亦以法外之势力制之，制造此种势力之代价，虽至流血断头而有所不辞也。法兰西帝政之旋起旋仆，卒绝其根株于共和宪政之下者，法兰西革命军之势力也。洪宪帝制之消灭于初萌者，西南护国军之势力也。法外之势力能摧残宪法，法外之势力即能保障宪法。愚非不以革命为不幸，亦非敢保吾国将来必无恃法外之势力摧残宪法者。愚之本意，乃谓制宪之时，不必涉虑及此，而为防制；防制而只设于宪法，为之亦且无效。惟依政治原理以求良宪之成，异日苟有冒不韪，而违判宪法者，吾民亦何敢避锋镝戈矛之惨，而各［咨］卫障宪法之血代价，以失先烈艰难缔造之勇哉！王君宠惠之言曰："宪法者非因一人而定，乃因一国而定也；非因一时而定，乃因永久而定也。"可以深长思矣！

一、制宪者须知今日制宪虽采成文主义，而不可尽背不文主义之精神也。居今日而言制宪，莫不采成文主义，此无待论。愚谓不文主义之特长，乃在性柔而量宏。此种特长，虽在今日成文主义时代，亦为制宪者不可蔑弃之精神。英吉利者，以不成文主义著称，而为立宪国之鼻祖也。法儒布托米氏评其宪法曰："英伦宪法之特质，正在其适当之散漫无纪，合宜之参差不齐，使英人不避宪法编纂之劳，而以成文法典齐一之，则恐法典朝成而苏、爱夕离矣！"是可知我柔性宏量之德，惟不文主义之宪法，得之最丰。反而观之，制宪而采成文主义者，每易趋于繁文详项，反以塞其量而使之狭，为其所短。况当制宪之秋，多在政态万变之顷，经营草创，惴惴焉恐有挂漏之讥，民众之权利自由或异日即以是而召损失，制宪者每求详举其条以蕲网罗无遗，方足告无罪于今后之生息于该宪法之下者。其弊也在畸于繁，抑知国制万几，乌可藉数项条文而能赅括无余者。条文愈繁，法量愈狭，将欲繁其条项以求详，必为琐屑事项所拘蔽，反不能虚其量以多所容受。愚以为与其于条项求备，毋宁于涵量求宏，较可以历久，而免纷更之累也。日本宪法以国体相违，非吾所可采鉴。惟其修正权仅操于其天皇，其程序如尔郑重，为世界宪法中性之最刚者，而彼独能旁稽各国之成绩而得其经验。经验惟何？即纂订宪法以简要为主，规定大体而不以繁缛求功，为留恢阔之余地，俾得涵盖万端，笼罩一切，以其详细事项让之他法（如日本宪法，关于众议院之组织，则仅于第三十五条有"众议院依选举法之所定，以被公选为议员者组织之"之条文，其详则定之于选举法。关于贵族院之组织，则仅于第三十四条有"贵族院依贵族院令之所定，以皇族华族及敕任议员组织之"之条文，其详则定之于贵族令），此其特色也。盖刚性宪法于修正宪法之会，动辄引起纷扰，苟不预宏厥量，以待事变之来，则更易之频，将至动摇国本，患岂可胜言者。今国人既群以刚性宪法为宜矣，于其涵量，焉得不为审慎之注意。而《天坛草案》之产生，风檐寸晷，又有无数催生者，狞目狰容，伺于其侧，相为推挽，事既简率，人复愤慨，缺漏之多，庸岂能免。即如"国民教育以孔子之道为修身大本"一条，孔子之道，其在今日，是否当为国民教育之修身大本，为别一问题，兹且莫论。推原立法者之初心，无非欲求其备，以入斯条。然试思之，民国以五族组成，族性不同；宗仰各异。蒙藏之族，自以其喇嘛教为修身大本矣；回教之族，自以穆罕默德之教为修身大本矣；他如五族之中，间亦有信奉耶教者，则亦必以耶稣之道为修身大本矣；信奉佛教者，抑且甚多，则亦必以释迦之道为修身大本矣。此仅自宗教言之也，若自思想自由原理言之，世界哲人是为吾人修养之明星者，奚独限于孔子？即令缩小范围，仅就吾儒而论，孔、孟之徒，且与杨、墨之说不相并容，孟子至诋之为禽兽。而今康门高弟，如梁任公先生者，犹且敝敝焉取子墨子学说，而发阐其微旨矣！凡兹种种，绳以宪法此条，为达反宪法乎？抑否也？如以为违，则是屏蒙、藏、回与夫满、汉之宗奉佛、耶者，国民中之以孔子而外之哲人为泰斗者，于民国之外，而罚之将不可胜罚也。如不以为违而听之，则一端之挫，伤及全身，宪法之尊严扫地尽矣。法量之以繁文而益狭者，此类是也。至其与第六条第七项相背，堂堂宪法，而有矛盾之条文，虽有谈天雕龙之辩，亦奚能为之辞者。愚愿宪法审议会中，谛审斯旨，是不独宪法体制所关，实亿万斯年国家安危之所托也。

署名：李大钊

《宪法公言》第 2 期

1916 年 10 月 20 日

省制与宪法
（1916 年 11 月 9 日）

一、省制之渊源

省之名起于汉，班固前《汉书·昭帝纪》：帝姊"长公主，共养省中"。省字之见于载籍者，斯为最古。玩其文义，有尊崇之意。又《孔光传》："或问'温室省中树'。光不对，盖以禁省中事当慎密也。"逮于有唐，中书、门下、尚书号称三省。中书省主诏诰，门下省主封驳，尚书省主分职，为三权并立之象。寖又以尚书、黄门、中书、秘书、殿中、内侍区为六省（见《新（唐）书·百官制》），是省为官制名称之始。今日本称各部曰省（如陆军省、大藏省等），盖取于唐制之义也。省之官制，唐、宋相沿，著为章典。蒙元入主中华，于京师建中书省，更于京外各地立行中书省，计十有一，直辖于中书省：

岭北行中书省（今内外蒙古）；

辽阳行中书省（今满洲、朝鲜）；

河南行中书省（今河南及湖北一部、安徽北半、江苏北半）；

陕西行中书省（今陕西及甘肃一部）；

四川行中书省（今四川大部）；

甘肃行中书省（今甘肃大部）；

云南行中书省（今云南大部）；

江浙行中书省（今安徽南半、江苏南半、浙江及福建）；

江西行中书省（今江西、广东）；

湖广行中书省（今湖南、湖北一部，广西一部，四川一部）；

征东行中书省（为征日本，割辽阳行中书省辖地，特置此省）。

明初尚沿元制，分建行中书省，而又变通增益之。今之直隶，因元世尝直隶京师中书省，故有斯名。明初则于此建北平行中书省焉。山东当元之世，亦尝直隶京师中书省，明初则分建山东行中书省焉。他若元合而明分者有之，元江、浙共一行中书省，明初则江南、浙江各建行中书省是也。元无而明有者亦有之，元以福建属江浙行中书省，以广东属江西行中书省，明初则福建、广东各于其地建中书省是也。明至洪武九年，内革中书省，庶政悉归六部，外革各处行中书省，而别置十三布政使司，仍存行省之名。满清沿之，置二十二行省，设督抚焉（按总督、巡抚之名，始于有明，其时既设布政使，复由中央时派重臣，巡视地方兵事及政务，而锡以斯名。初为临时派遣之官吏，渐变而为常设官吏焉）。由官制沿革上察省制之渊源，如斯而已。

二、中国历史上地方分权之趋势

据上所述，是省制肇起原为内官，而扩张以及于外官。行省之制原为临时派遣之职，而递嬗以固著于地方。迄于今日，省之地位几无大异于联邦国之一邦，合众国之一州。以何因缘而成此种趋势？此其故当远稽中国列朝内外关系之历史的大势，而穷究之也。中华建国最古，划疆分野始自何代，此种考证非本篇所许，然国家之成概为大小强弱互相兼并之结果，此理之可放诸四海而准者，曾是吾国亦奚能外？迨其并吞日多，而黄河流域、长江流域之间，遂有所谓封建者，犬牙交错，而壤地相接焉。诠封之义虽多别解，而划疆之事为足当之。尧时恒、衡、华、岱峙于殊方，是为四岳，君主定时巡狩，使同盟诸侯朝觐会同，而为大祭。其时诸侯各持其领地之土，致之神前，君主复将此土授之诸侯，定其领地之封域，而以神为证，此即封建之始。封者封土之谓，建者建国之谓也。《舜典》："协时月、正日、同律度量衡"云云，所以谋国家之统一也。当世黎民直接受是等诸侯之统治，而其时之骚乱，非起于人民，而恒起于夏、殷、周等之强大诸侯焉。周初以诸侯称者八百，及其衰也，王网［纲］解纽，诸侯自相搂伐，春秋之世存者十二而已。比至战国时代更为六国，六国破灭，秦遂包举八荒，夷封建为郡县，实行极端的中央集权，行不再世，而天下豪杰兴于陇亩，并起而亡秦族矣！汉初惩秦之弊，广建宗藩，而高帝之世反者九起。于是文帝采贾生之议，景帝用晁错之谋，析封众建，以弱其势，而兼行郡县，有百余郡，郡置太守，太守之上设十三部刺史，以六条规令监督各郡太守，前汉末年改刺史为秩二千石之州牧。唐世各州刺史与汉之各郡太守相同，而其数特增，开元盛时称三百余，其上仍有监督官，分天下为十道，分置采访使、观察使，仍为朝廷钦差之职。后以兵乱置节度使驻镇地方，遂为常设之官。宋世于州县守令加以"权知"字样，地方官吏均非固定之职，而大体犹分二十三路，俾州县隶属之。元设十一行省，为今日省之滥觞，已如前述。有明沿之，易为十三布政使司。明制中央地方皆为三权分立，地方官中若布政使掌司财政，按察使掌理司法，都指挥使掌治军务。后将三权握于督抚一人之手，而位超于布按二使之上焉。初督抚之职本为巡按御史，类汉之刺史，以军务倥偬赍以临时兵权及征筹饷馈之权，仍为中央临时派遣之官吏，至于有清，遂与布按二使同为固定之地方官矣。综观历代内外轻重之关系，外重内轻之倾向多，内重外轻之倾向少。而察地方官制之趋势又得四事焉：（一）自秦废封建为郡县后，中央与地方总有联络之枢介于其间；（二）纵其初无是等机关，而中央临时派遣之非地方官往往据其位置，渐变为固著地方之职，若为自然之趋势者；（三）七十、八十，乃至一百、二百、三百、四百州县之上，必置十或二十左右之监督官；（四）分理政务之职，渐趋于综合专一之方，递演递嬗，省之位置，遂成今形。晚清督抚之权，且逾于联邦之首长。庚子之变，元首蒙尘，而地方不至瓦解者，职是之故。光、宣之交，各省权力愈见膨胀，中央发号施令非得各省承诺则不能推行有效，甚至兵权、财权、造币权悉操之于各省。辛亥之役，遂藉之以奏倾清之功。今兹护国军兴，亦凭之以倡讨袁之义。此则史迹昭然，谈省制者所不容忽视者也。

三、集权论与分权论对抗之由来

古无集权分权之语也。有之，则内重外轻云者，足当集权之义；外重内轻云者，足当分权之义焉。于是右集权者，则讴歌郡县；右分权者，则想望封建。求之往籍，封建与郡县之论战，盖至今而犹未有以决也。太史公作《汉兴以来诸侯（王）年表序》，盛称汉制郡国交错，犬牙相临，为"强本干，弱枝叶之势"。班孟坚作史别有深慨，其赞许封建之意则尝溢于言表。《诸侯王年表序》云："《诗》载其制曰：'介人惟藩，大师惟垣。大邦惟屏，大宗惟翰。怀德惟宁，宗子惟城。毋俾城坏，毋独斯畏。'所以亲亲贤贤，褒表功德，（关诸盛衰，）深根固本，为不可拔者也。故盛则周、召相其治，致刑错，衰则五霸扶其弱，与共守。"班氏生当西汉，值中衰之运，国统三绝，权奸窃位，以成篡夺之局，盖尝心焉痛之，溯本推原断为内重外轻之失。陆士衡作《五等论》，亦云："帝业至重，天下至旷。旷不可以偏治，重不可以独任；任重必于借力，制旷终乎因人。故设官分职，所以轻其任也；并建伍长，所以弘其制也。于是乎立其封疆之典，财〔裁〕其亲疏之宜，使万国相维，以成磐石之固；宗庶杂居，而定维城之业。"又云："或以'诸侯世位不必常全，昏主暴君有时比迹，故五等所以多乱。今之牧守，皆以官方庸能，虽或失之，其得固多，故郡县易以为政。'夫德之休明，黜陟日用，长率连属，咸述其职，而淫昏之君无所容过，何在其不治哉！故先代有以之兴矣。苟或衰陵，百度自悖，鬻官之吏以货准财，则贪残之萌皆如群后也，安在其不乱哉！故后王有以之废矣。且要而言之，五等之君，为己思治；郡县之长，为利〔吏〕图物。"此其立说似重分权，盖右封建而少郡县者也。

曹元首关心宗社，作《六代论》，以悟曹爽。六代者，夏、殷、周、秦、汉、魏也。文中比论六代典制，一归于建植宗藩，强枝叶以卫本根，为经国之至计。虽其论旨专注于一姓子孙帝王万世之业，而其间颇有吻合政理之精微者。如云："昔夏、殷、周历世数十，而秦二世而亡。何则？三代之君，与天下共其民，故天下同其忧。秦王独制其民，故倾危而莫救。夫与人共其乐者，人必忧其忧；与人同其安者，人必拯其危。先王知独治之不能久也，故与人共治之；知独守之不能固也，故与人共守之。兼亲疏而两用，参同异而并进。是以轻重足以相镇，亲疏足以相卫，兼并路塞，逆节不生。"又曰："泉竭则流涸，根朽则叶枯；枝繁者荫根，条落者本孤。故语曰'百足之虫，至死不僵'，扶之者众也。此言虽小，可以喻大。"征史迹而寻绎其理，颇合政力调和之原则，虽今之论治者造语精透，奚外斯矣。

柳子厚之论封建也，则举衰周之世，诸侯强盛，尾大不掉，率以殄于后封之秦，谓皆外重之祸。其称许郡县处，则谓秦之亡亡于人怨，非制之不善，故有叛人无叛吏。汉代封建之初，郡国居半，则有叛国无叛郡。唐兴，置州邑，立守宰，虽有桀猾时起，而亦有叛将无叛州。至谓公天下之端自秦始，则由封建之继世而理，不如郡县之易得循良而言也。愚谓秦废封建立郡县，诚为中国政治上一大变革。但人民土地虽免于为诸侯之私有，而其隶于一姓不过如私法上所有权之移转，其于人民未获公权之自由一而已矣。徒遗私土、子人之患，复失适俗易化之宜，以此言公，殊所未喻。然柳氏独能发见国家进化之迹，固自不失其政治史上之价值，而内重之策亦不失为一种主张也。

河汾王通为刘秩《政典》作后序，疏论唐太宗有行封建之意，而格于萧瑀、魏徵之徒，颜师古郡国杂居之议且不能行。后之儒者颇恨当时诸臣，不能明英主之美意，使生民复见三代之制，殊不以为然。彼谓："必能备究古今之事情，然后可以断其议论之是非，法制之得失。盖封建一事，汉以来未尝废，然行之辄利少而害多。其故有二：一则不能存三代之公心，二则不能存三代之良法。公心者何？其文、武、成、康之众建诸侯也，有德有功者则畀之。初未尝专以私其宗亲，虽曰兄弟、甥舅之邦，然所封皆极一时之选。若其果贤，则微子尹东夏、蔡仲君蔡邦，虽仇雠不废也；若其不贤，则管、蔡为僇，五［王］叔为［无］官，虽同气不恕也。至汉则且私且忌，故始则剿灭前代所建国而尽以畀其功臣，继则剿灭异姓王而尽以畀其同宗，又继则剿灭疏属刘氏王而尽以畀其近亲。而其所建置若濞、若长之徒，初无功德足以君国子民，特以其近亲而王之，故不旋踵而犯上作乱，墟其国而陨其身矣。盖有先王之公心，则其弊不至于此。良法者何？昔先王之建邦也，上有方伯、连率，下有公、侯、伯、子、男，小大相维，尊卑相制。如公侯受封之地虽多，而制禄不过十倍其卿，城国不过半天子之军，名山大泽不以封，必赐弓矢然后征，必赐圭瓒然后鬯，有巡守，有述职，有庆有让，纲纪未尝一日隳也。若汉初诸侯王，则畀以大城名都连数千里，未尝为之分限，山泽蓄货在其国者不领于天子之大农，五岳四渎在其国者不领于天子之祠官，故为诸侯者一受封之后即自负其富强，摘山煮海，招纳亡命，擅爵人赦死罪，天子不能诃，谋臣不敢议，所以纵恣之者如此。及景、武之世，则作佐官之律，严附益之法，吹毛求疵，积毁销骨，所以猜防之者复如此。盖方其纵恣也，则畏之有同乎敌国；及其猜防也，则抑之不啻如谪徙矣。盖有先王之良法，则其弊不至于此。"是盖以公心而外更须良法，足以维系中央之祭权、兵权、财权诸大端，而后可言分权，则人治与法治并重之说也。

欧阳永叔序《五代史·职方考》，则曰："三代以上莫不分土而治也。后世鉴古矫失，始郡县天下。而自秦、汉以来，为国孰与三代长短？及其亡也，未始不分，或无地以自存焉。盖得其要，则虽万国而治，失其所守，则虽一天下不能以容，岂非一本于道德哉！"斯实纯尚德治之说，异乎近世法治之旨。

已〔以〕论政力平衡之理，最精者莫若苏子由之《唐论》。其言曰："天下之患，常伏于其所偏重而不举之处。故内重则为内忧，外重则为外患。古者聚兵京师，外无强臣，天下之事皆制于内，当此之时谓之内重。内重之弊，奸臣内擅而外无所忌，匹夫横行于四海而莫能禁，其乱不起于左右之大臣，则生于山林小民之英雄，故夫天下之重不可使专在内也。古者诸侯大国或数百里，兵足以战，食足以守，而其权足以生杀，然后使四方盗贼之患不至于内，天子之大臣有所畏忌而内患不作，当此之时谓之外重。外重之弊，诸侯拥兵而内无以制。由此观之，则天下之重固不可使在内，而亦不可使在外也。"次复征引周、秦、汉、唐之制，而指明内重外重一偏之势，皆有其弊，归结于内外势均，相维于平，而以唐制为校良。斯真论内外权力分配之铮佼者矣。

罗泌《路史》中有《封建后论》之作，其旨一反柳宗元之说，谓行封建方为公天下，是亦分权论者之伦也。张横渠亦云："所以必要封建者，天下事之分得简则治精，不简则不精。故圣人必以天下分之于人，则事无不治者。圣人立法必计后世子孙，使周公当轴，虽揽天下之政，治之必精，后世安得如此？且为天下者，奚为纷纷必亲天下之事？今便封建，不肖者复逐之，有何害？岂有以天下之势不能正一百里之国，使诸侯得以交结以乱天下！自非朝廷大不能治，安得如此！而后世乃谓秦不封建为得策，此不知圣人之意也。"分简治精之理确正不刊，分权之利尽于斯矣。

马贵与病班孟坚断代为史，末由观历代典制之会通。温公《通鉴》又详于理乱兴衰，而略于典章经制。爰取累朝制度、名臣奏牍、私家论述，观其会通，加以评骘，成《文献通考》。其《封建考》中有云："诸儒之论封建、郡县者，历千百年未有定论。其论之最精者如陆士衡、曹元首则主绾，李百药、柳宗元则主斯，互相诋排，而其所发明不过公与私而已。曹、陆之说曰，唐、虞、三代公天下以封建诸侯，故享祚长；秦私天下以为郡县，故传代促。柳则反之曰，秦公天下者也。眉山苏氏又从而助之曰，封建者，争之端，乱之始，篡杀之祸莫由之，李斯之论当为万世法。"又云："愚尝因诸家公私之论而折衷之，曰封建、郡县皆所以分土治人，未容遽曰此公而彼私也。然必有公天下之心，然后能行封建，否则莫如郡县。无公天下之心，而欲行封建，是授之以作乱之具也。"准是言也，今以共和之制而行分权，宜无所弗适。盖公天下之法常存，而公天下之心偶有也。

明清之际，梨洲、亭林诸子，皆以内重外轻不足以善其治，而颜习斋《存治编》亦云："非封建不能尽天下人民之治，尽天下人材之用。"又云："三代以建封而亡，正以建封而久；汉、唐受分封藩镇之害，亦获分封藩镇之利。"又云："君非桀、纣，其亡难也；侯非汤、武，王之难也。故久而后失之也，即君果桀、纣而侯果汤、武矣。本国之积仓自足供辎重，无俟掠人箱困炊人梁栋也。一心之虎贲从王之与国，自足以奉天伐暴，无俟挟虏丁壮因而淫携妇女也。南巢、牧野一战而天命有归，无俟于数年、数十年之兵争而处（处）战场也。耕者不变而市者不止，不至于行人断绝而百里无烟火也。王畿鼎革而天下犹有君，不至于闻京城失守而举世分崩，千百成群自相屠抢，历数年不能定也。王者绥定万邦而屡有丰年，不至于耕种尽废，九域荡然，上干天和，水旱相仍，历三二世不能复也。盖民生天地，咸沐封建之泽，无问兴亡皆异于后世如此。而秦人任智力以自雄，收万方以自私，敢于变百圣之大法，自速其年世，以遗生民气运世世无穷之大祸，祖龙之罪上通于天矣。文人如柳子厚者，乃反为公天下自秦始之论，是又与于不仁之甚者也。可胜叹哉！"⑤曹元首"百足之虫，至死不僵"之喻，于此可谓阐发尽致，而其斥集权之气焰，直欲起祖龙于九京而加以最后审判也。

愚今疏论集权、分权之说，上溯及于封建论、郡县论之考稽，迥不同于洪宪时代复古之说，比附周官，规复五等，取媚于新莽之朝也。诚以礼制相因，百世可知，文献之征，亦奚容忽？封建郡县之争至今告终，而统一联邦之辩由兹肇始，理或有同，势则相异。古人所虑为分权之害者，今则随其主体而俱销；今人所虑为集权之患者，继今当并其根株而尽绝，此则惩前毖后不为无功者也。于此有研究所得者数端，次举于左：

（一）昔人论封建以君主一姓为本位，吾人今日论分权以国家政治为本位。前者君为主，后者民为主。

（二）昔人论封建着眼于王室之安危，吾人今日论分权则着眼于中央、地方权限之分配。

（三）昔人有以封建为公者，其实诸侯各私其土地；有以郡县为公者，其实君主奴隶其人民。惟在今日，公之一字允足当之。

（四）昔人主张内重者，为防地方之野心家危害王室；今人主张集权，则为防地方之离绝中央。昔人主张外重者，为制权奸之潜谋篡夺；今人主张分权，则为制枭雄之摧倾共和。

（五）昔者分权之难行，在于内虑君主尊严，外虞诸侯专擅；今则一由民治，二者均无足虑。

（六）内重则有内忧，外重则有外患，必内外相维以持其平，而后可言治安。至理名言，古今中外莫之或易。

入民国来，联邦论与统一论时呈对峙之观。辛亥之役，鄂军政府曾电各省促派代表至鄂组织联邦。山东独立时，亦尝揭联邦之帜，自立山东宪法，举孙宝琦为总统，然昙花一见瞬即湮消矣。逮南京政府成立，各省代表议决临时政府组织大纲，采取单一制，自是联邦论遂阒然无闻。元年议省制，民党中有主张民选省长者，反对者乃为简任之说，大唱统一之论以抵之，而联邦论、民选论几无自容矣！袁氏专政，权威日炽，邦人士乃渐悟集权之祸，一至此极，遂幡然变计，复唱联邦论矫制集权之潮流。然自袁氏殂陨，集权论虽未大张旗鼓，而联邦论大有偃旗息鼓之观。此最近集权、分权二论消长之大势也。尽取《独立周报》、《中华》、《民国》、《甲寅》、《新中华》诸杂志而检读之，此种趋势了若指掌。现代论坛，声响在人，犹未甚远，想读者犹能忆及。为避浮冗，不更赘矣。

四、联邦与统一

联邦之名，国人至今多相惊以伯有。以为联邦之制一见实行，莽莽神州必且四分五裂，演成割据之局，统一殆无可望。不知联邦绝非与统一相背而驰，且为达于统一之捷径也。盖尝论之，国家与统一原无二致，一以示其名，一以示其质。既为国家以上未有不统一者，既认联邦国亦为一种国家以上亦未有妨害统一者。彼认联邦为妨害统一者，是不认联邦为一种国家也。依斯立式，有如（甲）（乙）：

$$（甲）统一\begin{cases}单一\\联邦\end{cases}\qquad（乙）\begin{cases}单一=统一\\联邦=统一\end{cases}$$

由纲目言之，则统一为纲，而单一与联邦皆其目也，由方式言之，则单一与统一相等，联邦与统一亦相等也。或有疑联邦为分裂者，谓近世国家由分而合者有之矣，未闻有由合而分者也；由联邦而统一者有之矣，未闻有由统一而联邦者也。愚于答辩之前先发二问，以求说者解答。为问德意志、北美合众国之组织联邦也，为由合而分耶，抑由分而合耶？为问吾国政治之实况为统一耶，抑成割据之势耶？德、美之联邦乃由分而合，设非童騃，谅不否认；倘谓吾国实情为完全之统一，则断不敢苟同其说也。吾国自清之季世，督抚权足以抗拒中央，已成积重难返之势。重以辛亥、乙卯二役，义师之兴皆以各省为凭藉之资。而一省庶政类皆操之于督军省长之手，惟所欲为，莫能遏制，于此而曰统一，非掩耳盗铃，即讳疾自误而已矣。德、美未统一以前，诸州首长各自为政，正无殊于吾国之今日，使非以联邦之形式谋联合之基础，恐日以统一之帜颂言于各邦之前，而亦终于无成。盖一国各有其特殊之国情、历史、地理、民俗，政制即应乎此而设者也。章秋桐先生之言曰："今之讲国家主义最显者宜莫若德意志，而未闻以联邦故而有所妨……且也，凡国之能外竞者必无内讧，联邦之制亦泯内讧最良之法已耳。苟其国自始绝无内讧，联邦问题自无从起，惟若内讧非以联邦不能圆满解决。以上乃废而不讲，徒欲勉强涂饰国家主义，以期国之统一坚强，其结果不至外面涂饰一分内面破裂一分，久而久之，所谓国家主义全坠于地不止。故知即以绝对之国家主义为的，而亦必熟察一国内情，其能孕育此主义之量共有几何。果孕育之量仅及于联邦而止，易词言之，惟行联邦之制国家主义始得孕育适当，则联邦政治实乃发达国家主义最直最稳之途，采用他法都为迷误。此不可不细审也。"吾国所函孕育国家主义之量，即孕育统一之量，是否以联邦为至中之点，越此以往都为偏畸，终至坠地而不可收拾，是可不深长思之乎？

夫政理亦通于物理，西国政哲每以奈端引力之说诠疏政治，爱憎相间，辟阖相维，引拒互持，离合互用，相杀而相生，相反而相成，此其理不仅可以平两党之争，中央地方权限分配之际亦宜遵奉此律也。且近世文明之特质惟在解放，吾国以专制之余，凡其自体具有权威者，罔不遭君主之束缚，斯不独个人已也，即省亦何独不然。中央之力势所难达，而又不令其自伸其权，自展其力，则省之权既不在中央，又不在人民，且更不在各省，惟有销沉湮灭于相防相制之天矣。积各省之力而为国之力，省力既不得其相当之分，以为回翔之地，则上不足以强国，下不足以育民，而成麻木不仁之象，乌有发展向上之途？今者文明潮流之所荡激，个人解放之声日高，地方之对于中央又焉能长安其钳制也。况以事实考之，世界广土众民之国，若英、德、美，莫不带联邦之采色，而皆以富强著称。德意志以一强敌天下之雄，尤足使人咋舌。独俄国以行集权专制之政而日就削弱，屡为强敌所摧陵。即以吾国历史论之，周末群雄并立，俨然有联邦王国之观，而其时学术文明最称发达。此可知分权之优于集治，无古今中外一也。愚非必欲以骇世之名锡吾政制，盖政制之规定宜本特定之事实，无需抽象之名称，因乎国情制为适应之制度，乃政家之事。参稽各个特定之制度，而列于一定之范畴，乃学者之事。若澳洲、加拿大之制，同一制度也，而甲之学者则列之于联邦，乙之学者则列之于自治，吾第求一适应国情之制度，其为联邦抑属单一，尽可让诸学者之分类，非政家所当问也。本节之旨，不过欲世知联邦之名与分权自治不甚相异，非必此蛇蝎而彼麟凤也。倘必于联邦之名讳莫如深，似其名挟有莫大罪恶、莫大秘密，必其实蓄有莫大自由、莫大幸福，骄悍之大遂相率而身居割据之实，口拒联邦之名，久而久之，国之不国，即在掩耳盗铃之统一矣。呜呼！是又岂联邦之咎哉！

五、《云南宣言》之精神

以上所陈，在证明确定省之地位，虽不必加以联邦之名，而亦不必避联邦之嫌也。而况其确定，实合于《云南宣言》之精神。《云南宣言》者，去年十二月二十四日云南护国军以沉痛之辞所发之布告也。文中有云："义师之兴，誓以四事：一曰与全国国民戮力拥护共和国体，使帝制永不发生；二曰划定中央、地方权限，图各省民力之自由发展；三曰建设名实相副之立宪政治，以适应世界大势；四曰以诚意巩固邦交，增进国际团体上之资格。"综兹四义，除第四项纯为对外之政策，其他皆关系国本之至计，属于宪法之范围。此次西南各省首举义旗，申讨国贼，国民不惜冒万险排万难以响应之者，实欲以其庄严之血为牺牲之代价，而购此宣言之精神也。易辞言之，即此宣言中之四大条款，实不啻以国民淋漓热烈之血大书特书于义军之赤帜者也。各国宪法，莫不有其渊源，而宪法渊源之种类，不外条约、习惯、公约而已。英国宪法之渊源，习惯而外，如《苏格兰合并法》、《爱尔兰合并法》、《印度政治改良法》、《大宪章权利条款》、《皇位继承法》皆是也。法国宪法之渊源，千八百十五年立法议会所发之《权利宣告》，其最著者也。美国宪法之渊源，《独立宣言》及《联邦条例》，皆其精神之所托也。吾之《云南宣言》，其足为宪法之渊源，实与南京《临时约法》居于同等之地位。盖其性质属于公约，而此公约之成立，尤有国民之血为之钤印也。愚曩言之，议宪诸公之任，乃在寻现代国民斑斓之血迹，如量以彰之于宪典。此项宣言，去今未及一载，悲愤之声犹尚在耳！苟议宪诸公，竟湮没其四大条目之一，斯无异于取消国民四分之一之血迹，而于制宪之职为不忠，使此次护国军归于无意义耳。溯自项城未死，帝制已自取消，迨其既死，《约法》、国会俱已恢复，是则拥护共和实行立宪之大义已昭然炳著于天下，所待于议宪诸公宣扬其宣言之精神者，惟兹划定中央、地方权限之一事，即今日纷纷聚讼争论最激之省制问题而已。抑划定云者，非徒托空言，漫无保障之谓，必将中央、地方之权限，提纲挈领明定于宪法，以为最高之保障，划定之义始毕其能事也。若议宪者不审宪法源渊之所在，事过境迁，将此血色斑斓之公约漠然置之而不顾，则必贻国家以永续不绝之政治的纷争，与宪政前途以莫大之阻障，窃为议宪诸公所不取也。

六、省制规定宪法之纲领及其程序

基于以上种种理由，省制似宜规定于宪法，既为愚所认定，继此而当为商榷者，则其纲领及其程序是也。论其纲领，愚以为宜以简明概括为主，俾不失其刚柔相济之用校为允当。近日八政团，对于省制问题能为平心静气之协商，斯诚可喜之象。于此协商会议中，有平社草案及益友社草案二种，前者校简，而后者较详，均能示吾人以立论之准绳。愚乃参稽互证，并审时贤关于此案商究之大旨，立为方案如左。并世明达，不弃谫陋，幸辱教之。

省制规定宪法之大纲

第　章　省制

第　条　施行省制之各省，均为自治体。

第　条　省区划及其变更，须经本省省议会之同意，并两院各议员总额三分二以上之出席，出席三分二以上之可决以法律定之。

第　条　省于内务行政之范围内，得自行处理关于本省公安、公益必要之事务，且得处理此项行政所需之财政。

第　条　省依政府之编制，得自征警备队，其额数及经费由省议会议决。前［此］项警备队，大总统于紧急必要时得调遣之。

第　条　省与中央政府有权限争执时，由参议院裁决之。省与省有争议时，准此。

第　条　省设省长一人，掌理省自治事务，并受中央政府之执[指]挥、监督，办理国家行政事务。省长之任用及职权，以法律定之。

第　条　省设省议会，为省立法机关；省议会之组织及职权，以法律定之。

第　条　省设省参事会，襄助省长；省参事会之组织及职权，以法律定之。

第　条　省议会对于省长认为违法溺职时，得以议员过半数之列席，三分二以上之可决弹劾之。省长受弹劾时，大总统应免其职；如认为不当，得咨交参议院审定之。

第　条　省长经参事会之同意，得呈请大总统解散省议会。但同一会期内，不得为二次之解散，省议会解散后，省长应于三月内，重行选举，继续开会。

第　条　未行省制之地方，以特别法律规定之。

纲领既定，则程叙如何？自非难于解决之问题。于此有三说焉：一省制须先以法律为完全之规定，然后摘其纲领入于宪法也。此说有子母逆产、因果倒置之嫌，决不足取。试问宪法与法律之效力孰强，而本法律以制定宪法，强宪法以从法律，揆之论理宁有当乎？一别以省制为一单行法，而以制定宪法之程叙制定之，使亦为宪法之一部也。此说用意在致疑于省制之难行，故令其为单行法，以防挫折失效，而免累及宪法全体之尊严。用意虽周，实亦朝三暮四，究无济耳！一先将宪法其他部分完全制定，而后议省制之部分也。此说盖欲藉此犹豫期间，留调查商榷之余裕。是说也，愚取之。

七、对于八政团协商之希望

最后愚所希望于八政团者，在蕲其能以优容之量涵纳反对之主张也。盖论辩之事，利在双方尽量倾吐其理由，而反复商榷之。苟其说之信有合于真理也，将以辩析而愈昭著；若其违也，亦足以反证其弊，使人得非以察是，存之不惟无妨，而且有益焉。盖心性之重讨论，固与结断无殊也。且即宪法制定之后，反对之主张亦非能禁其流行。美国当 Philadelphia 会议之际，其议员中亦有二种相反之主张，即一则欲创一坚牢统一之共和国体，一则欲使加入联邦组织，而由其州主权取一定之权力归于中央政府之各州，无所损其独立也。此种激烈之讨论，不仅盛腾于此会议中，虽在宪法确定之后，亦常为论争之烧点。直至今日，殆弥漫于美国历史之全部，而其二大政党率以是为基础，名虽屡易，质则无殊，全美之人不入于此，则加于彼，决无中立之希望，且亦无此能力焉。窃谓吾国政党不造则已，造则必求其根据。此等根据宜求之于政制之主张，不宜求之于人物之依附。果能利此机会，藉此二种相反之主张以为号召，其他人物之臧否、感情之向背，悉屏除之。而奠二大政党之基础，以统一目前棼泯之各小政团，廓清政界阴霾黯淡之象，则国运于以康宁，党帜于以鲜明矣！愚不禁于八政团协商之结果，为国家祝，为宪法祝，为政党祝！（五、十一、九）

署名：李大钊
《宪法公言》第 4 期
1916 年 11 月 10 日

宪法与思想自由
（1916 年 12 月 10 日）

　　西谚有云："不自由毋宁死"。夫人莫不恶死而贪生，今为自由故，不惜牺牲其生命以为代价而购求之，是必自由之价值与生命有同一之贵重，甚或远在生命以上。人之于世，不自由而不生存可也，生存而不自由不能忍也。试观人类生活史上之一切努力，罔不为求得自由而始然者。他且莫论，即以吾国历次革命而言，先民之努力乃至断头流血而亦有所不辞者，亦曰为求自由而已矣。今兹议坛诸贤瘏口哓音，穷思殚虑，努力以制定庄严神圣之宪典者，亦曰为求自由之确实保障而已矣。盖自由为人类生存必需之要求，无自由则无生存之价值。宪法上之自由，为立宪国民生存必需之要求；无宪法上之自由，则无立宪国民生存之价值。吾人苟欲为幸福之立宪国民，当先求善良之宪法；苟欲求善良之宪法，当先求宪法之能保障充分之自由。

　　自有英之《大宪章》、法之《人权宣言》为近世人类自由之保证书，各国宪法莫不宗为泰斗，如身体自由、财产自由、家宅自由、书信秘密自由、出版自由、教授自由、集会结社自由、信仰自由诸荦荦大端，皆以明文规定于其中。吾之《天坛草案》，亦颇能模其成规，独于教授自由一项屏而不载，且于第十九条附加"国民教育以孔子之道为修身大本"一语。是语也，不啻将教授自由、言论自由、出版自由、信仰自由，隐然为一部分之取消，是必有大奸慝怀挟专制之野心者，秘持其权衡，而议坛诸公，未能烛照其奸，诚为最可痛惜之事。盖彼袁氏之虐，不过僇吾人之身体，掠吾人之财产，剥夺吾人家宅、通信、集会、结社之自由，其祸仅及于身体，仅及于个人，仅止于一时，兹乃并民族之生命、民族之思想而亦杀之，流毒所届，将普遍于社会，流传于百世。呜呼，酷矣！

吾国自秦以降，其为吾人自由之敌者，惟皇帝与圣人而已。清之季世，议定宪法，耳食之士，乃欲强宪法与皇帝发生关系，且欲袭日本特别国情之天皇万世一系而用之。卒之，宪法未立，而清室以之倾矣。共和肇造，袁氏擅权，灭国会，除政党，毁《约法》，诛党人，毒焰薰天，不可向迩。国之君子，乃复趋承其意，怂恿袁氏，以其炙手可热之权威，强宪法与皇帝发生关系。卒之，帝制未成，而袁氏以之毙矣。由是观之，皇帝与宪法，盖不能两立者也。有皇帝之时代，断不容宪法发生；有宪法之时代，断不容皇帝存在。而执皇帝之旗帜以谋侵入宪法领域者，乃以完全失败。彼辈犹不自悟，以为皇帝无灵，更乞援于圣人，务求于自由宪法之中，获一偶像之位置而后已。抑知宪法者为国民之自由而设，非为皇帝、圣人之权威而设也；为生人之幸福而设，非为偶像之位置而设也。而在吾华，历史最古，历史上遗留之种种权威重压累积于国民之思想者，其力绝厚。故外人谓中国、印度、希腊、罗马诸邦之域中，非偶像之碑铭，即死人之坟墓。于此而欲畅舒国民之自由，不当仅持现存之量以求宪法之保障，并当举其可能性之全量以求宪法保障其渊源也。其渊源维何？即思想自由是已。苟有匿身于偶像之下，以圣人之虚声劫持吾人之思想自由者，吾人当知其祸视以皇帝之权威侵害吾人身体为尤烈，吾人对之与以其反抗之决心与实力，亦当视征伐皇帝之役为尤勇也。

圣人之权威于中国最大者，厥为孔子。以孔子为吾国过去之一伟人而敬之，吾人亦不让尊崇孔教之诸公。即孔子之说，今日有其真价，吾人亦绝不敢蔑视。惟取孔子之说以助益其自我之修养，俾孔子为我之孔子可也。奉其自我以贡献于孔子偶像之前，使其自我为孔子之我不可也。使孔子为青年之孔子可也，使青年尽为孔子之青年不可也。吾在日本，尝见某评论家昌宗教无用之论，其言绝趣。彼谓孔子、释迦、基督、穆罕默德，其于吾人，不过一种食品。孔子与牛肉，释迦与鸡肉，基督与虾，乃至穆罕默德与蟹，其为吾人之资养品等也。吾人食牛肉、鸡肉，在使之变为我之肉也。食虾蟹等物，在使之变为我之物也。吾人食孔子、释迦、基督、穆罕默德，亦欲使其精神性灵，代为我之精神性灵而已。但人类为杂食动物，吾人为求肉之发育，不能不兼食牛、鸡、虾、蟹，正犹为求灵之发育，不能不兼收孔、释、耶、回之说云云。斯言虽近谑，亦颇含有至理。以今世国民灵的消化力（即思想力）之强，绝非孔、释、耶、回中之一家所能满充其欲望者。今乃欲以保障自由之宪法，为孔子护持其权威，无论国民思想力要求之强烈，断非宪法之力所能遏止。即令果如其意，而以观其效绩，亦惟使其国民自我之权威，日益削弱，国民思想力之活泼日益减少，率至为世界进化之潮流所遗弃，归于自然之淘汰而已矣。即其忠于孔子之心，吾人多少亦表感佩之意，然此终非所以忠于孔子之道也。欧洲中世耶教之黑暗，苟非路德一辈先觉之士，热狂绝叫，以树反抗之帜者，则耶教之亡也久矣。诸公不此之务，而惟日挈其偶像以锢青年之神智，阏国民之思潮，孔子固有之精华，将无由以发挥光大之，而清新活泼之新思想，亦末由浚启其渊源。以此尊孔，尼山之灵，不其馁乎？若必谓"天赋我以膝，不拜跪何用？"即天赋我以思能，不崇信孔子何用？则是国家将亡，必有妖孽，斯真坟墓中之奇音怪响，何有一辩之值。若社会而犹附和其说，则莽莽神州无复生人之足与语者矣，不其痛欤！

吾今持论，稍嫌过激。盖尝秘窥吾国思想界之销沉，非大声疾呼以扬布自我解放之说，不足以挽积重难返之势。而在欧洲，自我之解放，乃在脱耶教之桎梏；其在吾国，自我之解放，乃在破孔子之束制，故言之不觉其沉痛也。故吾人对于今兹制定之宪法，其他皆有商榷之余地，独于思想自由之保障，则为绝对的主张。而思想自由之主要条目，则有三种：一出版自由，一信仰自由，一教授自由是也。请分论之：

世界出版最不自由之国，首推中国及俄罗斯、西班牙、土尔其。中国文字之劫，烈于秦火。近古以还，李卓吾、金圣叹之徒，亦皆以文字罹杀身之祸。前清乾、嘉文字之狱，冤抑罔申，惨无人理，秦火而后，亦浩劫也。盖尝考之，出版自由之要求，即在欧洲，亦非甚早。而欧洲古代对于出版之禁制，亦尝层见迭出。苏格拉的曾以否认国家之神而为梅利达士、亚尼达士及雷昆等所控诉矣，科巴尔尼加士与加里雷阿之书，为当时官吏所焚矣。即至法国革命之际，所有文书，尚归国家管理，书籍出版，亦为国家所指定图书馆之特权，且复严加检阅，科著者以苛刑。故法国有名之著作，多在外国出版，如孟德斯鸠之《法意》，则出版于杰聂窪，福禄特尔、卢骚之名著，亦多在伦敦、杰聂窪、亚母士达母刊行。千七百七十五年，《天理哲论》一书，依巴黎巴力门法院之命令破毁之，著者且受对于天神人类犯叛逆罪之宣告矣。千七百八十一年，雷那尔因所著《印度史》一书，而受渎神罪之宣告焉。此外之例，正复不遑枚举。迨至革命之风云卒起，巴黎市中，攻击时政之小册，传布街巷，飞如蝴蝶，非复禁令之所能遏制矣，卒于《人权宣言》

中确认出版自由，而美国渥金尼亚州、边西尔渥尼亚州之《权利典章》
亦明认之。厥后各国宪法，莫不资为模范。惟德意志诸邦对于出版之禁
令，较英、法、美、比诸国为迟，盖不过近五十年来事也。各国关于出
版，初行检阅之制，然检阅由于官吏一人之偏见，每多失当，最足为文
化之蠹。各国宪法，遂一面以自由出版为原则，一面复以严禁检阅制度
揭于其中，以补此缺点，如比国宪法第十八条、普国宪法第二十七条、
奥国宪法第一部第十三条、美国修正宪法第一条是也。吾国《天坛草
案》第十条有"中华民国人民有言论著作及刊行之自由，非依法律不受
制限"之条文。但此所谓法律，是否包有检阅制度，语意颇涉泛漠。吾
以为关于出版，绝不可施行检阅制度，除犯诽毁罪及泄漏秘密罪，律有
明条外，概不受法律之限制，仿各国以严禁检阅制度揭于宪法明文中为
宜也。盖是非以辩析而愈明。果其是也，固当使人得是以明非；即其非
也，亦当使人得非以察是。此与文化进步最有关系者也。

次于信仰自由，亦决不许稍加限制。盖信仰一种宗教，乃在求一安
心立命之所，出于人类精神上之自然的要求，非可以人为之力施以干涉
也。古来以政治之权力，强迫人民专信一宗，或对于异派加以压制者，
其政策罔有不失败者。故至今日，世皆认信仰为个人之自由，而不复作
干涉之迷梦矣。政教相混，原为人类进化必经之一阶级，世界各国莫不
循此轨辙，而今尚有存此遗习者也。彼法、西、英诸国，关于教会与教
育分离问题，纷议尚炽，其明证焉。盖政教相混，每酿绝大之纷争，欧
洲一部历史，皆其纷争之纪录也。东洋自古无宗教之纷争，此最足幸
者。而吾中国，儒、释、道、回、耶，杂然并传，含容甚广，是信仰自
由之原理，已为吾先民所默契。今乃欲反其道，而凭空建立国教，斯诚
背乎国情而为致争之由也。现时欧洲之维持国教制度者，虽不止于俄、
英、希腊二三国，然皆有渐趋政教分离之倾向，乃为昭著之事实。观英
国于数年前以下院百有余名之多数，可决废止英兰教会一名监督教会
Episcopal Church 之国教，可以知矣。议事之日，其教育卿巴雷氏曰：
"予个人甚望教会脱离国家之桎梏，复归于精神的权威之地位。然政府
以目前有数多紧急问题之故，无任本案执行之意也。"邦拿曼内阁虽无
以政教问题与上院抗争之意，而以舆论大势之所趋，虽上院亦弗能终
抗。盖英兰教会属于耶苏新教之一派，三百年前，承亨利八世之意，与
罗马法王分离，以国王为教会之首长，费用之一部，由国帑支给之，僧
正之任用，以王权行之，全出于政教一致之形式，以至于今日。而英兰

教会之独立，止于以国王代法王而已。不惟未能举宗教改新之实，弊且益甚焉。于是非国教团体相继发生，彼 Congregationalist、Methodist 之起，特为此耳。政府极力镇压非国教团体，制限其徒侣之俗权；虽能制止于一时，而以现在国民之一半，属于非国教，而使为他之一半均担国费，不平之声，遂而日高，迟早不可知，教会必将有特立于政权以外之一日也。吾之举此，此［以］证国教制度，决不能存于今日进步之社会。旧行之制且将趋于政教分离之一途，而乃背自己之国情以行所谓国教者，斯真冥顽之尤者也。抑信仰自由云者，并任何宗教亦不皈依之自由亦括有之，稍涉迫胁，亦即非所以保障思想自由之道也。

复次教授自由亦当规定于宪法，而《天坛草案》付之阙如，反加以矛盾之条文（如国民教育以孔子之道为修身大本是），此与思想自由亦有莫大之关系也。盖今日吾国专制之政体虽经推翻，而专制之思想尚复弥漫于社会，苟宪法无明文为之保障，则其他之学说思想，恐不能各如其量以传播于教坛学圃也。抑此非吾人之创议，千八百十五年七月四日摩尼兹尔新志之以巴黎降于同盟军揭告有众也。翌日法国议会即行开会，直取加拉提出之《权利宣言》，为爽快之讨论。此宣言之第九条，即为"凡科学技艺及旨趣感想之要领，均得于大学教授之"。厥后各国宪法，亦有仿行之者。以吾国学艺思想之贫乏，非于宪法加入此项不可。其条文当为"各种之科学技艺，各家之性理思想，均得于国立、私立学塾教授之"。俾诸子百家之说，医药卜筮之术，均有教授之自由，以助进国家之文化，所关盖甚巨也，惟议坛图之。

署名：李大钊
《宪法公言》第 7 期
1916 年 12 月 10 日

矛盾生活与二重负担
（1917 年 1 月 10 日）

吾侪际此新旧衍嬗之交，一切之生活现象，陈于吾侪之前者，无在不呈矛盾之观。即吾侪对于此种之生活负担，无在不肩二重之任。吾侪欲于此矛盾生活中胜此二重之负担，实不可不以沉雄之气力、奋斗之精神处之。

新年才过，旧岁又阑，一切岁前岁后之所需，凡夫清结债务，购置物品，乃至一切新年之风俗礼节，有如宴会贺礼等事，均为二重之负担。对于新人，则当于新年以新礼节为新社交；对于旧人，则当于旧年以旧礼节行旧社交。若者脱帽，若者拱揖，若者鞠躬，若者拜跪，或则松坊焕采，或则爆竹迎神，或则桃符更新，或则悬旗志贺，纷纭错杂，莫所适从。此矛盾之生活一也。

因是联想，北京之地，警队林列，夜则荷枪通衢，梭巡不已。而一方则鸣锣更夫，抱关击柝，一仍其旧。试问此鸣锣更夫与荷枪警士之俸费，何莫非吾民之负担？既有警士，何用更夫？苟取更夫，焉需警士？此矛盾之生活二也。

因是联想，辛亥之役，武汉一呼，天惊石破，南部义师，北方将士，均以共和立宪要挟清廷，逊位之诏朝颁，统一之业夕就。其间使节轺车，南至沪渎，议和电报，各处交驰，结果以优待条文载在盟府。于是一方则负皇室经费，一方则增公府经费、元首岁俸，蚩蚩者氓，不知不识之间，又增一种之二重负担。此矛盾之生活三也。

因是联想，文豪政客，十年以还，多以立宪政治之实行，为惟一之希望。自戊戌以迄辛亥，其间政派，无问其为温和为激烈，有所言动，无不以此为归。而今国会开矣，代议政治（立宪政治）稍具形式矣。默察夫国中贤者，一面要求国会，一面嫌恶国会；一面施行代议政治，一面鼓吹开明专制。此矛盾之生活四也。

因是联想，青年学子，修学庠校之中，一面须涉猎本国之经史子集，一面须研究现代之新式科学；一面须讲周、孔之学，一面须取卢、孟之说。以视四十年以往之前辈，其心思神脑之负担，加重之度，正不仅二重而止。此矛盾之生活五也。

因是联想，吾侪日常生活，乃至应用什器，无一不兼尚并需。衣冠为物，乃人生三大要需之一，苟其但求整饬，无事美观，亦须一面制洋服一套，一面备华服一身。即记者伏案构此文时，眼中映陈之物，一方则为毛锥，一方则为 Pen；一方则有松烟，一方则有 Blue Ink。斯篇如不以鄙俚见弃，则付印时，一方又须排华字，一方又须排英字。即此艰苦之排字工人，亦需具差能胜此之二重智识。否则此种营生，不能不让之他人，而其人或以是不免于冻馁。此矛盾之生活六也。

因是联想，一夫一妻之制，衡诸天理人道，最称允当，不可渝［逾］犯。文明各国，悉本此义，制为法律，有犯之者，则为重婚，重婚者，罪律有明条。今于吾国，一方则有禁止重婚之法律，一方则欲保存蓄妾之恶风。为妾之女，于法无受其保障之权，重婚之夫，于法无施以制裁之效。此矛盾之生活七也。

因是联想，最终及于宪法。夫旧式礼教与现代生活，本不并容。吾侪既不能离于现代生活，而返于草昧半开之时代，而偏欲以旧式礼教使人循守于今日。于是当兹制宪之际，一方则绝叫保障信仰自由，一方则运动以孔教为国教；一方尊重国民之自我，一方保持偶像之位置。纷呶叫喧，今犹未已。此矛盾之生活八也。

以上种种，不过就一时联想之所及，拉杂陈之，雅无伦次。其他类此者，正复不可殚述。一言以蔽之，中国今日之社会，矛盾之社会也。今日之政治，矛盾之政治也。今日之法律，矛盾之法律也。今日之伦理，矛盾之伦理也。今日之经济，矛盾之经济也。乃至今日之文艺、美术、宗教、哲学，矛盾之文艺、美术、宗教、哲学也。国民之生活以是等为基础，生活之基础既陷于矛盾之域，故今日之生活现象，无往而非矛盾之生活现象也。

以何因缘而成此矛盾之生活现象乎？欲答此问，因果繁颐，殊难悉举。简言之，亦曰新旧不调和而已矣。旧者自守其旧，新者自用其新，二者分野，俨若鸿沟。既无同化之功，亦鲜融合之效，卒至新者自新，旧者自旧，同时同地而不容并存者，乃竟各存其形式。即其实质，察其精神，终于新者不能成其新，旧者不能存其旧。凡夫新旧伦理、法制、艺术、哲、宗，将悉臻于破产之境。青黄不接，矛盾相寻，此一阶段之国民生活史，最为危险。故曰：矛盾之生活，不调和之生活也。

所以造成此不调和之生活者，其主因亦有二端：一由于累代之专制政治戕贼民性泰甚，以成此不自然之状态，并以助长好同恶异之根性，致保守之力过坚，但知拒而不知迎，但知避而不知引。重以吾国历史之悠久，有吾民族固有之文明，逮夫近代西方文明汹涌东渐，一方迫之愈急，一方拒之愈甚，遂现此不调和之象焉。日人市村赞次郎氏尝谓吾国民生性有五大矛盾：（一）保守而不厌变化，（二）从顺而有时反抗，（三）一般文弱而个人有所不屈，（四）极好主我而又能雷同，（五）贵实行而溺于形式。此其所言，未必皆中，愚则谓苟有此态，是亦专制政治造成之果。故曰：矛盾之生活，不调和之生活，亦不自然之生活也。

一由于东西文明接触之初，未能调融一致，则其相摩相荡、相攻相守之际，当然呈此矛盾之象，无足怪者。日本无固有文明之国也，其于调和东西之文明，介绍东西之文明，吸收东西之文明，最易奏功。彼邦先觉之士，以调和东西文明自任者，犹不惮大声疾呼之劳，以图殊途同归之效。况在吾国，以其固有之文明与外来之文明相遇，离心力强，向心力弱，即同化之机不易得，即归一之径不易达。故曰：矛盾之生活，不调和之生活，亦不统一之生活也。

吾侪既一时不能骤脱此矛盾之生活，不调和之生活，不自然之生活，不统一之生活，即一时不能不竭其心思气力以负荷此二重之生活负担。然此种生活状态，只于新旧文明过渡之时期可以安忍于一时，而不能长此以终古。吾侪当进而以负荷此二重生活负担之心思气力，谋所以打破此矛盾生活之阶级，而使之新旧合一，以轻此负担。其打破之方术，在固新文明，新生活之地位，以与旧文明、旧生活分对等之势力，而深养其锋，以迫旧文明、旧生活与新文明、新生活相妥协、相调和，否则征服之而已矣。此则视乎醉心新文明、新生活者，沉雄之气力，奋斗之精神何如耳！愚于新旧元旦，谨各浮三大白，以壮吾青年之勇气。行矣，任重道远之青年，凯歌之声，将与岁岁之春风以俱至也。

署名：李大钊

《宪法公言》第 9 期

1917 年 1 月 10 日

孔子与宪法
（1917 年 1 月 30 日）

　　孔子与宪法，渺不相涉者也。吾今以此标题，宁非怪诞之尤。然于怪诞标题之前，久已有怪诞事实之发现。本报之功用，颇重写实。此怪诞之标题，盖因怪诞之事实而生也，岂得已哉？

　　怪诞之事实者，何也？则宪法草案中规定"国民教育以孔子之道为修身大本"之事是也。云何以此为怪诞？最宜以孔子与宪法为物之性质两相比证，则知以怪诞之名加之者，为不妄矣。

　　孔子者，数千年前之残骸枯骨也。宪法者，现代国民之血气精神也。以数千年前之残骸枯骨，入于现代国民之血气精神所结晶之宪法，则其宪法将为陈腐死人之宪法，非我辈生人之宪法也；荒陵古墓中之宪法，非光天化日中之宪法也；护持偶象权威之宪法，非保障生民利益之宪法也。此孔子之纪念碑也。此孔子之墓志铭也。宪法云乎哉！宪法云乎哉！

　　孔子者，历代帝王专制之护符也。宪法者，现代国民自由之证券也。专制不能容于自由，即孔子不当存于宪法。今以专制护符之孔子，入于自由证券之宪法，则其宪法将为萌芽专制之宪法，非为孕育自由之宪法也；将为束制民彝之宪法，非为解放人权之宪法也；将为野心家利用之宪法，非为平民百姓日常享用之宪法也。此专制复活之先声也。此乡愿政治之见端也。宪法云乎哉！宪法云乎哉！

　　孔子者，国民中一部分所谓孔子之徒者之圣人也。宪法者，中华民国国民全体无问其信仰之为佛为耶，无问其种族之为蒙为回，所资以生存乐利之信条也。以一部分人尊崇之圣人，入于全国所托命之宪法，则其宪法将为一部分人之宪法，非国民全体之宪法也；所谓孔教徒之宪法，非汉、满、蒙、藏、回、释、道、耶诸族诸教共同遵守之宪法也；

乃一小社会之宪法，非一国家之宪法也。此挑动教争之呼声也。此离析蒙藏之口令也。宪法云乎哉！宪法云乎哉！

孔子之道者，含混无界之辞也。宪法者，一文一字均有极确之意义，极强之效力者也。今以含混无界之辞，入于辞严力强之宪法，无论实施之效力，不克普及于全国，即此小部分之人，将欲遵此条文，亦苦于无确切之域以资循守。何者为孔子之道？何者为非孔子之道？必如何始为以孔子之道为修身之大本？必如何则否？此质之主张规定此条之议宪诸君，亦将瞠目而莫知所应。须知一部之失效宪法，全体之尊严随之，此宪法之自杀也，此宪法自取消其效力之告白也。然则辛苦经营，绞诸公数月之脑血，耗国家数月之金钱以从事于制定宪法之劳者，不几为无意义乎？

总之，宪法与孔子发生关系，为最背于其性质之事实。吾人甚希望于二读会时，删去此项，以全宪法之效力。此一部尊崇孔子之人，尽可听其自由以事传播。国家并无法律以禁止之，社会并可另设方法以奖助之，何必定欲以宪法之权威，为孔子壮其声势，俾他种宗教、他种学派不得其相当之分于宪法而后快于心欤？

署名：守常

《甲寅日刊》

1917 年 1 月 30 日

自然的伦理观与孔子
（1917 年 2 月 4 日）

余既绝对排斥以孔道规定于宪法之主张，乃更进而略述自然的伦理观，以判孔子于中国今日之社会，其价值果何若者。

吾人生于今日之知识世界，除惟一自然之真理外，举不足劳吾人之信念，故吾人之伦理观，即基源于此惟一自然之真理也。历稽中国、印度，乃至欧洲之自古传来之种种教宗哲派，要皆以宇宙有一具绝对理性、绝对意思之不可思议的、神秘的大主宰。曰天，曰神，曰上帝，曰绝对，曰实在，曰宇宙本源，曰宇宙本体，曰太极，曰真如，名称虽殊，要皆指此大主宰而言也。由吾人观之，其中虽不无一二叶于学理的解释，而其或本宗教之权威，或立理想之人格，信为伦理之渊源而超乎自然之上，厥说盖非生于今日世界之吾人所足取也。

吾人以为宇宙乃无始无终自然的存在。由宇宙自然之真实本体所生之一切现象，乃循此自然法而自然的、因果的、机械的以渐次发生渐次进化。道德者，宇宙现象之一也。故其发生进化亦必应其自然进化之社会。而自然变迁，断非神秘主宰之惠与物，亦非古昔圣哲之遗留品也。

余谓孔子为数千年前之残骸枯骨，闻者骇然，虽然，无骇也。孔子于其生存时代之社会，确足为其社会之中枢，确足为其时代之圣哲，其说亦确足以代表其社会其时代之道德。使孔子而生于今日，或更创一新学说以适应今之社会，亦未可知。而自然的势力之演进，断非吾人推崇孔子之诚心所能抗，使今日返而为孔子之时代之社会也。而孔子又一死而不可使之复生于今日，以应乎今日之社会而变易其说也。则孔子之于今日之吾人，非残骸枯骨而何也？

余谓孔子为历代帝王专制之护符，闻者骇然，虽然，无骇也。孔子生于专制之社会、专制之时代，自不能不就当时之政治制度而立说，故其说确足以代表专制社会之道德，亦确足为专制君主所利用资以为护符也。历代君主，莫不尊之祀之，奉为先师，崇为至圣。而孔子云者，遂非复个人之名称，而为保护君主政治之偶象矣。使孔子而生于今日，或且倡民权自由之大义，亦未可知。而无如其人已为残骸枯骨，其学说之精神，已不适于今日之时代精神何也！故余之掊击孔子，非掊击孔子之本身，乃掊击孔子为历代君主所雕塑之偶像的权威也；非掊击孔子，乃掊击专制政治之灵魂也。

盖尝论之，道德者利便于一社会生存之习惯风俗也。古今之社会不同，古今之道德自异。而道德之进化发展，亦泰半由于自然淘汰，几分由于人为淘汰。孔子之道，施于今日之社会为不适于生存，任诸自然之淘汰，其势力迟早必归于消灭。吾人为谋新生活之便利，新道德之进展，企于自然进化之程，少加以人为之力，冀其迅速蜕演，虽冒毁圣非法之名，亦所不恤矣。

署名：守常
《甲寅日刊》
1917 年 2 月 4 日

新中华民族主义
（1917 年 2 月 19 日）

余曩有言，吾族少年所当昭示其光华之理想、崇严之精神者，不在断断辩证白首中华之不死，而在汲汲孕育青春中华之再生；不在保持老大中华之苟延残喘，而在促进少年中华之投胎复活。盖今日世界之问题，非只国家之问题，乃民族之问题也。而今日民族之问题，尤非苟活残存之问题，乃更生再造之问题也。余于是揭新中华民族主义之赤帜，大声疾呼以号召于吾新中华民族少年之前。

十九世纪以还，欧洲大陆茁生于拿翁铁骑之下者，实为国民的精神。希腊以之脱土耳其之羁绊而独立矣，巴尔干诸邦以之纷纷向土揭叛帜矣，荷兰与比利时以之分离矣，其屡经挫压以致未达此志者，惟有波兰（波兰独立之声近又喧传于世界矣）与匈牙利耳。而发扬蹈厉以树国民的精神，亿辛万苦，卒能有成者，则德意志帝国之建立、意大利之统一，其最著矣。

国民的精神既已勃兴，而民族的运动遂继之以起。于是德国则倡大日尔曼主义（Pan Germanism）矣，俄罗斯、塞尔维则倡大斯拉夫主义（Pan Slavism）矣，英吉利则倡大盎格鲁撒克逊主义（Pan Anglo-Sax-onism）矣，他如美之守孟禄主义，日本近来之倡大亚细亚主义，即在印度民族，迩来对于英国亦颇思扬独立之旗，举革命之烽火者，无非应此民族的运动之潮流而兴者也。顾日本所谓大亚细亚主义者，其旨领何在，吾不得知。但以吾中华之大，几于包举亚洲之全陆，而亚洲各国之民族，尤莫不与吾中华有血缘，其文明莫不以吾中华为鼻祖。今欲以大亚细亚主义收拾亚洲之民族，舍新中华之觉醒、新中华民族主义之勃兴，吾敢断其绝无成功。斯非吾人夜郎自大之说，以历史地理考之，此种断案乃逻辑上之必不可逃者也。

吾中华民族于亚东之地位既若兹其重要，则吾民族之所以保障其地位而为亚细亚之主人翁者，宜视为不可让与之权利，亦为不可旁贷之责任，斯则新民族的自觉尚矣。民族主义云者，乃同一之人种，如磁石之相引，不问国境、国籍之如何，而遥相呼应、互为联络之倾向也。或同一国内之各种民族有崩离之势，或殊异国中之同一民族有联系之情，如此次大战导火之奥大利，其境内之民族最为杂沓，老帝在位六十余年，未得一夕安者。职此之故，卒以一皇储为塞人所狙击，遂以召世界非常之风云焉。更如英国之爱兰独立问题，危急时在爱尔兰威士特之英人，皆欲执弹刃以与爱兰国民党相见于战场，而在美之爱兰人则为爱兰自治之运动，倾囊相助而不辞。最近美以德国封锁宣言而与德断绝国交已旬余日矣，犹未决然宣战者，其原因虽未明了，而以美国人口九千余万人中，有德系二千余万人，未始非其最大之隐忧也。吾国历史相沿最久，积亚洲由来之数多民族冶融而成此中华民族，畛域不分、血统全泯也久矣，此实吾民族高远博大之精神有以铸成之也。今犹有所遗憾者，共和建立之初，尚有五族之称耳。以余观之，五族之文化已渐趋于一致，而又隶于一自由平等共和国体之下，则前之满云、汉云、蒙云、回云、藏云，乃至苗云、瑶云，举为历史上残留之名辞，今已早无是界，凡籍隶于中华民国之人，皆为新中华民族矣。然则今后民国之政教典刑，当悉本此旨以建立民族之精神，统一民族之思想。此之主义，即新中华民族主义也。必新中华民族主义确能发扬于东亚，而后大亚细亚主义始能光耀于世界。否则，幻想而已矣，梦呓而已矣。嗟乎！民族兴亡，匹夫有责。欧风美雨，咄咄逼人，新中华民族之少年，盖雄飞跃进，以肩兹大任也。

署名：守常
《甲寅日刊》
1917 年 2 月 19 日

政论家与政治家（一）
（1917 年 2 月 25 日）

　　语云："天生我才必有用"。此所谓用，非徒供用于人，亦重自用其我。立宪国民之惟一天职，即在应其相当之本分，而觅自用之途，俾得尽量以发挥其所长，而与福益于其群。信念既笃，则依之以努进，而尽其能以造其极，不以外物迁其志，不以歧路纷其心。斯其所造，必能至于己立立人、己达达人之境，而其人之生乃为不虚生，其人之用乃为不误用，而优良之效果乃于是乎得矣，而人生之价值乃于是乎显矣。夫人非尽哲学家，故人不能尽喻人生之为何意义。人非尽预言者，故亦不能尽测人生之将成何状。但人固皆有其我，而各人之我，固皆有其灵魂、肉体、血液活动于一生命之下，而为崇严无妄之事实。人即不宜对此崇严无妄之事实，有所自欺以欺人，无论谁某，均宜以纯正之精神，真诚之性态，以为其所当为，所可为，所能为。盖人生之有价值与无价值，有意义与无意义，皆在其人之应其本分而发挥其天能与否，努力与否，精进与否。此即人生自用之道也，此即立宪国民之天职也。

　　发育人文助进群化之事业，固自多端。简而举之，不外两途：即精神的方面与实际的方面而已。关于精神的方面之事业，如政论家、哲学家、文学家、批评家、宗教家等之所为皆是也；关于实际的方面之事业，如政治家、实业家、医士、军人等之所为皆是也。此二种事业，其于人类社会，皆所要需，或相张弛，或相错综，或相递嬗，或相并行，固不可有所轻重轩轾于其间也。希腊以文化之优美显，罗马以武力之雄强称，皆足为一国之荣华也。法兰西有约翰·贾克·卢骚、福禄特儿之徒出，以其思想之力，奋激法兰西国民之精神，即有拿翁之怪杰出，以铁血之力，统一欧洲大陆之纷纭。德意志有康德、圭得、别特文于思想界为欧洲之宫殿，而青年德意志弹奏者之海聂辄以"法国有大陆之霸权、英国有海上之霸权，而德国则有空中之帝国"之言讽之，后遂出斯泰因、维廉老帝、俾士麦、摩尔特克，以及今日搅翻世界平和之维廉二世，其功业所震耀，固不仅陆以制法、海以胁英已也。英之国民，虽以保守著闻，而有时亦生路特儿、克林威儿，虽沉溺于功利主义，而优美之精神，一旦如逢春之花灿烂以发，其华丽则如沙士比亚、米尔顿、俄士佛斯、考德、拜伦、加罗尔、马克雷等，且辈出矣。当拿翁挥其拔山盖世之手腕蹂躏欧陆时，风驰电掣，以窥英伦，则盎格鲁撒逊民族之血，亦为之跃动，而生惠灵吞、萧利逊矣。威多利亚女皇朝承平之世，士夫则以文相粉饰，江山文藻，歌舞相闻。而至耶德互德七世立，内政外交，日益棘手，则政治家、外交家，如古莱颠顿、张伯伦、奇士雷里、苦罗马、加宗、约翰·莫烈、塞西儿、罗慈等，又复代生于其间。乃至现代政家之中坚，如爱士葵、古雷、雷德·乔治，皆于世为有数之人物焉。由是以观，精神的事业与实际的事业，其有功于国族者，固皆甚伟。平情论之，二者均不可阙，惟因时势之迁移，一时颇有畸轻畸重之感。而征之历史，二者功能，殊无等差，不并行于同时，则递嬗于异代。彼拿翁以一世之雄，平生东征西战，企遂其世界帝国之壮怀，而卒以陷于楚歌四面之中，竟至一败不可收拾，凄凉落日，幽于穷岛，则复仰天长叹曰："呜呼！吾之一生，乃不及那札雷一木工之子乎！"似政治之伟业不逮宗教之宏功者。然此特英雄末路悲愤之语，未遽可以成败论英雄，即未可以成败论政治与宗教二种事业之孰优而孰劣也。法国文豪阿那特法兰士，普法战后历十余年，尝游割让于德之亚尔萨士、罗伦士之地，见士多拉士堡大学之规模壮丽，夕阳凭吊，感慨唏嘘，则喟然曰："是实德意志精神最强烈之创造也。"又似教育之力优于政治之力者。然此特骚人逸士过伤心之地，兴爱国之思，一时感奋之言，未遽可以断政治与教育二种事业之孰重而孰轻也。然则吾人苟欲尽其为我者，从事于政治也可，从事于文学也可，从事于实业也可，从事于教育也亦无不可。即从事于政治者之为政治家与为政论家，均当听其自择，而无所于优劣。惟必用其所长，率其所信，以终始其事，而后其成功乃有可观。若夫诱于功名，迁其信念，而弃其所适以试其所短，将一生之事业付之东流，斯其所失，不仅系于其人一身之穷达成败，而国群中有魁奇特伟之才，不得自中其用，以致不能惠泽于其群者，是则尤堪痛惜者也。

署名：守常
《甲寅日刊》
1917 年 2 月 25 日

政论家与政治家（二）
（1917 年 3 月 2 日）

昔者亚丹·斯密昌言分业之理，后世讲计学者多宗之。余谓此理亦可通于政治，即政论家与政治家，亦以分工治事为宜，为其得以用才从长收效较丰也。顾政论家与政治家分职之界域果何在欤？此不独为吾人论析此问题者所欲明之界，亦实为政论家、政治家者本身所当觉知之事焉。以余言之，政论家宜高揭其理想，政治家宜近据乎事实；政论家主于言，政治家主于行。政论家之权威，在以理之力摧法之力，而以辟其新机；政治家之权威，在以法之力融理之力，而以善其现状。政论家之眼光，多注于将来；政治家之眼光，多注于现在。政论家之主义，多重乎进步；政治家之主义，多重乎秩序。政论家之责任，在常于现代之国民思想，悬一高远之理想，而即本之以指导其国民，使政治之空气，息息流通于崭新理想之域，以排除其沉滞之质；政治家之责任，在常准现代之政治实况，立一适切之政策，而即因之以实施于政治，使国民之理想，渐渐显著于实际政象之中，以顺应其活泼之机。故为政论家者，虽标旨树义超乎事实不为过；而为政治家者，则非准情察实酌乎学理莫为功。世有厚责政论家以驰乎渺远之理想，空倡难行之玄论，而曲谅政治家以制于一时之政象难施久远之长图者，殆两失之矣。

政论家与政治家之职领既异，则人之所以自择其所适，而期于尽其为我者，亦当因其才之所长，而自器亦有所不同，此即自用之说也。英之政家张伯伦者，家故革商，十六岁时，即投身于其父之商店，事制靴业，勤勉忍耐，习于制造，后以发明螺旋钉，得专卖权于英、美两政府焉。尝曰："凡世间事无一可以轻心粗略出之者，苟能竭其所长，必将驾乎委心任运者而上之。"其立身处事，诚笃奋勉有若此者，故所事无不成。逮三十八岁，遂为伯明罕市长，四十岁又被选为下院议员，自是驾轻遇顺，坦坦荡荡以上政治活动之途矣。盖其素所秉赋者，宜于政治之生涯也。德人兰凯氏，自三十岁时，著一四九四年至一五一六年间罗马及德意志国民史，迄八十一岁，始着笔著世界历史，纪述至十字军，世推为一代杰作。盖至九十一岁，遂弃浊世而归道山，兹作乃以不终。然其间著作之浩繁，几于汗牛充栋，而以罗马法皇史、普鲁士史、法国史、德国史、英国史为最著名。稽其一生事业，则惟始终罔懈，专从事于史学之研究，故能成稀世之名家，而遗后世以宏富之典籍，厥功盖其伟矣。是皆能自用其才、自择其宜者也。使此二子者，或则泯迹于市廛之间，或则驰心于荣显之位，则其所成，必无足称。此以知器身择业之不可不慎也。

盖尝论之，人之立志，无论其在为政论家抑为政治家，均不可不为相当之修养，知识其一也，诚笃其二也，勇气其三也。国家政治，丛杂万端，而社会上之生活现象，尤为变动不居，靡所轨范，倘知识不足以济其变，则凡一举手一投足，皆有穷于应付之感，勉强为之，不邻于鲁莽灭裂，则归于扞格难行而已。知识充矣，苟临事接物之际，无诚笃之精神以贯注之，或权谋数术以试其诈，或虚与委蛇以从其惰，若而人者，虽能欺饰于一时，不能信乎有众；虽可敷衍于俄顷，不能贯彻乎初终，此亦政家之所忌也。诚笃备矣，而无百折不挠、独立不倚之勇气，以与艰难、诱惑相抗战，则亦终归于沮丧、堕落之途，不为境遇所征服而作艰难之俘虏，则为利害所迫诱而作势力之囚奴耳。此又涉乎节操问题矣，而此修养又当储备于平日，非可卒得于临时。古今来魁奇卓越之才何限，而以修养未充，一登论坛政社，抱负未展其万一，声华遽从而扫地，卒至身败名裂，为世僇笑者，固已实繁有徒矣。后有作者，其亦当知所戒惕乎！

署名：守常

《甲寅日刊》

1917 年 3 月 2 日

立宪国民之修养
（1917 年 3 月 11 日）

近来朝野士流之举动，以立宪国民之仪度律之，每多失态之处，此实群德不进之征，无可曲讳者也。吾人不欲对于某一人身、某一机关所为之某一事实，而各个具体以评判其是非曲直。以吾观之，国人之尚情任力，在在与理背驰，与法相迕，居政府者与居议会者，实足以互相掩映，不无牛羊何择之感。循是以往，犹不知痛自觉忏，窃恐立宪国民之面目，将全然丧尽，世人其谓我何矣。本篇之作，只泛论国人之失态，而寻其受病之原，愿与国人深自省察焉！

立宪国民之仪度，当以自由、博爱、平等为持身接物之信条。此等信条入人既深，则其气质之慈祥恺悌、中正和平，必能相为感召，以成循礼守法之风习。故一入立宪之国，即在下级国民，亦知互相敬爱，斗殴争嘲之声，殊所罕闻。至于中流以上之社会，更重绅士之风度，其举措之不出法律范围以外，固无待论，即其事属于德礼之境，亦且慎为循守，否则为社会之名誉律所不许，而人咸鄙弃之。国人以专制积习之未除，嫉媚褊激、刚愎专擅之风，仍复漫布于社会，虽素号恂恂之君子，亦时于绅士之风度有亏，斯非中外人度量相越之远，殆吾人之修养有未充耳。

国人受病之处，虽复杂难以综举，而其窍要所在，约有二端：一尚情而不尚理也。国人第一弱点，在凡事皆以感情为主，不以理性为主。上至军国大计，下至私人交际，但见感情作用，不见理性作用。以感情作用，处军国大计，鲜有不偾事取辱，召败亡之祸者。为其决事每丧其真，急功每遗其远，但知取快于一时，不顾贻祸于异日也。若而国民之举止，类多一哄而即解，他且莫论，随取吾国最近之史迹证之，莫不皆然。甲午之战日本，一哄而起者也；庚子之抗联军，一哄而兴者也；乃至清室将倾，则以一哄而赞民国；袁氏势盛，又以一哄而主帝制。其所起之、兴之、赞之、主之之是非可否，姑且不论，一哄之后，败亡之机，即伏于其后，如影之随形，声之应桴焉。此以知抑理性而纵感情者，其所事乃有败而无成。至于私人交际之间，感情为用，其极也，亦必至于因私而忘公，专己以侵人，口角相争，睚眦必报，戾气所召，怨仇以生。搢绅先生，倘或蹈此，其风度襟怀之褊浅，犹为立宪国民之所羞称，而况置身政局之中，一喜一怒，一动一止，不独民俱尔瞻，亦且腾播四国，稍有不慎，僇辱随之，此不独一人荣辱之所关，亦实国家体面之所系也。今之君子，奈何不留意及斯耶？一任力而不任法也。国人第二弱点，在凡事好依腕力而争，不依法律而争。下流之氓，互相斗殴，犹为法之所禁，而秩及议士，位在军枢者，稍不如意，动辄以腕力从事，甚或以生杀予夺权操自我之气焰，临乎对等之人格，此其野蛮横暴，直与市井无赖相侔，其心目中毫无法纪之为物，是不独于道德上所不容，且为法律上所不许矣。社会生活之复杂，人类秉性之殊特，纷争自所不免，而释争之道，有赖乎力，此亦其所当然。顾力有二种，即腕力之力与法律之力是也。蛮僿之族，其释争也，一依腕力之力；文明之族，其释争也，一依法律之力。若夫号为共和立宪国民，其崇信法律之诚，乃不胜其奋施腕力之勇，诚恐以暴易暴，将举其国为强者之天地，而人道云、国法云者，荡然无复存矣。斯而犹能立国，吾不信也。

是皆专制政治之余毒，吾人久承其习染而今犹未能澌除者。欲有以救之，惟在上流阶级，以身作则，而急急以立宪国民之修养相劝勉。立宪国民之修养维何？即依吾儒忠恕之道，西哲自由、博爱、平等之理，以自重而重人之人格，各人均以此惕慎自恃［持］，以克己之精神，养守法循礼之习惯，而成立宪国绅士之风度，于是出而为国服务，自能和衷共济、一心一德而为正当之主持，绝不致演出议场挥拳、白宫斗口之象也。讳疾不如自药，改过贵乎反躬。吾侪之职，扬善固所乐为，隐恶则所不许。盖恶而隐于暗昧之中，则其忏悔之道，将以绝塞，不如白于光明之域，与人以共见之诚，而速自引咎，以谋悔改。人而自隐其过，是谓自欺，人而为人讳恶，是谓欺人。欺人自欺之罪，实相等量，皆为诚笃之士所讥也。故不惮犯隐恶之律而为此，亦以聊尽其忠告之义而已矣。

署名：守常

《甲寅日刊》

1917 年 3 月 11 日

俄国革命之远因近因
（1917 年 3 月 19 日—21 日）

  十余年来，世界革命之怒潮，澎湃腾激，无远弗届。以例举之，葡萄牙革命矣，墨西哥革命矣，吾华革命矣。他如印度、土尔其之青年革命运动，亦有渐即燎原之势矣。而革命之酝酿最久，国民之牺牲最多，屡起屡仆，卒未告厥成功，以苏其困苦颠连于专制政（治）下之民生者，厥惟宫庭阴谋政治根深蒂固之俄罗斯。欧战初起，英、法、俄、德相继沦于战祸之中，于是数国之民，念国步之艰难，凛阋垣之大戒，内政虽有未善，亦宁姑为隐认以同趋于举国一致之一途。即俄之虚无党，亦尝停止其运动，而以捍御外患为重。此等美谈，固吾人时时所颂言于国人之前者也。而今忽于大敌当前之日，自起此天惊石破之纷争，此其中必有非常之暴政阴谋，内不足以安民，外不足以御侮，为俄人欲忍而有所不能忍，乃肯于敌军压境之秋，茹痛出此者。今昨所传，电音甚简，未能断其共和赤帜已否树于伯脱罗古拉德之城头，然而经此壮快的革命之风云，君主国体，纵不能一时推翻，而自由政治之基础，必缘兹而确立，为无可疑。盖尝论之，世界之进化无止境，即世界之革命无已时，帝王之运命，将渐绝于兹世。即彼依其末光之官僚政治，亦将以失所凭依而日即消沉。于以知自由民权之大义，无论如何屈挫，终有时而昌。专制阴谋之恶政，无论如何披猖，终有时而穷〔穷〕。由外患言之，俄国今日而有此，固为彼邦之不幸；由内政言之，则实自由政治之曙光也。

  俄国革命之气运，久已弥漫于全国，兹将其远因近因，分别陈之。

  一、新旧思想之轧轹。俄国之新旧思潮，久呈轧轹之象，对于亚细亚而有欧罗巴，对于英国主义而有德国主义，对于斯拉夫派而有欧化派。新思想则以伯脱罗古拉德为中心，旧思想则以莫斯科为根据，此二种势力，遥相对峙，反动不已。因之政治之底里，亦伏有此二大潮流，而时现不安之状。彼得大帝虽为介绍欧洲新思想于俄国之一最有力者，而于输入政治的理想，则决非所好。故并自十四世纪时萌芽于俄国政治而渐趋发达之贵族议会，足为立宪政治之一基型者，而亦废之。闻英伦议会之限制王权，辄诋议之以为非，至加札林二世，一时贤明济济，宜可以建改革政治之宏功矣。而以其时俄之社会，无中流阶级，足以运其思能于新政之上，故亦终于无功，甚可惜也。逮十九世纪初叶，开放农奴，施行宪政之运动，日以炽盛，其动机则起自贵族阶级，而近畿将校及大学学生亦与谋焉。当此之时，俄之志士，殒身于断头台上，与夫窜徙于西伯利亚荒寒之域者，固不计其几千百人也。后遂分斯拉夫派与欧化派，各谋振其权威于思想界。斯拉夫派以保存俄国国粹为主义，其理想多在过去，而萨马林、亚萨哥夫、李伯米亚哥夫辈其首魁也。欧化派以输入欧洲之新文明为职志，其理想多在未来，而古拉那夫士奇、伯林士奇等其杰俊也。亚历山大即位，颇谋广布新猷，如下诏开放农奴，创设地方自治制度，改良裁判所，许可印刷刊行之适宜的自由，政绩昭然，皆足为俄国政治开一新纪元。惜也此维新之明主，乃反惨遭新党之暗杀。至其子亚历山大三世即位，乃力反其所为，一以保守压制为主，凡稍含革新之质者，即排除之。一时新党虽慑于其威，而遏郁日久，将伺隙以求伸，此亦势之所不能禁也。日、俄交战之中，民党尝欲扬革命之旗，虽未见显著之成功，而立宪思潮之勃发，固至今而未稍衰也。昔者彼得大帝尝言伯脱罗古拉德为窥见欧洲文明之窗口，由今观之，且为革命潮流之渊源矣。此其远因一。

二、虚无主义之盛行。俄国黑暗政治下之特别产物，即虚无党是也。是种秘密结社之组织最为严密，会员皆互不相识，其受党魁之命令，实行暗杀时，则先授以暗杀之械具，并附之毒药，以为被捕时自裁之准备，免泄本党之秘密。即无自裁之余裕，其受讯问时，则一委之于不知，此虚无之名之所由来也。虚无党之盛行于俄国，乃在千八百六十一年以后，其主义在灭绝皇族，而依暗杀手段以为一网打尽之计焉。其故由于是年二月十九日亚历山大二世下开放农奴之诏，夫开放农奴为崇重人道回复自由之善政，何以反起如斯恐怖之反动？盖以俄国全国之地主，平时驱役农奴，同于犬马，耕作之劳，皆委之彼辈。故其子弟，皆不解稼穑之艰难。今一旦放免农奴，则小地主小贵族骤失其奴役，而又不能自作，乃相率售田于大地主，否则归于荒芜不治，而家以荒落矣。

此等小地主之子弟，在学校肄业者，学费遂以不给，而军队将校之中，亦多是等之子弟，平居皆仰家中之接济，至是亦骤蒙其影响，其时近畿第一联队曾有百余人为反对开放农奴诏书之运动，盖为此也。以是缘因，不平之声，遍于四境，而芬兰、波兰之革命党人，亦相呼应。俄政府惊愕不知所措，乃禁止新闻杂志发行，改正大学学制，加以横暴之压制，废止星期学校图书俱乐部，侦察密布，缇骑四出，稍涉嫌疑，即遭捕罗。而文豪杰伦杰夫士奇，即于此时陷身囹圄。国民因之益愤，怨毒所召，欲与皆〔偕〕亡。青年男女，多投虚无党中，而酷爱自由之亚历山大，竟至为之牺牲焉。厥后此种根萌，遂以潜植于俄都。此次革命之发动，与此虚无主义有密切之关系，盖莫可否认者也。此其远因二。

三、德国官僚主义之输入。自彼得大帝输入德国之官僚主义，既已建立俄国独裁政治之基础。迨至亚历山大三世即位伊始，即宣言独裁权为彼得大帝贻其后世子孙永守勿失者，其根蒂益深固而不可拔。然此种政治之运行，益以促俄国国民之觉悟，而有非革之除之使为立宪代议制不可之信念。此其远因三。

四、革命文学之鼓吹。俄国之文学，人道主义之文学也，亦即革命主义之文学也。其思想家、著作家有所评论、有所创作，莫不以人道主义为基础，主张人性之自由发展，个人之社会的权利，以充丰俄罗斯国民生活之内容。此其原因，虽半由于彼邦之国情为其黑暗政治之反映，而西欧主义之思想所与之影响，亦甚大也。观夫慈尔改捏夫日记中有"我西欧派也"之言，伯林士奇书翰中有"我社会主义者也"之语，足以证之。盖自法兰西千八百四十八年革命之前，革命思潮之勃兴，社会运动之强烈，已足与俄人以绝强之感化，湛深之信仰。至千八百四十年末，此种人道主义之思潮，几表现于社会生活之各方面。其时有几多崭新之天才，受此新思潮之激荡，各出其血泪凝注之文学，对于当代之政治、法律、风俗习惯、道德传说乃至社会制度，加以痛切之批评，而其思想之中心，又皆注于农奴之开放，细民之地位。如哥尔哥罗奇之《田舍》，慈尔改捏夫之《猎夫日记》，涅库拉索夫之诗章，半皆诉农民之疾苦，而代泄其衷怀者也。他如龚加罗夫所著之《平凡之一生》，杜士泰夫士奇所著之《贫之人人》，皆捧满腔之同情，倾注于惨酷之社会。而赫尔金之《谁之罪》，俾善士奇之《贵族之领地》，则又关于改善家庭问题者也。就中尤以赫尔金、伯伦士奇二氏为革命文学之先觉。赫氏自青年时代居莫斯科，尝与朋辈登高远瞩，临夕阳之美景，相与默契为人生光华之理想而奋斗。自是益复浏览德国海智儿之哲学，法国圣西门之社会主义，卒以二十三岁之少年，毅然揭革命之旗，以抗专制之政府，而开革命之纪元，标旨树义，不仅在回复男子之自由与权威，且并及于妇人，主张突破从来之陋习，脱妇人于男子压抑之下。俄罗斯妇人运动之发轫，当推赫氏矣。伯氏于一八二九年在莫斯科大学，即立志以一生之活动，依科学与艺术之助，使自己之自性广为圆满之发展，更以其获得之真理，为人类应用，为同胞牺牲，与种种罪恶压制、恶习胁迫相搏战。彼尝见乞丐与车夫之惨苦，则自问曰："社会如此，人尚有安心娱志于艺术知识中之权利耶？"遂以著小说为任务，以从事于人道主义之鼓吹焉。伯氏之后，则有杰伦杰夫士奇所著《艺术与真实生活之关系》，世推为名作，而《雷兴与其时代》一书，其有功于俄国民之自由思想者，尤为宏伟。雷兴之一生，殆以独立自主之精神与社会之偏见、政治之陋习宣战，而其传记，即其效命于人道自由之战史也。杰氏生平最仰佩其为人，故著此书，叙述雷兴之为人道自由奋斗如何勇烈，以与俄人以绝大之教训，逮一八六三年，以文字祸系身彼得堡狱中，寂寞铁窗，乃作《当何为欤》之小说以自遣。主张爱之绝对自由，俄国妇人之开放运动，得此益张其帜。而至一八七零年顷，虚无党盛行时代，妇人争投身其中，而甘蹈桁杨刀锯有所不辞者，有由来矣。晚近文豪如托尔斯泰、杜士泰夫士奇，其汗牛充栋之著作，无非为人道主义之阐扬，虽冒政府之刑僇，宗教之破门，而犹再接再厉，以与专制为仇者。其与于此次革命之影响，正不减于法兰西之卢梭、福禄特尔、孟德斯鸠诸人也。此其远因四。

五、农民之困苦。俄国社会，分为四等阶级，即贵族、僧侣、市民、农民是也。其中以贵族、僧侣为最有势力，而以农民为最苦，农民之数又占其全人口十分之九。农奴之制虽经解放，而一般农民之地位，终未进于改善之域也。此其远因五。

六、皇帝内阁之专断。俄自一九〇五年，虽号称立宪，实则仍为君主独裁政治。大权一操之皇帝，内阁议长恒处于无权之地位。由来膺斯职者，概以齿高或为皇帝宠任最专之人，与他立宪国之内阁总理绝殊。惟士多雷宾任此职时，颇能举内阁总理之实权，士氏殁后古阔耶慈氏则并内阁议长之权威，亦不能举矣。郭列迷津翁虽足以其高龄抑制阁僚对于议长之叛背，而谋其间步调之一致，则所难也。秀慈迷尔氏身为议长，而自投于阁僚暗斗旋涡之中，阁员更迭之频，致彼不能久于其位，固其所矣。至于特列勃夫，则又以议长之资位，而不能统御一内务总长，卒使其内阁仅历四十六日而殇，已遂挂冠以去，而内务总长蒲罗特蒲蒲夫且被正式留任。当其被命留任及新任司法总长之时，特氏并未与闻，翌朝始于报纸得知其详。即彼新承大命之总理哥里金氏，司法总长多普罗罗福士奇氏，亦不自知大臣之任突降于己身。足见大臣之任免黜陟，其柄一操之于俄皇，他人固不能与闻也。哥氏既任内阁议长之翌晨，曾对俄京新闻记者宣言曰，"大臣仅对于皇帝有责任"，足知皇帝内阁之专断矣。皇帝既欲伸其大权，因［固］不利统一内阁之存在，故除士多雷宾氏曾组织统一内阁而外，由俄皇降［匠］心独造之内阁，皆为分裂内阁。盖正惟其分裂乃益足以限制议长之权威，便于独裁大权之行使，而政局之变动，亦以迭起环兴而无已，足以激成此次革命之大波澜焉。此又其近因一。

七、官僚反动派之跋扈。特列勃夫之内阁，既不幸短命而殇，哥里金继之，官僚反动派遂乘此机以大得胜利。盖特氏虽为官僚出身，而其政策颇主与议会协力，以谋国事之进行，而哥里金者，则与前总理秀慈迷尔同谋扑灭慈威库县自治机关之纯粹官僚也。他如前教育总长伊古那杰夫，温良儒雅，众望所归，而乃斥退之，使为士流所鄙弃之前伯脱罗古拉德教育局长之库里机兹奇继居其职。此皆官僚对于民党之示威运动，并以内务总长蒲氏与司法总长多氏相结，而固后宠于宫庭。跋扈之势，日以滋长，而革命之动机，因以潜伏矣。此其近因二。

八、上院右党之复活。去年残腊开会之上院，多年跋扈横行之右党，旗帜顿衰其光采，其所决议，多与众院之自由政策相表里，帝党及官僚，因而失望。今年岁首，遂以皇帝之大权，先罢上院正议长库伦金氏、副议长郭尔贝夫氏，而以王党巨魁西铁谷罗威特夫为议长，以上院右派中央党领袖铁脱利夫副之，其所钦命改选之议员十八名，悉为纯粹右党党员。本年上院右党当占大多数，而左党之势力扫地以尽，可以预卜。是殆王党欲于上院抑制左党以牵制众院之自由政策，而非民党之所能堪矣。此其近因三。

九、后党亲德之阴谋。俄后固德国皇家之女也，故俄国亲德党阴谋之酝酿，概以俄后为中心，而妖僧拉士布金与内务总长蒲氏，实与此种阴谋有秘密之关系。妖僧拉士布金以邪术祸世之人，而常出入宫庭，大得俄皇及其皇后之宠信，勋爵多畏惮之，一犯及彼，辄遭遣罚。近数月来，俄国政界之波澜，皆与彼有秘密之关系。如萨佐那夫之黜免外交总长，秀慈迷尔之被任为内阁议长，内政改革之失败，去腊议会之停会，彼皆与其谋焉。佛士脱夫为内务总长时，即颇注意其人，认为于时局最危险之人物。先是有伊辽多尔者谋刺之，事为妖僧所闻，伊仅以身免遁走。那威佛氏于去今二三月间，尝阴使鲁杰福士奇者，急往瑞典方面，其使命即在传关于暗杀妖僧之秘密命于伊氏者。以机事不密，又为妖僧所知，乃使人要之于途。使者归至芬兰境，遂以被逮。以内务总长之密使而为妖僧所捕获，斯以见此宫中怪物势力之大矣，而佛氏遂与其次长去职焉。泊乎去年十二月二十九日之深夜，此久与宫庭〔廷〕之阴谋而隐握政治黑幕中绝大势力之妖僧，竟横死于优斯蒲夫公爵邸之地下室中。越四五日，其尸始发现于尼窪河之一桥下。天之报施恶魔，固有时而著也。妖僧既死，与之有密切关系之秀慈迷尔及内务总长蒲氏，益以自危，而宫中之俄后，亦以丧此嬖宠益引蒲氏等亲德党以自厚，蒲氏之正式留任，即发表于妖僧惨死之数日内。盖妖僧与秀氏、蒲氏及俾奇林大僧正，皆为著名之亲德党，其奔走宫庭〔廷〕之中，以为单独议和之阴谋，似已有线索之可寻，而妖僧被刺之惨剧，或即大革命之先声也。以俄国政治之黑暗，内部之秩序最难保持，故其内务总长之责任最重，因之其权力亦最大。开战以来，俄皇由议员中擢充斯职者，于今已为二度，即前内务总长佛士脱夫与蒲罗特蒲蒲夫也。佛氏以官僚而膺斯职，原无足怪。蒲氏则以豪农与工业家著称，甚有势力于地方，自第三议会以来，充众院议员，为十月党之中坚人物，故能被选为副议长。以其阅历言之，实为民党中之温和进步派。当其入阁之初，世对之属望颇重，以为从此俄国之政治方针，庶有倾于自由进步之望矣。而孰知其入内阁也，并未谋及同党，一入阁台，即宣言脱离十月党，而投降于官僚。政治家之节操，弃若敝屣，而其保守之政策，或且在官僚之上也。最可疑者，彼于去年夏间，尝以议员团长之资格，访问英、法、意诸国，归途于斯托荷伦与德国外交官某相见，谈及议和之条件。据蒲氏所自述与当时列席之上院议员奥士费夫所证，显有矛盾之处。归都不多时，即膺此秩，似与斯托荷伦之会见有联带之关系，其事至今悬为疑问。近顷哥里金及蒲氏时往来于俾奇林大僧正之门，而最近又闻彼与哥氏因议会延期开会及改选意见殊不一致，俄皇因闻妖僧被刺之耗，亦匆遽还宫，而努力于政府与议会之调停，蒲氏仍得安于其位。此以知俄国宫庭〔廷〕中之黑幕，必有亲德之阴谋，而盘踞要位之蒲氏，必为亲德阴谋中之中心人物，而于宫庭〔廷〕有绝大之奥援也，俄人排德之思想最为炽盛，无问于国粹派、欧化派，莫不皆然。尤以自由民主党人，极欲摧德以除其专制政治之护符，今见少数之王党，欲挟宫庭［廷］黑幕之阴谋，与德单独议和，外纵敌而内召乱，此举国所以愤慨忧惧而至革命卒兴之不可以已也。此其近因四。

十、守旧派之反对国会。日、俄战役中，俄之革命运动几有不能遏止之势，遂至开设国会而国粹派及官僚反动派则竭力反对之，谓为违背彼得大帝之遗旨。当第一议会开会时，有所谓"俄罗斯人同盟"者，即为若辈所组织，以试反对国会之运动者也。厥后遇有皇帝及宫廷中人举行祝贺典礼时，彼辈辄为狂暴之示威运动，卒以官宪之干涉，归于无效。此次战起，俄人鉴于开放奴隶、日俄战争时之骚动，惴惴焉多所警戒，幸而开战之初，召集国会，殆以满场一致可决十三亿卢布之军费，此固足以验俄人排德思想之盛，亦以政府于此实许以种种改革内政之条件，明白宣布于议场演说之中也。后以反对党关于内政改革之希望，时与内务总长之意见相反，因之政府与国会间之纷争迭兴不已，卒演出去腊被命停会之事，此全为蒲氏一派所主持。至于今年二月二十七日例应开会之会议，蒲氏又主张延期，而哥氏则殊不谓然。蒲氏主张众院议员期满改选，俾以抑压民党之势力，而哥氏及其他阁员之意见又与之相反，以为战争之中，波兰等处尚有在敌军占领之下者，主张延长本届议员任期，哥里金内阁几以此又复瓦解。此次俄皇还宫，尚从哥氏之议，谆谆诏谕，尤以政府与议会，宜相协力为言。比至开会之期，议会亦未至有如世所悬虑之骚扰，世方为俄幸，谁复知其为万木无声待雨来矣。盖不去庆父，鲁难未已。蒲氏与议会已成不两立之势，蒲氏久居要职，竟以激起此次掀天动地之波澜。吾人溯本穷源，未始非守旧派反对国会之一念，有以启之也。此其近因五。

十一、工党之激昂。上月中旬，俄政府以革命党之嫌疑，逮捕中央战时工业委员会之代表人物数名，该委员会力辩此会为工党之稳健派所组织，旨在赞助政府。该会委员长古奇阔夫更向俄都军区司令官，请撤退被拘工党领袖果兹铁夫家宅之警卫，并请释放果氏。警卫虽撤，而释放果氏之请，竟未邀允。该会正副委员长复以此事涉及革命之阴谋，颇耸社会之耳目，乃约两院主要议员，开评议会，明示此事之真相，以解世人之惑。委员长古氏详细报告关于工党之事业，评议会决议以该党之事业行动，无认为如政府发表之危险之理由，遂向哥里金总理发一警告，谓最近政府对于工党所执之压制手段，恐将召可怖之恶结果。工党对此异常激昂，率相投袂而起，以猛烈之同盟罢工，为示威之运动。此俄都本月八九日事，识者已预知其为革命前之月晕础润也。此其近因六。

十二、面包之缺乏。此猛烈之同盟罢工，虽由逮捕革命党之激起，但此外尚有一大原因在，即面包之缺乏是也。法兰西革命之勃兴，固自原因多端，其为最近之要因，亦在面包问题焉。俄国之谷类，尚有积藏于各地者，而以运输供给之方法不善，以致莫斯科及其他重要都市，面包之供给，颇告不足，故罢工之工人，横行市中，面包店有遭其破坏者，交通机关亦一部被阻，宪兵及哥萨克兵皆列队弹压，此革命前之形势，亦足数为革命之一因也。此其近因七。

此外之原因，未能悉举，择其大者要者拉杂述之，如斯而已。

署名：守常

《甲寅日刊》

1917 年 3 月 19 日—21 日

调和之法则
（1917 年春）

往者章秋桐先生在《甲寅杂志》倡"调和"之义，意在析陈政力向背之理，俾政治当局自节其好同恶异之性，而尚有容之德也。乃袁氏专制性成，卒不悛悟，重以帝欲之所驱，益向沉渊之中以趋，终至沦溺而不可拔。吾民于此，因以觅得机缘，相牵相引，相提相携，以入调和之途。而举西南之义旗，共和以之重光，独夫以之自毙，是知政理所在不可或违，违则败亡立见。盖遵调和之道以进者，随处皆是生机，背调和之道以行者，随处皆是死路也。余曩有言，宇宙间美尚之品性，美满之境遇，罔不由异样殊态相调和相配映之间荡漾而出者。美味，人之所乐尝也，然当知味之最美者，皆由苦辛酸甜咸调和而成也。美音，人之所乐闻也，然当知音之最善者，皆由宫商角徵羽调和而出也。美色，人之所乐观也，然当知色之最美者，皆由青黄赤白黑调和而显也。美因缘，人之所乐求也，然当知因缘之最美者，皆由男女两性调和而就也。饮食、男子［女］如是，宇宙现象一切如是，即政治亦罔不如是。是美者，调和之子，而调和者，美之母也。故爱美者当先爱调和。

调和之境，虽当宝爱，而调和之道，则不易得也。由吾之政象言之，袁氏既死，政局宜稍有光明之象矣，顾乃反是。新旧之争哄不绝，党派之轧轹未已，接触愈多，排挤益烈，长此以往，一波未平，一波又起，反动之后，益以反动，潜滋酝酿，终成不可收拾之局，而非吾国今日之能堪。故调和之声，近又稍稍闻矣。但凡一事之兴，一说之立，利之所在，害必从之。即如调和之说，初旨本甚可贵，而思之不慎，辨之不明，则误解相承，十而八九，毫厘之谬，相去日遥，真正合理之调和未著厥功，而虚伪敷衍之调和已肆其祸，将日言调和而全失其真，适居其反。此古人所以恶紫之夺朱，恶莠之害苗，恶郑声之乱雅乐也。兹陈数义，以告今之以调和新旧自任者。

（一）言调和者，须知调和之机，虽肇于两让，而调和之境，则保于两存也。今人不解调和之真义，因于一切分当竞进之事，而皆有所怀疑不敢自主之概。似一言调和，即当捐禁竞争；一言竞争，即皆妨碍调和也者。于是一群之中，进化之机能，活泼之组织，将以全失，而日降于颓废，相与养其腐化之性，以争取宠媚于强力者之前。一若稍涉迟疑，此调和之美事，遂为他人所专有，而已乃退于强有力者鄙弃之列焉。呜呼！以此言调和，数年而后，中国人之精神性灵，虽欲不索于枯鱼之市不可得矣。盖调和之目的，在存我而不在媚人，亦在容人而不在毁我。自他两存之事，非牺牲自我之事。抗行竞进之事，非敷衍粉饰之事。不幸此种绝美之名辞，一为吾懦弱颓废之民族所用，遂而淮橘北枳，迁地弗良，取以为逆流降下之梯航，以便其姑息苟安之劣性，而遂其突梯滑稽之俗癖，斯诚非昌言调和者初意之所及料也矣。昔斯宾塞以得半之说，诠疏天演之理。莫烈言调和时，既称引其说，复郑重为警惕之语曰："吾辈执持斯义不可越乎其应行之程。盖人生天性，弊机所伏，多在于避难而就易，习故而安常，作者（指斯宾塞）之意，亦仅在陈述调和为人事演进之象，歧力相剂之结果如斯耳，并未尝界划斯境，视若吾人实践之义务，即于作者之书中索之，于其所阐发之进化主义中索之，初未尝有所表征于彼故意牺牲真义者而优容之也……"（依剑农君译语，见《太平洋》第一号《调和之本义》篇）。痛哉斯言，盖不啻为吾国人而发也！弱腐之民，其天性之弊机，即在避难就易、习故安常。以斯言证诸吾人，乃为无可辩讳。又以东西洋之生活不同，文明各异，因之传来之道德，亦相悬殊。西洋生活之自然法则，在于保存自我（Self-preservation），东洋生活之自然法则，在于牺牲自我（Self-sacrifice or Self-negation），而调和之目的，乃在自他两存（Co-existence）。故西洋人言调和，宜自使其保存自我之努力，止于不牺牲他人；东洋人言调和，宜以不牺牲他人为归而先谋保存其自我。调和之义，苟或误解，即邻于牺牲，而暗合其牺牲自我之心理，结果适以助强有力者之张目，驯至权利、人格、财产、生命、真理、正义之信仰，乃无往而不可以牺牲。而专制之势成，此皆伪调和之说误之也。余爱两存之调和，余故排斥自毁之调和。余爱竞立之调和，余否认牺牲之调和。

（二）言调和者，须知新旧之质性本非绝异也。夫新与旧之区别，果以何者为准乎？将以人之年龄为准欤？则同一年龄者，其精神状态不必相同，年少者未必果新，年老者未必果旧也。将以派别为准欤？则同一派别者，其主张亦不尽相同，只以感情至历史上种种关系牵之使然者往往有之。足隶于新者未必无旧，隶于旧者亦未必无新也。故年龄、派别，举不足为区别新旧之准也。然则新旧之分，究将奚准？故黄远生先生有言："新旧异同，其要不在枪炮工艺以及政法制度等等，若是者犹滴滴之水、青青之叶，非其本源。本源何在？在其思想。"此殆可称为探本之论矣。然即人之思想而察之，有徒务进步而不稍顾秩序与安固者乎？有徒守秩序与安固而不求进步者乎？盖无有也。为其进步即行于秩序、安固之中，秩序与安固亦惟进步而始能保也。硕学穆勒尝陈其理矣，曰："凡于政治或社会，其所企无独关于秩序者，亦无独关于进步者。欲举其一，二者必当并举也。……进步之所需与秩序之所需，其性质相同，惟用于进步者视用于秩序者为量较多耳。安固之所需与进步之所需，其性质相同，惟用于安固者视用于进步者为量较少耳。三〔二〕者盖同质而异量者也。"世所称为新者，必其所企关于进步者较多之人也。世所目为旧者，必其所企关于秩序与安固者较多之人也。苟此解为不谬，则知此二种人但有量之殊，安有质之异？此其相较，正与进步与秩序、安固之为同质异量者相等。精确言之，新云旧云，皆非绝对。何今之人口讲指画者，动曰某派也新，某派也旧，某人也新，某人也旧，似其间有绝明之界域，俨若鸿沟者然。别白泰纷，争哄斯烈，驯致无人能自逃于门户水火之外。相崎相峙，相攻相搏，而不悟其所秉持之质性本无绝异，且全相同。推原其故，殆皆不明新旧性质之咎也。

（三）言调和者，须知各势力中之各个分子，当尽备调和之德也。夫调和者，乃思想对思想之事，非个人对个人之事。个人与个人，意见情感，稍有龃龉，可由当事者以外之第三者出而调停之、和解之。思想与思想，若有冲突，则非任诸思想之自为调和不可。盖其冲突之际，不必有人与人之交涉，即同一人焉，其思想亦有时呈新旧交战之态也。然则欲二种之思想，相安而不相排，相容而不相攻，端赖个人于新旧思想接触之际，自宏其有容之性、节制之德，不专己以排人，不挟同以强异，斯新旧二者，在个人能于其思想得相当之分以相安，在社会即能成为势力而获相当之分以自处，而冲突轧轹之象可免，分崩决裂之祸无虞矣。个人而能自克如此，则其人之调和能事已毕。初无事乎有一二人焉，揭调和之帜，日相勉戒乎他人，盖调和之事，不求于一己之思想，而求于各个之人身，必徒冒疲于奔命之劳，而终于渺无效果也。且凡能达于调和之境者，溯厥由来，成于自律者半，他律者亦半，而第三者之调停不与焉。自居于一势力者，能确遵调和之理，而深自抑制，以涵纳其他之势力，此自律之说也，是曰有容。自居于一势力者，确认其对待之势力为不能泯，而此对待之势力，亦确足与之相抵，遂不得不出于调和之一途，此他律之说也，是曰有抗。分［外］此皆虚伪之调和，非真实之调和，枝节之调和，非根本之调和，绝无成功之希望者也。

（四）言调和者，当知即以调和自任者，亦不必超然于局外，尽可加担［袒］于一方，亦惟必加担［袒］一方，其调和之感化，乃有权威也。夫调和之事，既无第三者容喙之必要，则言调和者，自当于新旧二者之中，择一以自处。盖虽自居于一方，若为新者，而能容旧势力之存在；若为旧者，而能容新势力之存在；究于调和何害者？惟若自别于新，而又自别于旧，不甘于旧而又不敢居新，宅不新不旧之地位，挟非新非旧之势力，以夷犹容与乎二者之间，则新者将不视之为新，而以疑忌临之，旧者将不认之为旧，而以敌异遇之，进退失据，无所归依，人且弃之而不顾，调和之效，抑将安著？且既自立于超然之地位，又启两方之猜嫌，为自保计，亦必谋其自身势力之巩固，对于两方，时有操纵之迹焉。于此而言调和，不近于投机，则邻于挑拨，将调和之声愈高，轧轹之象愈烈，调和之人愈众，轧轹之机愈多，其去调和之境，正犹南辕而北适。此于调和，最忌之事也。亦有个人将加担［袒］一方之前，自审两方势力之孰强孰弱，而将其一分之力，以尽平衡质剂之用焉。果一势力弱而一势力强也，则于一己之思想，当与较弱之势力以较多之同情而称之，以维其平衡，以求其质剂。此则可望之于二三先觉之政治家，而不能以责之于庸众。［……］调和之变则，非调和之常境也。所怀如是，幸注念焉！

是篇为愚于去春针对时事而作，曾以寄登在日本东京出版之《神州学丛》，以遭日政府之禁，学丛竟至废刊。兹复转载于此，虽不无明日黄花之感，而其中陈义，亦或有一得之愚，尚足值时贤之一顾者。往者不谏，来者可追，惟阅者察之。

署名：李大钊
《言治》季刊第 3 册
1918 年 7 月 1 日

战争与人口（上）[*]
（1917 年 4 月 1 日）

乾坤，一战局也。阴阳，一战象也。人类之历史，一战尘之积层也。造物之始，始于战也。万化之成，成于战也。人类之蕃，蕃于战也。一事之微，一物之纤，既自显于生存，斯莫离于战象。惟战而后有优劣，惟战而后有胜负，惟战而后有新陈，惟战而后有存灭。天时，以是代序；人事，以是递嬗；草木，以是荣枯；禽兽，以是繁汰；变幻无常，盛衰迭易。人与天有战，人与物有战，人与人有战。有物质之战，有精神之战，有铁血之战，有文化之战。茫茫前古，悠悠方来。历劫迁流，靡知所届。碧血弥沦于大陆，白骨暴露于旷原。杀机潜乎万有，惨象塞乎六合。天演之变无止竟 [境]，人生之患无穷期，战固不可以已矣。于是宗天演者，谓物竞自存，天择其适，以斯象为可安。倡人道者，谓仁人爱物，世极大同，悯此情而不忍。嗟夫！幻身兹世，亦有因缘，宁独何心，不发悲叹。用竭深念，就果穷因，冀有良谋，以解永苦。惟人能战，必有所战。苟屈于能，同乎自绝。苟歧于所，必致互噬。自今而往，既顺受其能，宜善择而 [尔] 所。为天理计，为人道计，为真实幸福计，为恒远安乐计，凡我同类，各宜自察，与天争存，役物为用，有无尽藏，享之不尽，用之不竭，同类之伦，必不可已。但无背天以自绝，何必任天以相残。人心倘有觉悟之机，世运终有平和之望。因果循环，应报不爽，惟自造而自承之耳。

盖尝俯仰天地，审万象之森列，感玄元之难测。一碧穹苍，星云无极，大宇悠宙，渺无端倪。孰主宰是，孰创造是，幽矣微矣，奥矣妙

矣，莫或窥其既矣。硕学奈端，发现新理，谛知太阳系中，蓄涵二力，一阖一辟，互为向背，二力相均，以成其体。兹说既出，纷纷世彦，翕然宗之。通于殊科，著为定律。叔本华则曰"意志"，斯宾塞则曰"抵抗"，各张其说，立为普则。其言不必相谋，其理实有相通。森罗万有，各具意志。意志所在，乃可云存。二体以上，互争为存，抵抗之象，于焉以起。是宇宙成于抵抗，抵抗即战象也。古时宗教，标帜树义，亦有谐于此理者。卓拉士特教理之源，谓有善恶二神，永事战斗，逮有创造，为其结果，以启万物恒久之局。天竺佛说，亦云三神，合为造化。曰婆罗贺摩，亦称梵天，主司创造；曰毗湿奴，主司保持；曰湿婆，主司毁灭；各以其德，周流六虚，而成宇宙。神州哲理，阴阳蕴于太极。《易》曰："太极生两仪，两仪生四象，四象生八卦。"此其生成创造者，亦莫非战象也。本体之质，既为战象所构成，斯其覆载之所被，运行之所周，尘尘刹刹，将无往而非战机矣。

无生之体，互为抵抗，以竞存立，其理固若是矣。然其为象较静，不若生物之复杂万状也。盖有生之体，既于空间、时间据有何〔向〕度，其于殊体相抵争存，视诸无生，全无违异。惟有二性，为其特秉：一曰代谢；一曰生殖。代谢者何？营养既摄，必有废弃余分，遗于体中，以待排泄。排泄既竟，新摄之物，亦复若是。新陈迭更，环行不已，谓之代谢。生殖者何？物之单体，或其二体，更孳新物，成若干体，机能形质，毕肖其先。凡兹化育之伦，或细胞分裂，或雌雄交媾，华实鳞介，蠕动蠉飞，有性无性，胎生化生，殖类繁族，其欲一也，谓之生殖。前者生物自存之本也，后者生物保种之原也。应兹二性，谋充厥欲，则又有充分之养与至适之境焉。夫营养之物，固所必要，即彼温度日光，四围境遇，亦关生运之隆替。顾以环厥躬者，需此之亟，亦犹夫己。物之陈于前，境之适于己者，为量有限。而有二数以上之生物，均欲取以自存，据以自殖。故求之未必恒得，得之未必恒足，争斯剧矣。以争之剧，益强厥能，虎豹于是有爪牙，蛇龟于是有鳞甲，蜂虿有毒，蝼蚁善战。凡有血气，含牙戴角，前爪后距，角触齿噬，毒螫蹄跌，怒而相害，天之性也。此则生物生存之争，烈于无生物存立之争者，倜乎远矣。

人类之生，何自始乎？或云神之堕落，或云兽之演进，或云系出多源，或云本有一祖（生物学家谓一切动物出自共同祖先，渐衍而有脊椎类与非脊椎类之别。脊椎类又衍而为鱼类、蜥蜴类、鸟类、兽类。其时兽类，即为今日人类与兽类之共同祖先。兽类中又分猿类及其他类。其时猿类，即为今日人类与猿类之共同祖先。猿类又分东半球猿与西半球猿，东半球猿又分有尾猿与无尾猿，今日之东半球猿中之无尾猿，即与今日之人类同祖。盖东半球猿类之齿数上下共三十二，适于人类齿数相符，此即同祖之一证。然则人类为兽之演进，且出一源，较信）。洪荒既不可稽，妄诞尤非所尚。既赋以圆颅方趾之躯，演进以成今形。字之曰人，正不必以神自尊，更未可以兽自暴。就人论人，命为生物之一，当非大缪。既为生物，则其赋有代谢生殖之性，当与他物无殊。于是全生之志，亦必先之以自存，继之以保种。而其谋达斯志也，尤必于物资之丰啬，境遇之安危，外界所予夺，自己所取舍，在在须以力处之。处之而善，其生也荣；处之而败，其亡也必。人之性力至灵，人之争亦至烈。世事自此纷，人生自此劳矣。吾将循人类天演之迹，而观其为争之道焉。

生物学家研考古代生物天演之迹，纯据化石资为左证。原始时代，无化石可征，因之人类元祖当时奚似，无由考征。古生代之化石，鱼类最多，其时殆为鱼类世界。鱼类以上，无何动物，人类元祖，其时当在鱼类以下也。中生代之化石，蜥蜴最多，虽兽蹄鸟迹之迹，间或发现，为数仅矣，其时殆为蜥蜴世界。蜥蜴以上，无何动物，人类元祖，其时当在蜥蜴以下也。新生代之化石，兽类为主，其时殆为兽类世界。人类元祖，亦为兽类之一。恐其力甚弱，不足与群兽竞也。逮第四期，人类肇生，种族日蕃，形质日进，以建今日之人类世界焉。初民之生也，榛芒〔莽〕蔽天，洪水流地，燥湿寒燠，弗适其宜，居处衣食，未安其体，惟恃天赋之长，依手与脑，足以夺天，足以役物，遂以受之天者还与天战。战而胜，榛芒〔莽〕可辟也，洪水可平也，燥湿寒燠可得而适，居处衣食可得而安也，不胜则亦归于淘汰而已。巢居穴处，进而宫室舟车矣。居处既安，耕稼以作，而五谷百药，惠济人伦矣。知识瀹进，器制创兴，金石土木之质，声光电气之力，罔弗供人利役焉，而人类与天然有战矣。人类资以摄取营养者为类滋繁，有生无生，各有效用。然当人类崛起之初，龙蛇虎豹，啸于山泽。动物之强者，兽蹄鸟迹，交于中国，未尝不与人类争此土。征之吾国，古说黄帝则杀五龙；尧则战封豨，断修蛇；舜则烈山泽以焚禽兽；禹则平水土以驱龙蛇。周官之制，操弓挟矢，攻猛鸟猛兽，除毒虫蠹物，去蛙黾，除水虫，各设专官。有史而后，状犹若此。太初之世，人类与兽类之搏战，几经世代，如何激烈，始得奠居平野，无与为患，概可知也。经兹战迹，人性益残。渔水猎山，而有所获，辄寝其皮，食其肉，茹其毛，饮其血。牧业继兴，人知畜殖牛羊之利，生计视渔猎之期较为确实。虽至今日，动物之供食服役于人者尚多有之，而人之所施，物之所受，几若天锡之用，天责之职者，是皆战胜之结果耳，而人类与动物有战矣。原群之际，人无伦序，惟从生殖之性，猥相媾遇。子之于亲，知有母而不知有父。但由图腾〔图腾（Totem）者，美洲印度人亚布吉亚族语符号之意，有以动物为符号者，有以植物为符号者。孟干（Mongan［Morgan]）氏著《古代社会》，称美洲印度人分为众氏族，各以动物为图腾，或用狼，或用龟蛇，此图腾为其氏族全体之护神，族人咸敬畏之。吾国古代有以云纪官、以鸟纪官者，与此颇类〕之标示辨其所自出，是为母系集团（Matronymic Group）。渐进始本父系以定戚缘，是为父系集团（Paternymic Group）。姑维的〔姑维的者，起于法兰西南方之习俗。儿童生时，父怀子而寝，呻吟绝食数日，杜绝交际。盖骤由母系时代移入父系时代，蛮人思想，殊难变易，父必作状若生子然，一以示子为父产，一以示父之精神传于其子。旷观世界行此习者甚普，日本爱奴今犹行之。马卢哥婆罗（Malocpolo）氏，谓于吾国南方尝见此俗〕之仪式，即起于此时。血统既定，别缘立系，乃有所准。奉祀祖先之俗，信仰宗教之礼，此其始基也。礼俗殊异之影响，族不同者，而其体格、性质、言语、习惯亦异焉。故凡异族相遇，互私其同而斥其异者，性也。惠利当前，各不相让，而反相争者，势也。势纵不迫，性亦难安。人之排异，正如禽兽之嫌毛。惟其异群之排斥愈严，同群之团结愈固。轧轹既久，乃有并合，由氏族而部族，而国家，而民族。其间强凌弱，众暴寡，小之攘其财，虏其身，大之略其地，奴其民，仇怨相寻，无时或已。虽以今日交通大辟之世，思想融汇之时，白优黄劣之说，且常腾诸哲人之口。即彼同色之内，亦复自分畛域，若为斯拉夫，若为日尔曼，若力拉丁，若为条顿。今兹破天荒之战劫，纵云原因多端，种族旧怨，实与有力。盖自人类独掌兹世之霸权，外患既靖，内讧遂兴，而人类与人类有战矣。人文日进，奉祀祖先而外，渐有宗教仪式，以齐一其群之精神，统驭其群之思想。而此宗教为物，亦与战争有密切之关系。伊稽原始宗教之传说经典，示例不罕。司凯特人（Scythes），俯仰两大之间，参究造化之奇，相与肃然惊叹，谓有神祇，冥为主宰。其神备武士之德，相传最初最伟之神曰 Tivus［Titus]，实司战斗，其缵继诸神，Odin 以下皆如之。耶经所举耶和华者，亦为战士。督军临阵，光荣塞乎天地。佛说戒杀，而弥陀利剑之辞，亦尝见于内典。回教则一经一剑，好勇之习，今犹未衰。伊罗郭窪人奉 Arscove [Arsaces] 为军神，战时则供人身以致祭；审讯俘虏，亦予具前；战士军前，尝高唱其名以壮声势。印度及福罗利达人，拜信太阳，尊为军神。墨西哥奉 Mexico 为军神，则以名其国。日尔曼人亦奉 Ziu [Tiu] 为军神。诸如此类，足以证战争与宗教有关者，更仆难数。惟其如是，婆罗门与佛教相争，则流血夷族。麻谞末二派互抗，则革命绝祀。回、耶相犯，则十字军兴，劳师远伐，祸结兵连，教皇肆威于堂庙，妇孺失散于征途，未睹天国之光，徒重人间之祸。厥后欧洲教难，棼若乱丝，分东西，分新旧，政教混淆，云翻雨覆。十六世纪顷，前后二百余年，纷纭扰攘，不可爬梳。民生涂炭，于斯为极，间尝浏览史乘，叹息欧人中世所遭之教祸，其惨不减于十八世纪政潮之变。吁！亦烈已 [矣]（前岁报载土耳其加入战局，大兴回教十字军，亦颇著宗教战争之颜色），此宗教之战也。

国家者，战争之子而又战争之母也。盖个人相争，强力屈服之结果，乃生权力关系。统治之体，以具雏形。更展其力，则有外竞；偶失其势，则有内争。吾国自黄帝战蚩尤，张武德，宅我族于中土。唐虞揖让而后，历三代而秦，而汉，而唐、宋、元、明、清，其间改姓易步 [代]，必有征诛之事。战伐之声，或数年，或数十年或数百年。黄尘匝地，赤帜飘扬，胜者王侯，败者盗贼，争一姓之兴亡，流万民之膏血。他如英兰蔷薇之战，日本南北之争，是皆草泽之雄，权僭之臣，乘朝纲解纽之时，值人心思乱之际，野心勃发，斩木揭竿，或执正统之义，或托帝室之胄，以谋颠覆旧社营建新基者也，此为统治权之攘夺。其或暴君肆虐，贵族擅权，政制失其公平，国民愤其专横，法兰西则揭三色之旗，美利坚则竖独立之帜。三五年来，若葡若墨，革命风云，甲仆乙起。辛亥之岁，神州革命之华，亦尝灿焉烂焉，葩于汉水方城之域，不及兼旬，播于全国。最近俄国鼎革，亦告成功。均能推倒帝政，改建共和。此为政体之变革，皆内争也。一圈之内，诸国并立，壤地相接，犬牙交错，其间利害相关，至为复沓，必有中心势力，足以镇抚诸邦者，而后是非曲直，有所裁判。不从则以力服之，争攘之局，获以少安。顾以各国之间，纵不无强弱大小之殊，而欲为之中心势力，统摄其上，则必有势均力敌者，起而诉之武力，以争此柄。最终胜者，独能握之，诸邦亦翕然受命，谓之霸权。春秋战国之际，五霸迭兴，七雄并起，兵威震于疆场，盟主登乎坛坫，霸权之战，未有盛于此时者也。当其时，洋海未通，舟车未达，报聘之使，不出神皋，故霸权所及，未能越乎殊域。今者亚、欧、美、非，轺车四出，皇华载途，霸权所延，从兹益广。所谓东亚霸权也，太平洋霸权也，新大陆霸权也，得之则豪，失之则怨。欧战方酣，将来欧洲霸权，正未知鹿死谁手。由是演进，迟早不可知，世界霸权，他日必有争而能获之者。苟至于是，人类战局，当得一结束，是为霸权之争。若乃有国弱小，列强逐逐其侧，欲试鲸吞蚕食之谋，受者本身，既无独力抵御之力，事齐事楚，无所适从。于是争者协议，或划势力范围，相约勿侵，列强之于吾华是也。或设缓冲地带，认其国为永久中立，永世勿犯，比利时、卢孙堡是也（但此种条约，其在战时决无效力）。或所议不协，所争不下，祸心包藏于平日，战端卒起于一朝，日、俄之因满、韩而战，日、德之因青岛而战，皆是也。人亦有言，今世均势相抵，灭人家国之事甚罕，然而均势一有不敌，残局何由能保？故日既胜俄，不战而并韩。英无他国牵制，力战而服杜（杜兰斯哇）。是为制驭之战，征服之战，皆外竞也，斯又政治之战也。若夫宗教之传播，言语之扩衍，教育之灌输，风俗之同化，无不呈竞争之象，助战争之势。幅帙所限，兹不具论。即宗教、政治之战争，其泉源所在，亦生计问题而已矣。请进而论之。

人类最初之欲，不外自存与保种二者。为充此欲，有所云为，是曰生计，战争即应兹而起者也。日本坪井博士谓："一切战争，莫不基因于生计"。斯言可以道破列国国民对于战争之心理矣。蛮僿之民，生计苟简，不知储备将来，以防事变之突发，一旦饥寒迫至，四顾无依，物资匮乏，非所堪忍，辄起而与人争夺，此一类也。亦有贪悍性成，视人之以他术致生资为迂远无能，而以强夺暴掠为便捷，此又一类也。夫天之生物，足以养人而有余，人不知求所以自养之道，惟贪人之养，以为攫取之计，则人之不智不义，非天之不仁也。然而此义可责之文明之族，而不能责之蛮荒之民。盖蛮民智不足以役物，德不足以爱人，其去禽兽，犹未远也。即彼文明早达之族，如菲尼夏人、希腊人，残杀劫掠之事，初亦未免。降至中世，果尔人、新普尔人、条顿人、果特人、法兰克人、亚郎人、亚拉伯人、蒙古人、土耳其人、布尔加尔人、诺曼人等，皆尝于海于陆，求扩其劫掠之路，比史册之所示，亦普罗德亨（Proudhon）氏之所证也。至于掠获之物，则从家族制度之进而日趋于复杂，动产而外，更需俘虏，为女则婚之，为男则奴之。昔者希腊人之侵入希腊及小亚细亚也，征服土人，夷为皂隶，其时一般哲者如亚里士多德（Aristotle）、柏拉图（Plato）之流，均谓此等被征服之民及外国人（Barbarians）为天性之奴隶。罗马之袭耶多流土也，亦尝掠其妇女。彼印度之秽多族（Pariahs），法兰西之平民（Roturiers），欧洲封建时代之农奴与贱奴（uillains [Villains]），莫非征服之结果也。土地之用，起于畜牧时代，耕稼既兴，其效尤著，而争亦随之。初所争者，不过利用较沃之土壤，施行较少之劳力，收获较丰之产物而已。洎乎国家形成，所求乃不止此，将以扩张版图（此处疑有脱漏——编者），实逼处此。苟挟兵力以临其地而无与为敌，则举其居民财物一体属于己国权力之下，纳为领土之一部。中、日之役，我则割台湾全岛于日；普、法之役，法则割亚（亚尔萨士）；罗（罗联士）二州于德，殆其类矣。至于近世宇内雄邦，称强者以十数闻。其于弱国之经营，辄齐驱并进，以保均衡之局，相牵互制，勿得有所专肆，领土之欲，益以难达。每因战争胜利，和平条约有所取予，乃不汲汲于领土形式之获得，以避列邦之忌；而于经济特权，则不稍让，或索一域以专商，或要一港以互市。其在吾国，外力潜滋，纷纭错综，星罗棋布。若者经商于内部，若者移民于外藩，顷者内忧外患，纷至沓来。财政匮困，仰屋空嗟，凡百政务，相率乞灵于外债。即如借款修路，路线之所及，即债权之所及也。债权之所及，即兵力之所及也。长此饮酖，毒中心腹，埃及覆辙，可为寒心。此国群之际，生计与战争关系变迁之略径也。若乃一群一国，内乱之所由起，亦必在群级不平之国，或当年谷不登之时。法兰西革命之祸，流血百年，今人言之，犹为心悸。史家以民生凋敝为其要因，殆非过论。即辛亥革命之际，五色旗下，奔呼来集者，亦多无业之民。所以邦基未定，变起赣、宁，狼氛继腾，祸延数省，迄今伏莽遍地，蠢动堪虞。今者，俄人且不恤于大战方酣之日，大起革命，其最近之一因，亦在面包之缺乏。近日，德、奥亦以面包不足，都城骚动闻矣。是知古今中外，苟非皇天降灾，国家失政，间阎多愁苦之声，庶民无疆虞之象，篝火狐鸣之侣，绳枢 [枢] 甿隶之徒，又安所凭以造大变也。盖战争之行，不问内外，生计极于战争，战争隐于生计。本质原非异物，程度则有缓激耳。自十九世纪初，拿破仑耀武欧土，各国乃悟武备之不可缓，军实之不可缺。更以一时现象，人口繁殖，著见增加，益兴辟疆拓土之思，其时著先鞭者，首推英伦。千八百七十八年而后，世界土域隶英者十之二，人口隶英者六之一。各国既悚于人口过庶之说，迫于生存竞争之烈，复羡夫英人扩张版图之成功，尤而效之。争地构兵，世界乃从兹多事矣。虽以美国独领新大陆之河山，卓然自树，犹不免为帝国主义所诱致，将亦投于列强角逐之舞台。世变之极，盖可睹矣。当是时也，官僚政治之势焰，黄金万能之迷信，亦从军国主义之帜，蔓延于世界，深固而不可拔。纵有代议制度，社会政策之反响，稍事抑裁，卒不免酿成今日全欧之大乱。战局牵于九国，鏖杀动辄万人。铁血无情，风云未已。堕名城，毁绝塞。繁华事散，梦逐力巨（比国一要塞）之烟；猿鹤同归，血染多脑之水。方其从戎之日，诀别之期，谁无妻孥？谁无父母？携手送于河梁，牵衣哭于道路，朝辞恩爱之家庭，夕上阴森之战场。霜寒草白，地黯天愁。滑铁卢之劫灰未寒，莱茵河之腥涛又咽。征衣难寄，听砧杵而销魂。归雁不来，闻鼓鼙而逆翼。军笳哀咽，战马悲鸣。几家梦里之人，万里天涯之鬼。呜呼！战祸之酷，一至于此。人类苟有良知，奚能忍与终古也？

　　近自世局大辟，学说争鸣，影响所及，有足以助战祸之昌炽者。人口论倡导于前，天演论继兴于后。谈人口者辄曰："地球之质力有限，人类之繁衍无穷，迟早不可知，人满之患，卒无免焉。"谈天演者辄曰："万化之宗，归于天演，人群之象，亦何能逃？盖优胜劣败，弱肉强食者，天之道也。"斯其所言，旨则明理，未遽可以厚非。而野心之雄，闻而善之，将欲黩武穷兵，必执其言以为口实。明之以利害，动之以忠勇，煽之以地狭人庶之危机，激其民侵略之心，文之以物竞天择之新义，张其民忍残之性（参阅甲寅年十一月《早稻田讲演录》及十二月《新日本杂志》），杀人盈野，争地争城，莽莽寰区，斯无宁日。匹夫乘时，拔剑而起，急功名，崇势利，苟可以依暴行为而族略尺寸之土，声威赫赫，百世称焉。但成一将之名，谁恤万姓之骨？吾人衡义责言，原不求备于此辈，独怪硕彦宿哲，一语一默，足以祸福人间，稍一未慎，躬为作俑。驷不及舌，徒因一时之感想，远种兹世之恶萌。吾诚荒谬，辄敢雌黄于先辈之后而不能已于言矣！

　　人众致争之义，周秦诸子，尝有见及者矣。管仲、韩非，其最著者也。《管子·山至数》篇："桓公问〈有〉管子曰：'请问争夺之事何如？'管子曰：'以戚殆［始］。'桓公曰：'何谓用戚始？'管子对曰：'君人之主，弟兄十人，分国为十；兄弟五人，分国为五。三世则昭穆同祖，十世则为祏。故伏尸满衍，兵决而无止。'"《韩非子·五蠹》篇："古者丈夫不耕，草木之实足食也；妇人不识［织］，禽兽之皮足衣也。不事力而养足，人民少而财有余，故民不争。是以厚赏不行，重罚不用，而民自治。今人有五子不为多，子又有五子，大父未死而有二十五孙，是以人民众而货财寡，事力劳而供养薄，故民争，虽倍赏累罚而不免于乱。"此二说者，其论致争之理，皆甚精确。韩子则本事异备变之理，谓仁义辩智不能行于当世。偃王仁义而徐亡，子贡辩智而鲁削。所欲既在土地，所争当于气力。此其所言，颇与今世倡帝国主义者合符，而五子二十五孙之说，尤与英人马查士（Malthus）几何级数增殖之理一致。管子十世之义，亦复与马说相通。惟管子地数之说，则非马所能见及。《管子·地数》篇："桓公曰：'地数可得闻乎？'管子对曰：'地之东西二万八千里，南北二万六千里。其出水者八千里，受水者八千里。出铜之山，四百六十七山，出铁之山，三千六百九山。此之所以分壤树榖也。戈矛之所发，刀币之所起也。能者有余，拙者不足。封于泰山，禅于梁父，封禅之王七十二家，得失之数皆在此内。是谓国用。'桓公曰：'何谓得失之数皆在此？'管子对曰：'昔者桀霸有天下而用不足，汤有七十里之薄，而用有余。天非独为汤雨菽粟，而地非独为汤出财物也。伊尹善通移轻重，开阖决塞，通于高下徐疾之筴，坐起之费时也。'"韩非之策，虽用于秦而霸天下，当时受兵战之祸者匪浅。马氏之说，今虽渐明其误，而一为好战之桀所执，犹足以祸今日之苍生于无穷，皆未足喻管子"能者有余，拙者不足"之旨也。于是约述马氏之说，而撝拨其未安。谤毁前贤，则吾岂敢。然而迷想流传，世惑未解，或亦非马氏立言之初衷？岂好辩哉，不得已也。

马氏因古德文（Godwin）氏之论文（古氏尝著一论，痛论贪欲与浪费）有所感触，一时辞锋不能自敛，遂有《人口论》之杀青，凡六版行世，间亦有所纂易，增附全书，成一巨帙。兹最［撮］其要，不备举焉。氏论要谓人类有二大法为不可抗，即：（一）人非食物不能生存；（二）男女情欲永久不变是也。人口之繁一任其自殖，毫无遏制，其进率为几何级数（Geometrical Ratio），如 1，2，4，8，16，32，64，128，……；而地积之载，地力之生，终有必穷之时。盖产物之进率，为算术级数（Arithmetical Ratio），如 1，2，3，4，5，6，7，8，……，不足应人口增加之度，人类乃渐有乏食之势，其结果遂以酿疾疫、夭折、饥馑、战争等之祸患，窃盗、劫掠、杀人、堕胎等之罪恶。听人口自然增殖，此等祸患罪恶，为必然之结果，无善法以弭之。无已则有一焉，各人克己节欲，必自度己有教养子女之能力而后结昏，远虑以防未然，乃为计之得者。此其大略也。

夫有生之物，既具代谢之性，营养断不可缺。苟或缺焉，生机必绝。惟人之生，待养于食，庸有特异？虽昔时搜神纪秘之书，相传避［辟］谷有方，长生有术，而今之世，上穷碧落，下临黄泉，恐不得黄石、赤松其人者。则嗷嗷众生，待哺孔急，仍非米谷菜蔬之属，不能塞泣饥之声，应庚癸之呼也。如氏所举，有人相告，生物之变，不可究诘。阅若干年，人类当化为驼［鸵］鸟，首渐长，唇渐坚而突出，足亦易厥初形，毛发变为翮羽，吸风饮露，戛然长鸣，逍遥乎游于天地之间，斯诚梦呓难信。但据生物学者之研究，人有盲肠，今无毫末之用，而食刍兽类皆有之，以消化草类。可知人类先世，当有食草之期者，至于今日，斯废于用而犹存其形也。然则人类食物之品类，亦非一成而不变者。既变于初矣，来者亦难保其必无。惟在今日，人类尚未至饮吸风露、餐取精英之境，则驼［鸵］鸟之说，只可视为南华蝶梦之类。至于男女之性，实秉天地阴阳之气以成其质，微有天地毁、乾坤息、人道绝之时，禁情断欲，沙门清寂之士，空山比丘之徒，或有能行之者，乃若常人则无是也。于兹二法，无间言矣。

氏更制为定律者三，曰：（1）食物不给则人口不增；（2）食物充裕则人口繁殖；（3）人口增殖之度越乎食物生产之度，则祸患与罪恶，必不可免，以为天然之遏制。对此定律适示其反者，亦尝有人焉，达蒲得（Doubleday）、加雷（Carey）之徒是也。达氏之言曰："人类及他种生物繁殖之度，皆与资养成反比率。故瘠养之人口殖力綦速，而居于适境之级者，从生理之律，生反不繁，微由贫苦阶级之增殖以补足之，几不保其原数。盖资养之极端超越，并不惠于多生。动物固与果树无殊也，而繁殖之象，可保其最高之度于食给微受限制之时，虽无证验，亦所必能。苟有人焉，容为斯理所动，将制为论断以示异于马氏者，只请其一考贵族之册籍，察阀阅之门庭，是等阶级，罔弗如是。即英伦僧侣之家，中流之族，莫不然也。"加氏闻其说而和之曰："伊稽纪录，北美合众国人口之增加，倘不计外来移居之民，其度当为世之最迟者。"此足以与达氏之说以佐证也。氏复根据生理，自述己意，略谓资养总分之为有机体所受用者，每自导其最大比率于其耗用最劳之官部。是知人类殖力之所由减，非必由于丰食，乃由于劳思，以应日进之文明也。其论人类与食物之关系，颇具乐观，且甚奇妙。要为生物之殖力，从其进化之级，次第减退。故植物之殖力最繁，动物次之。等为动物，下等动物繁于高等动物，高等动物繁于人类。人虽食牛，牛虽食草，而不能尽其类者，为其草繁于牛，牛繁于人也。论者谓有忘却生物年龄之嫌（法人卜尔隆氏，谓动物寿命平均为其发育年龄之五倍，如骆驼八年发育，其寿命为四十年；牛四年发育，其寿命为二十年），固不为无见。然即修短盛衰之数推之，益足证氏说之有合于天演秘义者。老子曰："天地不仁，以万物为刍狗。"晋王弼注有曰："地不为兽生刍，而兽食刍；地不为人生狗，而人食狗。"加氏草牛之说，老氏刍狗之义，两相印证，乃知天地间之供人刍狗者，至无穷尽。惟人致物于适，所用莫不瞻〔赡〕矣。此天地之不仁于物者，正天地之仁于人也。人乃欲以天地之不仁于物者，而亦施之于同类。此老子所谓圣人之过，非天地之不仁于人也。

英人硕学弥勒（John Stuart Mill）氏，善以哲理论治，亦尝称马氏之说并畅言其旨曰："人类实增之数未塞其所容者，其理非玄秘难测。譬彼兔类，胡以弗能繁衍遍于环球？非其殖力之不足，环厥境者皆敌，生资又弗裕如，既不足于食，尤须供异类之吞噬也。人类虽无供异类吞噬之患，而战乱不幸足以代之。使人类仅于增殖之进，盲从其能与他物等。将产生之繁，如其体质之所许，人口必为死亡所夭阏矣。但人类所为，因预计未来之远虑，超乎兽性之刺激，多少足与以影响，故其所生，不同于豚豕之多。虽众人于此，参差不齐，要皆能因一己之节欲，或社会之感情，自为之制，免致所生罹于忧患夭札之厄也。人口之受制，正如其优于禽兽之度，与其由缺乏之自身，毋宁由于缺乏之忧虑。虽在饥馑无忧之域，众亦有恐丧其终身安逸之位置，而自为节制者。中流社会，则以更进而求较良之境，亦不欲多生子女。但此志求于劳民之间，颇为罕觏，有之亦罕奏效焉。果能养其一家，如其所自为养，即兹慎行，亦堪〈许〉嘉许，奈恒并此而不为，徒贪天佑冀公惠而已。未开之群，如中世欧洲或方今亚洲各部者，其人口恒为饥馑所贬抑。夫凶荒之患，非有定序，天不令其有秋，斯民遂有无衣无食何以卒岁之叹。惟彼未开之群，视今日欧洲之所常遭者较为频繁，且加甚焉。当此之际，实现之饥馑与因饥馑而生之疾苦，足以大杀人口之势。其数则为连年丰收之所致其繁衍，而今之所再斩者也。文明之邦，即属极贫之夫，亦准于其所实需，与冀其实需之较裕，而有自为之制者。故其增加之裁抑，不由于死亡之超越，由于产生之限制。而行之之方，又各不同。有数邦焉，纯以慎身自制期获境遇之善果，虽在劳民，亦能习而安之。彼知有过繁之家族，必致堕其初境，且将累及其子孙，故极思避免。国之于此行之至于其极而又最久者，诺威与瑞西各处是也。马氏博征广采，亦尝示我以例证。厥后悉心参稽，所获益多。于以知斯二邦者人口增加之度甚迟，所以遏之者，不在死亡之多，而在产生之少。生死之数，比于人口，均见减退，平均寿命于全欧为最永。人口总额所涵视世界各国童稚较寡，壮丁较多。居是邦者，生也不繁，以永厥寿，为其致民于安适之境地。庸行惟谨，足避艰窘，为其离民于困厄之原也。而二邦又为壤地褊小之国，尤有注意之值者也。"弥氏之说如此，盖亦以人口果增，物资之穷为不可免。苟欲免焉，自非人自节欲以塞厥生不能奏功。此其畸于一偏，与马氏等。抑弥氏不云乎："人口之受制，正如其优于禽兽之度。与其由于缺乏之自身，毋宁由于缺乏之忧虑。"夫人之于其所患，必境未至而预为之谋，以杜于未然。物力之弃于两间者，既无涯既 [际]，苟有缺乏之恐，安在不可依人类独秉之智能，谋于物力之开发，而必自抑天赋之情感，谋于人口之制塞也。果能齐民于小康之域，泣饥号寒之声，不闻于其群，人于余暇，以慰养其性灵，自无过繁之生，以重其累，而风化之良，教育之普，益足以致富而自养。如诺、瑞二国，其所以致民于安适之境，离民于困厄之原者，岂必仅为慎身节欲之结果，盖必有先为之因者耳。苟其世俗朴厚，民德纯良，比户编氓，类能勤于事而俭于用，厚富不可致，小康则易为。人之于此，更求其境之益适，则人口之增殖，不节自节，即任其增，亦无过庶之忧。若民无勤俭之习，以开财之源而节财之流，徒抑塞人口至于何度，贫困之苦，终惧无以自免耳。

近人塞里古曼（Seligman）氏，以计学闻于时，亦尝取马氏之说评骘之，谓其人口与食物之差率，中于实否，尚为疑问。即人口增率果否高于食物，犹不敢知。但依报酬递减之律，地力终有一定之限度，此理则不可争，惜又非马氏之所创见也。塞氏欲张己说以难之，犹故纵一步以为之辩曰："自来辟马氏人口之说者，有二义焉，即生理说与社会生计说是也。为生理说者，谓生物孳生之力，从其组织之复，进化之度而减。观夫上流社会家族之简与新英兰妇人举子之稀，可以概见。然其减率，究由自然，抑属人为，未能确知也。为社会生计说者，谓依社会组织计学原理，家族之人数，恒与其富力成反比率。下流之氓，争欲举子以终养其余年，每自堕于早婚之弊，致增家族之累以为常。中流之家，则颇以教养之资为念，力求保其处世之位置，虞以早婚贻众口之累。上流富豪，亦以多生子女施教不完为忧，与其分施于群儿，毋宁求备于一子，且欲免俯畜之责，必先避有人之累，故亦不喜子弟之繁衍。法之农夫，其为此也，无异于欧美都市之居民。惟前者生活之动机强，后者处世之动机强，其志在限制生子则一也。然是说也，不足以非马氏之说，正为其远虑之果，适以资之左证也。"塞氏所以斥马氏之点，乃在论左右人口之增减者，不在人口与食物相比，而在人口与富力相较。故于人口之事象，如达氏、加氏之说，虽于马氏之说相违，而不愿举此以难之，此其心非不恕也。顾依生理之律，处世之理，生殖与富力相反，既屡验于世，吾人即可认为社会自然之趋势。其为福也，固非马氏所得邀功，盖其说纵不行，社会之趋势自若也。其为祸也，有之适足以助虐，吾人薪人类之昌炽，不得不攻其谬。硕宿见之，虽有好勇过我之讥，所不辞也。

抑彼西土昌兹论旨者，亦匪自马氏始。柏拉图（Plato，前427—前347）、亚里士多德（Aristotle，前384—前322）二子，远在邃古，亦既说明其理。泊乎十七八世纪顷，英、意诸国学者，皆能畅发其旨。揭举其要，意大利则有勃铁楼（G. Botero，1540—1617）、杰诺卫西（A. Genovesi，1712—1769）、奥提士（G. Ortes，1713—1790）诸人，英吉利则有腊利翁（Sir Walter Raleigh，1552—1718［1618］）、士秋瓦（James Stewart，1712—1780）、杨阿则（Arthur Young，1741—1820）、唐审（Joseph Townsend，1740—1816）诸人，美利坚则有芙兰克令（Benjamin Franklin，1609［1706］—1690［1790］），德意志则有摩塞（Gustus Moser，1720—1794）。特自十七世纪以还，重商派（Mercantilism）以奖励人口为富国强兵之策，虽重农派（Physiocrat）及亚丹·斯密（Adam Smith）一派自反对其以国权助长外，亦未尝不默示赞同，欧洲一时人口又有过庶之戚。马氏时，学说大变。氏制成论文，斐然成其组织，应时而出，并世彦俊，多欣然迎以同情，如庇德（William Pitt）、毕勒（Archdeacon Paley）、高雷钝（Bishop Coplestion）、海拉母（Hallam）、杰穆士·弥勒（James Mill）、李家窦（Ricardo）、卜柔汉（Brougham）等是也。马氏固诚敬忠信之士，学品雅足以动人，读其友所撰之墓志，有以知其性之感人者深。而马肯陶士翁（Sir James Mackintosh）称其学诣，至侪之于亚丹·斯密、李家窦之列，许为三杰。则其学之见重于时，又可知矣。于是崇其人者，倍信其说。人口过庶之忧，益以扰欧人之魂梦。曾几何时，甫阅半世纪之星霜，举世所虞者，适当其反。斯岂马氏著笔时所及料者哉！而在今日，各国人口，愈有衰减之势。德国虽尚未有显征，而繁华都市，已渐呈衰象。英国人口之衰减，颇为学者所注意。其所谓减，非必年减一年，但使一年依旧，不稍增益。此其为减，当亦可计，不独英之本国为然也。即其移殖之所，凡有英人足迹者，若澳洲，若新锡兰，若坎拿大，若南非洲，均有不振之观。夫以南非弹丸之地，英人筚路蓝缕，辟荆榛之域，征贝卢之人，耗财三十亿，劳民四万，经年二载，始克有成。迄今英之人口，乃不见增，而蒸蒸日盛者，反为贝卢之人。将谓人口之衰，由于食物之啬耶？彼澳洲之地，无尺寸新垦之壤，虽十倍今之人口，亦能供养而有余，今亦有人口衰落之势者抑又何也？此岂天意有厚薄于客主之间欤？抑或马氏之说深中于英人之心，虽旷世迁地，犹有势力欤？非也，盖亦社会自然之趋势使之然耳。法国人口之衰，至堪惊叹。千九百九年四月一日至九月三十日，半载之间，较其上年此季之出生，有一万二千六百九十二之减少，死亡则有二万五千十九之增加，此半载中人口减额为二万八千二百三。又查千九百十一年人口统计，人口减额为三万六千四十人。斯诚法国之悲运，人类之危机也。于是彼邦人士，瞿然以为国运人生之大难，相率著书立说，调查讨论，不遗余力，蕲有以挽兹狂澜。报章不越三日，辄揭人口问题之论文。千八百九十六年，有法国人口增加国民同盟会之设。千九百一年，复有人口衰减调查特别委员会之成立，任命朝野识时彦俊七十有二人充该会委员，贵族院议员马宁氏为其议长，副议长数人亦皆贵族、庶民、学士三院知名之士。秋蒙氏者，当时委员之一也。捐毕生之精力，以考兹事之究竟，著《人口衰减与文明》一书，评骘诸家论旨，殿以己意。略谓法国有数大社会的矛盾，如一方奉加特力之教旨，一方施自由共和之政治，一也；一方行中央集权之制度，一方重个人自由之发展，二也；一方夸历史之光荣，一方蓦进以向理想之域，三也。此种矛盾，深中乎人心，则感不安，或蹈无序，溺沦沉湎，无能自拔，发为群象，则人口衰减，此其所由来也。千九百九年，法国人口衰减之讯传于柏林也，统计学大家毕尔夐氏，亦尝求其主因，则谓法国财富十分发达，故有斯果。法人鲁彭氏，以医者兼事社会学，其说亦与毕说略同。谓挥金之奢，无如富者；法人固多富裕，以是因缘人口衰减。皆能探社会自然趋势之本矣。厥后学者，熟索其理，有可举者，一曰生理：法国女界，多行避妊之法，士女沉湎于酒，淫风流行，俾昼作夜，往往更深漏尽，流连歌舞之场，犹未归寝。以致斲丧体质，奄奄无生气。尫弱之民，欲其繁殖，乌可得哉！二曰心理：今世之文明进步，极其迅烈，故人之神智受其刺激也綦频，是亦与人口之衰有莫大之关系。南洋、澳洲及美洲之土人，一与欧人相接，辄减其繁殖之强度，其理在斯。蛮人如是，开明之族，岂能独异。矧彼法国政治革命之风云，一波未平，一波又起，展转百年，丧乱未已。其民呻吟愁叹，亦常有乱离之慨，是其伤感于心者尤深也。三曰生计：法人生计之状，驰于两端，或趋于穷奢，或趋于过俭，是皆足以妨人口之增进焉。四曰风气：巴黎世称绝艳，采风问俗之士，寻芳访胜之子，肩摩毂集于繁华之场，风俗之靡，日益加甚。富者苟且偷安，宁为赀财以贷利，不为资本以生产。世产继承，取均分制，生计因以多艰，人口愈以不振。有此四因，以成法国人口销沉之近象。吁！可惧已。美国自盎格鲁撒逊民族播迁此土，反客为主，渐成土著之民，而人口则有减无繁，赖有欧人移居者络绎不绝，以实其缺。然欧人来此，不问何族，其为个人之暂居，则必繁昌，其为血统之久住，则必零落。新陈代谢，以初来之繁，补久居之衰，美国人口得以维持，亦宇宙之一奇观也。查美国人口统计，其人口七分之六为白人，七分之一为黑人。此七分之六白人中，半为土著，半为移民，或其次代与美有祖国之谊者，此亦可卜其外来移民之盛矣。昔有意大利学者费雷罗氏，尝以美国社会现象与罗马较而论之，亦颇为彼美人士所垂听。盖罗马之兴也，以其富强之资，法制之备，创一亘古未有之帝国，而孰知帝国成立之日，即风俗人心颓丧之日，遂以与影响于罗马之人口。今以美国教育之盛，产业之隆，甲乎环球，而人口之发展反有濒危之象者，其故不大可思哉？卜林磨尔女子大学卒业生，尝集二十六人组一同窗会，十七年间，仅行一次产儿之祝贺。斯例纵不凡，亦足觇白色妇人产子之日少。政雄罗斯福有忧之，尝以"美国人犯种族自杀罪"揭橥国中，大声疾呼，为绝痛之警告。盖自物质文明之发达，都市生活之繁华，上流门庭，楚楚士女，多溷迹于歌舞之会，交际之场，逐丽竞侈，不遗余力。平居所蓄之财，大抵挥霍于香车宝马、晏饮征逐之间。每忧事畜之维艰，致妨一己之淫乐，黠者防于未然，乃不愿为人父母。余如甿隶之夫，绳枢之子，终岁勤动，以避饥寒，乃复竭其余喘之力，广生子嗣，冀以分其劳，养其老。夫以极艰之境，重以多口之食，正恐不惟有人者累，而见有于人者亦忧，夭亡病苦，人生不幸将于是乎丛生矣。试揭欧洲今日文明之内幕，贫富相悬，如隔深渊。富者男女竞于骄奢之虚荣，荡佚之淫乐。如法兰西之妇女，至有恐以孕育衰其色，重其烦，不为交际场中所欢，不能自由游嬉者，而以无儿为幸。贫者颠连于困顿无告之遇，所生益多，所穷益迫，而中道殇殂者益众。噫！此不独国家盛衰之基，实人类存亡之朕也。闻之生物学家，人类今已由绝盛之期，渐归灭种之途（日本生物学者丘浅次郎近著《人类之过去现在及未来》一书，畅论人类灭种之见端，可畏哉）。人既皆嫌有生之为累，官器久屈其能，从天然淘汰之律，殖力必以日微。淫奢进步之结果，文明之病，益复滋其流毒，终于酿成人种之自杀。他日有灭种之祸者，斯其先机，其患有以烈于洪水猛兽者远矣。医者尝言，一夫一妇，仅生三子，则人口不增，果能齐民于小康之境，配富于均平之度，人口自能适应其分。生者不嫌其多，死者亦形其寡，人生乐利，乃可企于向上之途。斯非纯出于幻想，群制革于法，民德成于教，勤俭励于俗，兹境亦易致耳。惟其相悬太甚，富者习于奢华，其生不繁；贫者沦于孤苦，夭亡者众，人口之衰，可立而待。且夫人生之乐，半在家庭，夫妇之情，深于儿女，故大易之道，肇于夫妇，国风之化，始于关雎〔雎〕。必使内无怨女，外无旷夫，而后老老幼幼，齐治均平之效，可得而言。群治不良，生计不给，以致芸芸之众，无生之乐，有死之悲，仁者固不忍睹，而必谓欲致人生之康乐，舍限制人口，别无可图。则养生送死之义轻，仰事俯畜之任解，涣家庭之良缘，毁人间之大爱，屈情拂性以求一己之苟安。虽有宫室，居有所不宁；虽有膏粱，食有所不饱；虽有韶武之乐，钟鼓之声，享有所不乐。珍玩不以悦其心，狗马不以娱其志也。盖人情之不可安于此也。苟有可安于此者，凉薄刻忍之习，必日以长。幼者既斩不使生，老弱者亦将弃之沟壑耳。人情至此，生也何欢？死也何哀？马氏而闻此言，或将谓吾东洋人之家族思想，深中于心，不足以喻斯旨。然人类者生而好群，有感必通，感情之涌发，夙以家族为之泉源。此心此理，放诸四海而准。世有仁人，固莫不汲汲焉谋所以匡救之矣。于是有倡为说者，或于所得税之征课，选举权之行使，依教养子女之数为之损益，或径以教养子女之数，列为一种资格，亦有给以奖金者。凡以求人口之增，杜恶风之渐也。马氏之说，固不必致人口之衰势因其助长而有所加疾，特恐其所谓德义之限制，适以资骄奢淫佚者之借口，饰刻忍寡恩者之假面耳。今日之势，不必虑人口之过庶，且将忧其过减。马氏固未能逆知，使其复生于今日，当亦自悔其言之过。而今之称其说者，乃胶执而不知所自返，是果何为者耶？

　　千八百七年马氏论文末版之刊行也，有二种名著相继出世。一为韦兰德（Weyland〔Wayland〕）氏之《人口与生产》（*The Principles* 〔*Principle*〕 *of Population and Production*），一为谷腊寒（James Graham）氏之《人口之研究》（*An Inquiry into the Principle of Population*），皆所以难马氏之说者也。千八百十七年马氏制附录跋于其论尾

以答辩之，有云："谷氏于其序论，述余之旨，似谓余主张限制过庶之人口与康德塞（Condorcet）氏之主张取人为法（Artificial Method）者略同，此全无据。余盖斥其说而不止者也。夫人为背天之人口制限法，既违于德，尤有堕勤于惰之恐。若令夫妇自制其生子之数，惰苶之气，必弥漫于其群，于国于世，将亦致人口不足适额之果。余所主张，大异乎是。既叶于道义，见许于宗教，而又足以鼓舞人之勤奋。盖以结婚希望励其勤奋为力之大，无出其右者也。"斯透宗之义，出于马氏晚年之口，殆亦有自忏之意欤？夫人口过庶与否之标准，在乎财富之丰啬；财富丰啬之本源，在乎生产之勤惰。人惟自励其能，以勤于用足矣，奚用鳃鳃焉虑人口之庶为者。然则马氏之说，自为常人立身处世之本，正不必放言高论，大张人口无限、土地有穷之帜，悚人听闻。但解铃系铃，马氏亦自难之。故为数语，以求慧心读者之谅解，惜世人多不察耳。

或有谓人口衰减之势，欧美各国虽偶有之，而统十九世纪百年间之人口趋势，仍有增庶之倾向。俄则由三千八百万人达一亿五百万人；北美合众国则由五千万人达七千五百万人；德则由二千三百万人达五千五百万人；英则由一千五百万人达四千万人；日本则一八七二年（明治五年）为三千三百万人，至一九〇三年（明治三十六年）为四千六百万人，至一九一一年（明治四十四年）遂达六千八百万人；虽以人口不振之法兰西，亦由二千六百万人达三千八百万人。此亦足觇人口之增势矣。然是等人口之增，除日本外，非由出生之加多，乃由死亡之减少。列表以对勘之，可以知已。

生产率（对人口一千）

每五年平均

	1886—1890	1891—1895	1896—1900	1901—1905	1906（即明治39年）	1907（即明治40年）
俄国	48.2	48.2	49.3	未详	未详	未详
奥国	37.8	37.4	37.3	35.6	34.9	33.8
德国	36.5	36.3	36.0	34.3	33.1	32.3
义国	37.5	36.0	34.0	32.6	31.9	31.5
日本	28.5	28.6	31.1	31.7	28.8	33.2
荷兰	33.6	32.9	32.1	31.5	30.4	30.0
英国	31.4	30.5	29.3	28.1	27.1	26.3
法国	23.1	22.3	21.9	21.1	20.6	19.7

死亡率（对人口一千）

每五年平均

	1886—1890	1891—1895	1896—1900	1901—1905	1906（即明治39年）	1907（即明治40年）
俄国	33.2	35.8	31.9	未详	未详	未详
奥国	28.9	27.9	25.6	24.2	22.4	22.6
义国	27.2	25.5	22.9	21.9	20.8	20.7
日本	20.6	21.1	20.7	20.9	19.7	20.7
德国	24.4	23.3	21.1	19.9	18.2	18.0
法国	22.0	22.3	20.7	19.6	19.9	20.2
英国	18.9	18.7	17.7	16.0	15.4	15.0

（上表据日本大正四年元月号《日本及日本人》杂志所载医学博士永井潜《人种改善学之理论与实际》论文）

迄兹所论，凡以证人口殖力与其富力相反之理，征之事实，亦复不爽。则人口增加无限之说，为无足据。就令增加无限，地积地力今犹未至穷极之域；纵有穷极之一日，人类之知力与自然之势力，皆无尽藏，用之不竭，取之无穷，其时当有以自为之所。人徒见地球之体其于诸天沧海一粟耳。吾人蛰居其中，不能抟扶摇而上达于他星，人类繁衍之度，绵绵不绝，何世不敢必终有充塞无容之时。使此有限之地积，包蓄无量之物力，人第增益其劳，亦足以获其生计。而自黎嘉德（Ricardo）氏有报酬递减律之发明，通知土地蓄有一定之力，苟越兹以求其产之益丰，虽厚施资本与劳工，决不能如所施之量以相偿。然则人口之庶，遍乎寰区，土地之力，穷于启发，此其危险将冲决人间一切之道义而不顾，惟有暴掠横杀以相食矣。是不独马氏当时之所虑，今之学者政士，相与引为大戚而未已也。然而宇宙事理之变固未易以一时之人智测也。天文学者哥白尼、奈端以下，均谓星云无限，即天体中之类乎吾太阳系、吾地球者，正不知其几何。后儒继起研究所得，佥谓火星之质候，与吾人所居之地球无甚差异，其中当有类乎地球所产之生物。科学泰斗魏尔士（H. G. Wells），更本是理，预想地球人类与火星人类之战争（氏谓火星中人类为八足庞大之动物，其武器必利用一种强光物体，遇之随即焦毁。微吾人设法将病菌射入火星中，未足以御之）。是则诸星之间，将来或有交通。人类于地球之繁殖，苟至于无地自容，斯谋转徙他星，依科学之进步，竟克致此，未可知也。斯非骈衍九州之空谈，千年以往，有语以今世欧、亚、美、非之广漠者，人皆以荒诞弃之，有甚

于今日之闻斯言者。而今则舟车络绎，天涯堂奥矣。虽瓦赖士
（A. R. Walace）奋志标出新义，期于推翻星云无限之定案，谓地球位置
独得天体之中，专为生育高等动物如人类者之所，俾发达其灵魂。此义
于宗教之根据为至忠，于科学之原理犹未足认为确当。盖其立言之时，
目光所炬，颇注于宗教教育之点，故于科学不免有牵强之处也。姑以此
境距今日之人类尚为渺远，未便以渺远之境，慰兹世逼近之忧。即兹地
球之内，供吾人回翔生息于其间者，尚不知足经几何世代。哥仑布
（Columbus）未发现美洲以前，果谁知穷海之外，溟洋之中，尚有人迹
罕到之新大陆者，之尚待人探发乎？虽夫今各国人士从事探险者，南北
极于冰洋，虽天涯地角，冱寒荒凉之绝域，亦茹辛忍苦，为所必至，兹
世更安有第二新大陆之尚秘封于人寰者。然地球说与地平说之是非，以
今日犹未十分确定。果如地平说者之言，地体实为扁平，茫无涯既（余
前岁居日本时，适有饭田竹风氏之《地学革命论》出世，氏研究分学三
十余载，主张地非球形，乃为扁平。谓地球论者皆为奈端引力说所拘因
者也）。则莽莽乾坤，所谓新大陆者，当欠［次］第涌现，以舒吾人今
日地狭之忧耳。然在地平说未得确证以前，吾亦不欲持以解决人口之难
题，致遭幻梦乐观之诮。即就今人类所居之域，土地之量视乎人口，尚
称辽裕。引列数表，资考证焉。

五洲面积、人口及其疏密表

欧罗巴［区域］	面　积	人　口	人口密度 一方基罗米突内之人口
欧罗巴	10 049.0 千方米突	396 871 千人	39. 人
亚细亚	44 182.5	820 626	18.
亚非利加	29 818.4	185 000	16.
澳洲及太平洋诸岛	8 958.6	6 462	0.8
亚美利加	41 818.0	144 795	3.
两极地	665.0		
合计	135 491.5	1 553 754	11.

（右据千九百○六年 Stegemaun 之统计，本于德意志帝国统计局之调查。）

　　世界人口之统计，其事为至难。而稽采纪录，又言人人殊。据 S 氏
之说，方今世界人口之总额，凡十五亿。其密度则平均一方基罗米突十
一人，即平均一方英里二十九人。虽屈指于今，已历八载，当亦无大
差。其时各国人口之势，则何如者？

　　各国面积、人口及其疏密表。（表略）

惟据统计学家雷北氏最近调查，各洲每方英里平均人口，以欧洲为最多（一百二十一人），亚洲次之（五十七人）。各国每方英里平均人口，以日本为最多（二百六十七人），奥匈国次之（一百九十一人），吾国又次之（百〇二人）。盖人生与自然关系最切者，惟水与热。寒带地方及高山峻岭黄沙绝漠之域，大抵人烟寥落，而温带之平原海岸，则村邑辐辏焉。故比洲而观之，人口莫众于亚、欧；比国而观之，人口莫众于华、日。雷氏之说，理或然欤？要之，以今日人类之知能，享兹现能生产之土域，尚有容纳六百余亿人口之余地（说详后）。即以吾国而论，幅员次英、俄、法为最广，持与列国版图相校，其率如左：

国名	本国面积	属领面积	合计	以中国为一之比率
英	121 291 方英里	11 345 994	11 467 285	2.68
俄	1 862 524	6 785 133	8 647 657	2.02
法	207 054	4 776 126	4 983 180	1.16
华	1 532 420	2 744 750	4 277 170	1.00
美	2 974 159	597 330	3 571 492	0.83
德	208 780	1 027 820	1 239 600	0.29
日	—	—	258 577	0.06

（右表据日人大村欣一氏著《支那政治地理志》，大正二年出版。）

人口之庶，则次于日本为最稠。神皋本部，南有长江之浩瀚，北顾黄河之奔流，沃野无垠，天府之区也。宝藏尚封而未启，边藩尚弃而未营，已足供本部人口之需而有余。吾人凭兹版图，守而勿失，更兴工农，以尽其利，诚子孙万世之业，无事拓土开疆之劳也。日本蕞尔岛邦，领土最狭，人口最密，其国非攻论者，犹谓东海、北海二道，尚待垦辟，而以侵略土地为贪。自余各国，坐拥广土，而田野不治，蒿莱未披者，为量之巨，更可知矣。或谓是区区者，容或有然，人口之增不可制止，岂能久赖此乎？曰：地球之面积有限，自然之蓄蕴无穷，人苟竭知尽能以求之，天之予人者不吝也。其在畴昔，果孰信宇宙之间，复有蒸气电光，足以效用于兹世者乎？而今何如者？轮舟则飞渡重洋矣，汽车则横贯大地矣，轻艇则翔回空碧矣；电讯则瞬息天涯矣！古之人九京可作，使其一觇今日之文明，彼且惊神疑鬼，不信为人间之实境也。韩非子曰："上古之世，人民少而禽兽众，人民不胜禽兽虫蛇。有圣人作，构木为巢，以避群害，而民悦之，使王天下，号之曰有巢氏。民食果蓏蚌蛤，腥臊恶臭，而伤害腹胃，民多疾病。有圣人作，钻燧取火，以化

腥臊，而民悦之，使王天下，号之曰燧人氏。中古之世，天下大水，而
鲧、禹决渎。近古之世，桀、纣暴乱，而汤、武征伐。今有构木钻燧于
夏后氏之世者，必为鲧、禹笑矣。有决渎于殷、周之世者，必为汤、武
笑矣。然则今有美尧、舜、汤、武、禹之道于当今之世者，必为新圣笑
矣。是以圣人不期修古，不法常行，论世之事，因为之备。"审译此义，
反是而构木钻燧之民，有以洪水泛滥、桀纣暴乱为三代忧者，其不为
鲧、禹、汤、武笑者又将几何？今之忧人口过庶者，得毋类是。西哲斯
宾塞（Spincer［Spencer］）氏谓治化日进，人类所以防过庶之道益工。
同学郁嶷君，则尝许为名论，阐申其义曰："前世人民之所以为患者，
至其境乃因民智之进，辟新制异，创为嘉猷，防其患而济其穷，而终以
无虑。据已往以测将来，则今之学者之所患，安知后世果有人口过庶之
一境，而有限之农产物，不足以资其生，不别筹宏谋至计于农产物之
外，另求养生之道以救其患，一如前人之所为乎？但彼时补救当出何
法，则非所知。盖犹渔猎之民，不知有畜牧，畜牧之民，不知有耕稼
也。"（郁君前主课沈阳法政学校，尝以此义示诸生）可以尽斯氏之旨，
通韩非子之说矣。盖人类之智慧无涯，斯宇宙之利源无尽，苟能浚发其
能，不为他务所纷，吾人脑海之中，自有广漠无垠之新大陆可寻，足供
来者生存之资，正不必惴惴于杞［杞］人之天，惟努力自进而已矣。彼
土地之力受制于报酬递减之律，亦非绝对无抗者。文明之势力未足以敌
之，遂令报酬递减之律，独行无阻，一旦文明进运，堪以制其势而胜
之，一时著为定律者，安见其必存耶？韦尔士博士又尝以科学之目光，
预测未来世界之变局，谓科学进步，将有应用原子力之发明，斯力一
出，举世一切诸力胥为所压倒，其时电机汽机，均为过去之陈物，迂拙
不切于用，原子力独掌绝对无限之威权。其为用于人也，一如初民之得
火；施于溶冶，可化铜屑为黄金；用以治农，可得足给当时人口全额百
分一之余裕；飞机运行，既安且迅，大好乾坤，任意行止；沙漠亦成乐
园，两极化为沃野。斯虽理想之谈，亦非必无之事（但氏又言，原子力
发明之后，必有极猛烈之武器，其时人类将沦于浩劫，使之不敢再言战
争，斯或劫尽之期欤）。或又疑文明之进步，未必可期，自然之限制，
则确乎不易。使自然势力已迫人于穷蹙，文明势力未即有以应之，将奈
何？且自然势力弥纶于大宇，普天率土莫不皆然，文明势力之所及，或
限于一隅之地，一部之人，世之穷于自然而又穷于文明者，又将奈何？
斯若近理矣，然犹有说。征诸近象，诚有如论者之恐。第斯非文明势力

之不足恃，人事怠荒之结果。教育未能普行，才智误于应用，今之栖栖皇皇所建设之文明，不惟未能举其全力以战胜自然，反有以自杀其势，致任自然势力之独行，而犹不自悔悟，复断断焉虑自然惠与之不丰，文明进运之难恃，岂理也哉？试剖今日文明之内容，竭人类之全知全能，所谋何事？制造杀人之器械而已，练习杀人之方术而已，增加杀人之智识而已，储备杀人之费用而已！其余供人类和平岁月中享用之资产，既已为数甚仅，一旦炮火临头，莫不烟消雾散于战云血雨之中矣。倘能移其备战之智慧财产于和平幸福之营求，当有伟大之功绩补自然表著之不足，造福同胞，功莫与伟。然则地力有限不足忧，人口过庶不足忧，文明进程之无定，亦不足忧。人类及今而犹不自觉其沉梦，辟无疆之乐土于各人之胸海，以自福而福人，徒为野心家之伪爱国主义所驱役，逐铁血之风云以图生，斯民之祸，将无穷［穷］期。是则余对此惛惛沉醉溺于贪惰之人心，不能不引为巨痛深忧者耳！就今兹之大战言之，列国之民，固皆将赖战争以掠夺面包也，而今则面包皆因战争而穷竭。普若塞（Prnudhon）［普罗德亨（Proudhon）］云：“战争者饥馑之子也。”今日之象，战争乃为饥馑之母。古语亦云：“大兵之后，必有凶年。”余谓非凶年之必遭于大兵之后也，其在平时，纵值凶荒，民间多年积储之财产谷粟，亦是［足］救济其穷乏，而在战后，则破坏者破坏，荒废者荒废，消用者消用，虚掷者虚掷，一遇虫蝗旱潦，丧其有秋，则饥馑之患，必无能免。然则战争不惟不能救济饥馑，且适以助成饥馑，战争非由饥馑产生，且适以诞孕饥馑。而由战争以谋避免饥馑者，其矛盾显然易察矣。至于战后之劳动问题、女子过庶问题，尤皆蒙莫大之影响。此以知以战争解决人口问题者，实为背道而驰也。所怀未尽，容于下篇赓论之。

署名：李大钊

《言治》季刊第 1 册

1917 年 4 月 1 日

动的生活与静的生活
(1917 年 4 月 12 日)

　　吾人于东西之文明，发见一绝异之特质，即动的与静的而已矣。东方文明之特质，全为静的；西方文明之特质，全为动的。文明与生活，盖相为因果者。惟其有动的文明，所以有动的生活；惟其有静的生活，所以有静的文明。故东方之生活为静的生活，西方之生活为动的生活。

　　以何因缘，东西之文明之生活，各驰一端，适相反对？此其故固甚复杂，而其最要之点，则在东西民族之祖先，其生活之依据不同。东方之生计以农业为主，西方之生计以商业为主。惟其务农，故利于固定；惟其营商，故利于流通。惟其固定居处之久也，故血统日繁，而庞大之家族主义于以盛行；惟其流通转徙之远也，故族系日分，而简单之个人主义于以建立。又固定则女多于男，渐演而有一夫多妻之风；流转则男多于女，渐演而有尊重妇人之习。于是著于政治，一则趋于专制，一则倾于自由；显于社会，一则重乎阶级，一则贵乎平等。乃至饮食、居处、车马、衣服，无不具动静二种之采色。譬彼泉源浊，则万流皆浊，清则万流皆清。文明之于一切生活，亦犹是耳。

　　百年以还，西方之动的生活，挟其风驰云卷之势力，以侵入东方静的生活之范围，而沉沉大陆之酣梦为之惊破。盖以劳遇逸，以动临静，无在不呈披靡之观，无往不有摧拉之势。于是始悟以逸待劳之失策，以静制动之非计，乃谋变法维新，不惜弃其从来之一切静的生活，取彼西洋之一切动的生活，去其从来之一切静的文明，迎彼西洋之一切动的文明。顾宇宙间之质力，稍一凝静，惰性即从之而生。刬以数千万年惯习自然之静的生活，而欲革除之于一旦，此为必不可能之事，于是矛盾之生活现象，乃随处而皆是。即如吾人于日常生活所肩之负担，无论其为空间的、时间的、精神的、物质的，均有气竭声嘶日不暇给之势。吾尝求其故，而知西洋人之生活，以动为原则，以静为例外，故其应动的生活而能绰有余裕；吾人之生活，以静为原则，以动为例外，故其应动的生活而觉应接不暇。盖以动为原则者，于不知不识之中皆动，皆所以顺其生活者也。而以静为原则者，于不知不识之中皆静，皆所以反其生活者也。以今日动的文明之发达，动的生活之烦累，而吾人乃日在矛盾生活之中，以反其道而行之，乌在其有济乎？乌在其能胜乎？

吾人认定于今日动的世界之中，非创造一种动的生活，不足以自存。吾人又认定于静的文明之上，而欲创造一种动的生活，非依绝大之努力不足以有成。故其希望吾沉毅有为坚忍不挠之青年，出而肩此巨任。俾我国家由静的国家变而为动的国家，我民族由静的民族变而为动的民族，我之文明由静的文明变而为动的文明，我之生活由静的生活变而为动的生活；勿令动的国家、动的民族、动的文明、动的生活，为白皙人种所专有；以应兹世变，当此潮流。若而青年，方为动的青年而非静的青年，方为活泼泼地之青年，而非奄奄待死之青年。

署名：守常
《甲寅日刊》
1917 年 4 月 12 日

真理之权威
（1917 年 4 月 17 日）

余曩在本报著论，谓："余信宇宙间有唯一无二之真理。孔子、释迦、耶稣辈之于此真理，皆为近似得半，偏而弗全。故吾人今日与其信孔子、信释迦、信耶稣，毋宁信真理。"时贤多以为与目今之社会不相应，颇以为过。余友仲公，著《丁巳杂志》卷首发端，即陈此义曰："……今日学术社会之不发达，与思想界之窒塞、腐败所由致之使然，其责读者固应分之，即著者亦乌能辞其咎。浅演之群，其智不足与语高深，譬执今之人而劝之，宁崇拜真理，勿崇拜孔子，必将哗然群嚣，訾为大逆。虽有至理，其不能以入焉，固也。然彼之不知崇拜真理固愚，而我曰汝勿崇拜孔子亦过。喻之理而挑之怒，将求我信，宜乎其难。……"似为针砭余言而发者也。余既拜赐良友药石之箴，复喜余崇拜真理之主张，实已得吾友之同情，又进而以其委婉曲谅之言，展转以渐入社会之心趣，而潜消其诪诪固拒之程，益信真理之权威，不以流俗社会之未喻，而有所损削。余此后持真理以发言立义之气用益壮矣。

言论之挟有真值与否，在其言论本身之含有真理之质与否。苟其言之确合于真理，虽一时之社会不听吾说，且至不容吾身，吾为爱真理之故，而不敢有所逡巡嗫嚅以迎附此社会；苟其言之确背乎真理，虽一时之社会欢迎吾说，而并重视吾身，吾为爱真理之故，而不敢有所附和唯阿，以趋承此社会。为其持诚以遭世厌绝，犹胜违心以博世优容。前者则幸免于自欺，后者则已陷于欺人。以言违时之弊犹小，以言惑世之弊乃无穷焉。故吾人执笔以临社会，其当拳拳服膺、严矢勿失者，一在查〔察〕事之精，一在推论之正。二者交备，则逻辑之用以昭，而二者之中，尤以据乎事实为要。盖背乎逻辑之推论，苟为根于事实而设者，视合于逻辑之推论，其所据全属子虚者，厥失为少。盖事实确而推论妄者，有时而或可合，推论正而事实虚者，则永世而无其果。吾人论事析理，亦但求其真实之境而已，一时幻妄之象，虚伪之用，举不足移易吾人真理之主张也。

然而宇宙之内万象森列，以一人之智察，而欲洞明一切应有尽有之实体，戛乎其难。即令各人竭其所知，以求真理之所在，而见仁见智，又人人殊，此其为道，不几一分而不可复合，一乱而不可复理，将言真理者愈众，求真理者愈多，而真理之为物愈以湮没而不彰乎？曰此不足以障真理之表显也。吾人各有其知力，即各有其知力所能达之境，达于其境而确将其所信以示之人，此即其人所见之真理也。言真理者之所谓真理，虽未必果为真理，即含有真理而亦未必全为真理。而能依其自信以认识其所谓真理者，即或违于真理，真理亦将介其自信之力以就之。故言论家欲求见信于社会，必先求所以自信社会之人，能自信者众，则此自信之众，即足成其社会之中枢，而能轨范其群于进步向上之途矣。故真理者人生之究竟，而自信者，又人生达于真理之途径也。

人生最高之理想，在求达于真理。故自呱呱堕地之时，即求光明于兹世，而葬于幽暗之域，乃为死亡之特征。然则吾人苟有所自信，初不必计及社会之于吾言，或遵为天经地义，抑斥为邪说淫辞。古（往）今来之天经地义，未必永为天经地义，而邪说淫辞，则又未必果为邪说淫辞也。法律禁之，固所不许，社会压之，亦非得宜，使人人皆慑于社会心理之势力，而苟且姑息以与之因循敷衍，不惜枉其所信以暂屈于现状维持之下者，亦觉于真理之生涯未能彻底。平情论之，社会之进演〔演进〕、进步与秩序宜并重之。即高悬理想与俯就社会之言论，亦当兼容互需，而不可有所偏废，此立宪政治之所以重乎言论，而言论之所以重乎自由也。虽其立言之旨不容于当世，要其助益进步之功，亦与渐进之言论为用相等，或且过之。方其一群之中，犹自封于前人先圣之说，骤闻之或且訾为离经畔道之徒，而于其说乃扞格而不相入。究之自有此离经畔道之说，一于世人之思想，着其痕影，虽受之者期期以为不可，而由斯已得正负相反之意象，并列杂陈，以于不知不识之间，动其坚固不拔之单纯思能，彼纵始终对于斯说，深恶痛绝，而有较为和缓委曲之说，以向之陈说，斯其言之虽不得直接以承其信许者，而间接以收调剂之功，已为不少。即让步言之，此种骇世之言论，直接间接丝毫不为并世之人所用，亦不足以沮立言者之气，而遂默持其所信以终于暗昧之乡。此其事，古人有行之者矣！杨朱为我之说，墨翟兼爱之旨，固二子所信为真理者也，而孟轲之徒，则距之辟之，不遗余力，以无父无君罪之为禽兽。然自今日观之，其说于中国周秦时代哲学上之价值，固不减于孔、孟，已为中外学者所公认矣。李卓吾氏究讨内典，得罪儒宗，举世儒生，尽情谤僇，几不侪于人类之伦，卒至囚其人，火其书，然而卓吾当日，固明知其书必遭焚毁之阨，而犹自榜其书曰《焚书》，将其所信表而出之，而今其书固犹流在人间也。苏格拉的当其身，尝以慢神不道之罪，而受国人之众推廷鞫，终以受戮矣；耶稣基督，亦以逆天之罪受时人之磔杀，流血于十字架上矣；近代俄之大儒托尔斯泰氏，亦尝见嫉于政府，破门于宗教矣。然而今世之人，或则崇为哲家，或则尊为教主，或则称为旷代文豪，此以知言论之权威，即不行于当时，犹能存于异代；虽或见阨于社会，仍可自信于良知也。余爱自信之言论，余尤爱自由之言论。盖言论而基于自信本于自由者，虽不必合于真理，而与真理为邻。余虽为急进之言论，余并不排渐进之言论，盖言论而发于良知之所信，无论其为急进、为渐进，皆能引于进步之境，而达于真理之生涯也。余故以真理之权威，张言论之权威，以言论之自由，示良知之自由，而愿与并世明达共勉之矣。

署名：守常
《甲寅日刊》
1917 年 4 月 17 日

中心势力创造论
（1917 年 4 月 23 日）

·

国家必有其中心势力，而后能收统一之效，促进化之机。否则，分崩离析，扰攘溃裂，无在不呈兀臬之象，久而久之，且濒于灭亡之运焉。

吾国今日，不惟无中心势力所可凭依，即其历史上所分之系统，而能自成一部势力者，亦且零星散灭，不可收拾。正如散沙之难合，乱丝之难理。夫中心势力亡乃无异于国亡，若并余烬之各个势力而亦亡之，斯真堪为忧虑者也。

吾国政治上之势力，可大别为三系统。一曰军权系统。此系统全由国家的势力建造而成，故其势力殊为伟大。前清季年，君权日渐微弱，国民势力未足取而代之，野心家崛起，颇思潜移国家的势力于个人之掌握中，而行其隐蓄之志，卒以国民思想之势力虽未能集中于一定之中心，而其包蓄之权威，亦足以隐制个人之野心，使其凭借之势力不能惟所欲为，即其势力之本身，亦不甘供个人之驱策。故以洪宪皇帝之威灵，终难免于败亡，同其时所凭借之势力，亦以骤失其中心而呈崩离之象焉。吾人纵为国家爱惜固有之势力，以求依是为基础以谋国家的势力之新发展，而无如势力之为物，亦各有其生命，已臻衰老者，不能使之复反于壮盛也。一曰政治系统。其中又别为二，即温和系统与激进系统是也。此二系统均由国民的势力建造而成。温和一派，则欲凭借政治上、社会上之废墟，渐进以趋于新运；激进一派，则欲推翻政治上、社会上之因袭，猛进以摧其陈腐。二者均有累次失败之历史，以备尝困苦与艰难，故能凭空造成一种势力。此等势力之于政治皆堪宝惜，国民果能用之得当，俾二种势力各觅其所当遵循之正轨以进。一方固善良之秩序，一方促锐新之进步，若车之有两轮，鸟之有双翼，以达政治上生存之公共的志，则不惟其各个势力之本身，可享永久之寿命，如英伦之有统一党与自由党，造福国家，有功社会，亦非浅鲜。乃以历来些末之微嫌，双方时生误解，枭雄谋为不轨，更从而利用之，挑拨之，使之恒相轧轹，遂成枘凿之势，冰炭之局，末流之弊，系统内部亦复纷紊离异，不相统属矣。至于今日国家所有之势力，皆不能为国家之中心势力，以支撑此风雨飘摇之国家；而此分崩之各个势力中，又皆无其中心人物，足以统率此散漫无纪之团体。以致政象日涣，人心日离，如孤舟泛于风涛澎湃之重洋，海天无既，茫茫然莫所适归。斯诚政治上之绝大危机也。

　　夫自一方言之，固有之势力全归破灭，固足为政治上之悲观；而自他方言之，此种势力，皆为过渡时代之产物，旧者不崩，新者何由而建，幻者不灭，真者何由而成？吾民对此零落凋谢之三大系统，无庸为之凭吊唏嘘，致其感慨，惟当顺世界文明之潮流，别造一种新势力以代之。此之势力，必以中级社会为中枢，而拥有国民的势力，其运命乃能永久。彼固有之温和、激进二派，所以日即销沉者，一以系统中之分子，泰半皆为专门政治的营业者，恒不惜以国家殉其私欲与野心，此种行为，渐以暴白于社会，遂来〔致〕国民之厌弃；一以其为专门政治的营业者，故其所为，毫不与国民之生活有何等之关系，因而无国民之后援。自今而后，国民宜速自觉醒，驱逐此政治的营业者于政局之外，由中流社会之有恒产者自进而造成新中心势力，以为国本之所托。泯梦抢攘之政治，庶或有澄清统秩之一日乎？

署名：守常

《甲寅日刊》

1917 年 4 月 23 日

政治之离心力与向心力
（1917 年 4 月 29 日）

　　近世之文明，解放之文明也。近世国民之运动，解放之运动也。解放者何？即将多数各个之权利由来为少数专制之向心力所吸收、侵蚀、凌压、束缚者，依离心力以求解脱而伸其个性复其自由之谓也。于是对于专制主义而有民主主义，对于资本主义而有社会主义，是皆离心力与向心力相搏战而生之结果也。

　　中央集权之语即本此向心主义而出，而自治、民治云者，亦即基于离心主义以与之对立而反抗也。最近世界政治之趋势，向心主义之势力日见缩减，离心主义之势力日见伸张，此为不可掩之事实。居今日而犹谋保存此十八世纪遗物之向心主义，乃无异于自绝。例证不远，即在吾国，袁氏柄政，其施设之方，无非为中央集权也，统一也，总统制也。质言之，皆集中于一人之向心主义也。乃向心力之伸张愈亟，离心力之反抗愈烈，压制之程度愈进，解放之运动愈强，卒至向心主义为离心主义所挫，而身亦压毙于二力相轧之下焉。此无他，逆乎世界之趋势，反乎时代之潮流，而欲求功于政治，纵有千百拿破仑与维廉二世，亦将为向心主义最后之牺牲，何况一袁世凯！

　　美国最近之政治的趋势，虽似与此潮流相反，而转趋于向心主义者，实则不然。此殆美国之国情与他国不同，乃有此疑。彼美大总统权力之增加，不惟不足以证向心力之渐强，且足以证其渐弱；不惟不足以示离心力之因此而屈，且足以示其因此而伸。盖美国之政治组织，乃综合地方之利害关系而设立中央政府者。故其立法部非与地方无何关系纯为中央政府之机关，乃利害关系常相冲突之各地方代表机关也。于此而望其全超乎地方之利害为美国全体谋福利，殊不可能，亦非从来美国宪法制定者之所期。而其大总统则以全国为选举区而依国民之普通投票所选出者，为足代表其国民，为能超乎各地方之利害关系，为美国全体谋利益。观于威尔逊氏之政策不必与民主党相同，反为民主党所反对而为共和党所赞助，足以知之。然则晚近美大总统权力之增大，非行政机关权力之增大，乃国民代表机关权力之增大，非大总统本身权力之伸张，乃国民权力之伸张，非向心力之加强，乃离心力之渐厚也。

更以观诸俄国，昔固以向心主义极盛闻，而今经此政治革命之风云，离心力之创建于国民思想者，有如日中天之势，民主政治已建基础矣！工党势力达于政治矣！波兰自治矣！芬兰解放矣！妇人及犹太人之待遇逐渐改善矣！无论社会与政治，皆有由向心主义一跃而入于离心主义之势焉。

德国立国以向心主义而强，盖合此数多之小邦而成一国，非有坚固之联络不可。既然联合而后，更越其程度以向心主义束缚之、抑制之，则于其政治之进步，不惟无功，且又害之，以致国民不能自由发挥其本能，而为文化之阻梗。今德亦以俄国革命之影响，社会党于议会大声疾呼，以倡言民主政治而不讳。普国选举法已改正而归于普通选举，是其战后向心主义之颓衰，离心主义之盛大，可以预卜矣！

独吾东方如吾中国及日本者，向心主义之势力，恒欲依附官僚政治以与离心主义抗，而官僚亦颇欲凭借向心主义以维持其政治上之势力，将来二力之轧轹抗拒，正恐反动之后继以反动，环兴迭起，扰攘不绝，非政治前途之佳兆也。愿东方之政治当局，稍顾世界离心主义之大势而自觉省焉！

署名：守常

《甲寅日刊》

1917 年 4 月 29 日

辟伪调和
（1917 年 8 月 15 日）

　　自政力失轨，冲突轧轹之象日烈。深识之士，乃创为调和立国之论，意在申明政力向背之理，冀新旧两种势力各守一定之限度以相抗立，勿可驰于极端，徇其好同恶异之倾性，任其禁异存同之妄举，以致反动相寻，终于两败而俱瘁，国家亦因之蒙莫大之患，甚非政治之佳象也。此等立说之本意，乃在望异派殊途之各个分子深信此理之不可或违，而由忠恕之道自范于如分之域，仍本其政治信念以进，非在使一部分人超然以弃其所确信，专执调和之役，徘徊瞻顾于二者之间也。而在不学阙养如吾之国民，精理明言，恒所未喻，歧解者二三，误解者亦复七八，即如调和论之在今日，几为敷衍迁就者容头过身之路，其黠者乃更窃为假面，以掩饰其挑拨利用之行。末流之弊，泯棼厖靴之象，全酿成于敷衍挑拨之中，而言调和者遂为世所诟病所唾弃。抑知政治不可一日无对抗，即亦不可一日无调和。苟其对抗之力未剂于平，则相倾相轧为必然之势，即日言调和而无效；苟其两力已臻于相抵之域，则相安相守之道，又舍调和而无所归宿。是义也，斯宾塞、穆勒、莫烈、古里天森诸人信之，秋桐、剑农、一涵诸君信之，愚亦笃信之而不疑。所以造成今日之象者，咎固不在调和，而在伪调和，不在昌言调和之学者，而在误解调和之政团。盖调和者两存之事非自毁之事，两存则新旧相与蜕嬗而群体进化，自毁则新旧相与腐化而群体衰亡。故自毁之调和，为伪调和。抑调和者，直接之事，非间接之事。直接则知存人即所以存我，彼此易与以诚；间接则以双方为鹬蚌，局外反成渔父。故间接之调和亦为伪调和，二者均在吾人排斥之列。前者之说，剑农君已于本志首卷畅发无余蕴矣[1]；后者之说，似尚为时贤所未及注意。愚也无似，愿申其旨焉。[2]

　　宇宙万象，成于对抗。又因对抗，而有流转。由是新旧代谢、推嬗以至于无穷，而天地之大化成矣。政治之理，亦与物通。故政治上调和之旨的，即在解决此蜕演不断之新旧问题。斯宾塞之论调和也，曰："蜕嬗之群无往而非得半者也。……故义理法制，古之所谓宜者，乃今以世变之更新而适形其不合。且是之世变，往往即为前时义理法制之所生。特世变矣，而新者未立、旧者仍行，则时形龃龉。设图新而尽去其旧，又若运会未至而难调，此所以常沿常革、方生方死，孰知此杂而不纯、牴牾冲突者，乃天演之行之真相欤?"[3] 用斯以谭，凡一时政象所陈之新旧分子，必当各择一得半之位以自居，绝无居间调停之境可以中立。盖不居于新之半，即居于旧之半，乃克本其固有之能，以求其应得之分，至于适当之度而止，天演之行之真相，始能显于政治学术之中。彼不新不旧离于得半之位而专言调和者，若在个人，只于陈述其一时之感想以警告双方，犹尚无妨；若在团体，恒以谋自身势力伸张之便利而定其趋向，则大失调和之旨而背调和之道矣。穆勒之论调和也，曰："一群之中，老人与少年之调和，有其自然之域。老人以名望地位之既获，举动每小心翼翼，敬慎将事；少年以急欲获此名望与地位，则易涉于过激。政府执政调和于二者之间苟得其宜，不妄以人为之力于天然适当之调和有所损益，则缓急适中、刚柔得体，政治上调和之志的达矣。"[4] 苟一群之中，有人焉妄欲于老人、少年之间集合中年而自成一种势力，则是以人为之偏毗毁其天然适当之域，其结果将致其间之激争日益剧烈。此中间一派，与老人则老人胜，与少年则少年胜，乃得借口调和以为要挟，而猎据其名望与地位。其初也，尚为二者所乐引；其终也，乃为二者所共弃。东邻有政友会者，常与军阀相结以当政局，舆论多鄙薄之。忆当大隈内阁解散议会改行选举之时，永井柳太郎氏在各处为选举之奋斗者数旬，归京后于早稻田校室为诸生述其对于彼次选举之感想，有绝趣之语。曰："此次政战有一奇象，即老人与少年相结而成联合军，以与中年人奋斗，其结果乃老人与少年联军胜，中年人败。余尝究其故，以为老人有其旧道德旧理想，少年有其新道德新理想，中年人多生于维新之初期，方在青黄不接之际，故无道德无理想。以无道德无理想之人，与新旧道德、理想相结合之联军战，安有不败之理?"[5] 其所谓联合军，盖指大隈后援会中有多数之青年学子助之。所谓中年人，盖指政友会中有多数中年之官僚。此其所以评骘政友会者确当与否，非愚所欲问。惟其所论无道德、无理想、无节操、无信念、不新不旧之政团，既无益于公群，又自弱其本体，大足为愚论资之左证也。他如莫烈氏之论调和，则尝区为合理与非理二类。而曰："同为调和，有含阻碍进步之意味者，有相机以待时者，有故意摧败其构成之新想以求合于安常蹈故之俗癖不论其问题所关为何如者，有因蚩蚩群众尚未足与一己之新想相契合而姑为准情据理之容忍者。故在其一，以调和相命者直无异排斥最高之真义，或任其所已信受为真义者沦诸暗昧之乡，其他则成竹已具，毅然坚持，但于总体之群众未能与一己猝合者，不存迫胁希冀之心驱之使即从耳。前者延引固陋之局，捉进步之潮而使之逆流；后者则竭其智力所能达以短缩固陋之局，捉进步之潮而速之，循其驰驱而范围之。然若激剧之改革欲其有效，非得群力之助不为功者，彼亦未尝迫切行之也。故若曰：'吾不望汝当吾之时，舍汝所僻，趋吾所进。然任让至何度，苟吾之所进，隐而不彰于世，或竟为世所撇弃，吾不愿任此咎。盖当世必不可无此一人者，已舍世之所僻而并令当世之显喻此旨也。'此合理调和者之言也。若曰：'吾不能执吾所信之真以服汝，令汝信受，吾因假托而信受汝之伪者以行。'此非理调和者之言也。"[6]是则知急进与缓进之趣舍，宜任各人于尔我之间，因其所信之真，自为比择，无须局外之无所自信者介而为之融通。同时，亦不必自弃其所信，进而为人排解。盖坚持一己之真以为容思者，为能免于自欺；信受他人之伪以为因应者，为己陷于欺人；彼弃其所信或匿其所信之真以朝秦暮楚于他种势力之间者，大抵皆自欺欺人之类也。古里天森之论调和，则谓一群之中，其世界观及政治信念皆基于二种执性，即急进与保守是已。其言曰："有一义焉当牢记于心者，即此基于二种执性之世界观，不可相竞以图征服或灭尽其他。盖二者均属必要同为永存，其竞立对抗乃为并驾齐驱以保世界之进步。"[7]夫人之政治信念，精细别之，虽为殊态万千，而其执行之界秉于天者，要亦无所逃于二者之中。执斯以类群伦，恰如通析众数之公分母然。故无论何人，二者必隶于其一。苟不自昧其执性者，则其政治信念，必于进步保守之中择一以适其性之所近，更无纯为第三之执性可以存于二者之外者，即无纯为第三之政治信念可以游移于二者之间者。人苟喻进步与保守同为促进世界进化所必要，可与对立不可相残之理，而守之勿失，则调和之能事毕已。必欲背其执性，更立信念，则植基不永，纷扰必多，不足为调和之裨，反足为调和之害也。准四子之言，试为调和之语诂一定义焉：调和云者，即各人于其一群之中，因其执性所近，对于政治或学术，择一得半之位，认定保守或进步为其确切不移之信念；同时复认定此等信念，宜为并存，匪可灭尽，正如车有两轮，鸟有双翼，而相牵相挽以驰驱世界于进化之轨道也。苟愚所诘为不谬，请即持斯言以观吾国近数年来波靡云诡之政局。

依上所论，以察吾国今日之政团，其自标一帜以相号召者，其体无论蜕为若干，自其政治信念区之，终不外进步与保守二派，曰急进与缓进，曰新与旧，皆不过名辞之争。于此有一问题焉，今于以缓进派自命，而世亦以缓进派称之者，冠之以"旧"或"保守"之名，是否为受者所乐承、论者所公认？此缓进派外，是否尚有旧派、保守派，主义上堪与缓进、急进二派鼎足而三者？若依愚以为解答，旧云保守云者乃与新云进步云者比较而出，其中绝无褒贬之意，亦无善恶之分；如必以新者为善、旧者为恶，进步为褒、保守为贬，则非为客感所中，即不谙进化之理者也。盖进化之道，非纯恃保守，亦非纯恃进步；非专赖乎新，亦非专赖乎旧。试观社会或政治上之种种企图，问有徒谋改进而毫不顾固有之秩序而有改进之成功者乎？问有徒守固陋而不稍加改良而能永存者乎？历史所诏，欲兴其一，二者必当共起。盖"进步"与"保守"之所需，"新"与"旧"之所需，但有量之差，绝无质之异，特用于进步者视用于保守者为量较丰，用于旧者视用于新者为量较啬耳。本斯义以定新旧之标准，则缓进派虽恒自居于新，其实当隶属于旧；虽恒自侪于进步，其实当归纳于保守。此乃以需量之多寡而言，非以感情之毁誉而言。斯义既著，缓进派诸公或不以愚言为迕，世亦当不以为妄也。且愚亦尝闻缓进派时贤自白之言矣，曰："所谓逐渐培养新机者何乎？夫亦曰使国会巩固，宪法确立，有新知识者咸得活动，如是而已。即于法制，树立其基础，于运用，培植其元气，在吾侪之确信，且以十余年来事迹之证明，欲达此目的，非以缓进不足以厚根底，非以退让不足以消反动，非以坚忍不足以见微效。易言之，即当以柔为刚，以退为进，以缓为急，以代替为征伐。故吾人于一方决不愿见急进之人人悉被屏于国外，以其究属新人，代表一种思潮新文明也；于他方尤为不愿见旧势力被人攻倒，盖国内尚未养成代替旧势力之势力，苟勉强为之，不足控制天下，必致纷扰，乃并现有秩序与国力而亦不能保也。是则吾人惟一之希望，乃为使旧势力暂时支柱〔拄〕政局，而于其下展发新机，则新机日进，得为平和之新陈代谢，而勿为武力之革命与推倒之争斗。质言之，即吾人以为国家莫大之福，莫若以新势力承继旧势力；而莫大之害，则必为以新势力攻倒旧势力。且吾人更进一步，以为苟新势力具充足之能力，能攻倒旧势力，吾人亦乐为赞成，无如事实所示，新势力乃绝无此雄厚之力，攻击他人一次，则自身受伤一次，愈攻人则愈自毁，故认为攻击旧势力者，非铲除旧势力也，乃新势力之自杀耳。由是以谭，今日不言政治则已，苟其不能外于政治，则当知政治上本无痛快如意之事，所有者委曲求全与夫忍辱负重而已。"[8]时贤所论，果足以代表缓进派之纯正心理与否，愚不敢知。但味其论旨，对于其企图所需之质，虽视急进派之所需者全同，但为量较少，故得曰旧、曰保守，此其所言实已不啻自承之也。至其自别于旧势力之外而与信念不同之急进派，不惜叙"吾侪新派"之谊，乃为伪调和构成之根本观念，而近数年来政象不宁之真因亦即伏于此点矣。盖势力之存，在思想而不在腕力。所谓旧势力，非一系军人所能代表，新势力亦非少数党人所能代表。政治之变动，全为二种信念之对抗，新旧思想之冲突。缓进派之政治信念，既与急进派截然不同，则缓进派当然亦在旧势力之列，且恒为其指导焉。盖政治势力，同时而能立于一水平线上者，方有新旧对立之可言。若其一在九天，一在九渊，则政治上之关系，已为风马牛不相及，复何势力之足云？以愚言之，与云特殊势力为缓进派之保护者，宁谓缓进派为特殊势力之指导者；与云缓进派与急进派为同侪，宁谓与急进派为对立，较为确当。彼缓进派时时在特殊势力卵翼之中，即特殊势力时时在缓进派指导之下。然则旧势力与新势力有时相挤，即可认为缓进派与急进派之相挤；旧势力与新势力有时相安，即可认为缓进派与急进派之相安。故愚不认缓进派而外尚有旧势力之别树旗帜，有之，其政治信念亦必与缓进派所持者相近而可一类视之也。调和之真义既明，新旧之准既立，愚乃进而论述政局纷扰之真因矣。

今欲寻稽入民国来政局纷扰之真因，最宜先将缓进派之行动一一回溯，而列举其及于政治之影响，籀叙既竟，将有见也。

辛亥革命，既告成功，急进派乘方兴之势，得以托足国中，其实植基未厚，立足未安，与旧势力相衡，去得半之位固犹甚远。此时急进派人之举动，诚不无过激之嫌，然遽谓其欲将所谓特殊势力者完全推翻，不惟未有是心，实亦绝无此力。而缓进派则以为袁氏之势力大，足倚为抗制急进派之资，于是相率而趋承之、缘附之。政客之运动，论士之言谈，乃如万派奔流，众矢一的，悉注重于拥护强力排斥激进之一途。于时有最流行之语，不曰中央集权，则曰强固政府；不曰《临时约法》之束缚太甚，则曰总统制之适于国情。酝酿之日未久，鼓吹之效大张。未几，而袁氏以兵力铲除民党矣。未几，而袁氏以武力劫夺总统，随即解散国会矣，而癸丑之局以成。又未几，而《约法》毁废、参政院成矣。又未几，而神武建号、洪宪改元矣，而帝制之祸以起。急进派既归失败，缓进派亦遭屏绝。缓进派诸公乃翻然变计，反其向之所为，护国军兴，或则驰入军府，躬参密勿，或则洁身海上，遥为声援，倒袁之役，厥功亦不可没。不谓枭桀甫就天诛，政争又复风涌。夫政争亦何能免者？但既号称政党，当于政治轨道之内以为争持，万不可援引轨道以外之暴力以为抵制。诚不料缓进派诸公，竟一再犯援引特殊势力之嫌，而终不知觉悟。观其党魁致辞，报章著论，不曰特殊势力为今日国家所托命，则曰破坏旧势力无异破坏国家。夫旧势力是否有特殊历史之武力的结合所能代表，旧势力是否即为国家，此事叩之逻辑，必有相当之答案，可勿深论。今当悬为问题者，历次政争之起，究因急进派欲破坏旧势力乎？抑因旧势力不容纳新势力乎？以愚所知，急进派多数之纯正意思，固未尝有破坏旧势力之迹，且已与之调剂、与之融和不遗余力。此即观于辛亥之取消南京留守府，而举袁世凯为总统，丙辰之取消肇庆军务院，而认段祺瑞为总理，足以证之。至于旧势力之能容新势力在其铁肘之下培植新机与否，愚苦无肯定之证样可寻，但见急进派失败之后，即与之亲昵如缓进派者，亦往往不能见容而遽遭厌弃。且缓进派诸公既以调和自任，胡以与特殊势力相周旋晋接之际，不闻建一言陈一议焉，以促旧势力之觉悟，使之稍与新势力以自存之余地，而日惟奔走相告，以戒急进派，仿佛急进派惟一之志望之任务即在破坏此特殊势力也者，使此特殊势力恍若躬临大敌，日在杯弓蛇影、风声鹤唳之中。将见调和之声愈高，猜疑之念愈启，纵无挑拨之心，亦有利用之迹。卒至政潮所趋，日即险恶，潜伏于外交，暴发于干宪，披昌于群督称兵，糜烂于张、康复辟，而民国不国矣！丧乱之余，法纪荡然，国会则解散矣，元首则去位矣，中华民国之体制不知属于何类，中华民国之主权不知在于谁何矣！即使从前种种，千不是万不是，都在急进派，而当强力迸发、叛国毁法之时，凡在国民，皆当投袂而起，护国护法。盖当是时，但有国民运动之机会，已无党派运动之机会；但有法律上之是非问题，已无政治上之调和问题。缓进派以堂堂正正之政团，亦应仗义执言，移其拥护特殊势力之诚拥护国家、拥护法律。顾乃适得其反，干宪之事既与其谋，兵谏之举又参其议，复辟一剧不过兵谏之余波，乃断断焉全委其过于他人。一似苦心调解，己则独有其功；极力挑拨，人则独尸其过。自律己［已］嫌泰宽，责人又失泰苛。而环顾北京政治之舞台，兴高采烈之政客，则半为缓进派之魁俊。某也长财政矣，某也长内务矣，一堂济济，相与庆再造之丰功，赞光复之盛业矣。或则喻法律于死刑之囚犯[9]，或则等民国于灭亡之邱墟[10]，《约法》可以任意弃之，参议院可以自由召之。利在改组政党，则不党主义可以牺牲；利在平分政权，则官僚分子可以共处。政象至于今日，由缓进派视之，可谓暴民尽去、贤人毕集之时，宜若可以指挥如意、行其理想矣。而据近顷北京之政情以观，则又暗潮潜滋，勾心斗角以与之争者，正复大有人在。灰心失望之余，遂又思及其素所痛心疾首之急进派焉。于是时贤之言曰："他日党派之变迁，必为官僚派与非官僚派"也。"凡非官僚派之诸党必有提携，方足支撑宪政，使之勿隳，于是非官僚派当厚集其力焉。则国民党对于国家前途与夫宪政前途，实负有莫大之任务"也。国民党果能"韬光养晦"，"暂持冷静态度"，"异日之政治舞台大有政治活动之余地也"。"癸丑之局为吾侪所不愿有，然而竟有矣。今日之局亦为吾侪所不愿有，然而亦竟有矣。不知者方以为吾侪当此暴徒匿迹之际，得行其理想，实则铲除暴民，非徒不敢色喜，抑且引为深憾"也。此等仁爱之言，出诸今日缓进派时贤之口，宁不可感？惟惜其不于急进派失败前闻之，偏于急进派失败后闻之；不于缓进派得意时闻之，偏于缓进派失望时闻之，此诚不能不引为遗憾万千者也。若夫癸丑与今日之局，乃陷入非政治与无国家之状态，宪政基础、国家体制全颠覆于暴力之下而无复存。似此局面，愚亦良不敢谓为缓进派所愿有。而竟有者，急进派之不知自蓄其力，浪用抨击，不能奏效，徒召恶感，其过诚无可掩；而缓进派与官僚武人相结，附敌同攻，助纣为虐，而一而再，不自悛悔，咎固亦居其强半，虽百喙而莫可辞也。今也，急进派见迫于人，已有孤城落日之感，即有所举动，时贤亦认为铤而走险，等于自杀。国民党诚不难静寂以绝迹于政局，党人之事由此已无烦缓进派诸公为之解决，然而国家与宪政之前途已矣，缓进派诸公政治上之运命与希望，尚自宏多，其又将何以善其后哉？

由是观之，民国以还，政争迭起之真因，穷本溯源，固在新旧思想之冲突，官僚与非官僚之暗斗。而常短兵相接，首当其冲，相攻相搏之方面至广，程度至烈，时期至久，嫌怨至深者，乃不在急进派与特殊势力或官僚之间，而转在急进派与缓进派之间。故中国政争之问题，几全为急进派与缓进派辑睦与否之问题。统计缓进派与急进派提携之时期，远不及其哄争之时期之长。而当二派交哄之日，即为缓进派依傍特殊势力之日。政治上之巨变，往往即肇兴于此时。忆当宪潮激越之际，秋桐君时在京华，于《甲寅日刊》著论，大声疾呼，主张容纳研究会宪法上之主张，中有一绝强之理由，即谓国民、进步二派决裂之时，国家每生非常之变。[11]最近独秀君亦有绝痛之语曰："进步党人每以能利用权门自喜，而反为权门所利用，一玷污于袁世凯，再见欺于督军团，国民党之荣誉往往在失败，进步党之耻辱，往往在胜利。"[12]此其故不可（不）深长思乎？所以然者，缓进派有一夙抱之梦想，与民政不容，与国体不适，即所谓开明专制与贤人政治是也。往者梁任公先生之反对变更国体，即悬兹为其理想之政治，以相抵代。迨夫国体既更，梁先生仍欲抱持其策略以进，而苦无掩饰之具、转圜之途，遂而倡为不自然之说，宣言但问政体不问国体。夫国体与政体之分，不过研究政法学者为解析辞义之便，一国之政治绝非于二者之间了无关系者也。征之历史，固有同一国体之国而或为甲种政体或为乙种政体者，亦有同一政体之国而或为甲种国体或为乙种国体者。其实政体与国体不适，则其政治必无良象。谈政体者，非可全置国体于不问也。姑无论开明者必非专制，专制者必不开明。今日民主主义勃兴之世，舍代议政治又无所谓贤人政治，其所怀全为梦想。就令果有开明专制与贤人政治其物者，亦断非于共和国体之下所能施行而有效，运用而得宜，为其精神全异，基础全殊也。缓进派既欲实现其专制其质、共和其皮之玄想，遂恒寻势力之所在以为倚附利用之资，迨其既受结纳谋尽开明之责，负贤人之任，则又为官僚所忌，格而不容。剑农君谓："梁先生生平有一根本大病，主张不能持久，恒倚强力所造成之事实为转移。换言之，则惟倚傍强力为政治上之生活，强力之正不正无暇细问。因是，其政治上之主张，无往而不为所倚傍之强力所格。其终也，则其所主张徒以供窃据攘夺者之牺牲而已。"[12]可谓洞见隐微，精辟无伦矣。严格言之，梁先生及其政团之所主张，既已全属幻想，空无是物，即或有之，亦非今世所宜，实现已所不能，持久又胡可得？此种梦想，乃徒以驱策其利用特殊势力之勇气，造成一种事实以诛锄异己，而达政治上攘权之目的，固不仅于为强力所造之事实所转移。至其所利用强力之正不正，岂惟所不暇问，抑亦所不愿问。其终也，敌党之势力方尽，己党之生死亦操诸强有力者之手。彼蒙失败以去者，尚有空渺之荣誉以相偿，而冒耻辱以来者，则并此幻瞬之胜利而不保，于是掉头以伺反动潮流之声势，苟有可乘，则又引新制旧以反噬之，一如向之引旧以制新。如斯途辙，一蹈再蹈，左支右吾，应付已穷。由是所有举动，凡以势力为重，以情理为轻；以成败为重，以是非为轻，久而久之，积习成癖，倚傍而外无生活，趋承而外无意思，反覆而外无举动，挑拨而外无作用。堂堂政团，覆雨翻云，至于若此！国家非常之变，安有已时？即就其自身之势力而言，权利之争则与官僚不相容，主义之争则与民党不并立，既为新者所弃，又为旧者所屏，将以自存适以自毁，欲以自利反以自杀。此类之政治活动无以名之，名之曰"伪调和"。此类之政治团体无以名之，名之曰"伪调和派"。不幸而缓进派迩来之举动竟犯此嫌，诚不忍不执《春秋》责备贤者之义，为之白于国人之前，以求其速自觉悟也矣！

昔者，法之新君宪与共和派一遇政潮逆流时，则两相握手以与逆流相抗。剑农君颇称引其事以相警告，冀急、缓二派之新者通力合作，以与固陋之旧者为中和之抵拒，不使旧者为渔人。即愚曩与缓进派之一部人士过从颇稔，亦尝时时为述若斯之感想。方愚去某报时，临别赠言，尚托辞寓意以为讽劝。至于今日，事实所示，已全不敢作此奢望。但愿缓进派确立于旧者之一方，坚持其政治信念，与急进派为轨道内之对抗，不为轨道外之芟锄；主义不妨与急进者稍事融通，权利不妨对固陋者稍有退让。如是，则急进者亦愿与邻，固陋者不认为敌，既能坚旧者之信，或可以采纳其言；又得减新者之疑，或可以曲谅其意。缓进派对于新旧离合之变迁减免一度，即政治上之纷扰潜消一度，庶所谓委曲求全、忍辱负重者，或有几分之成功也。愚所望于缓进派之觉悟者，惟此而已。

平情论之，今日伪调和之流行，几于遍国中而皆是。盖一时代有一时代之精神倾向，凡于其时代各方面之行动，无不在其精神倾向范围之中。时尚阴谋则人人习于阴谋，时尚诈伪则人人染于诈伪。此实一时风气之所趋，固非独一党一派之特质也。观于自命政团者，而宣言以无真是真非停止活动；身居要位者，而专意于自私自利一味模棱。人人相与以虚伪，事事相尚以颟顸。全国之内，无上无下，无新无旧，无北无南，无朝无野，鲜不怀挟数副假面。共和则饰共和，帝制则饰帝制，驯至凡事难得实象，举国无一真人。为恶不终，为善不卒，举人类之精灵、血气、理性、感情，全沦于不痛不痒之天。此真亡国灭种之象，万劫而不可复者也。今日最终之希望，惟在各派各人反省悔悟，开诚相与，剖去种种之假相，而暴露其真面目，鼓荡其真血气。为善可也，作恶亦可也；急进可也，缓进亦可也；调和可也，决裂亦可也。盖以诚造劫者尚有劫尽之日，以伪作孽者积孽乃无穷期。若犹此曰反省悔悟，彼曰开诚相与，其实无一反省悔悟者，无一开诚相与者。则谭浏阳"大劫不远"之言，吾人将躬受其痛，同归于尽而已。呜呼![13]

作者注：

[1] 参观本志第一期剑农君《调和之本义》。

[2] 愚尝为《调和之法则》一文，载之《神州学丛》，方在近刊中，可以参证。

[3] 见斯宾塞《群学肄言》语，依严译。

[4] J. S. Mill：*Consideration on Representative Government*，第二章。

[5] 永井柳太郎现充早稻田大学教授，主撰《新日本》杂志，大隈侯发表论著多出其手。

[6] 依剑农君译语，见本志第一期《调和之本义》，第四页。

[7] 见 Chrestensen：*Political and Crowd-morality*，第一章。

[8] 见八月十四日上海《时事新报》论说《感想》篇中。

[9] 梁任公先生对上海《申报》驻京记者飘萍君之谈话有"法律殆如业已宣告死刑之囚犯"一语。

[10] 汤济武先生近对日本共同通讯社记者亦有"旧民国已经灭亡"之言。

[11] 大意如是，不能忆其原语。

[12] 见《新青年》第三卷第四号独秀君《时局杂感》文中。

[12] 参观本志第五期剑农君《呜呼中华民国之国宪》。

[13] 参观本志第一卷第五号剑农君《呜呼中华民国之国宪》。

署名：守常

《太平洋》第 1 卷第 6 号

1917 年 8 月 15 日

暴力与政治
（1917 年 10 月 15 日）

　　愚当执笔而欲有所论列，有一问题，首先回旋于脑际而不能不举以自叩者，即在今日之象，吾侪尚有国家与政治之可言否也？自来学者之释国家，言人人殊，而其精要可采者，美儒柏哲士之言为足称矣。彼谓国家与主权[1]实为一体，凝者则为国家，流者则为主权。由客观言之，宪法上有创造或变更政府之最高权能者，即为主权者，即为国家。[2]准斯言以求国家若主权者于吾《约法》之中，舍握有造法权之国会无足当之者。顾自督军团肇变以还，强力迸发，集矢国会，威暴所劫，遂尔立解，至高无上之主权，不知其已移于何所？然则今日之象，无国家也，无政治也，抢攘纵横者，暴力而已矣！夫政治集团云者，以其服隶于共同政府之下，示异于人众之生于无治或自然之域者也。暴力之下，生活秩序全然陷入危险，是直反吾侪于无治自然之域，使之以力制力，如鸷鸟暴兽之相争相搏以自为残噬焉耳。呜呼！循是以往，黯黯神州，将复成何景象矣！

　　盖尝论今日之政治，固与强力不相容者也。专制之世，国之建也，基于强力；立宪之世，国之建也，基于民意。初民甫脱于自然之境，往往暂戴一军权首酋，斯时有所组织，必以强力为厥要素，此亦势所使然，不得已也。而政象天演，至于今日，自由思潮，风起云涌，国于大地者，群向民治主义之的以趋，如百川东注，莫能障遏，强力为物，已非现代国家之所需，岂惟不需，且深屏而痛绝之矣。昔在希腊，哲家辈出，若亚里士多德、柏拉图[3]诸人，皆尝说明其理想的市府国家，其所崇重之精神，即近世自由国家所本而蜕化者焉。在是等国家，各个公民均得觅一机会以参与于市府之生活，个人与国家之间，绝无冲突轧轹之象，良以人为政治动物，于斯已得自显于政治总体之中也。政治总体不臻于完备，绝无完备之人，一言市府之完全，意即包含公民身份之完全，教育与训练，皆为首务，所以使公民各知其于市府职务有其当尽之分位也。亚氏尝分政治为二类：一为与国家实利相调和者；他则为引起叛背之原，势将倾毁国家者。善良政治之官吏，恒仍保其地位以为政治体中自觉之分子，觅种种途径以服事其国，更无一己之意思离异于市府之利益，是皆真实政府之特质也。若夫恶厉政治则不然。居临民之位者，恒自异于平民，利用官职，以为自张之具，庶政皆依强力以处理之，以致人民与官吏之间，恶感丛积，俨成敌国。故彼恶政治之奏凯，其意即为政治体之破坏，代之而兴者，乃为由治者与属隶构成之国家。在若而国，治者发号施令，惟所欲为，属隶则迫于强力，奉命惟谨而已矣。亚氏更本兹二类析为六体：曰君主政治，曰贵族政治，曰民主政治，此其良者；曰暴君政治，曰寡头政治，曰暴民政治，此其厉者。[4]君主而轶于政轨，不自分于为政治总体之公仆，以纳民于轨物之中，则为暴君矣。贵族而昧于市府公仆之义，结纳徒党，以破坏市府，则为寡头矣。民主政治为理想中最良之治制，足使全体公民养成一种习俗，人各本于公约，以于市府之职务自觅其分位；若其敝也，将变而为由煽民之雄以暴力指挥之治制，即所谓暴民政治是矣。此等形体之区分，虽未必足尽今世治制之种类，而其遣辞立义，所涵界范，亦或与今日所通行者不尽相符，甚且适得其反焉；惟其精要所在，固不在此等形体，而在其据以分类之根本问题，即其政治与市府生活相调和，抑以强力加于市府之问题也。亚氏之意，以为有人民焉，什九皆承认永久奴制为当，且全服从其所主之意思。当此之时，其政治体之所蓄纳，必为其人民之小部，彼奴制流行之所，于家族有主奴之关系，于国家自成治者与属隶之关系，治者命而属隶从焉。是等治者，无问其为一人、为少数抑为多数，咸有恃乎强力，将其意以加于市府国家之势，任何政体，施之于用，尽于恶矣。为其横分公民为治者与属隶二级，而以强力之关系介于其间，市府之真正理想，将从而消灭也。夫公民身份而成于崇信奴制之人，则其有一政府以强力宰制民众者，乃为必然之事。逮于晚近，奴制既废，政治体构成于民众之全体，非仅居其一部，治者同时兼为民众之属隶，而希腊诸哲理想之国家，始于人类史中开一新纪元矣。[5]

现代之政治，与亚氏民主政治之理想相合者，即风靡一世之民治主义是也。民治主义一语，亚氏当时未以列于三种良治之中，且尝用以当暴民政治之义焉。[6]庸讵知今日民治主义之推行，几于兹世无远弗届，毫无暴民政治之危险，且与其理想之民主政治若合符节者乃在兹乎？诺威，独裁政治也，而今代以神濡于民治主义之君主，甘愿为民公仆而不辞矣。瑞西之郡，寡头政治也，而今屏去少数反对人民之执政与富族，代以由尽高尚职务获得美誉之族矣。其他各邦，罔有不因其国体政体之形质，尽其可能之性，以日趋于民治主义者。是则今日之民治主义，已兼亚氏所称之三种良治而有之，且不止惟是焉。盖民治主义之治制本无定式，所可施行此制者，亦不限于某类特定之国家或民族。苟其民有现代公民之自觉，斯未有不于民治主义为强烈之要求，斯未有不可本其民质所几之程而向民治之鹄的以进者。故论一国施行民治之得失若何，但有程度之问题，全无可能（与否）之问题也。语其精神，不外使政治体中之各个分子，均得觅有机会以自纳其殊能特操于公共生活之中，在国家法令之下，自由以守其轨范，并进以尽其职分，而赴共同之志的。官吏与公民无殊，同为国家之公仆，人人皆为治者，同时皆为属隶，其间无严若鸿沟之阶级。国家与人民，但有意之关系，绝无力之关系，但有公约之束制，绝无强迫之压服。所谓政府者，不过其主要之机关，公民依之以为其实现自己于政治之具耳。政必如是，始得谓之立宪，否则专制而已矣。民必如是，始得谓之公民，否则奴隶而已矣。国必如是，在今日始有存在之价值，否则其民宁破坏之以求反于民族自然之境而已矣。抑政治[7]云者，其义范所涵，亦今古攸殊焉。古用斯语，含有强制或迫人为所弗愿之义，今则不含区民为治者与服隶阶级之旨矣。盖治制之实质既更，语文之义，亦不能不从而有所变迁。自治[8]一语，且与政治之古义恰相反对，此以知强力之于政治，今已全失其用，施用强力之必要，适足为政治颓坏之标识已尔。

顾或者谓国家之所以维其存立者，必不可无至高无上之主权以守之，俾得保持其尊严也。而为主权之行使、政府之存立、法律之设施、治安之保卫，有时强力亦为必不可缺之物焉。抑知主权者，实由民约而成。民约云者，即人人相将自举其身与其力以与于众，而藉其全力以相安相守也。民约既立，而后土地变而为领域，人众变而为国民。国民者，众意之相与而成一体者也。是体也，以议会为神脑，以法律为血气，不自有其体，而以众体为一体，不自有其意，而以众意为一意，是之谓国家矣。国家为维持其政府之存在，自不能不有赖乎刑典，而欲刑典之得以施行而有效，自不能不需乎物质之强力。但此种强力之施行，概为法律所认许，专以防遏犯法之徒而与以强制之抑裁。故强力之于此时，与云为力，宁当谓权，权可以依法而施，力不可以任意而用也。且刑法上国家虽有施用强制之权，而以刑法有此规定，民咸知所儆惧，相戒勿犯。纵有犯者，亦以知施用权力以为迫制，有必要时固为法律所许，遂亦不待迫胁之来，即自致其身于图圄之中或刑场之前，听候惩处。因畏权力而权力反归无用，因惧迫制而迫制反可勿施，故在今日，国家施用强力之处殆已甚稀。国之社会，有争弗释，诉之强力，固其首图。人之社会，政体所趋，强力已全无所用。专制之世，强力固足为政府之础石，而于开明之群，自由之世，则断无丝毫之利益，非徒无益，而又害之。[9]盖依力为治以劫制斯民使之屈服于其下者，天下不安之事，莫斯为甚也。卢骚不云乎："人或曰：人之所以致失自由权者，强有力者制之也，此邦国之本也。吁！曷其然？夫民为强者之所制，不得已而从之，固无不可，一旦能自振拔，蹶起焉，破其衡轭，则孰得而御之！何者？彼其初所赖以夺我自由权者，独有威强而已，故我今亦赖我之威强以复之，彼得何辞于我。若此，则是邦国者天下之最杌陧不安者也。曷其然？夫邦国者，凡党聚之类之所取法焉，宜别有所本也，不宜如此之不安。然则邦国者，果何所本也？日［曰］：此非本于天理之自然，而本于民之相共为约也。"[10]斯透宗之旨，当永县［悬］为政理之鹄。何今之君子，昧于此义，不自审其所处之世为何如时代，所属之国为何如体制，而犹欲恃乎强力临御斯民。以此图治，宁非南辕北适之类？夫立一政制而依力以为用，犹且不可，况乃逞其暴力，以毁法而虐民？士夫学士，亦复翕然阿之，以张其势，卒成今日无国家无政府之现象者，是又非倒行逆施之尤乎？

世有释民治为多数政治而不含有善恶之意味者。以强力诠解政理之徒，闻其说而便之，遂谓无论何种政体，莫不以强力为基础，民治制下，多数之于少数，何尝不为一种强制之关系也。此义大谬。今世施行民治之国，所以采行多数制者，其意盖不在以多数强制少数，乃在使一问题发生时，人人得以自由公平之度为充分之讨论、翔实之商榷，而求一公同之认可。商讨既至详尽之程度，乃依多数之取决以验稽其结果。在商讨之中，多数宜有容纳少数之精神，在取决之后，少数宜有服从多数之义务。故自由政治之真谛，非依于多数，乃依于公认，多数不过表示公认之一种方法而已。由专制以趋民治，多数取决，正所以退抑强力而代承其用者，所谓计算头颅胜于打击头颅[11]者是也。硕学穆勒有言曰："虽有民主，而操权力之国民与权力所加之国民实非同物。其所谓自治者，非曰以己治己也，乃各以一人而受治于余人。所谓民之好恶，非通国之好恶也，乃其中最多数者之好恶；且所谓最多数者，亦不必其最多数，或实寡而受［授］之以为多。由是民与民之间，方相用其劫制。及此然后知限制治权之说，其不可不谨于此群者，无异于他群。民以一身受治于群，凡权之所集，即不可以无限，无问其权之出于一人，抑出于其民之太半也。不然，则太半之豪暴，且无异于专制之一人。"[12]由是言之，权之所集，在于一人，或在少数，恃强陵弱，固所弗宜；即在民主治制之下，以多数之势力屈少数之意志，强人以必从，亦不叶于自由政治之原理。于是苟有依力为治者，一夫横暴，固为吾侪所弗许，即在太半豪强，亦为吾侪所不容；一系军阀，固为吾侪所深疾，即在多数党人，亦为吾侪所痛绝。质而言之，即使今日倡言自由、反抗暴力之党人，一旦得势，挟其强力凌轧其余，以暴易暴，与今日之暴者相等，吾人所以口诛笔伐以为抨击者，亦与今日之抨击暴力无择也。

时贤谈政，每以政治与法律对举，辄谓政治之力足以屈法律之力，法律之力只宜徇政治之力，立法者不可全置政治之力于不顾也。但此言政治，未知究作何解，窥其意旨，似即指事实上之强力而言。于是愚所欲问者，此等强力之活动果在法律范围之内否也？果其于法律虽无何等权能，而于事实则确于法律之后隐操一种势力，且能自范于法律之中而无所于违，则可认为政治上之势力，实不容漫为蔑视。时贤云云，愚亦谓然。若其强力含有破毁法律之性质，且恒有其倾向，有其行为焉，则为非法之暴力，而非政治之所能容。于此暴力所演之事实，被以政治之名，其为失辞，莫兹为甚矣。英儒蒲徕思之论主权也，尝分为法律上之主权与事实上之主权[13]，并于二者之关系详加推阐曰："法律上之主权者可并为事实上之主权者，且应须如此也。换言之，国家完美之组织，务求合法权力与实际强力联结于相同之人或团体。有合法之权力者，应令强力附诸其侧，以致人之服从，虽有时事实上之权力者与法律上之主权者不属一体，因前者可依后者以为行动，不必即生牴牾，然恒不免于受事实上主权者之轹凌，致公民逆命之危险也。"[14]美儒甄克士亦曰："尤有吾人所当谨志于心者，即实际之统治者，非独名义之统治者，实际之政体，非仅载于宪典中者是也。本编所载，如俄、德、英，虽皆为君主国，而其政府之形式及其权能，则国各不同，绝少类似之点。英伦大类共和，如吾美然。然吾人切勿为文辞所误，当熟察所考政体之实际究属何程，而识别其实际之统治者究为何人。自政党领袖堪以各种条款令吾人遵之以为记名而投票，如此以束制吾人之政治活动而后，纽约市统辖于代表少数之寡头政治者甚久，是乃操诸无官职者之寡头政制也。纽约州中，时时为一'暴狮'[15]所左右，彼盖尝指导立法甚且及于行政事务，其强横视俄国'苛察'[16]之统辖其国者为尤甚焉。无问其于法律有其名义与否，吾人设一思及统治者之主动即实际之统治者时，当无忘其于名义纵若何专制，终当受制于民意至于显著之程也。土尔其之'苏丹'[17]，于其专制主义亦未尝不附有限制，暗杀或恫吓之暗杀，即彼定其制限之一手段也。俄国之苛察，法理上无论若何，其所为仅能在一定范围之内焉。吾美之暴狮亦然。任在何州最黑暗时之最专制者，亦皆有其限度。是为社会舆论之所置，越此而外，非所敢之矣。"[18]一国之中，而能蓄有一种强力足以抗拒外敌、维持公安，在今日国家主义之下，理当爱之惜之，不当摧之毁之，以自弱其外竞之能。惟此种事实上之强力，苟其与法律上之主权不属于一体，则必当依法律上之主权以为行动，不当反法律上之主权以为行动。苟欲求其归于一体，亦当屈事实上之强力以就法律上之主权，不当毁法律上之主权以徇事实上之强力。必如此而后其强力乃得为政治之势力，否则非法之暴力而已。以非法之暴力，而凌轹法律上之主权，则社会督责，公民逆命，自有其制裁之道矣。吾国今日暴力之恣横，其视最专暴时之土国苏丹、俄国苛察、美国暴狮，愚不知其何若？但疑其久已轶乎无形限制之外。此种限制，诉之法律，既已无灵，必欲为之，则所依藉，亦必在法律之外。窃恐暴力横行之日，社会无形之权威，久已潜从于其后矣。盖民意之受迫而求伸也，不能以径达，必求以曲达；不能以常达，必求以变达；不能以缓达，必求以激达；不能以理达，必求以力达。由是曲、变、激、力之道，小则出于暗杀，大则出于革命，人心愤慨，社会惨怖，至斯已极，复何政治之足云也欤！

时贤如梁任公先生者，固以反对革命闻于时者也。居恒持论，畅阐革命不能产出良政治之理。精旨名言，最宜钦仰。忆当袁氏帝梦方酣之日，梁先生《异哉所谓国体问题者》之作，尤足以唤起人心。中有警语曰："夫变更政体为进化的现象，而变更国体则为革命的现象也。进化之轨道恒继之以进化，而革命之轨道恒继之以革命。此征诸学理有然，征诸各国前事亦什九皆然也。是故凡谋国者必惮言革命，而鄙人则无论何时皆反对革命。"[19]愚虽非如梁先生之单纯反对革命，而以良知所

诏，则无论何时皆反对暴力，其终极目的，亦在消免革命之祸。苟有术
焉，纳强力于法律范围之中使不为暴，则吾侪反对革命之勇，庸讵逊于
梁先生？盖革命恒为暴力之结果，暴力实为革命之造因；革命虽不必尽
为暴力之反响，而暴力之反响则必为革命；革命固不能产出良政治，而
恶政之结果则必召革命。故反对革命者当先反对暴力，当先排斥恃强为
暴之政治。执果穷因，宜如是也。愚尝怪梁先生既反对革命，而独不反
对暴力，有时且与暴力相依为命，以致（申言）法律为宣告死刑之囚犯
者，抑又何欤？在梁先生之意，岂不曰强力所在固足以镇压革命也，吾
之依附强力以为政治活动，固本"生平无论何时皆反对革命"之言以趋
于实践之途，不惟无所矛盾，抑且足为言行一致之征也。则愚请为更诵
卢骚之言矣："今假为有所谓强者之权乎？吾必见义理之纷纭颠倒无所
底止也。夫以力为权者，初无所事义矣。苟无所事义，何理之生？夫我
有力而能制人，一旦又有人力胜我，我亦为其所制。若是转辗不已，祸
乱相继于无穷。夫藉力制人而为合于义，则藉力抗人亦为合于义矣。力
之所在即权之所在也，则天下之人将唯力是求。嗟乎！赖乎力之仅存
者，岂得谓之权哉？且夫力不赡而屈者，出于不得已也，非由义而断
也。既不由义而断，酖毒扼昧，何施不可？是知强者之权，威力耳，非
权也，权之名耳，无其实也。"[20] 而蒲徕思亦云："致服从于治者，彼
所据以为治之主权，仅为事实上之主权，而非法律上之主权，吾人之服
从，不得视为义务。纵当法律上主权者失其能力或不能确定时，吾人以
维持公安之故，于彼非法之事实上主权者致其服从，然在吾人之心中，
顾不认彼有致吾人敬服之权位也。使彼据其权而滥用之，凡为善良公民
者，非徒可以抗拒，且当然抗拒之。"[21] 信斯言也，论势则力难永存，
论理则民可峻拒。我有强力可以造成事实以制人，人亦有强力时，谁则
不可以同一之事实而强我？人人争以事实相迫制，弱者固可胁之使从，
强者将揭竿而起以抗拒报之矣。种瓜得瓜，种荳得荳，善泅死水，善斗
死兵，力力相寻，循环无已，推原祸始，皆任力为治之谬想有以成之。
然则暴力之施行，不啻为承认善良公民有革命权利之表示，乌在其能镇
压革命乎哉？美儒甄克士[22]曰："自事实而观之，则世界中国家社会
皆一形式之变者也。其所以为一形式之变者，以其同有一物故。其同有
之一物何耶？曰：无上主权是已。唉威辇帝，是其为物，至尊而无所
屈，无对而不净，凡社会一切所为，皆可以统驭。顾此权之谁属，则国
以不同。不佞是篇，乃为微辨者也。且其权无所屈而不净矣，此自国之

法典言之则如此耳，而自道德义理言，则亦有限制范围为彼所默仞
[认]者。设取而破决之，则其国乱而政柄移，此历史所以有革命之变，
理佛留显。理佛留显者，言转轮也。"[23]转轮之义，恰与暴力反响之说
相合。夫以一国主权之尊，至高无上，莫之与京，而行之无限，犹召转
轮之祸焉。今以非法暴力而僭劫主权以去，则其与转轮之机以促动之力
者，其猛烈当为何如也？故凡依乎暴力以为革命之镇压者，无异恶沸而
益薪，反对革命而适以长革命之果，依附暴力而适以受暴力之祸。即彼
暴力之自身，亦将破毁于暴力之下而澌灭于不断转轮之中，无复自全之
道矣。吾侪特患梁先生非能真反对革命耳！如曰能之，盍先自反对暴力
始？非真愿为国爱惜此特殊势力耳！如曰愿之，盍先自指导此特殊势力
使附于法律上之主权，不为非法之暴力始？

　　呜呼！国乱极矣，暴力之横恣甚矣！平情论之，今日之象，固非一
二学士大夫之心理所能独致。然自时贤有误认依于强力足以治国之思惟
言动，而暴力之纵横益得资以为护符，自由奔驰于伪国家主义之下而无
复忌惮，此诚不得不谓为君子之过。而吾侪所由屡申责备贤者之义，以
望其痛自忏悔者也。暴力自身不为觉悟，吾侪实末如之何，惟有听其自
蹈于绝境，收其逻辑上应得之果。苟依附强力以为政治活动之君子，而
能知所自反，或者国事其犹有豸乎？吾侪固馨香祷祝以求之矣！

作者注：

[1] Sovereignty.

[2] 参阅本志五期剑农君《呜呼中华民国之国宪》。

[3] Aristotle and Plato.

[4] 君主政治 Monarchy，贵族政治 Aristocracy，民主政治 Polity，
暴君政治 Tyranny，寡头政治 Oligarchy，暴民政治 Democracy。

[5] 参阅 Macy and Gannowy：*Comparative Free Government*，绪
论，The Nature of Free Government。

[6] Democracy 一语，在亚氏当时诠义已各不同。亚氏之所谓 Pol-
ity 者，Polybios 氏即以 Democracy 当之。

[7] Government.

[8] Self-government.

[9] 参阅 Sir George Cornewall Lewis：*On the use and Abuse of
some Political Terms*，第十七释 Force 篇。

［10］见日人中江兆民译：《民约论》，第三页。

［11］ "It is better to Count heads than to break heads."

［12］见严译：《群己权界论》，第四、第五页。

［13］Legal Sovercignty（De Jure）and Practical Sovereignty（De Facio）.

［14］依剑农君译语，见本志第五期《呜呼中华民国之国宪》。

［15］Boss（专制之党魁也）。

［16］Czar（俄帝尊称）。

［17］Sultan（土帝尊称）。

［18］见 Jenks：*Principles of Politics*，第二十四、二十五页。

［19］见《大中华》杂志第八期。

［20］见中江译：《民约论》，第八页。

［21］依剑农君译说，见本志第五期《呜呼中华民国之国宪》。

［22］此与上举之甄克士非为一人。

［23］见严译：《社会通诠》，第一八二页。

署名：守常

《太平洋》第 1 卷第 7 号

1917 年 10 月 15 日

俄罗斯文学与革命
（1918 年 1 月）

　　俄国革命全为俄罗斯文学之反响。俄国有一首诗，最为俄人所爱读，诗曰：

> 俄国犹大洋，文人其洪涛；
> 洋海起横流，洪涛为之导。
> 俄民犹一身，文人其神脑；
> 自由受摧伤，感痛脑独早。

此诗最足道破俄罗斯文学之特质。俄罗斯文学之特质有二：一为社会的彩色之浓厚；一为人道主义之发达。二者皆足以加增革命潮流之气势，而为其胚胎酝酿之主因。

　　俄罗斯文学与社会之接近，乃一自然难免之现象。以俄国专制政治之结果，禁遏人民为政治的活动，自由遭其剥夺，言论受其束缚。社会中进步阶级之优秀分子，不欲从事于社会的活动则已，苟稍欲有所活动，势不能不戴文学艺术之假面，而以之为消遣岁月，发泄郁愤之一途。于是自觉之青年，相率趋于文学以代政治事业，而即以政治之竞争寓于文学的潮流激荡之中，文学之在俄国遂居特殊之地位而与社会生活相呼应。

　　更以观其历史，建国之初，即由东罗马帝国即比藏钦帝国承俄罗斯正教之系统，奉为国教，并袭受比藏钦之文明；逮比藏钦灭亡，俄国遂以保护正教自任，故其立国方针与国民信念皆倾于宗教的一面。当彼得大帝时，虽在文学亦浸染宗教之臭味，谣曲传说罔不有然。厥后俄国文学界思想界流为国粹、西欧二派：国粹派即以宗教为基础，建立俄罗斯之文明与生活于其信仰之上，与西欧之非宗教的文明与生活相抗立。西欧派虽与国粹派相反，然亦承认宗教的文明为其国民的特色。西欧派者，不过对于国粹派而言，并非谓其心醉西欧，亦非能表明西欧派人生观之特质。由西欧派之精神言之，宁以人道主义、博爱主义为名副其实。无论国粹派或西欧派，其以博爱为精神，人道主义为理想则一，人道主义因以大昌于俄国。凡夫博爱同情、慈善亲切、优待行旅、矜悯细民种种精神，皆为俄人之特色，亦即俄罗斯文学之特色。故俄罗斯文学直可谓为人道主义之文学，博爱之文学。

俄罗斯文学之特质，既与南欧各国之文学大异其趣，俄国社会亦不惯于文学中仅求慰安精神之法，如欧人之于小说者然，而视文学为社会的纲条，为解决可厌的生活问题之方法，故文学之于俄国社会，乃为社会的沉夜黑暗中之一线光辉，为自由之警钟，为革命之先声。

今请先论其诗歌。俄国抒情之诗感人最深，所以然者亦不在其排调之和、辞句之美，亦不在诗人情意恳挚之表示，乃在其诗歌之社会的趣味，作者之人道的理想，平民的同情。

俄国诗人几常为社会的诗人，吾人实未见其他国家尚有以诗歌为社会的、政治的幸福之利器，至于若此之程度者。

当十九世纪全期，社会的、政治的动机流行于俄国诗歌之中。有名 Pushkin（普希金）者，人称"俄国诗界无冠之帝王"（Uncrowned Tsar of Russian Poetry），尝作一诗，题曰《自由歌》（Ode to Liberty）。其诗一片天真，热情横溢，质诸俄国皇帝，劝彼辈稽首于法律之前，倚任自由为皇位之守卫。此外尚有一大诗人 Lermontov（莱蒙托夫），于 Pushkin（普希金）氏失败于悲剧的决斗之后，有所著作，吐露其光芒万丈之气焰，以献于此故去诗人高贵血痕之前，痛詈贪婪之群小环绕于摧残自由与时代精神之皇位侧者。同时又有 Ryliev（雷列耶夫）氏，于其思想中唤起多数为自由而死之战士，诗中有云"我运命之神，憎恶奴隶与暴君"等，可以见其思想之一斑。Herzen（赫尔岑）氏之友人，有称 Ogariov（奥加辽夫）者，于一八四八年高声祝贺革命风云之突起。此一骚动，促人奋起于安泰之境，扬正义而抑贪欲，其光明一如纯粹之理性。一八四九年，此诗人之心，几为革命破灭、专制奏凯歌之光景所伤透，穷愁抑郁，常发悲叹。是年，氏尝为伤心之语曰："欧洲之大，曾无一单纯之所，为吾人可以达其生活于光明和平之状态者。"但自兹十年后，此先圣之心理，又从过去之星霜以俱消。是时氏复告 Herzen（赫尔岑）氏曰：

昔时方童稚，品性温如玉。

> 忽忽已少年，激情不可屈。
> 韶光催人老，渐知邻衰朽，
> 入耳有所闻，始终惟一语；
> 一语夫惟何？自由复自由。
> 音义在天壤，煌煌垂永久。

并乞其友于临终之际，勿令其尸骸已寒，而不以最终神圣之一语细语于其耳边。其语惟何？曰："自由！自由！"

　　十九世纪前半期之诗人，对于自由仅有一暧昧之概念。直至一八六〇年迄一八八〇年之间，抒情诗派对于自由之概念，始渐减其漠然无定之程度。于是时也，平民诗人之全部勃然兴起，是皆与于其时社会的运动重要之役者。会员中有一名 Plechtchiev（普列谢耶夫）者，以诗句表明此派之精神曰：

> 进进进吾友，勿疑亦勿怖。
> 刚勇之功烈，建立惟待汝。
> 上帝已昭告，赎罪光且曙。
> 吾侪坚握手，猛进以阔步。
> 扬我知识旗，缔我同心侣；
> 结合日益扩，精神日益固。

此诗至今犹传诵于俄国青年之口，且常高唱合奏于音乐会中。

　　同时诗人 Minaev（米纳耶夫）著讽刺诗甚多，以嘲传说之信条与经义，传布解放妇人与平民之理想，亦一先觉之诗人也。

　　女流诗家 Barykova（巴雷科娃），其女性的抒情诗曲，既非传写爱情，又非描绘月夜，但以写沉湎于酒、困阨于贫乏与愚昧、罹于疾病之惨苦人民。其时有数辈诗人，但以歌咏为赏心娱志之具，变其天赋之才能而为人类之玩物。此女诗人则为危言以悚之曰："诗人者，保护国家之武器也……彼为理想之渊源……彼为贫苦愚钝人民之声音、之喉舌……彼为晓日之第一曙光。"

　　此时之诗人，重视为公众幸福之奋斗，而以个人幸福为轻。就中有一诗人，尝训示青年曰："离尔父母，勿建巢居，其独立自营……第一须于尔灵魂中扑灭情欲，其冷酷无情于恋爱、财富、荣誉之诱惑，其庄严神圣……保尔心之自然与清粹于尔胸中，然后全以授之于尔不幸之同胞。尔闻悲叹之处，尔往焉……比大众多受艰苦……留得清贫与明白。

然则尔将成为伟大，举世将为尔叱责之声所扰。"俄人于此无基督教的禁欲主义，而有革命的禁欲主义。自我之界赋，全为竞争，全为奋斗，故其时之诗歌实为革命的宣言，读者亦以是目之。Dobrolubov（杜勃罗留波夫）者，诗人而评论家也。其诗句颇足状此派抒情诗家之精神，诗云：

> 死别告吾友，杀身为忠厚。
> 深信故国人，常忆吾所受。
> 死别告吾友，吾魂静以穆。
> 冀尔从我行，享尔以多福。

简要、鲜明、平易，全足以表示此时俄国青年之心理，此心理与现代中（产阶）级精神之精密复杂相去远甚。

俄国之平民诗派，由 Nekrasov（涅克拉索夫）（一八二一——一八七八）达于最高之进步，其所作亦属于不投时好之范畴，故虽墓草已洰，而当其生前所起之议论，犹未能盖棺而定。此等议论，大抵皆关于其诗才之问题，有谓其诗为细刻而成之散文，并诗人之名而不许之者，有推为俄国最大之诗人者。是等议论，几分起于其诗之比喻的说明极重写实主义，但彼不欲认识文学之诗化的俄罗斯，而欲认识施行农奴制时与废止此制最初十五年之实在的俄罗斯者，必趋于 Nekrasov（涅克拉索夫）之侧。彼将以圣彼得堡城之官僚与实业家、诗歌与娼妓、文学与卖报人为材料，为尔描写此阴郁无情之圣彼得堡城，历历如画，然后引尔于空旷之乡间，庶民于此无何情感，亦无何理想，但为面包之皮壳而劳动，陈俄国农夫之心于尔前。

其所为诗亦或稍有所失，然轻微之过，毫不足以掩其深邃之思想，优美之观念。俄诗措词之简易，尤当感谢此公。盖惟所著多平易，故能为一般读者所接近。其诗多谱入音乐，为流行最普（及）之歌曲，传诵于俄国到处。

Nekrasov（涅克拉索夫）之影响于俄国社会，自其生前已极伟大，死之日，执绋从棺而吊者千万人。一诗人之葬仪，乃成极壮大之典礼。彼读者之后裔，常于其著作中寻得人道主义之学派，虽属初步，而能以诚笃真实著。

Nekrasov（涅克拉索夫）预知其诗必能觅得途径，以深入读者之心神，尝于诗中有云："人能不爱此酷受笞刑、血迹淋淋、颜色惨淡之诗神者，必非俄罗斯人。""酷爱〔受〕笞刑、血迹淋淋、颜色惨淡之诗神"，殊非无用之语，是殆指俄国文学与诗歌之进步达于极点也。

斯时之俄国社会，实视诗人作者为人生之导师，为预言家，为领袖。斯时之诗人作者，亦皆尝出其最善之努力，以报此荣名。如 Pushkin（普希金）自遭放逐，终其身受警察之监视。Lermontov（莱蒙托夫）以一官吏而既被褫职，并受遣徙。Ryliev（雷列耶夫）以曾与于十二月党暴动之谋而身蹈刑戮。Ogariov（奥加辽夫）亦被政府勒令移居。他如雅负时誉之文学批评家 Pissarev（皮沙烈夫），身锢囹圄者四载。著 *What's to be done*（?）（《怎么办?》）（流行最广之小说）之批评家 Tchernyshevsky（车尔尼雪夫斯基），亦见逐于荒寒之西伯利亚。而 Dostoyevsky（陀思妥耶夫斯基）及较 Nekrasov（涅克拉索夫）稍后之著名诗人 Yakubovitch（雅库鲍维奇），皆尝转徙于西伯利亚，置诸惩役监狱。即 Tolstoy（托尔斯泰）晚年亦曾受秘密警察之侦谍。Gorky（高尔基）必生活于异国，始免于放逐或投之坑中。

是皆俄国诗界最著之牺牲者，彼辈为文学之改进而牺牲，为社会之运动而牺牲，此外尚不知凡几。至于读者之受扰害与虐待，与书籍之遭禁止与焚毁者，尤更仆难数。以是因缘，俄国之诗神遂为衰亡纤弱之诗神，遂为烦冤惨苦之诗神；以是因缘，俄国伟大之诗家多以青年而早死，结核病与发狂，乃为俄国诗人常罹之病症。

Nekrasov（涅克拉索夫）后，俄国诗学之进步衍为二派：一派承旧时平民诗派之绪余，忠于其所信，而求感应于社会的生活，Gemtchujnikov（热姆丘日尼科夫）、Yakubovitch（雅库鲍维奇）为此派之著名作者；一派专究纯粹之艺术而与纯抒情诗之优美式例以新纪元，如 Tuttchev（丘特切夫）、Fete（费特）、Maikov（马伊可夫）、Alexis Tolstoy（阿历克塞·托尔斯泰）等皆属之。但纯抒情派之运动，卒不得青年之赞助而有孤立之象。一般青年仍多自侪于平民诗派之列，其运动之结果，适以增重俄国诗界之社会的音调而已。

十九世纪最后五年间，有一派新诗人崛起，号颓废派（Decadents），多属于新传奇主义派（Neo-Romantics）。一九〇五革命之起也，此派多不安于冷寂，踊跃以诉于革命事变所供给之资料，或且作诗以自誓忠于人民，且宣言甘为劳动阶级社会主义之战士。但此奇异之现象，不旋踵遂归于幻灭。而反动以起，此派复堕溺于神秘主义之中，而不愿废其探究虚伪之素志。观于是派中才名藉甚之 Blok（勃洛克），近年刊布一公函，函中信誓旦旦，谓公众之视颓废诗派与视平民诗派者不同，如颓龄之 Plechtchiev（普列谢耶夫），伸其战抖之腕，劝人以向刚勇之功烈猛进，勿恐勿疑，闻者莫不以诚敬爱［受］之，而在纯粹艺术之代表者为之，则闻者惟以俳优鄙夫弃之。此函中所鸣之不平，殆非无据而云然。盖俄国多数之读者，今犹视社会的诗歌为一种诗才之高贵的表示也。

今也赤旗飘扬，俄罗斯革命之花灿烂开敷，其光华且远及于荒寒之西伯利亚矣。俄罗斯革命之成功，即俄罗斯青年之胜利，亦即俄罗斯社会的诗人灵魂之胜利也。俄罗斯青年乎！其何以慰此血迹淋淋、颜色惨淡之诗神？其何以报彼为社会牺牲之诗人？

署名：李大钊
据手稿复印件

"今"
（1918 年 4 月 15 日）

我以为世间最可宝贵的就是"今"，最易丧失的也是"今"。因为他最容易丧失，所以更觉得他可以宝贵。

为甚么"今"最可宝贵呢？最好借哲人耶曼孙所说的话答这个疑问："尔若爱千古，尔当爱现在。昨日不能唤回来，明天还不确实，尔能确有把握的就是今日。今日一天，当明日两天。"

为甚么"今"最易丧失呢？因为宇宙大化，刻刻流转，绝不停留。时间这个东西，也不因为吾人贵他爱他稍稍在人间留恋。试问吾人说"今"说"现在"，茫茫百千万劫，究竟那一刹那是吾人的"今"，是吾人的"现在"呢？刚刚说他是"今"是"现在"，他早已风驰电掣的一般，已成"过去"了。吾人若要糊糊涂涂把他丢掉，岂不可惜？

有的哲学家说，时间但有"过去"与"未来"，并无"现在"。有的又说，"过去"、"未来"皆是"现在"。我以为"过去未来皆是现在"的话倒有些道理。因为"现在"就是所有"过去"流入的世界，换句话说，所有"过去"都埋没于"现在"的里边。故一时代的思潮，不是单纯在这个时代所能凭空成立的。不晓得有几多"过去"时代的思潮，差不多可以说是由所有"过去"时代的思潮一（起）凑合而成的。吾人投一石子于时代潮流里面，所激起的波澜声响，都向永远流动传播，不能消灭。屈原的《离骚》，永远使人人感泣。打击林肯头颅的枪声，呼应于永远的时间与空间。一时代的变动，绝不消失，仍遗留于次一时代，这样传演，至于无穷，在世界中有一贯相联的永远性。昨日的事件与今日的事件，合构成数个复杂事件。此数个复杂事件与明日的数个复杂事件，更合构成数个复杂事件。势力结合势力，问题牵起问题。无限的"过去"都以"现在"为归宿，无限的"未来"都以"现在"为渊源。

"过去"、"未来"的中间全仗有"现在"以成其连续，以成其永远，以成其无始无终的大实在。一掣现在的铃，无限的过去未来皆遥相呼应。这就是"过去未来皆是现在"的道理。这就是"今"最可宝贵的道理。

现时有两种不知爱"今"的人：一种是厌"今"的人，一种是乐"今"的人。

厌"今"的人也有两派：一派是对于"现在"一切现象都不满足，因起一种回顾"过去"的感想。他们觉得"今"的总是不好，古的都是好。政治、法律、道德、风俗全是"今"不如古。此派人惟一的希望在复古。他们的心力全施于复古的运动。一派是对于"现在"一切现象都不满足，与复古的厌"今"派全同，但是他们不想"过去"，但盼"将来"。盼"将来"的结果，往往流于梦想，把许多"现在"可以努力的事业都放弃不做，单是耽溺于虚无缥渺的空玄境界。这两派人都是不能助益进化，并且很足阻滞进化的。

乐"今"的人大概是些无志趣无意识的人，是些对于"现在"一切满足的人，觉得所处境遇可以安乐优游，不必再商进取，再为创造。这种人丧失"今"的好处，阻滞进化的潮流，同厌"今"派毫无区别。

原来厌"今"为人类的通性。大凡一境尚未实现以前，觉得此境有无限的佳趣，有无疆的福利，一旦身陷其境，却觉不过尔尔，随即起一种失望的念，厌"今"的心。又如吾人方处一境，觉得无甚可乐，而一旦其境变易，却又觉得其境可恋，其情可思。前者为企望"将来"的动机，后者为反顾"过去"的动机。但是回想"过去"，毫无效用，且空耗努力的时间。若以企望"将来"的动机，而尽"现在"的努力，则厌"今"思想却大足为进化的原动。乐"今"是一种惰性（Inertia），须再进一步，了解"今"所以可爱的道理，全在凭他可以为创造"将来"的努力，决不在得他可以安乐无为。

热心复古的人，开口闭口都是说"现在"的境象若何黑暗，若何卑污，罪恶若何深重，祸患若何剧烈。要晓得"现在"的境象倘若真是这样黑暗，这样卑污，罪恶这样深重，祸患这样剧烈，也都是"过去"所遗留的宿孽，断断不是"现在"造的。全归咎于"现在"是断断不能受的。要想改变他，但当努力以创造将来，不当努力以回复"过去"。

照这个道理讲起来，大实在的瀑流永远由无始的实在向无终的实在奔流。吾人的"我"，吾人的生命，也永远合所有生活上的潮流，随着大实在的奔流，以为扩大，以为继续，以为进转，以为发展。故实在即动力，生命即流转。

忆独秀先生曾于《一九一六年》文中说过，青年欲达民族更新的希望，"必自杀其一九一五年之青年，而自重其一九一六年之青年"。我尝推广其意，也说过人生惟一的蕲向，青年惟一的责任，在"从现在青春之我，扑杀过去青春之我，促今日青春之我，禅让明日青春之我"。"不仅以今日青春之我，追杀今日白首之我，并宜以今日青春之我，豫杀来日白首之我。"实则历史的现象，时时流转，时时变易，同时还遗留永远不灭的现象和生命于宇宙之间，如何能杀得？所谓杀者，不过使今日的"我"不仍旧沉滞于昨天的"我"。而在今日之"我"中，固明明有昨天的"我"存在。不止有昨天的"我"，昨天以前的"我"，乃至十年二十年百千万亿年的"我"都俨然存在于"今我"的身上。然则"今"之"我"，"我"之"今"，岂可不珍重自将，为世间造些功德？稍一失脚，必致遗留层层罪恶种子于"未来"无量的人，即未来无量的"我"，永不能消除，永不能忏悔。

我请以最简明的一句话写出这篇的意思来：

吾人在世，不可厌"今"而徒回思"过去"，梦想"将来"，以耗误"现在"的努力。又不可以"今"境自足，毫不拿出"现在"的努力，谋"将来"的发展。宜善用"今"，以努力为"将来"之创造。由"今"所造的功德罪孽，永久不灭。故人生本务，在随实在之进行，为后人造大功德，供永远的"我"享受，扩张，传袭，至无穷极，以达"宇宙即我，我即宇宙"之究竟。

署名：李大钊
《新青年》第 4 卷第 4 号
1918 年 4 月 15 日

新的！旧的！
（1918 年 5 月 15 日）

宇宙进化的机轴，全由两种精神运之以行，正如车有两轮，鸟有两翼，一个是新的，一个是旧的。但这两种精神活动的方向，必须是代谢的，不是固定的；是合体的，不是分立的，才能于进化有益。

中国人今日的生活全是矛盾生活，中国今日的现象全是矛盾现象。举国的人都在矛盾现象中讨生活，当然觉得不安，当然觉得不快，既是觉得不安不快，当然要打破此矛盾生活的阶，另外创造一种新生活，以寄顿吾人的身心，慰安吾人的灵性。

矛盾生活，就是新旧不调和的生活，就是一个新的，一个旧的，其间相去不知几千万里的东西，偏偏凑在一处，分立对抗的生活。这种生活，最是苦痛，最无趣味，最容易起冲突。这一段国民的生活史，最是可怖。

欲研究一国家或一都会中某一时期人民的生活，任取其生活现象中的一粒微尘而分析之，也能知道其生活全部的特质。一个都会里一个人所穿的衣服，就是此都会里最美的市场中所陈设的；一个人的指爪上的一粒炭灰，就是由此都会里最大机械场的烟突中所飞落的。既同在一个生活之中，刹刹尘尘都含有全体的质性，都着有全体的颜色。

我前岁在北京过年，刚过新年，又过旧年。看见贺年的人，有的鞠躬，有的拜跪，有的脱帽，有的作揖，有的在门首悬挂国旗，有的张贴春联，因而起了种种联想。

想起黄昏时候走在街头，听见的是更夫的梆子丁丁的响，看见的是站岗巡警的枪刺耀耀的亮。更夫是旧的，巡警是新的。要用更夫，何用巡警？既用巡警，何用更夫？

又想起我国现已成了民国，仍然还有甚么清室。吾侪小民，一面要负担议会及公府的经费，一面又要负担优待清室的经费。民国是新的，清室是旧的，既有民国，那有清室？若有清室，何来民国？

又想起制定宪法。一面规定信仰自由，一面规定"以孔道为修身大本"。信仰自由是新的，孔道修身是旧的。既重自由，何又迫人来尊孔？既要迫人尊孔，何谓信仰自由？

又想起谈论政治的。一面主张自我实现，一面鼓吹贤人政治。自我实现是新的，贤人政治是旧的。既要自我实现，怎行贤人政治？若行贤人政治，怎能自我实现？

又想起法制习俗。一面立禁止重婚的刑律，一面许纳妾的习俗。禁止重婚的刑律是新的，纳妾的习俗是旧的。既施刑律，必禁习俗；若存习俗，必废刑律。

以上所说不过一时的杂感，其余类此者尚多。最近又在本志上看见独秀先生与南海圣人争论，半农先生向投书某君棒喝。以新的为本位论，南海圣人及投书某君最少应生在百年以前。以旧的为本位论，独秀、半农最少应生在百年以后。此等"风马牛不相及"的人物思想，竟不能不凑在一处，立在同一水平线上来讲话，岂不是绝大憾事？中国今日生活现象矛盾的原因，全在新旧的性质相差太远，活动又相邻太近。换句话说，就是新旧之间，纵的距离太远，横的距离太近；时间的性质差的太多，空间的接触逼的太紧。同时同地不容并存的人物、事实、思想、议论，走来走去，竟不能不走在一路来碰头，呈出两两配映、两两对立的奇观。这就是新的气力太薄，不能努力创造新生活，以征服旧的的过处了。

我常走在前门一带通衢，觉得那样狭隘的一条道路，其间竟能容纳数多时代的器物：也有骆驼轿，也有上贴"借光二哥"的一轮车，也有骡车、马车、人力车、自转车、汽车等，把念世纪的东西同十五世纪以前的汇在一处。轮蹄轧轧，汽笛呜呜，车声马声，人力车夫互相唾骂声，纷纭错综，复杂万状，稍不加意，即遭冲轧，一般走路的人，精神很觉不安。推一轮车的讨厌人力车、马车、汽车，拉人力车的讨厌马车、汽车，赶马车的又讨厌汽车。反说回来，也是一样。新的嫌旧的妨阻，旧的嫌新的危险。照这样层级论，生活的内容不止是一种单纯的矛盾，简直是重重叠叠的矛盾。人生的径路，若是为重重叠叠的矛盾现象所塞，怎能急起直追，逐宇宙的文化前进？仔细想来，全是我们创造的能力缺乏的原故。若能在北京创造一条四通八达的电车轨路，我想那时乘坐驼轿、骡车、人力车等等的人，必都舍却这些笨拙迂腐的器具，来坐迅速捷便的电车，马路上自然绰有余裕，不像那样拥挤了。即有寥寥的汽车、马车、自转车等依旧通行，因为与电车纵的距离不甚相远，横的距离又不像从前那样逼近，也就都有容头过身的道路了，也就没有互相嫌恶的感情了，也就没有那样容易冲突的机会了。

因此我很盼望我们新青年打起精神，于政治、社会、文学、思想种种方面开辟一条新径路，创造一种新生活，以包容覆载那些残废颓败的老人，不但使他们不妨害文明的进步，且使他们也享享新文明的幸福，尝尝新生活的趣味，就像在北京建造电车轨道，输运从前那些乘驼轿、骡车、人力车的人一般。打破矛盾生活，脱去二重负担，这全是我们新青年的责任，看我们新青年的创造能力如何？

进！进！进！新青年！

署名：李大钊
《新青年》第 4 卷第 5 号
1918 年 5 月 15 日

强力与自由政治
——答高元君
（1918 年 7 月 1 日）

曩者愚在《太平洋》第一卷第七号，尝为《暴力与政治》一文，论"今日之政治与强力不相容"。友人高元君不以为鄙陋，而赐予匡正，指为一偏之见，而别陈"政治无古今必筑于强力之上，必不筑于武力之上"之理。愚既素爱反对之说，又感高君纠正之雅，所足救愚论之一偏者，敢不拜嘉，而愚意有所不能苟同，亦未可报之以沉默。盖真理以辨析而愈明，吾侪当知辩争之不以朋友之私而阻者，乃全为爱真理之故，苟不举其所信尽量昭布以共求其真，亦非以诚待友之道。爰为斯篇，以与高君相商榷，并以质之当世明达焉。

愚言强力（force）乃与意思（will）对举，其义蕴视高君所诠者为狭，但又视其所云"武力"之范围为广。狭义之强力，指强制以屈他人意思之力而言；广义之强力，则并自由意思之力而括于其中。高君之所谓强力，殆指民意之势力，与愚所言之强力迥殊。关于此点，欧美作者用 force 之语，诠义亦各不同。此只为名词之争，高君论旨，固与愚意全无根本之违异也。

但愚读高君所引威尔逊氏之说，而终觉有未安者，请得而略论之。威氏之言曰："政府止于权力与强力者也。盖无论何种政体，而政府之特质要不外乎权力。其一方有治者，他方有被治者。治者之权力，或直接或间接，要以强力为归。是故政府者，一言以蔽之，则组织的强力（Organized force）而已。所谓组织的强力者，非以组织的武力（Organized armed force）为必要，而实为若干人或全社会之意志表见于组织以实行其固有之目的而处理其公共之事务之谓也。……强力不必外形也。强力虽为权力之后盾，而非可以捉摸。权力之寄于治者之身也，虽彰明较著，然而权力之止于强力也，则非表面之事实。易言之，即强力之形非所必要也。是故有或种政府，其权力永不被武力之形者。即今诸强国，政机运动，大都肃静，而莫事压制其民。易言之，即莫恃强力之形也。然而强力之隐显，固无与于其分量之轻重。盖近世之良政府，不恃治者之武力，而恃被治者之悦服（free consent），是即政府以宪法与法律为之范，而宪法与法律又以社会之习惯为之源也。此其所蕴之强力，故非一朝廷专制之强力，非少数人暴恣之强力，而为多数人合致之强力也。国人皆晓然于其力之伟大，相戒而莫敢犯，故其为力也，乃潜伏而无所用。彼民选之官长与专制之君主较，其权力所倚之强力初无优劣，而合众国总统之强力以视俄罗斯之皇帝则或且过之也，然而二者根本之差则在隐显之间而已。如腕力然，甲则以为后援，乙则以为前卫，虽其用之之时不同，而所以为力一也。"[1]综斯言以观之，知其所谓组织的强力者，即指多数人合致之强力也而言。于此愚所欲问者，此种强力之构成是否含有被治者之 free consent 在内，抑或被治者之 free consent 必待此种强力之迫制，或晓然于其力之伟大相戒而莫敢犯，始能发生？愚诚无似，曷敢妄测威氏之本意，但愚敢言既云悦服则必无待于迫制，既有强力则必不容 free consent 之发生，就令悦服之动机多少由于自己节制自己牺牲之德，斯犹在自由轨范之内而无与于自己以外威制之强力。子舆氏有言："以力服人者非心服也，力不赡也。"非心服者，即不生 free consent。凡事之足以致人悦服，且可称为悦服者，必非外与之强力所能为功。苟服从之义与强力为缘，则为被动，而非自由，得云压服，不得云为悦服。压服者力之事，悦服者意之事，被动者人之事，自由者己之事。人为主动以施压服于己之强力一旦消失，则服从之义将与之俱去，而易为抗拒以报之矣。若谓被治者之 free consent 实挟有一种伟大之强力，则其所蕴之强力，不惟非一朝廷专制之强力，非少数暴恣之强力，且非多数人合致之强力，而为合多数人与少数人而成国民公意之强力。此公意之凝结，实根于国民之社会的信念，其基础固在理而不在力。由是言之，此种伟大之强力，实为国民 free consent 所具之势力，而国民之 free consent 决非此种伟大强力下之产物。

愚尝论之，多数政治（Government by majority）与自由政治（free government）不同。自由政治之精神，"不在以多强少，乃在使一问题发生时，人人得以自由公平之度，为充分之讨论，翔实之商榷，而求一公同之认可。商讨既至详尽之程度，乃以多数之取决验稽其结果。在商讨之中，多数宜有容纳少数之精神；在取决之后，少数宜有服从多数之道义。自由政治之真谛，非依多数，乃依公认。多数取决，不过表示公认之一种方法而已。"意谓少数之公认，非迫于多数之强力，乃发于自由之信念，其服从非服从多数势力之自身，乃服从表示公认之方法。此愚论之旨也。高君曰：不然，"理想之民治或有然，而今日之实际去此尚远"[2]。复征威氏之言以为之证曰："生今之世，辄曰舆论政治、民声政治。斯言也，其于描写发达圆满之庶民政治，容或有当，然在今日，则彼作成舆论之多数，其所恃以制胜者，非少数之理屈，实以其数诎耳。易言之，即彼之所以排少数者，匪特用其众声，抑且恃其众力，斯故彰彰之事实无可讳者也。故曰：多数之所以能行其统治者，非其智慧使然，实其势力使然。是故多数者苟欲以其意见施于实行，则其所需之势力，因［固］无以异乎专制君主之所以压服其民众者也。"[3]高君既引其说，更进一步续陈己意曰："不特今日庶民政治之实际，莫不依于多数意志所凝之强力，即理想之至善的庶民政治，其依于多数意志所凝之强力也，程度亦未尝少减。何则？所谓理想的庶民政治者，不外依于被治者之 free consent 以为政。free consent 者，即所谓于一问题人人得以自由公平之度为充分之讨论，翔实之商榷，而求一公同之认可也。而公同认可之方法，即在多数之取决。多数之取决，则必有最后执行效力。此最后执行之效力，能反于少数怀异者之意见以为施，然则得谓之非强力乎？特以其国民政治之德力之发达，深信服从多数意志所凝之强力之义务，故相率恪守而莫之或违。是以其强力之行，有如枪弹运动于真空之境，抵抗不生，则枪弹亦终不见有陷坚之用。然必于枪弹之陷坚乃认其运动力之存在，斯不亦末乎？"[4]此其析理之精，运思之密，愚之浅陋，实所钦服。虽然，犹有说焉。威氏以斯说明今日民治未造发达圆满境域之事实，力或有然；然遽执此以断民治之精神即在多数之强力，则其政象将如穆勒所云："虽有君主，而操权之〈诚〉国民与权力所加之国民实非同物。其所谓自治者，非曰以己治己也，乃各以一人而受治于余人。所谓民之好恶，非通国之好恶也，乃其中最多数之好恶。且所谓最多数者，亦不必其最多数，或实寡而受［授］之以为多。由是民与民之间，方相用其劫制，及此然后知限制治权之说，其不可不谨于此群者，无异于他群。民以一身受治于群，权之所集，即不可以无限，无问其权之出于一人抑出于其民之泰半也。不然，则泰半之豪景［暴］，且无异于专制之一人。"[5]愚谓岂惟无异，抑且过之。倘谓多数之强力，行于无形，即其长于专制之所，则请为更诵穆勒之言矣。"夫泰半之豪暴，其为可异者，以群之既合，则固有劫持号召之实权，如君上之诏令然。假所诏令者，弃是而从非，抑侵其所不当问者，此其为暴于群常较专制之武断为尤酷。何则？专制之武断，其过恶显然可指，独泰半之暴，行于无形，所被者周无所逃虐，而其入于吾之视听言动者最深，其势非束缚心灵使终为流俗之奴隶不止。……"[6]此可深长思也。总之，多数取决之制，乃今日施行民治之方法，民治之精神，不在是也。盖各个意志之总计，与普遍意志（general will）全然不同。为此辨者，莫如卢骚。彼以普遍意志，为公我之意志，各个意志之总计，为私我之意志。普遍意志所由发生者，乃因其利益之属于公同普遍，非单由于发表之票数。反之，各个意志之总计，则以私利为的，其实为单独意志之凑合，非为普遍意志之一致。有一事焉，就令人人票决均趋于同，亦未足为普遍意志之表示。以其总计偶同之结果，或基于瞬间私人关系之利害，纵人人之意志如何符合，其间究无一致之精神相与贯彻。非真以公共福利为目的之意志，不得谓之普遍意志也。意志之总计与意志之一致，其间相异之点，洽如单纯集合物与有机体之为别[7]。由是言之，使多数者挟其意志之总计以制少数，使为意志之一致，愚敢断其徒劳而无功，为其与公我之意志全相反也。然则最后执行之效力，不在多数投票之取决，而在普遍意志之发生，非反于少数怀异者之意见以为施，乃基于少数怀异者之 free consent 以为施。即基于普遍意志之一致以为施，必欲以力称之，是为普遍意志所具之势力，非多数意志所凝之强力。必欲于其间寻一种力之关系，则鲍生葵尝云："治者之自己，与被治者之自己，非为同一。而异其意义，真实之自己为治者，私之自己为被治者。自治云者，乃谓人各有二种之自己，一为偶然私的单位，一为合理的自己。假定实现此合理的自己为吾人之义务，则自治者实以第一自己治第二自己之谓也。"[8]（此与穆勒之说异）必以意思之力，制服自己者仍为自己，其力方能如枪弹运行于真空之间，而抵抗不生。此外之强力，未有不召抵抗力之反动者也。就其所受之力为其所自施者言之，与云强力之运用，宁曰自由意志之表现较为适当。即高君所举蒲徕士之言，亦必多数之意志"公允以为决定"（honestly ascertained），始能期于必行。此种精神，始能深入乎人心而形成国民之习惯，即愚所谓社会的信念，其国民始能获一伟大之势力。[9]若徒恃多数之强力，而不为忠恕公允之决定，以求少数之 free consent，则以力召力，报抗相还，行且俱毁而同尽。强力云乎哉？伟大云乎哉？

愚谓"专制之世，国之建也基于强力"（包有武力在内）。高君引威氏之说以为驳正，旨在论民意之权威，虽专制之君主亦须受其羁束。此则较愚论为更进一步，不惟与愚论旨无违，且足助之张目矣。

要之，高君之意在欲以民意内阁为强力内阁之真诠，愚意则惧崇尚强力为专制之媒介。高君之意在欲进一步证明专制君主之后盾，且在民意而不在武力，其他民治之不须武力更不待言。愚意则仿〔防〕枭雄之伪造民意，并以杜客卿国情之说。言非一端，夫各有当耳。即彼西洋学者，因其所处之时势、境遇、社会各不相同，则其著书立说，以为救济矫正之者，亦不能不从之而异。吾辈立言，不察中国今日之情形，不审西洋哲人之时境，甲引丙以驳乙，乙又引丁以驳甲，盲人瞎马，梦中说梦，殊虑犯胡适之先生所谓"奴性逻辑"[10]之嫌，此为今日立言之大忌。是义也，愿与高君共戒之。

作者注：

[1] 见《法政学报》第一期高元君《强力与武力》，从高君译语。

[2] 同上。

[3] 同上，从高君译语。

[4] 同上。

[5] 见严译：《群己权界论》。

[6] 同上。

[7] 见 Bosanguet，B.：*The Philosophical Theory of The States*。

[8] 同上。

[9] 见《法政学报》第二期通信栏高元君答愚书中所引 Bryce 语。

[10] 胡适之先生作《西洋哲学史大纲》导言中有一段云："……研究西洋哲学史，还有一层大用处，还可以救正今日中国思想界和论界的'奴性逻辑'。什么叫做奴性的逻辑呢？例如甲引'妇人，伏于人也'，以为男女不当平等；乙又引'妻者，齐也'，以为男女应当平等。这便是奴性逻辑。如今的人，往往拿西洋的学说，来做自己的议论的护身符。例如你引霍布士来驳我，我便引卢骚来驳你；甲引哈蒲浩来辩护自由主义，乙便引海智尔来辩护君主政体，丙又引柏拉图来辩护贤人政治。却不知道霍布士有霍布士的时势，卢骚有卢骚的时势，哈蒲浩、海

智尔、柏拉图又各有他们不同的境遇时代。因为他们所处的时势、境遇、社会各不相同，所以他们怀抱的救世方法，便也各不相同。不去研究中国的现状应该用甚么救济方法，却去引那些西洋学者的陈言来辩护自己的偏见，这已是大错了。至于引那些合我脾胃的西洋哲人，来驳那些不合我脾胃的西洋哲人，全不管这些哲人和那些哲人是否可以相提并论，是否于中国今日的问题有可以引证的理由——这不是奴性的逻辑吗？要救正这种奴性逻辑，须多习西洋哲学史。懂得西洋哲学史，然后知道柏拉图、卢骚、霍布士、海智尔……的学说，都由个人的时势不同，才性不同，所受的教育又不同，所以他们的学说都有个性的区别，都有个性的限制，并不能施诸四海而皆准也，不能推诸万世而不悖，更不能胡乱供给中国今日的政客作言论的根据了。"

署名：李大钊
《言治》季刊第 3 册
1918 年 7 月 1 日

东西文明根本之异点
（1918 年 6 月—7 月）

　　东西文明有根本不同之点，即东洋文明主静，西洋文明主动是也。溯诸人类生活史，而求其原因，殆可谓为基于自然之影响。盖人类生活之演奏，实以欧罗细亚为舞台。欧罗细亚者，欧亚两大陆之总称也。欧罗细亚大陆之中央，有一凸地曰"桌地"（Table land），此与东西文明之分派至有关系。因其地之山脉，不延于南北，而亘乎西东，足以障阻南北之交通。人类祖先之分布移动，乃以成二大系统：一为南道文明，一为北道文明。中国本部、日本、印度支那、马来半岛诸国、俾路麻、印度、阿富汗尼斯坦、俾尔齐斯坦、波斯、土尔基、埃及等，为南道文明之要路；蒙古、满洲、西伯利亚、俄罗斯、德意志、荷兰、比利时、丹麦、士坎迭拿威亚、英吉利、法兰西、瑞西、西班牙、葡萄牙、意大利、奥士大利亚、巴尔干半岛等，为北道文明之要路。南道文明者，东洋文明也；北道文明者，西洋文明也。南道得太阳之恩惠多，受自然之赐予厚，故其文明为与自然和解、与同类和解之文明。北道得太阳之恩惠少，受自然之赐予啬，故其文明为与自然奋斗与与同类奋斗之文明。一为自然的，一为人为的；一为安息的，一为战争的；一为消极的，一为积极的；一为依赖的，一为独立的；一为苟安的，一为突进的；一为因袭的，一为创造的；一为保守的，一为进步的；一为直觉的，一为理智的；一为空想的，一为体验的；一为艺术的，一为科学的；一为精神的，一为物质的；一为灵的，一为肉的；一为向天的，一为立地的；一为自然支配人间的，一为人间征服自然的。南道之民族，因自然之富，物产之丰，故其生计以农业为主，其民族为定住的；北道之民族，因自然之赐予甚乏，不能不转徙移动，故其生计以工商为主，其民族为移住的。惟其定住于一所也，故其家族繁衍；惟其移住各处也，故其家族简单。家族繁衍，故行家族主义；家族简单，故行个人主义。前者女子恒视男子为多，故有一夫多妻之风，而成贱女尊男之习；后者女子恒视男子为缺，故行一夫一妻之制，而严尊重女性之德。农业为主之民族，好培种植物；商业为主之民族，好畜养动物。故东人食物，以米蔬为主，以肉为辅；西人食物，以肉为主，以米蔬为辅；此饮食嗜好之不同也。东人衣则广幅博袖，履则缎鞋木屐；西人衣则短幅窄袖，履则革履。东方舟则帆船，车则骡车、人力车；西方舟则轮船，车则马车、足蹭车、火车、电车、摩托车。东人写字则用毛笔砚池，直行工楷于柔纸；西人写字则用铅笔或钢笔，横行草书于硬纸。东人讲卫生，则在斗室静坐；西人讲体育，则在旷野运动。东人之日常生活，以静为本位，以动为例外；西人之日常生活，以动为本位，以静为例外。试观东人西人同时在驿候车，东人必觅坐静息，西人必来往梭行。此又起居什器之不同也。更以观于思想：东人持厌世主义（Pessimism），以为无论何物皆无竞争之价值，个性之生存，不甚重要；西人持乐天主义（Optimism），凡事皆依此精神，以求益为向上进化发展，确认人道能有进步，不问其究极目的为何，但信前事，惟前进奋斗为首务。东人既以个性之生存为不甚重要，则事事一听之天命，是谓定命主义（Fatalism）；西人既信人道能有进步，则可［事］事一本自力以为创造，是谓创化主义（Creative Progressionism）。东人之哲学，为求凉哲学；西人之哲学，为求温哲学。求凉者必静，求温者必动。东方之圣人，是由生活中逃出，是由人间以向实在，而欲化人间为实在者也；西方之圣人，是向生活里杀来，是由实在以向人间，而欲化实在为人间者也。更以观于宗教：东方之宗教，是解脱之宗教；西方之宗教，是生活之宗教。东方教主告戒众生以由生活解脱之事实，其教义以清净寂灭为人生之究竟，寺院中之偶像，龛前之柳，池中之水，沉沉无声，皆足为寂灭之象征；西方教主于生活中寻出活泼泼地之生命，自位于众生之中央，示人以发见新生命、创造新生命之理，其教义以永生在天、灵魂不灭为人生之究竟，教堂中之福音与祈祷，皆足以助人生之奋斗。更以观于伦理：东方亲子间之爱厚，西方亲子间之爱薄；东人以牺牲自己为人生之本务，西人以满足自己为人生之本务；故东方之道德在个性灭却之维持，西方之道德在个性解放之运动。更以观于政治：东方想望英雄，其结果为专制政治，有世袭之天子，有忠顺之百姓，政治现象毫无生机，几于死体，依一人之意思，遏制众人之愿望，使之顺从；西方依重国民，其结果为民主政治，有数年更迭之元首、之代议士，有随民意以为进退之内阁，政治现象刻刻流转，刻刻运行，随各个人之意向与要求，聚集各个势力以为发展。东人求治，在使政象静止，维持现状，形成一种死秩序，稍呈活动之观，则诋之以捣乱；西人求治，在使政象活泼，打破现状，演成一种活秩序，稍有沉滞之机，则摧之以革命。东方制定宪法，多取刚性，赋以偶像之权威，期于一成不变，致日新之真理，无缘以入于法；西方制定宪法，多取柔性，畀以调和之余地，期于与时俱化，俾已定之法度，随时可合于理。此东西文明差异之大较也。

东西民族因文明之不同，往往挟种族之偏见，以自高而卑人。近世政家学者，颇引为莫大之遗憾。平情论之，东西文明，互有长短，不宜妄为轩轾于其间。就东洋文明而论，其所短约有数端：（一）厌世的人生观，不适于宇宙进化之理法；（二）惰性太重；（三）不尊重个性之权威与势力；（四）阶级的精神，视个人仅为一较大单位中不完全之部分，部分之生存价值全为单位所吞没；（五）对于妇人之轻侮；（六）同情心之缺乏；（七）神权之偏重；（八）专制主义之盛行。而其所长，则在使彼西人依是得有深透之观察，以窥见生活之神秘的原子，益觉沉静与安泰。因而起一反省，自问日在物质的机械的生活之中，纷忙竞争，创作发明，孜孜不倦，延人生于无限争夺之域，从而不暇思及人类灵魂之最深问题者，究竟为何？

东西文明之互争雄长，历史上之遗迹，已数见不鲜。将来二种文明，果常在冲突轧轹之中，抑有融会调和之日，或一种文明竟为其他所征服，此皆未决之问题。以余言之，宇宙大化之进行，全赖有二种之世界观，鼓驭而前，即静的与动的、保守与进步是也。东洋文明与西洋文明，实为世界进步之二大机轴，正如车之两轮、鸟之双翼，缺一不可。而此二大精神之自身，又必须时时调和、时时融会，以创造新生命，而演进于无疆。由今言之，东洋文明既衰颓于静止之中，而西洋文明又疲命于物质之下，为救世界之危机，非有第三新文明之崛起，不足以渡此危崖。俄罗斯之文明，诚足以当媒介东西之任，而东西文明真正之调和，则终非二种文明本身之觉醒，万不为功。所谓本身之觉醒者，即在东洋文明，宜竭力打破其静的世界观，以容纳西洋之动的世界观；在西洋文明，宜斟酌抑止其物质的生活，以容纳东洋之精神的生活而已。

印度开放而后，西洋思想已渐蒙东洋之影响，如叔本华（Schobenhauer）之厌世哲学，尼采（Nitzsche）之天才个性主义，皆几分染东洋思想之颜色。惟印度之交通不便，西人居印者少，而印人之视英人，只认为娴于政治艺术之巧练蛮人，以为论及修养，彼辈尚属幼稚，彼辈所汲汲以求者，东方人决之于心中也久矣。故东西文明之间，在印度不生密切之接触。逮于海通，西人航海来华者日众，东西思想之接触始渐密切，良以吾国气候之温和，海路之利捷，远非印度可比也。由是言之，对于东西文明之调和，吾人实负有至重之责任，当虚怀若谷以迎受彼动的文明，使之变形易质于静的文明之中，而别创一生面。一九一六年九月八日，美德加父教授（Professor Maynard W. Metcalf）曾在奥伯林（Oberlin）为中国留美学生会演说《科学与现代文明》，论及中国之将来，有日〔曰〕，设有一民族于世界最终之民族中，能占一大部者，其惟中国人乎？其数量之众，忍苦之强，衍殖之繁，爱重平和之切，人格品性之坚，智力之优，与夫应其最高道德观念之能力，皆足以证其民族至少亦为最终民族中之要素。但彼等究与启发未来最终民族生息于其下之文明型式，以若何之影响乎？中国其将于智于德有所贡献于世界，亦如其于数量乎？此殆全视彼善导其发育于今方环接之新境遇下之成功何如耳！中国于人类进步，已尝有伟大之贡献。其古代文明，扩延及于高丽，乃至日本，影响于人类者甚大。今犹能卷土重来，以为第二次之大贡献于世界之进步乎？世间固尚未有一国民能于世界之进步为第二次伟大之贡献者，埃及、阿西利亚、佛尼西亚、希腊、罗马、亚拉比亚、波斯，皆曾达于极盛之域，而遂衰亡不复振。独意大利之文艺复兴，为显著之例外，然亦非旧罗马之复活。逮其纯为新民族之日，固不知有几多异族之血，混入古意大利人之族系也。犹忆三十年前，加潘特（Edward Carpenter）曾为文以论《文明之起原及其救济》，甚有趣味。文中指陈曾经极盛时代民族中，文明疾病之径路，谓此等文明之疾病，大抵皆有其相同之预兆时期，寝假而达于炎热最高之度，寝假而贻其民族以永世削弱之运焉。世界史中，尚未见有回春复活之民族，重为世界之强国也。

中国文明之疾病，已达炎热最高之度，中国民族之运命，已臻奄奄垂死之期，此实无容〔庸〕讳言。中国民族今后之问题，实为复活与否之问题，亦为吾人所肯认。顾吾人深信吾民族可以复活，可以于世界文明为第二次之大贡献。然知吾人苟欲有所努力以达此志的者，其事非他，即在竭力以受西洋文明之特长，以济吾静止文明之穷，而立东西文明调和之基础。

今日立于东洋文明之地位观之，吾人之静的文明，精神的生活，已处于屈败之势。彼西洋之动的文明，物质的生活，虽就其自身之重累而言，不无趋于自杀之倾向，而以临于吾侪，则实居优越之域。吾侪日常生活中之一举一动，几莫能逃其范围，而实际上亦深感其需要，愿享其利便。例如火车、轮船之不能不乘，电灯、电话之不能不用，个性自由之不能不要求，代议政治之不能不采行。凡此种种，要足以证吾人生活之领域，确为动的文明物质的生活之潮流所延注，其势滔滔，殆不可遏。而一察其现象，则又扞格矛盾之观，到眼都是。最近所发生之社会现象，如飞虹、普济、江宽等轮之冲沉也，某处火车之遇险也，某处电灯之失慎也，此类事实，若一一叩其原因，固各不一致，而且甚复杂。就生活现象，以为大量之批评，则皆足引为吾人不适于动的文明物质的生活之证据。其他大至政制，微至衣履，西人用之则精神焕发，利便甚溥，而一入于吾人之手，著于吾人之身，则怪象百出，局促弗安，总呈不相配称之观。盖尝推原其故，以为以静的精神，享用动的物质、制度、器械等等，此种现象必不能免。苟不将静止的精神根本扫荡，或将物质的生活一切屏绝，长此沉延，在此矛盾现象中以为生活，其结果必蹈于自杀。盖以半死带活之人，驾飞行艇，使发昏带醉之徒，御摩托车，人固死于艇车之下，艇车亦毁于其人之手。以英雄政治、贤人政治之理想，施行民主政治；以肃静无哗、唯诺一致之心理，希望代议政治；以万世一系、一成不变之观念，运用自由宪法，其国之政治，固以杌陧不宁，此种政制之妙用，亦必毁于若而国中。总之，守静的态度，持静的观念，以临动的生活，必至人身与器物，国家与制度，都归粉碎。世间最可恐怖之事，莫过于斯矣。

余既言之，物质的生活，今日万不能屏绝勿用。则吾人之所以除此矛盾者，亦惟以彻底之觉悟，将从来之静止的观念、怠惰的态度，根本扫荡，期与彼西洋之动的世界观相接近，与物质的生活相适应。然在动的生活中，欲改易一新观念，创造一新生活，其事较易；在静的生活中，欲根本改变其世界观，使适于动的生活，其事乃至难，从而所需之努力亦至大，吾人不可不以强毅之气力赴之。

奇普陵（Kipling）之诗曰：

Oh，East is East and West is West，
And never the Twain shall meet，
Till Earth and Sky stand presently

At God's great judgment Seat；
But there is neither East nor West，
Border. nor Breed nor Birth，
When two strong men stand face to face，
Tho' they come from the ends of the Earth.

译其大旨，即谓除非天与地，立于上帝最高裁判之席前，东终是东，西终是西，绝无相遇之期。但有二伟人焉，虽来自地球之两极，相对而立，则无东西畛域之见，种族血系之分也。吾青年乎，其各以 two strong men 中之一人自命，竭力铲除种族根性之偏执，启发科学的精神以索真理，奋其勇气以从事于动性之技艺与产业。此种技艺与产业，足致吾人之日常生活与实验之科学相接近。如斯行之不息，科学之演试必能日臻于纯熟，科学之精神必能沦浃于灵智。此种精神，即动的精神，即进步的精神。一切事物，无论其于遗袭之习惯若何神圣，不惮加以验察而寻其真，彼能自示其优良者，即直取之以施于用。时时创造，时时扩张，以期尽吾民族对于改造世界文明之第二次贡献。

本篇所用参考书报

（一）茅原华山著：《人间生活史》。

（二）Reinsch 著：*World Politics*，chapter Ⅲ。

（三）Jenks 著：*Principles of Politics*，page 32。

（四）*The Scientific Monthly*，Vol. 4，no. 5. 中所载 Professor Maynard M. Metcalf 著：*Science and Modern Civilization*。

（五）《新青年》第一卷第四号独秀著《东西民族根本思想之差异》。

* * *

愚文既已付印，偶于《东方》第十五卷第六号，见有《中西文明之评判》一文，译自日本《东亚之光》。其首段曰："有中国人胡某者，于开战前后在德国刊行德文之著作二种：一名《中国对于欧洲思想之辩护》，为开战前所刊；一名《中国国民之精神与战争之血路》，为开战后所刊者。"

欧美人对于东洋民族多以为劣等国民，偶或见其长处则直惊以为黄祸，其真倾耳于东洋人之言论者极少。有时对于东洋人之言论呈赞词者，多出于一时之好奇心，或属于外交辞令而已。

然此次战争，使欧洲文明之权威大生疑念。欧人自己亦对于其文明之真价不得不加以反省，因而对于他人之批评虚心坦怀以倾听之者亦较多。胡某之著作，在平时未必有人过问，而此时却引起相当之反响，为赞否种种议论之的。……次乃介绍德人对于辜氏著作之意见，赞成之者则有台里乌司氏及普鲁克陀尔福女士，反对之者则有弗兰士氏。其中所论颇足供愚文之参证，为幅帙所限，未能逐录，读者可取《东方》阅之。往者愚在日本，曾于秋桐先生《说宪》[1]文中，知辜鸿铭氏有《春秋大义》[2]之作，嗣以激于一种好奇之心理，尝取辜氏之书略为披阅，虽读之未暇终篇，但就其卷头之纲目导言之大旨观之，已足窥其概要。彼谓"西洋之教人为善，不畏之以上帝，则畏之以法律。离斯二者，虽兄弟比邻不能安处也。逮夫僧侣日多，食之者众，民不堪其重负。遂因三十年之战，倾覆僧侣之势力，而以法律代上帝之权威。于是继僧侣而兴者，则为军警焉。军警之坐食累民，其害且过于僧侣，结果又以酿成今日之战。经此大战之后，欧人必谋所以弃此军警，亦如昔之屏弃僧侣者然。顾屏弃军警之后，其所赖以维持人间之平和秩序者，将复迎前曾屏弃之僧侣乎？抑将更事他求乎？为欧人计，惟有欢迎吾中国人之精神，惟有欢迎孔子之道。"是篇所举胡氏之说与辜氏之说，若合符节。胡氏疑即辜氏之误，辜字译音颇与胡近。其书既以英文出版于北京，复以德文出版于柏林，日人展转迻译，致讹为胡，国人不察，亦以胡某受之。愚以为中国二千五百余年文化所钟，出一辜鸿铭先生，已足以扬眉吐气于二十世纪之世界。一之为奇，宁复有偶？必为辜氏之讹无疑。

愚读欧人对于辜说之评判，不禁起数种感想：第一，国人对于现代西洋最有价值之学说，恒扞格不相入，诋排之惟恐不及，而我以最无价值之梦话，一入彼欧人之耳，彼皆以诚恳之意迎之。或则以促其自反，或则以坚其自信，虽见仁见智各不相同，要皆能虚心坦怀资为他山之助；以视胶执己见、夜郎自大之吾人，度量相越之远，有非可以道里计者。故吾人对于欧人之注意辜说，惟当引以自愧，切不可视为"惊动欧人之名论"以自荣。第二，西洋文明之是否偏于物质主义，宜否取东洋之理想主义以相调剂？此属别一问题。时至今日，吾人所当努力者，惟在如何以吸收西洋文明之长，以济吾东洋文明之穷。断不许以义和团的思想，欲以吾陈死寂灭之气象腐化世界（例如以不洁之癖为中国人重精神不重物质之证，则吸食鸦片之癖，亦何不可数为相同之例？是非欲腐化世界而何）。断不许舍己芸人，但指摘西洋物质文明之疲穷，不自反东洋精神文明之颓废。第三，希望吾青年学者，出全力以研究西洋之文明，以迎受西洋之学说。同时，将吾东洋文明之较与近世精神接近者介绍之于欧人，期与东西文明之调和有所裨助，以尽对于世界文明二次之贡献，勿令欧人认此陈腐固陋之谈为中国人之代表。第四，台里乌司氏谓："人虽有采用新税制、新制服者，而无轻易采用新世界观者"，斯言诚不尽妄。但愚以为于吾东方静的世界观，若不加以最大之努力，使之与动的世界观接近，则其采用种种动的新制度、新服器，必至怪象百出，不见其利，只见其害。然此非可轻易能奏功效者，亦属事实。当于日常生活中习练薰陶之，始能渐渍濡染，易静的生活为动的生活。取法乎上仅得其中，吾人即于日常生活中常悬一动的精神为准则，其结果犹不能完全变易其执性之静止，倘复偏执而保守之，则活动之气质将永不见于吾人之身心，久且必归于腐亡。

* * *

愚顷又见早稻田大学教授北聆吉氏曾作《论东西文化之融合》一文（载于《东方时论》第三卷第六号），中多透辟之语。兹节译数段，供参证焉。

　　……西洋之文化，为求精神之自由，先倾其全力以利用自然，征服自然。欧人对于自然，不能漠不关心。纯取观望之态度，不能融合其自我于自然之中，以与自然共相游乐。其视自然为自我发展之凭基，非自我产生之嫡母。自然者，可以克服之障碍也。菲西的谓对象即抵抗，实足为欧人自然观之纲领。彼等所以不即其本然之体以观察自然，而必分析之以求发见其构成之之要素与轨范要素结合之法则者，乃欲如斯以为人类再建自然。其科学的文明，皆因其要求主张自我克服自然而产出。倍根尝谓为"知识之力"。盖欧人之科学，即使彼等制御自然之力也。

　　然东洋诸民族，关于此点，其努力则与欧美人异。同是东洋民族，其间固亦有相异之点。而自大体言之，则凡东洋诸民族，皆有一共同与西洋民族不同之所，即其不欲制御自然，征服自然，而欲与自然融合，与自然游乐是也。彼等不言人则与天则对立，宁依天则以演绎人则。东洋人一般之宿命观，以从天命为道德之能事，足为彼等如何视自然为强权之实证。东洋人与其欲制御自然以获精神之自由，宁欲使精神之要求服从自然，于此觅一安心之境地。故彼等对于自然，不加解剖，不加分析，但即其本然之体观察之而已。

　　东西文化之差别，可云一为积极的，一为消极的。此殆基于二者使现实生活彻底之意力之强弱。欧美人使现实生活彻底之欲望盛，故向利用或征服于其生活必要之自然之途以进。东洋人之于现实生活，不视为绝对，故使之彻底之努力缺乏。东西对于自然之差异，无论其基于何种理由，究于二者之间，生出思想与生活种种之不同。西洋人在与自然奋战之间，养成一种猛烈之生活意志。初哉首基，即利用此种生活意志，以使其他劣弱诸民族为之属隶，更为此目的利用其独占之科学知识。东洋人常以求得最大之满足于其被与之境遇为能事，故于本民族中认不法阶级之存在，即认异族为政治统治者，亦甘受之而帖服。西洋人在与自然奋战中所养成之自我观念，与人间中心之思想，构成一种价值哲学，设便于自己之标准，评量一切价值，不仅于现世以自己为中心，即于来世亦主张个性价值之保存。

希腊人受地理之影响，本为极端个人主义之信者。以智慧、勇气、正义、节制为四德，而慈悲仁爱在东洋思想认为一切道德之首者，则反屏之于道德范畴之外。今日之西洋人，合此希腊人之个人主义与希腊教灵魂不灭之教义，而成个性价值保存之哲学，从而西洋人缺真实大我之哲学。顾在东洋，儒教则求修养最终之标的于天，佛教则求之于涅槃，以成大我无我之哲学。宁以打破个人主义与人间本位之价值哲学，始足认为备哲人之风格。老庄荆楚之学，于此点最为彻底。……

自然之制服，境遇之改造，为西洋人努力所向之方向；与自然融合，对于所与境遇之满足，为东洋人优游之境地。此二者皆为人间文化意志所向之标的，吾人于斯二者均不可蔑视。若徒埋头于自然之制服，境遇之改造，而忘却吾人对于内的生活之反省，则吾人之生活必归于空虚。故今世大哲，若柏格森，则谓今日普鲁士人之生活，几全埋头于生产之事，于军事与产业方占胜利之际，诗与哲学，益趋退化，以为警告矣。若倭铿，则以内的文明与外的文明、诗与产业之两立为理想，昌言今日人本主义的文明，一面征服自然，一面有使自己灵性归于空虚之恐矣。……

彼欧美人今既于征服自然之中渐丧其自己之灵性，而东洋人则何如者？彼等既不求若何以征服自然、利用自然，故其与自然融合一致之精神，不过仅为少数人所能知，自余之大多数，殆为自然所征服。东洋圣哲，自觉"破于此处成于彼处"之大自在，故现实生活之成败，多不足以恼其心神。其大多数对于人生真义毫不理解，为自然所征服，又为利用自然者所驱使，以度最悲惨之生活。故于产生老庄解脱哲学之支那，造成多数如豚之苦力。于产生释尊宗教之印度，其生民不苦于疾疫，则厄于饥馑，今且被佣为兵，在西部战场为英国人效死。然则无征服自然之能力，甘居于被与之境遇之东洋民族，将有莫大之危险从其生活以俱至。此为吾人所不可不记取者。

于是乃生欧罗巴的文化与亚细亚的文化之补救乃至融合之必要矣。吾人为自己精神的自由，一面努力于境遇之制服与改造，一面亦须注意于境遇之制服与改造不可无一定之限制，而努力于自己精神之修养。单向前者以为努力，则人类将成为一劳动机械；仅以后者为能事，则亦不能自立于生存竞争之场中，必兼斯二者，真正人间的生活始放其光辉。而欲为此，非能将一切反对之要素摄取而统一之之民族不可。世间固有之文化，大抵因其民族之特质与其被置之境遇，多少皆有所偏局。必有民族焉，必于是等文化不认其中之一为绝对，悉摄容之而与以一定之位置与关系，始有产出将来新文化之资格。若而民族，于欧则有德意志，于亚则有日本。德人之天才，不在能别创新文化之要素，而在能综合从来之一切文化的要素，日本人之天才，亦正在此处。……梅烈鸠阔佛士基论欧罗巴的精神与亚细亚的精神曰："渐向下沉之西方之光，地之真人之真也；渐向高升之东方之光，天之真神之真也。西方之光，非必较东方之光为小，惟此二种之光、二种之真相结合，始与真昼之光、始与神人之光。"

今且引述其言以终吾文矣。

按：此篇所论，颇多特见。而其主张东西文明之须相调剂，亦与愚论无违。惟其谓具调和东西文明之资格者，于欧则有德国，于亚则有日本，此则全为日人"我田引水"之谈，与其崇拜德国文明过度之过。固执文明特质之民族，固不易与反对之文明言调和，而能综合异派文明兼容并收之民族，固于异派文明之调和易与介绍疏通之助，愚亦非敢概为否认。但愚确信东西文明调和之大业，必至二种文明本身各有激［彻］底之觉悟，而以异派之所长补本身之所短，世界新文明始有焕扬光采、发育完成之一日。即介绍疏通之责，亦断断非一二专事模仿之民族所能尽。愚惟希望为亚洲文化中心之吾民族，对于此等世界的责任，有所觉悟、有所努力而已。

作者注：

［1］见《甲寅》第八期。

［2］The Spirit of Chinese。

署名：李大钊

《言治》季刊第 3 册

1918 年 7 月 1 日

法俄革命之比较观
(1918 年 7 月 1 日)

俄国革命最近之形势，政权全归急进社会党之手，将从来之政治组织、社会组织根本推翻。一时泯棼之象，颇足致觇国者之悲观。吾邦人士，亦多窃窃焉为之抱杞〔杞〕忧者。余尝考之，一世纪新文明之创造，新生命之诞生，其机运每肇基于艰难恐怖之中，征之历史，往往而是。方其艰难缔造之初，流俗惊焉，视此根本之颠覆，乃为非常之祸变，抑知人群演进之途辙，其最大之成功，固皆在最大牺牲、最大痛苦之后。俄国今日之革命，诚与昔者法兰西革命同为影响于未来世纪文明之绝大变动。在法兰西当日之象，何尝不起世人之恐怖、惊骇而为之深抱悲观。尔后法人之自由幸福，即奠基于此役。岂惟法人，十九世纪全世界之文明，如政治或社会之组织等，罔不胚胎于法兰西革命血潮之中。二十世纪初叶以后之文明，必将起绝大之变动，其萌芽即苞发于今日俄国革命血潮之中，一如十八世纪末叶之法兰西亦未可知。今之为俄国革命抱悲观者，得毋与在法国革命之当日为法国抱悲观者相类欤。

或者谓法人当日之奔走呼号，所索者"自由"，俄人今日之涣汗绝叫，所索者"面包"。是法人当日之要求，在精神在理性之解放，俄人今日之要求，在物质在贪欲之满足。俄人革命之动机视法人为鄙，则俄人革命之结果，必视法人为恶。且在法国当日，有法兰西爱国的精神，足以维持法兰西之人心，而今日之俄国无之。故法人虽冒万险以革命，卒能外御强敌内安宗国，确立民主之基业，昌大自由之治化，将来俄人能否恢复秩序，重建组织，如当年法人之所为，殊为一大疑问。不知法兰西之革命是十八世纪末期之革命，是立于国家主义上之革命，是政治的革命而兼含社会的革命之意味者也。俄罗斯之革命是二十世纪初期之革命，是立于社会主义上之革命，是社会的革命而并著世界的革命之采色者也。时代之精神不同，革命之性质自异，故迥非可同日而语者。法人当日，固有法兰西爱国的精神，足以维持其全国之人心；俄人今日，又何尝无俄罗斯人道的精神，内足以唤起其全国之自觉，外足以适应世界之潮流，倘无是者，则赤旗飘飘举国一致之革命不起。且其人道主义之精神，入人之深，世无伦比。数十年来，文豪辈出，各以其人道的社会的文学，与其专擅之宗教政治制度相搏战。迄今西伯利亚荒寒之域，累累者固皆为人道主义牺牲者之坟墓也。此而不谓之俄罗斯人之精神殆不可得。不过法人当日之精神，为爱国的精神，俄人之今日精神，为爱人的精神。前者根于国家主义，后者倾于世界主义；前者恒为战争之泉源，后者足为和平之曙光，此其所异者耳。

由文明史观之，一国文明，有其畅盛之期，即有其衰歇之运。欧洲之国，若法若英，其文明均已臻于熟烂之期，越此而上之进步，已无此实力足以赴之。德之文明，今方如日中天，具支配世界之势力，言其运命，亦可谓已臻极盛，过此以往，则当入盛极而衰之运矣。俄罗斯虽与之数国者同为位于欧陆之国家，而以与上述之各国相较，则俄国文明之进步，殊为最迟，其迟约有三世纪之久。溯诸历史，其原因乃在蒙古铁骑之西侵，俄国受其蹂躏者三百余载，其渐即长育之文明，遂而中斩于斯时，因复反于蛮僿之境而毫无进步。职是之故，欧洲文艺复兴期前后之思想，独不与俄国以影响，俄国对于欧洲文明之关系遂全成孤立之势。正惟其孤立也，所以较欧洲各国之文明之进步为迟，亦正惟其文明进步较迟也，所以尚存向上发展之余力。

由地理之位置言之，俄国位于欧亚接壤之交，故其文明之要素，实兼欧亚之特质而并有之。林士[1]论东西文明之关系，有曰："……俄罗斯之精神，将表现于东西二文明之间，为二者之媒介而活动。果俄罗斯于同化中国之广域而能成功，则东洋主义，将有所受赐于一种强健之政治组织，而助之以显其德性于世界。二力间确实之接触，尚在未来，此种接触，必蓄一空前之结果，皆甚明显也。"[2]林氏之为此言，实在一九〇〇年顷。虽尔［迩］来沧桑变易，中国政治组织之变迁，转在俄国革命之前，所言未必一一符中，而俄罗斯之精神，实具有调和东西文明之资格，殆不为诬。原来亚洲人富有宗教的天才，欧洲人富有政治的天才。世界一切之宗教，除多路伊德教外，罔不起源于亚洲，故在亚洲实无政治之可言，有之皆基于宗教之精神而为专制主义之神权政治也。若彼欧洲及其支派之美洲，乃为近世国家及政治之渊源，现今施行自由政治之国，莫不宗为式范，流风遐被，且延及于亚洲矣。考俄国国民，有三大理想焉："神"也，"独裁君主"也，"民"也，三者于其国民之精神，殆有同等之势力。所以然者，即由于俄人既受东洋文明之宗教的感化，复受西洋文明之政治的激动，"人道"、"自由"之思想，得以深中乎人心。故其文明，其生活，半为东洋的，半为西洋的，盖犹未奏调和融会之功也。今俄人因革命之风云，冲决"神"与"独裁君主"之势力范围，而以人道、自由为基础，将统制一切之权力，全收于民众之手。世界中将来能创造一兼东西文明特质、欧亚民族天才之世界的新文明者，盖舍俄罗斯人莫属。

历史者，普遍心理表现之纪录也。故有权威之历史，足以震荡亿兆人之心，而惟能写出亿兆人之心之历史，始有震荡亿兆人心之权威。盖人间之生活，莫不于此永远实在之大机轴中息息相关。一人之未来，与人间全体之未来相照应，一事之朕兆，与世界全局之朕兆有关联。法兰西之革命，非独法兰西人心变动之表征，实十九世纪全世界人类普遍心理变动之表征。俄罗斯之革命，非独俄罗斯人心变动之显兆，实二十世纪全世界人类普遍心理变动之显兆。桐叶落而天下惊秋，听鹃声而知气运。历史中常有无数惊秋之桐叶、知运之鹃声唤醒读者之心。此非历史家故为惊人之笔遂足以耸世听闻，为历史材料之事件本身实足以报此消息也。吾人对于俄罗斯今日之事变，惟有翘首以迎其世界的新文明之曙光，倾耳以迎其建于自由、人道上之新俄罗斯之消息，而求所以适应此世界的新潮流，勿徒以其目前一时之乱象遂遽为之抱悲观也。

作者注：

[1] Paul S. Reinsch.

[2] 见 *World Politics*，Chapter Ⅲ，"The Meeting of Orient and Occident"。

署名：李大钊
《言治》季刊第 3 册
1918 年 7 月 1 日

Pan……ism 之失败与 Democracy 之胜利
（1918 年 7 月 15 日）

  一九一四年世界战祸之勃发，与夫吾国近来政局之翻复，虽原因多端，凑泊而成，未可以一概而论，然挈其要领，不外二大精神之冲突，即 Pan……ism 与 Democracy 之冲突。

  Pan……ism 者，译云"大……主义"。持此主义者，但求逞一己之欲求，不恤以强压之势力，迫制他人，使之屈伏于其肘腋之下焉。是等关系，国家与国家间有之，地域与地域间有之，阀阅与阀阅间有之，党派与党派间有之。于是世界之中，有所谓大欧罗巴主义焉，大美利坚主义焉，大亚细亚主义焉，大……主义焉；欧洲之中，更有所谓大日尔曼主义焉，大斯拉夫主义焉，大……主义焉；亚洲之中，更有所谓大日本主义焉，大……主义焉。最近于吾一国之中，又有所谓大北方主义焉，大西南主义焉，大……主义焉；同一北方主义之下，亦有所谓大……主义焉，大……主义焉；同一西南主义之下，亦有所谓大……主义焉，大……主义焉。凡此者，其范围之广狭，区分之性质，虽各不同，而其本专制之精神，以侵犯他人之自由，扩张一己之势力于固有之范围以外则一。故"大……主义"者，乃专制之隐语也。

  吾于此发见二种奇迹焉，即他人之"大……主义"，乃奋其全力以向外部发展；吾国之"大……主义"，乃互相侵陵，以自裂其本体。故他人之"大……主义"，为扩充之主义，吾国之"大……主义"，为缩小之主义。窃尝推原其故焉：人类有好争之性，每求所以为争之方向。强大优越之民族，所争多在外部之发展，其民族精神之缔结，国家位置之优胜，均足以助其争之本能，以高其固有之境遇，而一致以注泄于外竞。独至弱小之国，其民似皆能自觉其懦弱无能，对外言争，已决不敢作此梦想，所得以发泄其好争之性者，惟有对内以自相残杀焉耳。历史所告，凡外竞无力之民族，其内争必烈，卒至亡国而后已。斯诚伤心之景象也。复次吾国之持"大……主义"者，包涵于此"大"之范围，固不嫌其大，而统驭此"大"之中心，则不嫌其小，且欲其愈趋愈小，至于一身而止焉。前者喻如几何学上之圆周，后者则如中心点。此中心点者，初犹划定某一地域，某一党派以当之，递嬗而集极于某一人身矣。以地域或党派为中心者，其主义犹为大某地主义、大某派主义；以某人为中心者，递嬗而成大某人主义矣。夫至大某人主义，实现于一国，必为专制之君主，实现于各省，必为割据之群雄。前者有如洪宪之皇帝，后者有如今日之督军，皆"大……主义"之产物也。

宇宙间凡能承一命而为存在者，必皆有其自由之域，守之以与外界之体相调和、相对抗，以图与之并存而两立。倘有悍然自大而不恤侵及他人者，则彼之大即此之小，彼之张即此之屈，彼之强即此之弱，彼之长即此之消；一方蒙厥幸运，一方即被厥灾殃，一方引为福利，一方即指为祸患。彼大者、张者、强者、长者，蒙幸运而乐福利者，固自以为得矣；然而小者、屈者、弱者、消者，被灾殃而逢祸患者之无限烦冤，无限痛苦，遏郁日久，势且集合众力而谋所以报之。此等心理，将易成为中坚，而卒然迸发，至于不可抑止。且人之欲大，谁不如我，苟有第二之持"大……主义"者进而挟其力以与争其大焉，征之物莫两大之理，则争而败者，二者必居其一。然则持"大……主义"者，不败亡于众弱之反抗，即粉碎于两大之俱伤。此即观于欧战中之德国，吾国最近之南北关系、滇蜀关系、桂粤关系，均足为持"大……主义"者之棒喝。而其演成之公例，则为凡持"大……主义"以侵陵他人者，其结果必遭失败而无疑。

与"大……主义"适居反对者，则为 Democracy。是语也，或译为民主，或译为民治，实则欧美最近行用是语，乃以当"平权主义"之义。前者尚力，后者尚理；前者重专制，后者重自由；前者谋一力之独行，后者谋各个之并立，此其大较也。

世每谓欧战为专制与自由之争，而以德国代表专制，以联合国代表自由。综合世界而为大量之观察，诚有若斯之采色。但即德、奥、土诸国中，亦何尝不有专制与自由之争者？例如德国社会党之在议院绝叫民主也，德皇不得已而允与修正宪法也，奥国之革命运动也，同盟罢工也，土国青年党之奋足［起］也，在平时断无行之之希望者，均于大战中行之而无阻。反而观之英、俄诸国，俄则由极端之专制主义，依猛烈之革命，一跃而为社会民主矣；英则各殖民地对于本国之地位，将更进一步而成联邦之一员矣。本国内之工人与女子，其政治上社会上之地位亦日益加高，此足证 Democracy 之胜利。潮流所至，持"大······主义"者，莫不退避三舍，凡足为其进路之障者，莫不一扫而空之。为时代之精神，具神圣之权威，十九世纪生活上之一切见象，皆依 Democracy 而增饰彰采。美术也，文学也，习俗也，乃至衣服等等，罔不着其采色。近更藉机关炮、轮船、新闻、电报之力，自西徂东，拯我数千年横陈于专制坑内惰眠之亚洲，以竟其征服世界之全功。同一袁世凯氏也，迎之则跻于总统之尊，背之则伏天诛之罪。同一段祺瑞君也，忽而反抗洪宪，与 Democracy 为友，则首揆之位，群戴斯人；忽而纵容群督干宪，与 Democracy 为仇，则颠覆踣顿，复职免职，玩弄废置如弈棋。此其显者著者。其他居要位，享荣名者，举无不以对于 Democracy 之向背为准。由是观之，袁世凯氏之胜利，非袁氏之胜利，乃 Democracy 之胜利；其失败也，非 Democracy 之失败，乃袁氏之失败。段祺瑞君之胜利，非段君之胜利，乃 Democracy 之胜利；其失败也，亦非 Democracy 之失败，乃段君之失败。Democracy 于今日之世界，正犹罗马教于中世之欧洲；今人对于 Democracy 之信仰，正犹中世欧人对于宗教之信仰。吾目所见者，皆 Democracy 战胜之旗，耳所闻者，皆 Democracy 凯旋之声。顺 Democracy 者昌，逆 Democracy 者亡，事迹昭然，在人耳目。奈何今之人，犹纷纷树 Pan······ism 之帜，或依于其下以与 Democracy 为难，其不自取覆亡者鲜矣！吾不暇为失败之 Pan······ism 哀，吾但愿为胜利之 Democracy 祝！

署名：守常

《太平洋》第 1 卷第 10 号

1918 年 7 月 15 日

庶民的胜利
（1918 年 11 月底）

我们这几天庆祝战胜，实在是热闹的很。可是战胜的，究竟是那一个？我们庆祝，究竟是为那个庆祝？我老老实实讲一句话，这回战胜的，不是联合国的武力，是世界人类的新精神。不是那一国的军阀或资本家的政府，是全世界的庶民。我们庆祝，不是为那一国或那一国的一部分人庆祝，是为全世界的庶民庆祝。不是为打败德国人庆祝，是为打败世界的军国主义庆祝。

这回大战，有两个结果：一个是政治的，一个是社会的。

政治的结果，是"大……主义"失败，民主主义战胜。我们记得这回战争的起因，全在"大……主义"的冲突。当时我们所听见的，有什么"大日尔曼主义"咧，"大斯拉夫主义"咧，"大塞尔维主义"咧，"大……主义"咧。我们东方，也有"大亚细亚主义"、"大日本主义"等等名词出现。我们中国也有"大北方主义"、"大西南主义"等等名词出现。"大北方主义"、"大西南主义"的范围以内，又都有"大……主义"等等名词出现。这样推演下去，人之欲大，谁不如我？于是两大的中间有了冲突，于是一大与众小的中间有了冲突，所以境内境外战争迭起，连年不休。

"大……主义"就是专制的隐语，就是仗着自己的强力蹂躏他人欺压他人的主义。有了这种主义，人类社会就不安宁了。大家为抵抗这种强暴势力的横行，乃靠着互助的精神，提倡一种平等自由的道理。这等道理，表现在政治上，叫作民主主义，恰恰与"大……主义"相反。欧洲的战争，是"大……主义"与民主主义的战争。我们国内的战争，也是"大……主义"与民主主义的战争。结果都是民主主义战胜，"大……主义"失败。民主主义战胜，就是庶民的胜利。

社会的结果，是资本主义失败，劳工主义战胜。原来这回战争的真因，乃在资本主义的发展。国家的界限以内，不能涵容他的生产力，所以资本家的政府想靠着大战，把国家界限打破，拿自己的国家做中心，建一世界的大帝国，成一个经济组织，为自己国内资本家一阶级谋利益。俄、德等国的劳工社会，首先看破他们的野心，不惜在大战的时候，起了社会革命，防遏这资本家政府的战争。联合国的劳工社会，也都要求平和，渐有和他们的异国的同胞取同一行动的趋势。这亘古未有的大战，就是这样告终。这新纪元的世界改造，就是这样开始。资本主义就是这样失败，劳工主义就是这样战胜。世间资本家占最少数，从事劳工的人占最多数。因为资本家的资产，不是靠着家族制度的继袭，就是靠着资本主义经济组织的垄断，才能据有。这劳工的能力，是人人都有的，劳工的事情，是人人都可以作的，所以劳工主义的战胜，也是庶民的胜利。

民主主义、劳工主义既然占了胜利，今后世界的人人都成了庶民，也就都成了工人。我们对于这等世界的新潮流，应该有几个觉悟：第一，须知一个新命的诞生，必经一番苦痛，必冒许多危险。有了母亲诞孕的劳苦痛楚，才能有儿子的生命。这新纪元的创造，也是一样的艰难。这等艰难，是进化途中所必须经过的，不要恐怕，不要逃避。第二，须知这种潮流，是只能迎，不可拒的。我们应该准备怎么能适应这个潮流，不可抵抗这个潮流。人类的历史，是共同心理表现的记录。一个人心的变动，是全世界人心变动的征几。一个事件的发生，是世界风云发生的先兆。一七八九年的法国革命，是十九世纪中各国革命的先声。一九一七年的俄国革命，是二十世纪中世界革命的先声。第三，须知此次平和会议中，断不许持"大……主义"的阴谋政治家在那里发言，断不许有带"大……主义"臭味，或伏"大……主义"根蒂的条件成立。即或有之，那种人的提议和那种条件，断归无效。这场会议，恐怕必须有主张公道破除国界的人士占列席的多数，才开得成。第四，须知今后的世界，变成劳工的世界，我们应该用此潮流为使一切人人变成工人的机会，不该用此潮流为使一切人人变成强盗的机会。凡是不做工吃干饭的人，都是强盗。强盗和强盗夺不正的资产，也是一种的强盗，没有什么差异。我们中国人贪惰性成，不是强盗，便是乞丐，总是希图自己不作工，抢人家的饭吃，讨人家的饭吃。到了世界成一大工厂，有工大家作，有饭大家吃的时候，如何能有我们这样贪惰的民族立足之地呢？照此说来，我们要想在世界上当一个庶民，应该在世界上当一个工人。诸位呀！快去作工呵！

署名：李大钊
《北京大学日刊》
1918 年 12 月 6 日

Bolshevism 的胜利
（1918 年 12 月）

"胜利了！胜利了！联军胜利了！降服了！降服了！德国降服了！"家家门上插的国旗，人人口里喊的万岁，似乎都有这几句话在那颜色上音调里隐隐约约的透出来。联合国的士女，都在街上跑来跑去的庆祝战胜。联合国的军人，都在市内大吹大擂的高唱凯歌。忽而有打碎德人商店窗子上玻璃的声音，忽而有拆毁"克林德碑"砖瓦的声音，和那些祝贺欢欣的声音遥相应对。在留我国的联合国人那一种高兴，自不消说。我们这些和世界变局没有很大关系似的国民，也得强颜取媚：拿人家的欢笑当自己的欢笑；把人家的光荣做自己的光荣。学界举行提灯。政界举行祝典。参战年余未出一兵的将军，也去阅兵，威风凛凛的耀武。著《欧洲战役史论》主张德国必胜后来又主张对德宣战的政客，也来登报，替自己作政治活动的广告，一面归咎于人，一面自己掠功。像我们这种世界上的小百姓，也只得跟着人家凑一凑热闹，祝一祝胜利，喊一喊万岁。这就是几日来北京城内庆祝联军战胜的光景。

但是我辈立在世界人类中一员的地位，仔细想想：这回胜利，究竟是谁的胜利？这回降服，究竟是那个降服？这回功业，究竟是谁的功业？我们庆祝，究竟是为谁庆祝？想到这些问题，不但我们不出兵的将军、不要脸的政客，耀武夸功，没有一点趣味；就是联合国人论这次战争终结是联合国的武力把德国武力打倒的，发狂祝贺，也是全没意义。不但他们的庆祝夸耀，是全无意味，就是他们的政治运命，也怕不久和德国的军国主义同归消亡！

原来这次战局终结的真因，不是联合国的兵力战胜德国的兵力，乃是德国的社会主义战胜德国的军国主义。不是德国的国民降服在联合国武力的面前，乃是德国的皇帝、军阀、军国主义降服在世界新潮流的面前。战胜德国军国主义的，不是联合国，是德国觉醒的人心。德国军国主义的失败，是 Hohenzollern 家（德国皇家）的失败，不是德意志民族的失贩［败］。对于德国军国主义的胜利，不是联合国的胜利，更不是我国徒事内争托名参战的军人和那投机取巧卖乖弄俏的政客的胜利，是人道主义的胜利，是平和思想的胜利，是公理的胜利，是自由的胜利，是民主主义的胜利，是社会主义的胜利，是 Bolshevism 的胜利，是赤旗的胜利，是世界劳工阶级的胜利，是二十世纪新潮流的胜利。这件功业，与其说是威尔逊（Wilson）等的功业，毋宁说是列宁（Lenin）、陀罗慈基（Trotsky）、郭冷苔（Collontay）的功业；是列卜涅西（Liebknecht）、夏蝶曼（Scheidemann）的功业；是马客士（Marx）的功业。我们对于这桩世界大变局的庆祝，不该为那一国那些国里一部分人庆祝，应该为世界人类全体的新曙光庆祝；不该为那一边的武力把那一边的武力打倒而庆祝，应该为民主主义把帝制打倒，社会主义把军国主义打倒而庆祝。

Bolshevism 就是俄国 Bolsheviki 所抱的主义。这个主义，是怎样的主义？很难用一句话解释明白。寻他的语源，却有"多数"的意思。郭冷苔（Collontay）是那党中的女杰，曾遇见过一位英国新闻记者问他 Bolsheviki 是何意义？女杰答曰："问 Bolsheviki 是何意义，实在没用，因为但看他们所做的事，便知这字的意思。"据这位女杰的解释，"Bolsheviki 的意思，只是指他们所做的事。"但从这位女杰自称他在西欧是 Revolutionary Socialist，在东欧是 Bolshevika 的话和 Bolsheviki 所做的事看起来，他们的主义，就是革命的社会主义；他们的党，就是革命的社会党；他们是奉德国社会主义经济学家马客士（Marx）为宗主的；他们的目的，在把现在为社会主义的障碍的国家界限打破，把资本家独占利益的生产制度打破。此次战争的真因，原来也是为把国家界限打破而起的。因为资本主义所扩张的生产力，非现在国家的界限内所能包容；因为国家的界限内范围太狭，不足供他的生产力的发展，所以大家才要靠着战争，打破这种界限，要想合全球水陆各地成一经济组织，使各部分互相联结。关于打破国家界限这一点，社会党人也与他们意见相同。但是资本家的政府企望此事，为使他们国内的中级社会获得利益，依靠战胜国资本家一阶级的世界经济发展，不依靠全世界合于人道的生产者合理的组织的协力互助。这种战胜国，将因此次战争，由一个强国的地位进而为世界大帝国。Bolsheviki 看破这一点，所以大声疾呼，宣告：此次战争是 Czar 的战争，是 Kaiser 的战争，是 Kings 的战争，是 Emperors 的战争，是资本家政府的战争，不是他们的战争。他们的战争，是阶级战争，是合世界无产庶民对于世界资本家的战争。战争固为他们所反对，但是他们也不恐怕战争。他们主张一切男女都应该工作，工作的男女都应该组入一个联合，每个联合都应该有的［个］中央统治会议，这等会议，应该组织世界所有的政府，没有康格雷，没有巴力门，没有大总统，没有总理，没有内阁，没有立法部，没有统治者，但有劳工联合的会议，什么事都归他们决定。一切产业都归在那产业里作工的人所有，此外不许更有所有权。他们将要联合世界的无产庶民，拿他们最大、最强的抵抗力，创造一自由乡土，先造欧洲联邦民主国，做世界联邦的基础。这是 Bolsheviki 的主义。这是二十世纪世界革命的新信条。

伦敦《泰晤士报》曾载过威廉氏（Harold Williams）的通讯，他把 Bolshevism 看做一种群众运动，和前代的基督教比较，寻出二个相似的点：一个是狂热的党派心，一个是默示的倾向。他说："Bolshevism 实是一种群众运动，带些宗教的气质。我曾记得遇见过一个铁路工人，他虽然对于至高的究竟抱着怀疑的意思，犹且用'耶典'的话，向我极口称道 Bolshevism 可以慰安灵魂。凡是晓得俄国非国教历史的人，没有不知道那些极端的党派将要联成一大势力，从事于一种新运动的。有了 Bolshevism，于贫苦的人是一好消息，于地上的天堂是一捷径的观念，他的传染的性质和权威，潜藏在他那小孩似的不合理的主义中的，可就变成明显了。就是他们党中的著作家、演说家所说极不纯正的话，足使俄国语言损失体面的，对于群众，也仿佛有一种教堂里不可思议的仪式的语言一般的效力。"这话可以证明 Bolshevism 在今日的俄国，有一种宗教的权威，成为一种群众的运动。岂但今日的俄国，二十世纪的世界，恐怕也不免为这种宗教的权威所支配，为这种群众的运动所风靡。

哈利逊氏（Frederic Harrison）也曾在《隔周评论》上说过："猛厉，不可能，反社会的，像 Bolshevism 的样子，须知那也是很坚、很广、很深的感情的发狂。——这种感情的发狂，有很多的形式。有些形式，是将来必不能避免的。"哈氏又说："一七八九年的革命，唤起恐怖，唤起过激革命党的骚动，但见有鲜血在扫荡世界的革命潮中发泡，一种新天地，就由此造成。Bolshevism 的下边，潜藏着一个极大的社会的进化，也与一七八九年的革命同是一样，意大利、法兰西、葡萄牙、爱尔兰、不列颠都怵然于革命变动的暗中激奋。这种革命的暗潮，将殃及于兰巴地和威尼斯，法兰西也难幸免。过一危机，危机又至。爱尔兰独立运动，涌出很多的国事犯。就是英国的社会党，也只想和他们的斯堪的那维亚、日耳曼、俄罗斯的同胞握手。"

陀罗慈基在他著的《Bolsheviki 与世界平和》书中，也曾说过："这革命的新纪元，将由无产庶民社会主义无尽的方法，造成新组织体。这种新体，与新事业一样伟大。在这枪炮的狂吼、寺堂的破裂、豺狼性成的资本家爱国的怒号声中，我们应先自〈而〉进（而）从事于此新事业。在这地狱的死亡音乐声中，我们应保持我们清明的心神，明了的视觉。我们自觉我们将为未来惟一无二创造的势力。我们的同志现在已有很多，将来似可更多。明日的同志，多于今日。后日更不知有几千万人跃起，隶于我们旗帜的下边有数千万人。就是现在，去共产党人发布檄文已经六十七年，他们只须丢了他们的绊锁。"从这一段话，可知陀罗慈基的主张，是拿俄国的革命做一个世界革命的导火线。俄国的革命，不过是世界革命中的一个，尚有无数国民的革命将连续而起。陀罗慈基既以欧洲各国政府为敌，一时遂有亲德的嫌疑。其实他既不是亲德，又不是亲联合国，甚且不爱俄国。他所亲爱的，是世界无产阶级的庶民，是世界的劳工社会。他这本书，是在瑞士作的。着笔在大战开始以后，主要部分，完结在俄国革命勃发以前。书中的主义，是在陈述他对于战争因果的意见。关于国际社会主义与世界革命，尤特加注意。通体通篇，总有两事放在心头，就是世界革命与世界民主。对于德、奥的社会党，不惮厚加责言，说他们不应该牺牲自己本来的主张，协助资本家的战争，不应该背弃世界革命的信约。

以上所举，都是战争终结以前的话，德、奥社会的革命未发以前的话。到了今日，陀氏的责言，已经有了反响。威、哈二氏的评论，也算有了验证。匈、奥革命，德国革命，勃牙利革命，最近荷兰、瑞典、西班牙也有革命社会党奋起的风谣。革命的情形，和俄国大抵相同。赤色旗到处翻飞，劳工会纷纷成立，可以说完全是俄罗斯式的革命，可以说是二十世纪式的革命。像这般滔滔滚滚的潮流，实非现在资本家的政府所能防遏得住的。因为二十世纪的群众运动，是合世界人类全体为一大群众。这大群众里边的每一个人、一部分人的暗示模仿，集中而成一种伟大不可抗的社会力。这种世界的社会力，在人间一有动荡，世界各处都有风靡云涌、山鸣谷应的样子。在这世界的群众运动的中间，历史上残余的东西——什么皇帝咧，贵族咧，军阀咧，官僚咧，军国主义咧，资本主义咧——凡可以障阻这新运动的进路的，必挟雷霆万钧的力量摧拉他们。他们遇见这种不可当的潮流，都像枯黄的树叶遇见凛冽的秋风一般，一个一个的飞落在地。由今而后，到处所见的，都是 Bolshevism 战胜的旗。到处所闻的，都是 Bolshevism 的凯歌的声。人道的警钟响了！自由的曙光现了！试看将来的环球，必是赤旗的世界！

我尝说过：历史是人间普遍心理表现的记录。人间的生活，都在这大机轴中息息相关，脉脉相通。一个人的未来，和人间全体的未来相照应。一件事的朕兆，和世界全局的朕兆有关联。一七八九年法兰西的革命，不独是法兰西人心变动的表征，实是十九世纪全世界人类普遍心理变动的表征。一九一七年俄罗斯的革命，不独是俄罗斯人心变动的显兆，实是二十世纪全世界人类普遍心理变动的显兆。俄国的革命，不过是使天下惊秋的一片桐叶罢了。Bolshevism 这个字，虽为俄人所创造，但是他的精神，可是二十世纪全世界人类人人心中共同觉悟的精神。所以 Bolshevism 的胜利，就是二十世纪世界人类人人心中共同觉悟的新精神的胜利！

署名：李大钊
《新青年》第 5 卷第 5 号
1919 年 1 月

大亚细亚主义与新亚细亚主义
（1919 年 1 月 1 日）

　　日本近来有一班人，倡大亚细亚主义。我们亚细亚人听见这个名辞，却很担心。倡这个主义的人，有建部遁吾、大光谷瑞、德富苏峰、小寺谦吉等。我们须要把他们所倡的大亚细亚主义，认识得清清楚楚，然后再下判断，再加批评。

　　第一，须知"大亚细亚主义"是并吞中国主义的隐语。中国的运命，全靠着列强均势，才能维持，这也不必讳言。日本若想独吞，非先排去这些均等的势力不可。想来想去，想出这个名辞。表面上只是同文同种的亲热语，实际上却有一种独吞独咽的意思在话里包藏。

　　第二，须知"大亚细亚主义"是大日本主义的变名。就是日本人要借亚细亚孟罗主义一句话，挡欧、美人的驾，不令他们在东方扩张势力。在亚细亚的民族，都听日本人指挥，亚细亚的问题，都由日本人解决，日本作亚细亚的盟主，亚细亚是日本人的舞台。到那时亚细亚不是欧、美人的亚细亚，也不是亚细亚人的亚细亚，简直就是日本人的亚细亚。这样看来，这"大亚细亚主义"不是平和的主义，是侵略的主义；不是民族自决主义，是吞并弱小民族的帝国主义；不是亚细亚的民主主义，是日本的军国主义；不是适应世界组织的组织，乃是破坏世界组织的一个种子。

　　我们实在念同种同文的关系，不能不说几句话，奉劝邻邦的明达。此次欧洲战争，牵动了全世界，杀人杀了好几年，不是就因为这个"大……主义"吗？你倡大斯拉夫主义，我就倡大日尔曼主义，你倡大亚细亚主义，我就倡大欧罗巴主义。人之欲大，谁不如我。这样倡起来，那还得了，结局必是战争纷起，来争这一个"大"字。到头来这个"大……主义"不是死于两大之俱伤，就是败在众小的互助，那德国就是一个绝好的教训了。试想日本人倡这个主义，亚洲境内的弱国、小国，那个甘心？那欧、美的列强，那个愿意？必至内启同洲的争，外召世界的忌，岂不是自杀政策吗？

若说这个主义，是欧、美人蔑视黄人的反响，那么何不再看一看这回平和会议的结果呢？如果欧、美人不说理，想拿我东方的民族作牺牲，我们再联合起抗拒他们不迟。如果那排斥亚细亚人的问题，还是没有正当的解决，还是不与平等的待遇，那真是亚细亚人的共同问题，应该合我们亚细亚人的全力来解决。为争公理起了战争，也在所不惜呢！不从此着想，妄倡"大亚细亚主义"，实在是危险的很。这个危险，不仅足以危害日本，并且可以危害亚细亚一切民族，危害全世界的平和。防制这种危险的责任，不仅在日本以外的东亚民族，凡世界上的人类，就连日本的真正善良的国民也都该负一份的。

看世界大势，美洲将来必成一个美洲联邦，欧洲必成一个欧洲联邦，我们亚洲也应该成一个相类的组织，这都是世界联邦的基础。亚细亚人应该共倡一种新亚细亚主义，以代日本一部分人所倡的"大亚细亚主义"。这种新亚细亚主义，与浮田和民氏所说的也不相同。浮田和民主张拿中、日联盟作基础，维持现状；我们主张拿民族解放作基础，根本改造。凡是亚细亚的民族，被人吞并的都该解放，实行民族自决主义，然后结成一个大联合，与欧、美的联合鼎足而三，共同完成世界的联邦，益进人类的幸福。

一九一九年元旦

署名：李大钊
《国民》杂志第1卷第2号
1919年2月1日

联治主义与世界组织
（1919 年 2 月 1 日）

现在的时代是解放的时代，现代的文明是解放的文明。人民对于国家要求解放，地方对于中央要求解放，殖民地对于本国要求解放，弱小民族对于强大民族要求解放，农夫对于地主要求解放，工人对于资本家要求解放，女子对于男子要求解放，子弟对于亲长要求解放。现代政治或社会里边所起的运动，都是解放的运动！

有了解放的运动，旧组织遂不能不破坏，新组织遂不能不创造。人情多为习惯所拘，惰性所中，往往只见有旧的破坏，看不见新的创造，所以觉着这种解放的运动，就是分裂的现象。见了国家有人民的、地方的解放运动，就说是国权分裂了；见了经济界有农夫、工人的解放运动，就说是经济组织分裂了；见了社会里、家庭里有女子或子弟的解放运动，就说是社会分裂了、家庭分裂了；见了这些分裂的现象都凑集在一个时代，凡在这个时代所制的器物，所行的俗尚，都带着分裂的彩色，就说"现在的时代是分裂的时代。看呵！国旗由一个黄色变为五色，不是分裂的现象吗？正阳门的通路由一个变而为数个，不是分裂的现象吗？再看现在流行妇人的鬓髻、女孩的辫发，多由奇数变为偶数，不是分裂的现象吗？一个中国有两个国会、两个政府，俄国裂成几个国家，德、奥、匈的小民族纷纷自主，不都是分裂的现象吗？"数年以来，我们国人所最怕的有两个东西：一是民主主义，一是联治主义。国体由君主变为民主了，大家对于民主主义才稍稍安心。这联治主义直到如今，提起来还是有些害怕。不是说联邦须先邦后国，就是说中国早已统一；不是吞吞吐吐的说我是主张自治，避去联邦字样，就是空空洞洞的说我是单谈学理，不涉中国事实。推本求原，一般人所以怕他的原故，都是误认他是分裂的现象，所以避去他的名字不讲，都是怕人误认他是个分裂的别名。

其实这些人都是只见半面，不见全体。现在人群进化的轨道，都是沿着一条线走——这条线就是达到世界大同的通衢，就是人类共同精神联贯的脉络，民主主义、联治主义都是这一条线上的记号。没有联治的组织，而欲大规模的行民主政治，是不能成功的，有了联治的组织，那时行民主政治，就像有了师导一般。因为民主政治与联治主义有一线相贯的渊源，有不可分的关系。这条线的渊源，就是解放的精神。可是这解放的精神，断断不是单为求一个分裂就算了事，乃是为完成一切个性脱离了旧绊锁，重新改造一个普通广大的新组织。一方面是个性解放，一方面是大同团结。这个性解放的运动，同时伴着一个大同团结的运动。这两种运动似乎是相反，实在是相成。譬如中国的国旗，一色裂为五色，固然可以说他是分裂，但是这五个颜色排列在一面国旗上，很有秩序，成了一个新组织，也可以说他是联合。正阳门的通路变少为多，妇人的鬓髻、女孩的发辫变奇为偶，一面是分裂，一面又是联成一种新组织、新形式，适应这新生活，也同国旗上的颜色是一样的。中国政局的分裂，南一国会，北一国会，南一政府，北一政府；俄国当此社会的根本改造的时候，这里一个政府，那里一个国家，一时也呈出四分五裂的现象；奥国、匈国、德国都是这样。一方面可以说他是分裂，一方面也可以说他是改造一种新组织，这种新组织就是一个新联合。这个新联合的内容，比从前的旧组织要扩大一层，因为个人的、社会的、国家的、民族的、世界的种种生活，发生种种新要求，断断非旧组织旧形式所能适应的，所能满足的。今后中国的汉、满、蒙、回、藏五大族，不能把其他四族作那一族的隶属。正阳门若是照旧只有一条路，那些来往不绝的车马，纷乱冲突，是断断不能容纳的。方今世界大通，生活关系一天复（杂）似一天，那个性自由与大同团结，都是新生活上、新秩序上所不可少的。联治主义于这两点都很相宜。因为地方、国家、民族，都和个人一样有他们的个性，这联治主义能够保持他们的个性自由，不受他方的侵犯；各个地方、国家、民族间又和各个人间一样，有他们的共性，这联治主义又能够完成他们的共性，结成一种平等的组织，达他们互助的目的。这个性的自由与共性的互助的界限，都是以适应他们生活的必要为标准的。

照此看来，联治主义不但不是分裂的种子，而且是适于复杂、扩大、殊异、驳杂生活关系的新组织。多少国家民族间因为感情、嗜性、语言、宗教不同的原故，起过多年多次的纷争，一旦行了联治主义，旧时的仇怨嫌憎，都可消灭，都可了结。看那英人与法人，有几世的深仇，当那英国的政治家引诱坎拿大人创造一种联治，确定地方自治权的时候，英、法二民族间也曾起过战争，到后来坎拿大行了联治主义，法国人的坎人，变成忠于英国的顺民，英国人的坎人，甘心服从法人为坎人的首领，两个民族却相安无事了，他们激烈的冲动，就是这样了结。有一位 Sir Wilfred Laurier 是法国的旧教徒，多年居坎拿大的政枢，到了英国各部间起了巩固结合运动的时候，大家都承认这位法国人的坎拿大政治家是热心英国联合巩固的一个重要人物。再看那南非洲的英国人与荷兰人也曾起过复仇的战争，一旦有了联合，作自治的基础，那英、荷二国的人就和好如初。勃亚人（Boers）因为享了自治的生活，也就忠于英国政府了。我们中国自从改造共和以来，南北的冲突总是不止，各省对于中央，也都是不肯服从，那蒙、藏边域，不是说自主，就是说自治。依我看来，非行联治主义，不能改造一个新中国。又如俄国那样大的领域，那样杂的民族，将来秩序重复，也是非采联治主义不可。这回大战终结，奥、匈也改成民主联邦了。德国的联邦，原来是几个君主组织的，够不上纯粹联邦，经这一回的革命，把那些君主、皇族总共有二百七十八人，一个一个的都驱逐去了，那普鲁士的霸权也根本摧除净尽，才成了真正的民主联邦。据近来的报告，英国也宣布改成联邦了。那澳洲、非洲、坎拿大、纽西兰诸领地，原来就是一种联治的组织，他们和英格兰本土的关系，不因为这回改造有多大的变动。这回英国的改造，爱尔兰自治与印度自治却是最可注意的。这回左右世界大战局的重要国家，就是美国。我们须要记取美国是世界中最纯正的一个民主联邦国。我们可以断言现在的世界已是联邦的世界，将来的联邦必是世界的联邦。

上古时代，人与人争，也同今日国与国争全是一样。以后交通日繁，人人都知道长此相争，不是生活的道路，于是有了人群的组织。到了今日，国与国的关系也一天多似一天，你争我战，常常酿成大战，杀人无算，耗财无算，人才渐悟国与国长此相争，也不是生活的道路，于是才有海牙平和会议、海牙仲裁裁判、新世界共和国代表五年会议种种国际的组织。这回美国威总统提议的国际大同盟，又是更进一步的组织。这种组织，就是世界联邦的初步。本来邦联与联邦的区别，不过是程度的差异，邦联就是各独立国为谋公共的防卫、公共的利益所结的联合，各国仍保留他的主权。这联合的机关全仰承各国共同商决的政策去做。那古代的希腊各邦，后来瑞士的 Cantons，德国的各邦，美国的各州，都曾行过。联邦就是一国有一个联合政府，具有最高的主权，统治涉及联邦境内各邦共同的利益，至于那各邦自治领域以内的事，仍归各邦自决，联合政府不去干涉。那采行一七八九年宪法以后的美国，采行一八四八年宪法以后的瑞士，都是此类。我们要晓得美国的联邦是由一七八九年以前各州的邦联蜕化而成的，这个邦联是由一六四三年四个新英兰殖民地的同盟蜕化而成的。瑞士的联邦也是由一八四八年以前各Cantons 的邦联蜕化而成的。将来世界的联邦，也必是这回国际大同盟蜕化而成的。现在全世界的生活关系，已经是脉络相通。从前德国的军国主义若是不打破，世界的民主政治都有危险。亚洲若有一国行军国主义，像从前的德国一样，中国的民主政治，总不安宁。我们的政局，若是长此扰乱，世界各国都受影响。中欧的社会革命一经发动，世界的社会组织都有改变的趋势，为应世界的生活的必要，这国际组织、世界组织，是刻不容缓了。只要和平会议变成了世界的议会，仲裁裁判变成了世界的法庭，国际警察如能实现，再变成了世界的行政机关，那时世界的联合政府，就正式成立了。依我的推测，这世界联邦进行的程序，就是：（一）各土地广大民族众杂的国家，自己先改成联邦；（二）美洲各国组成全美联邦，欧洲各国组成全欧联邦，亚洲各国组成全亚联邦；（三）合美、欧、亚三洲组成世界联邦；（四）合世界人类组织一个人类的联合，把种界国界完全打破。这就是我们人类全体所馨香祷祝的世界大同！

署名：李大钊

《新潮》第 1 卷第 2 号

1919 年 2 月 1 日

战后之世界潮流
——有血的社会革命与无血的社会革命
（1919 年 2 月 7 日—9 日）

  在这回世界大战的烈焰中间，突然由俄国冲出了一派滚滚的潮流，把战焰的势子挫了一下。细查这派潮流的发源，并不在俄国，乃是在德国。果然，不久在他的渊源所在也澎澎湃湃的涌现出来。这烈火一般的世界战祸，可就从此消灭了！这是什么？这是什么？这就是社会革命的潮流！

  这回德国的失败，不是败于外部的强敌，乃是败于内部的国民。这回民主主义的胜利，不是从前英、美式民主主义的胜利，乃是新发生的德、俄式社会民主主义的胜利。若是单讲武力，德国纵然稍稍退却，决不至一败涂地若此。这都是经济学者、军事家所证明的。

  这种社会革命的潮流，虽然发轫于德、俄，蔓延于中欧，将来必至弥漫于世界。德国革命未发以前，就有一位哈利孙（Harrison）氏，曾在《隔周评论》上说过："一七八九年的革命，引起了恐怖，引起了过激革命党的骚动，但见有鲜血在那扫荡世界的革命潮中发泡，一种新世界就在那里边造成。Bolshevism 的下边，也潜藏着一个极大的社会进化，与一七八九年的革命同是一样，意大利、法兰西、葡萄牙、爱尔兰、不列颠都怵然于革命变动的暗中激奋。这种革命的暗潮，将与一种灾殃于兰巴地和威尼斯，法兰西也难幸免，过一危机，又一危机。爱尔兰的独立运动，涌出了很多的国事犯。就是英国的社会党，也只想和他们的斯堪的那威亚、日尔曼、俄罗斯的同胞握手。"日本有一位陆军中将佐藤钢次郎，是一个宣传军国主义的人，人称他为日本的伯伦哈的，他最近也有一篇《皇室中心的社会主义》的论文在《日本评论》上发表。其中有一段说："这回德国的革命，是过激派的势力在德国愈益扩张的结果。德国在俄国扩张过激派的势力，也曾尽过很大的力量。这回他的本国，也陷于同一的运命了。这过激派的势力，今后益将弥漫于世界。意大利非常危险，因为他的国民性很容易感染这种思想。我想英国也是不大稳当，从雷德乔治的演说可以看出他们严加警戒的口气来。美国虽然原来是个民主，由过激派的立场看起来，也有令人可以想得到他有惹起什么社会的大变革的理由。因为美国有叫做黄金阀的一阶级，非常跋扈，近来渐有失却 Democracy 实质的样子。实在讲起来，最近的美国和把最大幸福给多数国民 Democracy 的本旨一点儿也不相合。多数国民苦于金权的压迫，想把他打破，过激派是最所必要的。那么，过激派的思想，也怕自然要弥漫于美国。"这些话，都可以证明今日的世界，大有 Bolsheviki 化的趋势。就是我们近邻的日本，也难保没有这种的危机。彼邦评论家茅原华山氏，最近也在《日本评论》上说过："世界的平和来，日本的不平和来，经济上、政治上的台风，都要一涌而至。若问给日本国民生活怎么样的影响变化，不能不把劳工阶级与中流阶级分开想一想。劳工阶级将出许多失业的人，无论何人都已首肯，到处失业的人，已经层见迭出了。这些失业的人，并不求何职业，求也是没有，也不定规。政府仿佛也不作像英、美、法、意诸国关于怎么使那些还乡的军人就职的研究，倒有一种乐观的样子。若问这些失业的人，不求职求什么呢？简直的说，他们正在想怎么暴动，正在感染上一种 Bolshevism 了。将来骚动、暴动、烧打的事情，我们预知是不能免的。或者比'米暴动'不同，有更深刻的举动，也难计算。'米暴动'从一种意思讲起来，也可以说是有了成功，在一般的民心上造了一种印象，仿佛一有暴动，米和金钱就可从天降下似的。失业的人一旦穷了，就要拿从前成过功的东西再来求一回成功，也是自然的势子。若想得一个大成功，必须起一回更大的暴动，这种的感想，也难保不发生。"他又说："俄、德的革命，决不限于二国。英、法、意及其他欧洲诸国，固然也不能免，或者也不刚是欧洲与亚洲大陆的事情，这易受暗示习于模仿的日本，突然起了这种变动，也未可知。我所以说日本有土崩瓦解之势，就是这个原故。"

现在社会革命的潮流，已经遍布于中央欧罗巴一带，由乌拉山至亚尔布士山，其间的城市，大半成了社会主义的根据。虽然有些反过激军崛起，但是反过激军不必定是反社会主义军，就像捷克斯拉瓦克军，他们虽然反对过激派，其中却有什之四是社会党员呢。现在不过开始活动，将来的结果难以预测。但是这种革命，决不止于中欧一隅，可以断言，久而久之，必将袭入西欧，或者渡过大西洋到美国去观观光，或者渡过印度海、中国海访问访问日本。我们中国也许从西北的陆地，东南的海岸，望见他的颜色。

我从前侨居日本的时候，正逢着樱岛爆发那一线的喷火。虽然出自小小的一个樱岛，日本全境火山几乎都有山鸣谷应的样子，飞出来的灰几乎落遍了三岛。今日社会革命的潮流，也同那火山爆发一样。中欧好比作樱岛，世界上都与这种潮流有脉络相通的关系，仿佛各火山系与喷火的地方遥相呼应的样子，就是没有火山的地方，也要沾染点灰焰。

世界上有了这样大的变动，那有宪政经验的国家，没有不早作准备的。可是他们的准备，不是准备逆着这个潮流去抵抗他，乃是准备顺着这个潮流去迎合他。像英国那样素以"无血革命"自夸的国民，又想拿出他们宪政的天才来顺应这种世变，求得一个无血的社会革命，就是他们说的那由上起的革命（Revolution from habitue）。英国近来设了一个"改造部"（Miministry of Reconstruction），专去调查怎么可以成就这无血的革命，这改造部大臣任命的委员长调查的结果，曾印成小册子公之当世。《伦敦夕刊》曾选录过那小册子中的一文，题目是《关于成年者教育的产业及社会状况》，对于改善劳工生活的方法特为注意，仿佛是一种温情主义的工党首领撰的一样。听说雷德·乔治等要把这个方法加入政纲，这次选举既然大获胜利，第一着实行的必是这条政纲，因为他可以创造一个"新英国"，可以使这好几年英国国民直接间接在战场上的牺牲不至白白的没有意义。这就叫"沉默的革命"，"调和的革命"。英国国民若能在风平浪静的中间，完成了这一大使命，世界上有政治天才的国民，真算英人为第一了。

日本的朝野近来也都注意及此，"无血革命"、"第二维新"的声浪一天高似一天，什么"愠情主义"咧，"三益主义"咧，也常常挂在研究社会问题的口上。这都是对着这世界潮流的未雨绸缪。

但是，我们要知道这样大的问题，都是因为分配而起的。我们要知道，有生产才有分配，有生产的劳工才有分配的问题。像我们这种大多数人只想分配不想生产的国民，只想了抢饭不愿作工的社会，对于这种世界潮流，应该怎么样呢？那些少数拿他们辛辛苦苦终年劳作的汗血，供给大多数闲人吮括的老百姓，应该怎么样呢？这大多数游

手好闲不作工专抢干饭的流氓，应该怎么样呢？望大家各自拿出自己
的良心来想一想！

署名：守常

《晨报》

1919 年 2 月 7 日—9 日

新旧思潮之激战
（1919 年 3 月 4 日—5 日）

宇宙的进化，全仗新旧二种思潮，互相挽进，互相推演，仿佛像两个轮子运着一辆车一样；又象一个鸟仗着两翼，向大空飞翔一般。我确信这两种思潮，都是人群进化必要的，缺一不可。我确信这两种思潮，都应该知道须和他反对的一方面并存同进，不可妄想灭尽反对的势力，以求独自横行的道理。我确信万一有一方面若存这种妄想，断断乎不能如愿，徒得一个与人无伤、适以自败的结果。我又确信这二种思潮，一面要有容人并存的雅量，一面更要有自信独守的坚操。

我们且看今日的日本，新的方面，有"黎明会"一班人士种种的结合，大张民主主义、社会主义的旗帜，大声疾呼，和那一切顽迷思想宣战。什么军阀、贵族，什么军国主义、资本主义，都是他们的仇敌，都在他们攻击之列。他们天天宣传，天天游说，这儿一个演说会，那儿一个讨论会，这里立一个杂志，那里创一所日刊。公共结合以外，他们还有自己本着他专究的学理择选的问题，今天一个小册子，明天一个小册子，散布传播，飞如蝴蝶。他们虽然定了一个公同进行的方向，都向着黎明的曙光去走，可是各人取那条路，还是各人的自由，不必从同，且不能从同，不可从同。那反对一方面，也是堂堂鼓、正正旗来相对应。"桐花会""黑龙会"这一班人的思想虽旧，他们也知道走正路，也知道本着自己所信的道理、思想，在社会上造成一种正当势力和新的对抗。就是那个"浪人会"的行动，在日本社会已为舆论所不直，他们对于新派的激战，也不过开一个演说会，请反对党的魁领莅会辩论而已。

我们再回过头来看看我们中国，新的旧的，都是死气沉沉。偶有一二稍稍激昂的议论、稍稍新颖的道理，因为靡有旗鼓相当的对立，也是单调靡有精采，比人家那如火如荼的新潮，那风起潮涌的新人运动，尚不知相差几千万里？那些旧人见了，尚且鬼鬼祟祟的，想用道理以外的势力，来铲除这刚一萌动的新机。他们总不会堂皇正大的立在道理上来和新的对抗。在政治上相见，就想引政治以外的势力；在学术上相遇，就想引学术以外的势力。我尝追究这个原因，知道病全在惰性太深、奴性太深，总是不肯用自己的理性，维持自己的生存，总想用个巧法，走个捷径，靠他人的势力，摧除对面的存立。这种靠人不靠己、信力不信理的民族性，真正可耻！真正可羞！

我今正告那些顽旧鬼祟、抱着腐败思想的人：你们应该本着你们所信的道理，光明磊落的出来同这新派思想家辩驳、讨论。公众比一个人的聪明质量广、方面多，总可以判断出来谁是谁非。你们若是对于公众失败，那就当真要有个自觉才是。若是公众袒右你们，那个能够推倒你们？你们若是不知道这个道理，总是隐在人家的背后，想抱着那位伟丈夫的大腿，拿强暴的势力压倒你们所反对的人，替你们出出气，或是作篇鬼话妄想的小说快快口，造段谣言宽宽心，那真是极无聊的举动。须知中国今日如果有真正觉醒的青年，断不怕你们那伟丈夫的摧残；你们的伟丈夫，也断不能摧残这些青年的精神。当年俄罗斯的暴虐政府，也不知用尽多少残忍的心性，杀戮多少青年的志士，那知道这些青年牺牲的血，都是培植革命自由花的肥料；那些暗沉沉的监狱，都是这些青年运动奔劳的休息所；那暴横政府的压制，却为他们增加一层革命的新趣味。直到今日，这样滔滔滚滚的新潮，一决不可复遏，不知道那些当年摧残青年、压制思想的伟丈夫那里去了！我很盼望我们中国真正的新思想家或旧思想家，对于这种事实，都要有一种觉悟。

署名：守常

《晨报》

1919 年 3 月 4 日—5 日

危险思想与言论自由
（1919 年 6 月 1 日）

思想本身没有丝毫危险的性质，只有愚暗与虚伪是顶危险的东西，只有禁止思想是顶危险的行为。

近来——自古已然——有许多人听见几个未曾听过、未能了解的名辞，便大惊小怪起来，说是危险思想。问他们这些思想有什么危险，为什么危险，他们认为危险思想的到底是些什么东西，他们都不能说出。像这种的人，我们和他共同生活，真是危险万分。

我且举一个近例，前些年科学的应用刚刚传入中国，一般愚暗的人都说是异端邪教。看待那些应用科学的发明的人，如同洪水猛兽一样。不晓得他们也是和我们同在一个世界上一样生存，而且比我们进化的人类同胞，却说他们是"鬼子"，是"夷狄"。这种愚暗无知的结果，竟造出来一场义和拳的大祸。由此看来，到底是知识、思想危险呢？还是愚暗无知危险呢？

听说日本有位议长，说俄国的布尔扎维克是实行托尔斯泰的学说，彼邦有识的人已经惊为奇谈。现在又出了一位明白公使，说我国人鼓吹爱国是无政府主义。他自己果然是这样愚暗无知，这更是可怜可笑的话。有人说他这话不过是利用我们政府的愚暗无知和恐怖的心理，故意来开玩笑。嗳呀！那更是我们莫大的耻辱！

原来恐怖和愚暗有密切的关系。青天白日，有眼的人在深池旁边走路，是一点也没有危险的。深池和走路的行为都不含着危险的性质。若是"盲人瞎马，夜半深池"，那就危险万分，那就是最可恐怖的事情。可见危险和恐怖，都是愚昧造出来的，都是黑暗造出来的。

人生第一要求，就是光明与真实。只要得了光明与真实，什么东西、什么境界都不危险。知识是引导人生到光明与真实境界的灯烛，愚暗是达到光明与真实境界的障碍，也就是人生发展的障碍。

思想自由与言论自由，都是为保障人生达于光明与真实的境界而设的。无论什么思想言论，只要能够容他的真实没有矫操〔揉〕造作的尽量发露出来，都是于人生有益，绝无一点害处。

说某种主义、学说是异端邪说的人，第一要知道他自己所排斥的主义、学说是什么东西，然后把这种主义、学说的真象，尽量传播，使人人都能认识他是异端邪说，大家自然不去信他，不至受他的害。若是自己未曾认清，只是强行禁止，就犯了泯没真实的罪恶。假使一种学说确与情理相合，我们硬要禁止他，不许公然传布，那是绝对无效。因为他的原素仍然在情理之中，情理不灭，这种学说也终不灭。假使一种学说确与情理相背，我以为不可禁止，不必禁止。因为大背情理的学说，正应该让大家知道，大家才不去信。若是把他隐蔽起来，很有容易被人误信的危险。

禁止人研究一种学说的，犯了使人愚暗的罪恶。禁止人信仰一种学说的，犯了教人虚伪的罪恶。世间本来没有"天经地义"与"异端邪说"这样东西。就说是有，也要听人去自由知识，自由信仰。就是错知识了、错信仰了所谓邪说异端，只要他的知识与信仰，是本于他思想的自由、知念的真实，一则得了自信，二则免了欺人，都是有益于人生的，都比那无知的排斥、自欺的顺从远好得多。

禁止思想是绝对不可能的，因为思想有超越一切的力量。监狱、刑罚、苦痛、穷困，乃至死杀，思想都能自由去思想他们，超越他们。这些东西，都不能钳制思想，束缚思想，禁止思想。这些东西，在思想中全没有一点价值，没有一点权威。

思想是绝对的自由，是不能禁止的自由，禁止思想自由的，断断没有一点的效果。你要禁止他，他的力量便跟着你的禁止越发强大。你怎样禁止他、制抑他、绝灭他、摧残他，他便怎样生存、发展、传播、滋荣，因为思想的性质力量，本来如此。我奉劝禁遏言论、思想自由的注意，要利用言论自由来破坏危险思想，不要借口危险思想来禁止言论自由。

署名：常
《每周评论》第 24 号
1919 年 6 月 1 日

阶级竞争与互助
（1919 年 7 月 6 日）

Ruskin 说过："竞争的法则，常是死亡的法则。协合的法则，常是生存法则。"William Morris 也说："有友谊是天堂，没有友谊是地狱"。这都是互助的理想。

一切形式的社会主义的根萌，都纯粹是伦理的。协合与友谊，就是人类社会生活的普遍法则。

我们要晓得人间社会的生活，永远受这个普遍法则的支配，就可以发见出来社会主义者共同一致认定的基础，何时何处，都有他潜在。不论他是梦想的，或是科学的，都随着他的知识与能力，把他的概念建立在这个基础上。

这基础就是协合、友谊、互助、博爱的精神。就是把家族的精神推及于四海，推及于人类全体的生活的精神。

我们试一翻 Kropotkin 的《互助论》（*Mutual Aid*），必可晓得"由人类以至禽兽都有他的生存权，依协合与友谊的精神构成社会本身的法则"的道理。我们在生物学上寻出来许多证据，自虫、鸟、牲畜乃至人类，都是依互助而进化的，不是依战争而进化的。由此可以看出人类的进化，是由个人主义向协合与平等的方面走的一个长路程。

人类应该相爱互助，可能依互助而生存，而进化；不可依战争而生存，不能依战争而进化。这是我们确信不疑的道理。依人类最高的努力，从物心两方面改造世界、改造人类，必能创造出来一个互助生存的世界。我信这是必然的事实。

与这"互助论"仿佛相反的，还有那"阶级竞争"（Class Struggle）说。

这个阶级竞争说，是 Karl Marx 倡的，和他那经济的历史观很有关系。他说人类的生产方法随着生产力的发展而变化，人类的社会关系又随着人类生产方法的变化而变化，人类的精神的文化更随着人类的社会关系的变化而变化。社会组织固然可以说是随着生产力的变动而变动，但是社会组织的改造，必须假手于其社会内的多数人。而为改造运动的基础势力，又必发源于在现在的社会组织下立于不利地位的阶级。那些居于有利地位的阶级，除去少数有志的人，必都反对改造。一阶级运动改造，一阶级反对改造，遂以造成阶级竞争的形势。他在《共产（党）宣言》里说过："所有从来的历史，都是阶级竞争的历史。"又说："从来社会的历史都在阶级对立中进行。"他的意思就是说，自太古土地共有制崩坏以来，凡过去的历史，社会的经济构造，都建设在阶级对立之上。所谓阶级，就是指经济上利害相反的阶级。具体讲出来，地主、资本家是有生产手段的阶级，工人、农夫是没有生产手段的阶级。在原始社会，经济上的技术不很发达，一个人的劳动只能自给，并无余裕，所以不发生阶级。后来技术日精，经济上发展日进，一人的劳动渐有余裕。这个余裕，就是剩余劳工。剩余劳工，渐次增加，持有生产手段的起来乘机夺取，遂造成阶级对立的社会。到了生产力非常发展的时候，与现存的社会组织不相应，最后的阶级争斗，就成了改造社会、消泯阶级的最后手段。

有许多人听见这阶级竞争说，很觉可怕，以为人类的生活，若是常此争夺、强掠、残杀，必没有光明的希望，拿着阶级竞争作改造社会的手段，结果怕造不出光明社会来。所以对于此说，很抱疑虑。

但是 Marx 明明的说："所有从来的历史，都是阶级竞争的历史。"又说："资本家的生产关系，是社会的生产方法采敌对形态者的最后。"又说："人类历史的前史，以今日的社会组织终。"可见他并不是承认人类的全历史，通过去、未来都是阶级竞争的历史。他的阶级竞争说，不过是把他的经济史观应用于人类历史的前史一段，不是通用于人类历史的全体。他是确信人类真历史的第一页，当与互助的经济组织同时肇启。他是确信继人类历史的前史，应该辟一个真历史的新纪元。

现在的世界，黑暗到了极点。我们为继续人类的历史，当然要起一个大变化。这个大变化，就是诺亚以后的大洪水，把从前阶级竞争的世界洗得干干净净，洗出一个崭新光明的互助的世界来。这最后的阶级竞争，是阶级社会自灭的途辙，必须经过的，必不能避免的。

在那人类历史的前史时代，互助的精神并未灭绝，但因有与互助相反的社会组织，他在世间遂不断的被毁。人类的真历史开始以后，那自私自利的恶萌，也不敢说就全然灭尽。但是互助的社会组织既然实现，那互助精神的火光，可以烧他，使他不能发生。

这最后的阶级竞争，是改造社会组织的手段。这互助的原理，是改造人类精神的信条。我们主张物心两面的改造，灵肉一致的改造。

总结一句话：我信人类不是争斗着、掠夺着生活的，总应该是互助着、友爱着生活的。阶级的竞争，快要息了。互助的光明，快要现了。我们可以觉悟了。

署名：守常
《每周评论》第 29 号
1919 年 7 月 6 日

我的马克思主义观
（1919 年 9 月、11 月）

一

　　一个德国人说过，五十岁以下的人说他能了解马克思的学说，定是欺人之谈。因为马克思的书卷帙浩繁，学理深晦。他那名著《资本论》三卷，合计二千一百三十五页，其中第一卷是马氏生存时刊行的，第二、第三两卷是马氏死后他的朋友昂格思替他刊行的。这第一卷和二、三两卷中间，难免有些冲突矛盾的地方，马氏的书本来难解，添上这一层越发难解了。加以他的遗著未曾刊行的还有很多，拼上半生的工夫来研究马克思，也不过仅能就他已刊的著书中，把他反复陈述的主张得个要领，究不能算是完全了解"马克思主义"的。我平素对于马氏的学说没有什么研究，今天硬想谈"马克思主义"已经是僭越的很。但自俄国革命以来，"马克思主义"几有风靡世界的势子，德、奥、匈诸国的社会革命相继而起，也都是奉"马克思主义"为正宗。"马克思主义"既然随着这世界的大变动，惹动了世人的注意，自然也招了很多的误解。我们对于"马克思主义"的研究，虽然极其贫弱，而自一九一八年马克思诞生百年纪念以来，各国学者研究他的兴味复活，批评介绍他的很多。我们把这些零碎的资料，稍加整理，乘本志出"马克思研究号"的机会，把他转介绍于读者，使这为世界改造原动的学说，在我们的思辨中，有点正确的解释，吾信这也不是绝无裨益的事。万一因为作者的知能谫陋，有误解马氏学说的地方，亲爱的读者肯赐以指正，那是作者所最希望的。

二

我于评述"马克思主义"以前，先把"马克思主义"在经济思想史上占若何的地位，略说一说。

由经济思想史上观察经济学的派别，可分为三大系，就是个人主义经济学、社会主义经济学与人道主义经济学。

个人主义经济学，也可以叫作资本主义经济学。三系中以此为最古。著《原富》的亚丹·斯密（Adam Smith）是这一系的鼻祖。亚丹·斯密以下，若马查士（Malthus）、李嘉图（Ricardo）、杰慕士·穆勒（James Mill）等，都属于这一系。把这一系的经济学发挥光大，就成了正系的经济学，普通称为正统学派。因为这个学派是在模范的资本家国的英国成立的，所以英国以外的学者也称他为英国学派。这个学派的根本思想是承认现在的经济组织为是，并且承认在此经济组织内，各个人利己的活动为是。他们以为现在的经济组织，就是个人营利主义的组织，是最巧最妙、最经济不过的组织。从生产一面讲，各人为自己的利益，自由以营经济的活动，自然努力以致自己的利益于最大的程度。其结果：社会全体的利益不期增而自增。譬如各人所有的资本，自然都知道把他由利益较少的事业，移到利益较多的事业上去。社会全体的资本，自然也都舍了那利益较少的事业，投到利益较多的事业上去。所以用不着什么政治家的干涉，自由竞争的结果，社会上资本的全量自然都利用到社会全体最有利的方面去。而事业家为使他自己的利益达于最大的程度，自然努力以使他自己制品全体的价增大，努力以求其商品全体的卖出额换回很多的价来。社会全体的富是积个人的富而成的。个人不断的为增加自己的富去努力，你这样作，他也这样作，那社会全体的富也不期增而日增了。再从消费一面讲，我们日用的一切物品，都不是在自己家内生产的，都是人家各自为营利、为商卖而生产的。自己要得一种物品：米、盐、酱、醋，乃至布匹、伞、屐、新闻、杂志之属，都不是空手向人家讨得来的。依今日的经济组织，都是各人把物卖钱，各人拿钱买货。各人按着自己最方便的法子去活动，比较着旁人为自己代谋代办，亲切的多，方便的多，经济的多。总而言之，他们对于今日以各人自由求各自利益为原则的经济组织，很满足，很以为妥当。他们主张维持他，不主张改造他。这是个人主义经济学。也就是以资本为本位，以资本家为本位的经济学。

以上所述个人主义经济学，有二个要点：其一是承认现在的经济组织为是；其二是承认在这经济组织内，各个人利己的活动为是。社会主义经济学正反对他那第一点。人道主义经济学正反对他那第二点。人道主义经济学者以为无论经济组织改造到怎么好的地步，人心不改造仍是现在这样的贪私无厌，社会仍是没有改善的希望，于是否〈承〉认经济上个人利己的活动，欲以爱他的动机代那利己的动机；不置重于经济组织改造的一方面，而置重于改造在那组织下活动的各个人的动机。社会主义经济学者以为现代经济上、社会上发生了种种弊害，都是现在经济组织不良的缘故，经济组织一经改造，一切精神上的现象都跟着改造，于是否认现在的经济组织，而主张根本改造。人道主义经济学者持人心改造论，故其目的在道德的革命。社会主义经济学者持组织改造论，故其目的在社会的革命。这两系都是反对个人主义经济学的，但人道主义者同时为社会主义者的也有。

现在世界改造的机运，已经从俄、德诸国闪出了一道曙光。从前经济学的正统，是在个人主义。现在社会主义、人道主义的经济学，将要取此正统的位系，而代个人主义以起了。从前的经济学，是以资本为本位，以资本家为本位。以后的经济学，要以劳动为本位，以劳动者为本位了。这正是个人主义与［向］社会主义、人道主义过渡的时代。

马克思是社会主义经济学的学［鼻］祖，现在正是社会主义经济学改造世界的新纪元，"马克思主义"在经济思想史上的地位如何重要，也就可以知道了。

本来社会主义的历史并非自马氏始的，马氏以前也很有些有名的社会主义者，不过他们的主张，不是偏于感情，就是涉于空想，未能造成一个科学的理论与系统。至于马氏才用科学的论式，把社会主义的经济组织的可能性与必然性，证明与从来的个人主义经济学截然分立，而别树一帜，社会主义经济学才成一个独立的系统，故社会主义经济学的鼻祖不能不推马克思。

三

"马克思主义"在经济思想史上的价值，既如上述，我当更进而就他的学说的体系略为大体的分析，以便研究。

马氏社会主义的理论，可大别为三部：一为关于过去的理论，就是他的历史论，也称社会组织进化论；二为关于现在的理论，就是他的经济论，也称资本主义的经济论；三为关于将来的理论，就是他的政策论，也称社会主义运动论，就是社会民主主义。离了他的特有的史观，去考他的社会主义，简直的是不可能。因为他根据他的史观，确定社会组织是由如何的根本原因变化而来的；然后根据这个确定的原理，以观察现在的经济状态，就把资本主义的经济组织，为分析的、解剖的研究，豫言现在资本主义的组织不久必移入社会主义的组织，是必然的运命；然后更根据这个豫见，断定实现社会主义的手段、方法仍在最后的阶级竞争。他这三部理论，都有不可分的关系，而阶级竞争说恰如一条金线，把这三大原理从根本上联络起来。所以他的唯物史观说："既往的历史都是阶级竞争的历史。"他的《资本论》也是首尾一贯的根据那"在今日社会组织下的资本阶级与工人阶级，被放在不得不仇视、不得不冲突的关系上"的思想立论。关于实际运动的手段，他也是主张除了诉于最后的阶级竞争，没有第二个再好的方法。为研究上便利起见，就他的学说各方面分别观察，大概如此。其实他的学说是完全自成一个有机的有系统的组织，都有不能分离不容割裂的关系。

四

请先论唯物史观。

唯物史观也称历史的唯物主义。他在社会学上曾经并且正在表现一种理想的运动，与前世纪初，在生物学上发现过的运动，有些相类。在那个时候是用以说明各种形态学上的特征、关系的重要，志在得一个种的自然分类，与关于生物学上有机体生活现象更广的知识。这种运动既经指出那内部最深的构造，比外部明显的建造，若何重要，唯物史观就站起来反抗那些历史家与历史哲学家，把他们多年所推崇为非常重要的外部的社会构造，都列于第二的次序；而那久经历史家辈蔑视，认为卑微暧昧的现象的，历史的唯物论者却认为于研究这很复杂的社会生活全部的构造与进化，有莫大的价值。

历史的唯物论者观察社会现象，以经济现象为最重要，因为历史上物质的要件中，变化发达最甚的，算是经济现象。故经济的要件是历史上惟一的物质的要件。自己不能变化的，也不能使别的现象变化。其他一切非经济的物质的要件，如人种的要件、地理的要件等等，本来变化很少，因之及于社会现象的影响也很小，但于他那最少的变化范围内，多少也能与人类社会的行程以影响。在原始未开时代的社会，人类所用的劳作工具，极其粗笨，几乎完全受制于自然。而在新发现的地方，向来没有什么意味的地理特征，也成了非常重大的条件。所以历史的唯物论者，于那些经济以外的一切物质的条件，也认他于人类社会有意义，有影响。不过因为他的影响甚微，而且随着人类的进化日益减退，结局只把他们看作经济的要件的支流罢了。因为这个缘故，有许多人主张改称唯物史观为经济史观。

唯物史观，也不是由马氏创的。自孔道西（Condorcet）依着器械论的典型，想把历史作成一科学，而期发见出一普遍的力，把那变幻无极的历史现象，一以贯之，已竟开了唯物史观的端绪。故孔道西算是唯物史观的开创者。至桑西门（Saint-Simon）把经济的要素，比精神的要素看得更重。十八世纪时有一种想像说，说法兰西历史的内容不过是佛兰坎人与加利亚人间的人种竞争。他受了此说的影响，谓最近数世纪间的法国历史不外封建制度与产业的竞争，其争以大革命期达于绝顶。而产业初与君国制联合，以固专制的基础，基础既成又扑灭王国制。产业的进步是历史的决定条件，科学的进步又为补助他的条件。Thierry、Mignet 及 Guizot 辈继起，袭桑西门氏的见解，谓一时代的理想、教义、宪法等，毕竟不外当时经济情形的反映。关于所有权的法制，是尤其重要的。蒲鲁东亦以国民经济为解释历史的钥匙，信前者为因，后者为果。至于马氏用他特有的理论，把从前历史的唯物论者不能解释的地方，与以创见的说明，遂以造成马氏特有的唯物史观，而于从前的唯物史观有伟大的功绩。

唯物史观的要领，在认经济的构造对于其他社会学上的现象，是最重要的；更认经济现象的进路，是有不可抗性的。经济现象虽用他自己的模型，制定形成全社会的表面构造（如法律、政治、伦理及种种理想上、精神上的现象都是），但这些构造中的那一个也不能影响他一点。受人类意思的影响，在他是永远不能的。就是人类的综合意思，也没有这么大的力量。就是法律他是人类的综合意思中最直接的表示，也只能受经济现象的影响，不能与丝毫的影响于经济现象。换言之，就是经济现象只能由他一面与其他社会现象以影响，而不能与其他社会现象发生相互的影响，或单受别的社会现象的影响。

经济构造是社会的基础构造，全社会的表面构造，都依着他迁移变化。但这经济构造的本身，又按他每个进化的程级，为他那最高动因的连续体式所决定。这最高动因，依其性质，必须不断的变迁，必然的与社会的经济的进化以诱导。

这最高动因究为何物，却又因人而异。Loria 所认为最高动因的，是人口的稠庶。人口不断的增加，曾经决定过去四个联续的根本状态，就是集合、奴隶所有、奴仆（Servile）、佣工。以后将次发生的现象，也该由此决定。马克思则以"物质的生产力"为最高动因：由家庭经济变为资本家的经济，由小产业制变为工场组织制，就是由生产力的变动而决定的。其他学者所认为最高动因的，又为他物。但他们有一个根本相同的论点，就是：经济的构造，依他内部的势力自己进化，渐于适应的状态中，变更全社会的表面构造，此等表面构造，无论用何方法，不能影响到他这一方面，就是这表面构造中最重要的法律，也不能与他以丝毫的影响。

有许多事实，可以证明这种观察事物的方法是合理的。我们晓得有许多法律，在经济现象的面前，暴露出来他的无能。十七、八世纪间那些维持商业平准，奖励金块输入的商法，与那最近英国禁遏脱拉斯（Trust）的法律都归无效，就是法律的力量不能加影响于经济趋势的明证。也有些法律，当初即没有力量与经济现象竞争，而后来他所适用的范围，却自一点一点的减缩，至于乌有。这全是经济现象所自致的迁移，无与于法律的影响。例如欧洲中世纪时禁抑暴利的法律，最初就无力与那高利率的经济现象竞争，后来到了利润自然低落，钱利也跟着自然低落的时候，他还继续存在，但他始终没有一点效果。他虽然形式上在些时候维持他的存在，实际上久已无用，久已成为废物。他的存在全是法律上的惰性，只足以证明法律现象远追不上他所欲限制的经济现象，却只在他的脚后一步一步的走，结局惟有服从而已。潜深的社会变动，惟依他自身可以产生，法律是无从与知的。当罗马帝国衰颓时代，一方面呈出奴隶缺乏，奴价腾贵的现象；一方面那一大部分很多而且必要的寄生阶级造成一个自由民与新自由民的无产阶级。他们的贫困日益加甚，自然渐由农业上的奴仆劳动、工业上的佣工劳动，生出来奴隶制度的代替，因为这两种劳动全于经济上有很多的便利。若是把废奴的事业全委之于当时的基督教人类同胞主义的理想，那是绝无效果的。十八世纪间英人曾标榜过一种高尚的人道主义的宗教，到了资本家经济上需要奴隶的时候，他们却把奴制输入到美洲殖民地，并且设法维持他。这类的事例不胜枚举，要皆足以证明法律现象只能随着经济现象走，不能越过他，不能加他以限制，不能与他以影响。而欲以法律现象奖励或禁遏一种经济现象的，都没有一点效果。那社会的表面构造中最重要的法律，尚且如此，其他如综合的理想等等，更不能与经济现象抗衡。

五

迄兹所陈是历史的唯物论者共同一致的论旨。今当更进而述马氏独特的唯物史观。

马氏的经济论，因有他的名著《资本论》详为阐发，所以人都知道他的社会主义系根据于一定的经济论的。至于他的唯物史观，因为没有专书论这个问题，所以人都不甚注意。他的《资本论》，虽然彻头彻尾以他那特有的历史观作基础，而却不见有理论的揭出他的历史观的地方。他那历史观的纲要，稍见于一八四七年公刊的《哲学的贫困》，及一八四八年公布的《共产者宣言》。而以一定的公式表出他的历史观，还在那一八五九（年）他作的那《经济学批评》的序文中。现在把这几样著作里包含他那历史观的主要部分，节译于下，以供研究的资料。

（一）见于《哲学的贫困》中的：

经济学者蒲鲁东氏，把人类在一定的生产关系之下制造罗纱、麻布、绢布的事情，理解的极其明了。可是这一定的社会关系，也和罗纱、麻布等一样，是人类的生产物，他还没有理解。社会关系与生产力有密切的连络。人类随着获得新生产力，变化其生产方法；又随着变化生产方法，——随着变化他们得生活资料的方法——他们全变化他们的社会关系。手臼造出有封建诸侯的社会。蒸汽制粉机造出有产业的资本家的社会。而这样顺应他们的物质的生产方法，以建设其社会关系的人类，同时又顺应他们的社会关系，以作出其主义、思想、范畴。

（二）见于《共产者宣言》中的：

凡以前存在的社会的历史都是阶级竞争的历史。希腊的自由民与奴隶，罗马的贵族与平民，中世的领主与农奴，同业组合的主人与职工，简单的说，就是压制者与被压制者，自古以来，常相反目，而续行或隐然，或公然不断的争斗，总是以全社会革命的变革，或以相争两阶级的共倒（为）结局的一切争斗。试翻昔时的历史，社会全被区别为种种身分者，社会的地位有多样的等差，这类现象我们殆到处可以发见。在古代罗马则有贵族、骑七、平民、奴隶；在中世则有封建诸侯、家臣、同业组合的主人、职工、农奴，且于此等阶级内更各分很多的等级。由封建的社会的崩坏，产出来的近世的社会，仍没把阶级的对立废止。他不过带来了新阶级、新压制手段、新争斗的形式，以代旧的罢了。

可是到了我们的时代，就是有产者本位的时代，却把阶级的对立简单了。全社会越来越分裂为互相敌视的二大阵营，为相逼对峙的二大阶级：就是有产者与无产者。

……依以上所述考之，资本家阶级所拿他作基础以至勃兴的生产手段及交通手段，是已经在封建社会作出来的。此等生产手段及交通手段的发展达于一定阶段的时候，封建的社会所依以营生产及交换的关系，就是关于农业及工业封建的组织，简单一句话就是封建的所有关系，对于已经发展的生产力，久已不能适应了。此等关系，现在不但不能奖励生产，却妨阻生产，变成了许多的障碍物。所以此等关系不能不被破坏，果然又被破坏了。

那自由竞争就随着于他适合的社会的及政治的制度，随着有产者阶级的经济的及政治的支配，代之而起了。

有产者阶级，于其不满百年的阶级支配之下，就造出比合起所有过去时代曾造的还厚且巨的生产力。自然力的征服，机械、工业及农业上的化学应用，轮船、火车、电报，全大陆的开垦，河川的开通，如同用魔法唤起的这些人类——在前世纪谁能想到有这样的生产力能包容在社会的劳动里呢？

把这样伟大的生产手段及交通手段，像用魔法一般唤起来的资本家的生产关系及交通关系，——资本家的所有关系——现代的资本家的社会，如今恰与那魔术师自念咒语唤起诸下界的力量，而自己却无制御他们的力量了的情事相等。数十年的工商史，只是现代的生产力，对于现代的生产关系，对于那不外有产者的生活条件及其支配力的所有关系，试行谋叛的历史。我们但举那商业上的恐慌——因隔一定期间便反复来袭，常常胁迫有产社会的全存在的商业恐慌——即足以作个证明。……有产者阶级颠覆封建制度的武器，今乃转而向有产者阶级自身。

有产者阶级不但锻炼致自（己）于〈已〉死的武器，并且产出去挥使那些武器的人——现代的劳动阶级、无产者就是。

人人的观念、意见及概念，简单一句话，就是凡是属于人间意识的东西，都随着人人的生活关系，随着其社会的关系，随着其社会的存在一齐变化。这是不用深究就可以知道的。那思想的历史所证明的，非精神上的生产随着物质上的生产一齐变化而何？

（三）见于《经济学批评》序文中的：

人类必须加入那于他们生活上必要的社会的生产，一定的、必然的、离于他们的意志而独立的关系，就是那适应他们物质的生产力一定的发展阶段的生产关系。此等生产关系的总和，构成社会的经济的构造——法制上及政治上所依以成立的、一定的社会的意识形态所适应的真实基础——物质的生活的生产方法，一般给社会的、政治的及精神的生活过程，加上条件。不是人类的意识决定其存在，他们的社会的存在反是决定其意识的东西。

社会的物质的生产力，于其发展的一定阶段，与他从来所在那里面活动当时的生产关系，与那不过是法制上的表现的所有关系冲突。这个关系，这样由生产力的发展形式变而为束缚。于是乎社会革命的时代来。巨大的表面构造的全部，随着经济基础的变动，或徐，或激，都变革了。

当那样变革的观察，吾人非常把那在得以自然科学的论证的经济的生产条件之上所起的物质的变革，与那人类意识此冲突且至决战的，法制上、政治上、宗教上、艺术上、哲学上的形态，简单说就是观念上的形态，区别不可。想把那样变革时代，由其时代的意识判断，恰如照着一个人怎样想他自己的事，以判断其人一样，不但没有所得，（此处疑有脱漏。—编者注）意识这个东西宁是由物质生活的矛盾，就是存在于社会生产力与生产关系间的冲突，才能说明的。

一社会组织，非到他的全生产力，在其组织内发展的一点余地也没有了以后，决不能颠覆了。这新的，比从前还高的生产关系，在这个东西的物质的生存条件于旧社会的母胎内孵化完了以前，决不能产生出来。人类是常只以自能解决的问题为问题的。因为拿极正确的眼光去看，凡为问题的，惟于其解决所必要的物质条件已经存在，或至少也在成立过程中的时会，才能发生。

综其大体而论，吾人得以亚细亚的、古代的、封建的及现代资本家的生产方法，为社会经济的组织进步的阶段。而在此中，资本家的生产关系，是社会的生产方法之采敌对形态的最后。——此处所谓敌对，非个人的敌对之意，是由各个人生活的社会的条件而生的敌对之意，——可是在资本家社会的母胎内发展的生产力，同时作成于此敌对的解决必要的物质条件。人类历史的前史，就以此社会组织终。

（以上的译语，从河上肇博士。）

据以上所引，我们可以略窥马克思唯物史观的要领了。现在更把这个要领简单写出，以期易于了解。

马克思的唯物史观有二要点：其一是关于人类文化的经验〔济〕的说明；其二即社会组织进化论。其一是说人类社会生产关系的总和，构成社会经济的构造。这是社会的基础构造。一切社会上政治的、法制的、伦理的、哲学的，简单说，凡是精神上的构造，都是随着经济的构造变化而变化。我们可以称这些精神的构造为表面构造。表面构造常视基础构造为转移，而基础构造的变动，乃以其内部促他自己进化的最高动因，就是生产力为主动；属于人类意识的东西，丝毫不能加他以影响，他却可以决定人类的精神、意识、主义、思想，使他们必须适应他的行程。其二是说生产力与社会组织有密切的关系。生产力一有变动，社会组织必须随着他变动。社会组织即社会关系，也是与布帛菽粟一样；是人类依生产力产出的产物。手臼产出封建诸侯的社会，蒸汽制粉机产出产业的资本家的社会。生产力在那里发展的社会组织，当初虽然助长生产力的发展，后来发展的力是〔量〕到那社会组织不能适应的程度，那社会组织不但不能助他，反倒束缚他、妨碍他了。而这生产力虽在那束缚他、妨碍他的社会组织中，仍是向前发展不已。发展的力量愈大，与那不能适应他的社会组织间的冲突愈迫，结局这旧社会组织非至崩坏不可。这就是社会革命。新的继起，将来到了不能与生产力相应的时候，他的崩坏亦复如是。可是这个生产力，非到在他所活动的社会组织里，发展到无可再容的程度，那社会组织是万万不能打破。而这在旧社会组织内，长成他那生存条件的新社会组织，非到自然脱离母胎，有了独立生存的运命，也是万万不能发生。恰如孵卵的情形一样，人为的助长，打破卵壳的行动，是万万无效的，是万万不可能的。

以上是马克思独特的唯物史观。

六

与他的唯物力［史］观很有密切关系的，还有那阶级竞争说。

历史的唯物论者，既把种种社会现象不同的原因，总约为经济的原因，更依社会学上竞争的法则，认许多组成历史明显的社会事实，只是那直接，间接，或多，或少，各殊异阶级间团体竞争所表现的结果。他们所以牵入这竞争中的缘故，全由于他们自己特殊经济上的动机。由历史的唯物论者的眼光去看，十字军之役也含着经济的意味。当时繁盛的义大利共和国中，特如 Venice 的统治阶级，实欲自保其东方的繁富市场。宗教革新的运动，虽然戴着路德的名义，其时的民众中，也似乎有一大部分是意在免去罗马用种种方法征课的重税（那最后有道理的赎罪符也包在内）。基督教的传布，也是应无产阶级的要求作一种实际的运动。把首都由罗马迁至 Byzantium（就是现在的康士坦丁堡），与那定基督教为官教，也是经济的关系。这两件事都是为取罗马帝国从来的重心而代之。因为当时的中产阶级，实为东方富有财势的商贾阶级，势力很厚。他们和那基督教的无产阶级相合，以与罗马寄生的贵族政治分持平衡的势力，而破坏之。法国大革命也全是因为资本家的中级势力，渐渐可以压迫拥有土地的贵族，其间的平衡久已不固，偶然破裂，遂有这个结果。就是法国历史上迭起层兴的政治危机，单由观念学去研究终于神秘难解。像那拿破仑派咧，布尔康家正统派咧，欧尔林家派咧，共和党咧，平民直接执政党咧，他们背后都藏着很复杂的经济意味。不过打着这些旗帜互相争战，以图压服他的反对阶级，而保自己阶级经济上的利益就是了。这类的政治变动，由马克思解释，其根本原因都在殊异经济阶级间的竞争。我们看那马克思与昂格思的《共产者宣言》中"从来的历史都是阶级竞争的历史"的话，马克思在他的《经济学批评》序文中，也说"从来的历史尽是在阶级对立——固然在种种时代呈种种形式——中进行的"，就可以证明他的阶级竞争说，与他的唯物史观有密切关系了。

就这阶级竞争的现象，我们可以晓得，这经济上有共同利害自觉的社会团体，都有毁损别的社会团体以增加自己团体利益的倾向。这个倾向，斯宾塞谓是本于个人的利己心。他在《社会学研究》中说："个人的利己心引出由他们作成的阶级的利己心，于分别的努力以外，还要发生一种协同的努力，去从那社会活动的总收入中，取些过度的领分。这种综合的倾向，在每阶级中这样发展，必须由其他诸阶级类似的综合的倾向来维持其平衡。"由此以观，这阶级竞争在社会的有机体中，恰与 Wilhelm Roux 所发见的"各不同的部分官能组织细胞间的竞争，在各有机体中进行不已"的原则相当。宇宙间一切生命都向"自己发展"（Self-expansion）活动不已。"自己发展"是生物学上、社会学上一切有机的进化全体根本的动机，是生物界普遍无敌的倾向。阶级竞争是这种倾向的无量表现与结果中的一个。而在马克思则谓阶级竞争之所由起，全因为土地共有制崩坏以后，经济的构造都建在阶级对立之上。马氏所说的阶级，就是经济上利害相反的阶级，就是有土地或资本等生产手段的有产阶级，与没有土地或资本等生产手段的无产阶级的区别：一方是压服他人，掠夺他人的，一方是受人压服，被人掠夺的。这两种阶级，在种种时代，以种种形式表现出来。亚细亚的、古代的、封建的、现代资本家的，这些生产方法出现的次第，可作经济组织进化的阶段，而这资本家的生产方法，是社会的生产方法中采敌对形式的最后。阶级竞争也将与这资本家的生产方法同时告终。至于社会为什么呈出阶级对立的现象呢？马氏的意见以为全是因为一个社会团体，依生产手段的独占，掠夺他人的余工余值（余工余值说详后）的原故。但这两种阶级，最初不过对于他一阶级，可称一个阶级，实则阶级的本身还没有成个阶级，还没有阶级的自觉。后来属于一阶级的，知道他们对于别的阶级，到底是立于不相容的地位，阶级竞争是他们不能避的运命，就是有了阶级的自觉，阶级间就起了竞争。当初只是经济的竞争，争经济上的利益，后来更进而为政治的竞争，争政治上的权力，直至那建在阶级对立上的经济的构造自己进化，发生了一种新变化为止。这样看来，马氏并非承认这阶级竞争是与人类历史相终始的，他只把他的阶级竞争说应用于人类历史的前史，不是通用于过去、现在、未来的全部。与其说他的阶级竞争说是他的唯物史观的要素，不如说是对于过去历史的一个应用。

七

马氏的唯物史观及其阶级竞争说，既已略具梗概，现在更把对于其说的评论，举出几点，并述我的意见。

马氏学说受人非难的地方很多，这唯物史观与阶级竞争说的矛盾冲突，算是一个最重要的点。盖马氏一方既确认历史——马氏主张无变化即无历史——的原动为生产力；一方又说从来的历史都是阶级竞争的历史，就是说阶级竞争是历史的终极法则，造成历史的就是阶级竞争。一方否认阶级的活动，无论是直接在经济现象本身上的活动，是间接由财产法或一般法制上的限制，常可以有些决定经济行程的效力；一方又说阶级竞争的活动，可以产出历史上根本的事实，决定社会进化全体的方向。Eugenio Rignano 驳他道："既认各阶级间有为保其最大经济利益的竞争存在，因之经济现象亦自可以随这个或那个阶级的优越，在一方面或他一方面受些限制，又说经济的行程像那天体中行星的轨道一样的不变，从着他那不能免的进路前进，人类的什么影响都不能相加。那么那主要目的在变更经济行程的阶级竞争，因为没有什么可争，好久就不能存在了。在太阳常行的轨道上，有了一定的变更，一定可以贡献很大的经济利益于北方民族，而大不利于南方民族。但我想在历史纪录中，寻找一种族或一阶级的竞争，把改变太阳使他离了常轨作目的的，是一件无益的事。"这一段话可谓中了要扼。不过这个明显的矛盾，在马氏学说中，也有自圆的说法。他说自从土地共有制崩坏以来，经济的构造都建立在阶级对立之上。生产力一有变动，这社会关系也跟着变动。可是社会关系的变动，就有赖于当时在经济上占不利地位的阶级的活动。这样看来，马氏实把阶级的活动归在经济行程自然的变化以内。但虽是如此说法，终觉有些牵强矛盾的地方。

这全因为一个学说最初成立的时候，每每陷于夸张过大的原故。但是他那唯物史观，纵有这个夸张过大的地方，于社会学上的进步，究有很大很重要的贡献。他能造出一种有一定排列的组织，能把那从前各自发展不相为谋的三个学科，就是经济、法律、历史联为一体，使他现在真值得起那社会学的名称。因为他发见那阶级竞争的根本法则；因为他指出那从前全被误解或蔑视的经济现象，在社会学的现象中是顶重要的；因为他把于决定法律现象有力的部分归于经济现象，因而知道用法律现象去决定经济现象是逆势的行为；因为他借助于这些根本的原则，努力以图说明过去、现在全体社会学上的现象。就是这个，已足以认他在人类思想有效的概念中，占优尚的位置，于学术界、思想界有相当的影响。小小的瑕疵，不能掩了他那莫大的功绩。

有人说，历史的唯物论者以经济行程的进路为必然的、不能免的，给他加上了一种定命的彩色，后来马克思派的社会党，因为信了这个定命说，除去等着集产制自然成熟以外，什么提议也没有，什么活动也没有，以致现代各国社会党都遇见很大的危机。这固然可以说是马氏唯物史观的流弊，然自马氏与昂格思合布《共产者宣言》，大声疾呼，檄告举世的劳工阶级，促他们联合起来，推倒资本主义，大家才知道社会主义的实现，离开人民本身，是万万作不到的，这是马克思主义一个绝大的功绩。无论赞否马氏别的学说的人，对于此点，都该首肯。而在《社会主义者评论》（*Socialist Review*）第一号揭载的昂格思函牍中，昂氏自己说，他很实［喜］欢看见美国的工人，在于政治信条之下，作出一种组织，可见他们也并不是坐待集产制自然成熟，一点不去活动的。而在别一方面，也可以拿这社会主义有必然性的说，坚人对于社会主义的信仰，信他必然发生，于宣传社会主义上，的确有如耶教福音经典的效力。

历史的唯物论者说经济现象可以变更法律现象，法律现象不能变更经济现象，也有些人起了疑问。历史的唯物论者既承认一阶级的团体活动，可以改造经济组织，那么一阶级的团体活动，虽未至能改造经济组织的程度，而有时亦未尝没有变更经济行程趋势的力量。于此有个显例，就是现代劳工阶级的联合活动，屡见成功，居然能够屈服经济行程的趋势。这种劳工结合，首推英国的工联（Trade unions）为最有效果，他们所争在增加劳银。当时经济现象的趋势是导工人于益困益卑的地位，而工联的活动竟能反害为利。大战起来以后，工联一时虽停止活动，战事既息，他们又重张旗鼓。听说铁路人员总会、交通劳动者（专指海上劳动者）联合会和矿夫联合会三种工联联合起来，向政府及资本家要求种种条件，声势甚猛（参照《每周评论》第三十三号欧游记者明生君通信），将来的效果必可更大。这自觉的团体活动，还没有取得法律的性质，已经证明他可以改变经济现象的趋势，假使把这种活动的效力，用普通法律，或用那可以塞住经济现象全进路的财产法，保障起来，巩固起来，延长他那效力的期间，他那改变经济现象趋势的效力，不且更大么？试把英、法二国的土地所有制比较来看：在英国则诺曼的侵略者及其子孙，依战胜余威，获据此全土，而与其余人口相较，为数甚少，故利在制定限嗣财产制与脱拉斯制，以保其独占权，结果由此维持住大地产制。在法国则经数世纪的时间，贵族及僧侣阶级的财产为革命的中产阶级所剥夺，这剥夺他们的中级人民人口的数，又占全体的大部，故利在分割而不在独占，适与英国的诺曼侵略者及其子孙相反，于是中级人民催着通过特别遗书遗产法，以防大财产制的再见。他们二国的财产法和防遏或辅助田问 [间] 经济现象趋势的法制，这样不同，所以导他们经济的表现与进化于不同的境界。一则发生很大的领地财产、隐居主义、为害田禾的牧业、全国的人口减少、农村人口的放逐与财富的分配极不平均种种现象。一则发生土地过于割裂、所有者自治其田畴、强盛的农业、节俭之风盛行、分配平均种种现象。这样看来，经济现象和法律现象，都是社会的原动力，他们可以互相影响，都于我们所求的那正当决定的情状有密切的关系。那么，历史的唯物论者所说经济现象有不屈不挠的性质，就是团体的意思、团体的活动，在他面前都得低头的话，也不能认为正确了。但是此等团体的活动，乃至法律，仍是在那可以容他发生的经济构造以上的现象，仍是随着经济的趋势走的，不是反着经济的趋势走的。例如现代的经济现象，一方面劳工阶级的生活境遇日趋于困难；一方面益以促其阶级的自觉，益增其阶级活动的必要，益使其活动的效果足以自卫。这都是现在资本主义制下自然的趋势，应有的现象，不能作足以证明法律现象可以屈抑经济趋势的理据；与其说是团体行动，或法律遏抑经济趋势的结果，毋宁说是经济本身变化的行程。英、法二国财产制之著效，也是在他们依政治的势力，在经济上得占优势，得为权力阶级以后的事，也全是阶级竞争的结果。假使在英国当时定要施行一种防遏大地产制的法律，在法国当时定要施行一种禁抑小财产制的法律，恐怕没有什么效果。在经济构造上建立的一切表面构造，如法律等，不是绝对的不能加些影响于各个的经济现象，但是他们都是随着经济全进路的大势走的，都是辅助着经济内部变化的，就是有时可以抑制各个的经济现象，也不能反抗经济全进路的大势。我们可以拿团体行动、法律、财产法三个联续的法则，补足阶级竞争的法则，不能拿他们推翻马氏唯物史观的全体。

有许多人所以深病"马克思主义"的原故，都因为他的学说全把伦理的观念抹煞一切，他那阶级竞争说尤足以使人头痛。但他并不排斥这个人高尚的愿望，他不过认定单是全体分子最普通的伦理特质的平均所反映的道德态度，不能加影响于那经济上利害相同自觉的团体行动。我们看在这建立于阶级对立的经济构造的社会，那社会主义伦理的观念，就是互助、博爱的理想，实在一天也没有消灭，只因有阶级竞争的经济现象，天天在那里破坏，所以总不能实现。但这一段历史，马氏已把他划入人类历史的前史，断定他将与这最后的敌对形式的生产方法，并那最后的阶级竞争一齐告终。而马氏所理想的人类真正历史，也就从此开始。马氏所谓真正历史，就是互助的历史，没有阶级竞争的历史。近来哲学上有一种新理想主义出现，可以修正马氏的唯物论，而救其偏蔽。各国社会主义者，也都有注重于伦理的运动、人道的运动的倾向，这也未必不是社会改造的曙光，人类真正历史的前兆。我们于此可以断定，在这经济构造建立于阶级对立的时期，这互助的理想、伦理的观念，也未曾有过一日消灭，不过因他常为经济构造所毁灭，终至不能实现。这是马氏学说中所含的真理。到了经济构造建立于人类互助的时期，这伦理的观念可以不至如从前为经济构造所毁灭。可是当这过渡时代，伦理的感化，人道的运动，应该倍加努力，以图划除人类在前史中所受的恶习染，所养的恶性质，不可单靠物质的变更。这是马氏学说应加救正的地方。

我们主张以人道主义改造人类精神，同时以社会主义改造经济组织。不改造经济组织，单求改造人类精神，必致没有效果；不改造人类精神，单等改造经济组织，也怕不能成功。我们主张物心两面的改造，灵肉一致的改造。

总之，一个学说的成立，与其时代环境，有莫大的关系。马氏的唯物史观，何以不产生于十八世纪以前，也不产生于今日，而独产生于马氏时代呢？因为当时他的环境，有使他创立这种学说的必要和机会。十八世纪以前的社会政治和宗教的势力，比经济的势力强，所谓社会势力从经济上袭来的很少。因为原始社会的经济组织是仅求自足的靠着自然的地方居多，靠着人力的地方还少，所以宗教和政治的势力较大。譬如南美土人，只伸出一张口，只等面包树、咖啡树给他吃喝，所以他们只有宗教的感谢，没有经济的竞争。到了英国产业革命后的机械生产时代，人类脱离自然而独立，达到自营自给的经济生活，社会情形为之一变，宗教政治的势力全然扫地，经济势力异军苍头特起，支配当时的社会了。有了这种环境，才造成了马氏的唯物史观。有了这种经济现象，才反映以成马氏的学说主义。而马氏自己却忘了此点。平心而论，马氏的学说，实在是一个时代的产物；在马氏时代，实在是一个最大的发见。我们现在固然不可拿这一个时代、一种环境造成的学说，去解释一切历史，或者就那样整个拿来，应用于我们生存的社会，也却不可抹煞他那时代的价值，和那特别的发见。十字军之役，固然不必全拿那历史的唯物论者所说，全是经济的意味去解释，但当那僧侣彼得煽动群众营救圣墓的时候，彼得与其群众虽然没有经济的意味参杂其间，或者纯是驱于宗教的狂信，而那自觉的经济阶级，实在晓得利用这无意识的反动，达他们有意识的经济上的目的。从前的历史家，完全抱〔把〕经济的意味蔑视了，也实未当。我们批评或采用一个人的学说，不要忘了他的时代环境和我们的时代环境就是了。

（上篇）

八

我于上篇，既将马氏的"唯物史观"和"阶级竞争说"略为评述，现在要述他的"经济论"了。马氏的"经济论"有二要点：一"余工余值说"，二"资本集中说"。前说的基础，在交易价值的特别概念。后说的基础，在经济进化的特别学理。用孔德的术语说，就是一属于经济静学，一属于经济动学。

今先述"余工余值说"。

马氏的目的，在指出有产阶级的生活，全系靠着无产阶级的劳工。这并不是马氏新发明的理论，从前 Sismondi、Saint-Simon、Proudhon、Rodbertus 诸人，在他们的著作中，也曾有过这种议论。不过他们的批评，与其说是经济的，毋宁说是社会的。私有财产制及其不公，是他们攻击的标的。马氏则不然，他郑重的归咎于经济科学的本身，特别归咎于交易观念。他所极力证明这私营事业必须存在的理由，就是因为这是交易不能免的结果——一个经济上的必要，贵族与平民都须服从的。

马氏的"余工余值说"，是从他那"劳工价值论"演出来的。

马氏说劳工不只是价值的标准与理由，并且是价值的本体。从前 Ricardo 也曾有过类似的观念，但他未能决然采用。马氏于此，毅然采取其说，不像 Ricardo 的踌躇。

马氏也决不否认"效用是价值的必要条件"。由效用的价值而论，这的确是惟一的理由，但他以为单拿效用这一点说明交易的价值，理据尚不充足。每在一个交易的行为，两个物品间必含着共同的原素，一致的等级。此种一致，决不是效用的结果，因为效用的等级，在每个物品中均不相同。而所以构成交易这件事存在的理由的，就是这个不同。在那些性质各异的物品中所含的共同原素，不是效用，乃是那些物品中所含劳工分量的大小。每个物品的价值，应该纯是物品中所含人类劳工结晶的全量。物品价值的分别，全依劳工的分量而异。此等劳工，是于生产这些物品有社会的必要的东西。

例如有一工人在一种产业里作工，一日工作十小时，什么是他的生产物的交易价值呢？这交易价值，应该是他那十小时劳工的等量。他所生产的，是布，是煤，或是他物，都不必问。按工银交易的条件，资本家把处分物品的权保留在自己手中，而按实在的价值出售。这实在的价值，就是十小时劳工的等量。

工人的工力（Labour force）为工银所买，与其本人断绝关系。工银专以代表资本家偿他工力的物价，而资本家即保持自由处分这个物品（指工力）的权利于自己手中。工力价值的决定，与别的可以交易的物品相同。工力恰是一种物品，他的价值也是由那于他的生产所必需的劳工时间数目决定。

生产工力所必需的工量（Labour quantity），是一种稍觉奇异的话，初究马氏学说的人，最难领会其旨趣。但是必须领会，才得了解马氏的经济学说。实在稍加研究，觉得这种见解也并没有什么稀奇。设若拿一个机械的活动代替一个工人的劳工，执一个工程师，问他这架机械要多少维持费？他决不以为奇，并且立答以每时每日需多少吨煤炭，而煤炭的价值，又纯是代表那采掘煤炭的一定人工的总积。我们把煤炭换成劳工去说明他，又有什么难懂呢？

工银制下的工人，纯是一种机械。所不同的地方，维持机械的财物是在他处由他人的劳工生产出来的，维持工人的财物是由他自己的劳工生产的一小部分。一时间的劳作，或一日的辛苦，其价值均可以在那个时间保持那个工人使他能够完全维持他的生产力所必需的需要为标准。无论资本家以物品以金钱偿他的工值，都是代表那必要费的价值。

维持工力所必要的物品的价值，永不能与那工力的生产的价值相等。例如一日维持工力所必要的物品的价值，决不能与十小时工力的价值相等，或且不抵五小时。在模范状态下的人类工力，常足以生产比他所单纯消费的物品的价值多。

工人所生产的价值，全部移入资本家的手中，完全归他处分。而以其一小部分用工银的名目还给工人，其量仅足以支应他在生产此项物品的期间所消用的食品，余则尽数归入资本家的囊中。生产物的售出，其

价与十小时的工力相等，而工人所得，则止抵五小时工力的价值。其余
五小时工力的价值，马氏叫作"余值"（Surplus value）。

这样办去，资本家获得工人十小时的工力，而仅以五小时的代价还
给工人。其余五小时的工力，在工人毫不值钱。前五小时间工人所生产
的，等于他的工值。第五时以后他所做的工，于他什么也不值了。这生
产"余值"的额外时间，于工人本身一文不值的工力，马氏叫作"余
工"（Surplus labour）。

余值既全为资本家的掠夺品，那工人分外的工作，就是余工，便一
点报偿也没有。刚是对工人的能力课额外的汗血税，而为资本家增加幸
运，这是现代资本主义的秘密，这是资本主义下资本家掠夺劳工生产的
方式。

因为这个原故，资本家的利益，就在增大余值。他们想了种种方
法，达这个目的。解析这些方法，揭破资本主义的秘密，就是马氏学说
特色之一。依马氏的解析，资本家增大余值的方法有二要着：

一、尽力延长工作时间，以求增加余工时间的数目。假使工作时间
的数目，可以由十小时增至十二小时，这余工时间，自然可以由五小时
增至七小时。企业家常谋为此。虽有工场立法，强制些产业限制工作时
间，于阻止余值的增长多少有点效果，但推行的范围，究竟限于少数产
业，所以"八时间工作"的运动，仍不能不纷纷四起。

二、尽力缩短生产工人必要生活费的时间。假令生产工人必要生活
费的工作时间，由五小时缩短至三小时，那余工时间自然由五小时增至
七小时了。此种缩短，是可以由产业组织的完全或由生活费的减少作得
到的。生活费减少，常为由协力（Cooperation）的影响所生的结果。
资本家每依建立慈善院或雇用比成人生活费较少的妇幼劳工以图此利
益。妇幼离开家庭，那一切家事乃至煮饭洗衣等等，都留给男子去做。
但若有维持女工工银与男工相等的方法或限制妇幼劳工的法律，此种战
略，也就完全失败了。

马氏的论旨，不在诉说资本家的贪婪，而在揭破资本主义的不公。
因为掠夺工人的，并不是资本家，乃是资本主义，工银交易的条件，资
本家已经全然履行。你得一份钱，他买一份货，也算是公平交易。既然
许资本主义与自由竞争行于经济界，这种结果是必不能免的。资本家于
此，固极愿购此便宜物品，因为他能生产比他自身所含价值还多的东
西。惟有这一班可怜的工人，自己把自己的工力像机械一般贱价给人

家，所得的价格，仅抵自己生产价值之半，或且不及其半，在法律上经济上全没有自卫之道，而自己却视若固然。这不是资本家的无情，全是资本主义的罪恶！

九

前节所述，是马氏"价值论"的要旨。而与其"价值论"最有关系的"平均利润率论"，也不可不略为说明。

今于说明"平均利润率论"以前，须先说一说那余值怎么变成利润的道理。余值本是由劳工生产的价值中除去他的必要生活费所余的价值。这必要生活费就是可变资本。是资本的一部分，不是资本的全部。余值的发生，是单由于可变资本，不是由于资本全部。但因生产物品时支出的费用都出自资本（这些费用，马氏叫作费用价格），而于费用价格的表形，不能认可变资本与不变资本间有何等区别，就把那仅与可变资本有关系的余值作成与全资本都有关系的样子。工力的价格就变成工银，工力生产的余值就变成利润了。我们可用左〔下〕列的论式表明这个道理：

1. 全资本（C）由不变资本（c）与可变资本（v）而成，

2. 可变资本生出余值（m），

3. 余值对于可变资本的比例（$\frac{m}{v}$）叫作余值率，用 m′ 代他，

4. 因而得 $\frac{m}{v}$＝m′ 的公式，

5. 又生 m＝m′v 的公式，

6. 今不令余值仅关系于可变资本，而使关系于全资本，把他叫作利润（P′），

7. 余值对于全资本（C）的关系 $\frac{m}{c}$ 为利润率，用 P′ 代他，

8. 从而得 $P′＝\frac{m}{c}＝\frac{m}{c+v}$ 的公式，

9. 若把 m 换成 m′v，又得 $P′＝m′\frac{v}{c}＝m′\frac{v}{c+v}$ 的新公式，

10. 再把他换成比例式，断得 P′：m′＝v：C 的公式。

依此我们可以证明利润率之于余值率的关系，与可变资本之于全资本的关系相等。我们又可断定利润率（P′）常比余值率（m′）小，因为

可变资本（v）常比全资本（C）小（C＝c＋v）。

资本主义把那仅与可变资本有关系的余值，变成与全资本有关系的利润，把那对于可变资本的比例的余值率，变成对于全资本的比例的利润率。在这神秘的形态中，把余值用利润的名义尽行掠去的真象，就是如此。

依以上所述的原理，余值随可变资本而增减，全与不变资本的多少无关。但实际上无论可变不变二种资本的比例如何变动，利润率常为同一。这是一个显然的矛盾。为使理论愈益明显，分析解说如左：

1. 余值准可变资本的多少而增减，可变资本多则余值多，可变资本少则余值少。

2. 利润率是把余值以对于全资本（合不变与可变二种）的比例表明的东西，故可变资本多则利润率高，少则利润率低。

3. 然于实际，不拘可变资本分的多少，同一的全资本额有同一的平均利润率。

依马氏可变资本分多则利润率高，少则低的定理，应如左表：

C（全资本）	c（不变）	v（可变）	m′余值率	m 余值	P′利润率
100	＝	80＋20	100％	20	20％
100	＝	70＋30	100％	30	30％
100	＝	60＋40	100％	40	40％
100	＝	85＋15	100％	15	15％
100	＝	95＋5	100％	5	5％

而于实际，这五种〈率〉产业的利润率都为同一，与价值原则绝不相容。这就是"平均利润率的谜"。

昂格思在《资本论》第二卷的序文中曾说，这个矛盾，Ricardo 已经看出而未能解释，Rodbertus 也曾注意而未能解决，至于马氏，在他的《经济学批评》里，已经解决过这个问题，而在《资本论》第三卷始完全与以解答。故解释"平均利润率的谜"，在马氏书中是一个最著名的点，而因为解释此谜的原故，把他的"劳工价值论"几乎根本推翻。他的学说本身，发生一绝大矛盾，故又是一个最大弱点。

马氏解谜的键，并没有什么稀奇的道理，不过是：

一、商品若能按其价值被买卖，利润率必生种种差别。

二、然于实际，商品不能按其价值被买卖。

三、即于实际，以按不变可变两资本平均结合比例以上的比例结合的资本生产的商品，于其价值以上被买卖。以平均以下的比例的资本生产的商品，于其价值以下被买卖。

马氏以左表说明这个道理：

	资本结合比例	余值	已经消费的资本	商品的价值	商品的费用价格	商品卖价	利润率	价值与卖价的差
Ⅰ	80c+20v	20	50	90	70	92	22%	+2
Ⅱ	70c+30v	30	51	111	81	103	22%	−8
Ⅲ	60c+40v	40	51	131	91	113	22%	−18
Ⅳ	85c+15v	15	40	70	55	77	22%	+7
Ⅴ	95c+5v	5	10	20	15	37	22%	+17

我们再把此表细加说明如下：

一、Ⅰ例　不变资本 80 可变资本 20 合计 100

　　　Ⅱ例　不变资本 70 可变资本 30 合计 100

　　　Ⅲ例　不变资本 60 可变资本 40 合计 100

　　　Ⅳ例　不变资本 85 可变资本 15 合计 100

　　　Ⅴ例　不变资本 95 可变资本 5　合计 100

二、余值率（$\frac{m}{v}$ 即 m'）依马氏的定理皆为同一。兹假定余值率为 100%，

三、那么

　　　Ⅰ例，对于可变资本 20 其 100% 的余值为 20，

　　　Ⅱ例，对于可变资本 30 其 100% 的余值为 30，

　　　Ⅲ例，对于可变资本 40 其 100% 的余值为 40，

　　　Ⅳ例，对于可变资本 15 其 100% 的余值为 15，

　　　Ⅴ例，对于可变资本 5 其 100% 的余值为 5，

四、费用价格，即生产费，应该与恰足收回（1）可变资本的全部及（2）不变资本中被消费的部分二者的数相当。那不变资本中被消费的部分，假定Ⅰ例为 50，Ⅱ例为 51，Ⅲ例为 51，Ⅳ例为 40，Ⅴ例为 10，

五、那么费用价格的额，应如左表：

	可变资本		消费资本额		费用价格
Ⅰ	20	+	50	=	70
Ⅱ	30	+	51	=	81
Ⅲ	40	+	51	=	91
Ⅳ	15	+	40	=	55
Ⅴ	5	+	10	=	15

六、商品的价值，等于把余值与右表所举的费用价格合算起来的数。就是Ⅰ 70＋20＝90　Ⅱ 81＋30＝111　Ⅲ 91＋40＝131　Ⅳ 55＋15＝70　Ⅴ 15＋5＝20

七、商品若能按其价值买卖，其卖价应如左表：

Ⅰ	Ⅱ	Ⅲ	Ⅳ	Ⅴ
90	111	131	70	20

八、而于实际，商品不能按其价值买卖，而以对于平均结合比例所生的余值与费用价格的合计为卖价。用不变资本在平均结合比例以上时，其卖价在右［上］表所列的价值以上。用不变资本在平均结合比例以下时，其卖价在右表所列的价值以下。

九、今为看出这个平均结合比例，应该把第一至第五的资本总括起来，算出不变可变两种资本的百分比例。就是：

资本总额 $100＋100＋100＋100＋100＝500$

不变资本总额 $80＋70＋60＋85＋95＝390$

可变资本总额 $20＋30＋40＋15＋5＝110$

把这二种资本总额变成百分比例，得式如下：

$$\frac{390}{500}=78\%$$

$$\frac{110}{500}=22\%$$

而余值总额为 $20＋30＋40＋15＋5＝110$

$$\frac{110}{500}=22\%$$

十、这 22％就是对于平均结合比例 $78c＋22v＝100$，所生的余值就是对于全资本额的平均利润率。

十一、那么实在的卖价，应是：

　　Ⅰ 70＋22＝92　Ⅱ 81＋22＝103　Ⅲ 91＋22＝113
　　Ⅳ 55＋22＝77　Ⅴ 15＋22＝37

十二、随着资本结合的比例不同，有的得其价值以上的卖价，有的得其以下的卖价。现在把这五个例的卖价与其价值的差额算出如左：

第一例，卖价比价值多二，

第二例，卖价比价值少八，

第三例，卖价比价值少十八，

第四例，卖价比价值多七，

第五例，卖价比价值多十七，

十三、再把这五个例的差额合算起来 $2-8-18+7+17=0$，各个的差异正负相消，由全体上看，卖价与价值仍无二致。

这就是马氏的平均利润率论。

由马氏的平均利润率论看起来，他所说的生产价格——就是实际卖价——和他所说的价值全非同物。但于价值以外，又有一种实际卖价，为供求竞争的关系所支配，与生产物品所使用的工量全不相干。结果又与一般经济学者所主张的竞争价格论有什么区别？物品的实际价格既为竞争所支配，那劳工价值论就有根本动摇的危险。劳工价值论是马克思主义的基础，基础一有动摇，学说全体为之震撼。这究不能不算是马克思主义的一大遗憾。

十

马氏的余值说与他的资本说很有关系。他的名著就是以"资本"这个名辞被其全编，也可以看出他的资本说在他的全学说中占如何重要的位置。我所以把他略为介绍于此。

马氏分资本为不变与可变两种。原来资本有二个作用：一是自存，一是增殖。资本用于生产并不消失，而能于生产物中为再生产，足以维持他当初的价值，这叫资本的自存。而资本又不止于自存，生产的结果，更于他本来价值以上生出新价值，这叫资本的增殖。马氏称自存的资本为不变资本（Constant Capital），称增殖的资本为可变资本（Variable Capital）。能生增殖的，惟有劳力。故惟资本家对于劳工所给的劳银或生活必要品，是可变资本，其余生产工具，都是不变资本。

马氏所说的不变资本，也不是说形态的不变，是说价值的不变。在一生产经过中变其形态的资本，为流通资本，不变其形态的资本，为固定资本。然几经生产以后，就是固定资本，也不能不变其形态。没有永久不变形态的资本。永久不变的，只是他的价值。一万元的资本，千百年前是一万元，千百年后还是一万元。这项资本中永久不变的东西，就是这一万元的价值。

不变资本不能产出余值，只能产出他的价值的等值，他的价值，就是生产他的时候所吸入的价值的总额。

不变资本也是由劳力结晶而成的生产物。他的价值也是依劳工时间而决定，与别的生产物全是一样。

马氏为什么分资本为不变与可变二种呢？就是因为以利息普遍率说为前提。利息普遍率说是由来经济学的通说。其说谓凡资本都能自存，不能自存的，不是资本，是消费财。这个自存，不因事业的性质使用者的能力而异，全离开人格超越环围而行。这就是利息所以有普遍率的原故。一万元的资本，用到农业上商业上均是一万元。这一万元因把他用于生产上生出利息。这个利息为资本自存的价值，随时随地有一定普遍的率，决没有甲的一万元生一分利息，乙的一万元生二分利息的道理。有之就是把别的所得，在利息名义之下混合来的。然在实际上，同是值一万元的资本，他的生产效程决不一样。房屋与机器同是值一万元的东西，而房屋与机器的生产效程不同。同是用一万元买的机器，而甲机器与乙机器的生产效程各异。可是生产分配分的利息普遍均等。有的学者说这个差异不是资本的作用，全是企业能力的关系，富于企业能力的去经营，所得的生产效果多，否则少，故主张以此项差额归入企业的利润。马氏以为不然，他说所以有这个差额的原故，全是因为自存的资本以外有增殖的资本。自存的资本，当然受一定普遍的利率，以外的剩余，都是增殖的资本所生的。增殖的资本，就是资本中有生这个剩余的力量的。有这个力量的资本，只是那用作劳工生活维持（资）料的资本。资本的所有者应该以自存就算满足，应该作不变资本的所得承受利息。那可变资本所得的增殖，全该归生出这个的工人领受，要是把这个归于资本家或企业家，就是掠夺劳工的正当权利，企业的利润，就是赃物的别名。

只有价值决不能生产，必有劳工运用他才能有生产的结果，因为劳工是资本的渊源。可是只有劳工没有维持他们生活的可变资本，还是不能生产。我们从此可以看出劳工与资本也应该有些结合。

于此我们应加特别注意的，就是为社会主义经济学鼻祖的马克思与那为个人主义经济学鼻祖的亚丹·斯密氏两人的资本论颇有一致的点，且不是偶然一致，他们实在有系统的立于共同思想上的地方。

马克思分资本为不变与可变二种，亚丹·斯密则分资本为固定与流通二种。亚丹·斯密的固定资本，适当马克思的不变资本，流通资本适当可变资本。其相同的点一。

他们都认随着产业的种类这二种资本配合的比例也不一样。其相同的点二。

马克思主张惟可变资本才能于收回自己的本来价值以外生产余值，余值率常依可变资本的多少为正比例。亚丹·斯密主张固定资本不能自己生出收益，必赖流通资本的助力始生收益的剩余。其相同的点三。

马克思说惟有用作维持劳工生活（资）料的资本是可变资本。亚丹·斯密列举流通资本的内容，也以维持劳工生活的资料为主。其相同的点四。

可是马克思的可变资本与亚丹·斯密的流通资本，其内容也并非全同。亚丹·斯密的流通资本中，实含有 1. 止于收回自己本来价值的，2. 以外还生出剩余的二部分。就是把马克思的 1. 被消费的不变资本的部分，2. 可变资本的全部，二者合称为流通资本。那么亚丹·斯密的所谓收益（Revenue），其实也把自己收回（部）分包含在内，就是于马克思的所谓余值以外，并括有生产费在内。

马克思主张劳工价值说，亚丹·斯密主张生产费价值说，二人的出发点不同。可是马克思终于依了生产费价值说才能维持他的平均利润率说，又有殊途同归的势子。

总之，不变可变资本说是支撑马氏余值论的柱子，余值论又是他的全经济学说的根本观念，这资本说被人攻破，马氏经济学说必受非常的打击。然而他的不变可变资本说与亚丹·斯密的固定流通资本说大致相同。而在亚丹·斯密的固定流通资本说，则人人祖述奉为典型，以为是不能动摇的定理。而在马克思的不变可变资本说，则很多人攻击，甚或加以痛诋，我们殊为马氏不平！

十一

宗马氏的说，入十六世纪初期，才有了资本。因为他所谓资本，含有一种新意义，就是指那些能够生出使用费的东西。这个使用费，却不是资本家自己劳力的结果，乃是他人辛苦的结果。由此意义以释"资本"，十六世纪以前，可以说并没有资本与资本家。若本着经济上的旧意义说资本单是生产的工具，那么就是十六世纪以前，也何尝没有他存在？不过在那个时代，基尔特制（Guild system）下的工人，多半自己有自己的工具，与马氏用一种新意义解释的资本不同。

马氏根据他那"社会组织进化论",发见这种含有新意义的资本,渐有集中的趋势,就构成了他的"资本集中论"。

请述他的"资本集中论"的要旨。近代科学勃兴,发明了许多重要机械,致人类的生产力著见增加,从前的社会组织,不能供他回翔,封建制度的遗迹,遂全被废灭。代他而起的,乃为近代的国家。于是添了许多新的交通手段,辟了许多新的市场。这种增大的生产力,得了适应他的社会组织,得了适应他的新市场。随着公债的成立,又发生了好多的银行和商业公司,更足助进产业界的发展。从前的些小工业都渐渐的被大产业压倒,也就渐渐的被大产业吸收了。譬如 Trusts 与 Cartels 这些组织,在马氏当时,虽未发生,到了现在,却足作马氏学说的佐证。这 Trusts 与 Cartels 的组织,不止吸收小独立产主,并且把中级产主都吸收来,抱〔把〕资本都集中于一处,聚集在少数人的手中。于是产业界的权威,遂为少数资本家所垄断。

上节所说,是资本家一方面的情形。工人这一方面呢?因受这种新经济势力的压迫,不能不和他们从前的财产断绝关系,不能不出卖他自己的劳力,不能不敲资本家的大门卖他自己的人身。因为他们从前卖自己手造的货品的日子过去了,封建制度和基尔特制度的遗迹都消灭了,他们不卖自己的筋力别无东西可卖了!这些工人出卖的劳力,可以产出很多的余值,一班资本家又能在公开市场里自由购买,这真是资本家们创造新样财产的好机会。但是这种新样财产的造成,全是基于别人的汗血,别人的辛苦。他们新式财产之成功,就是从前基于自己劳力而成的旧式财产之破灭。少数资本家的工厂,就是多数无产阶级的大营。从前的有产阶级,为了这个事业,不知费了多少心力,奔走呼号了三世纪之久,他们所标榜的"人权"、"工人自由"的要求,正是他们胜利的凯歌。因为他们要想在市场里收买这种便宜货品,必须使这些工人脱离以前的关系,能够自由有权以出售他自己。他们的事业成功了,工人的运命也就沉落在地底了!

资本主义是这样发长的,也是这样灭亡的。他的脚下伏下了很多的敌兵,有加无已,就是那无产阶级。这无产阶级本来是资本主义下的产物,到后来灭资本主义的也就是他。现今各国经济的形势,大概都向这一方面走。大规模的产业组织的扩张,就是大规模的无产阶级的制造。过度生产又足以缩小市场,市场缩小,就是工人超过需要,渐渐成了产业上的预备军,惟资本家之命是听,呼之来便来,挥之去便去。因为小产主的消灭与牧业代替农业的结果，农村的人口也渐集中于都市，这也是助长无产阶级增长的一个原因。无产阶级愈增愈多，资本愈集中，资本家的人数愈少。从前资本家夺取小手工小产业的生产工具，现在工人要夺取资本家的生产工具了。从前的资本家收用手工和小产业的生产工具，是以少数吸收多数、压倒多数，现在工人收用资本家的生产工具，是以多数驱逐少数，比从前更容易了。因为无产阶级的贫困，资本家在资本主义下已失救济的能力，阶级的竞争因而益烈。竞争的结果，把这集中的资本收归公有，又是很简单的事情。"善泅者死于水，善战者死于兵。"凡物发达之极，他的发展的境界，就是他的灭亡的途径。资本主义趋于自灭，也是自然之势，也是不可免之数了。从前个人自有生产工具，所以个人生产的货品当归私有，现在生产的形式已经变为社会的，这分配的方法，也该随着改变应归公有了。资本主义的破坏，就是私有财产制的破坏。因为这种财产，不是由自己的劳工得来的，是用资本主义神秘的方法掠夺他人的辛苦得来的，应该令他消灭于集产制度之下。在资本主义未行以前，个人所有的财产，的确是依个人的劳工而得的。现在只能以社会的形式令这种制度的精神复活，不能返于古昔个人的形式了。因为在这大规模的分工的生产之下，再复古制是绝对不可能。只能把生产工具由资本家的手中夺来，仍以还给工人，但是集合的，不是个人的，使直接从事生产的人得和他劳工相等的份就是了。到了那时，余工余值都随着资本主义自然消灭了。

　　以上系马氏"经济论"的概要，本篇暂结于此。

（下篇）

署名：李大钊
《新青年》第 6 卷第 5、6 号
1919 年 9 月、11 月

再论问题与主义
(1919 年 8 月 17 日)

适之先生：

我出京的时候，读了先生在本报 31 号发表的那篇论文，题目是《多研究些问题少谈些主义》，就发生了一些感想。其中有的或可与先生的主张互相发明，有的是我们对社会的告白。现在把他一一写出，请先生指正。

一、"主义"与"问题"

我觉得"问题"与"主义"，有不能十分分离的关系。因为一个社会问题的解决，必须靠着社会上多数人共同的运动。那么我们要想解决一个问题，应该设法使他成了社会上多数人共同的问题。要想使一个社会问题，成了社会上多数人共同的问题，应该使这社会上可以共同解决这个那个社会问题的多数人，先有一个共同趋向的理想、主义，作他们实验自己生活上满意不满意的尺度（即是一种工具）。那共同感觉生活上不满意的事实，才能一个一个的成了社会问题，才有解决的希望。不然，你尽管研究你的社会问题，社会上多数人，却一点不生关系。那个社会问题，是仍然永没有解决的希望；那个社会问题的研究，也仍然是不能影响于实际。所以我们的社会运动，一方面固然要研究实际的问题，一方面也要宣传理想的主义。这是交相为用的，这是并行不悖的。不过谈主义的人，高谈却没有甚么不可，也须求一个实验。这个实验，无论失败与成功，在人类的精神里，终能留下个很大的痕影，永久不能消灭。从前信奉英国的 Owen 的主义的人，和信奉法国 Fourier 的主义的人，在美洲新大陆上都组织过一种新村落、新团体。最近日本武者小路氏等，在那日向地方，也组织了一个"新村"。这都是世人指为空想家的实验，都是他们的实际运动中最有兴味的事实，都是他们同志中的有志者或继承者集合起来组织一个团体在那理〔里〕实现他们所理想的社会组织，作一个关于理想社会的标本，使一般人由此知道这新社会的生活可以希望，以求实现世界的改造的计划。Owen 派与 Fourier 派在美洲的运动，虽然因为离开了多数人民去传播他们的理想，就象在那没有深厚土壤的地方撒布种子的一样，归于失败了。而 Noeyes〔Noyes〕作《美国社会主义史》却批评他们说，Owen 主义的新村落，Fourier 主义的新团体，差不多生下来就死掉了。现在人都把他们忘了。可是社会主义的精神，永远存留在国民生命之中。如今在那几百万不曾参加他们的实验生活，又不是 Owen 主义者，又不是 Fourier 主义者，只是没有理论的社会主义者，只信社会有科学的及道德的改造的可能的人人中，还有方在待晓的一个希望，犹尚俨存。这日向的"新村"，有许多点像那在美洲新大陆上已成旧梦的新村，而日本的学者及社会，却很注意。河上肇博士说：他们的企画中所含的社会改造的精神，也可以作方在待晓的一个希望，永存在人人心中。最近本社仲密先生自日本来信也说："此次东行在日向颇觉愉快。"可见就是这种高谈的理想，只要能寻一个地方去实验，不把他作了纸上的空谈，也能发生些工具的效用，也会在人类社会中有相当的价值。不论高揭什么主义，只要你肯竭力向实际运动的方面努力去作，都是对的，都是有效果的。这一点我的意见稍与先生不同，但也承认我们最近发表的言论，偏于纸上空谈的多，涉及实际问题的少，以后誓向实际的方面去作。这是读先生那篇论文后发生的觉悟。

　　大凡一个主义，都有理想与实用两面。例如民主主义的理想，不论在那一国，大致都很相同。把这个理想适用到实际的政治上去，那就因时、因所、因事的性质情形，有些不同。社会主义，亦复如是。他那互助友谊的精神，不论是科学派、空想派，都拿他来作基础。把这个精神适用到实际的方法上去，又都不同。我们只要把这个那个的主义，拿来作工具，用以为实际的运动，他会因时、因所、因事的性质情形生一种适应环境的变化。在清朝时，我们可用民主主义作工具去推翻爱亲〔新〕觉罗家的皇统。在今日，我们也可以用他作工具，去推翻那军阀的势力。在别的资本主义盛行的国家，他们可以用社会主义作工具去打倒资本阶级。在我们这不事生产的官僚强盗横行的国家，我们也可以用他作工具，去驱除这一班不劳而生的官僚强盗。一个社会主义者，为使他的主义在世界上发生一些影响，必须要研究怎么可以把他的理想尽量应用于环绕着他的实境。所以现代的社会，主义包含着许多把他的精神变作实际的形式使合于现在需要的企图。这可以证明主义的本性，原有适应实际的可能性，不过被专事空谈的人用了，就变成空的罢了。那么，先生所说主义的危险，只怕不是主义的本身带来的，是空谈他的人给他的。

二、假冒牌号的危险

一个学者一旦成名，他的著作恒至不为人读，而其学说却如通货一样，因为不断的流通传播，渐渐磨灭，乃至发行人的形象、印章，都难分清。亚丹·斯密史留下了一部书，人人都称赞他，却没有人读他。马查士留下了一部书，没有一个人读他，大家却都来滥用他。英人邦纳（Bonar）氏早已发过这种感慨。况在今日群众运动的时代，这个主义、那个主义多半是群众运动的隐语、旗帜，多半带着些招牌的性质。既然带着招牌的性质，就难免招假冒牌号的危险。王麻子的刀剪得了群众的赞许，就有旺麻子等来混他的招牌；王正大的茶叶得了群众的照顾，就有汪正大等来混他的招牌。今日社会主义的名辞，很在社会上流行，就有安福派的社会主义跟着发现。这种假冒招牌的现象，讨厌诚然讨厌，危险诚然危险，淆乱真实也诚然淆乱真实，可是这种现象，正如中山先生所云，新开荒的时候，有些杂草毒草，夹杂在善良的谷物花草里长出，也是当然应有的现象。王麻子不能因为旺麻子等也来卖刀剪，就闭了他的剪铺。王正大不能因为汪正大等也来贩茶叶，就歇了他的茶庄。开荒的人，不能因为长了杂草毒草，就并善良的谷物花草一齐都收拾了。我们又何能因为安福派也来讲社会主义，就停止了我们正义的宣传？因为有了假冒牌号的人，我们愈发应该一面宣传我们的主义，一面就种种问题研究实用的方法，好去本着主义作实际的运动，免得阿猫、阿狗、鹦鹉、留声机来混我们，骗大家。

三、所谓过激主义

《新青年》和《每周评论》的同人，谈俄国的布尔扎维主义的议论很少。仲甫先生和先生等的思想运动、文学运动，据日本《日日新闻》的批评，且说是支那民主主义的正统思想。一方要与旧式的顽迷思想奋战，一方要防过〔遏〕俄国布尔扎维主义的潮流。我可以自白，我是喜欢谈谈布尔扎维主义的。当那举世若狂庆祝协约国战胜的时候，我就作了一篇《Bolshc〔e〕vism 的胜利》的论文，登在《新青年》上。当时听说孟和先生因为对于布尔扎维克不满意，对于我的对于布尔扎维克的态度也很不满意（孟和先生欧游归来，思想有无变动，此时不敢断定）。或者因为我这篇论文，给《新青年》的同人惹出了麻烦，仲甫先生今犹幽闭狱中，而先生又横被过激党的诬名，这真是我的罪过了。不过我总觉得布尔扎维主义的流行，实在是世界文化上的一大变动。我们应该研究他，介绍他，把他的害〔实〕象昭布在人类社会，不可一味听信人家为他们造的谣言，就拿凶暴残忍的话抹煞他们的一切。所以一听人说他们实行"妇女国有"，就按情理断定是人家给他们造的谣言。后来看见美国 *New Republic* 登出此事的原委，知道这话果然是种谣言，原是布尔扎维克政府给俄国某城的无政府党人造的。以后展转传讹，人又给他们加上了。最近有了慰慈先生在本报发表的俄国的新宪法、土地法、婚姻法等几篇论文，很可以供我们研究俄事的参考，更可以证明妇女国有的话全然无根了。后来又听人说他们把克鲁泡脱金氏枪毙了，又疑这话也是谣言。据近来欧美各报的消息，克氏在莫斯科附近安然无恙。在我们这盲目的社会，他们那里知道 Bolshevism 是什么东西？这个名辞怎么解释？不过因为迷这资本主义、军国主义的日本人把他译作过激主义，他们看"过激"这两个字很带着些危险，所以顺手拿来，乱给人戴。看见先生们的文学改革论，激烈一点，他们就说先生是过激党。看见章太炎、孙伯兰的政治论，激烈一点，他们又说这两位先生是过激党。这个口吻是根据我们四千年先圣先贤道统的薪传。那"扬子为我，是无君也。墨子兼爱，是无父也。无父无君，是禽兽也"的逻辑，就是他们惟一的经典。现在就没有"过激党"这个新名辞，他们也不难把那旧武器拿出来攻击我们。什么"邪说异端"哪，"洪水猛兽"哪，也都可以给我们随便戴上。若说这是谈主义的不是，我们就谈贞操问题，他们又来说我们主张处女应该与人私通。我们译了一篇社会问题的小说，他们又来说我们提倡私生子可以杀他父母。在这种浅薄无知的社会里，发言论事，简直的是万难，东也不是，西也不是。我们惟有一面认定我们的主义，用他作材料、作工具，以为实际的运动；一面宣传我们的主义，使社会上多数人都能用他作材料、作工具，以解决具体的社会问题。那些猫、狗、鹦鹉、留声机，〈一〉尽管任他们在旁边乱响，过激主义哪，洪水猛兽哪，邪说异端哪，尽管任他们乱给我们作头衔，那有闲工夫去理他！

四、根本解决

"根本解决"这个话，很容易使人闲劫 [却] 了现在不去努力，这实在是一个危险，但这也不可一概而论。若在有组织有生机的社会，一切机能都很敏活，只要你有一个工具，就有你使用他的机会，马上就可以用这工具作起工来。若在没有组织没有生机的社会，一切机能，都已闭止，任你有什么工具，都没有你使用他作工的机会。这个时候，恐怕必须有一个根本解决，才有把一个一个的具体问题都解决了的希望。就以俄国而论，罗曼诺夫家没有颠覆，经济组织后 [没] 有改造以前，一切问题，丝毫不能解决。今则全都解决了。依马克思的唯物史观，社会上法律、政治、伦理等精神的构造，都是表面的构造。他的下面，有经济的构造作他们一切的基础。经济组织一有变动，他们都跟着变动。换一句话说，就是经济问题的解决，是根本解决。经济问题一旦解决，什么政治问题、法律问题、家族制度问题、女子解放问题、工人解放问题，都可以解决。可是专取这唯物史观（又称历史的唯物主义）的第一说，只信这经济的变动是必然的，是不能免的，而于他的第二说，就是阶级竞争说，了不注意，丝毫不去用这个学理作工具，为工人联合的实际运动，那经济的革命，恐怕永远不能实现，就能实现，也不知迟了多少时期。有许多马克思派的社会主义者，很吃了这个观念的亏。天下 [天] 只是在群家 [众] 里传布那集产制必然的降临的福音，结果除去等着集产制必然的成熟以外，一点的预备也没有作，这实在是现在各国社会党遭了很大危机的主要原因。我们应该承认：遇着时机，因着情形，或须取一个根本解决的方法，而在根本解决以前，还须有相当的准备活动才是。

以上拉杂写来，有的和先生的意见完全相同，有的稍相差异，已经占了很多的篇幅了。如有未当，请赐指教。以后再谈吧。

李大钊寄自昌黎五峰

《每周评论》第 35 号
1919 年 8 月 17 日

"少年中国"的"少年运动"
（1919 年 9 月 15 日）

我们的理想，是在创造一个"少年中国"。

"少年中国"能不能创造成立，全看我们的"少年运动"如何。

我们"少年中国"的理想，不是死板的模型，是自由的创造；不是铸定的偶像，是活动的生活。我想我们"少年中国"的少年，人人理想中必定都有一个他自己所欲创造而且正在创造的"少年中国"。你理想中的"少年中国"，和我理想中的"少年中国"不必相同；我理想中的"少年中国"，又和他理想中的"少年中国"未必一致。可是我们的同志，我们的朋友，毕竟都在携手同行，沿着那一线清新的曙光，向光明方面走。那光明里一定有我们的"少年中国"在。我们各个不同的"少年中国"的理想，一定都集中在那光明里成一个结晶，那就是我们共同创造的"少年中国"。仿佛像一部洁白未曾写过的历史空页，我们大家你写一页，我写一页，才完成了这一部"少年中国"史。

我现在只说我自己理想中的"少年中国"。

我所理想的"少年中国"，是由物质和精神两面改造而成的"少年中国"，是灵肉一致的"少年中国"。

为创造我们理想的"少年中国"，我很希望这一班与我们理想相同的少年好友，大家都把自己的少年精神拿出来，努力去作我们的"少年运动"。我们"少年运动"的第一步，就是要作两种的文化运动：一个是精神改造的运动，一个是物质改造的运动。

精神改造的运动，就是本着人道主义的精神，宣传"互助"、"博爱"的道理，改造现代堕落的人心，使人人都把"人"的面目拿出来对他的同胞；把那占据的冲动，变为创造的冲动；把那残杀的生活，变为友爱的生活；把那侵夺的习惯，变为同劳的习惯；把那私营的心理，变为公善的心理。这个精神的改造，实在是要与物质的改造一致进行，而在物质的改造开始的时期，更是要紧。因为人类在马克思所谓"前史"的期间，习染恶性很深，物质的改造虽然成功，人心内部的恶，若不划除净尽，他在新社会新生活里依然还要复萌，这改造的社会组织，终于受他的害，保持不住。

物质改造的运动，就是本着勤工主义的精神，创造一种"劳工神圣"的组织，改造现代游惰本位、掠夺主义的经济制度，把那劳工的生活，从这种制度下解放出来，使人人都须作工，作工的人都能吃饭。因为经济组织没有改变，精神的改造很难成功。在从前的经济组织里，何尝没有人讲过"博爱"、"互助"的道理，不过这表面构造（就是一切文化的构造）的力量，到底比不上基础构造（就是经济构造）的力量大。你只管讲你的道理，他时时从根本上破坏你的道理，使他永远不能实现。

"少年中国"的少年好友呵！我们的一（生）生涯，是向"少年中国"进行的一条长路程。我们为达到这条路程的终点，应该把这两种文化运动，当作车的两轮，鸟的双翼，用全生涯的努力鼓舞着向前进行！向前飞跃！

"少年中国"的少年好友呵！我们要作这两种文化运动，不该常常漂泊在这都市上，在工作社会以外作一种文化的游民；应该投身到山林里村落里去，在那绿野烟雨中，一锄一犁的作那些辛苦劳农的伴侣。吸烟休息的时间，田间篱下的场所，都有我们开发他们，慰安他们的机会。须知"劳工神圣"的话，断断不配那一点不作手足劳动的人讲的；那不劳而食的智识阶级，应该与那些资本家一样受排斥的。中国今日的情形，都市和村落完全打成两橛，几乎是两个世界一样。都市上所发生的问题，所传播的文化，村落里的人，毫不发生一点关系；村落里的生活，都市上的人，大概也是漠不关心，或者全不知道他是什么状况。这全是交通阻塞的缘故。交通阻塞的意义，有两个解释：一是物质的交通阻塞，用邮电、舟车可以救济的；一是文化的交通阻塞，非用一种文化的交通机关不能救济的。在文化较高的国家，一般劳农容受文化的质量多，只要物质的交通没有阻塞，出版物可以传递，文化的传播，就能达到这个地方，而在文化较低的国家，全仗自觉少年的宣传运动，在这个地方，文化的交通机关，就是在山林里村落里与那些劳农共同劳动自觉的少年。只要山林里村落里有了我们的足迹，那精神改造的种子，因为得了洁美的自然，深厚的土壤，自然可以发育起来。那些天天和自然界相接的农民，自然都成了人道主义的信徒。不但在共同劳作的生活里可以感化传播于无形，就是在都市上产生的文化利器——出版物类——也必随着少年的足迹，尽量输入到山林里村落里去。我们应该学那闲暇的时候就来都市里著书，农忙的时候就在田间工作的陶士泰先生，文化的空气才能与山林里村落里的树影炊烟联成一气，那些静沉沉的老村落才能变成活泼泼的新村落。新村落的大联合，就是我们的"少年中国"。

我们"少年中国"的少年好友啊！我们既然是二十世纪的少年，就该把眼光放的远些，不要受腐败家庭的束缚，不要受狭隘爱国心的拘牵。我们的新生活，小到完成我的个性，大到企图世界的幸福。我们的家庭范围，已经扩充到全世界了，其余都是进化轨道上的遗迹，都该打破。我们应该拿世界的生活作家庭的生活，我们应该承认爱人的运动比爱国的运动更重。我们的"少年中国"观，决不是要把中国这个国家，作少年的舞台，去在列国竞争场里争个胜负，乃是要把中国这个地域，当作世界的一部分，由我们居住这个地域的少年朋友们下手改造，以尽我们对于世界改造一部分的责任。我们"少年运动"的范围，决不止于中国：有时与其他亚细亚的少年握手，作亚细亚少年的共同运动；有时与世界的少年握手，作世界少年的共同运动，也都是我们"少年中国主义"分内的事。

总结几句话，就是：

我所希望的"少年中国"的"少年运动"，是物心两面改造的运动，是灵肉一致改造的运动，是打破智识阶级的运动，是加入劳工团体的运动，是以村落为基础建立小组织的运动，是以世界为家庭扩充大联合的运动。

少年中国的少年呵！少年中国的运动，就是世界改造的运动，少年中国的少年，都应该是世界的少年。

署名：李大钊
《少年中国》第1卷第3期
1919年9月15日

再论新亚细亚主义
——答高承元君
（1919 年 11 月 1 日）

　　一九一九年元旦，我作了《大亚细亚主义与新亚细亚主义》一文，在《国民杂志》第一卷第二号发表。论友高承元君不弃，著论驳之（见《法政学报》第十期）。提出文中"拿民族解放作基础根本改造，凡是亚细亚的民族被人并吞的都该解放，实行民族自决主义，然后结成一个大联合与欧美的联合鼎足而三，共同完成世界的联邦，益进人类的幸福"几句话，更述他听了这话起来的疑问，就是"为甚么不主张世界各民族直接联合起来，造成世界的联邦，却要各洲的小联合作个基础？"又承他替我想出两个答案：（1）"为联合便利上"；（2）"怕欧美人用势力来压迫亚洲民族"。因此我不能不再把我的主张申明一回，以释承元君的疑，并以质诸读者。

　　第一，我并没有不主张世界各民族直接联合起来造成世界的联邦。我所主张的亚洲的联合，连欧美人旅居亚洲的也包在内。不过以地域论，亚洲终是亚洲，非洲终是非洲，是无可如何的事实。以民族论，各洲的民族多是安土重迁，居亚洲的终是亚人为最多，居欧洲的终是欧人为最众。据现在的情势看来，各洲有了小联合，就是各民族直接联合起来造成世界的联邦的第一步。

　　第二，我主张依各洲的小联合作基础造世界的联邦，实在是为联合便利上起见，承元君替我想的，的确不错。但是承元君说这个答案自然不能成立，我却不敢承认。就承元君所举那交通上的例子，实在也有商榷的余地。"由小亚细亚到异洲的君士坦丁"固然"不过隔一海峡"，可是亚细亚境内各地方对于欧罗巴境内各地方的关系，不全是小亚细亚与君士坦丁的关系，且除去一个小亚细亚与君士坦丁的关系以外，几全不是这样的关系。"由小亚细亚到同洲的青海、西藏"的关系，固然不如

"由小亚细亚到异洲的君士坦丁"的关系较近，但是亚细亚境内各地方间的关系，不全是"由小亚细亚到青海、西藏"的关系，且除去一个小亚细亚与青海、西藏的关系，几全不是这样的关系。若就民情差异的远近说，香港、广州的民情和异洲的欧美相较，与和同洲或同国的蒙古、西藏相较，那个远，那个近，还是一个疑问。那一点远，那一点近，应该分别言之。今古暂置不论，就令承认承元君的说，香港、广州的民情与异洲欧美的相近，却与同洲的蒙、藏相远。试问亚洲境内，大多数地方的民情对于欧美，都是香港、广州的民情对于欧美的比例吗？亚洲境内大多数地方间的民情的差异，都是香港、广州与蒙古、西藏的比例吗？我很愿承元君细想一想！

第三，我主张的新亚细亚主义是为反抗日本的大亚细亚主义而倡的，不是为怕欧美人用势力来压迫亚洲民族而倡的。我们因为受日本大亚细亚主义的压迫，我们才要揭起新亚细亚主义的大旗，为亚洲民族解放的运动。亚洲民族解放运动的第一步，是对内的，不是对外的；是对日本的大亚细亚主义的，不是对欧、美的排亚主义的。读者倘阅过我那篇论文，必都能看出我的意思的。我的意思以为：亚细亚境内亚人对亚人的强权不除，亚细亚境内他洲人对亚人的强权绝没有撤退的希望。亚细亚境内亚人对亚人的强权打破以后，他洲人的强权自然归于消灭。法国文学博士李霞儿在东京日人所开第三回人类的差别撤废期成会演说："在亚细亚境内有奴隶国的期间，其他亚细亚诸国亦决不是自由国。在亚洲境内有受人轻蔑的国的期间，其他亚细亚诸国亦决不能得人尊敬。诸君真愿得世界的尊敬，诸君不可不使其他亚细亚诸国也为可被尊敬的国。为他日一切亚细亚诸国得自由计，诸君尤不可不先作最初的解放者。束缚他人的，同时自己也受束缚。"这是欧人对日本人的忠告。在他们固然应该这样措辞，在我们只有希望亚人大家起来，扫除大亚细亚主义，破坏大亚细亚主义。这个责任，不只在中国人、朝鲜人身上，凡是亚细亚人——就是觉悟的日本人——也是该负起一分的。

第四，我的新亚细亚主义，不是"有亲疏差别的亚细亚主义"，乃是"适应世界的组织创造世界联合一部分的亚细亚主义"；不是背反世界主义的，乃是顺应世界主义的。压迫亚人的亚人，我们固是反对，压迫亚人的非亚洲人，我们也是反对；压迫非亚洲人的非亚洲人，我们固是反对，压迫非亚洲人的亚人，我们也是反对。强权是我们的敌，公理是我们的友。亚细亚是我们划出改造世界先行着手的一部分，不是亚人独占的舞台。人类都是我们的同胞，没有我们的仇敌，那么承元君所说"不管旧的，不管新的，不管是日本人倡导的，也不管是中国人倡导的，一律要反对"的"有亲疏差别的亚细亚主义"，断断不是我（所）倡的那新亚细亚主义。设若有方法，比各洲民族先有小联合还捷便，我之主张世界人类普遍的联合，各民族间无亲疏的差别，实不让于承元君。

第五，我的新亚细亚主义，是"自治主义"，是把地域、民族都化为民主的组织的主义，不是"排外主义"，不是"闭锁主义"。我们相信最善的世界组织都应该是自治的，是民主化的，是尊重个性的。凡欧美的人民在亚细亚境内生活的我们都不排斥。不但不是不让他们来讲公道话，并且愿意与他们共同生活。

第六，我的新亚细亚主义，有两个意义：一是在日本的大亚细亚主义没有破坏以前，我们亚洲的弱小民族应该联合起来共同破坏这大亚细亚主义；一是在日本的大亚细亚主义既经破毁以后，亚洲全民众联合起来加入世界的组织——假如世界的组织那时可以成立。用承元君的话，我是主张要小孩们把那个大人化成小孩，然后和他在一块儿平等吃东西，不是主张把小孩们和一个大人放在一块，关起门来吃东西，不是主张请求那个大人让让小孩们，和他同吃东西。因为新亚细亚主义是反抗大亚细亚主义而起的，若不破坏大亚细亚主义，新亚细亚主义就没有意义；大亚细亚主义若不破坏，新亚细亚主义就无从完成。那么"中、日陆海军共同防敌的军事协定"、"日本人提倡的亚细亚学生会"、"日本决的蒙古的自决"，种种怪现象、鬼把戏，都是今日大亚细亚主义下的产物，断断不是新亚细亚主义下的产物。

最后我有两点，须郑重的与承元君相商量的：一、就是不要震于日本的军国主义、资本主义的势力，轻视弱小民族和那军国主义、资本主义下的民众势力。世界上的军国主义、资本主义，都像唐山煤矿坑上的建筑物一样，他的外形尽管华美崇闳，他的基础，已经被下面的工人掘空了，一旦陷落，轰然一声，归于乌有。我们应该在那威势煊赫的中间，看出真理的威权，因而发生一种勇气与确信，敢与他搏战，信他必可摧拉。二、就是我们应该信赖民族自决的力量，去解决一切纠纷，不可再蹈从前"以夷制夷"的覆辙。"以夷制夷"这句话里，不但含着许多失败、失望的痛史，并且实在可以表现民族的卑弱耻辱。无论以人制人，虎去狼来，受祸还是一样。就是幸而依人能求苟活，这种卑陋的生活，也终于自灭而已。试看从前的外交陈迹，那样不是这样失败的！最可耻的就是最近青岛之役，所欲"以"的"夷"不可靠赖，就任这一"夷"横行，不敢一作声色。看看比利时以小国而抗强德的例子，能不愧然！到了现在，一般人的心理，还是不脱故辙，并且变相到依外力为靠背，杀残自己同胞的程度了！及今犹不痛自振拔，痛自忏悔，求个自决的途径，真是没有骨力的民族性，不可救药了！我决不希望苟且偷生于国际诈虞之间、强力相抵之下。因为挟国际猜忌、利权竞争的私心的资本主义、帝国主义，不论他是东方的、欧美的，绝讲不出公道话来。世界上无论何种族何国民，只要立于人类同胞的地位，用那真正 Democracy 的精神，来扶持公理，反抗强权的人，我们都认他为至亲切的弟兄。我们情愿和他共同努力，创造一个平等、自由、没有远近亲疏的世界。这是我主张的新亚细亚主义的精神。

署名：李大钊

《国民》杂志第 2 卷第 1 号

1919 年 11 月 1 日

物质变动与道德变动
（1919 年 12 月 1 日）

一

近几年来常常听关心世道人心的人，谈到道德问题。有的人说现在旧道德已经破灭，新道德尚未建设，这个青黄不接人心荒乱的时候真正可忧。有的人说，别的东西或者有新旧，道德万没有新旧。又有人说，大战以后欧洲之所应为一面开新，一面必当复旧，物质上开新之局或急于复旧，而道德上复旧之必要必甚于开新。这些话都很可以启发我的研究兴味，我于是想用一番严密的思索去研究这道德问题。

我当研究道德问题的时候，发了几个疑问：第一问，道德是甚么东西？第二问，道德的内容是永久不变的，还是常常变化的？第三问，道德有没有新旧？第四问，道德与物质是怎样的关系？

以上诸问，都是从希腊哲学以来没有解决的问题，因为解决这个问题是一件很不容易的事情。但是道德心的存在却是极明了的事实，不能不承认的。我们遇见种种事体在我们心中自然而然发出一种有权威的声音，说这是善或是恶，我们只有从着这种声音的命令往善这一方面走，往光明一方面走，自然作出"爱他"、"牺牲"等等的行为。在这有权威的声音指挥之下，"忠信"、"正直"、"公平"诸种德性都能表现于我们身上。我们若是不听从他，我们受自己良心的责斥，我们自己若作了恶事，就是他人不知，我们也自觉悔悟，自感羞耻，全因为我们心中有道德心的要求，义务的要求。这自然发现、自有权威的点就是道德的特质。自然科学哪、法律哪、政治哪、宗教哪、哲学哪，都是学而后能知的东西，决不是自然有权威的东西。惟有道德，才是这样自然有权威的东西。

但是这道德心究竟是怎样发生出来的呢？有人归之于个人的经验；有人归之于教育；有人归之于习惯礼俗；有人归之于求快乐、求幸福的念望；又有人归之于精练的利己心，或对于他人的同情心。这些都不能说明人心中的声音——牺牲自己爱他人的行为。

道德这个东西，既是无论如何由人间现实的生活都不能说明，于是就有些人抛了地上的生活、人间的生活，逃入宗教的灵界，因为宗教是一个无知的隐遁地方。在超自然的地方，在人间现实生活以外的地方，求道德的根原，就是说，善心是神特特[地]给人间的，恶心是由人间的肉欲生的，是由物质界生的，是由罪业生的。本来善恶根原的不可解，就是宗教发生的一个原因。人类对于自然界或人间现象不能理解的地方，便归之于神。道德心、善恶心的不可思议，也苦过很多的哲人。这些哲人也都觉得解释说明这不可思议的现象非借重神灵不可，所以柏拉图、康德之流都努力建设超自然的灵界。直到十九世纪后半，这最高道德的要求之本质才有了正确的说明。为此说明的两位学者就是达尔文与马克思。达尔文研究道德之动物的起源，马克思研究道德之历史的变迁。道德的种种问题至此遂得了一个解决的方法。

二

我们先用达尔文的"进化论"解答道德是什么的问题。

人类的道德心不是超自然的，也不是神赐的，乃是社会的本能。这社会的本能，也不是人类特有的，乃是动物界所同有的。有些人类以外的动物，虽依动物的种类，依其生活状态的差异，社会的本能也有种种的差异。但是他们因为生存竞争，与其环周的自然抗战，也都有他们社会的本能。占生物界一大群合的动物生存竞争、天然淘汰的结果，使他们诸种本能——若自发运动，若认识能力，若自己保存，若种族蕃殖，若母爱本能等等——日渐发达。社会的本能也和这些本能有同一的渊源，为同一的发展。而在有社会的共同生活的动物，像那一种的肉食兽、很多的草食兽、反刍兽、猿猴等类，社会的本能尤其发达。人类也和上举诸兽相同，非为社会的共同生活，则不能立足于自然界。故人类之社会的本能也很发达。

社会的本能也有多种。有几种社会的本能确是社会生活存续的必要条件，没有这种本能，社会生活，无论如何，不能存续。这种本能，在不与人类一样为社会的结合便不能生活的动物种属间，也颇发达。这种本能果为何物呢？第一就是（为）社会全体而舍弃自己的牺牲心。若是群居的动物没有这种本能，各自顾各自的生活，不肯把社会全体放在自己以上，他的社会必受环周的自然力与外敌的压迫而归于灭亡。譬如一群水牛为虎所袭的时候，其中各个分子如没有为一群全体死战的决心，各自惜命纷纷逃散，那水牛的群合必归灭亡。故自己牺牲，在这种动物的群合，是第一不可缺的社会的本能。在人类社会也是如此。此外还有拥护共同利益的勇气，对于社会的忠诚，对于全体意志的服从，顾恤毁誉褒贬的名誉心，都是社会的本能，都曾发见于动物社会极高度的发达的也很多。这些社会的本能和那被称为至高无上灵妙不可思议的人类道德，全是一个东西。但是"公平"这一样道德，在动物界恐怕没有。因为在动物的社会里，虽有天然生理上的不平等，却没有由社会的关系生出的不平等，从而没有要求社会的平等之必要，也没有公平这一样道德存在的理由。所以公平只是人类社会特有的道德。

这样看来，道德原来是动物界的产物。人类的道德，从人类还不过是一种群居的动物时代，就是还没有进化到现今的人类时代，既已存在。人类为抵抗他的环境，适应他的周围，维持他的生存，不能不靠着多数的协力，群合的互助，去征服自然。这协力互助的精神，这道德心，这社会的本能，是能够使人类进步的，而且随着人类的进步，他的内容也益为发达。

因为人类的道德心，从最古的人类生活时代，既是一种强烈之社会的本能，在人人心中发一种有权威的声音，到了如今我们的心中仍然有此声响，带着一种神秘的性质，不因外界何等的刺激，不因何等的利害关系，他能自然挟着权威发动出来。他那神秘的性质和性欲的神秘、母爱的神秘、牺牲心的神秘乃至其他生物界一般的神秘是一样的东西，绝不是超自然的力，绝不是神的力。

正惟道德心是动物的本能，和自己保存、种族蕃殖等本能有同一的根源，所以才有使我们毫不踌躇、立即听从的力量，所以我们遇见什么事情才能即时判断他的善恶邪正，所以我们才于我们的道德判断有强大的确信力，所以探求他的活动的理法，分解他，说明他，愈颇困难。

明白了这个道德，"义务"是什么，"良心"是什么，也都可以明白了。所谓义务，所谓良心，毕竟是社会的本能的呼声。然"自己保存"

的本能、"种族蕃殖"的本能也有与此呼声同时发生的时候。在这个时候，这二种本能常常反抗社会的本能，结果这二种本能或得相当的满足，可是这不过是暂时的现象，不久归于镇静，社会的本能发出更强的声音，就是愧悔的一念。有人以良心为对于共同生活伴侣间的恐怖——就是对于同类所与的摈斥或刑罚的恐怖——之声音。但是大错了。良心之起，于对他人全不知觉的事也起，对于四围的人都夸奖赞叹的事也起，甚至对于因为对于同类及同类间的舆论的恐怖而作的行为也起。可见良心的威力全系自发的，非因被动。至于舆论的褒贬固然也是确与人的行为以很大影响的要素，然舆论所以能有影响的原故，全因为豫先有一种名誉心的社会的本能存在。舆论怎样督责，假使没有注意褒贬的名誉心的社会的本能，当不能有什么影响。舆论作出社会的本能（以外）的事，是作不到的。

依了这样说明，我们可以晓得道德这个东西不是超自然的东西，不是超物质以上的东西，不是凭空从天上掉下来的东西。他的本原不在天神的宠赐，也不在圣贤的经传，实在我们人间的动物的地上的生活之中。他的基础就是自然，就是物质，就是生活的要求。简单一句话，道德就是适应社会生活的要求之社会的本能。

三

达尔文的理论可以把道德的本质阐发明白了。可是道德何以因时因地而生种种变动？以何缘故社会的本能之活动发生种种差别？说明这个道理，我们要用马克思一派的唯物史观了。

马克思一派唯物史观的要旨，就是说：人类社会一切精神的构造都是表层构造，只有物质的经济的构造是这些表层构造的基础构造。在物理上物质的分量和性质虽无增减变动，而在经济上物质的结合和位置则常常变动。物质既常有变动，精神的构造也就随着变动。所以思想、主义、哲学、宗教、道德、法制等等不能限制经济变化、物质变化，而物质和经济可以决定思想、主义、哲学、宗教、道德、法制等等。

我们先说宗教与哲学。一切宗教没有不受生产技术进步的左右的，没有不随着他变迁的。上古时代，人类的生产技术还未能征服自然力，自然几乎完全支配人类，人类劳作的器具，只是取存于自然界的物质原形而利用之，还没有自制器具的知识和能力。那时的人类只是崇拜自然力，太阳、天、电光、火、山川、草木、动物等，人类都看作最重要的物件，故崇拜之为神灵。拜火拜物诸教均发生于此时。直到现在，蛮人社会还是如此。纽基尼亚人奉一种长［常］食的椰子为神，认自己的种族是从椰子生下来的，就是一个显例。

后来生产技术稍稍进步，农业渐起，军人、宗祝这一类的人渐握权力，从前受制于自然，现在受制于地位较高的人类了。因为这时的社会已经分出治者与被治者阶级，这时的宗教又生一大变化。从前是崇拜自然物的原形，现在是把自然物当作一个有力的人去崇拜他了。在希腊何美尔（Homer）的诗中所表现的神，都是男女有力的君长，都是智勇美爱的代身。因为生产技术与人以权力的结果，自然神就化为伟大的人了。后来希腊人的生产技术益有进步，商工勃兴，智勇美爱肉体的属性又失了重大的位置，有神变不可思议的万能力的乃在精神。因为在商业竞争的社会里，人类的精神是最重大的要素，计算数量的也是他，创作新发明的也是他，营谋利益的也是他，精神实是那时商业社会人类生活的中心。故当时哲家若梭格拉的，若柏拉图，都说自然界久已不足引我们的注意了，引我们注意的只是思想上及精神上的现象。这种变迁明明白白是生产技术进步的结果。但是人类精神里有很多奇妙不可思议的现象，就像道德心是什么东西，善恶的观念是从何发生，柏拉图诸哲家也不能解释。由自然界的知识与经验不能说明，结局仍是归之于神，归之于天界。故当时多数人仍把道德的精神认作神，认他有超自然的渊源。

各国分立，经济上政治上全不统一的时代——就是各国还未组成一个大商业社会的时代——尚有多神及自然神存在的余地。自希腊之世界的商业发达以来，罗马竟在地中海沿岸的全部建一商业的世界帝国。这种经济上的变动反映到当时思想上，遂以惟一精神的神说明当时的全世界及存于其中的疑问，使所有的自然神全归于消灭。驱逐这些自然神的固然是柏拉图及士多亚派哲学上的一神论，而一神论的背景，毕竟是当时罗马的具有绝大威力的生产技术，罗马的商业交通，罗马的商业大社会。

到了罗马帝政时代，大经济组织、大商业社会正要崩坏的时候，恰有一种适合当时社会关系的一神教进来，就是耶稣教了。耶稣教把希腊原来的一神论吸收进去，把所有的势力归于一个精神，归于一个神。

罗马商业的大社会崩坏之后，从前各个分立的自然经济又复出现。中世纪的经济组织次第发展，耶稣教也不能保持他的本来面目，他的内容自然发生了变动。中世纪的社会是分有土地的封建制度、领主制度的社会，社会的阶级像梯子段一样，一层一层的互相隶属，最高的是皇帝，皇帝之下有王公，王公之下有诸侯，诸侯之下有小领主，百姓农奴被践踏在地底。教会本来是共产的组合，到了此时这种阶级的经济组织又反映到教会的组织，渐次发达，也成了个掠夺组织、阶级组织。最高的是教皇，教皇之下有大僧正、僧正等，僧正之下有高僧，由高僧至普通僧民的中间还有种种僧官的阶级。百姓农奴伏在地底，又多受一层践踏。这种阶级的经济组织又反映到耶教的实质，天上也不是一个神住着了。最高的是神，神之下有神子，有精灵，其下更有种种的天使，堕落的天使，又有恶魔。神的一族，恰和皇帝、教皇及其属隶相照应；人在诸神之下，恰和百姓居社会之最下层相照应。人类的精神把地上的实物写映于天上，没有比这个例子再明白的了。

后来都市渐渐发达，宗教上又生一变化。意大利、南德意志、法兰西、英吉利、荷兰诸国都市上的居民，因其工商业的关系，渐立于有权力的地位，对于贵族、僧侣有了自由独立的位置。随着他们对于社会的观念的变动，对于宇宙的观念也变了。于是要求一种新宗教。他们既在经济上不认自己以上的势力，又在政治上作了独立的市民、独立的资本家、独立的商人，立于自由的地位，他们觉着自己与宇宙的中间，自己与神的中间，也不须有中间人介绍人存在了。所以他们蔑视教皇，蔑视僧官，自己作自己的牧师，直接与神相见，这就是路德及加尔文所倡的新教。这样看来，宗教革新的运动全是近世资本家阶级自觉其经济的实力的结果。资本家是个人的反映出来的，所以新宗教也是个人的。

美洲及印度发现以后，资本主义的制度愈颇强大，工商贸易愈颇发达，人与人的关系几乎没有了，几乎全是物品与物品的关系了。一切物品于其各个实质的使用价值以外，又有一般共通抽象的交换价值，所以这时的人也互认为抽象的东西，因而所信的神也变成一个抽象的概念了。又因资本主义制度发达之下，贫困日见增加，在这种惨烈的竞争场里，社会现象迷乱复杂的程度有加无已，人若想求慰安与幸福，除了内观、冥想、灵化而外，殆不可能。而资本家的个人的表象照映于精神界，就成了一个绝大的孤立的神。十七世纪的哲学家，若笛卡儿、斯宾挪撒等都认神是有绝大精神的绝大体，能自动自［思］考，就是这个原故。又因生产技术的进步，资本主义制度的发达对于自然界的知识骤见增大，十七世纪间自然现象的不可解大概已渐消灭，但于精神科学尚未能加以解释。这时的宗教渐渐离开自然界和物质，神遂全为离于现实界的不可思议的灵体。基督教贱肉的思想，与夫精神劳动与手足劳动分业的结果，也加了许多的势子。这时的哲家，若康德，则说时间的空间的事物是单纯的现象，没有真实的存在；若菲西的则只认精神的主观就是我的。实在都是受了当时物质界经济界的影响，才有这种学说。就是因为当时的资本主义制度使每个人都成孤立，都成灵化，反映到宗教哲学上去，也就成一种孤立的抽象的精神。

蒸汽机发明以后，生产力益加增大，交通机关及生产技术益加发达，对于自然的研究益有进步。自然现象的法则渐为人智所获得，超自然的存在一类神秘的事遂消灭于自然界。同时人类社会的实质也因交通机关生产技术发达的结果，乃有有史以前、有史以后的种种研究，或深入地底，研究地层地质；或远探蛮荒，研究原始社会的状况。又得了种种搜集历史统计材料的方法，而由挟着暴力的生产过程而生的社会问题，更促人竭力研究人类社会的实质。以是原因，自然现象、人类社会都脱去神秘的暗云，赤裸裸的立在科学知识之上，见了光明。以美育代宗教的学说，他就发生于现代了。

资本阶级固然脱出神秘宗教的范围了，就是劳工阶级也是如此。因为他们天天在工厂作工，天天役使自然，利用自然，所以他们也了解自然了。自然现象于他们也没有什么神秘不可解的权威了。至于人类社会的实质，他们也都了解，他们知道现在资本主义制度是使他们贫困的惟一原因，知道现在的法律是阶级的法律，政治是阶级的政治，社会是阶级的社会。他们对于社会实质的了解，恐怕比绅士阀的学者还要彻底，还要明白。太阳出来了，没有打着灯笼走路的人了。

以上所论，可以证明宗教、哲学都是随着物质变动而变动的。

四

再看风俗与习惯。社会上风俗习惯的演成，也与那个社会那个时代的物质与经济有密切的关系。例如老人和妇女在社会上的地位，也因时因地而异，这也是因为经济的关系。在狩猎时代，食物常告缺乏，当时的人总是由此处到彼处的迁徙流转，老人在这社会里很是一种社会的累赘，所以常常被弃、被杀、被食。如今的蛮人社会也常常见此风俗。日本古代有老舍山的话，相传是当时舍弃老人的地方。中央亚非利加的土人将与他部落开战的时候，必先食其亲，因为怕战事一经开始，老人很容易为敌人所捕获，或遭虐待，或被虐杀，所以老人反以为自己的儿子所食为福，儿子亦以食其亲为孝。马来群岛的布尔聂伊附近，某岛中人遇着达于一定年龄的老人必穷追他，使他爬上大木，部落的青年群集木下摇之使他落下，活活跌死。耶士魁牟的女子亦以把他比邻罹病垂危的老太婆带到投弃老人的地方，由崖上把他推下，为爱他比邻、怜他比邻的行为。到了畜牧时代、农业时代，衣食的资料渐渐富裕，敬老的事渐视为重要。而以种种经验与知识渐为社会所需要，当时还没有文字的发明，老人就是知识经验的宝库，遂为社会所宝重。近来生产技术进步的结果，一切事象日新月异，古代传说反足以阻碍进步，社会之尊重老人遂又与前大不相同。不专因为他的衰老就尊重他，乃因为他能终其生涯和少年一样奋斗，为社会作出了许多生产的事业、创造的功绩；因为他不但不拿他的旧知识妨害进步，并且能够吸入新思潮，才尊重他。妇女在社会上的地位，随着经济状况变动，也和老人一样。在游猎时代，狩猎与战争是男子的专门事业，当时的妇女虽未必不及男子骁勇，而因负怀孕哺乳育儿的重大责任，此类事体终非妇女所宜，遂渐渐止于一定的处所，在附近居处的田地里作些耕作，在家内作些烧煮的事情。因为狩猎的效果不能一定，而农作比较着有一定效果，且甚安全，所以当时妇女的地位比男子高，势力比男子大。后来牧畜与农业渐渐专归男子去作，妇女只作烧煮裁缝的事情，妇女的地位就渐渐低下。到了现代的工业时代，一方面因为资本主义发达的结果，家内手工渐渐不能支持，大规模的制成许多无产阶级，男子没有力量养恤妇女，只得从家庭里把他们解放出来，听他们自由活动，自己谋生。一方因为生产技术进步的结果，为妇女添出了许多与他们相宜的职业，妇女的地位又渐渐的提高了。这回欧洲大战（一九一四年的大战），许多的壮丁都跑到战场打仗，所有从前男子独占的职业，一时不得不让给女子，不得不仰赖女子，他们于是从家庭里跳出来，或入工厂工作，或当警察，或作电车司机人，或在军队里作后方勤动，都有很好的成绩。但是这回大战停了，战场上的兵士归来，产业凋敝没有工作，从前的职业又多为女子所占领，男工女工的中间现在已起了争议。不过以我的窥测，这个争议第一步可以促女工自己团结，第二步可以促男女两界的无产阶级联合，为阶级战争加一层势力，结果是女子在社会上必占与男子平等的地位。颇闻从法国回来的人说，战后的法国社会道德日趋堕落，男子游惰而好小利，女子好奢侈而多卖淫。忧时之士至为深抱杞忧，说欧洲有道德复旧的必要。但我以为此不必忧，这种现象全是因战争而起的物质变动的结果。欧洲这回大战，男丁战死于战场的不知有几千百万，社会上骤呈女子过庶的现象，女子过庶的结果，结婚难，离婚及私生子增多，卖淫及花柳病流行。物质上有人口的变动，而精神上还没认作道德的要求（如法国女子与华工结婚还为法政府及社会所不喜，就是一例），社会上才有这种悲惨的现象。在这个时期必要发生一种新道德，适应社会的要求，使物质的要求向上而为道德的要求。至于男子的游惰好小利，女子的奢侈，也是物质变动的结果。男子在战争时期中，精神上物质上都经了很多的困乏，加以生活难、工作难的影响，精神上自然要发生变动。游惰哪，好小利哪，都是因为这个原故。将来物质若是丰裕，经济组织若有相当的改造，精神上不会发现这种卑苦的现象。女子骤然得到工作的，自然要比从前奢侈些，也是当然的现象。固然战后的人口增加，或者加猛加速，女子过庶的不平均，或者可以调剂许多，而经济的组织生产的方法则已大有改动。故就物质论，只有开新，断无复旧；就道德与物质的关系论，只有适应，断无背驰。道德是精神现象的一种，精神现象是物质的反映，物质既不复旧，道德断无单独复旧的道理；物质既须急于开新，道德亦必跟着开新，因为物质与精神是一体的，因为道德的要求是适应物质上社会的要求而成的。耶士魁牟的女子本性上不能多产多生，所以他们的风俗就不以未婚的妇人产生及怀孕的处女为耻辱，所以在他们的社会多生多产的德比贞操的德重。女子贞操问题也是随着物质变动而为变动。在男子狩猎女子耕作的时期，女子的地位高于男子，女子生理上性欲的要求强于男子，所以贞操问题绝不发生，而且有一妻多夫的风俗。到了牧畜、农业为男子独占职业的时期，女子的地位低降下去，女子靠着男子生活，男子就由弱者地位转到强者地位，女子的贞操问题从而发生，且是绝对的、强制的、片面的。又因农业经济需要人口，一夫多妻之风盛行。到了工业时期，人口愈增，人类的欲望愈颇复杂，虽因生产技术的进步，生产的数量增加，而资本主义的产业组织分配的方法极不平均，造成了很多的无产阶级。贫困迫人日益加甚，女子非出来工作不可。男子若不解放女子，使他们出来在社会上和男子一样工作，就不能养赡他们。女子的贞操，就由绝对的变为相对的，由片面的变为双方的，由强制的变为自由的。从前重"从一而终"，现在可以离婚了；从前重守节殉死，现在夫死可以再嫁了。将来资本主义必然崩坏，崩坏之后，经济上生大变动，生产的方法由私据的变为公有的，分配的方法由独占的变为公平的，男女的关系也必日趋于自由平等的境界。只有人的关系，没有男女的界限。贞操的内容也必大有变动了。家族制度的变动也是如此。狩猎时代及劣等农作时代，因土地共有共同耕作的关系，氏族制度才能成立。后来人口渐增，氏族中的个人自进而开辟山林，垦治荒芜的人所在多有，因而对于个人辛苦经营的地面，不能不承认个人的私有。既经承认了个人的私有权，那些勤勉有为的人大都努力去开辟地面，私有的地面逐日增大，从前氏族制度的经济基础就从而动摇了。到了高等农作时代，因为私有制度的发达，农业经济的勃兴，父权家长制的大家族制度遂继氏族制度而兴起。后来生产技术进步的结果，由农业时代入了工商时代，分业及交通机关日见发达，经济上有了新变动，大家族制度遂渐就崩坏。这个时期就发生了一夫一妻制的小家族制度，以适应当时的经济状态。可是到了现代，机械工业、工厂工业又复压倒了手艺工业、徒弟工业，大产业组织的下边造成多数的无产阶级，生活日趋贫困，妇女亦不得不出来工作，加以义务教育、儿童公育等制度推行日广，亲子关系日趋薄弱，这种小家庭制度，也离崩坏的运命不远了。

由此类推，可见风俗习惯的变动，也是随着经济情形的变动为转移的。

五

再看政策与主义。一切的政策，一切的主义，都在物质上经济上有他的根源。Louis Boudin 氏在他的《社会主义与战争》里说了许多很精透的道理，我们可以借来说明一种政策或主义与物质经济的关系。他说资本主义发达的历史，可以分作三个时期：第一是少年时期，是奋进的时代，富有好战的气质。第二时期，是成年时期，是全盛的时代，专务为内部的整顿，气质渐化为平和。第三是衰老时期，是崩颓的时代，急转直下，如丸滚坡，气质又变为性急好战的状态。这种变动，在英国历史上最易看出。由耶利撒别士即位到七年战争，二百年间，英国确是一个好战的国，东冲西突，转战不休。因为当时英国的资本主义方在少年时期，经了二百年间的苦战，才立下了世界第一商工业国的基础。七年战争以后，英国的资本主义已经确立，遂顿归平和。拿坡仑战争全是别的原因，不是英国的资本主义惹起来的。直到这次大战以前，英国的资本阶级总是爱重平和，世界上帝国主义的魁雄不在英而转在德。美国独立所以成功，不全是因为美洲独立军的勇武，华盛顿的天才，英国不愿出很大的牺牲争此殖民地，也是一个重大的原因。固然英国也未尝不欲得此土地，但因此起大战争，他们以为很不值得。当时英国政家巴客大声疾呼，主张美国民有独立的权利。表面的言辞说来很是好听，骨子里面也不过是亚丹·斯密氏殖民政策的应用罢了。亚丹·斯密氏主张母国与殖民地之间，若行排他的贸易，不但于殖民地及世界一般有害，即于母国亦大不利。故母国应使其殖民地自由平等，与世界通商。美国所以能够独立的原故，毕竟是因为正值英国持平和政策的时期。以后英国在南非又承认波亚人组织的二共和国，也是这个原故。过了十五年，波亚人又与英国开战，二共和国就全为英国所压服了。那时英国的态度全然一变。最初波亚人与英国开战时候，英国正是正统经济学的国，自由贸易的国，满切士特（Manchester）学派的国，亚丹·斯密氏殖民政策的国，新帝国主义的波浪还未打将进来。到了第二战争，英国已经不是从前的英国了，是新帝国主义的英国，是张伯伦氏新殖民政策的英国了。使英国的主义、政策起这样变化的经济关系的实质是什么呢？简单说，就是从前的时代是织物时代，现在的时代是钢铁时代了。英国的工业当初最盛者首推织物，织物实占近世产业的主要部分。英国织物产业的中心，却在满切士特，满切士特的织物产业为世界产业的焦点，亚丹·斯密氏的自由贸易主义，就以满切士特为根据，成了满切士特学派。郭伯敦之崛起反对谷物条例，反对保护税，在自由平和一些美名之下，为新兴的商工阶级奋斗，也是因为这个原故。

当时的英国既以织物类的生产为主要的产业，其销路殆遍于全世界，以握海上霸权、工业设备极其完密的英国，自无用兵力扩张的必要。且以低廉的价格出卖精良的货物，也是很容易的事情。所以自由贸易主义、平和主义、殖民地无用论，都发生在这个时代。以后各半开化国及各殖民地工业渐能独立，像织物类的单纯工业不须仰给于英国，英国要想供给他们，必须另行创制益加精巧的工业。恰好各后进国工业新兴，很需要机械一类的东西，于是英国的产业就由纺纱时代，入了钢铁时代了。英国销行世界的产物，就由织物类变为机械类了。英国的产业中心，就由满切士特移到泊明港了。泊明港是钢铁的产地，张伯伦是生于泊明港的人，所以张伯伦代表泊明港的钢铁，代表英国钢铁产业时代物质上的要求、经济上的要求，主张一种的新殖民政策、新帝国主义。张伯伦初次入阁的时候，自己要作殖民总长，大家都很以为奇怪，因为从前的殖民部是一个闲部，张伯伦是一代政雄，何以选这闲部？那里知道当时的殖民部已经应经济的变化，发生重大意义了。但是机械的贩卖，与织物类的贩卖不同，贩卖织物类只须借传教士的力量，使那半开化国和殖民地的人民接洽文明生活的趣味，就能奏功，而贩卖机械，则非和他的政府官厅与资产阶级交涉不可。那么政治的、外交的、军事的策略，就很要紧了。以是因缘，自由贸易的祖国也变为保护政策的主张，平和主义的国家也着了帝国主义的彩色。

德国的产业进步比英国稍晚。英国正当成年时期，德国方在少年时期，好战的气质极盛，还没有到平和时期，又正逢着第二次的好战时期。最近十年内英、德两国的产铁额大有变动。当初德国的产业〔额〕仅当英国的什一，到大战以前，德国的产额已经超过英国了。观此可以知道德国为世界帝国主义的魁雄的原因，也就可以知道这回大战的原因了。

综观以上三个时期：第一时期是使当时新兴商工阶级打破封建制度束缚的物质的要求，向上而为国民文化主义；第二时期是使当时织物贩卖的物质的要求，向上而为自由主义、世界的人道主义；第三时期是使机械贩卖的物质的要求，向上而为帝国主义。有了那种物质的要求，才有那种精神的道德的要求。

六

总结本篇的论旨，我们得了几个纲领，写在下面：一、道德是有动物的基础之社会的本能，与自己保存、种族繁殖、性欲、母爱种种本能是一样的东西。这种本能是随着那种动物的生活的状态、生活的要求有所差异，断断不是什么神明的赏赐物。人类正不必以万物之灵自高，亦不必以有道德心自夸。二、道德既是社会的本能，那就适应生活的变动，随着社会的需要，因时因地而有变动，一代圣贤的经训格言，断断不是万世不变的法则。什么圣道，什么王法，什么纲常，什么名教，都可以随着生活的变动、社会的要求而有所变革，且是必然的变革。因为生活状态，社会要求既经变动，人类社会的本能自然也要变动。拿陈死人的经训抗拒活人类之社会的本能，是绝对不可能的事。三、道德既是因时因地而常有变动，那么道德就也有新旧的问题发生。适应从前的生活和社会而发生的道德，到了那种生活和社会有了变动的时候，自然失了他的运命和价值，那就成了旧道德了。这新发生的新生活、新社会必然要求一种适应他的新道德出来，新道德的发生就是社会的本能的变化，断断不能遏抑的。四、新道德既是随着生活的状态和社会的要求发生的——就是随着物质的变动而有变动的——那么物质若是开新，道德亦必跟着开新，物质若是复旧，道德亦必跟着复旧。因为物质与精神原是一体，断无自相矛盾、自相背驰的道理。可是宇宙进化的大路，只是一个健行不息的长流，只有前进，没有反顾；只有开新，没有复旧；有时旧的毁灭，新的再兴。这只是重生，只是再造，也断断不能说是复旧。物质上，道德上，均没有复旧的道理！

　　这次的世界大战，是从前遗留下的一些不能适应现在新生活、新社会的旧物的总崩颓。由今以后的新生活、新社会，应是一种内容扩大的生活和社会——就是人类一体的生活，世界一家的社会。我们所要求的新道德，就是适应人类一体的生活，世界一家的社会之道德。从前家族主义、国家主义的道德，因为他是家族经济、国家经济时代发生的东西，断不能存在于世界经济时代的。今日不但应该废弃，并且必然废弃。我们今日所需要的道德，不是神的道德、宗教的道德、古典的道德、阶级的道德、私营的道德、占据的道德；乃是人的道德、美化的道德、实用的道德、大同的道德、互助的道德、创造的道德！

署名：李大钊
《新潮》第 2 卷第 2 号
1919 年 12 月 1 日

由经济上解释中国近代思想变动的原因
（1920 年 1 月 1 日）

凡一时代，经济上若发生了变动，思想上也必发生变动。换句话说，就是经济的变动，是思想变动的重要原因。现在只把中国现代思想变动的原因，由经济上解释解释。

人类生活的开幕，实以欧罗细亚为演奏的舞台。欧罗细亚就是欧、亚两大陆的总称。在欧罗细亚的中央有一凸地，叫作 Tableland。此地的山脉不是南北纵延的，乃是东西横亘的。因为有东西横亘的山脉，南北交通遂以阻隔，人类祖先的分布移动，遂分为南道和北道两条进路，人类的文明遂分为南道文明——东洋文明——和北道文明——西洋文明两大系统。中国本部、日本、印度支那、马来半岛诸国、俾露麻、印度、阿富汗尼士坦、俾而齐士坦、波斯、土耳其、埃及等，是南道文明的要路；蒙古、满洲、西伯利亚、俄罗斯、德意志、荷兰、比利时、丹麦、士坎迭拿威亚、英吉利、法兰西、瑞士、西班牙、葡萄牙、意大利、奥士地利亚、巴尔干半岛等，是北道文明的要路。南道的民族，因为太阳的恩惠厚，自然的供给丰，故以农业为本位，而为定住的；北道的民族，因为太阳的恩惠薄，自然的供给啬，故以工商为本位，而为移住的。农业本位的民族，因为常定住于一处，所以家族繁衍，而成大家族制度——家族主义；工商本位的民族，因为常转徙于各地，所以家族简单，而成小家族制度——个人主义。前者因聚族而居，易有妇女过庶的倾向，所以成重男轻女一夫多妻的风俗；后者因转徙无定，恒有妇女缺乏的忧虑，所以成尊重妇女一夫一妻的习惯。前者因为富于自然，所以与自然调和，与同类调和；后者因为乏于自然，所以与自然竞争，与同类竞争。简单一句话，东洋文明是静的文明，西洋文明是动的文明。

中国以农业立国，在东洋诸农业本位国中，占很重要的位置，所以

大家族制度在中国特别发达。原来家族团体，一面是血统的结合，一面
又是经济的结合。在古代原人社会，经济上男女分业互助的要求，恐怕
比性欲要求强些，所以家族团体所含经济的结合之性质，恐怕比血统的
结合之性质多些。中国的大家族制度，就是中国的农业经济组织，就是
中国二千年来社会的基础构造。一切政治、法度、伦理、道德、学术、
思想、风俗、习惯，都建筑在大家族制度上作他的表层构造。看那二千
余年来支配中国人精神的孔门伦理，所谓纲常，所谓名教，所谓道德，
所谓礼义，那一样不是损卑下以奉尊长？那一样不是牺牲被治者的个性
以事治者？那一样不是本着大家族制下子弟对于亲长的精神？所以孔子
的政治哲学，修身齐家治国平天下，"一以贯之"，全是"以修身为本"；
又是孔子所谓修身，不是使人完成他的个性，乃是使人牺牲他的个性。
牺牲个性的第一步就是尽"孝"。君臣关系的"忠"，完全是父子关系的
"孝"的放大体，因为君主专制制度，完全是父权中心的大家族制度的
发达体。至于夫妇关系，更把女性完全浸却：女子要守贞操，而男子可
以多妻蓄妾；女子要从一而终，而男子可以细故出妻；女子要为已死的
丈夫守节，而男子可以再娶。就是亲子关系的"孝"，母的一方还不能
完全享受，因为伊是隶属于父权之下的。所以女德重"三从"，"在家从
父，出嫁从夫，夫死从子"。总观孔门的伦理道德，于君臣关系，只用
一个"忠"字，使臣的一方完全牺牲于君；于父子关系，只用一个
"孝"字，使子的一方完全牺牲于父；于夫妇关系，只用几个"顺"、
"从"、"贞节"的名辞，使妻的一方完全牺牲于夫，女子的一方完全牺
牲于男子。孔门的伦理，是使子弟完全牺牲他自己以奉其尊上的伦理；
孔门的道德，是与治者以绝对的权力责被治者以片面的义务的道德。孔
子的学说所以能支配中国人心有二千余年的原故，不是他的学说本身具
有绝大的权威，永久不变的真理，配作中国人的"万世师表"，因他是
适应中国二千余年来未曾变动的农业经济组织反映出来的产物，因他是
中国大家族制度上的表层构造，因为经济上有他的基础。这样相沿下
来，中国的学术思想，都与那静沉沉的农村生活相照映，停滞在静止的
状态中，呈出一种死寂的现象。不但中国，就是日本、高丽、越南等
国，因为他们的农业经济组织和中国大体相似，也受了孔门伦理的影响
不少。

　　时代变了！西洋动的文明打进来了！西洋的工业经济来压迫东洋的
农业经济了！孔门伦理的基础就根本动摇了！因为西洋文明是建立在工

商经济上的构造，具有一种动的精神，常求以人为克制自然，时时进步，时时创造。到了近世，科学日见昌明，机械发明的结果，促起了工业革命。交通机关日益发达，产业规模日益宏大，他们一方不能不扩张市场，一方不能不搜求原料，这种经济上的需要，驱着西洋的商人，来叩东洋沉静的大门。一六三五年顷，已竟有荷兰的商人到了日本，以后Perry、Harris与Lord Elgin诸人相继东来，以其商业上的使命，开拓东洋的门径，而日本，而中国，东洋农业本位的各国，都受了西洋工业经济的压迫。日本国小地薄，人口又多，担不住这种压迫，首先起了变动，促成明治维新，采用了西洋的物质文明，产业上起了革命——如今还正在革命中——由农业国一变而为工业国，不但可以自保，近来且有与欧美各国并驾齐驱的势力了。日本的农业经济组织既经有了变动，欧洲的文明、思想又随着他的经济势力以俱来，思想界也就起了绝大的变动。近来Democracy的声音震荡全国，日本人夸为"国粹"之万世一系的皇统，也有动摇的势子；从前由中国传入的孔子伦理，现在全失了效力了。

中国地大物博，农业经济的基础较深，虽然受了西洋工业经济的压迫，经济上的变动却不能骤然表现出来。但中国人于有意无意间也似乎了解这工商经济的势力加于中国人生活上的压迫实在是厉害，所以极端仇视他们，排斥他们，不但排斥他们的人，并且排斥他们的器物。但看东西交通的初期，中国只是拒绝和他们通商，说他们科学上的发明是"奇技淫巧"，痛恨他们造的铁轨，把他投弃海中。义和团虽发于仇教的心理，而于西洋人的一切器物一概烧毁，这都含着经济上的意味，都有几分是工业经济压迫的反动，不全是政治上、宗教上、人种上、文化上的冲突。

欧洲各国的资本制度一天盛似一天，中国所受他们经济上的压迫也就一天甚似一天。中国虽曾用政治上的势力抗拒过几回，结果都是败辱。把全国沿海的重要通商口岸都租借给人，割让给人了，关税、铁路等等权力，也都归了人家的掌握。这时的日本崛然兴起，资本制度发达的结果，不但西洋的经济力不能侵入，且要把他的势力扩张到别国。但日本以新兴的工业国，骤起而与西洋各国为敌，终是不可能；中国是他的近邻，产物又极丰富，他的势力自然也要压到中国上。中国既受西洋各国和近邻日本的二重压迫，经济上发生的现象，就是过庶人口不能自由移动，海外华侨到处受人排斥虐待，国内居民的生活本据渐为外人所侵入——台湾、满蒙、山东、福建等尤甚——关税权为条约所束缚，适成一种"反保护制"。外来的货物和出口的原料，课税极轻，而内地的货物反不能自由移转，这里一厘，那里一卡，几乎步步都是关税。于是国内产出的原料品，以极低的税输出国外，而在国外造成的精制品，以极低的税输入国内。国内的工业，都是手工工业和家庭工业，那能和国外的机械工业、工厂工业竞争呢？结果就是中国的农业经济挡不住国外的工业经济的压迫，中国的家庭产业挡不住国外的工厂产业的压迫，中国的手工产业挡不住国外的机械产业的压迫。国内的产业多被压倒，输入超过输出，全国民渐渐变成世界的无产阶级，一切生活，都露出困迫不安的现象。在一国的资本制下被压迫而生的社会的无产阶级，还有机会用资本家的生产机关；在世界的资本制下被压迫而生的世界的无产阶级，没有机会用资本国的生产机关。在国内的就为兵为匪，跑到国外的就作穷苦的华工，辗转迁徙，贱卖他的筋力，又受人家劳动阶级的疾视。欧战期内，一时赴法赴俄的华工人数甚众，战后又用不着他们了，他们只得转回故土。这就是世界的资本阶级压迫世界的无产阶级的现象，这就是世界的无产阶级寻不着工作的现象。欧美各国的经济变动，都是由于内部自然的发展；中国的经济变动，乃是由于外力压迫的结果，所以中国人所受的苦痛更多，牺牲更大。

中国的农业经济，既因受了重大的压迫而生动摇，那么首先崩颓粉碎的，就是大家族制度了。中国的一切风俗、礼教、政法、伦理，都以大家族制度为基础，而以孔子主义为其全结晶体。大家族制度既入了崩颓粉碎的运命，孔子主义也不能不跟着崩颓粉碎了。

试看中国今日种种思潮运动，解放运动，那一样不是打破大家族制度的运动？那一样不是打破孔子主义的运动？

第一，政治上民主主义（Democracy）的运动，乃是推翻父权的君主专制政治之运动，也就是推翻孔子的忠君主义之运动。这个运动，形式上已算有了一部分的成功。联治主义和自治主义，也都是民主主义精神的表现，是打破随着君主专制发生的中央集权制的运动。这种运动的发动，一方因为经济上受了外来的压迫，国民的生活，极感不安，因而归咎于政治的不良、政治当局的无能，而力谋改造。一方因为欧美各国Democracy的思潮随着经济的势力传入东方，政治思想上也起了一种响应。

第二，社会上种种解放的运动，是打破大家族制度的运动，是打破父权（家长）专制的运动，是打破夫权（家长）专制的运动，是打破男子专制社会的运动，也就是推翻孔子的孝父主义、顺夫主义、贱女主义的运动。如家庭问题中的亲子关系问题、短丧问题；社会问题中的私生子问题、儿童公育问题；妇女问题中的贞操问题、节烈问题、女子教育问题、女子职业问题、女子参政问题；法律上男女权利平等问题（如承继遗产权利问题等）、婚姻问题——自由结婚、离婚、再嫁、一夫一妻制乃至自由恋爱、婚姻废止——都是属于这一类的，都是从前大家族制下断断不许发生、现在断断不能不发生的问题。原来中国的社会只是一群家族的集团，个人的个性、权利、自由都来［束］缚禁锢在家族之中，断不许他有表现的机会。所以从前的中国，可以说是没有国家，没有个人，只有家族的社会。现在因为经济上的压迫，大家族制的本身已竟不能维持，而随着新经济势力输入的自由主义、个性主义，又复冲入家庭的领土，他的崩颓破灭，也是不能逃避的运数。不但子弟向亲长要求解放，便是亲长也渐要解放子弟了；不但妇女向男子要求解放，便是男子也渐要解放妇女了。因为经济上困难的结果，家长也要为减轻他自己的担负，听他们去自由活动，自立生活了。从前农业经济时代，把他们包容在一个大家族里，于经济上很有益处，现在不但无益，抑且视为重累了。至于妇女，因为近代工业进步的结果，添出了很多宜于妇女的工作，也是助他们解放运动的一个原因。

欧洲中世也曾经过大家族制度的阶级，后来因为国家主义和基督教的势力勃兴，受了痛切的打击，又加上经济情形发生变动，工商勃兴，分业及交通机关发达的结果，大家族制度，遂立就瓦解。新起的小家族制度，其中只包含一夫一妻及未成年的子女，如今因为产业进步、妇女劳动、儿童公育种种关系，崩解的气运，将来也必然不远了。

中国的劳动运动，也是打破孔子阶级主义的运动。孔派的学说，对于劳动阶级，总是把他们放在被治者的地位，作治者阶级的牺牲。"无君子莫治野人，无野人莫养君子。""劳心者治人，劳力者治于人。"这些话，可以代表孔门贱视劳工的心理。现代的经济组织，促起劳工阶级的自觉，应合社会的新要求，就发生了"劳工神圣"的新伦理，这也是新经济组织上必然发生的构造。

总结以上的论点：第一，我们可以晓得孔子主义（就是中国人所谓纲常名教）并不是永久不变的真理。孔子或其他古人，只是一代哲人，决不是"万世师表"。他的学说，所以能在中国行了二千余年，全是因为中国的农业经济没有很大的变动，他的学说适宜于那样经济状况的原故。现在经济上生了变动，他的学说，就根本动摇，因为他不能适应中国现代的生活、现代的社会。就有几个尊孔的信徒，天天到曲阜去巡礼，天天戴上洪宪衣冠去祭孔，到处建筑些孔教堂，到处传布"子曰"的福音，也断断不能抵住经济变动的势力来维持他那"万世师表"、"至圣先师"的威灵了。第二，我们可以晓得中国的纲常、名教、伦理、道德，都是建立在大家族制上的东西。中国思想的变动，就是家族制度崩坏的征候。第三，我们可以晓得中国今日在世界经济上，实立于将为世界的无产阶级的地位。我们应该研究如何使世界的生产手段和生产机关同中国劳工发生关系。第四，我们可以正告那些钳制新思想的人，你们若是能够把现代的世界经济关系完全打破，再复古代闭关自守的生活，把欧洲的物质文明、动的文明，完全扫除，再复古代静止的生活，新思想自然不会发生。你们若是无奈何这新经济势力，那么只有听新思想自由流行，因为新思想是应经济的新状态、社会的新要求发生的，不是几个青年凭空造出来的。

署名：李大钊

《新青年》第 7 卷第 2 号

1920 年 1 月 1 日

唯物史观在现代史学上的价值
（1920 年 12 月 1 日）

　　"唯物史观"是社会学上的一种法则，又［是］Karl Marx 和 Friedrich Engels 一八四八年在他们合著的《共产党宣言》里所发见的。后来有四种名称，在学者间通用，都是指此法则的，即是：（1）"历史之唯物的概念"（"The Materialistic Conception of History"），（2）"历史的唯物主义"（"Historical Materialism"），（3）"历史之经济的解释"（"The Economic Interpretation of Histories"）及（4）"经济的决定论"（"Economic Determinism"）。在（1）、（2）两辞，泛称物质，殊与此说的真相不甚相符。因为此说只是历史之经济的解释，若以"物质"或"唯物"称之，则是凡基于物质的原因的变动，均应包括在内，例如历史上生物的考察，乃至因风土、气候、一时一地的动植物的影响所生的社会变动，均应论及了。第（4）一辞，在法兰西颇流行，以有倾于定命论、宿命论之嫌，恐怕很有流弊。比较起来，还是"经济史观"一辞妥当些。Seligman 曾有此主张，我亦认为合理，只以"唯物史观"一语，年来在论坛上流用较熟，故仍之不易。

　　科学界过重分类的结果，几乎忘却他们只是一个全体的部分而轻视他们相互间的关系，这种弊象，是［呈］露已久了。近来思想界才发生一种新倾向：研究各种科学，与其重在区分，毋宁重在关系，说明形成各种科学基础的社会制度，与其为解析的观察，不如为综合的观察。这种方法，可以应用于现在的事实，亦可以同样应用于过去的纪录。唯物史观，就是应这种新倾向而发生的。从前把历史认作只是过去的政治，把政治的内容亦只解作宪法的和外交的关系。这种的历史观，只能看出一部分的真理而未能窥其全体。按着思想界的新倾向去观察，人类的历史，乃是人在社会上的历史，亦就是人类的社会生活史。人类的社会生活，是种种互有关联、互与影响的活动，故人类的历史，应该是包括一切社会生活现象，广大的活动。政治的历史，不过是这个广大的活动的一方面，是社会生活的一部分，不是社会生活的全体。以政治概括社会生活，乃是以一部分概括全体，陷于很大的误谬了。于此所发生的问题，就是在这互有关联、互与影响的社会生活里，那社会进展的根本原因究竟何在？人类思想上和人类生活上大变动的理由究竟为何？唯物史观解答这个问题，则谓人的生存，全靠他维持自己的能力，所以经济的生活，是一切生活的根本条件。因为人类的生活，是人在社会的生活，故个人的生存总在社会的构造组织以内进动而受他的限制，维持生存的条件之于个人，与生产和消费之于社会是同类的关系。在社会构造内限制社会阶级和社会生活各种表现的变化，最后的原因，实是经济的。此种学说，发源于德，次及于意、俄、英、法等国。

唯物史观的名称意义，已如上述，现在要论他在史学上的价值了。研究历史的重要用处，就在训练学者的判断力，并令他得着凭以为判断的事实。成绩的良否，全靠所论的事实确实与否和那所用的解释法适当与否。十八世纪和十九世纪前半期的历史学者，研究历史原因的问题的人很少。他们多以为历史家的职分，不外叙述些政治上、外交上的史实，那以伟人说或时代天才说解释这些史实的，还算是你〔深〕一层的研究。Lessing 在他的《人类教育论》与 Herder 在他的《历史哲学概论》里所论述的，都过受神学观念的支配，很与思想界的新运动以阻力。像 Herder 这样的人，他在德国与 Ferguson 在苏格兰一样，可以说是近代人类学研究的先驱，他的思想，犹且如此，其他更可知了。康德在他的《通史概论》里，早已窥见关于社会进化的近代学说，是 Huxley 与许多德国学者所公认的，然亦不能由当时的神学思想完全解放出来，而直为严正的科学的批评。到了 Hegel 的《历史哲学》，达于历史的唯心的解释的极点，但是 Hegel 限〔派〕的"历史精神"观，于一般领会上究嫌过于暧昧，过于空虚。

有些主张宗教是进化的关键的人，用思想、感情等名词解释历史的发长，这可以说是历史的宗教的解释。固然犹太教、儒教、回教、佛教、耶教等五大宗教的教义，曾与于人类进步以很深的影响，亦是不可争的事实，但是这种解释，未曾注意到与其把宗教看作原因，不如把他看作结果的道理，并且未曾研究同一宗教的保存何以常与他的信徒的环境上、性质上急遽的变动相适合的道理。这历史的宗教的解释，就是

Benjamin Kidd 的修正学说，亦只有很少的信徒。

此外还有历史的政治的解释。其说可以溯源于 Aristotle，有些公法学者右之。此派主张通全历史可以看出由君主制到贵族制，由贵族制到民主制的一定的运动，在理想上，在制度上，都有个由专制到自由之不断的进步。但是有许多哲学家，并 Aristotle 亦包在内，指出民主制有时亦弄到专制的地步，而且政治的变动，不是初级的现象，乃是次级的现象，拿那个本身是一结果的东西当作普遍的原因，仿佛是把车放在马前一样的倒置。

这些唯心的解释的企图，都一一的失败了，于是不得不另辟一条新路。这就是历史的唯物的解释。这种历史的解释方法不求其原因于心的势力，而求之于物的势力，因为心的变动常是为物的环境所支配。

综观以上所举历史的解释方法，新旧之间截然不同。因历史事实的解释方法不同，从而历史的实质亦不同，从而及于读者的影响亦大不同。从前的历史，专记述王公世爵纪功耀武的事。史家的职分，就在买此辈权势阶级的欢心，好一点的，亦只在夸耀自国的尊荣。凡他所纪的事实，都是适合此等目的的，否则屏而不载，而解释此类事实，则全用神学的方法。此辈史家把所有表现于历史中特权阶级的全名表，都置于超自然的权力保护之下。所记载于历史的事变，无论是焚杀，是淫掠，是奸谋，是篡窃，都要归之于天命，夸之以神武，使读者认定无论他所遭逢的境遇如何艰难，都是命运的关系。只有祈祷天帝，希望将来，是慰藉目前痛苦的惟一方法。

这种历史及于人类精神的影响，就是把个人的道德的势力，全弄到麻木不仁的状态。既已认定（支）配境遇的难苦，都是天命所确定的，都是超越自己所能辖治的范围以外的势力所左右的，那么以自己的努力企图自救，便是至极愚妄的事，只有出于忍受的一途，对于现存的秩序，不发生疑问，设若发生疑问，不但丧失了他现在的平安，并且丧失了他将来的快乐。他不但要服从，还要祈祷，还（要）在杀他的人的手上接吻。这个样子，那些永据高位握有权势的人，才能平平安安的常享特殊的权利，并且有增加这些权利的机会，而一般人民，将永沉在物质、道德的卑屈地位。这种史书，简直是权势阶级愚民的器具，用此可使一般人民老老实实的听他们掠夺。

唯物史观所取的方法，则全不同。他的目的，是为得到全部的真实，其及于人类精神的影响，亦全与用神学的方法所得的结果相反。这不是一种供权势阶级愚民的器具，乃是一种社会进化的研究。而社会一语，包含着全体人民，并他们获得生活的利便，与他们的制度和理想。这与特别事变、特别人物没有什么关系。一个个人，除去他与全体人民的关系以外，全不重要；就是此时，亦是全体人民是要紧的，他不过是附随的。生长与活动，只能在人民本身的性质中去寻，决不在他们以外的什么势力。最要紧的，是要寻出那个民族的人依以为生的方法，因为所有别的进步，都靠着那个民族生产衣食方法的进步与变动。

斯时人才看出他所生存的境遇，是基于能也〔时〕时变动而且时时变动的原因；斯时人才看出那些变动，都是新知识施于实用的结果，就是由像他自己一样的普通人所创造的新发明新发见的结果，这种观念给了很多的希望与勇气在他的身上；斯时人才看出一切进步只能由联合以图进步的人民造成，他于是才自觉他自己的权威，他自己在社会上的位置，而取一种新态度。从前他不过是一个被动的、否定的生物，他的生活虽是一个忍耐的试验品，于什么人亦没有用处。现在他变成一个活泼而积极的分子了，他愿意知道关于生活的事实，什么是生活事实的意义，这些生活事实给进步以什么机会，他愿意把他的肩头放在生活轮前，推之提〔挽〕之使之直前进动。这个观念，可以把他造成一个属于他自己的人，他才起首在生活中得了满足而能于社会有用。但是一个人生在思想感情都锢桎于古代神学的习惯的时代，要想思得个生活的新了解，那是万万不可能，青年男女，在这种教训之下，全麻痹了他们的意志，万不能发育实成。

这样看来，旧历史的方法与新历史的方法绝对相反：一则寻社会情状的原因于社会本身以外，把人当作一只无帆、无楫、无罗盘针的弃舟，漂流于茫茫无涯的荒海中，一则于人类本身的性质内求达到较善的社会情状的推进力与指导力；一则给人以怯懦无能的人生观，一则给人以奋发有为的人生观。这全因为一则看社会上的一切活动与（变）迁全为天意所存；一则看社会上的一切活动和变迁全为人力所造，这种人类本身具有的动力可以在人类的需要中和那赖以满足需要的方法中认识出来。

有人说社会的进步，是基于人类的感情。此说乍看，似与社会的进步是基于生产程叙的变动的说相冲突，其实不然。因为除了需要的意识和满足需要的娱快，再没有感情，而生产程叙之所以立，那是为满足构成人类感情的需要。感情的意识与满足感情需要的方法施用，只是在同联环中的不同步数罢了。

有些人误解了唯物史观，以为社会的进步只靠物质上自然的变动，勿须人类的活动，而坐待新境遇的到来。因而一般批评唯物史观的人，亦有以此为口实，便说这种定命（听命由天的）人生观，是唯物史观给下（的）恶影响。这都是大错特错，唯物史观及于人生的影响乃适居其反。

旧历史的纂著和他的教训的虚伪既是那样荒陋，并且那样明显，而于文化上又那样无力，除了少数在神学校的，几乎没有几多教授再作这种陈腐而且陋劣的事业了。晚近以来，高等教育机关里的史学教授，几无人不被唯物史观的影响，而热心创造一种社会的新生。只有出之（公立）学校的初级史学教员，尚未觉察到这样程度的变动，因为在那里的教训，全为成见与习惯所拘束，那些教员又没有那样卓越的天才，足以激励他们文化进步上的自高心，而现今的公立学校又过受政治和教科书事务局的限制。

唯物史现［观］在史学上的价值，既这样的重大，而于人生上所被的影响，又这样的紧要，我们不可不明白他的真意义，用以得一种新人生的了解。我们要晓得一切过去的历史，都是靠我们本身具有的人力创造出来的，不是那个伟人、圣人给我们造的，亦不是上帝赐予我们，将来的历史，亦还是如此。现在已是我们世界的平民的时代了，我们应该自觉我们的势力，快赶［赶快］联合起来，应我们生活上的需要，创造一种世界的平民的新历史。

署名：李大钊
《新青年》第 8 卷第 4 号
1920 年 12 月 1 日

原人社会于文字书契上之唯物的反映
（1920 年）

原人社会的经济情形，常与原人社会的文字书契以明著的反映。故今日吾人研究古代的社会情形，每能从文字的孳乳演蜕之迹得着确实的证据。

人类生存于宇宙之间，每于不知不觉之间受宇宙自然的法则的支配。原人的"秩序"、"恒久"的观念，大概得自太阳的出没和地球在太阳系中与其余诸星相保持的关系。远海的航舟，靠星位得以平安。至于画疆分野，亦须上考星位。中国古歌有云："日出而作，日入而息，凿井而饮，耕田而食，帝力何有于我哉。"又云："卿云烂兮，纠缦缦兮，日月光华，旦复旦兮。"这可见云气的变幻，日月的运转，颇能与人以谐和、华丽、秩序、恒久的观念。

古代的刻石的记号，多作圆环形。此种情形，东西相同，几成为各部族的通象。由此可以断定人类实有些共通的观念与思想。但是这个观念何自而来？颇为考古学者所聚讼。有些有价值的，考古学者说，这是天文的印象，即是太阳的记号。但这种推想，在纯粹的象征主义（特别是 Scandinavian 的例证），如 ☉ 卍 等讲不通。更有些人说，在英伦三岛和印度寻出的记号，似是普通宗教上的象征主义，是一种神秘的键。由此说来，这种记号可认为世界上原始宗教中的一个的表意的表示。此宗教流被甚广，如今在印度还有留存者。

但是这种宗教的解释，还有许多点未能说明，那些圆环每每接触的很巧，似是表明什么意义。将来这种奇特的记录必有愈益明了的一日。

在苏格兰 Ayr 郡 Coilsford 地方发见的石柜镌有记号。这种记号是绘画文字的起原。由绘画文字更进而为象形文字。上古时文字都象形。墨西哥的古文、埃及的古碑、中国古代的文字（如洪崖石刻，在今贵州永宁州），马画马形，牛画牛形，都是象形。"日"字，篆文作⊟⊖，外象体圆，内象日中黑影（古人有日中一黑影之说）。"月"字篆文作☾，月缺时多盈时少，故象缺形。其中一画，象大地山河的影子（古人谓月中有大地山河的影子）。"气"作☰，象云气低重的样子。"雨"作雨，象落雨的样子。"山"作⊔，"水"作〣〣（古文作☵坎卦形），"田"作⊕，"目"作◙，□象目匡，八象眉，○象黑睛，●象瞳子。"吕"作吕，象背骨相连的样子。余如马、鸟、虎、犬、鹿、鼠都是象形。来、禾、米、瓜、韭、竹、草、林、木等亦是象形。心、耳、口、手、爪、户、皿、瓦、弋、弓亦都是象形。象形文字始于方圆，"环"字作环，"中"字作φ，"日"、"月"等字皆○形的变体。"国"、"田"等字亦是□、○的变动增易。因为古人图画始于□、○，故文字亦始于□、○。

史传伏羲画卦，即是记号文字的开始。"天"字草书似三，坤字古文作《，即☰的倒形（西文谓伏羲画卦出于巴比伦楔形文字）。

Assyria 人和 Babylonia 人的楔形文字，多刻在石牌、石柱或铜像上，Rosetta（埃及的港市）的刻三国语的楔形文字，算是与世界终古了。

原人的记号，有结绳为符的，有刻在骨上的，有刻在贝壳上的，有刻在龟版上的，有刻在宝石上的，有刻在金类上的，亦有刻在木竿、木板上的。

古代中国传说，在神农时代结绳为治。在那个时代大概是因为渔猎时代网罟为用，而弋获的物品必须用绳缚之，所以将此观念推演而为结绳的文字。这种结绳的文字，如今虽不可考，然"一"、"二"、"三"等字，古文作"弌"、"弍"、"弎"，足以证明在渔猎时代于其所获物旁结绳以记数。结绳的文字不过是些方圆平直极简单的画数罢了。

古代 Peru 的 Incas（国王的称谓），结有色的绳为记录，各省分都有专官管治此事。每年将此等结果送存首都，以备存考。这种结绳的记录，叫作 Quipu（结）。司此的官名曰 Quipu Camayas。他们所保存的记录，就是那个地方人民的统计。这结绳的文字，如用小绳绕一大网上，或绕一木棍上，形成一组缨缕的样子。结的位置可以表示数目，由绳上的一小片的颜色表明人身的阶级，结绳文的解释很不容易。有人解释着说红色意指战争，黄色指金，白色指平和或银，这不过是推测的事。太平洋诸岛的部族，亦有用此为记号的。

人类最初的家庭是森林，后来遇见了一个冰期，变更了气候，人类遂转徙河岸海滨去。

在森林附近生活的人，往往在木棍、木板上刻些记号，以当纪录，或以纪其杀人的数目，或将格言、咒语刻于其上。战争用的斧枪柄上及马具上，都是刻记号的绝好处所。亦有些人种刻木作历书，Scandinavian 就是一个显例。

埃及古文，以椰树每年生枝，即以椰树的叶表年数。中国以农立国，而周朝复以农开基（始祖为后稷），故以谷熟为年（《尔雅·释天》云："周曰年"）。《说文》季字下云："谷熟也，从禾千声"，年字从千，取稼穑众多的意义。《诗》："岁取十千"，"乃求千斯仓"，禾、年义相通，古代以有禾为有年。《诗》曰："自古有年"；《春秋》云："大有年"。又以禾熟有一定的期间，故借为年龄之年。期字《说文》作稘，释曰："稘，复其时也，从禾其声。"《唐书》曰："稘三百有六旬"，是期与年同。《论语》宰我曰："旧谷既没，新谷（既）升，钻燧改火，期可〈以〉已〈矣〉。"以旧谷没新谷升为一期，正可以说明期字古文从禾的理由。歷字中有秝，歷与曆通用。歷有推往知来之义，故从二禾，取年岁众多之义，故称多年为歷年。

"燧"是取火的物具，亦称"夫遂"，又称"阳遂"，皆是取火的器具。《周礼》秋官司寇司烜氏掌以"夫遂"，"取明火于日，以鉴取明水于月"。又《考工记》："金锡半谓之鉴遂之齐"，郑注："鉴、遂取水火于日月之器也。"《礼记·内则篇》："子事父母，鸡初鸣，咸盥漱……左右佩用，左佩纷、帨、刀砺、小觿、金燧，右佩玦、捍、管、遰、大觿、木燧。""妇事舅姑，如事父母，鸡初鸣，咸盥漱……左佩纷、帨、刀砺、小觿、金燧，右佩箴管、线纩、施縏袠、大觿、木燧。"《淮南子·天文训》："阳燧见日，则燃而为火，方诸见月，则津而为水。"高诱注："阳燧，金也。取金杯无缘者，熟摩令热。日中时以当日下，以艾承之，则燃得火"。《淮南子·览冥训》："夫燧取火于日，方诸取露于月。……水火可立致者，阴阳同气相动也。"又云："夫燧之取火于日，磁石之引铁，蟹之败漆，葵之乡日，虽有明智，弗能然也。"综合以上所引的记载并解释，我们可以知道"夫燧"是中国古代人取火的器具，最初是用木遂取火于木，后来入了铜器时代，便用铜锡各半制成的金属器亦名曰"遂"。同时又有名为"鉴"的一物，与之相伴，而被发明与使用，"遂"用以取火于日，"鉴"用以取水于月，此时一般人遂称取火于日的遂为"阳遂"，而称取水于月的"鉴"为"阴遂"。"阴遂"即是

"鉴",即是"方诸"。木遂的发明远在上古,后世传说有燧人氏者,钻火教人火食,这年代远不可考了。木遂必系摩擦木类以取火的器具,金遂的发明当在铜器时代。周秦之际,已入了铜器时代,金遂必是此时发生的。金遂想系藉太阳光线反射的作用以取火的器具,比木遂一定便利的多。可是金遂只能在晴天时用,阴天则仍须用木遂。但自我们推想起来,在石器时代已经应该知道以燧石与金类相击得火的方法。何以到了周秦时代还只用那木遂、金遂的笨法子呢?我想这或者是专供祭祀时取明火、明水的法则,是习俗相沿颇不易改,是汉民族富于保守性的征象,断乎不会有并用燧石取火的方法而亦不知的事。

《论语》宰我说的"钻燧改火",系指木遂而言。改火是说"春取榆柳之火,夏取枣杏之火,(季)夏〈季〉取桑柘之火,秋取柞楢之火,冬取槐檀之火"。改火一周,便是阅岁一周,这可见古代有以"钻燧改火"为历岁一周的记号的习惯了。

中国古代以"黄"色为重,其始祖为"黄帝",亦是农业经济时代的反映。《易》曰:"天玄而地黄。"《说文》:"黄,地之色也,从田,芡声。"中国宅域土壤为黄色故黄。亦训"光"地之光,即地之色,农业之民,土地为重,故崇地之黄色为正色。其首长亦取地的光色尚黄,其民即尊之为黄帝。

"主"字为"炷"字的古文,从(火),象〈火〉形从ㄓ,火盛貌,后世借为君主之主,别作炷字以代之。由(唯)物的史观以察之,君主之义,亦与用火有关。火为人类生活史上第一个大发明,故那时的人们对于精于用火者,即奉为君主。故有祝融氏、燧人氏之称,神农亦称黄〔炎〕帝,一号烈山。

人类当转徙到海滨河岸的地方,依贝鱼以为食物。在那里生活的时间很久,遗留下所食的鱼的贝壳堆积地上占很广的面积,这种堆积在每个大陆沿着河滨海岸都可以寻得。考古学者,称这种堆积为"贝陵"(Shell-heaps),又称"贝冢"(Kitchen-middens)。古代滨海的人民多喜用贝作货币的材料,地中海沿岸诸民族皆有用贝的遗迹,就是现今印度洋、南太平洋诸岛人还多用贝。北美土人有一种"贝珠壳带"(Wampum belts)最初用作货币,后来有时以为历史的纪录。这种带是用丝或皮带将白色的和紫色的贝壳甬串缀成的,有时白地紫画,有时紫地白画,Wampum 即"白"意,普通白色的居多,而紫色的则甚难得。这种图案有时亦甚易解释,像那表明 Iroquois League 的带,就是以中心的腹部为统治民族，而以每个四方代表联合诸民族，用绳联成一气，最有趣而且精妙的贝壳珠带是那在一六八二年 Lenni-Lenape 的酋长订立《大约章》（Great Treaty）时纪那创立彭塞尔凡尼亚州的 William Penn 的友谊的，做的极其精致。带的中央是 Penn 和首领酋长握手协商的形象。此物至今保存于 Philadelphia 的历史学会。

中国古代用贝为货币的遗迹，尤其彰著。《说文》："贝，海介虫也。居陆名猋，在水名蜬，象形，古者货贝而宝龟。周而有泉，至秦废贝行钱。"现于经济上的用语，几全由贝字孳乳而成。足证在中国石器时代以贝壳为主要的货币（考古学者说，在那些贝陵里，除贝壳外，还有些木炭的屑片，并些石作的、骨作的器皿，可见那时已经用火，已经是石器时代了）。

许氏《说文》貝部所解的字如左：

賣 賄 財 貨 資 賑 賢 賀 貢 贊 賣 齎 貸
貳 賂 賸 贈 賜 賚 賞 贏 賴 負 貯 貳 賓
賒 貰 贄 質 貿 贖 費 責 賈 販 買 貴 賤
賦 貪 貶 貧 賃 賕 購 貨

徐氏新添的字如左：

覎 賻 賽 賺 貼 貽 賭 賭

此外还有数字如：賊、寶、賣、積、贅、貫、實，亦都是经济上的用语。这些字不必都起于一时，是渐次孳乳的。

古代中国以贝为货币，还有更明显的例证。《说文》："员，物数也，从贝口声。"《说文》："口，回也，象回币之形。"金坛段氏释员字云："从贝，古以贝为货物之重者也。"足证古代以贝为计算货物的标准，员即是以贝计物的单位，与现今以圆计算货物的价值相类。《说文》："毌，穿物持之也，从一横贯，象寶货之形。"是毌已象两贝相并之形。《说文》："贯，钱贝之母也。"乃后来发生的字。《易》有云："或锡［益］之十朋之龟。"《诗·小雅》："既见君子，锡我百朋。"《汉书·食货志》说：大贝、壮贝、幺贝、小贝，都以二枚为一朋。郑康成诗笺又说，五贝为朋。但都可以证明"朋"是二贝以上的一位。

殷的时代还在石器时代，故由殷墟发掘出来的殷代遗物中可得鉴定。而为货币的只发见些以石或骨仿造贝形的东西。依中国古代经济上的用语多从贝的事实，可断定贝在中国古代曾经通用为货币。依此更可以推断这些以石或骨仿造贝形的东西，确乎亦是当时流行的货币。

殷墟古器物中，不但绝无金属铸造货币，即金属器物，亦可以说未曾发见。再查发掘物中的龟版文字，迄今所能辨读者多为贝字，或从贝的字，至于金字或从金的字则未有一，由此可以断定殷代尚为贝币通用时代，尚为石器时代。

有人说，据一部分的发掘物解释当时的社会状态的全体，这种方法不无危险，但在今日舍此更无确实的证据，而且是等发掘物实从曾为殷朝的都城的地方发掘出来的，据以推测当时的社会状态的一般，亦没有很大的危险。再从较为可靠的一部分的《尚书》和《诗经》中亦可寻出些旁证，证明殷周二代的不同。《尚书》中的《商书》五篇，虽有贝字及从贝的字，而金字及从金的字一个亦没有。有金字从金的字，自《尚书》中的《周书》及《诗经》开始。《尚书·盘庚》："兹予有乱政同位，具乃贝玉"，不说金玉，而说贝玉。《诗·大雅·棫朴篇》："追琢其章，金玉其相"，却说金玉，不说贝玉了。又考《商书》中全不见金属器物的名称。至于《诗经》则金属器物的名称数见不鲜，例如《关雎》："窈窕淑女，钟鼓乐之。"《臣工》："痔［庤］乃钱镈，奄观铚艾。"足证周代已有金属制的乐器、农器，已入铜器时代了。

《说文》云，"古者货贝而宝龟"，《礼记》说，"诸侯以龟为宝"，《史记·平准书》说，"人用莫如龟"，《汉书·食货志》亦说，"货谓布、帛……及金、刀、龟、贝"，更以《易经》"益之十朋之龟"来相参证，足见古代中国有以龟为货币的事实。杜氏《通典》说，神农时代已用龟为货币；《汉书·食货志》亦说，"秦并天下，凡龟贝皆不为币"。可知龟贝用作货币，目［自］石器时代已然。直到秦（并）天下早已入了铜器时代的时候，才不用作货币了。

近年以来，出土的龟版日多，此项发掘物皆镌有象形文字，大都出于河南。河南为殷代故墟，故可认为殷代遗物。中外人士藏拓而研究之者，亦日益众。观此则龟版为用，在当时或不仅为币，以之为种种纪录亦未可知。

由渔猎时代到畜牧时代，兽皮亦是一种重要财货。贵族间的馈赠礼聘都用兽皮，婚礼亦用"俪皮"纳征。

由"家"、"牢"二字，可以推断古代中国的家庭农业经济团体的意味很重。盖豕所以产肥料且以供食品，牛则事运转，都是农业上必须的家畜。

牛在原始社会亦为重要的财产。英文称资本为 Capital，Capital 本训为头，故称首都亦云。经济学者有认此为古代用牛为货币——至少为重要的财产——的证据者。《说文》："半，物中分也。从八，从牛，牛为物大可以分也。"又，"物，万物也。牛为大物，天地之数，起于牵牛，故从牛"。依我解释，这二字都可证明牛在中国古代社会为重要财产，因为牛在农业经济社会是主要的家畜，故中分物件为半从牛，物亦从牛。

羊在中国古代社会为最美的食品，故养字从羊。因此一切吉祥美善的名辞，都从羊，如"美"、"善"、"羡"、"祥"等字都是。

汉武帝铸币，镌马形于其上，希腊古币，镌牝牛形，足见于原始社会有以家畜为货币的。地中海沿岸的人民使用的银币，有作鱼形的，印度洋沿岸的人民使用的铜币，有作海藻形的，足证该地古代有用鱼用海藻作货币的遗迹。

入了铜器时代，有用兵器或农器作货币的事，印度洋沿岸的人民所用铜币亦有作刀形者，中国古代称钱为刀，齐铸法货犹作刀形，因在当时社会部落的战争很烈，兵器为人人所必须的物品，故能作交易的媒介。

农业盛行的时代，有以农器为货币者。中国的钱字初见于《诗经·臣工》"痔〔庤〕乃钱镈"，《毛传》云："钱铫也。"铫字，《尔雅》释器作斛，郭注云，古锹字。《方言》云："斛谓今锹也。"足证钱为一种农器，在农业社会，农器为人人必需的物件，故亦能用为货币。

到了纺织技术发达的时代，有以布或帛作货币的。中国古代钱谓之布货，币的"币"字即是帛。

中国古代的文字书于竹帛，竹书在先，帛书稍后。竹书经后人所发掘者，西晋时有《汲冢竹书》，南齐、北宋均曾有掘地得竹简、木简的事实，最近清光绪末年，英、法人在甘肃燉煌附近发见石室藏有古代简牍很多，考罗（振玉）、王（国维）合著的《流沙坠简考》，释帛简都在新莽（纪元二十三年）以前，纸简都在两晋（纪元四百一十九年）以后。又《汉书·艺文志》各书目，以篇计的十有七八，以卷计的十有二三，而以卷计的，又概为汉代中叶以后的著作。又考《史记》、《汉书》，可知那时公私文牍率用竹简或木简，足证纸未发明以前，先用竹木，次用帛。

从文字上考察，"简"、"策"、"篇"皆从竹，系竹书时代所造的字。策与册同，册系象形字，册在丌上为典，亦系象形。"方"、"版"、"牍"

皆系木书，初竹木并用，故曰"载在方策"。后竹帛并用，故曰"垂诸竹帛"。用木时有尺牍一语，用帛时便改称尺素。素即是缣，〈素〉竹木书以"篇"计，帛书始以"卷"计。

史称：后汉蔡伦造纸，"用树肤、麻头及敝布、鱼网以为纸，和帝元兴元年奏上之，自是莫不从用焉，天下咸称'蔡侯纸'"。后汉和帝元兴元年，为西历纪元一百零五年，然《前汉书·外戚传》有所谓"赫蹏书"者，应劭以为薄小纸，或者蔡伦以前已有纸的发明，因蔡伦所发明的更为精良便利，故能通用于社会了。

帛书虽较竹书后起，而帛价贵，不如竹木易得。故必有竹帛并用的一时期。当时写字的人，或系一种专门的职业，在竹木上用刀刻或漆书，在帛上用笔墨书，这种专门业者必刀笔并用，故古有"刀笔吏"。到了纸发明以后，书法才渐渐普及了。

纸是中国人的发明已经成了史学上的铁案了。今且假定纸的发明者为蔡伦，那么自纪元一百零五年中国已有了纸的发明了。但纸是何时输入到欧洲去的？这一段史的事实，却很有关系。我在英人 Cyril Daven-port 著的 *The Book：Its History and Development* 里找出一段纪载，很可以供史学家考证的资料。现在把他的大要，引译于此：

> 在第八世纪的中叶——纪元七百五十一年，在中国与波斯交界的地方起了部族的纷争。这些纷争的部族中有乞援于中国者，然中国的援兵竟败于 Samarkand（土尔其斯坦的首都）。亚拉伯人的首长把中国的俘虏带回到那城中，这些人里有熟于中国人的造纸术的，亚拉伯人和波斯人就从这中国俘虏学得造纸术，后又由亚拉伯人传入了欧洲。

西文 Paper 一语本来并不是纸，此语实源于 Papyrus。Papyrus 是生在尼罗（Nile）河岸的一种很好看的芦苇的内皮，或用护膜或用尼罗河泥粘结起来，用软笔书字于其上，但质很脆弱，很易破碎，把许多 Papyrus 联结起来很长，故须卷成卷轴方易藏置，西书亦以"卷"（Volume）计，即源于此。Volume 是从 Volvere 一语转化而来，即"卷起"（to roll up）之意。又 Bible 一语，本从希腊语 βυβγοι 而来，即芦草的内皮之意。

造纸术由亚拉伯人输入于欧人，大约在十字军兴的时顷。中世末期欧洲得了两种新发明，一是造纸术，一是印刷术，遂以召起文艺复兴的大运动。

古代有一期为母系时代，昔人亦有言及者。《亢仓子》曰："凡蓬氏之有天下也，天下之人，惟知有母，不知有父。"故姓从女生。《舜典》云：别生分，类生姓也。《传》曰：姓者生也。释文女生曰姓。姓谓子也。《说文》："姓，人所生也。"古之神圣，母感天而生子，故称天子。古代的姓多从女，如姬、姜、嬴、姒、妘、妫、姞、妘、姻、始、姪、嫪、姚等字皆是。昔人的解释都说是"居于姚墟者赐姓姚，居于嬴滨者赐姓嬴，居于姜水者赐姓姜，居于妫水者赐姓妫"。这是因为后世有因居赐姓的事而生的推测，绝非当时的事实。我以为地实因人而得名，不是人因地而得姓。倘是人因地而得姓，何以地名水名都从女旁？既是地名水名都从女旁，必系那个地方因居于其地的人的姓而得名无疑。例如姚墟，必系因有姓姚的人居住才名为姚墟，不是那居于姚墟的人因为所居的地方名为姚墟，才姓姚的。嬴滨、姬水、姜水、妫水亦然。由此可以证明那时的社会实为母系制，故生子从母姓，故为姓的字都从女边。种种地名，亦系因有某姓的母系民〔氏〕族居住该地而命名。

中国的姓颇与图腾（totem）近似。J. G. Frazer 氏解释图腾的起原，取感生说（Conceptional Theory），中国的感生传说颇为不少，兹举数例于下：

《帝王世纪》："黄帝时有大星如虹，下流华渚，女节梦感，生少昊，是为玄嚣。"

《竹书纪年》："帝颛顼高阳氏母曰枢，见瑶光之星，贯月如虹，感己于幽房之宫，生颛顼于若水。"

《史记·三皇本纪》："炎帝神农氏姜姓，母曰女登，有峤氏之女，为少典妃，感神龙而生炎帝，人身牛首。"

《帝王世纪》："太皋庖牺氏，风姓，代燧人氏继天，而王母华胥，履大人迹于雷泽，而生庖牺于成纪，蛇身人首。"

《诗经·玄鸟》："天命玄鸟，降而生商，宅殷土芒芒。"

郑玄《〈月令〉注》："高辛氏之世，玄鸟遗卵，娀简吞之而生契。"

《帝王世纪》："秦之先帝颛顼之苗裔孙，曰女脩。女脩织，玄鸟堕卵，女脩吞之，生子大业。"

《史记·殷本纪》："殷契，母曰简狄，有娀氏之女，为帝喾次妃。三人行浴，见玄鸟堕其卵，简狄取吞之，因孕生契。"

《诗经·大雅·生民》："厥初生民，时维姜嫄。生民如何？克禋克祀，以弗无子。履帝武敏歆，攸介攸止，载震载夙，载生载育，时维后稷。"

以上都是感生的传说，远古且无论，即以三代的祖姓而言，相传禹姓姒，祖载夙昌意，以薏苡生；殷姓子，祖以玄鸟子生；周姓姬，祖以履大人迹生。这固然亦是荒渺的传说，但在原人社会对于生育的理实不能了解，而在女子妊娠的时期，精神上尤易发生异状。或偶遇一种事实，或梦见怪异景象而生感动，因疑诞生的事，与此偶遇的事实或梦见的景象有特别关系，这是感生观念的由来。

图腾制，同图腾者不相结婚。中国古时亦有同姓不婚的习惯，亦足以证姓与图腾有相类似。

图腾（totem）一语，原系由美利坚印度人 Ojibway 族的 todem 一语转化而成。或曰 totam，或曰 todain，或曰 adodam，都是此语。其语源为 ote，即家族或部族之义。

女权的衰落，大约起于畜牧时代。而男性的优越，实大成于农业经济时代。因为畜牧时代男子出外游牧，寻得水草丰沃的地方，便携女子以同往，定居于其处，而女子遂以渐次远离于母系团体了。到了农业经济时代，男子便专从事于农作，在经济上占优越的地位，女子遂退处于家庭以内，作些洒扫的琐事，现在从文字上亦可以看出是等痕迹。"男"，《说文》："男，丈夫也。从田力，言男子力于田也。""妇"，《说文》："妇，服也。从女，持帚洒扫也。"男女的分工，并男女地位的优劣，于此均可概见。

乾父坤母、男尊女卑的观念与伦教，均成立于此时。"女"象人跪形，音与如同。"如"，《说文》："如，从随也。"《白虎通》："女者，如也。"又曰："妇者，服也。服于家事也。"《大戴礼·本命篇》："女子者，言如男子之教，而长其义理者也，故谓之妇人。妇人者，伏于人也。"晏从女，从日。段玉裁曰："女系日下阴统于阳也。妇从夫则安"。这都是男子在经济上占了优越地位以后发生的文义与解释。

女权消失以后，便发生了掠夺与买卖两种婚姻。看那奴字从女，便知有女子被掠夺而为奴隶的事。婚字从女，从昏，便知掠夺女子必在昏时。娶字从女，从取；嫁字，从女，从家，便知嫁娶是女子为人所取携离家适人的事，都可以认出掠夺婚姻的痕迹。

古代婚礼有纳采、纳币、纳雁等事，皆含有身价的意味。纳雁的风俗，或云古宾主相见，皆有贽，雁是大夫所执的贽，婚礼有摄盛之例，故士婚礼用雁，实系越一等用大夫所执的贽。或云用雁，系取不再偶之义。以我观之，前说颇近理，是古代买卖婚姻的遗迹。

《孔子家语》曰："霜降而妇功成，嫁娶者行焉。冰泮农业起，婚礼杀于此。"《毛诗正义》曰："东门之杨，传言男女失时，不逮秋冬，则秋冬嫁娶正时矣。"古代交易都在物资丰富的期间行之，买卖婚姻的时期，亦因经济上的理由而有定限。印度、希腊、日耳曼、斯拉夫族的买卖婚姻多由晚秋至冬季间行之。中国古代的婚姻时期，亦似在秋冬之交。《周礼》言仲春，《夏小正》言二月，殆因农业经济社会交易物品，必在秋收冬藏之际，婚姻既含有买卖的性质，故亦在同时举行。且妇女在农家亦有其必要的工作。农忙既毕，女家始肯令之适人，而在农隙举行，可以不至妨及农事。

以上所征，虽零散无纪，要足以证从文字语言上，亦可以考察古代社会生活的遗迹，并可以考察当代社会生活的背景实在当代社会的经济情状了。

按《守常文集》（北新书局，1950 年 10 月再版）校订刊印

自由与秩序
（1921 年 1 月 15 日）

　　社会的学说的用处，就在解决个人与社会间的权限问题。凡不能就此问题为圆满的解决者，不足称为社会的学说。

　　极端主张发展个性权能者，尽量要求自由，减少社会及于个人的限制；极端主张扩张社会权能者，极力重视秩序，限制个人在社会中的自由。"个人主义"（Individualism）可以代表前说；"社会主义"（Socialism）可以代表后说。

　　但是，个人与社会，不是不能相容的二个事实，是同一事实的两方面；不是事实的本身相反，是为人所观察的方面不同。一云社会，即指由个人集成的群合；一云个人，即指在群合中的分子。离于个人，无所谓社会；离于社会，亦无所谓个人。故个人与社会并不冲突，而个人主义与社会主义亦决非矛盾。

　　试想一个人自有生以来，即离开社会的环境，完全自度一种孤立而岑寂的生活，那个人断没有一点的自由可以选择，只有孤立是他唯一的生活途径。这种的个人，还有什么个人的意义！

　　试想一社会若完全抹煞个性的发展，那社会必呈出死气奄奄的气象。他所包蓄的份子，既一一的失其活动之用而日就枯亡与陈腐，更安有所谓秩序者！

　　由此看来，真正合理的个人主义，没有不顾社会秩序的；真正合理的社会主义，没有不顾个人自由的。个人是群合的原素，社会是众异的组织。真实的自由，不是扫除一切的关系，是在种种不同的安排整列中保有宽裕的选择的机会；不是完成的终极境界，是进展的向上行程。真实的秩序，不是压服一切个性的活动，是包蓄种种不同的机会使其中的各个分子可以自由选择的安排；不是死的状态，是活的机体。

我们所要求的自由，是秩序中的自由；我们所顾全的秩序，是自由间的秩序。只有从秩序中得来的是自由，只有在自由上建设的是秩序。个人与社会、自由与秩序，原是不可分的东西。

署名：李大钊

《少年中国》第 2 卷第 7 期

1921 年 1 月 15 日

由平民政治到工人政治
——在北京中国大学的演讲
(1921 年 12 月 15 日—17 日)

　　今天的讲题，是"由 Democracy 到 Ergatocracy"。这 Ergatocracy 一字，出世甚暂，含义甚新，在字典上还没有受相当的待遇，明白一点说，就是在字典里还没有这个字，因为他是新造的字。今于讲解 Ergatocracy 之前，先讲一讲 Democracy。

　　Democracy 这个字最不容易翻译。由政治上解释他，可以说为一种制度。而由社会生活的种种方面去观察，他实在是近世纪的趋势，现世界的潮流，遍社会生活的各方面几无一不是 Democracy 底表现。这名词实足以代表时代精神。若将他译为"平民政治"，则只能表明政治，而不能表明政治以外的生活各方面，似不如译为"平民主义"，较妥帖些。但为免掉弄小他的范围起见，可以直译为"德谟克拉西"。

　　现世界有种最大的潮流，而为各方面所极力要求实现完成者，就是"德谟克拉西"。以前表现于生活各方面的专制主义和大某某主义，到了现在都为德谟克拉西所战败了。这种主义所向无前底趋势，不独在政治上有然，即在产业上、思想上、文艺上，亦莫不有然。从前文学上的古典主义，是不适应于德谟克拉西的，平民文学，乃是带有德谟克拉西底精神的，所以平民文学与古典文学相遇，平民文学就把古典主义的文学战胜了。他如产业自治底运动，亦是德谟克拉西的精神的表现。

　　再看中国近十余年来底政治，愈可证明德谟克拉西有重大的势力。无论什么贵族，什么军阀，凡是附和德谟克拉西的，都一时得了势力，凡是反抗德谟克拉西的，都必终归失败或灭亡。

　　十年前的清室，政尚专制，滥使威权，藉口预备立宪，卒无诚意。民间起而为德谟克拉西底运动，遂使三百年之清廷，失败于德谟克拉西之前。清室既亡，国家大权遂由清室移于北洋系军阀底手里。那时候该系中乘德谟克拉西的潮流而起的，就是袁世凯氏。袁氏顺应德谟克拉西的潮流，而赞成共和，所以能恢复他自身在政治舞台上已失的地位。但他不能尽忠于德谟克拉西，反而背叛之，所以终不免失败于德谟克拉西之前。

继袁氏而起者为段氏，段氏有时得胜利，有时落于失败。表面上似乎是他一人的成败，其实他有时能够顺应德谟克拉西，所以制胜。一转瞬间对于德谟克拉西有一种反抗底表示，马上就归于失败。最近吴佩孚氏所以能战胜段氏，亦因他能顺应德谟克拉西的潮流，首倡国民大会以反抗段氏的武力主义，如今吴氏又有蹈段氏覆辙之嫌，将来的失败恐亦不能避免。

由专制而变成共和，由中央集权而变成联邦自治，都是德谟克拉西的表现。德谟克拉西，原是要给个性以自由发展底机会，从前的君主制度，由一人专制压迫民众，决不能发展民众各自的个性，而给以自由。惟有德谟克拉西的制度，才能使个性自由发展。

地方之对于中央，亦犹民众之对于君主，民众各有其个性，地方亦各有其个性。中央要是屈抑各地方的个性，使无自由发展底机会，那么，各地方必根于德谟克拉西的精神，发起一大运动，从前美之独立，最近爱尔兰的独立运动，都是此种例证。所谓联邦，所谓联治主义，亦是德谟克拉西底组织。此种精神及组织，决非武力主义所能摧残，而武力主义则终不免于失败，因为武力主义断不能抗德谟克拉西底潮流。

Democracy 这个名词，原由 Democ 与 Kratia 联缀而成。Democ 等于 People，即"人民"之意。Kratia 等于 Rule 或 Government，即"统治"之意。联缀而为 Demockratia 演化而为 Democracy，含有"民治"（People's rule）的意思。演进至于今日，德谟克拉西的涵义，已无复最初 Rule 之意了。Rule 云者，是以一人或一部分为治人者，统治其他的人的意思。一主治，一被治；一统制，一服从。这样的关系，不是纯粹德谟克拉西的关系。

现代德谟克拉西的意义，不是对人的统治，乃是对事物的管理或执行。我们若欲实现德谟克拉西，不必研究怎样可以得著权力，应该研究管理事物的技术。

德谟克拉西，无论在政治上、经济上、社会上，都要尊重人的个性。社会主义的精神，亦是如此。从前权势阶级每以他人为手段、为机械而利用之、操纵之，这是人类的大敌，为德谟克拉西及社会主义所不许。社会主义与德谟克拉西有同一的源流，不过社会主义目前系注重经济方面：如男子占势力，而以女子为奴隶；贵族自为一阶级，而以平民为奴隶；资本家自为一阶级，而以劳动者为奴隶。凡此社会上不平等不自由的现象，都为德谟克拉西所反对，亦为社会主义所反对。

后德谟克拉西而起者，为伊尔革图克拉西（Ergatocracy）。Ergates在希腊语为"工人"（Worker）之意，故伊尔革图克拉西可译为"工人政治"，亦可以说是一种新的德谟克拉西。在俄国劳农政府成立以后，制度与理想全为新创，而却无新字以表章之，故政治学者创 Ergatocracy 一语以为表章此新理想、新制度之用。然俄国的政治现状尚在无产阶级专政时期，他们要由这无产阶级统治别的阶级，所以他们去用"伊尔革图克拉西"，似尚带用着统治（Rule）之意。大权皆集中于中央，而由一种阶级（无产阶级）操纵之，现在似还不能说是纯正的 Ergatocracy，不过是无产阶级专政的制度而已。他们为什么须以此种阶级专政为一过渡时期呢？因为俄国许多资本阶级，尚是死灰复燃似的。为保护这新理想、新制度起见，不能不对于反动派加以提防。将来到了基础确立的时候，除去少数幼稚、老休、残疾者外，其余皆是作事的工人，各尽所能以做工，各取所需以营生。阶级全然消灭，真正的伊尔革图克拉西，乃得实现。这种政治完全属之工人，为工人而设，由工人管理一切事务，没有治人的意义。这才是真正的工人政治。

从实质上说，伊尔革图克拉西亦是德谟克拉西的一种。列宁氏于一九一九年四月在莫斯科第三国际大会里曾说过：今之德谟克拉西有两种，一为中产阶级的德谟克拉西，一为无产阶级的德谟克拉西。后来在《国家与革命》的书里，亦屡屡称道无产阶级的德谟克拉西。看来伊尔革图克拉西，亦是由德谟克拉西的精神蜕化而来的。

无产阶级另用伊尔革图克拉西，不乐用德谟克拉西，是鉴于德谟克拉西为资产阶级沿用坏了。博洪氏曾在所著一小册子里，警告无产阶级的同志，劝他们勿再设［说］平民政治，因为德谟克拉西底方法，已被资本阶级用坏了。他劝他的同志要用这伊尔革图克拉西的新语，表明工人政治。其后政治学者遂用伊尔革图克拉西，以别于德谟克拉西。

现在再讲一讲社会主义与共产主义的区别。

照现在的情形讲来，社会主义与共产主义很有分别。当一八四八年一月时候，昂格思（Engels）与马克思同作的《共产党宣言》发布了。

其后一八八八年用英文发刊，昂格思作了一篇序文，郑重声明这是共产党宣言，不是社会党宣言。昂格思说，在一八四七年顷，所谓社会党人乃是那些在劳工阶级运动以外求援于智识阶级的人们。不论多少，只要有一部分自觉的工人，渐知只是政治的改革还是不够，从而主张有全社会改革的必要，这一部分工人可自称为共产党人。社会党人的运动，是中流阶级的运动；共产党人的运动，是劳工阶级的运动。

由《共产党宣言》发表，到昂格思序文刊布时候，其间德谟克拉西和伊尔革图克拉西，两种名词用的非常混淆。到了一九一七年十一月，俄国起了经济革命，这种革命家是无产阶级，他们自称为共产党人；迨一九一八年十一月，又有半有产阶级在德国，起了政治革命，他们却自称为社会党人。其区别愈益明了。一九一九年共产党在莫斯科开第三国际大会，代表共产党，以示别于代表中产阶级的第二国际大会——社会党。旗帜更见鲜明了。

我们用颜色表共产主义者与社会主义者的不同，则社会主义者应为浅红色，而共产主义者为纯赤色，可是共产主义者却称社会主义者为黄色的社会党，黄色的国际，而不以浅红色称之。

简明的说，社会党人的运动，是半有产阶级的运动；共产党人的运动，是无产阶级的运动。社会主义的运动，是创造的进化；共产主义的运动，是创造的革命。社会党人是中央派与右派，共产党人是极左派。社会党人的国际的结合，是第二国际，是黄色的国际；共产党人的国际的结合，是第三国际，是赤色的国际。这是现代社会革命运动的两大潮流。

社会主义与共产主义，都尚在孕育时期，故在今日尚不能明了的指出他是一种什么制度。但在吾人心理的三方面，可以觅出他的根蒂：（一）知的方面，社会主义是对于现存秩序的批评主义。（二）情的方面，社会主义是一种我们能以较良的新秩序代替现存的秩序的情感。这新秩序，便是以对于资本制度的知的批评主义的结果自显于意象中者。（三）意的方面，社会主义是在客观的事实界创造吾人在知的和情的意象中所已经认识的东西的努力。就是以工人的行政代替所有权统治的最后形体的资本主义的秩序的努力。社会主义与共产主义，在学说的内容上没有区别，不过在范围与方法上有些区别罢了。德谟克拉西与社会主义，在精神上亦复相同。真正的德谟克拉西，其目的在废除统治与屈服的关系，在打破擅用他人一如器物的制度，而社会主义的目的，亦是这样。无论富者统治贫者，贫者统治富者；男子统治女子，女子统治男子；强者统治弱者，弱者统治强者；老者统治幼者，幼者统治老者，凡此种种擅用与治服的体制，均为社会主义的精神所不许。不过德谟克拉西演进的程级甚多，而社会主义在目前，则特别置重于反抗经济上的擅用罢了。

这样看来，德谟克拉西，伊尔革图克拉西，社会主义，共产主义，在精神上有同一的渊源，在应用上有分析的必要，所以今天特别提出他们和诸君谈谈。很感谢诸君出席静听的盛意！

署名：李守常讲演

甘蛰仙记

《晨报副刊》

1921 年 12 月 15 日—17 日

今与古
——在北京孔德学校的演讲
（1922 年 1 月 8 日）

我今天所讲的题目，是《今与古》。今是现在，古是过去的时代。我们现在把今与古来对讲，是要考查现在的人与古来的人有什么不同之点？现在的人与古来的人有什么关系？这些问题，对于我们生活很是重要，所以来大略说一说。有人在文章上发表他的意思，常说："世道人心，今不如昔"；"人心不古"；"现在的风俗、道德、人心，不如古来的风俗、道德、人心"。讲这些话（的）人，大半都是"前辈"、"长者"。他不满意于青年，也不满意现在的一般人，于是发为感叹，而动其怀古的思想。但是我们想想，是不是今人真不如古人？是不是发这样感想的人错误？这是个很有趣味的问题。我们先考究他们所以怀古的原因：

（1）发此种感想的人，对于现在的人心、风俗、政治、道德，都不满意，感觉苦痛，因而厌倦现在，认为现在都是黑暗的，没有光明的。这种厌倦现在的感想，并不是坏的感想，因为有了这种感想，对于各种事务，才都希望改进。有了希望改进的思想，才能向前进步，才能创造将来。若是不满意现在，而欲退回，把现在的世界回到百年千年以至万年前的世界，这不光是观念错误，并且是绝对不可能的事。这是伤时之人厌恶现在，而触动他怀旧之心的一个原因。

（2）人大半是羡慕古人之心太盛，如古人在当时不过是一斤八两的分量，到现在人看来就有了千斤万斤的分量，这是受时间距离太远的影响，因而在心理上发生一种暗示，这种暗示可以把古人变成过于实在的伟大，如同拿显微镜看物一样。例如火在人类史上有极大的关系，因自有火的发明，而人类生活遂发生很大的变动；又如农业，也是人类史上一个很大的发明。不过火同农业的发明，是社会的进化，并不是所谓神农、燧人一二人的功德。而旧史却不认为是社会的进步，而认为是少数神圣的发明，这是年代距离太远，传闻失实所致。又如黄帝，古代有无其人，尚不敢必，但是世人尊敬他的心，比他本人值得我们尊敬他的分量，高的多多。又如某校请一位本国教员，并不见得学生怎样信仰，怎样欢迎，要请一位有与本国教员同等学问的外国教员，就非常的尊敬欢迎，就是出洋留学的，也觉得比不出洋留学的好些。谚云"远来的和尚会念经"，这是普通的心理。推想起来，这又是因为受了空间距离太远的影响。过分的崇敬古人，其理亦与此同。我们的子孙对于我们，或现在一般的人，所发生的尊崇心，是我们想不到的高厚，也未可知。

（3）社会进化，是循环的，历史的演进，常是一盛一衰，一治一乱，一起一落。人若生当衰落时代，每易回思过去的昌明。其实人类历史演进，一盛之后，有一衰，一衰之后，尚可复盛，一起之后，有一落，一落之后，尚可复起，而且一盛一衰、一起一落之中，已经含着进步，如螺旋式的循环。世运每由昌明时代，转为衰落时代，甚而至于渐灭。因而许多人以为今不如昔，就发生怀古的思想，那里知道衰落之后，还有将来的昌明哩！

（4）随着家族制度，发生崇祀祖先之思想，也可以引起崇拜古人的观念。故崇拜祖先的礼俗，亦是使人发生怀古思想的一个原因。

（5）现在也有不如古来的，如艺术。艺术乃是有创造天才的人所造成的。艺术不分新旧，反有历时愈久，而愈见其好者，因此也可以使人发生怀古的观念。

怀古的思想，多发生于老年人之脑际，青年人正与相反。一派以为今不如古，总打算恢复三代以上的文物制度，一派以为古不如今，因此在学术史上就发生了争论。在十七世纪初期文艺复兴后，法兰西、意大利就有今古之争，于文艺（诗歌文学）上，此争尤烈。崇古派则崇拜荷马，崇今派则攻击荷马。这种争论，大众以为不过是文学上的枝叶问题。自孔德出，才以为这种争论，不光是在文学上如此，各种知识，都不能免，才把这种争论的关系，看得很大。这种争论，起于意大利，传至法兰西、英吉利，前后凡百余年。

在历史学上进化、退化的问题亦成争论。崇古派主张黄金时代说，以为人类初有历史的时期，叫做黄金时代，以后逐渐退落，而为银时代，铜时代，铁时代，世道人心，如江河之日下云云者以此。崇今派以为古代没有黄金时代，古时的人，几同禽兽，没有什么好的可说。现在是由那种状态慢慢的进化而来的，如有黄金时代，亦必在将来，现在或是银的时代，过去的时代，不过是铁时代、铜时代罢了。其说正与崇古派相反。布丹说："崇古派说古来是黄金时代，全然错误。他们所说的黄金时代，还不如他们所说的铁时代的现在；假使他们所说的黄金时代，可以召唤回来，和现在比一比，那个时代，反倒是铁，现在反倒是金亦未可知"。中国唐虞时代，今人犹称羡不置，一般崇古的人，总是怀想黄、农、虞、夏、文、武、周、孔之盛世，但此是伪造，亦与西洋所谓黄金时代相同。他们已经打破黄金时代之说，我们也须把中国伪造的黄金时代说打破，才能创造将来，力图进步。这全靠我们的努力。这个责任我们都要负着。在中国古书里面，亦可以寻出许多今古的比论，如"后生可畏，焉知来者之不如今也"。其语气在古代，似有新的意味，且近似进化说。《书经》上说："人惟求旧，器匪求旧，惟新"。这又是人是旧的好，器是新的好的意思。

中国人怀古的思想，比西洋人怀古的思想还要盛。因为西洋科学早已发明。科学是在自然界中找出一定的法则，有如何的因，便有如何的果。他们能用科学方法证其因果，又能就古来的，而发明古来所未有的。这样，古人的发明，都有明了的法则，都遗留给后人，而今人却能于古人的发明以外，用科学方法有所新发明。中国科学不发达，古人遗留下的多是艺术的，创造全靠个人特有的天才，非他人所能及。故中国人崇古的思想，格外的发达，中国人对于古人格外仰慕，对于古人的艺术格外爱恋。

怀古思想发生之原因，及中外怀古思想不同之点，既如上述。现在我发表我对于这种思想的批评。

古代自有古代相当之价值，但古虽好，也包含于今之内。人的生活，是不断的生命（连续的生活）。由古而今，是一线串联的一个大生命。我们看古是旧，将来看今也是古。刚才说的话，移时便成过去；便是现在，也是一个假定的名词。古人所创造的东西，都在今人生活之中包藏着，我们不要想他。例如现在的衣服，其形式材料及制造的方法，极其精致，古来次第发明的痕迹，都已包藏在内。像古人所取以蔽体御寒的树叶、兽皮，我们又何必去怀想他！

黄金时代说是错误的，因为人与自然有关系，如太阳光、空气等等。人离开自然，就不能生活。古时的自然产生孔子那样的伟人，现在的自然亦可以产生孔子那样的伟人。同一的太阳光，同一的空气，在古能生的人，在今又何尝不能生？古代生的人，如何能说是万世师表！崇古派所认为黄金时代产生之人，现在也可以产生出来，我们不必去怀古。怀古的思想，固可打破，但我们不能不以现在为阶梯，而向前追求，决不能认现在为天国。当时时有不满意现在的思想，厌倦现在的思想，有了这种思想，再求所以改进之方。如现在中国国势糟到此等地步，我们须要改造，不要学张勋因怀古而复辟，要拿新的来改造。他们是想过去的，我们只是想将来的。历史是人创造的，古时是古人创造的，今世是今人创造的。古时的艺术，固不为坏，但是我们也可以创造我们的艺术。古人的艺术，是以古人特有的天才创造的，固有我们不能及的地方，但我们凭我们的天才创造的艺术，古人也不见得能赶上。古人有古人的艺术，我们有我们的艺术。要知道历史是循环不断的，我们承古人的生活，而我们的子孙，再接续我们的生活。我们要利用现在的生活，而加创造，使后世子孙得有黄金时代，这是我们的责任。

署名：李守常讲演

吴前模、王淑周笔记

《晨报副刊》

1922 年 1 月 8 日

马克思的经济学说
——在北京大学马克思学说研究会上的演讲
（1922 年 2 月 19 日）

今天是马克思学说研究会的第一次公开讲演。兄弟得乘这个机会来把马克思的经济学说大概讲讲，实在非常荣幸。

马克思的学说很深奥，我固然不能说了解他，我并且不敢说对于他有什么研究，不过乘这机会，同各位谈谈。

大家现在对于马克思的经济学说都很想研究，但是真正能够研究他的很少。不但真正能够研究他的很少，甚至于关于他的著述，仅仅只看过一遍的，这样的人也不能找出。现在已经有个北大马克思学说研究会，有了这会，想必可以引起大家研究马克思学说的兴味。倘若各位能于读书之余去研究马克思的学说，使中国将来能够产出几位真正能够了解马克思学说的，真正能够在中国放点光彩的，这实在是我最大的希望。

马克思的经济学说很深奥。根据我所知的，提出他学说中的两大原理：

第一，在现代资本主义的经济组织之下，资本家把劳动的结果怎么劫去；

第二，现代经济组织之趋势。

在从前，大多数的人根据统计学立论，提出生产的三要素：资本、土地、劳动。既然如此，那么，说到分配，一定也是三方面。于是资本家利用这样好听的理论，实质上从劳动者的手中劫去所得。我们且看，地主得着（"地租"，资本家得着）"利润"，劳工得着"工银"，外面看起来，好像很公平似的。其实，"资本家得了劳动结果，劳动者仅仅得了他们劳动结果的一部分！"好，从马克思起，揭破了"此中秘密"，他详详细细地讲这"剩余劳动——剩余价值"。

价值是什么？"价值就是劳动的分量"。譬如两件东西，说他们俩的原素相等，意思就是说他们俩的劳动分量相等。例如八时间的工作，便等于八时间的劳动分量。"劳动量与劳动力不同"。例如多少煤的生产等于多少劳动量，而在生产此煤时所需之力，则为劳动力。又如工作十点，须有能够工作十点之力，而此十点工作则为劳动分量。

物品的价值是什么？物品的价值就是劳动分量，被资本家劫去的便是这个。例在［如］工人工作，一天十点钟，十点钟的工作等于十点钟的劳动分量，资本家仅仅从这劳动分量中拿出一部分给工人，维持他们的劳动力，其余都归自己所得。我且再拿机器作个比方，可以使我们更明白一点。比方，我们去问一个工程师，一副机器得多少钱维持他的生命，倘若说，要十吨煤维持他的生命，这个意思就是要拿十吨煤去维持他的劳力；除掉拿这十吨煤（煤之价值由于劳动分量）去维持他的劳力外，他所生产的都被资本家得着。这正如劳动者作十点钟的工，除拿五点的工作维持他们的生命外，其余五点的工作，都被资本家劫去一样。这被劫去的五点工作，便是剩余劳动，便是剩余价值，便是资本家要想劫夺的东西！——以上所讲，即为"马克思剩余价值说"。

在这资本家靠着资本主义的组织情形之下，劳动者仅仅得着一部分，而资本家则劫去剩余价值，这层已经说过。现在且讲剩余价值之来源。

马克思把资本分成两种：可变资本，不变资本。不变资本，只能保存其原价，可变资本，除此之外，还可另生价值。Adam Smith 称不变资本为固定资本，可变资本为流动资本。马克思同 Adam Smith 的分类差不多完全相同。其不同者，马克思所说的不变，不是资本的形状不变，乃是他的价值不变，Adam Smith 所说的不变，乃是形状不变，如机器。至其所谓流动资本者，包含着两部分。他把他包含进去的这一部分，就是形体虽变，而仅能保持其原有价值者。马克思把这部分归并在不变资本内，此为马克思与 Adam Smith 分类不同之点。据马克思的意见，这不变资本，在生产程序中，或者不如可变资本之重要。可变资本，除维持劳力外，更能发生新的价值。新的价值之发生，完全靠着可变资本。拿什么去维持劳力？资本家这样：从劳动分量内拿出一部分给工人，去维持他们的劳力。于是劳动的结果，全被资本家劫夺。资本家又利用这生产须靠资本的理论，可变不变的混状，拿他们的障眼法，暗中把劳动所得的结果完全掠夺。我们知道，资本家总是说，生产须靠他们的资本。但是资本又是什么？资本，他是劳动的结果！因为社会上有了私产制度，于是他们也永［拥］有资本。他们有了资本，于是也有机会去劫夺劳动的结果。资本这个东西，在马克思看来，并不如何重要，最可靠的只是劳动者的劳力，因为他能产生新的价值。

有许多人讲，劳工既然是神圣，资本也是神圣的。不错，可以这样说。但是要晓得，资本是劳动的结果，资本神圣是因劳动神圣而来。所以这神圣应该属于劳动者，而不应该属于资本家。——说到这里，资本家的秘密，我们又可从马克思的学说中把他揭破。

我们不妨再说一说资本家取利的方法。资本家取利的方法有两种：一是增加劳动的时间，一是减少劳动的工银。增加劳动的时间，便是增加剩余劳动、剩余价值。例如劳动者一天作八点钟的工，只要三点的工作即足维持他的生命，则剩余劳动、剩余价值为五点。倘若要作十二点，则剩余劳动、剩余价值为九点。剩余劳动、剩余价值越多，资本家的利润就越大。所以资本家极力的增加劳动时间。一方面，资本家想极力的增加时间，可是一方面，劳动者想极力的减少时间。在英国，劳动者有九时运动；在世界，劳动者有八时运动。八时运动，现在多已成功，近来又有六时的运动。六时运动，为资本家产业家所倡出，因为他们觉得六时工作于他们更有利。在现在机器时代，机器工作可以日夜不息，人去工作总有疲倦的时候；拿精神疲倦的人去作工，结果生产减少，生产减少，这是于资本家大不利的。所以资本家把昼夜分为四段，教劳动者换班工作。每人只作六点钟的工，自然精神很好，精神好，自然生产多，生产多，自然于资本家有利，于资本家有利的事，他们自然愿意作了。

资本家利在增加劳动时间，劳动者利在减少劳动时间，这层已经说过。但是资本家还有一个法子，是于他们有利的。什么法子？减少工银，减少劳动者生活费。他们利用妇女儿童，雇他们来作工，给他们很低廉的工银。有许多国家为保护妇女儿童的健康，定了一种工厂法，限制工作。但是资本家依然雇用妇女儿童，骗取他们的剩余劳动。从此，更可证明马克思的剩余价值说，揭破了资本主义下之秘密。

根据马克思的学说，一方面资本家骗取剩余劳动，一方面却又有一种新趋势。什么新趋势？"资本集中"。资本集中于少数人的手中，于是资本家获利更厚，而小产业因此凋敝倒闭者亦复不少。从前在小产业中可以作事的人，既然受了大资本家的压迫，渐渐不能自存，于是小资本家亦不得不去劳动，而变为"无产阶级者"。大都市发生的大产业一天多一天，失业的"无产阶级者"也一天多一天，于是千千万万的"无产阶级者"齐集资本家之下，而形成社会上的两大阶级：

有产阶级，

无产阶级。

我们知道，从前的劳动者很少集合的机会。自经资本集中，大产业发生之后，于是劳动者得着集合的机会。他们集合的地点，便是资本家的大工厂，他们有了"阶级自觉"，大家联络起来和资本家作战，和资本家竞争。——这样，发达的资本家他们自己却产生了可以致其死命的敌人——无产阶级。这也是出乎他们的意料之外了。

马克思唯物史观讲，在资本主义发达中，产生了一种新势力。这种新势力，就是"社会主义"。"社会主义"之发生，恰如鸡子在卵壳里发生一样。"社会主义"之想打破资本主义的制度，亦恰如鸡子之想打破卵壳一样。卵壳打破，才能产生一个新生命；卵壳打破，才能产生一个新局面。在这卵壳尚未打破的时期，是一种进化现状。到鸡子已经发生成熟的时期，便非打破这壳不可。"社会主义"也是如此。到了已经发生成熟的时期，便非打破这资本主义的制度不可。打破卵壳，是革命的现象；打破这资本主义的制度，也是革命的现象。有些人，愿意进化而不愿意革命，"但是我们也要知道，革命乃是我们更大的途程"。鸡子在卵壳里，长了眼睛，长了头，长了毛，既然非打破这壳不可，那么，"社会主义"到了他羽毛丰满的时候，自然也非打破资本主义不可。鸡子打破他的卵壳，"社会主义"去打破资本主义，这都是"革命"。——"革命是不可避免的"。

从马克思学说理论方面讲，虽然有人说，资本、土地、劳力为生产的三要素，但马克思则以为一切生产都从劳力，都是劳动结果。资本、土地都是从劳力生的，都是劳动结果。如水，如煤，他们都没有什么价值。水一定要从海里搬到这地，才有价值；煤一定要从矿里搬到这地，才有价值。怎么去搬？靠劳力。所以一切价值都靠劳力，变地变形而生产之。在从前，虽然一切生产都靠劳力，但分配起来，纯由资本家作主——我们简直可以说，"从前没有分配"。

再从事实方面讲，在资本主义下，才发生"社会主义"，"社会主义"发生，便要去推翻资本主义。这可以说，"资本家自己，产生了致其死命的东西"。

与资本家相对的便是劳动阶级。劳动阶级，当然是处于不平的地位。到现在他们有了觉悟，有了"阶级自觉"，去集合全世界（的）劳动阶级〈的〉，成一"全世界劳动阶级的经济组织"。

有人说，中国劳动阶级没有经济的组织，不能同世界的劳动阶级联合，但我想，这不尽然。因为中国现在，已经受了外国资本家的影响，华工又散在全世界，不能说中国的劳动阶级不重要。——不过有一点可惜，就是我们东方劳动者，没有"阶级自觉"，常常拿很低廉的工银替人做工。因为这个原故，各国劳动者很不高兴，美国已经排斥黄色人种，法国也把华工渐渐底送回。在俄国的华工，现在倒还没有遣送回国。我们想想，世界各国，劳动者与资本家都有一种对垒了的趋势。一些小产业受资本家压迫而变成无产的，他们却有集合的地点，他们却找得着资本家的门同他们对抗。但是中国的劳动者，情形就不相同，他们既没有集合的地点，更找不着资本家（的）门同他们对抗！国内的小工业，因受外国资本家经济势力的压迫，渐就凋敝，无以为生。他们这种受他国资本家间接压迫的影响，比各国无产阶级者受他们资本家直接压迫的影响还要厉害。以至于流离失所，散而之四方，不晓得什么地方可去工作，可去集合。国内是这种情形，有这么多的无产阶级，我们再从全世界着想，还能说中国劳动者与社会无关吗？倘若还说与社会无关，恐怕不甚合理吧！

"全世界的无产阶级呵！你们联合起来吧！"在《共产党宣言》中，马克思已经说过。现在世界各国的无产阶级，他们都有了觉悟，有了"国际组织"。他们为什么要有国际的组织？因为资本家想压制劳工，极力的增加时间、减少工银，劳工反对这种办法，遂以"同盟罢工"为武器起而与之抗，倘若他们没有"国际组织"，资本家便可利用这点去雇用别国的工人，这样，"同盟罢工"就会失败。譬如日本工人罢工，华工就可过去破坏，这便是因为无产阶级没有"国际组织"。

"无产阶级的国际组织"，不是没有。有"第一国际大会"、"第二国际大会"、"第三国际大会"。"第一国际大会"，到普、法战后消灭了。"第二国际大会"，很有马克思的精神，但是欧战一起，里头的会员大多数弃其主义而从事于战事，名虽存而实亡。"第三国际大会"，曾在莫斯科开会，很能承继"第一国际大会"，而有世界革命（World Revolution）的精神，比较的还算进步一点。

近几年来，劳动界的势力渐渐地大起来。英国共产党已经受了"第三国际大会"的命令，而加入国内的劳动党。世界的劳动者，现在差不多渐渐地都联合起来。他们的势力一天巩固一天，革命的时期也一天逼近一天。这完全是受马克思经济学说的影响。在中国，有现在的这种情形，也不能不说这是受马克思的影响。

马克思的大著作是《资本论》。第一集在他生时刊行，二、三两集是恩格斯替他刊行。我们要去研究马克思的经济学说，只仅仅地读过一遍就不容易。有一个德国人讲，"一个人，倘若他不到五十岁，要说他能研究马克思的学说，这一定是骗子"。而以我要说我对于马克思学说有了什么研究，当然不能。不过稍微知道一点，乘这第一次讲演的机会，来与诸君谈谈。希望诸君听过这次讲演马克思学说大体之后，能够引起点兴趣，去研究他的学说，将来把研究的结果发表出来，指导社会，这是我最盼望的。

署名：李大钊讲
黄绍谷记
《晨报》
1922 年 2 月 21 日—23 日

宗教与自由平等博爱
（1922 年 6 月）

常听人说，某派宗教，颇含有自由、平等、博爱的精神，这等观察，适与我的观察相反。

先说宗教与自由。

宗教是以信仰的形式示命人类行为的社会运动，宗教的信仰就是神的绝对的体认，故宗教必信仰神。既信仰神，那么心灵上必受神定的天经地义的束缚，断无思想自由存在的余地。盖人类不容异己的意念，实从根性而发生，至于所重视的事物，其不容异己的意念更甚。所以笃信的教士，无论他属何宗派，恶异喜同的感情，几乎都是一样。欧洲宗教改革的发端，实因反抗罗马公教的压制而起，但其党同伐异的情形，新宗与旧宗相差无几。后来门户纷争的结果，只有分立，没有全胜，于是弱小宗派，乃揭崇信自由的旗帜以求自存。这样看来，真正的思想自由，在宗教影响之下，断乎不能存在。必到人人都从真实的知识，揭破宗教的迷蔽，看宗教为无足轻重的时候，才有思想自由之可言。我们的非宗教运动，就是要申明这个道理，使人们知道宗教实足为思想自由的障蔽。要想依自己心灵的活动，求得真知而确信，非先从脱离宗教的范围作起不可。那么我们非宗教者，实在是为拥护人人的思想自由，不是为干涉他人的思想自由。

次说宗教与平等。

宗教的本质就是不平等关系的表现。原来宗教的成立，多是由于消极的条件：（一）强力的缺陷。原人的生活，处处受自然力的支配，而不能支配自然，故常感自然力的伟大，而觉自己的力量缺乏。起先看见雷霆、地震、火山、洪水、暴风、天变、地异、日蚀、月蚀、猛兽、毒蛇等自然界的变象而发生恐怖，后来对于自然界的常态，亦生敬畏。这时有能对于这些变象有几分先知预见者，或自称能有几分先知预见者，或能对于这些变象有几分抵抗力者，又或在这变异时境中能泰然自若而有几分应付变异的成功者，便对于一般人民成为有不平等关系的优者强者，而得一般劣者弱者的敬仰。这是原始宗教起源之一。（二）身体的缺陷。人体的健康，常生变动，有时忽罹疾病，原人不知罹病的原由，辄归于神的降灾。这时有能对于病苦之将至为豫告者，或于救济病苦有几分的成功者，便对于一般人民成为不平等关系的优者强者，而得一般劣者弱者的敬畏。古者巫医并称，如今宗教与医尚有密切的关系，便是明证。这是原始宗教起源之二。（三）生命的缺陷。人生的修短无常，病痛之极，乃至于死。原人对死，亦生恐怖，而常忧惧。故有能预告其死者，或对于死与一种慰安者——如死后生活的保障亦是一种对于死的慰安——便对于一般人民成为不平等关系的优者强者，而得一般劣者弱者所敬畏。故宗教必谈死后，必说来者。这是原始宗教起源之三。（四）品性的缺陷。罪恶的自觉，自原人时代亦既存在，惟关于简单明了的事为然，特别是关于性的关系，尤为原人所重视。此时有能功之为罪恶的改悛者，有称为有能赦免罪恶的全权者，便对于一般人民成为优者强者，而为一般劣者弱者所敬畏。宗教家至今尤重独身生活，即源于此，而忏悔一端，犹为今之宗教所注重，亦以此故。这是原始宗教起源之四。（五）运命的缺陷。人之处世，祸福无端，原人于此，往往疑有主宰，操人运命而能与祸福者。此时有能豫告祸至者，或能为祷告以免祸祈福者，均成为优者，而为一般人所敬畏。故宗教不能离于祸福观，而祈祷至今犹为宗教上的一种仪式，亦以此故。这是原始宗教起源之五。就是祖先崇拜的起源，虽由于"与自由有密切关系"的积极的条件，但其生前，实为家庭的长上，而于教养及其他生活上为优者。由此类推，伟人崇拜，英雄崇拜，国君崇拜，都现出优劣不平等的关系，这样看来，宗教本质全系不平等关系的表现，而欲依此以实现平等的理想，恐怕很难了。

再次说宗教与博爱。

宗教的教义，多有以神为介而阐导博爱的精神的。但我很怀疑，没有自由，平等作基础的博爱，而能达到博爱的目的么？即如基督教义中所含的无抵抗主义，如"人批我左颊，我更以右颊承之"，"人夺我外衣，我更以内衣与之"，"贫贱的人有福了"，"富者之入天国，难于骆驼之度针孔"等语，其结果是不是容许资产阶级在现世享尽他们僭越的掠夺的幸福，而以空幻其妙的天国慰安无产阶级在现世所受的剥削与苦痛？是不是暗示无产阶级以安分守己的命示，使之不必与资产阶级争抗？是不是以此欺骗无产阶级而正足为资产阶级所利用？资产阶级是不是听到这等福音便抛弃他们现世的幸福而预备入天国？这是大大的疑问。

署名：李守常
《非宗教论文集》
1922 年 6 月

平民政治与工人政治
（Democracy and Ergatocracy）
（1922 年 7 月 1 日）

现代有一最伟大、最普遍的潮流，普被人类生活的各方面，自政治、社会、产业、教育、文学、美术，乃至风俗、服饰等等，没有不著他的颜色的，这就是今日风靡全世界的"平民主义"。

"平民主义"是一种气质，是一种精神的风习，是一种生活的大观；不仅是一个具体的政治制度，实在是一个抽象的人生哲学；不仅是一个纯粹的理解的产物，实在是濡染了很深的感情、冲动、欲求的光泽。若把他的光芒万丈飞翔上腾的羽翮，拘限于狭隘的唯知论者的公式的樊笼中，决不能得到他那真正的概念。那有诗的趣味的平民主义者，直想向着太阳飞，直想与谢勒（Shelley）、惠特曼（Whitmen）辈拚扶摇而上九霄。

我们怕把他的精神的广大弄狭小了，怕把他的精神的生机弄死僵了，姑称他为平民主义，称这种精神表观［现］于政治上的为平民政治。

平民主义原语为 Democracy，在古希腊雅典政治家波里克鲁（Pericles）（纪元前四百九十五年生，四百二十九年死）时代，亦是一个新造语，当时亦曾遭嫌新者的反对，后来有些人觉得为表示一种新理想有立这个新名词的必要，故终能行用。至亚里士多德时代，学者使用此语，取义还各不同，例如亚氏用之，则当其民主政治（Polity）的变体，含有暴民政治的意味；而鲍莱标士（Polybios）用之，则当亚氏的民主政治（Polity）。

平民主义（Democracy）的语源，系由 Democ 与 Kratia 二语联缀而成。音转而为 Democracy。Democ 意为"人民"（People），Gracy 意为

"统治"（Rule），故 Democracy 一语，可直译为"民治"（People's rule
or popular Government），但演进至于今日，此语的意义已经有了很大
的变动，最初"统治"的意义久已不复存了。

马萨莱客（J. G. Masaryk）有几句话诠释现代的平民主义，可谓精
当之至。他说："平民主义的政治的和社会的目的，乃在废除属隶与统
治的关系。平民主义本来的意义是'人民的统治'。但现代平民主义的
目的已全不在统治，而在属于人民，为人民，由于人民的执行。这国家
组织的新概念，新计划，怎样能被致之实行，这不仅是权力的问题，乃
是一个执行的技术的难问题。"含有统治意味的平民主义，仍有治者与
被治者的关系；现代的平民主义全无对人的统治，只有对于事物的执行
与管理。故欲实现现代的平民主义，不须研究怎样可以得到权力，但须
研究怎样可以得到管理事物的技术。

普通诠释平民政治的人，都是说"平民政治是为人民，属于人民，
由于人民的政治"（Democracy is the Government of the People，for the
people，by the people）。但是看破此语是虚伪的，不止马洛克
（Mallock）一人。马洛克在他的 The Limits of Pure Democracy 里开宗明
义即揭破此言的虚伪。

因为他们所用的"人民"这一语，很是暧昧，很是含混。他们正利
用这暧昧与含混，把半数的妇女排出于人民以外，并把大多数的无产阶
级的男子排出于人民以外，而却僭用"人民"的名义以欺人。普通所说
的平民政治，不是真正的平民政治，乃是中产阶级的平民政治。所以列
宁（Lenin）氏于一九一九年四月在莫斯苦瓦第三国际大会里演说，曾
竭力为中产阶级的平民政治与无产阶级的平民政治的区分。后来在他所
著的《国家与革命》里，并别的著作里，亦尝屡屡赞扬这无产阶级的平
民政治。但列宁氏虽称道平民政治，却极反对议会政治。他以为议会制
度纯是欺人的方法。此方法的妙处，在以人民代表美名之下，使此机关
仅为饶舌的机关，为中产阶级装璜门面，而特权政治则在内幕中施行。
列宁氏以为欲救此弊，要在使代表机关不但为言论机关，并须为实行机
关。无代表制度固无平民政治，而无议会制度则依然可行平民政治，而
且真实的平民政治非打破这虚伪的议会制度必不能实现。这样看来，现
在的平民政治，正在由中产阶级的平民政治向无产阶级的平民政治发展
的途中。在无产阶级的平民政治下，自然亦没有两性的差别了。有人
说，只有无产阶级的平民政治才是纯化的平民政治，真实的平民政治，

纯正的平民政治，就是根据这个道理。

从实质上说，这无产阶级的平民政治，虽亦是平民政治的一种，但共产主义者的政治学者，因为此语在资本主义时代已为中产阶级用烂了，乃别立一新名词以代平民政治而开一新纪元。这新名词就是"工人政治"（Ergatocracy）。此语出世不久，在字典上还没有他的位置。此语的创立，亦和"Democracy"是一样，借重于希腊语丰富的语源。希腊语"Ergates"是"工人"（Workers）的意思，故"Ergatocracy"意为"工人的统治"（Worker's rule），故可译为"工人政治"。在革命的时期，为镇压反动者的死灰复燃，为使新制度新理想的基础巩固，不能不经过一个无产者专政（Dictatorship of the Proletariat）的时期。在此时期，以无产阶级的权力代替中产阶级的权力，以劳工阶级的统治代替中产阶级的少数政治（Bourgeois Oligarchy）。这一（时）期的工人政治，实有"统治"（rule）的意味，并且很严，大权全集于中央政府，以严重的态度实行统治别的阶级。在社会主义制度之下，实行社会主义的精神，使之普及于一般，直到中产阶级的平民政治的特色私有制完全废止，失了复活的可能的时候，随着无产者专政状态的经过，随着阶级制度的消灭，Ergatocracy 的内容将发生一大变化。他的统治的意义，将渐就消泯，以事物的管理代替了人身的统治。此时的工人政治就是为工人，属于工人，由于工人的事务管理（Ergatoracy is the administration of the workers，for the workers，by the workers）。因为那时除去老幼废疾者，都是作事的工人，没有阶级的统治了。这才是真正的工人政治。

鲍洪（Bohun）氏劝告他的同志们说："不要再设［说］平民政治了。你们想你们是平民政治者么？但是你们不是。你们想你们要平民政治么？但是你们不要。你们是工人政治者，你们要工人政治。平民政治是资本主义破烂时期的方法，是一个被卑鄙的使用玷污了的名词。留下平民政治一语给那自由的中产阶级和那社会主义者中的无信仰者用罢。你们的目的是工人政治。"这一段话，可以表示他们弃平民政治而用工人政治的理由。

现在再讲一讲社会主义（Socialism）与共产主义（Communism）的区别。照现在的情形讲来，社会主义与共产主义很有分别。当一八四八年一月时候，昂格思（Engels）与马克思同作的《共产党宣言》发布了。其后一八八八年用英文发刊，昂格思作了一篇序文，郑重声明这是共产党宣言，不是社会党宣言。昂格思说，在一八四七年顷，所谓社会党人乃是那些在劳工阶级运动以外求援于智识阶级的人们。不论多少，只要有一部分自觉的工人，渐知只是政治的改革还是不够，从而主张有全社会改革的必要。这一部分工人可自称为共产党人。社会党人的运动，是中流阶级的运动；共产党人的运动，是劳工阶级的运动。

由《共产党宣言》发表，到昂格思序文刊布时候，其间社会主义与共产主义两种名词，用得非常混淆。到了一九一七年十一月，俄国起了经济革命，这种革命家是无产阶级，他们自称为共产党人。迨一九一八年十一月，又有半有产阶级在德国，起了政治革命，他们却自称为社会党人。其区别愈益明了。一九一九年共产党在莫斯苦瓦开第三国际大会，代表共产党，以示别于代表中产阶级的第二国际大会社会党。旗帜更见鲜明了。

我们用颜色表明共产主义者与社会主义者的不同，则社会主义者，应为浅红色，而共产主义者为纯赤色。可是共产主义者却称社会主义者为黄色的社会党，黄色的国际，而不以浅红色称之。

简明的说，社会党人的运动是半有产阶级的运动，共产党人的运动是无产阶级的运动。社会主义的运动是创造的进化，共产主义的运动是创造的革命。社会党人是中央派与右派，共产党人是极左派。社会党人的国际的结合是第二国际，是黄色的国际；共产党人的国际的结合是第三国际，是赤色的国际。这是现代社会革命运动的两大潮流。

社会主义与共产主义都尚在孕育时期，故在今日尚不能明了的指出他是一种什么制度。但在吾人心理的三方面，可以觅出他的根蒂：（一）知的方面，社会主义是对于现存秩序的批评主义。（二）情的方面，社会主义是一种使我们能以较良的新秩序代替现存的秩序的情感；这新秩序，便是以对于资本制度的知的批评主义的结果，自显于意象中者。（三）意的方面，社会主义是在客观的事实界创造吾人在知的和情的意象中所已经认识的东西的努力，就是以工人的行政代替所有权统治的最后形体的资本主义的秩序的努力。社会主义与共产主义，在学说的内容上没有区别，不过在范围与方法上有些区别罢了。德谟克拉西与社会主义，在精神上亦复相同。真正的德谟克拉西，其目的在废除统治与屈服的关系，在打破擅用他人一如器物的制度。而社会主义的目的，亦是这样。无论富者统治贫者，贫者统治富者；男子统治女子，女子统治男子；强者统治弱者，弱者统治强者；老者统治幼者，幼者统治老者；

凡此种种擅用与治服的体制，均为社会主义的精神所不许。不过德谟克拉西演进的程级甚多，而社会主义在目前，则特别置重于反抗经济上的擅用罢了。

这样看来，德谟克拉西（Democracy）、伊尔革图克拉西（Ergatocracy）、社会主义、共产主义，在精神上有同一的渊源，在应用上有分析的必要。

署名：李守常
《新青年》第 9 卷第 6 号
1922 年 7 月 1 日

社会问题与政治
——在北京中国大学哲学读书会上的演讲
（1922 年 12 月 17 日）

今天讲的题目是：《社会问题与政治》。未讲本题之前，且先讲社会与政治的关系。有的人说：社会不良，政治是不能好的。于是他们把政治完全抛弃，专作社会的事业；以为把社会改良好了，才能有好的政府。又有一派人说：政治不良，社会是不能好的。比如我们只顾做社会事业，不顾政治如何，惨淡经营，劳心劳力，不知费了多少时光，才有些成效；但政府不良，诸多掣肘，甚至为他所破坏，前功尽弃，所以当从政治下手，政治好了，社会问题即容易解决。

这两派的主张，均是有理，但均系偏见。须知社会与政治，是互为因果的，不可偏重一面。今从我国现状观察一下：自民国成立以后，专制政体虽被推倒了，然而政治仍旧是腐败。一般人心理，都觉政治不可为，于是转过来纯作社会运动。可是政治愈无人改革，愈不能好，社会也愈不能改良，且许多年经营的社会事业，也许一旦被不良的政府破坏了。所以现在很有些人得到这种觉悟，以为拿政治作改良社会的手段，是"事半功倍"的。

但什么是社会问题？这个定义，实在难定。我们姑且略说一句，就是：凡社会呈了不安的现象，而图解决之的方法都是。比如：劳工问题、妇女问题、人力车夫问题、鸦片、缠足等等问题，都是社会问题。这些问题，所以不易解决者，大半因经济的关系，因为经济的不均与不安，许多问题，都从此发生。社会上小的问题，可以不说。至于大的问题，我们想解决他，非靠政治的力量不可！因为社会问题，往往混入政治问题。即如烟酒问题，若从小里看，似乎用不着政治，但若是视为和民族的强弱有密切的关系时，则不得不从政治、法律方面去解决他，因为政治的力量很大，最容易收效果。

今天所讲的，不是广泛的社会问题，是和政治最有关系的问题。经济底不平等，我们在社会上随时随地可以看出。想解决这些问题的人，现在可分为二派：

（一）社会改良派：因政治组织不良，拟徐图改善之；

（二）社会革命派：因政治组织不良，拟根本推翻之。

按这两派互有长短。怎么讲呢？第一派，徐图改善，故凡事要待有好机会，才去实行改革，易流为"等机会派"。第二派，专谋根本改革，必须待条件完备，才去实行；如条件不完备，虽小的机会，他也不屑进行，以致耽搁了许多机会。这是两派的各具毛病。

大凡党派，不外三种区别，就是急进、缓进和折衷（或左、右、中央）。现在社会上有一种倾向，即前二派都超于折衷派（中央派），大有超越党籍而互相接近之势。这个新倾向，于社会改良上最为有利。就是在条件（经济）未完备以前，亦不专候，一方面向大的目标做去，一方面有小的机会亦不抛弃；既不像第一派专等机会，也不像第二派太失机会。

现在社会上有两个最大的问题，就是：

（一）妇女参政问题，

（二）劳工问题。

这两个问题，是大家都知道的，大家都想解决他的，现在都牵到政治问题了。因为妇女、劳工，在法律、经济上都不得平等，均已组织团体，向立法机关请愿，竭力运动。他们惟一的请愿机关，就是国会。但是不会这样容易成功，并且不是根本的解决。比方妇女问题，除参政以外，不平等的地方还有许多哩。前次女子参政协会等开会，竟有警察来干涉，后来才查出警察法上有女子不准集会结社一条。所以参政问题，办到与否，是一个问题，即能办到，也没有多少补救。劳工问题也是这样，只要求法律的认可，也是不中用的。

要想解决这两个繁重的问题，决非简单的平民团体所能办到，非组织强有力的政治团体去解决他不可！有了强有力的政治团体，则能握到政权。先得到了政权，则可以徐图解决自身问题。换言之，第一步先运动参政权，参政权得到后，即可在议会上列席，得以建议和监视。一方面组织强有力的政团，解决一切社会上不平等的问题。

但以上所举的两个问题，都是由于经济不平等而来。因此经济能力薄弱的人，受经济能力富强的支配，所以欲根本解决，非打破这个阶级不可。主张根本改革的俄国，最看重政治力，当劳工革命欲以无产阶级打破有产阶级，以造成世界底幸福以前，各妇女即和劳动者联合，组织团体，先取参政权、普选举权等。因为妇女和劳工有密切的关系，所以应当和衷共济，组织平民团体。得到政治力量以后，再藉以解决社会问题。

中国现在虽然不能希望根本改革，但是点点滴滴的改革也非靠政治的力量不可。女高师学生到日本参观的时候，日本社会主义者，力劝伊们不要轻视政权。盖因有政权，改革社会才有力量。我想现在要改革社会的问题，最要者：

第一，先争得宪法上的平等权，如女子参政、劳工立法等，然后拿争到的政权去解决各种的问题；

第二，要作联合运动，妇女、劳工固当联合，此外凡目的相同的都应该联合起来，一点一滴的去作。

现在我们可得一个结论，就是：欲改良社会，非靠政治的力量不可，因为政治的力量，可以改革一切的社会问题。

十二月十七日

署名：李守常讲
刘月林记
《民国日报》副刊《觉悟》
1922 年 12 月 29 日

平民主义
（1923 年 1 月）

　　现代有一绝大的潮流遍于社会生活的种种方面：政治、社会、产业、教育、美术、文学、风俗，乃至衣服、装饰等等，没有不著他的颜色的。这是什么？就是那风靡世界的"平民主义"。

　　"平民主义"，崛起于欧洲，流被于美洲，近更藉机关炮、轮船、新闻、电报的力量，挟着雷霆万钧的声势，震醒了数千年间沉沉睡梦于专制的深渊里的亚洲。他在现在的世界中，是时代的精神，是惟一的权威者，和中世纪罗马教在那时的欧洲一样。今人对于"平民主义"的信仰，亦犹中世欧人对于宗教的信仰。无论他是帝王，是教主，是贵族，是军阀，是地主，是资本家，只要阻障了他的进路，他必把他们一扫而空之。无论是文学，是戏曲，是诗歌，是标语，若不导以平民主义的旗帜，他们决不能被传播于现在的社会，决不能得群众的讴歌。我们天天眼所见的，都是"平民主义"战胜的旗；耳所闻的，都是"平民主义"奏凯的歌，顺他的兴起，逆他的灭亡。一切前进的精神，都自己想象着是向"平民主义"移动着的。现在的平民主义，是一个气质，是一个精神的风习，是一个生活的大观，不仅是一个具体的政治制度，实在是一个抽象的人生哲学；不仅是一个纯粹理解的产物，并且是深染了些感情、冲动、念望的色泽。我们如想限其飞翔的羽翮于一个狭隘的唯知论者公式的樊笼以内，我们不能得一正当的"平民主义"的概念。那有诗的心趣的平民主义者，想冲着太阳飞，想与谢勒（Shelley）和惠特曼（Whitman）传扶摇而上腾九霄。

　　"平民主义"是 Democracy 的译语：有译为"民本主义"的，有译为"民主主义"的，有译为"民治主义"的，有译为"唯民主义"的，亦有音译为"德谟克拉西"的。民本主义，是日本人的译语，因为他们的国体还是君主，所以译为"民本"，以避"民主"这个名词，免得与他们的国体相抵触。民主主义，用在政治上亦还妥当，因为他可以示别于君主政治与贵族政治，而表明一种民众政治。但要用他表明在经济界、艺术界、文学界及其他种种社会生活的倾向，则嫌他政治的意味过重，所能表示的范围倒把本来的内容弄狭了。民治主义，与 Democracy 的语源实相符合。按希腊语 demos，义与"人民"（People）相当，kratia 义与"统治"（rule or government）相当，demo kratia，即是 Democracy，义与"民治"（People's rule or popular government）相当。此语在古代希腊雅典的政治家 Pericles（生于纪元前四百九十五年，卒于四百二十九年）时代，亦为新造。当时的人觉得有为新理想立一个新名词的必要，但亦曾遭嫌新者的反对，后来这个名词，卒以确立。惟至亚里士多德（Aristotle）时代，学者用之，诠义尚各不同，例如亚氏分政体为三种：一、君主政治（Monarchy），二、贵族政治（Aristocracy），三、民主政治（Polity）。此三种政体，又各有其变体：君主政治的变体，为暴君政治（Tyranny）；贵族政治的变体，为寡头政治（Oligarchy）；民主政治的变体，为暴民政治（Democracy）。是知亚氏诠释 Democracy，不释为民主政治，而释为暴民政治，亚氏表明民主政治，不用 Democracy，而用 Polity。包莱表士氏（Polybius）则又用 Democracy 一语，以当亚氏的 polity。后来行用日久，终以表示"民治"的意义。但此种政制，演进至于今日，已经有了很大的变迁，最初"统治"（Rule）的意思，已不复存，而别生一种新意义了。这与"政治"（Government）一语意义的变迁全然相同。"政治"的意义，今昔相差甚远，古时用这个字，含有强制或迫人为所不愿为的意思，如今则没有分人民为治者阶级与服隶阶级的意思了。自治（Self-government）一语，且与政治的古义恰恰相反。现代的民主政治，已不含统治的意思，因为"统治"是以一人或一部分人为治者，以其余的人为被治者，一主治，一被治；一统治，一服从，这样的关系，不是现代平民主义所许的。故"民治主义"的译语，今已觉得不十分惬当。余如"平民主义"、"唯民主义"及音译的"德谟克拉西"，损失原义的地方较少。今为便于通俗了解起见，译为"平民主义"。

"平民主义"的政治理想，在古代希腊，亚里士多德、柏拉图诸人已曾表现于他们所理想的市府国家。近世自由国家，即本此市府国家蜕化出来的。在此等国家，各个市民均得觅一机会以参与市府国家的生活，个人与国家间绝没有冲突轧轹的现象，因为人是政治的动物，在这种国家已竟能够自显于政治总体。政治总体不完备，断没有完备的人，一说市府的完全，便含有公民资格完全的意思。为使公民各自知道他在市府职务上有他当尽的职分，教育与训练都很要紧。亚氏尝分政治为二类：一为与市府生活相调和的政治，一为以强力加于市府的政治。前者，官吏与公民无殊，常能自守他的地位为政治体中的自觉的分子，觅种种途径以服事国家，没有一己的意思乖离于市府的利益。在这种国家，政治体由民众的全体构成，不由民众的一部，治者兼为民众的属隶。后者，官吏常自异于平民，利用官职以为自张的资具，一切政务都靠强力处理。把公民横分为治者与属隶二级，而以强力的关系介于其间，以致人民与官吏恶感丛生，俨成敌国。在这等国家，治者发号施令，为所欲为，属隶则迫于强力不得不奉命惟谨罢了。现代的"平民主义"，多与亚、柏诸人的理想相合，而其发展的形势，尚在方兴而未已。宇内各国，没有不因他的国体、政体的形质，尽他的可能性，以日趋于"平民主义"的。"平民主义"的政制，本没有一定的形式，可以施行这种制度的，亦不限于某类特定的国家或民族。人民苟有现代公民的自觉，没有不对于"平民主义"为强烈的要求的，没有不能本他的民质所达的程域向"平民主义"的正鹄以进的。民主的国家，不用说了。诺威本是君主政治，亦濡染了平民主义的新色了。瑞士的"康同"，本是寡头政治，少数反对人民的执政与富豪，亦遭平民主义的打击而表示退败了。日本本是元老政治，今日亦栗栗惟惧于平民主义气焰之下而有危在旦夕的势了。欧洲大战中及其以后，独裁帝制下的俄罗斯，一跃而为劳农苏维埃联邦共和国了。德、奥、匈诸国，亦皆变成民主共和国了。余如中欧一带，民主式的新国，亦成立了很多。可见今日各国施行"平民主义"的政治，只有程度高低的问题，没有可不可能不能的问题。这种政治的真精神，不外使政治体中的各个分子，均得觅有机会以自纳他的殊能特操于公共生活中；在国家法令下，自由以守其轨范，自进以尽其职分；以平均发展的机会，趋赴公共福利的目的；官吏与公民，全为治理国家事务的人；人人都是治者，人人都非属隶，其间没有严若鸿沟的阶级。这里所谓治者，即是治理事务者的意思，不含有治人的意味。国家与人民间，但有意思的关系，没有强力的关系；但有公约的遵守，没有强迫的压服，政府不过是公民赖以实现自己于政治事务的工具罢了。马萨莱客（T. G. Masaryk）说："'平民主义'的政治的和社会的目的，乃在废除属隶与统治的关系。'平民主义'一语的本来的意义，是'人民的统治'（People's rule），但现代'平民主义'的目的，已全不在统治而在属于人民、为人民、由于人民的执行。这国家组织的新概念新计画怎样能被致之实行，这不仅是权力的问题，乃是一个执行技术的难问题。"这几句诠释现代平民政治的话，很能说出他的精要。可知强力为物，在今日的政治上已全失了他的效用。除在革命时期内，有用他以压服反对革命派的必要外，平时旋〔施〕用强力，适足为政治颓废的标识。

　　有人说"多数政治"（Government by majority）即是"平民政治"。无论何种政治，没有不是以强力作基础的。在平民政治下，多数对于少数，何尝不是一种强制的关系？威尔逊氏便有这种论调。他说："政府是止于权力与强力上的。无论何种政体，政府的特质不外乎权力。一方有治者，他方有被治者。治者的权力，或直接，或间接，要以强力为归。简单一句话，政府就是组织的强力罢了。但组织的强力，不以组织的武力为必要，实际就是若干人或全社会的意志表现于组织，以实行其固有的目的而处理公共的事务。……强力不必是外形。强力虽为权力的后盾，而不可以捉摸。权力寄托在治者身上，虽属彰明较著，然而权力止在强力上，则非表面的事实。换句话说，就是强力的形式非所必要，所以有一种政府，他的权力，永远不被武力的形式。就是今世各国，政机的运用，大都肃静，没有压制人民的事。换句话说，就是不靠强力的形式。然而强力的隐显，固与其分量的轻重无关；近世的良政府，不靠治者的武力，而靠被治者的'自由认可'（Free consent）。这就是政府以宪法与法律为轨范，而宪法与法律又以社会的习惯为渊源。这所包蓄的强力，不是一君专制的强力，不是少数暴恣的强力，乃是多数人合致的强力。国民都知道此强力之伟大，相戒而不敢犯，故其力乃潜伏而无所用。那民选的官吏与专制的君主比较，其权力所凭依的强力，本来没有什么优劣，而合众国总统的强力，比革命前俄皇的强力，或且过之。二者的根本差别，全在隐显之间。好像腕力一样，甲以他为后援，乙用他作前卫，用的时境不同，其为一种强力，则没有什么区别。"据此以知威氏所云组织的强力，即指多数人合致的强力。于此我们要问，此种强力的构成是否含有所谓被治者的"自由认可"在内？抑或这所谓被治者的"自由认可"，必待此种强力的迫制，或知道此种强力的伟大，因而相戒不敢犯，始能发生？我想既云"自由认可"，则必无待于迫制；既有强力的迫制，则必不容"自由认可"发生。即使"自由认可"的动机，多少由于自己节制、自己牺牲，亦均属自由范围以内的事，决与自己以外威制的强力无关。孟子说过："以力服人者，非心服也，力不赡也。"非心服者，即不生"自由认可"。凡事可以得人的"自由认可"，且可以称为心服者，必不是外来的强力的效果。服从的关系，若以强力的存否为断，那就是被动，不是自由；可以说是压服，不能说是悦服。压服的事，由于强力；悦服的事，由于意志；被动的事，操之自人；自由的事，主之自我。人为主动以施压服于己的强力一旦消灭，换句话说，就是非心服者的抵抗力一旦充足，服从的关系，将与之俱去。若说这种强力，必待所谓被治者的"自由认可"表示以后，始能发生，那么这种强力，不是多数人合致的强力，乃是多数人与少数人合成的国民公意。这种伟大的强力，实为人民全体的"自由认可"所具的势力；而人民全体的"自由认可"，决不是这种伟大的强力压迫的结果。我尝说过，"多数政治"不一定是圆满的"平民主义"的政治，而"自由政治"（Free government）乃是真能与"平民主义"的精神一致的。"自由政治"的神髓，不在以多数强制少数，而在使一问题发生时，人人得以自由公平的态度，为充分的讨论，详确的商榷，求一个公同的认可。商量讨论到了详尽的程度，乃依多数表决的方法，以验其结果。在商议讨论中，多数宜有容纳少数方面意见的精神；在依法表决后，少数宜有服从全体决议的道义。"自由政治"的真谛，不是仗着多数的强力，乃是靠着公同的认可。取决多数不过是表示公同认可的一种方法罢了。由专制向"平民主义"方面进行，多数表决正是屏退依力为治而代之以起的方法。欧美有句谚语："计算头颅胜于打破头颅。"（It is better to count heads than to break heads.）正好说明这个道理。威氏又说："今世常说'舆论政治'、'民声政治'，这些名词，于描写发达圆满的平民政治容或有当，然在今日，那作成舆论的多数所恃以制胜者，不在少数的理屈，而在少数的数弱。换句话说，就是多数所以排斥少数，不特用他们众多的声音，并且靠着他们众多的势力。这是很明了的事实，不容讳言的。多数所以能行其统治，不是他们的智慧使他们能够如此，实在是他们的势力使他们能够如此。多数党苟欲把他们的意见致之施行，他们所需的势力，与专制君主所以压服其民众的，没有什么区别。"我们由威氏的说，可以反证出来今日所谓自由国家的平民政治尚未达于发达圆满境遇的事实，而切不可由此遂以断定真正平民政治的基础，亦在多数的强力。若把平民政治，亦放在"力的法则"之下，那所呈出的政象，将如穆勒（John Stuart Mill）所云："虽有民主，而操权力之国民与权力所加之国民，实非同物。其所谓自治者，非曰以己治己也，乃各以一人而受治于余人。所谓民之好恶，非通国之好恶也，乃其中最多数者的好恶，且所谓最多数者，亦不必其最多数，或实寡而受之以为多。由是民与民之间，方相用其劫制。及此然后知限制治权之说，其不可不谨于此群者，无异于他群。民以一身受治于群，凡权之所集，即不可以无限，无问其权之出于一人，抑出于其民之泰半也。不然，则泰半之豪暴，且无异于专制之一人。""夫泰半之豪暴，其为可异者，以群之既合，则固有劫持号召之实权，如君上之诏令然。假所谓诏令者，弃是而从非，抑侵其所不当问者，此其为暴于群，常较专制之武断为尤酷。何则？专制之武断，其过恶显然可指，独泰半之暴，行于无形，所被者周，无所逃雪，而其入于吾之视听言动者最深。其势非束缚心灵，使终为流俗之奴隶不止。"（从严译）专恃强力的政治，不论其权在于一人，抑在于多数，终不能压服少数怀异者的意思，其结果仍为强力所反抗，展转相寻，无有已时。"平民主义"的政治，绝不如是。现代的"平民主义"，已经不是"属于人民、为人民、由于人民的政治"（Government of the people，for the people，by the people），而为"属于人民、为人民、由于人民的执行"（Administration of the people，for the people，by the people），不是对人的统治，乃是对事物的管理。我们若欲实现"平民主义"，不必研究怎样可以得着权力，应该研究怎样可以学会管理事物的技术。

现代政治或社会里边所起的运动，都是解放的运动。人民对于国家要求解放，地方对于中央要求解放，殖民地对于本国要求解放，弱小民族对于强大民族要求解放，农夫对于地主要求解放，工人对于资本家要求解放，妇女对于男子要求解放，子弟对于亲长要求解放。这些解放的运动，都是平民主义化的运动。

有了解放的运动，旧组织遂不能不破坏，新组织遂不能不创造。人情多为习惯所拘，惰性所中，往往只见有旧的破坏，看不见新的创造，所以觉得这些解放的运动，都是分裂的现象。见了国家有人民的、地方的解放运动，就说是国权分裂了；见了经济界有农夫、工人的解放运动，就说是经济的组织分裂了；见了社会里、家庭里有妇女或子弟的解放运动，就说是社会分裂了，家庭分裂了；见了这些分裂的现象，都凑集在一个时代，凡在这个时代所制的器物，所行的俗尚，都带着分裂的色采，就说现在的时代是分裂的时代。看那国旗由一个黄色变而为五色，不是分裂的现象么？北京正阳门的通路，由一个变而为数个，不是分裂的现象么？再看方在流行的妇人的髻，女孩的辫，多由奇数变而为偶数，不是分裂的现象么？中国有二个国会，二个政府，俄国分成几个国家，德、奥、匈及中欧一带的小民族纷纷的宣告自主，爱尔兰、印度对英的自治运动，朝鲜对日本的独立运动，不都是分裂的现象么？十数年来，国人所最怕的有两个东西：一是"平民主义"，一是联邦主义。国体由君主变为民主了，大家对于"平民主义"才稍稍安心。独这联邦主义，直到如今，提起来还是有些害怕，这因联省自治而起的国内战争，还是随时有一触即发的样子。至于文人政客，不是说联邦须先邦后国，就是说中国早已统一；不是吞吞吐吐的说我是主张自治，避去联邦字样，就是空空洞洞的说我是只谈学理，不涉中国事实。推本求源，一般人所以怕他的原故，都是误认他是分裂的现象，所以避去这个名词不讲，都是怕人误认这是一个分裂的别名。

其实这些人都是只见半面，未见全体。现在世界进化的轨道，都是沿着一条线走，这条线就是达到世界大同的通衢，就是人类共同精神联贯的脉络。"平民主义"，联邦主义，都是这一条线上的记号。没有联邦的组织，而欲大规模的行平民政治，必不能成功。有了联邦的组织，那时行平民政治，就像有了师导一般。因为平民政治与联邦主义，有一线相贯的渊源，有不可分的关系。这条线的渊源，就是个性解放。个性解放，断断不是单为求一个分裂就算了事，乃是为完成一切个性，脱离了旧绊锁，重新改造一个普通广大的新组织。一方面是个性解放，一方面是大同团结。这个性解放的运动，同时伴着一个大同团结的运动。这两种运动，似乎是相反，实在是相成。譬如中国的国旗，一色分裂为五色，固然可以说他是分裂，但是这五个颜色排列在一面国旗上，很有秩序，代表汉、满、蒙、回、藏五族，成了一个新组织，也可以说是联合。北京正阳门的通路变少为多，妇人的髻、女孩的辫变奇为偶，一面固可以说是分裂，一面又是联成一种新组织、新形式，适应这新生活，表现时代精神的特质，发挥时代美。中国大局的分裂，南一国会，北一国会，南一政府，北一政府；俄国当此社会根本改造的时候，这里成立一个劳农苏维埃共和国，那里成立一个劳农苏维埃共和国，一时也呈出四分五裂的现象；奥国、匈国、德国都是这样：一方面像是分裂，一方面方在改造一种新组织。这种新组织，就是一个新联合。这新联合的内容，比从前的旧组织更要扩大，更要充实；因为个人的、社会的、国家的、民族的、世界的种种生活，不断的发生新要求，断非旧组织旧形式所能适应的，所能满足的。今后中国的汉、满、蒙、回、藏五大族，不能把其他四族作那一族的隶属。北京正阳门若是照旧只留一条路，那些来往不绝的车马，纷错冲突，是断乎不能容纳的。方今世界大通，生活关系，一天比一天复杂，个性自由与大同团结，都是新生活上新秩序上所不可少的。联邦主义于这两点都很相宜。因为地方的、国家的、民族的、社会的单位，都和个人一样，有他们的个性，联邦主义能够保持他们的个性自由，不受他方的侵犯。各个地方的、国家的、民族的、社会的单位间，又和各个人间一样，有他们的共性，联邦主义又能够完成他们的共性，结成平等的组织，确合职分的原则，达他们互助的目的。这个性的自由与共性的互助中间的界限，都以适应他们生活的必要为标准。

照此看来，联邦主义不但不是分裂的种子，而且是最适于复合、扩大、殊异、驳杂生活关系的新组织。许多的国家民族间，因为感情、嗜性、语言、宗教不同的原故，起过多年多次的纷争，一旦行了联邦主义，旧时的仇怨嫌憎，都可涣然冰释。看那英人与法人有几世的深仇，当那英国的政治家引诱坎拿大人创造一种联邦，确定地方自治权的时候，英、法二民族间也曾起过战争，到后来坎拿大行了联邦主义，法国人的坎人变成了忠于英国的人民，英国人的坎人，亦甘愿服从法人为坎人的首领，两个民族却相安无事了，他们激烈的冲突，就是这样了结。有一位劳利耶翁（Sir Wilfred Laurier）是法国的旧教徒，多年居坎拿大的政枢，到了英国各部间起了巩固结合运动的时候，大家都承认这位法国人的坎拿大政治家是热心英国联合巩固的一个重要人物。再看那南非洲的英国人与荷兰人也曾起过复仇的战争，一旦有了联合，作自治的基础，那英、荷二国人就和好如初。勃亚人（Boers）因为享了点比较的自治的生活，也就忠于英国政府了。中国自从改造共和以来，南北的冲突总是不止，各省对于中央，亦都不肯服从，那蒙、藏边圉，不是说自主，就是说自治。依我看来，非行联邦主义不能造成一个新联合。又如，俄国那样大的领域，那样杂的民族，想造成一种新联合、新组织，亦非行联邦主义不可。果然这新造的俄罗斯社会联邦苏维埃共和国，亦是一种联邦的组织。像俄国这种联邦共和，就是一个俄国各部及各族的劳动者的自由联合。他与英国的联邦、瑞士的联邦迥乎不同。俄国的联邦苏维埃共和，是由俄国各部劳农组织而成的社会共和，倘为苏维埃所联合的各部分的劳农想互相分离，无人可阻挡他们这样做法。但是英国的联邦，还是靠着强力来维持的。英国对于非洲、亚洲、澳洲的人民及勃亚人，多少还是有些压服的关系。就是爱尔兰的自治运动，新芬党亦曾费了多年努力奋斗的工夫，才能脱了英国的一半的羁绊。英国资本家今尚夸言，我们有一联邦，就是万邦联合国。但是不论何时，倘若这联邦的人民，想离不列颠的压迫，那不列颠的中级社会，将用武力征讨他们。从前对于美国，最近对于爱尔兰和印度，都是明显的例证。英国的联邦组织，将来必不免有些变动。瑞士的联邦共和，是一个许多的"康同"（Cantons）的联合。但这联合亦是靠兵力造成的。瑞士的"康同"，苟有欲与瑞士脱离关系的，必遭瑞士共和军的讨伐。大战终结后，奥、匈也改成民主联邦了。德国的联邦，原来是几个君主组织的，够不上称为纯粹的联邦。经过这一回的革命，把那些君主皇族总共有二百七十八人，一个一个的都驱逐去了。那普鲁士的霸权，也根本摧除净尽，才成了真正的民主联邦。美国是一个纯正的民主联邦国，是大家都知道的。我们可以断言现在的世界，是联邦化的世界，亦是"平民主义"化的世界，将来的世界组织，亦必为联邦的组织，"平民主义"的组织。联邦主义，不过是"平民主义"的另一形态罢了。

上古时代，人与人争，也同今日国与国争全是一样。以后交通日繁，人人都知道长此相争，不是生活的道路，于是有了人群的组织。到了今日，国际的关系一天比一天多，你争我夺，常常酿成大战，杀人无算，耗财无算，人才渐悟国与国长此相争，也不是生活的道路，种种国际主义的运动于是乎发生。现代国际主义的运动，可大别为二类：一类是中产阶级的国际主义的运动，像那盎格鲁日尔曼协会、盎格鲁奥特曼协会，是为增进国际上友谊的团体；像那海牙平和会议、海牙仲裁裁判、新世界共和国代表五年会议、平和与自由同盟、妇人同盟、基督教联合同盟、民族联合同盟、威尔逊提议的国际大同盟和这回哈丁氏提议的太平洋会议等国际的组织，不是为反对战争，就是为解决国际间的纠

纷问题。有些人对于这种国际主义的运动，抱很大的希望，以为有了增
进国际间友谊的、解决国际间纠纷问题的、反对国际战争的国际的团
体，那国际间的误解与战祸，自然可以减免很多。特别是对于威尔逊提
议的国际同盟，希望更大，以为这种组织，便是世界的联邦的初步。本
来邦联与联邦的区别，不过程度上的差异，邦联就是各独立国为谋公共
的防卫、公共的利益所结的联合，加入联合的各国，仍然保留他自己的
主权。这联合的机关，全仰承各国共同商决的政策去做。古代希腊的各
邦，后来瑞士的"康同"，德国的各邦，美国的各州，都曾行过。联邦
就是一国有一个联合政府，具有最高的主权，统治涉及联邦境内各邦共
同的利益，至于那各邦自治领域以内的事，仍归各邦自决，联合政府不
去干涉。那采行一七八九年宪法以后的美国，采行一八四八年宪法以后
的瑞士，都是此类。美国的联邦，是由一七八九年以前各州的邦联蜕化
而成的。这邦联是由一六四三年四个新英兰殖民地的同盟蜕化而成的。
将来世界的联邦，如能成立，必以这次国际同盟为基础。由现在的情势
看，恐怕这只是一种奢望。资本主义存在一天，帝国主义即存在一天。
在帝国主义冲突轧轹之间，一切反对战争的企图，都成泡影，一切国际
的会议，都不过是几个强国处分弱小民族权利分配的机关罢了。帝国主
义之下，断没有"平民主义"存在的余地。不是"平民主义"的联合，
决不是真正的联合。一类是劳动阶级的国际主义的运动。这种运动，与
中产阶级的国际主义的运动大异其趣。他们主张阶级争斗。他们不信并
且不说"全人类都是兄弟"。必欲讲这一类的话，只可说"全世界的工
人都是兄弟"。劳动阶级的国际主义，不是为平和，乃是为战争。他们
全体有一个国际的公敌，就是中产阶级。这一阶级，遇有必要，都联合
起来，和劳动阶级宣战。像那毕士麦助捷尔士（Thiers）反对巴黎的康
妙恩（Commune of Paris）；像那德国和协约国联合反对俄国的布尔札
维（克）（Bolshevik），都是显例。劳动阶级为对抗中产阶级的联合，
必须有一个劳动阶级的国际联合。不但于日常发生的产业的争议，和防
止国外破坏罢工同盟的人，这种联合很是有用，就是在革命的时候，资
本主义的国家的工人，亦能阻止他们的执政者予革命成功的地方以打
击。劳动阶级的国际主义，其目的不在终止战争，而在变更战争的范
围，而在使战争不为国家的，而为阶级的。他们认战争不是恶性的结
果，不是国际间误解的结果，乃是现代帝国主义的结果。这帝国主义，
在他的基础上，是经济的，和资本主义有不可分的关系。战争必到资本

家阶级停止存在的时候才能绝迹。劳动阶级的国际团体，有一八六四年成立的"第一国际"（The First International），巴黎康妙恩失败后，渐归渐灭；有一八八九年成立的"第二国际"（The Second International），至一九一四年停止了他的存在；有一九一九年成立的"第三国际"（The Third International），现方蓬蓬勃勃势力日大，组织亦比从前的国际团结愈益巩固，愈益完密，有常设的执行委员会。这两种国际主义的运动——即是中产阶级的国际联盟与劳动阶级的第三国际——必有一种为将来国际大联合的基础的，看现在的形势，后者比前者有望的多。

本于专制主义、帝国主义的精神，常体现而为"大某某主义"（Pan……ism）。持这个主义的，但求逞自己的欲求，以强压的势力迫制他人，使他屈服于自己肘腋之下。这样的情形，在国家与国家间有，在民族与民族间有，在地方与地方间有，在阀阅与阀阅间有，在党派与党派间亦有。于是世界之中，有所谓"大欧罗巴主义"，有所谓"大美利坚主义"，有所谓"大亚细亚主义"；欧洲之内，有所谓"大日尔曼主义"，有所谓"大斯拉夫主义"；亚洲之内，亦有所谓"大日本主义"；近几年来，中国之内，亦有所谓"大北方主义"、"大西南主义"；同在北方主义之下，亦有两种以上的大某某主义在那里暗斗；同在西南主义之下，亦有两种以上的大某某主义在那里对峙。以欧战的结果，和中国的政情来看，凡是持大某某主义的，不论他是一个民族，一个国家，一个地方，一个军阀，一个党派，一个个人，没有不归于失败的。反乎大某某主义的，就是"平民主义"。故大某某主义的失败，就是"平民主义"的胜利。一个是专制主义，一个是自由主义；一个尚力，一个尚理；一个任一种势力的独行，一个容各个个体的并立。凡是一个个体，都有他的自由的领域。倘有悍然自大，不顾他人的自由，而横加侵害的，那么他的扩大，即是别人的削小；他的伸张，即是别人的屈辱；他的雄强，即是别人的衰弱；他的增长，即是别人的消亡。一方的幸运，即是他方的灾殃；一方的福利，即是他方的祸患。那扩大、伸张、雄强、增长、获幸运、蒙福利的一方，固然得了，然而在那削小、屈辱、衰弱、消亡、罹灾殃、受祸患的一方，其无限的烦冤，无限的痛苦，遏郁日久，亦必迸发而谋所以报复与抵抗。且人之欲大，谁不如我，苟有第二个持大某某主义的来与他争大，按之物莫能两大的道理，争而失败的，二者中间必有一个。故持大某某主义的，不败亡于众弱的反抗，即粉碎于两大的俱伤，其结果必失败于"平民主义"之前而无疑。

在妇女没有解放的国家，绝没有真正的"平民主义"。现代欧美号称自由的国家，依然没有达到真正的"平民主义"的地步，因为他们一切的运动、立法、言论、思想，都还是以男子为本位，那一半的妇女的利害关系，他们都漠不关心。即使有人对于妇女的利害关系稍加注意，那人代为谋的事，究竟不是真能切中妇女们本身利害的，决不像妇女自己为谋的恳切。"人民"（People）这个名词，决不是男子所得独占的，那半数的妇女，一定亦包含在内。从前美国女权运动的领袖，主张妇女应有参政权的理由，就是根据美国《独立宣言》的精神及《北美合众国宪法》的解释。他们说，在《美国宪法》里，实无一语一句，拒绝妇女在州或国的选举权。《美国宪法》的前文有云："我们，合众国的人民……为北美合众国制定此宪法。"（We，the People of the United States…do ordain and establish this Constitution For the United States of America.）这"人民"（People）里，当然包有妇女在内。那么人民在宪法上应享的权利，妇女当然和男子一样享有。这是他们的堂堂正正的理由。费烈士（Brougham Villiers）说："纯正的'平民主义'不是由男子所行的民主民权的政治，（乃）是由人民全体所行的民主民权的政治。"（The formula of democracy is not government of the people for the people by the men but by the people.）费氏郑重的申明"不是由男子所行的"，"乃是由人民全体所行的"，就是主张男女两性在政治上当有平均发展的机会。社会上一切阶级，都可以变动：富者可以变为贫，贫者亦可变为富；地主与资本家可以变为工人，工人亦可以变为地主与资本家。社会若经适当的改造，这等阶级都可归于消泯，惟独男女两性，是个永久的界限，不能改变。所以两性间的"平民主义"，比什么都要紧。况且"平民主义"，本是母权时代的产物，故"平民主义"为女性的。后来经济上生了变动，母权制渐就崩坏，"平民主义"即随之消亡。父权制——男性中心的家族制——继之而起，专制主义于是乎产生，故专制主义为男性的。在一个社会里，如果只有男子活动的机会，把那一半的妇女关闭起来，不许伊们在社会上活动，几乎排出于社会的生活以外，那个社会，一定是个专制、刚愎、横暴、冷酷、干燥的社会，断没有"平民主义"的精神。因为男子的气质，有易流于专制的倾向，全赖那半数妇女的平和、优美、慈爱的气质相与调剂，才能保住人类气质的自然均等，才能显出真正"平民主义"的精神。中国人的一切社会生活，都是妇女除外，男女的界限，异常的严，致成男子专制的社会。不独男子对于女子专制，就是男子对于男子，亦是互为专制。社会生活的内容，冷酷、无情、干燥、无味，那些平和、优美、博爱、仁慈的精神，没有机会可以表现出来。若想真正的"平民主义"在中国能够实现，必须先作妇女解放的运动，使妇女的平和、美、爱的精神，在一切生活里有可以感化男子专暴的机会，积久成习，必能变化于无形，必能变专制的社会为平民的社会。没有"平民主义"化的社会，断没有"平民主义"的政治。

世界各国的女权运动，本有很长的历史。先驱的责任，早已落在高加索人种（Caucasian Race）妇女的头上，就中尤以美国的妇女为最活泼猛进。在伊们指导之下，成立了许多的妇女团体。一八八八年成立的妇女国际会议及国际妇女参政权联合会等国际的联合，都多赖美国妇女的尽力。但女权运动的成功，则以北欧诸国为最早。一九〇一年诺威的纳税妇女，已取得市政机关选举权。至一九〇五年，诺威离瑞典而独立，妇女运动，益见进步。一九〇七年，诺威的纳税妇女，取得了中央议会选举权。芬兰的妇女，自一八六七年，妇女即取得地方机关选举权，至一九〇六年，地方与中央各项议会，均与男女以同等的普及的选举权。一九一〇年，中央议会选举时，男女投票的人数几乎相等，妇女当选者十七人，约当男议员十分之一。丹麦的妇女，于一九〇八年，取得地方机关选举权。一九一五年，丹麦新宪法又与妇女以中央选举权及被选举权。该宪法规定，凡品行端正的女子及男子年满二十五岁者俱有参政权。一九一八年，丹麦举行议会选举时，妇女参加选举者为数很多，当选者共有九人。瑞典的妇女，未婚而纳税至若干额以上者，于一八六二年，即取得地方选举权。至一九〇九年，一切品行端正的妇女，对于地方机关俱享有选举权及被选举权。一九一八年英国的新选举法，以中央议会选举权授与妇女。按照这新选举法，凡年满二十一岁的男子，殆皆享有选举权，妇女则须年满三十且有独立住所者，始有选举权。一九一八年，英国议院又通过一个《妇女资格赋与案》（Qualification of Women Act），承认妇女与男子对于中央议会有同等的被选资格。是年十二月，中央议会选举时，妇女投票，甚形踊跃，有些选区妇女投票者竟多于男子。但通国当选的妇女，只有一位爱尔兰女子，且因伊是新芬党人，有政治革命的罪案，虽当选而无效。英领纽吉兰（New Zealand）自一八八三年，凡成年的妇女，俱得本邦中央议会的选举权。澳洲亦自一八九五年以来，各邦陆续授妇女以选举权。至一九〇八年，各邦妇女对于中央议会，与男子享有同等的选举权。但纽、澳各邦的妇女被选举权，大都尚未取得，故该处的妇女参政运动，尚在激烈进行中。美国自一八六九年至一九一七年，共有十九州妇女得有选举权，至一九一八年正月，美国联邦众议院通过一种宪法修正案，明定"联邦及各州选举权不得因男女的差别而有歧异"。这修正案于一九一九年通过联邦参议院，于一九二〇年得联邦各州全体的四分（之）三以上的批准，美国各州的妇女，遂与男子有同等的选举权。一九一八年，苏维埃俄罗斯社会（主义）联邦共和国的新宪法，承认男女有同等的选举权和被选举权。一九一九年的德意志联邦共和国新宪法，承认男女完全平权。那一年的联邦议会的选举，妇女当选者有三十六人，有二十一人属于社会党。一九一九年奥国国民制宪团体中，已有女代表参加。瑞士的各"康同"中，亦有以参政权授与妇女者。一九一九年五月，法国众议院亦曾通过一案，承认妇女与男子享有同等的选举权，但未得上院通过。中国广东、湖南、浙江等省制定省宪，亦规定了男女平权。这种运动，都与普通选举运动同是向"平民主义"进展的运动。

自劳农俄国成立后，政治学者乃为这种新式的政治，立了一个新名词。这新名词，就是"工人政治"（Ergatocracy）。这个名词，创立未久，在字典上还没有他的地位。创造此新语，亦须借重于丰富的希腊语源。希腊语 Ergates，意即"工人"（Worker）；与 cracy（Rule）相联缀，训为"工人的统治"（Worker's rule）。在无产阶级专政的时期，这种政治，的确含有统治（Rule）的意味，而且很严，大权集于中央政府，实行统治别的阶级，这就是以一阶级的权力，替代他一阶级的权力，以劳工阶级的统治，替代中产阶级的少数政治（Bourgeois oligarchy）。这是在革命期间必经的阶级。随着无产阶级专政的经过，那 Ergatocracy 一语中的要素（cracy）的意义，将生一广大的变动。原来社会主义的目的，即在破除统治与服属的关系。故当中产阶级平民政治的特色，私有的规制完全废除至全失其复活的可能，社会主义的精神在实行社会主义制度之下普及于一般的时候，真正的"工人政治"，便自然的实现。那时事物的管理代替了人身的统治，因为除去老幼废疾者外，人人都是作事的工人。这种政治，就是为工人，属于工人，而由工人执行的事物管理。这里所谓工人，当然没有男女的差别。随着阶级的消灭，统治与服属的关系亦全然归于消灭。

"工人政治"，亦是本于"平民主义"的精神而体现出来的。故有人说这"工人政治"，才是纯化的"平民主义"、纯正的"平民主义"、真实的"平民主义"。而列宁氏（Nikolai Lenin）于一九一九年四月十五日，在莫斯科（Moscow）"第三国际"大会里演说，亦曾极力辨明中产阶级的"平民主义"（Bourgeois democracy）与无产阶级的"平民主义"（Proletarian democracy）的区别。后来又在他的《国家与革命》并别的著作里，屡屡赞美这无产阶级的"平民主义"。可见"工人政治"在本质上亦是"平民主义"的一种。共产主义的政治学者所以必须另立新名的原故，乃是因为"平民主义"的名词，已为资本主义的时代用滥了，已为卑鄙的使用玷污了。是"新沐者必弹冠，新浴者必振衣"的意思。鲍洪氏（Bohun）劝告他的同志们说："不要再说'平民主义'了。你们想你们是平民主义者么？但是你们不是的。你们想你们要'平民主义'么？但是你们不要的。你们是工人政治派，你们要工人政治。'平民主义'是资本主义的破烂时期的方法，是一个被卑鄙使用玷污了的名词。留下'平民主义'这个名词给自由派的中产阶级和社会主义者中的无信仰者用罢。你们的目的，是工人政治。"这几句话，可以表明他们的态度，可以表明他们避用"平民主义"一语的理由。

总结几句话，纯正的"平民主义"，就是把政治上、经济上、社会上一切特权阶级，完全打破，使人民全体，都是为社会国家作有益的工作的人，不须用政治机关以统治人身，政治机关只是为全体人民，属于全体人民，而由全体人民执行的事务管理的工具。凡具有个性的，不论他是一个团体，是一个地域，是一个民族，是一个个人，都有他的自由的领域，不受外来的侵犯与干涉，其间全没有统治与服属的关系，只有自由联合的关系。这样的社会，才是平民的社会，在这样的平民的社会里，才有自由平等的个人。

署名：李守常
《百科小丛书》第 15 种
商务印书馆出版
1923 年 1 月

史学与哲学
——在复旦大学的演讲
(1923 年 4 月 17 日—19 日)

今日所要和诸位商榷的，是史学及史学与哲学的关系，主体是讲史学。

凡一种学问，必于实际有用处，文学、史学都是如此。但是，用处是多方面的。得到了一种智识，以此智识为根据去解决一种问题是用处；以所有的学识成一著作与学术界相商榷，以期（得）到一个是处，也是用处。但是最要紧的用处，是用他来助我们人生的修养，却有极大的关系。人们要过优美的高尚的生活，必须要有内心的修养。史学、哲学、文学都于人生有密切的关系，并且都有他们的好处。从不同的研究，可以得到同的结果，与我们以不同的修养。哲学、文学在我国从前已甚发达，史则中国虽有史书甚多，而哲［史］学却不发达。这不但中国为然，外国也是如此。因为史学正在幼稚时代，进步甚慢。但他于人生有极大影响，我们不但要研究他，且当替他宣传，引起人们研究的兴味，以促史学的进步。

一、历史一辞的意义

《说文解字》说，史是记事的人（即是书记官），"史"字从中从又，"中"是中正的意思。文字学家说，"又"字是象形字，"中"字不是中正的"中"，乃是"册"的象形（字），"史"字有书役的义，即指掌记事者而言。日本训"史"字有っヒト，以之为归化的人而专从事于文笔的事者的姓。此"史"字遂辗转而有记录的意思。英语称历史为 History，法语为 Histore，意语为 Storia，皆由希腊语及拉丁（语）的 Historia 而起，本意为"问而知之"，把"问而知之"的结果写出来，即为纪录，即是 History。德语称历史为 Geschichte，荷兰语为 Geschiedenis，原皆指发生的事件或偶然的事变而言。各国文字的本义都不相同，今日使用的意义也复各异，所以发生了混乱错杂的见解了。

我们日常泛言历史，其涵义约有三种：（一）譬如说吾汉族有世无与比的历史，这并不指记录而说，乃指民族的经历或发展的过程，所以四千年的历史一语，可以说是文化进化的代名词；（二）又如说吾国无一可观的历史，其意乃指见识高远、文笔优美的历史书籍而言；（三）又如问一友人以君所专考的科目是什么？答云历史。此"历史"二字，乃指一种科学的学问而言。中国并不（是）没有普通的记录，而专考历史，以历史为一门科学的，却是没有。我们现在所要讨论的，就是成为一种科学的历史究竟是什么？

二、历史的定义

关于史的定义，史家不一其辞。因为各人目光不同，定义也因此各异，而现在史学又不十分发达，所以完全妥当的定义，竟是没有。今且举出几个定义中，我们或者能得到一个史学的概念。

Felint 的史的定义

弗氏谓历史学即是历史哲学。他说："历史哲学，不是一个从历史事实分出来的东西，乃是一个包蕴在历史事实里边的东西。一个人愈能深喻历史事实的意义，他愈能深喻历史哲学，而于历史哲学，也愈能深喻于其神智。因为历史哲学，只是些历史事实的真实性质与根本关系的意义的合理的解释、智识罢了。"这里他所说的历史哲学，史学也包括在内。

Lamprecht 的史的定义

郎氏在他的《什么是历史》一书中说："史事本体无他，即是应用心理学。历史乃是社会心理学的科学。"

Vanloon 氏的史的概念

万龙氏作有《人类史》一书。他的序文中有几句警语："最善的点，乃在环绕吾们的光荣的过去的大观，当吾们返于吾们日常的事业的时候，与吾们以新鲜的勇气，以临将来的问题。"

又说："历史是经验的伟大楼阁，这是时间在过去世代的无终界域中建造的。达到这个古代建筑物的屋顶，并且得到那全部光景的利益，不是一件容易的事。除非青年的足是健强的，这事才能做到。此外，绝无人能登临。"

内田银藏博士的史学的要义

内田银藏博士是日本的史学者。他说，史学有三要义：

（一）随着时间的经过，人事进化不已。研究历史，当就其经过的行程而为考察。社会一天一天不断地发达进化，人事也一天一天不断地推移进行。就其发达进化的状态，就是就其不静止而移动的遇〔过〕程，以遂行考察，乃是今日史学的第一要义。

（二）当就实际所起的情形，一一蒐察其证据。考察历史，须不驰空想，不逞臆测，应就现实发生的事例，依严密的调查考察证据的手段，以究明人事的发展进化。这是历史的研究的特色。

（三）不把人事认作零零碎碎的东西去考察他，应该认作为有因果的、连锁的东西去考察他。现在的历史的研究，不能单以考察片段的事实为能事。须把人事看做整个的来研究，就其互相连锁的地方去考察他，以期能够明白事实与事实间相互的影响和感应——即是因果。但零碎的事实，也很要紧的。没有零碎，便没有整个。所以当就一个一个的零碎为基础，而后当做一个整个的而观察他的因果的关系。不过此一个一个事实，必须考查精确。假使是假的，差误的，那么由此而生的整个，也靠不住了。但太致力于烦琐的末节，而遗其大端，那也是不足取的。

梁任公氏的史学定义

最近梁任公氏著有《中国历史研究法》一书，在那本书里所下的史的定义是："记述人类社会赓续活动的体相，校其总成绩求得其因果关系，以为现代一般人活动资鉴的是史。"

以上所举的，不过是供吾人参考的资料。我甚希望诸位参考诸家的说，自己为史学下一个比较的完全确切的定义。

三、史学与哲学及文学的关系

讲到史学与哲学、文学的关系，最好把培根的分类先来参考一下。关于人生的学问，本不能严格的分开，使他们老死不相往来的，因为人生是整个的。但现在为分功〔工〕起见，所以不得不分成多种专门的学，以求深造。但学问虽贵乎专，却尤贵乎通。科学过重分类，便有隔阂难通之弊。所以虽然专门研究，同时相互的关系也应知道。专而不进［通］，也非常危险，尤以关于人生的学问为然。史学和哲学、文学的来源是相同的，都导源于古代的神话和传说。虽买［然］我们分工之后，同源而分流，但也一样可以帮助我们为人生的修养，所以也可以说是殊途而同归的。

培根的分类，见于他所著的 *Advancement of Learning* （1605）及以拉丁文著的 *The Dignity and Advancement of Learning* （1623）。这二书都是讲当时的思想的发展的。在此二种（书）中，他把学问分为三大类：（一）历史；（二）诗；（三）哲学。这是按照心的能力而分的。因为心的能力也有三：（一）记忆；（二）想象；（三）理性。记忆所产生的是史，想象所产生的是诗，理性所产生的是哲学。这个分类，在今日看来是不完全的，因为他只是指他那时代的学问状况而说的，但我们正好借用他的分类，说明史学、文学、哲学三者的关系的密切。

他把历史分为自然史、人事史，而人事史又分（为）宗教史、文学史等。

哲学也分为三类：（一）关于神明的；（二）关于自然（的）；（三）关于人的。哲学二字的意义，也与现在不同。他所说的哲学，是穷理的意思，此外又有第一根源的哲学，包括三部的本源的普遍的学问。

诗也不是专指诗歌而言，凡想象、假作而叙事的文学都是，不必定为韵文。

诗与史的关系是很密切的。要考察希腊古代的历史，必须读荷马的《史诗》，因他的诗中包蕴很多的史料。孟子说："王者之迹熄而诗亡，诗亡然后春秋作。"春秋是史，他说诗亡而后春秋作，也可见史与诗间大有关系。即如《诗经》一书，虽是古诗，却也有许多许多的史料在内。要研究中国古代史，不能不把此书当作重要的参考书。郎氏（Lamprecht）谓："史有二方面：（一）取自然主义的形式的——谱系；（二）取理想主义的形式的——英雄诗。谱系进而成为编年史，英雄诗进而成为传记。"这都可证明诗与史的关系密切了。

哲学与史的关系的密切，也很容易证明。譬如老子是哲学家，但他也是个史学（家），因为他是周的史官。"班志"说：道家出于史官。可见哲学与史学也是相通的。

培根之后，孔德、斯宾塞、冯德诸家，各有另立的分类。不过培根的分类，与我们以特别有关系的材料，所以借来作史学、哲学、文学的关系的证明。

四、历史与历史学的关系

以历史为中心，史学可分二部：记述历史；历史理论。记述〈的〉历史的目的，是欲确定各个零碎的历史事实，而以活现的手段描写出来，这是艺术的工作。历史理论的目的，是在把已经考察确定的零碎事实合而观之，以研究其间的因果关系的，这乃是科学的工作。

此外，又有历史哲学一项，但从系统上讲起来，宜放置哲学分类之下。

五、哲学与史学的接触点

哲学与历史相接触点有三，即是：哲学史、哲理的历史及历史哲学。

哲学史是以哲学为研究的对象，用历史的方法去考察他，其性质宜列入哲学系统中。哲理的历史，是用哲理的眼光去写历史，是属于史的性质的，但太嫌空虚。历史哲学是哲学的一部分，哲学是于科学所不能之处，去考察宇宙一切现象的根本原理的。历史事实是宇宙现象的一部分，所以亦是史学所研究的对象的一部分。

六、哲学与史学的关系

哲学彷佛是各种科学的宗邦，各种科学是逐渐由哲学分出来的独立国。哲学的领地，虽然一天一天的狭小，而宗邦的权威仍在哲学。

科学之所穷，即哲学之所始。两者的性质上区别虽经确立，不容相混了，然而二者的界限，却并未如长江大河为之截然分界。二者之间有一中区，譬如历史与哲学虽各有领域，而历史哲学便处于二者之间，不能说完全属诸史学，也不能说完全属诸哲学。

立在史学上以考察其与哲学的关系，约有四端：

（一）哲学亦为史学所研究的一种对象。史学底对象，系人生与为人生的产物的文化。文化是多方面的，哲学亦其一部分。所以哲学亦为史学家所认为当研究的一种对象。

（二）历史观。史学家的历史观，每渊源于哲学。社会现象，史学家可以拿自己的历史观来考察之，解释之。譬如现在的女权运动和打破大家庭的运动，是从什么地方来的，都可以一种历史观察之。马克思的唯物史观，是历史观的一种。他以为社会上、历史上种种现象之所以发生，其原动力皆在于经济，所以以经济为主点，可以解释此种现象。此外，圣西门有智识的史观，以为知识可以决定宗教，宗教可以决定政治。此外，还有宗教的史观、算术的史观等等。或谓史学家不应有历史观，应当虚怀若谷的去研究，不可有偏见或成见，以历史附会己说，才可算是好史学家。或者说史学家应有历史观，然后才有准绳去处置史料，不然便如迷离漂荡于洋海之中，芒〔茫〕无把握，很难寻出头绪来。这话是很对的。史学家当有一种历史观，而且自然的有一种历史观，不过不要采了个偏的、差的历史观罢了。

马克思的唯物史观，很受海格尔的辩证法的影响，就是历史观是从哲学思想来的明证。

（三）就历史事实而欲阐明一般的原理，便不得不借重于哲学。

（四）史学研究法与一般理论学或智识哲学，有密切关系。

现在再从哲学方面来考察他与史学的关系：

（一）历史是宇宙的一部分，哲学是研究宇宙一切现象的，所以历史事实亦属于哲学所当考量的对象之中。

（二）人生哲学或历史（哲）学，尤须以史学所研究的结果为基础。

（三）哲学可在旁的学问中，得到观察的方法和考量的方法。所以哲学也可以由历史的研究，得到他的观察法和考量法，以之应用到哲学上去。

（四）要知哲学与一般社会及人文的状态的关系，于未研究哲学之先，必先研究时代的背景及一般时代的人文的状况。所以虽研究哲学，也必以一般史识为要。

（五）研究某哲学家的学说，必须研究某哲学家的传记。

（六）哲学史亦是一种历史的研究，故亦须用历史研究法的研究以研究哲学史。

历史哲学是研究历史的根本问题的。如人类生活究竟是什么？人类的行动是有预定轨道的，还是人生是做梦一般的？我们所认为历史事实的是真的呢，还是空虚的？人类背后究竟有根本大法操持一切的呢，还是历史上种种事实都是无意义的流转、譬彼舟流不知所届呢？人类自有史以来，是进步的，还是退化的？人类进化果然是于不知不识中向一定的方向进行呢，还是茫无定向呢？国家民族的命运及其兴衰〔衰〕荣枯，是人造的，还是人们无能为力的？种种事实，纷纭错杂，究竟有没有根本原理在那里支配？这都是历史哲学的事。因为用科学的方法去研究，止〔只〕能到一定的程度为止，科学所不及的，都是哲学的事了。

七、史学、文学、哲学与人生修养的关系

我们要研究学问，不是以学问去赚钱，去维持生活的，乃是为人生修养上有所受用。文学可以启发我们感情。所以说，诗可以兴，可以怨，又说，兴于诗。文学是可以发扬民族和社会的感情的，哲学于人生关系也切。人们每被许多琐屑细小的事压住了，不能达观，这于人生给了很多的苦痛。哲学可以帮助我们得到一个注意于远大的观念，从琐屑的事件解放出来，这于人生修养上有益。史学于人生的关系，可以分智识方面与感情方面二部去说。从感情方面说，史与诗（文学）有相同之用处，如读史读到古人当危急存亡之秋，能够激昂慷慨，不论他自己是文人武人，慨然出来，拯民救国，我们的感情都被他激发鼓动了，不由的感奋兴起，把这种扶持国家民族的危亡的大任放在自己的肩头。这是关于感情的。其关于知识方面的，就是我们读史，可以得到一种观察世务的方法，并可以加增认知事实和判断事实的力量。人名、地名，是不甚要紧的，能够记得也好，不记得也不妨事的。三〔二〕者帮助人生的修养，不但是殊途同归，抑且是相辅为用。史学教我们踏实审慎，文学教我们发扬蹈厉。

此外，历史观与人生观亦有密切的关系。哲学教我们扼要、达观。三者交相为用，可以使我们精神上得一种平均的调和的训练与修养。自马克思经济的历史观把古时崇拜英雄圣贤的观念打破了不少，他给了我们一种新的人生〔历史〕观，使我们知道社会的进步不是靠少数的圣贤豪杰的，乃是靠一般人的，而英雄也不过是时代的产物。我们的新时代，全靠我们自己努力去创造。有了这种新的历史观，便可以得到一〈命〉种新的人生观。前人以为人们只靠天、靠圣贤豪杰，因此不见圣贤出来，便要发出"前不见古人，后不见来者，念天地之悠悠，独怆然而涕下"的叹声；因此生逢衰乱的时代，便发出"旻天不吊"或"我生

不辰"的叹声。在此等叹声中，可以寻知那听天认命的历史观影响于人们的人生观怎样大了。现在人们把历史观改变了，这种悲观、任运、消极、听天的人生观，也自然跟着去掉，而此新的历史观，却给我们新鲜的勇气，给我们乐观迈进的人生观。

从前的历史观，使人迷信人类是一天一天退化的，所以有崇古卑今的观念。中国如此，西洋亦然。他们谓黄金时代，一变而为银时代，更变而为铜时代、铁时代，这便是说世道人心江河日下了。这种黄金时代说，在十七世纪时为一班崇今派的战士攻击的中心。当时，今古的争论极烈，一方面说古的好，他方说今的好。培根等都是赞成新的、崇尚今的。他们说：以前的圣贤的知识，并不如我们多，今世仍旧可以有〈要〉圣贤豪杰的。二（者）相争甚烈，在法、意等国（两）派都有极烈的争论。诗人的梦想，多以前代、过去的时代为黄金时代。中国的《采薇》、《获麟》诸歌和陶渊明一流的诗，都有怀思黄、农、虞、夏的感想。黄、农、虞、夏之世，便是中国人理想中的黄金时代。新历史家首当打破此种谬误的观念，而于现在、于将来努力去创造黄金时代。因为黄金时代，总是在我们的面前，不会在我们的背后。怀古派所梦寐回思的黄金时代，只是些草昧未开、洪荒未阔的景象，没有什么使我们今人羡慕的理由。我们试一登临那位时先生在过去世代的无止境中，为我们建筑的一座经验的高楼绝顶，可以遍历环绕我们的光荣的过去的大观，凭着这些阶梯，我们不但可以认识现在，并且可以眺望将来。在那里，我们可以得到新鲜的勇气；在那里，我们可以得到乐天迈进的人生观。这种愉快，这种幸福，只有靠那一班登临这座高楼的青年们，长驱迈进的健行不息，才能得到。这是史学的真趣味，这是研究史学的真利益。

署名：李守常讲演
黄维荣、温崇信记录
天津《新民意报》副刊
《星火》第 13、14、15 号
1923 年 4 月 17 日—19 日

报与史
（1923 年 8 月 30 日）

　　报与史有密切亲近的关系。我们从"史"字的原义，可以看出报与史间有类似的性质。中文"史"字有掌司记事者之义。英语 History 与法语 Historie、意语 Storia 同蜕自希腊语及拉丁语的 Historia，此字原是"问而知之"的意思，由是转变而为纪问而得知的结果的东西，就是记录的意思。德语史为 Geschichite，荷兰语史（为）Geschiedenis，有发生的事件的意思。由各国文字的本义观之，"史"的意义，虽互有差异，而其性质颇有与今日的报接近的点，则考诸各国文字，皆能溯寻其始义而得之。

　　史的文字的原始，既已多少含有今日的报的性质，那么作史的要义与作报的要义，亦当有合。

　　史的要义凡三：一曰，察其变。社会的进展不已，人事的变迁无常，治史者必须即其进展变易之象，而察其程迹，始能得人类社会之真象；二曰，蒐其实。欲求人类进变之迹，苟于个个现实发生的事件，未得真确之证据，则难免驰空武断之弊；三曰，会其通。今日史学进步的程途，已达于不仅以考证精核片段的事实，即为毕史之能事了，必须认人事为互有连琐，互有因果关系者，而施以考察，以期于事实与事实之间，发现相互的影响与感应，而后得观人事之会通。此三义者，于史为要，于报亦何独不然？

　　报的性质，与纪录的历史，尤其接近，由或种意味言之，亦可以说，"报是现在的史，史是过去的报"。今日的报纸，于把每日发生的事件，报告出来以外，有时亦附载些文艺论坛及别种有趣味的评论等，以娱读者。又，凡一个报，无论其为一党派或一团体的机关，或为单纯营业的独立的组织，必各持有一定的主义与见解。社中的记者，即本此主义与见解以发挥其宣传的作用。而就报纸的普通，而且重要的主旨，乃在尽力把日日发生的事实，迅捷的而且精确的报告出来，俾读报纸的人们，得些娱乐、教益与知识。今日报纸的需要，几乎成了一种人生必需品的原故，就在他能把日日新发生的事件，用有系统、有趣味的笔法，描写出来，以传布于读者，使人事发展、社会进化的现象，一一呈露于读者的眼前。报纸上所记的事，虽然是片片段段、一鳞一爪的东西，而究其惟〔性〕质，实与纪录的历史原无二致。故新闻记者的职分，亦与历史研究者极相近似。今日新闻记者所整理所记述的材料，即为他日历史研究者所当蒐集的一种重要史料。

今日新闻记者的事务，既负为他日史家预备史料的责任，那么记〔新〕闻记者于载笔记事的时候，必当本着上述史的三个要义，以相从事，其报始有价值。惟作报与作史〈有〉最有不同之点，就是作报大率多致于力求其报告的迅捷，求迅之念切，则与蒐实之义不能两全，而新闻记者之纪事，又每易为目前发生的零碎事象所迷鹜。因之于察变会通之义，常易纷失其因果连贯之系统，这是新闻记者应该特加注意的事。为免此弊，新闻记者要有历史研究者的修养，要有历史的知识，要具有与史学者一样的冷静的头脑，透澈的观察，用研究历史的方法，鉴别取拾关于每日新生事实的种种材料。这样子才可以作成一种好报纸，同时亦能为未来的史家预备些好史料。

署名：北京大学教授李大钊
《顺天时报》7000 号纪念号
1923 年 8 月 30 日

史学思想史 *
(1923 年 9 月—1924 年上半年)

史 观

人类的历史，果何自始？曰，不知所自始。果何由终？曰，不知所由终。在此无始无终，奔驰前涌的历史长流中，乃有我，乃有我的生活。前途渺渺，后顾茫茫，苟不明察历史的性象，以知所趋向，则我之人生，将毫无意义，靡所适从，有如荒海穷洋，孤舟泛泊，而失所归依。故历史观者，实为人生的准据，欲得一正确的人生观，必先得一正确的历史观。

吾兹之所谓历史，非指过去的陈编而言。过去的陈编，汗牛充栋，于治史学者亦诚不失为丰富资考的资料，然绝非吾兹所谓活泼泼的有生

---

* 《史学思想史》是李大钊为北京大学史学系开设的正式课程，现存的该课讲义共 36 页，6 万多字，由北大出版部讲义科用铅字排印，分期印发。每篇讲义的边框线外均印有收稿和印出日期，第一篇《史观》的收稿时间为"12 月 8 日"（当为 1923 年 12 月 8 日），最后一篇《唯物史观在现代社会学上的价值》的印刷日期为"7 月 2 日"（当为 1924 年 7 月 2 日）。关于讲义的印发办法，当时北大有明确规定，一般是先讲课，后印发。因此，讲授时间实际上早于讲义印发时间。据此，我们将《史学思想史》讲授时间定为 1923 年 9 月至 1924 年上半年。讲义内容为 6 万多字，以每周 3 学时计，一个学期当可讲完。李大钊因出席国民党一大会议，1924 年 1 月 4 日至 2 月下旬请假出京近两个月，因而 1924 年上半年才"补讲"完全部内容。该讲义共分为十篇：《史观》、《今与古》、《鲍丹的历史思想》、《孟德斯鸠（Montesquieu）的历史思想》、《韦柯（Giovanni Battsita Vico）及其历史思想》、《孔道西（Condorcet）的历史思想》、《桑西门（Saint-Simon）的历史思想》、《马克思的历史哲学与理恺尔的历史哲学》、《唯物史观在现代史学上的价值》、《唯物史观在现代社会学上的价值》。其中除《唯物史观在现代史学上的价值》，因 1920 年早已在《新青年》发表，另行编排外（已收入本书），其余九篇均按北京大学图书馆收藏的讲义影印本的目录编排顺序收入本书。其中在《社会科学季刊》公开发表过的三篇文章，除个别文字外，内容与讲义中的内容基本相同，故据发表稿排印，并在文末注明发表刊物及时间。其余文稿均按影印本排印。

命的历史。吾兹所云，乃与"社会"同质而异观的历史。同一吾人所托以生存的社会，纵以观之，则为历史，横以观之，则为社会。横观则收之于现在，纵观则放之于往古。此之历史，即是社会的时间的性象。一切史的知识，都依他为事实，一切史学的研究，都以他为对象，一切史的纪录，都为他所占领。他不是僵石，不是枯骨，不是故纸，不是陈编，乃是亘过去、现在、未来、永世生存的人类全生命。对于此种历史的解释或概念，即此之所谓历史观，亦可云为一种的社会观。

古昔的历史观，大抵宗于神道，归于天命，而带有宗教的气味。当时的哲人，都以为人类的运命实为神所命定。国社的治乱兴衰，人生的吉祥祸福，一遵神定的法则而行，天命而外，无所谓历史的法则。即偶有重视王者、圣人、英雄、豪杰而崇之以为具有旋乾转坤的伟力神德者，亦皆认他们为聪睿天亶，崧生岳降，仰托神灵的庇佑以临治斯民。故凡伟人的历史观、圣贤的历史观、王者的历史观、英雄的历史观、道德的历史观、教化的历史观，均与神权的历史观、天命的历史观，有密接相依的关系。后世科学日进，史学界亦渐放曙光。康德之流已既想望凯蒲拉儿（Kepler）、奈端（Newton）其人者诞生于史学界，而期其发见一种历史的法则，如引力法则者然。厥后名贤迭起，如孔道西，如桑西门，如韦柯，如孔德，如马克思，皆以努力以求历史法则之发见为己任而终能有成，跻后起的历史学、社会学于科学之列，竟造成学术界一大伟业。厥后德国"西南学派"虽崛起而为文化科学即历史学与自然科学对立的运动，亦终不能撼摇史学在科学的位置，这不能不归功于马克思诸子的伟业了。

自康德以还，名家巨子努力以求历史法则的发见者，既已实繁有徒，于是历史观亦衍类多端：有神权的历史观，有宗教的历史观，有道德的历史观，有教化的历史观，有圣人的历史观，有王者的历史观，有英雄的历史观，有知识的历史观，有政治的历史观，有经济的历史观，有生物的历史观，有地理的历史观。将此种种依四种的分类法括而纳之：曰，退落的或循环的历史观与进步的历史观；曰，个人的历史观与社会的历史观；曰，精神的历史观与物质的历史观；曰，神教的历史观与人生的历史观。前者以历史行程的价值的本位为准，后三者则以历史进展的动因为准。以历史行程的价值的本位为准者，或曰，社会的演展乃由昌盛而日趋衰落；或曰，社会的演展乃如循于一环，周而复始；或曰，社会的演展乃由野僿而日跻开明。以历史进展的动因为准者，则曰，史之进展必有动因。至于动因何在，则又言人人殊：或曰，在个人，如英雄、王者是；或曰，在社会，如知识、经济是；或曰，在精神，如圣神、德化、理念是；或曰，在物质，如地理、人种、经济是；或曰，在神权，如天命、神意是；或曰，在人生，如社会的生产方法，或社会的知识程度是。

历史观本身亦有其历史，其历史亦有一定的倾向。大体言之，由神权的历史观进而为人生的历史观，由精神的历史观进而为物质的历史观，由个人的历史观进而为社会的历史观，由退落的或循环的历史观进而为进步的历史观。神权的、精神的、个人的历史观，多带退落的或循环的历史观的倾向；而人生的、物质的、社会的历史观，则多带进步的历史观的倾向。神权的、精神的、个人的、退落的或循环的历史观可称为旧史观，而人生的、物质的、社会的、进步的历史观则可称为新史观。

实在的事实是一成不变的，而历史事实的知识则是随时变动的；纪录里的历史是印板的，解喻中的历史是生动的。历史观是史实的知识，是史实的解喻，所以历史观是随时变化的，是生动无已的，是含有进步性的。同一史实，一人的解释与他人的解释不同，一时代的解释与他时代的解释不同，甚至同一人也对于同一史实的解释，昨日的见解与今日的见解不同。此无他，事实是死的，一成不变的，而解喻则是活的，与时俱化的。例如火的发明，衣裳的发明，农业及农器的发明，在原人时代，不知几经世代，经社会上的几多人，于有意无意中发见、应用的结果积累而成者。旧史观则归功于半神人的燧人氏、神农氏等。若由新史观以为解释，则必搜其迹寻其因于社会全体的进化，而断定此半神人为荒诞的虚构。又如孔子的生平事迹，旧史观则必置之于天纵的地位，必注意于西狩获麟一类的神话。若依新史观为他作传，则必把此类荒诞神话一概删除，而特注意于产生他的思想的社会背景。所以历史不怕重作，且必要重作。实在的事实，实在的人物，虽如滔滔逝水，只在历史长途中一淌过去，而历史的事实，历史的人物，则犹永永生动于吾人的脑际，而与史观以俱代 [化]。依据人生的史观重作的历史，补正了依据神权的史观作成的历史不少；依据社会的史观重作的历史，补正了依据个人的史观作成的历史不少；依据物质的史观重作的历史，补正了依据精神的史观作成的历史不少；依据进步的史观重作的历史，补正了依据退落的或循环的史观作成的历史不少。历史观的更新，恰如更上一层，以观环列的光景，所造愈高，所观愈广。以今所得，以视古人，往往窃笑其愚，以为如斯浅识都不能解。其实知识有限，如隔丛山，过后思之，以为易事，而在当时，则非其时之知识所能胜。譬如奈端，据以发明引力法则的苹果落地的事实，奈端之前，奈端之后，目睹苹果落地者，何止千百万人，而皆莫喻引力之理，今从史实，亦何足异？根据新史观、新史料，把旧历史一一改作，是现代史学者的责任。

中国自古昔圣哲，即习为托古之说，以自矜重：孔孟之徒，言必称尧舜；老庄之徒，言必称黄帝；墨翟之徒，言必称大禹；许行之徒，言必称神农。此风既倡，后世逸民高歌，诗人梦想，大抵慨念黄、农、虞、夏、无怀、葛天的黄金时代，以重寄其怀古的幽情，而退落的历史观，遂以隐中于人心。其或征诛誓诰，则称帝命；衰乱行吟，则呼昊天；生逢不辰，遭时多故，则思王者，思英雄。而王者英雄之拯世救民，又皆为应运而生、天亶天纵的聪明圣智，而中国哲学家的历史观，遂全为循环的、神权的、伟人的历史观所结晶。一部整个的中国史，迄兹以前，遂全为是等史观所支配，以潜入于人心，深固而不可拔除。时至今日，循环的、退落的、精神的、"唯心的"历史，犹有复活反动的倾势。吾侪治史学于今日的中国，新史观的树立，对于旧史观的抗辩，其兴味正自深切，其责任正自重大。吾愿与治斯学者共策勉之。

今与古

宇宙的运命，人间的历史，都可以看作无始无终的大实在的瀑流，不断的奔驰，不断的流转，过去的一往不还，未来的万劫不已。于是时有今古，人有今古，乃至文学、诗歌、科学、艺术、礼、俗、政、教，都有今古。今古的质态既殊，今古的争论遂起。

有一派人，对于现在的一切现象都不满足，觉得现今的境象，都是黑暗、堕落、恶浊、卑污，一切今的，都是恶的，一切古的，都是好的，政治、法律、道德、风俗、诗歌、文学等等，全是今不如古。他们往往发伤时的慨叹，动怀古的幽情，说些"世道日衰"、"人心不古"的话，遐想无怀、葛天、黄、农、虞、夏的黄金时代的景象，把终生的情感心神，都用在过去的怀思。这一派人可以叫作怀古派。

又有一派人，对于现在及将来抱乐观的希望，以为过去的成功，都流注于现在，古人的劳绩，都遗赠于后人。无限的古代，都以现今为归宿，无限的将来，都以现今为胚胎。人类的知识，随着时代的发展，不断的扩大，不断的增加，一切今的，都胜于古的，优于古的，即如诗歌艺术，今人所作，亦并不劣于古人，所谓无怀、葛天、黄、农、虞、夏，不过是些浅化初开的时代，并不那样值得我们的怀思与景仰，我们惟有讴歌现代，颂祷今人，以今世为未来新时代的基础，而以乐天的精神，尽其承受古人、启发来者的责任。这一派人可以叫作崇今派。

崇今派与怀古派间，往往发生激烈的论战。欧洲当十七世纪顷，关于今古优劣的比较，亦曾引起文学上的战争，此争绵亘约百年间，在法如是，在英亦如是。

今古的激战，于文学（特别是诗歌）为最烈，又最易引起公众热烈的兴趣。长于此等论战的人，又将其范围推广至于智识。许多人以今古的争论，为文学史上的枝节问题。首先以此等论争，为有更广的关系，而唤起人们的注意者，厥为孔德（August Comte）。

今古的争论，在思想上实有相当的意义，这是对于文艺复兴的衡轭一部分的反抗。崇今派立于攻击者的地位，想令批评主义由死人的权威解放出来。他们争论到一个很重要的问题，这个问题就是：现今的人犹能与显烈的古人抗衡否，抑或在智力上实劣于古人？这还包含着更大的问题，就是：自然已否竭尽其力？他是否久已不能再生脑力与元气等于他曾经产生的人们了？人性是否已经疲竭，抑或他的势力是否永存而不尽？

崇今派的战士，主张自然的势力永远存在，直接反对人类退落说，此说所以不能见信于人。崇今派的贡献独多，智识上的进步说获有一个最初的明确论证，实为今古的争论所唤起的结果。

今古的激战，虽自十七世纪初叶开幕，而在十六世纪末叶，已有一位崇今派的战士，首先跃起作崇今派的先驱。其人为谁？即鲍丹（Jean Bodin）是。

鲍丹学说的重要，不在他的君政论，而在他企图立一普遍历史的新学说，以代中世时史学界流行的黄金时代说（Theory of Golden Age）。主张黄金时代说者，大抵以为古代有一个黄金时代，化美俗良，德福并茂，真是人间的天国；后来日渐堕落，由金时代降而为银时代，而铜，而铁，这就是说"世道人心江河日下"了。此说盛行于欧土中世神学者流，鲍丹独起而否认之。鲍丹认自然永是均一，拟想自然能在一时代产出黄金时代说所指的那个人那个境遇，在别一时代便不能产生他们，是不合理的。换句话说，鲍丹确认自然动力永在与不灭的原则，以为在一时代所能产生的人或境遇，在别一时代亦能产生。从人类的原始时代以后，人间的光景有很大的变动，设使他们之所谓黄金时代可以召唤回来，而与现今一为比较，现今反倒是金，他反倒是铁，亦未可知。历史是由人的意思造成的，人的意思是永在变动中的，无论俗界教界，时时刻刻有新法律、新装束、新制度，随着亦有些新错误涌现出来，但在这变动不居的光景中，亦可以看出一个规律来，就是震动的法则（Law of Oscilation）；一起一仆，一仆一起，拟想人类永是退落的，是一个错误；倘真如此，人类早已达于灾害罪患的穷途，而无噍类了！人类不但不是永远退落的，而且在震动不已的循环中，渐渐的升高，这就是螺旋状的进步；他们昧然指为金为银的时代的人，全去禽兽未远，由那个状态慢慢的演进，才有今日的人类生活、社会秩序。古人的发明，固然值得我们的赞誉，但今人亦有今人的新发明，其功绩与古人的一样伟大而重要。有了航海南针的发明，才能成就周航地球、世界通商的事业，由是而世界一家了。他如地理学、天文学上的进步，火药的发明，毛织业并其他实业的发展，都在在与全世界以极大的影响；即单就造纸术、印刷术的发明而论，已足以抗颜古人而无愧。

继鲍丹而起者则有倍根（Francis Bacon）。倍根对于古人表相当的尊敬，并且熟于古人的著作；但他认古人的权威，于科学进步上，是一致命的障碍，故亦努力于解除古人权威的衡轭。他以为真理不是于任何时会的好机会中可以寻得的，真理的达到，全视经验与他们的经验所受限制之如何；在他们的时代，时间与世界的知识均极有限而贫乏，他们没有千年的历史足当那个名称，不过是些传说与口碑罢了。除去世界中一小部分的境界与国家，他们全不熟悉。在所有他们的系统与科学的想像中，难有一个单纯的经验，有助益人类的倾向的。他们的理论，是立在意见上的，从而科学在最近两千年间，静止的停留；而立在自然与经验上的机械的艺术，则渐长而增高。

倍根指出 Antiquity 一语迷误的义解，他说我们称为古代而那样常与以崇敬者，乃为世界的少年时期，真值得称为古代的是世界的老年与增加的年代，就是我们现在生于其中的年代。论世界的年龄，我们实是古人，那些希腊人、罗马人比我们年少的多，如同我们看重一个老年人，因为他的关于世界的知识，比一个青年人的大。所以我们有很好的理由，盼望由我们自己的时代，得到比由古代所得者更多的东西；因为在我们自己的时代，智识的储藏为无量数的考察与经验所增积，时间是伟大的发明者，真理是时间的产儿，不是权威的产儿。

印刷术、火药、罗盘针三大发明，是古人所不知道的。这些发明变更了全世界的情形，先文学，次战争，最后航海，引起了无数的变迁，影响及于人事，没有比这些机械的发明再大的。或者航海及未知地的发见，与倍根以感印者，比与鲍丹者多。

倍根认地球通路的开辟与知识的增长，为同时代的产物。此等事业，在今世大部分业已成就，晚近的学术，并不劣于从前两个学术上的时代——希腊人的时代、罗马人的时代。希腊、罗马及现在是历史上三大时代，希腊、罗马为世界上文教法度最昌明的国家，但在那些时代，自然哲学亦未有何进步。在希腊是道德的、政治的空想吸收了人们的精神；在罗马是沉思与努力都耗用在道德的哲学上，最大的智力，都贡献于市民的事务。在第三期，西欧民族的精力，又都为神学的研究占去了。古初实在有些最有用的发明，到了冥想与理论的科学的开始，这等有用的事业就停止了。在过去的人类史上，许多事物的进步是迟缓的，不定的，偶然的，人如能觉察过去的发明的错误而求所以免除之，现在很有确固的进步的希望。

倍根认循环说为知识发展上最大的障碍，每致人们失所信赖与希望。进步之不确定与不继续，全因偏见与错误妨人致力于正轨。进步的艰难，不是起于人力所不逮的事物，而基于人类的误解，此误解耗费时间于不当的目的。妨阻过去的过失，即是创辟将来的希望。

但他的新时代将来的进展是否无限，他于此未加研考。

今古论战的舞台虽在法兰西，而此问题实为一个义大利人所提起。此人为谁？就是那首著名的描绘当时叙事诗人讽刺诗（La Secchia rapita）的作者塔桑尼（Alessandro Tassoni）。他喜于暴露他的时代的偏见，而倡言新学说，他因为攻击 Petrarch、Homer、Aristotle 诸人，在义大利招了很大的诽谤。最早的古今人功绩的比较发现于 Miscellaneous Thoughts，这是他在一六二〇年刊行的。他说此问题是当时流行的争论事件。他对此争论，于理论的、空想的、实用的各方面，立一透彻的比较，与以公平的裁断。

有一派人，主张艺术依经验与长久的工夫能致完善，所以现代必有此利益。塔桑尼对于此说首先加以批评，他说此理由不甚坚固，因为同一的艺术与学问，不永是不间断的为最高智慧所追求，而有时传入劣者手中，所以渐趋退落，甚且至于消灭。例如罗马帝国衰亡时的义大利，当时有很多世纪，觉艺术降在平凡以下了。换句话说，只有假定没有联续的断裂，此说当可承认。

他作出一种比较，以明他不是任何一方的拥护者；他许古人以星星点点的优越，同时今人在全体上远胜于古人；他所考察的范围，比那些自限于文学艺术的争论者广，文化的物质方面，甚至于服装，均在他所考察的范围内。

他所著的 *Thoughts* 一书被译成法文，此书恐已为白衣士罗伯 (Boisrobert) 所及知。白氏是一位剧学家，以曾参与创立法兰西学院 (Academie Francaise) 为人所知。忆一六三五年二月二十六日此学院既成，他即刻当着那些集众讲出一段议论，猛烈的恶口的攻击 Homer，这一段议论在法兰西煽起了争论，并且引起特别的注意。Homer 自经塔桑尼攻击以后，成了崇今派集矢的特别鹄的。他们以为，假如他们不信任 Homer 的主张能够贯彻，他们便可以得到胜利。

当文艺复兴的时期，希腊人、罗马人的权威在思想界极其优越。为便于促进自由的发展，此权威非大加削弱不可。倍根及其他诸人，已竟开始了此种伟大的运动，以期廓清摧陷此等虐力。但是笛卡儿 (Descartes) 的影响愈益严重，愈益坚决，他的态度愈趋于不易调和的程度，他没有一点像倍根的对于古典文学的尊敬，他颇以忘却幼年时曾经学过的希腊文自夸，他的著作的感化力，乃在对于过去严格的完全的打断，并一个完全不借重于古人的组织观念的系统。他在自己的方法、自己的发明的基础上，期望将来智识上的进展，从而他认知这个智力的进展，将有很远的效果及于人类的境遇。他最初名他的《方法论》(*Discourse on Method*) 以"一个可以提高人性到完全最高度的普遍科学的设计"。他视道德的物质的改进，为对于哲学与科学的倚赖。

根据世界现今是较为高龄、较为成熟的见地，是认对古人独立的态度，已竟成了很流行的观念。倍根、笛卡儿并许多受笛派影响的人们都是这样。

巴士库儿 (Pascal) 是一位科学家而改信笛派的理想者，表示的尤其明显。他说：当那么多的世纪间，人类的全联续，应看作一个单独的人而不断的生存，不断的学问，在他的生活的每一阶段，此普遍的人，为他在从前的阶段曾经获得的智识所惠利，而他现在是在老年时期了。

对于责笛氏以对古代思想家不敬的人们，他曾为答辩，说他拒否他们的权威，便是还他们以模仿的敬礼，便是按照他们的精神做，比那些一味奴隶的随从他们的人们好得多。巴氏又说：待遇我们的古人，比他们所示以待其先辈者益加隆敬，待遇他们以一种他们值得受自我们的不可信的隆敬上，因他们未曾对那些在他们上享有同样利益的人们与以那样的看待。天下宁有比此还不公平的事么？

巴氏亦承认，我们应该感念古人，因为我们在知识的增长上能优于他们。他们已达于一定的点，使我们能以最少的努力，跻于最高的程位。所以我们自知我们立在较高的平面上，少艰难亦少荣誉。

最优越的崇今派，便是那些同化于笛派理想的人们。白衣士罗伯的议论出世后好些年，圣骚林（Desmarets de Saint Sorlin）又起来作崇今派的战士。那时他已成了一个梦想派的基督教徒，这也是他痛恨古人的一个理由。他和白衣士罗伯同是劣下的诗人。他说基督教的历史贡给些文辞，比那些曾为 Homer 及 Sophocles（希腊悲剧诗人）所论的，很可以感动一个诗人。他有几首诗是战胜 Homer 的示威运动。约在同时，在英（格）兰亦有一首叙事诗响应圣骚林的争论。

圣骚林已略知此问题含有更广的范围。他说：古代不是那样的快乐，那样的有学问，那样的富裕，那样的堂皇，如同现代一样；现代实是成熟的老年，正如他是世界的秋，得有所有过去世纪的果实与战利品，并有力以判断先辈的发明经验与错误而利用之；古代的世界，是个只有少许的花的春。固然，"自然"在一切时代都产生完全的事业，但他（自然）关于人的创造却不是这样，这必须要改正；那些生于最近时的人们，在幸福与知识上，必超过以前的人。他的话里含有两个要点。一为自然力永在的断言，一为现代比古代有益，正如老年之于幼稚一样的观念。这是倍根诸人所曾经论过的。

圣骚林拥护今人的挑战引起了白衣卢（Boileau）拥护古人的迎敌。圣骚林濒死之前，很郑重的以为今人战的责任托之于一位青年，此位青年名叫帕劳耳（Charles Perrault），即此可以看出今古的争论如何激烈了。

路易十四王朝时的法兰西，一般的气压很于崇今派有利。人们觉着那是一个伟大的时代，可与罗马帝国最初的皇帝奥加士大（Augustas）的时代比美的，没有什么人发出"我生不辰"的叹声。他们的文学的艺术家，若 Corneille、若 Racine、若 Moliére 合于他们的嗜性那样的强烈，所以除了第一位，他们不愿给他们以别的等位，他们不耐听那希腊人、罗马人进到不能达到的优越的断言。Moliére 说："古人毕竟是古人，我们是现今的人。"这可以表示当时一般的感情了。

一六八七年帕劳耳以《路易大王的时代》的名称，印行他的诗歌。现代的启蒙，优于古代，是他的论旨。

帕氏对于古人取比圣骚林更为有礼的态度，而其批评论尤巧。他说，希腊、罗马的天才，在他们自己的时代都很好，或者可以使我们祖先崇为神圣，但在现今，柏拉图宁觉可厌了，而那不能模仿的 Homer，设若生于路易大王的朝代，当能作更好的叙事诗。在帕氏诗中，有确认自然的永远势力在每一时代产生同等才能的人的语句。

《路易大王的时代》，是一个简短的信仰宣言。帕氏接续着又发表一篇彻底的著作，就是《古人与今人的比较》，是在一六八八——一六九六年间以四部分出现的，艺术、雄辩、诗歌、科学及他们的实际的应用，都详加讨论了。他以二人对话的形式发表这个讨论，这对话的人们，一为热心拥护现代的战士，他作崇今的论战；一为拥护古代的献身者，他是一个明知难以否认他的反对者的议论，犹且顽强的固执他自己的见解。

帕氏认智识与时间经验以俱展，完全不是必须伴随古代的；最近的来者承袭了他们先辈的基业，而加上他们自己的新获得。

这后人较善、来者胜今的前提，似与一个明显的历史事实不相容：在智识上、艺术上，我们优于黑暗时代的人们，这固当承认，但你能说第十世纪的人们是优于希腊人与罗马人们么？塔桑尼已经涉及此问题，帕氏答此问题曰："一定不能"，因为联续中常有断裂的原故；科学与艺术同于河流，他的进路的一部潜流于地下，忽而开发奔流，向前跳跃，其丰沃与在地下跳跃一样。譬如长期的战争，可以迫制人〈民〉们蔑视学问，把所有他们的元气都掷于自保的益觉迫切的必要，一个无知的时期可以延续，但随着平和与福祚，知识与发明，将重行开始为进一步的发展。

他不主张今人在才能上或脑力上有何优越，在《路易大王的时代》中，他确认自然不朽的原则，自然犹且产生像他曾生过的人们一样伟大的人，但他不能产生更伟大的人，非洲沙漠的狮子，他的狞猛，在我们今日并与在亚历山大大王时代没有什么区别。一切时代，最善的人在气力上是平等的，但他们的功业与作品是不平等的，若与以同等的势便的情形，最近的是最好的，因为科学与艺术，都靠知识的积聚，知识必然的与时俱增。

　　但此论能用之于诗歌与文学的艺术么？诗歌与文学的艺术界，是交战者（帕氏亦包在内）最有兴味的范域。此可证明现代能产生些诗家、文学家，其优越不亚于古昔先师，但此能证他们的事业一定超于古人么？此驳论逼得帕氏不得脱逃，而帕氏答复则颇巧妙：娱人心情是诗歌与雄辩的职分，而欲有以娱之，必先有以知之，是否洞察人心的奥秘比洞察自然的奥秘较为容易么？或者洞察人心的奥秘费时较少么？关于人心的情感与念望常作出些新发见，只以 Corneille 的悲剧而论，你在那里可以寻得比古代书籍的更微妙、更细致的关于野心、仇怨与嫉妒的映绘。在他的"比较论"的结尾，他宣言今人的普通的优越的时候，他为维持平和起见，论到诗歌与雄辩，暂作一个保留。

　　帕氏的讨论，陷于缺乏体现完全的进步的观念，他〈不〉止专注意智识上的进步，但他不注意将来；对于将来，没有什么兴味；他受最近的过去智识上的发展感印甚深，故他几不能悬想再有更益向前的进步。他说："试读英、法的报章而一察那些王国的学院的出版，将使你信最近二十年或三十年内，在自然科学界作出的发明，比遍有学问的古代的全期都多，我自己想很（欣）幸的知道我们所享的幸福，考查所有过去的时代，在那里我们可以看见一切事物的生长与进步；在我们的时代，没有一种事物没有受过一个新的增加与光荣的；我们的时代，在些种类上曾达到完全的绝顶，从有些年间以后，进步率很迟，想到差不多没有很多的事物可以使我们妒羡将来的时代是很可喜的。"

　　对于将来的冷淡，即是关于将来的怀疑，是上述语句的注释，而与世界已达于他的衰老时期的观念相合，故吾言帕氏的智识进步的观念，尚不完全。

　　于法兰西以外，英国亦忽然起了今古的论战。

　　一个神学家名叫黑克威尔（George Hakewill）刊行了一本六百页的书，以诘责当时普通的错误——宇宙衰朽的错误。他并他那呼吸在十六世纪气压下的书，全为人所忘却，他虽刊行了三版，而除些神学家外，难能引起多人的注意。著者的目的，在证明在世界的政府里，上帝的权威与天命。这与当时流行的见解不相容，当时流行的见解，就是物质的宇宙、天体、原子，均渐趋于衰朽，并那人于物质的、精神的、道德的各方面，正在退落的见解。他的议论多获益于读鲍丹、倍根诸人的书，可见他们的思想已经激动神学家的精神了。

　　一个今古间的比较起于衰朽说的拒驳，与自然力确固的问题起于今古间的比较，一样是自然的结果。黑氏反对过分的推奖古代，正为此说可以助世界衰朽说张目。他所讨论的范围，比法国争论者的较广；他所争论的范围，不止含有科学、艺术与文学，并及物质与道德。他求所以证明精神上物质上没有衰朽，并那现代基督教国的道德，大优于异教时代的那些国家，基于基督教有社会的进步，在艺术上知识上亦有发展。

黑氏亦如塔桑尼，研考一切艺术与科学，断定今人在诗歌上与古人相等，其他诸事，亦都能超越古人。

他认退落说可以腐痹人的元气，世界普遍衰朽论，销沉了人的希望，钝滞了人的努力的锐利。他的言外的意思，是改良世界的努力，为我们对于后人所该尽的义务。

他说："于是我们不要为世界定命的衰朽的虚影所阻栏［拦］，以使我们既不后顾那些可敬的先辈的楷模，又不向前预为后人谋。如我们先辈有价值的预为我们谋者，使我们的子若孙，亦以预为之谋者颂祝吾辈。如何的世代将以延续于我们，尚未确定，亦如未来的世代之在前世之于那些先辈一样。"

黑氏想他生在世界的末年，但他不能延长多久，是一未决的问题；但他有一个考虑可以慰安他自己并读者，就是世界的终结，尚未临近。

自然不衰朽，人类不退落，固可确认了，但那世界的终结，不依自然法，并那人类文化的发长，任在何顷，均可为神的命令所斩断的学说，其足以销沉人的希望，钝滞人的努力的锐利的影响，亦并不小。

黑氏持论的意义，在把阻碍进步学说的退落说，弄成一个特别研究的问题。他的书揭明此说与关于今古争论间的密切关系，不能说他与鲍丹、倍根诸子关于文明进步的理论有所增益。他所企图的历史的普通综合法，全与他们的相等。他说明知识艺术的历史与此外一切事务，如同纵览一种循环的进步；他说他们都有一个发生、滋长、繁荣、废落与萎谢，于是经过一个时期后，又有一个复苏与再兴；以此进步的方法，学问的光明，由一民族传到别一民族，由东洋而希腊，由希腊而罗马，既已为蛮人所不见者千有余岁，而又为 Petrarch 及其当代人所复活。黑氏所陈循环进步的观念，颇与倍根所指摘的循环说相近。

倍根及十七世纪的思想家，自限其过去进步的观察于知的范围内，而黑氏对于古代的仪容道德，不惮与以攻击，能预见这社会的进步较大的问题。这个问题，是必要来到十八世纪阵头的。这是黑说值得我们注意的点。

黑氏的书出世以后，我们又得到格兰威尔（Glanvill）所著的《加的过度》（*Plus ultra*），又称《亚里士多德时代后知识的发展》。此书于一六六八年出版，宗旨在拥护成立未久的"皇家学会"（Royal Society）。该会在当时颇受攻击，谓为有害于宗教及真实学问的兴趣。格氏愤古典派对于皇家学会的压迫，乃起而树拥护的旗帜。他说他对于无名的罗盘针的发明者的感佩，比对于一千个亚历山大与恺撒、一万个亚里士多德的感佩还深且多。在这几句话里，可以看见他的精神了。

他说皇家学会的职分，就是企图人类的设计，置在自然的最深底蕴那样低，达到宇宙最上层那样高，扩张到广大世界的一切变化，目的在普遍人类的惠利。那样一种事业，只能以不能知觉的度数，慢慢的进行。这是一个累代的人均与有关的事业，我们自己的时代，只能希望作一点点，以移去些无用的片屑，预备些材料，安排些东西，以备建筑。我们定须寻求与搜集，观察与考验，为将来的时代预储一个积聚。

神学的考虑，曾经重压过黑氏的思想，而格氏则显然未为所困惑。看了二人的不同，便可以看出这四十年间世界进行的径路了。

斯普拉特（Sprat）是一个牧师，他于格氏的书出世以前不久，出版一本《皇家学会史》。他认科学可以扩张于世界，此事全靠西方文化扩张其他［地］域，基督教国的文化亦可扩到其他文化国及半开化国，他希望将来的改宗者，可以有青出于蓝的优越，希腊人胜过他们东方的先师，现代欧人从罗马人承受了光明，而幸福繁昌，倍于古人所遗留于他们的。

皇家学会建立于一六六○年，科学院建立于一六六六年，使物质的科学，在伦敦与巴黎很流行。各阶级都为此流行的情感所激起，若骑士，若圆颅党，若牧师，若清教徒，都联合起来，若神学家，若法律家，若政治家，若贵族，若世爵，都夸扬倍根哲学的胜利，倍根播的种子，终竟成熟了。那些建立与赞美皇家学会的人们，对倍根有完全的信用。考雷（Cowley）上皇家学会的赞歌，可以名为赞扬倍根的赞歌，亦可以说是人类的精神，由权威的束制解放的圣歌。

我们很高兴的写这一篇崇今派荣誉的战史，我们很感谢崇今派暗示给我们的乐天努力的历史观人生观，我们不要学着唱那怀古派"前不见古人，后不见来者，念天地之悠悠，独怆然而涕下"的诗歌，应该朗诵着耶马孙的名言："你若爱千古，你当爱现在，昨日不能唤回，明日还不确实，你能确有把握的，就是今日，今日一天，当明日两天"，为今人奋力，为来者前驱。①

鲍丹的历史思想

鲍丹（Jean Bodin，1530—1596）为法国政治学者，兼历史学者。承继文艺复兴期而以《国家论》开始近世社会学的研究的是他，在法兰西首先倡始历史哲学的研究的亦是他。鲍氏精研政治哲学，当世实无伦比，至少在孟德斯鸠未生以前未有能侪及之者。所著《国家论》（*Republic*）六种出版于一五六七年，为他的最大杰作。主张君主政治，反对马基亚威理主义（Machiavellism），是其政治主张的特点。自马氏以迄鲍氏，其间才杰不作，法国学术界量〔呈〕销沉之象者已久。至于鲍氏，正值法兰西历史上多事之秋，实社会的、政治的、宗教的纷争扰攘变革迁移的运会。此等纷争与变革，导深思之士以入于政理的研究，殆亦自然的趋势。盖至此时，法国学术界，已有渐次复兴的景象。其时名家辈出，类皆穷思殚虑，以政治与社会为所研治的主题，然解喻之明，探索之深，预见之验，未有如鲍氏者也。

鲍氏的《历史方法论》（*Historic Method Methodus ad-facilem historiarum cognitionem*）出版于一五六六年，亦是他的很重要的著作，其于历史哲学研究者的趣益，实越《国家论》而上之。但此既非历史哲学，亦非为历史哲学置其基础者。如此书之所自白，这不是历史哲学，乃是研究与领会历史的方法。

是书出世，去马氏之死，已四十余年矣！他的眼光及方法，与马氏迥乎不同。鲍氏思想的范围，比马氏广；马氏的精神，只集中于政治学说，而鲍氏学说的重要，不在他的主张君主政治的政治论，而在图立一普遍的历史的新学说，以代中世所流行者。

十六世纪，遍乎全欧，有一研究历史的兴趣普遍的觉醒的征象。此征象维何？即有些关于历史文艺的著述出世是也。中有少许，在鲍氏论著未出以前，即已问世。最早者，如 Mylaeus 的 *Theatrum scribendae historiae Unimversae* 则于一五四八年在 Florence 出版了。最广行而有趣味者，如 Patrizi 的 *Della Storia dialoghi X* 则于一五六〇年在 Venice 出版了。自兹以还，经十六世纪乃至几乎全十七世纪，此等著作的

---

① 本节内容，原发表于《社会科学季刊》第 1 卷第 2 号，1923 年 2 月。

潜流，继续未已。至一五七四年顷，*Pensns srtis Historicae* 已出版于
Bas-le。是书由十八篇关于历史的文著合集而成，其中除去二三例外，
皆为属于十六世纪者。鲍氏论著，所与当时其他历史方法不同者，不在
原则，亦在企于只在于其实用的指导中含有科学价值的考勘而已。其目
的仅在教人以历史应如何在秩序的、独立的、有利的状态中以为研究，
不在寻找一种科学，更不在竭力作成一种科学。以此种事业，至极艰
巨，即有天才，亦惟在情境足以助其成功的时遇方能为力；而其业之
底于有成，亦惟赖以精诚专一之力以自效而企于致之实行也。虽然，
吾人于鲍氏论著中，盖亦不无有趣益于治历史科学者之理想之可
寻焉。

《方法论》初成，首基［卷］即冠以绪言一篇。鲍氏于此，即论历
史研究的容易、娱快与有利。那样历史的颂辞，其在当时，几成为一时
的风尚，此风至少至一百五十年后，尚流行而未已。一六〇九年，
Casanbon 的 *Polybius* 的绪言，或者今尚为人所忆及，此绪言把荣誉主
要的归之于其腊丁语法的功绩。此等颂辞的实在现存的价值，只是时代
的征象于其中表现出来罢了。但此等颂辞，颇能示吾人以由如何的动
机，以如何的希望与旨趣而为之者。十六七世纪的人们对于历史的著述
与研读这样的热心，鲍氏及其时人对于历史这样的热心，不是为的说明
历史的运动或确定历史的法则，乃是为的于其中寻求智力的受用与实际
的指导、文学的与学问的资料，尤其是道德的与政治的生活的助益而
已。换句话说，他们认知历史的智识，不当作科学的积极的本质，但以
之为达历史本身以外某种目的的方［工］具而已。所以鲍氏信历史的研
究为容易，虽为错误的见解，但此不足以惊骇吾人，因此为当时历史的
作者、读者共有之流行的迷想也。一旦人们开始充分的实现历史上最
高的真实的要求，他们便即刻停止作那关于历史效用的颂辞了，同时
他们便知道历史的真实是最难达到的了，然在鲍氏之世，尚未达于此
境也。

《方法论》包有十章，他在此书中，与我们以人类史的性质与位置
的说明。历史原是以真实的描写与叙述表现出来的。历史得分为人类、
自然、神明三者，人类史以人为其主题，亦如自然史以物理的世界为其
主题，神明史以上帝为其主题者然。再明白一点讲，人类史的材料是人
们的自由行为，此行为一语是最广义的，包含所有人类的智慧言行。人
类史特有的形象，是他的主题不断的在变迁中，而上帝与自然，则毫无

变迁。他们永是一样，而人类史则无一刹那是停留在一样的状态中的。此种历史的根本物质，即是不断的变动，与人以一种"没有贯彻历史的原则，在历史中没有秩序可寻，像宇宙间其余的现象和他种的智识一样"的信念。但此信念，虽为旧有而普行者，然此终为错误的。因人是一个精神与一个躯体联合而成的，是一个永在的精神浸入于物质中的。所以经由物质的影响，虽在人的行为中，有许多纷混与矛盾，但在行动中，亦有些永在的原则表示一种与神性有关的精神。此等原则，是人所能喻解的。或者有人想没有在人类史中寻求是等原则的必要，因为此等原则乃在神明史中最易直接的为人所喻解者，但此说非是。不从人类起以达于神明，而由神明以降于人类，以求理喻，是颠倒了研究的真秩序，而执终以为始。人当以研究自己肇始，而渐跻于最高至极之本原，因人是一个灵魂与躯体，精神的与物质的复合的生物，所以他的历史，与自然及上帝的历史并有关联，由地理学与自然有关，由宗教与上帝有关。人的历史家，必须审慎的说明人的复杂的组织与关系，溯寻人的历史如何依精神的与物理的势力为上帝与自然所影响。那么于一个能使人满足的人类普遍史的达成，有二种科学实为必要：天地学（Cosmography 包含星学、地理学、地质学）与普通的或比较的宗教科学是。

鲍氏论研究历史，当依先总纲后特目的次序进行。由普遍史的简约的观察，渐至他的各部分的详彻的研究，如斯作去，各部分相互间的关系，各部分与全体间的关系，均能认出无误。

鲍氏自觉的实认史律的存在，他觉得历史实为律法所贯彻。他的此种信念，实得力于法律的研究。此等研究，致其研究思索的精神，无一俄顷不在历史；同时明认法律与历史自始至终应联为一体，不可分开，倘或将其一与其他的全体分开，则二者之任何一方，都不能圆满了解。他在最初，在刚刚献身于历史方法的时候，便自奋而指导并宣言反对那些自命为哲学的法理家，而且自限其全体的注意于罗马法者。他自己发大愿所欲为的是一个哲学的法理家，而不像 Cujas 只是一个腊丁原文解释者。他攻击那些有声闻的他的同代人的狭隘，不像 Hotman 所曾作的那样甚，为实用像为科学的真理一样。他说即使怎样完全与充分，罗马法的研究，于法律的部分的解释以外，不能更有所与于吾人者。使罗马法与普通法一致，或为其标准，是荒诞的事。于此有一普遍法焉，于普遍法中，一切法典，皆有他们的根柢与理论，这些法典，不过是些属于普遍法的部分的多样的表示。欲达到此法则，须谘询于法理家，同样亦须谘询于历史家，于二者间固不应有所轩轾，以使波斯人、希腊人、埃及人、希伯来人、西班牙人、英吉利人、日尔曼人，均可在罗马人旁，觅一相当的位置。此普遍法的观念，其智识只能经由一个整个的历史的方法的研究方可达到者，今则集中于鲍氏，而在我们的法律家深思的考虑上，即其最普通的形式，斯亦为尚待促进者也。鲍氏所曾说明之者，只为最普通的形式，例如自然法与人为法间的概念，任在何处亦未明晰的分别为彼所引出。他把人事的经行是一个秩序的行程，或为自然的、道德的所限制、所执律的发展一点看得很清楚，但他的历史法则的概念或含有任何一定的意义的法律的概念则极暧昧。

欧洲中世时，史学界盛行一种"黄金时代"（Golden Age）说。为此说者，大抵以为"世道日衰"、"人心不古"，常发些伤时的慨叹，动些怀古的幽情，遐想古代有一个"黄金时代"，化美俗良，德福并茂，真是人间的天国；后来日渐堕落，由金时代，降而为银时代，而铜，而铁，这就是说"人心世道江河日下了！"此说盛行于欧土中世学者流，而皆以丹捏尔（Daniel）的预言为基础。他们把历史的径路分为四个时期：即是巴比伦（Babyloniau）、波斯（Persian）、马基顿（Macedonian）与罗马（Roman）四王国，最后者持续到末日裁判为止。鲍丹于此，另行提议一种分期法。他把历史的径路分为三大时期：第一是东南方民族占优势的时期，约经二千年之久，以基督的诞生终结；第二是中部民族即地中海一带的民族占优势的时期，为期亦约二千年，以条顿人的侵入终结；第三是北方民族推翻罗马而在文化上为导领的时期。三个时期，依于三方民族心理上的特性而各有其特色：第一的特色是宗教，长于知识与聪慧的艺能；第二期是实用的智慧，富有政治的能力与商业的活动；第三期是战争与产业或发明的技能。这个分法，实足以预见黑格儿（Hegel）的综合法（黑格儿的分法是：一、东洋的；二、甲希腊，乙罗马；三、日尔曼语系的世界）。他那最有趣味的点，乃在人种的考察，地理与气候，亦算在内。这便是鲍氏的唯物史观。鲍氏的全体说明，虽有粗荒之嫌；而其混入占星术的议论（Astronomical argument），亦足证他没有全脱神学的影响，但在历史研究上，总算开了一个新步骤了。鲍氏否认黄金时代说的理据，乃在他认自然永是均一，拟想自然能在一时代产出黄金时代说所指的那个人，那个境遇，在别一时代便不能产生他们，是不合理的。换句话说，鲍氏确认自然动力永在与不灭的原则，以为在一个时代所能产生的人或境遇，在别一时代亦能产生。从人类的原始时代以后，人间的光景有很大的变动，设使他们之所谓黄金时代可以召唤回来，而与现今一为比较，现今反倒是金，他反倒是铁，亦未可知。历史是全靠人的意思而成的，人的意思是永在变动中的。无论俗界与教界时时刻刻都有新法律，新装束，新制度，随着亦有些新错误涌现出来。但在这变动不居的光景中，我们亦可以看出一个规律来，就是震动的法则（law of oscillation）。一起一仆，一仆一起，拟想人类永是退落的，是一个错误，倘真如此，人类早已达于灾害罪患的穷途，而无噍类矣！人类不但不是永远退落的，而且在震动不已的循环中，渐渐的升高。这就是螺旋状的进步。他们昧然指目为金为银的时代的人，全去禽兽不远，由那状态慢慢的演进，才有今日的人类生活，社会秩序。鲍氏又说，一切知识、文学、艺术，都有他们的变迁。他们的变迁的经过，就是兴起、增长、繁荣、衰颓，乃至于死灭。罗马崩颓以后，随着一个休息的时期，经此期后，随着一个学术的复活、知力的产生，开往古未有的新局。古人的发明，固然值得我们赞誉，但今人亦并不是仅仅放点熻火以补古人的日月照临之所不及的。今人亦有今人的新发明，其功绩与古人的一样伟大而重要。例如有了航海南针的发明，才能成就周航地球、世界通商的事业，由是而世界变为一家了。他如地理学、天文学上的进步，火药的发明，毛织业并其他实业的发展，都在在与全世界以极大的影响。即单就造纸术、印刷术的发明而论，已足以抗颜古人而有余。

鲍氏确认历史是整个的一个进步的径路。他在他的《方法论》第七章里，即论此特殊而永久的势力的要旨。这第一部分，是论那预言家（Daniel）的"四王国说"无论怎样解释都可（鲍氏自言一切解释，他都不满足），但这断不是历史是一个智力的、道德的退落的、长径路的意思。比四王国，不论什么都可以指，但他们断不是像有些人所提示的蛮荒的古代的四个世代。本章的自［其］余所论，乃为驳斥基于四个世代的荒渺无稽的历史发展的见解。此种见解，乃谓人类是在不断的退落的运动中的，由金时代退到铁时代，时境愈益艰难，善愈荒而恶益著。鲍氏谓此与《圣经》的历史，大相矛盾。《圣经》的历史之所垂告于吾人者，若洪水，若 Babel 塔（古时巴比伦人所造的塔，将以上通于天者，工未竟而中止），等等，为时乃如彼其邃远也；由所谓黄金时代的异教诗人及神与英雄的荒诞传说者之所报告于吾人者观之，那个时代，似曾为真实的铁时代；许多在希腊、罗马盛时所流行的残暴不公的习惯，渐渐的显出他们真实道德的光明了；基督教之广被兹世也，亦挟其方在化育世界的新道德以与之俱来；即彼蛮人的侵入亦可以被看出，是曾实行一个天命的意志；逮乎今世，像罗盘针、印刷术那样的发明，亦能应吾人之要求而有所成就；又曾发见了一个新世界，大大的改进了天文学、自然史、医药及产业；凡此种种，皆足见历史的经过，全是进步的径路。鲍氏把那些人类不断的退落论者（那些怕学术、人性、公道方达于从大地上消灭以回转于他们固有之天的人们），比于病苦凄惨衰懦的老年人，他们自己的疾患的重负，导引他们相信自从他们的少年时日以后，世界已经表 [丧] 失他的一切德、美、善了；又比于那些舟子们，当舟由港向洋海出发的时候，他们会幻想着这是岬与山岭，房子与城市，正在向后退回了。

鲍氏认在过去有一普遍的进步，此观念决非新创，就是耶比库鲁派（Epicureans）旧有的观念。惟自耶比库鲁（Epicurus）哲学失了生存以后，多已消灭于兹世矣。鲍氏于此，又多考察了一千二百年间的新变化。

本鲍氏之说而推之，将来的进展，亦必依震动的法则而与过去及现在等在进步的运动中；将来的新发明，新发现，亦必不减于既往。但鲍氏立论，只限于过去及现在，并未推论及于将来的变动，特未为世界末日等说的幻影所迷蔽已耳。

一个伟大理想之生成建立也，其进行必极迟缓，经久而始臻于完成。今鲍丹把普遍于过去的进步，认识的如彼其清楚，而任在何处，独未确认在未来中亦有进步；以现代之读者综其理论之全程而观之，似应含有此确认，且必须有此确认，而竟无之；不惟无之，抑且有些语句（此等语句，固然极少，而且暧昧而非决定的），表示一种信念，宁可以说是怀疑，谓人事或将回转于其所自始，或将以周环轮转（固然含有螺旋进步的意味）；在不知伟大理想之生成建立如何迟缓者，必且以为奇怪，然若稽察历史之遗迹，则知后之视昔，今人之所平谈 [淡] 无奇而能知之为之者，而在古人，则必经几何世代，几何穷研，而始克达于兹境者，盖往往而然也。以鲍丹察知过去之明，而未见及将来，亦此类耳。盖鲍氏之说，只于过去为公允，即彼几为所有宗教或哲学的改革家所误解、所诋诽的中世，彼亦极尊重之，而独于未来，则漠然看过，终以其业留待三十年后有一位更伟大的人物出，以完成进步之说而补鲍丹之所未及。斯人为谁？即倍根（Lord Bacon）是也。Bacon 最不公允于过去，而专注其深感大望于将来，与其当代伟大声闻学业足与伯仲如笛卡尔（Descartes）其人，同为轻蔑古代世界，而惟注其目光于新世界预言的光景之照耀于其前者。鲍丹之注重过去，亦犹倍根之注重未来，皆能窥见半面的真理，分之则得其一偏，合之则得其全体；必二子之相待，而后进步之真理之全，乃以大明于兹世。呜呼，何其巧也！

鲍氏不自足于仅陈普通的观念而止，更进而以解明实在的事情为鹄的；他不自止于抽象，且进而试为说明实体；他于复杂的史象中，寻求那些原因，并努力以迹溯那些原因的动作。他特别的努力以明二类原因的影响——物理的与政治的原因。

他在《方法论》的第五章中，及在《国家论》的第五卷第一章中，论物理的原因，均极详备。风土有一种影响于一民族的品性，地理与一个民族的历史间有一个一定的适应，其事至明，所以在远古之世，即能为人所察知，而 Hippocrates、Plato、Aristotle、Polybius、Galen 辈，陈述此等事实，亦皆能明确乎其言之。然以彼辈之物理的境遇创造与限制民族性的原理的普通陈述，与鲍氏之竭智尽能以求应用之广漠众多之事例者同日而语，则又失之不平矣。

鲍氏既分民族为北方的、中部的、南方的，他乃以异常周备的知识，研究风土的、地理的情状，如何影响于他们的住民的体力、勇气、智力、人性与贞操，简言之，即精神、道德与态度，与夫山岭、风候、土壤的差异，与于个人及社会以何影响。他提出数多普通的见解，其中固有许多是虚伪的，亦有许多是真实的。

有为鲍丹与孟德斯鸠之比较者，如 Hallam 之所云，则仅谓鲍氏在《国家论》论风土的章中，与孟氏有些类似的地方。此种论评，于鲍氏一方，殊觉稍欠公允。若谓孟氏《法意》由十四卷至十八卷中间所主张的论旨之一半，已经写在鲍氏论风土章中，或尚为符于真实也。Ibn-khaldun 可以除外，因鲍氏不娴于他的著作，鲍氏之所附益于其前人者，视孟氏之所成就为多。设若二人之时间的间隔，与夫必（要）的积聚相当智识的机会之不同，为人所记忆；鲍丹关于此问题的议论，必当被认为二者中之最显著者。即使精巧不如孟氏，而绵密则与之等，同时亦必不以晦昧了此伟大的真理见责。此伟大的真理者何？即人是自由的，依他的为道德与教育所益固的自由，能抵制外界的作用力也。

鲍氏关于政治的原因运动的知识，得自亚里士多德者颇多。但他纳用深邃的思想家锐敏的观察者之所教，而能免于为他们的奴隶；他能由他自己的反省，他的历史的娴熟，他的多变的躬逢的阅历，在他们的学说上，扩而充之增入些新道理，所以他能不失他自己的独立的地位。他分政治为民主政治、贵族政治、君主政治三种，并试为指出每种政治的特色与情状，以示他们怎样的起原与发长，怎样的强大与固结，怎样的衰落与废灭。他把革命与无政府分别的很清，革命是由一种政治到别一种政治的变革，而无政府则是政治的废灭。因为政制的各别的形式有三，他于是寻出革命的类别有六，每一种政制能变成两种别的政制。所有各种革命，可以起于些不同的原因，亦可以用种种方法防阻，至少亦可以延缓。他以细心与洞见，研究革命的、反动的多样的原因，他以判断力的高深，任在何处，都不为占星术的迷信引导他失了正路。

为考他的关于物理的原因的见解，《方法论》第六章，亦须与《国家论》第二、三、四卷对读，因为前者可以说是后者的摘要（résumé）。

在别一方面，《方法论》所可引起历史科学研究者的兴趣的，是在第八、九两章中，有 Dugald Stuart 所谓推测的或理论的历史的样本。第八章，是世界的起原与时间的世代的研究。第九章，是民族起原的研究。鲍氏把此种研究过于看得重要，至少亦错认了他的正当的位置，至谓历史起原的真实观念，是一条只有他能导吾人以通过历史的迷阵的线索。但此观念，全是暧昧的必须留在最久的不能说明中的。论到他所施用的研索的方式，亦只是可赞者半可讥者半而已。

鲍丹亦论到研究语原学的价值，谓遇有关于那些事实，或无文书可稽，或仅有虚伪荒诞的纪载，则语原学的研究，颇足为考证事实之一助。

鲍丹主张世界将有一个终结，并且指出证明于大数学家 Copernicus、Reinhold、Stadius 所与的信地球将在一个时间的经过，落在太阳上的理由。

鲍丹之世，距倍根（Rogor Bacon）已三百年。此三百年，可称为人文主义（Humanism）的三世纪。虽经三世纪间反抗中世主义（medievalism）的努力，而其流风所被，犹有存者。加以由文艺复兴成就的希腊人、罗马人的权威，虽未实行，而已重压于如鲍丹一流的不踌躇的自由以批评古代作者的思想家。故当其周虑以图寻得一解释普遍历史的线索，彼乃为过去的遗物，神学的并宇宙的学说所束缚。当他研讨科学和文学的时代的衰颓，他便提议那当是基于上帝的直接行动，以责罚那些恶用有益的科学于人类的残毁的人们。他指明世界的起原，乃为上帝在恰好的时候自由的创造，谓摩西的说明是真实的，谓世界必须在九月中被创造，历史上最大事变，亦皆发生于九月中。

鲍丹的冥想，是特别为占星术的信念所混合而成者。这种占星术的信念，虽经 Petrarch、Aeneas、Sylvius、Pico 等一流人文派的努力，以明其不足征信，而亘乎文艺复兴期间，许多优尚的或则自由的思想家，犹且重被其影响。鲍丹于此，是 Machiavelli 和 Lord Bacon 之流亚。但他不满足那星象影响人事的学说，而别寻一解释历史的变动系受数的影响的键，再兴 Pythagoras 与 Plato 的观念，而自立一方式以出之。他列举许多名人的生存期，以示他们可为七与九两数的力量所表示，或为七与九两数的产物。还有别的有效能的数，如十二等数是。他举出很多的例，以证这些神秘的数决定帝国的生存期而为历史年表的基础。例如东方王国（Oriental monarchies）的存在期，由 Ninus 到亚历山大王（Alexander the Great）征服波斯，共有 1 728 年，其数等于 12^3；又如罗马共和国由罗马建立到 Actium 战役共有 729 年，其数等于 9^3。明达如鲍氏，虽致疑于独断的宗教而犹不能自脱于轻信星术之神秘，信乎其时代的不合理的偏执之力之大也。

从那样一种信星数而带有神学影响的学说的人，似难觅出进步的影子，但就他的星数的历史的解释，鲍丹亦算把历史置于与宇宙的他部分最相接近的地位，建一个全世界是被建立在一个神的计划上，各部分依此亲密的互相关系的学说。但他很谨慎的避免宿命主义（fatalism）。他说历史大部分是基于人类意思的。他较他以前的一切人与进步的观念愈益接近。我们若把他那占星术的与 Pythagoras 派的冥想，并那些不足以累其学说的神学的插句，排除净尽，他的著作，实在可以表示一种新历史观。此新史观，抱乐观主义（Optimism [Optimistism]）的态度看人类在地球上的境遇，而不管将来的命数如何。

鲍氏的历史观，有三大特点，于后来进步论的发长上，有很重要的关系：（一）他否认人类退落说；（二）他主张今决不劣于古，而且优于古；（三）他认地球上的人民都有相互共同的利害关系。这个概念与古代希腊人、罗马人的"世界的观念"（ecnmenical idea）相合；而经过许多现代航海者的发现，又添了些新意趣。他屡说世界是一个普遍的国家，各种种族各依他们的特别嗜性以贡献于全体的公善这个人民的合同的观念，实为进步论发长上的重要原素。

鲍丹的新历史观，在史学上的贡献，如此其大，我们不能抹煞他的伟大的功绩，而于研索唯物史观起原〈的〉时，尤不可遗忘了此人。

孟德斯鸠（Montesquieu）的历史思想

十七世纪中，法兰西的史学名著，首推包绥（Bossuet）的 *Discours sur l'Histoire Universalle*。是书出版于一六八一年。包绥曾为法国皇太子（Dauphin of France）的教师，故此书乃为授皇太子而作者。包绥是一位笃诚的信者，信《圣经》，信教会，崇拜皇帝为偶像，为独裁主义的拥护者。凡《圣经》之所垂告，彼皆深信而不之疑，故其思想绝不能超越于其时代以上，而有涉及将来的预见。他抱〔把〕权威看得过高，抱〔把〕自由看得过轻。他作朝廷的官吏、作牧师作得太多；作平民、作市民作得太少。他解释历史，始终以《圣经》为秘键，纯为一种宗教的历史观。他的《普遍史论》，包含着三部分：第一部分，是创世以还迄于夏烈曼朝历史事变的编年的分期；第二部分，是真实宗教的程途的撮要；第三部分，是帝国兴衰的考察。他在他的著作第一部分里，把历史分为十二期：第一期，由亚当（Adam）的创造起（B.C. 4004）；第二期，由诺阿（Noah）的洪水起（B.C. 2348）；第三期，由亚布拉哈母（Abraham，犹太人之祖，见《圣经》）的招请起（B.C. 1921）；第四期，由摩西（Moses）律法的授与起（B.C. 1491）；第五期，由特雷（Troy，小亚细亚西北部的一个旧城）的占领起（B.C. 1124）；第六期，由娑罗门（Solomon Israel 王）庙的供奉起（B.C. 1004）；第七期，由罗马的建立起（B.C. 784）；第八期，由〈依〉塞拉斯（Cyrus，波斯王）的谕旨犹太的恢复起（B.C. 536）；第九期，由加太基（Carthage）为席飘（Scipio，罗马的将军）所略取起（B.C. 200）；第十期，由耶稣的诞生起；第十一期，由康士坦丁大帝（Constantine，罗马皇帝）的国家采用基督教起（A.D. 312）；第十二期，由廖教皇（Pope Leo）为夏烈曼（Charlemagne）举行罗马皇帝戴冠式起（A.D. 800）。他又把这十二期缩约而为七代：第一代以亚当始；第二代，以诺阿始；第三代，以亚布拉哈母始；第四代，以摩西始；第五代，以娑罗门始；第六代，以塞拉斯始；第七代，以耶稣始。把这些期（epoch）与代（age）又总括而为三大世（great period）：摩西以前，为自然法期，是为第一世；由摩西至耶稣，为成文法期，是为第二世；耶稣以降，则为天惠期（Period of grace），是为第三世。他的分期，纯按《圣经》之所示就 Israel 人的幸运为标准。他的《普遍史论》的名实不符甚远，观此可以了然。其论宗教的径路与帝国的兴衰也，亦皆以《圣经》为宝典，而以天命为归，乌足语于历史哲学之价值乎？

迄于兹时，历史中一定的秩序与统一，为基督教的天命论最终原因论所寻出，至十八世纪此原则又为唯理主义所推翻；于是史学界遂有一大革命的运动的酝酿。此种运动，乃须于历史中寻出秩序与统一的新原则，以代基督教的旧原则。科学的进展，全赖物理的现象服赖于不变的法则的假定，历史亦然，假使有何等结论由历史中引出，则关于社会现象的类似的假定，亦所必须。果也，在十八世纪中叶，此新研究的线路，即于是乎肇开，以导向社会学、文明史、历史哲学而进也。现代社会科学最显著的著作如孟德斯鸠的《法律的精神》（De l'esprit des lois），及于人类过去的光景开一新纪元的服尔泰（Voltaire）的《风俗论》（Essai sur les Moeurs），涂尔高（Turgot）的《普遍史的计画》，都在此时顷出世了。

孟德斯鸠（Charles Louis de Secondat' Baron de Montes-quiren）于一六八九年一月十八日，生于 Bordeaux 附近 La Brède 地方。年二十五岁为 Bordeaux 议会的议员。二年后充首席裁判官。任职又二年，旋即辞去，以便致全力于学问与文学。当时法兰西的法律，惨忍无人理，仁明如孟氏者，自不忍出视此等法律之推行，而不思所以摧除之也。孟氏历充议员与法官的经历，实足为他所企成的文学事业之绝好准备。他最初所攻究的主要题目，属于物理学与自然科学，于一七一九年草成《地史》（A History of the Earth）一书，继思此计画过于奢大，不如弃之。然其努力之用于此者，固未始不于其后日《法律的精神》之著作，有所裨益也。

年三十二岁，所著 Lettres Persanes 行世。是书一出，即跻其著者于法国第一流作者之列，而复使驰誉于全欧矣。此书露出只为装点与娱乐的装饰品的样子，但实际上乃为一精巧的武器，足与其仇以致命伤，非此不能痛击之，或仅击之而无力也。此书以无上的艺术讽刺东方，并讽刺法兰西，讽刺他们的精神的政府，他们的权威与传说，他们的愚行与弊害。这书在精神上是沉挚而真实的，在目的上是伦理的而建设的，表现出一种描写、分析社会生活、习惯、动机的希有的才能。有许多后来在《法律的精神》中所推扩的观察，已能觅之于此书中矣。

孟氏《法律的精神》的计画方案，已早立于一七二四年。一七二八年，被许入学士院。此后数年，即游历德、匈、义、英、瑞士、荷兰诸国，以期熟悉是等诸国的风俗、制度。由一七二九年十月，以迄一七三一年八月，他滞居英伦。一七三四年，他的《罗马兴亡论》(Considérations sur la grandenr et la décadence des Romains) 出世。此作或可视为《法律的精神》的一部分，因为他的幅帙过长而分离出来的。他自成一个既那样的完全，又有那样性质的殊异，则分别刊行，亦良为适宜。这是我们所有的孟氏的惟一严格的历史著作，因为那《路易十一世史》(Histoire de Louis XI)，即使已经完全未遭回禄，至少亦尚未为吾人所觅获也。这并且是第一部著作，于其中曾为一绵密的企图，以指出事变与历史的径路，如何为物理的与道德的原因所决定者。即至今日，在罗马史的优胜的趣味所奋兴的无数研究中，斯犹为其最显著者。凡能注意到前此诸作之论同一题目者，均能看出此书的创造力也。关于《罗马史乘》人可充分的和［将］他与马基亚威理（Machiavelli）、韦柯（Vico）之所教者对照，但人不能充分的以之与马、韦二子之所教者相比较。Saint-Evremand 与 Saint-Réal 皆可提出少许的观察之为是书所含有者，但彼等似未曾为之，彼等至多亦不过仅与以少许耳。包绥的大方案，在他的类形上，或可较之孟氏的方案为更可赞美，但此为迥乎不同的类形，其所取的观察点，不在历史中，而在超越乎历史以上也。固然，在吾人知识之现状，《兴士论》关于事实的陈述与夫所有一切的说明，均不能为吾人所承认；然即使是书的特别罪过，更有远逾乎此者，一个希世的史学上的功绩与价值的产生，亦正未可以此泯后也。

十六年后，《法律的精神》出现了。在是书的题辞里，把他的缘起叙说明白。此种制作的秘密，已披露于其绪言的数语中了："我曾屡思着手于此作而旋即弃去者屡矣，我曾掷此书成之叶于飘风中者不知其几千次矣，我恒觉我累世相传之技能即此而衰矣；我曾随从于我目的之后而未制成一种计画也，我不曾知有规绳与例外也，我曾寻得此真理而旋复失之也，但当我一旦发见我的原则时，凡我所寻求者皆陈于我之前矣。经过二十年之久我才见我业之开始、长成，向完全进展而终结矣。"他的二十年间之辛劳，其结果盖有以卒偿之而致其辛劳于不虚者。《法律的精神》之作，固不止于十八个月间经过二十一版，享当时瞬间的流行，不止在当时发生了伟大而有利的实际的影响，其巨大论题的论述的绵密、透澈与天才，在足以促进而移易科学莫大之艰难的少数著作中，固将永留一高贵的位置也。虽然，犹不能逃于偏刻者之肆其讥评，此孟氏的光华的讽刺的 Défense de l'Esprit des Louis 之作，所由不获已也。是书出版于一七五○年，此后遂无复重要之著作矣。一七五五年二月十日，卒于巴黎。

关于他的创造力，议论纷纷，言人人殊。平心论之，孟氏实禀有一种最有价值的创造力，此种创造力可以使一个人从最有变化的渊源中引出独立，按他自己的一种计画，些个原则与为他自己的一种目的，用彼之所获得。他实在有亚理士多德与亚丹斯密史的创造力。亦有人焉，致疑于孟德斯鸠的学说多得自韦柯，而自隐匿其责任。但此种怀疑，适以证其于此等著者均未深知。孟德斯鸠或可以读过韦柯的著作，韦柯的《新科学论》(Scienza Nnova)，当孟氏在意大利时，或已入其手中，抑或嗣后又从学于其友 The Abbé de Guasco 以期知习此书，此虽皆无佐证的推测，然亦非不可能也。即令彼实曾读过此书，而彼之所得于此书，即此书之所影响于彼者，亦甚有限。他的最重大的缺点，正是那些关于韦柯的精审的研究可以移易之者，今孟氏最重大的缺点，固依然未或移易。是知给韦柯在历史科学上一种殊荣的位置的思想，即使于孟氏有所闻知，而亦并未为彼所了解，不生影响于其著作也。实则谓孟氏实有负于韦柯的全体议论，皆基于关于由政体析分那使之发生的事实与使之施行的原则，韦柯实在孟氏以前的事情。此一思想家的理论，为另一思想家所先见，实为极明了的事实。奉韦柯以何等荣誉，皆可以此为依据，而由孟氏一方言之，固不能执为剽窃附会之证也。而况以此言责任，则责任之范围亦复甚广。凡古典的作者，十六世纪的新教徒的小册子作者，如 Hotman、Languet 等，Bodin、Charron、Machiavelli、Gravina、笛卡尔及其学派，洛克与别的美国的作者，特别是关于政治的，乃至物理学者、旅行者等等，将无不在孟氏对之所当负有责任之列也。

孟德斯鸠的大作 (Magnum opus) 的称誉，足以表示此著的中心的与贯彻的概念。此著是企于发见法律的精神，说明他们，迹寻他们如何关系于风俗、气候、信条、政体等。这是一种在所有的先景中，尽他们能被观察的量度，去观察他们的企图，如此以明他们如何发生，如何受限制，如何活动于私的品性上，家庭的生活上，社会形式与制度上，简言之，即如此以显露他们的完满的意义也。于此可以看出此概念与包绥的概念全不相同。包绥用一个神学的学说开始，试以示全历史如何曾为此说的例证；他以一个不是他取自历史的学说，而此学说乃为彼所引入于历史中而为一种说明的原则者出发，这实大异于孟德斯鸠。孟氏不主张不属于历史的学说，而以历史的事实本身开始；而以在大地上不是现在有的，便是曾经有过的人为的法律开始。他求着纯粹的当作那么多历史的事实去说明那些法律。这两种概念间的差异很大，限于科学所关的范围内，孟氏的概念视包氏的概念进步远矣。由科学的言之，包绥的方法，是极端的错误，而孟氏的方法，在当时他所达到之境，可谓善矣。

孟氏如何苦心孤诣以成此概念，并实用此概念呢？他曾以伟大的成功与能力，在各种方面去这样子作。他有一种为历史本身的历史的纯爱，一种特殊的历史的洞见；他有一种静穆，无偏执，公平的心。他以感情与判断的大量与温和著称，此种大量与温和，同时不曾排除一个为人类福利的热心，给他以他的题目所需要的观察的广，固及公平的明晰。与孟氏同时的人们，大抵都有一个公共的过误，偏私，哲学的分派，因为轻蔑他们，或为达一党一派的目的，往往颠倒事实，此为其时代的通病。独孟氏中此时弊最少，故至少能达于纷纭众多的社会现象的近似的说明。

虽然，终有一个危险，横在孟氏面前而卒未能逃过，这一个艰难，孟氏终竟未能越过，就是太把法律看作孤立的事实，看作独立的现象，看作静止的与完全的存在了。这是不但不知道一个法律对于别一法律的关系，并且不知道一个法律的阶段对于别一阶段的关系，并且不知道法律的每一阶段与系统，对于宗教、艺术、科学与产业的共同存在，及同时代的阶段与系统的关系。社会现象如法律者，不能如自然哲学与化学的纯粹物理的现象以为说明。他们所有的最殊异的特质，存于他们的不断的演化或发展的能力，惟有依他们的演代〔化〕的研究，依他们的相衔接的情状的比较，并那无情状和社会的共同存在的普通情形的比较，我们才能合理的希望达到一个他们的法则的充分的智识。于此我们找出孟德斯鸠的弱点来了。

孟氏最勤于事实的搜集，而有异常敏捷的直觉以喻此等事实的意义，但他没有适当的科学方法，没有历史现象特殊性所致必要的演绎程序的限制之一定解释，他少用或不用那是历史哲学的方便〔法〕者，这

即是共存的与衔接的社会情状的比较。他恒少注意或竟全不注意于他的
事实的编年，然此是那些事实的比较最要紧的条件。其故乃在于他不曾
注意比较那些事实之重要，经由他们演进的全程，以溯迹他们之重要。
换句话说，这点是他想建立一种科学，而不自求助于只有由他科学才能
建立的惟一的方法。虽此于其系统成为其所研治的一类社会现象的完全
说明为不幸，然严责孟氏以错误，亦殊为不公。因为鲍丹在此根本点
上，固然曾有更绵密的、更哲学的观察，而同时吾人亦允宜谅恕十八世
纪的任何人，斯因其未喻。盖比较立法的科学之最完全者，与宗教的比
较研究相类，同为十九世纪之创造也。

　　缺一个真实的研究的方法，除去任之于偶然的机会，孟氏斯不能发
见联接诸事实的普通法则。历史的法则是发展的法则，吾人设若不解任
何事实的发展，将永不能发见此法则。此事实之成为现在，即依此法则
而来者也。然则孟氏所曾发见者为何？不是这些事实的普通法则，乃是
这些事实的一些一定的特别理由。虽然忽视了社会现象的殊异的特质，
而斯则在一定的程度，于孟氏为可能。一个普通法则之所不能达者，一
种智力在其直觉上若彼其锐敏，或尚可以看出于一种势力或多种势力
中，某项一定的法律与习惯有他的渊源，而此即孟氏曾为之而以希有的
程度告厥程功者也。他的认识的迅捷，思想的醒快，熟悉于人类动机的
活动，他的关于历史、旅行、自然科学研究的广博，皆足与彼以异常的
推测力，而致彼能达于在一大批事例中社会的用法与法律的近似的说
明，他人于此，固将束手也。虽然，推测的才能，纵极高妙；亦未有能
供给科学方法的地位或引出非最卑微的历史哲学者。即令偶或可遇，如
于孟德斯鸠者然，而其饶于一种真理者，亦终不免又饶于幻妄，即或常
能捉住真实，亦将同样自欺以冥想也。只有一个完全无疵的方法，其力
乃足以统一一贯，辨别真妄。此于孟氏之例，即足以完全证明其中之富
于伪妄与正确的推论正复相等。盖皆真妄互见，其量维均，凡于孟氏著
作有严正的研究者，殆不否认此说也。

　　缺乏研究的科学的方法，亦为是书安排错混，结构紊乱之原。固亦
有人焉，不承认此缺点。既经拒否此缺点存在，且更进而赞誉此种方
法，实简而大。但此只以证明他仅在表面上研究孟氏著作而已。有一种
松缓的外部的秩序与一种秩序的显现，但他所有的秩序都是外表的，而
混乱却是内部的，而且彻头彻尾，都是如此，故考查亦不能寻得结果。
那些思想是并置的，不是组织的联结的，因他们曾纯为勤的蒐集与暗示

之丰饶所积聚，非为科学的方法所表明与集合者。

科学的方法的缺乏，及其以零屑的孤立的现象待遇法律与习惯的结果，并他们对于特别原因而非对于普通的法则的关系，把孟氏披露于最共同的责备之前。责他以事实与权利相混合，即以一事物的说明与其是认相混合。此之归罪，往往表示的过度。由大体观之，此事并无何种证橡〔据〕被罪孟氏，或未为见。那一句反复常言的话"当是"（"Ought to be"），是暧昧而可以驳拒的。然其意义，定非表示道德的、合理的必要，不过是一种恒在一个原因与其结果中间的实际必要。虽然，他的研究的方式，倾于归咎于他的严重的紊乱，彼恒不能自守审慎以离于陷入此紊乱的疑境也。

孟氏的书的主题为法律，故他特以总论法律本质的两章冠首。虽此两章曾恒被过度的推奖，而不幸实难满意。这两章的辞语，应用起来，那样子暧昧，不但用于一切种类的法则，物理的与道德的，自然的与人为的，本当的与隐喻的，并且用于许多永不以此语称谓的事物。在此两章中，并未有分析法律一辞的混乱的暧昧的企图，亦未有辨别说明各种法律的企图，且有最暧昧的、甚且是一个错误的归纳法本质的概念，潜行于此混乱之下焉。此全体论文之所确证者，那样一种法律究为何物，孟氏盖未尝有明了正确的概念，吾人可于此两章中察之矣。

在现代科学的意义上，一个法律的明白的可以自觉的领会的解释，实为希腊、罗马或中世所未悉。此在彼未尝溯迹观念史者闻之，或以为似不可信，而明于观念史之往迹者，则绝不以为奇。原则（principle）一语，亚理士多德尝归之以七种意义，而未有一焉符于法律的现代科学上的意味者。在他的《形而上学》（Metaphysics）第四卷，可以说是一种的哲学语汇，在那里释了三十个名辞，而法律一辞又不与焉。由古人思之，法律是一种式型或观念同着一种外部的适合于他的东西，孟氏的思想，并不见得加切加确于"法律是起自万物本性的必然关系"。一个玄学家、神学家，或可以此为满意，至于研究归纳的科学，如物理的、心理的或社会的科学的学者，则断不然矣。

虽其许多缺点为吾人所显见，而此两章亦有伟大的功绩焉。如断言社会制度与条令，不单是任意的制作，必当建立在理性上，在万物本性上也；断言有些平衡的关系，这是人类不去创造而只假定者也；断言变化如社会所取的形式之多，他们都是渊源于一个通于人人的人性的诸原则，或为所贯彻也。凡此皆为吾人所必当承认者。不宁惟是，随着此根

本的统一之承认，亦有表层构造的变化之最清晰的承认焉。在孟氏的见
解，以为法律的必要，是适应于各民族与时代的不同的特殊性，而此等
特殊性乃有那样断然的重要，适于一民族的法律绝难宜于他一民族也。
他这样子一面自别于空玄的理论家，一面又自别于粗陋的穿凿文义的经
验家，以寻政治智慧的黄全［金］意义焉。

　　孟氏以"法律的精神"，指法律原始并存在于其中的关系的全体。
这些关系中最重要的类目，是那些于其中法律依于各种政治的关系。此
种关系的类目，除去反复见于他卷中者，几为九卷以上的总题。孟氏分
政治为君主制、专制制、共和制三种：单独的人身以一定的法律统治
者，谓之君主制；单独的人身按其自己的意思统治者，谓之专制制；统
治权在二人以上的手中者，谓之共和制。共和制下又分二类：国民全体
有此统治权者，谓之民主制；一部分人就此统治中各有一份者，谓之贵
族制。他努力以与这些政治以特色，发见他们的原则或动力，并指出随
着他们各该的性质，什么法律在那里流行，什么是他们的强弱之源，什
么是适于他们的教育制度，什么是在他们中最有力的腐败的原因，并如
何随着他们的各该资禀的变化，民刑法典、节用法、关系妇女的法律以
及攻守战争的军事计画，必变化亦如之。这样的作，他达到很多的结
果，常是些极远而且异样的结果。他陈述这些结果，多以概括绝对的肯
定行之，那些肯定几乎是伪妄与真实一样的多。

　　在此书的此一部分中，尚有一更大的缺点，比真实的与伪妄的断定
之交混尤甚。此一缺点，实即真伪的断定交混之源焉。此一缺点为何？
即二种方法之混用而实行是也。例如吾人设欲明君主制的性质与结果，
我们依归纳法以进行也可，依演绎法以进行也亦可。用归纳法，则必竭
力以由一切君主制的考察于专属于君主制的性质中，综概其共通于君主
制间者，而求得其通性；用演绎法，则必由一定义出发，此定义也，即
体现吾人所假定为君主制的特殊性质，而逻辑的发展其所包含者。设取
前法，则其归纳，必须充分的扩延而详审；若取后法，则其含于定义中
的假定须正确，而其演绎亦必为严格的。此二种方法的结果，当一致以
与相互的验证。但为为此，这二种程叙，须分别的清清楚楚。归纳之行
也，必须别于演绎，而演绎之行也，亦必须别于归纳。理想的与经验
的，除非他们相遇于一定的联合点——根本的实在，必不许相与结合。
设使孟氏或是这样作，或是墨守于二个方法中之一，将永不能达到那样
多的普通定理。以每个归纳的基础的延长，每个严重验证的努力，彼将

察得那些定理中有许多无复存在的余地，从而知指出为政体之纯粹结果的特质，其事固极难也。孟氏的理论，大部分为由于假设的前提的演绎结果。他的推论，除去限于所假定的假设是符于事实者，纵令正当的引出，亦只有逻辑的而非实在的正当。他将自觉不能不严格的研究他们是如此与否，将迅速的认识像为他所说明的君主制、专制制、共和制等，只有一个理想的存在。他所下的定义，与他们所依据的分类，在过去的历史、在现在，除非是最遥远的，没有适合于他们的。这是因为他既不自守于归纳，又不能自循于演绎，只是由一程叙通过到别一程叙，或把一个程叙同别一个程叙以不合法的办法混杂起来，他所得的结论，所以如彼其易也。惟其然也，所以一方当他作些殆皆抽象的确认时，他能自信在他的叙述中抽出并集中人类立法的经验；一方把很狭隘的经验的统合，提到几乎和必然的真理平列的地位。故把法国君主制的特殊性，变成君主制的根本的属性；把东洋的专制制的特殊性，变成专制制的普遍的属性；把希腊的共和国，变成共和制的普遍的属性了。

当孟氏论政治论到他们自己的本性并他们相互间的关系时，他未曾像亚里士多德与鲍丹，努力以溯迹他们的革命与变迁。他未曾陈述人性的总运动的理论，亦未曾尝试过普遍史的行程的任何考察。

关于政治的组织、市民的安固并租税等法律对于自由的关系，是十一、十二、十三卷的主题，是皆精心结构以为之者。尤以第十一卷特别用力，为其三权论——立法、行政、司法——应用于英伦宪法之解释也，为其英伦宪法之褒扬也。三权的普通理论，并为洛克（Locke）及孟氏所采自亚里士多德者。孟氏之应用此说也，或为洛克的《政论第二集》（*Second Treatise Concerning Government*）及在乔治二世（George II）时保守与进步两党（Whigs and Tories）的小册子所暗示；但洛克及英之两党中任何小册子的作者，均未曾作得那样明显。H. Janson 说孟氏之权论的渊源，为 Swift 的《雅典与罗马的贵族与平民间争轧论》（*Discourse of the Contests and Dissensions between the Nobles and the Commons in Athens and Rome*），此见解亦错了。孟氏论英国宪法，并未替他的观念要求独创权，而大陆及英之作者，辄以是归之，而无所于驳难焉。Blackstone 在他的《纪录》（*Commentaries*，1765）里，Delolme 在他的《英国宪法论》（*Constitution of England*，1775）里，相继益张其说，以迄于今，仍为论英国宪法制者之所许。

孟氏之褒扬英宪，往往为人所误解，所虚诬。其褒扬不过仅指其对于政治自由的关系，仅指其所作成的法律下的安固而已。孟氏曾有甚不赞成英人的政治、道德、荣誉的意见，并且注意到平等。拟想他以为政治的自由、平（等）由运用政治的组织便可获得，是毫无依据的。使孟氏或显或隐果曾教人以移植英宪于法国，足为法国的弊害的一个适当的救济者，则彼且犯最矛盾之大嫌矣。人为的制度与法律，是一个民族性的效果，而不是他的原因。希望由移植一民族的法律制度于人种精神的、道德的质性，历史的往例，与物理的境遇，异于是邦之他一民族，而能得有任何利益者，必绝无效果。是乃孟氏法理的、政治的学说的真正的神髓。

其次的四卷，论物理的作用的效力及于社会的制度及变迁。什么是那些其姿态最易于法律习惯中为一个没有好过孟氏所曾有的研究方法的思想家所指出的影响呢？这里只能有一个惟一的答案，曰：物理的影响耳。在影响及于人而范成他的运命的势力中，没有是那样显著的，那样明了的。孟氏求所以说明历史者，重要的即由造［这］些物理的影响。文明如何为外界的行动所限制，一个民族的法律和那个民族的社会的与道德的生活的成果，如何与温度、土壤及食物相关联，这于孟氏是根本的问题，他尽其全力以解决此根本的问题。

谓彼已经解决了这根本的问题，是无稽之谈。即至于今，物理作用及于人的发展的影响，我们所知道的，只是很不完全的一点。气象学家、代［化］学家、物理学家、人种学家，以及政治经济学家，在历史哲学家关于此大而重要的问题，将能宣告一个适当的断定以前，都还有很多要去发见的。孟氏所曾陷入的错误，似有主要的两点：他在物理的原因的直接与间接影响间，未曾引出断然的分别，这是一个实在根本的分别。气候、土壤与食品的资［直］接动力，恐植微弱，而其活动，亦极暧昧，人之知之也，亦微小而不明，或者即一个关于此的单独的普通肯定，因尚未有确乎成立者也。反而观之，那间接的影响，即物理的作用经由他们所激动的社会的欲望与活动的媒介以行的影响，则为极大。自孟氏以还，关于迹溯此影响之所成亲［就］者，殊非鲜也。例如在一方面，有地理知识的进步；在另一方面，亦有政治经济科学的进步。今皆容许吾人以孟氏之时所不能梦见者之透澈与明晰，考究地理的与经济的事实间的全范围与关系，而一切社会现象较高的类目，皆密切的与经济的事实相伴随，其理将无人能否认也。

适才所揭的错误，与他一错误相关联。那物理的作用的直接动力，很明显的是动力的必然的样式。这是离于意志的动力。在此动力中，人是被动的。反之间接的动力，则假定人的方面的一个反动，一个人性的发展，在些欲望兴奋之下，依活动的力量以适宜于他。此两种动力的形式的交混，斯易暧昧了人类自由的重大的事实，孟氏即蹈于此弊者也。固然，他亦明白的确认过他的对于自由的作用的信念，而亦拒辟过宿命论。但他在他的实用上，有时忘记了此种陈白。即使不曾简直的表明，至少亦曾常常的暗示过法律是风土的创造物的推论，又曾披露过人性在外（界）的影响之下，是塑型的、被动的、远逾乎人性本然的实在。凡此者，皆孟氏所不能告无罪者也。惟其然也，所以他表明那热带区域的民族，如遭刑制于物理的势力重压之下，而堕于无能免的奴儒与灾害也。夫物理的境遇之与热带国家的奴儒灾害，良有很大的关系，今已无容或疑，而外界自然丰伟可怖之所，自然乃易施压迫、腐痺、制御于人，而财富之不平的分配，过度的空想，于社会有害的迷信的普行，亦受自然之赐而于焉以起矣。使此事而果然也，这亦不过为真理之半，此外尚有与之相关的真理焉。物理的势力之及于人类生活者，不是绝对的，而是关系的其种人之有益或害也，全视其所及于影响之人的财富与智识，尤其是元气与品德如何而定。那有罪过的，不曾是自然，而恒为人类。使其真理之半与其相关的真理分开，则实际上并那真理之半而亦成为虚妄矣。康必业说过："在印度太大的，不是自然。不是自然他是过度了，而是人他是太小了，人他是太缺乏了。人没有什么他应当作，没有什么他愿欲作，一个相当的人的。他缺乏此智能真理的爱，人身的威严的感觉，入于真实人格的组织中的道德的宗教的信仰，故自然之动作乃为人的仇敌。但若让人有造［这］些智能等等，给他这些智能等等，自然将立即周旋于人之侧而供人之驰驱矣。除去限于人于他自己是一个仇敌外，自然决不是人的仇敌。"（见 M'Combie' 的 *Modern Civilization in relation to Christianity*，pp. 50-51）

在这些卷里，虽感有宿命论的倾向，而此改正的救济的真理，亦能不远而求得之。此真理被建立而应用于次卷。此卷明白的论关系于形成一民族的普通精神、道德、风俗等的原则的法则。蛮僿之民，于此种普通精神，或全属闋［阙］如，或仅稍与于一部分，结果将为物理的势力所左右，所决定，而莫能抗；若乃文明之民，则为一共通精神所普化，事实上这只是他的文明的全体的别辞罢了。此精神是民族生活的实体，是他们的行为的主要泉源。载着那些不知有此者和那些反抗乎此者沿着他的线路以行。除非徐徐为之，或由许多作用的辐辏，他是不能被变动的。法律所能对制他的，亦极微弱，而他却能很有力的影响及于法律，能使他们（法律）被人敬重或被人蔑视。在此卷中，有此大原则的陈述、证明与多样的应用。此大原则是孟氏已经在《罗马兴亡论》里用很巧练的态度举过例证的。历史行程，全为普通原因所决定，全为广布而永存的倾向所决定，全为广而深的潜流所决定，而为单独的事变，有限的议论，特殊的制定，任何偶然的、孤立的各个事物，所影响者，实微乎其微，只在次副的附属的程级而已。这是一个开一新纪元的原则。此原则的承认，是历史科学可能的一个根本的条件。驳拒此原则，是无异于宣告那样一种科学是诞妄无稽；是认此原则，便是表明用必要的尽力，历史科学将不难兴起，依此以行，用此以行，即是努力于历史科学的组织。孟氏以其透辟的观察，澈悟此原则，以其后来未或能越过的天才与诚实表明之，于历史科学，实为一崇高的贡献。

其次四卷，于他们的对于法律与社会变迁的关系上，论商业、货币与人口。此可与第十三卷论一国民的岁入、租税与其国民的自由的关系者对读。此诸卷把经济的原素引入历史科学，不论这些卷里的经济论的误谬是怎么样，这已是一个绝大的贡献。把这个贡献的荣誉，归之于涂尔高（Turgot）、孔道西、桑西门、孔德诸人，未为允当。这个荣誉，当专归之于孟德斯鸠。固然，为的使归于他的荣誉不逾他所适当的分际，我们必须记取，当他著书的时候，经济科学方将活泼泼地植基于法兰西。Vauban、Boisguillbert、Dntot 与 Melon 等，刊行了些关于经济学的著作，而 Quesnay 及其他有名的重农学派的创立者，亦多为其同时之人。事实上，政治经济学那时已经过经济学史上一个最有兴味的时期。这个时期，反映一个变革于社会本身的历史上，此种变革乃适应于一个伟大的国民运动，这就是法国的封建的与神学的绊锁的打破，与跳向俗世的产业的政制的运动。孟氏论经济问题时，陷于数多误谬，而后来不久即被 Quesnay、Adam Smith 及他们的门弟子们明确的发露出来了，亦有数多真理未能观察清楚的，而后来不久即为他们明确的建立起来了。他在政治科学史上，占很重要的地位。但正值两类的经济的理想，两种制度，交混互遇，旧的未死，新的方生的时会。此于孟氏论商业、租税、货币与人口诸问题的观察中，所以发见许多矛盾与误谬也。旧原则与新原则，重商主义的原则与重农主义的原则，交相宰制于其心中，他于二者中不能作一个断然的选择。但他的智力的优越，即在经济学的局部中，亦明白的显露出来。他的关系于经济学的伟大而特殊的功绩，乃在他首先把经济的与历史的科学牵到一块儿，强他们在社会现象的说明中合作。他如斯以指出一条无尽的搜寻的新径路，陈于二种科学之前。

这两卷论宗教的信念与制度及于法律与政治的影响的，虽未能尽其论题之什一，而即在其论之范围内，亦见足称为明言达论焉。这两卷中的议论，承认宗教的必要与重要。反省与经验，提命孟氏觉出他早年关于此问题的意见与感情，缺乏公平与温和。与他的 Lettres Persanes 的口调的相对照，温暖的多，恭敬的多了。并且看出基督教的功绩，特别是他的贡献于社会的〈多的〉大（的多）。此二卷中的主要错误，与前卷论人口者同为关于实际者。

第二十六卷及二十九卷，关系于法理学者比关系于历史哲学的多。第二十七卷，是论罗马承继法者，是历史的，但殆无甚重要。

第二十八卷，论法国法律中民法的起原与革命。还有两卷论封建制度的，他的巨制，即以此终结。这亦是真正的有价值的，其裨益于历史哲学者，亦不减于法律学者。虽然有许多事实与理论的错误，被指出于此两卷中，他们显出一种在孟氏时难得与希有的学术，并且显出一种在任何时代希有的历史的联合的创造与权威，他们有大影响于指导唤起研究法国中世社会与封建制度的起原、制作与组织，是无疑的。

孟德斯鸠未曾有建立历史哲学的志愿。像 Alison 之所为，宣称孟氏是历史哲学的建立者，是过度的赞美。即如 Comte、Maine、Leslie、Stephen 辈之所为，称孟氏为史学方法的建立者，亦似是言过其实的褒扬。他以大规模和最有力的方法指出法律、习惯与制度等，只有以他们实在是什么东西，以历史的现象被研究的时候，才能合理的被判断；指出他们当如本来是历史的一切事物不按一个抽象的绝对的标准，而以之为关系于一定时地将实体的实在关系于他们的决定的原因与境遇，关系于他们所属的全社会有机体，关系于他们所存在的社会的媒介受评量。柏拉图、亚理士多德、马基亚威理、鲍丹固皆尝谆谆教人以历史的与政治的相对性，直到孟德斯鸠，才获见教化的欧洲承认此理。他的成功，大部分当归之于时代的成熟，但亦有几分是应归之于他自己的天才与技能，与历史的相对性一旦为人所认识，历史学派的崛兴，历史方法的发展，乃至历史科学迅速的进步，自皆随之而起矣。

孟氏固未曾在进步论的使徒中点位置，进步论在他的心中未尝确立何把握，但他是在产生进步观念的智力的风土长起来的。他曾被养育于 Bayle 的溶解的辩证法、笛卡尔派自然法的陈述上的。他的著作所与的贡献，不是属于过去论的，乃是属于未来论的。

他企图着把笛卡尔派的理论伸张到社会的事实上去。他把政治的现象，同物理的现象一样，放在服属于普通法则的地位。他既经认知此观念，他的最显着最重要的观念，当他著《罗马兴亡论》的时候（一七三四年），便即于其中实用此观念：

"我们从罗马史里，看出支配世界的不是幸运。有些普通的原因，动作于每个王朝中，兴起之，维持之，或颠覆之。凡所遭遇，都服属于此等原因。设若有一个特别的原因，各同一个战争的偶然的结果，曾经毁灭了一个国家，这里一定有一个使他灭亡的总原因，而从一个单独的战争结果了。简单一句话，本原的运动，牵引着特殊的事变随着他行。"

他既排斥了幸运，那么"天命"、"上帝的计画"、"最终的原因"等等亦当在摒弃之列了。而孟氏不能漠视的《罗马兴亡论》的效果之一，就是不信包绥的历史论。

他在《法律的精神》里，给我们以一个新原则，这就是普通原因的动作。但他只把道德的与物理的分清楚了，并没有把他们再细分类。我们实无保证他把道德的原因都枚举了没有，那些是本来的亦未由那些是取得的分清。孟氏给印象于读者的神智中最清楚的普通原因，是物理的环境——地理与气候的原因。

气候及于文明的影响，不是一个新观念。在现代我们所曾见的，如鲍丹，如丰田内列（Fontenelle）皆能知认之：如 Abbé de Saint-Pieire，曾用之以说明回教的起源；如 Abbé Du Bos，则于其 Reflextions on Poetry and Painting 中，主张气候辅助着决定艺术与科学的时期；如 Chardin，则在他的 Travels（这是孟氏所曾研究过的一种书）中，亦曾觉得气候之重要。但孟氏引出一个对于气候的普通的注意。自他著此论后，地理的情形，为所有的研究者认为在人类社会发展中是一个最有势力的动因。他自己的关于此问题的讨论，未有什么有用的断案的结果。他没有决定物理的条件的动力的限度，读者不易知应视他们为根本的，抑为附属的；为决定文明的径路的，抑是仅仅搅乱他的。他说："有好几个事物支配人、气候、宗教、法律、政治条令、历史的例证，道德、风俗，以什么东西形成一个普通精神（esprit‐général）为他们的结果。"这把气候与社会生活的成果平列，是他的无组织的思想的特色。

但孟氏所去作的标点，是在指出一民族的法律与其普通精神间的相互关系，这个注意，是很重要的。这个点出一切社会生活的成果是密切的相关的理论。

在孟氏的时代，人们都在立法有几手［乎］无限的力量以限制社会条件的迷想之下。此例曾见之于 Saint-Pierre［Saint-Pieire］，孟氏的普通法则的概念，当为此信念的解毒剂。然而其效力及于他的同时的人，不为我们希望其所可有的那样多，而他们复利用孟氏说过法律影响于风俗的话，以张其所志。有些像孔德所揭论的，他不能给他的概念以何等的强固与气力，正因他自己亦在不自觉的过信立法行为的效力影响之下。

孟氏论社会现象的根本的缺点，在他把社会现象悬离于他们的时间上的关系。企于说明法律与制度对于历史的境遇的相互关系，是他的功绩，但他不曾分别或联结文明的阶段，如 Sorel 之所曾观察者，他颇偏于混同一切时期与组织。不论进步的观念的价值若何，我们可以赞成孔德的话，若使孟德斯鸠捉握住进步的观念，他必能产生一种更显赫的事业。孟氏之未捉握住进步的观念，亦孟氏之不幸也。

韦柯（Giovanni Battista Vico）及其历史思想

韦柯（Vico，1668—1744）南欧义大利人。千六百九十七年充修辞学教授，颇著声誉。但他的学问的特点，却不在修辞学，而在其具有哲学的说明历史学的伟大的学力。他不只是历史哲学的先驱者，简直是历史哲学的创造者。晚年的生涯，纯是有光荣的历史学者的生涯。千七百三十四年，为拿波利王室的史料编纂官。

他的名噪一世的著作，是《关于国家的普通性质的新科学的原理》（*Principü di una nuova scienza d'intorno alla comune natura della nazioni*，1725）。他的论文，有经 Ferrari 为之说明而刊行者，Vieo, Opere Ordinate ed illustrate da G. Ferrari, Milano.（1852）便是。此外尚有 Ursuni-Scuderi 著的《晚近社会学创造者韦柯》（*G. B. Vico Come fonbatore della Sociologia Moderna*，Palermo，1888），义大利近世社会学泰斗 Cosentino 著的《社会学与韦柯》（*La Sociologia e G. B. Vico Savona*，1899）等书。而 Gumplowicz 著《社会学原理》亦于社会学的历史篇中，认韦氏为先驱者。足征韦氏在近世社会学者界实占重要的位置。经

济学者塞利格曼（Seligman）于所著《历史的经济的解释》中，亦称韦柯与孟德斯鸠是十八世纪许多主张外界对于人类事业有莫大影响的著作家中最著名的。

在义大利的社会学先驱者中，其社会学思想堪与孔德并驾齐驱者，得罗马诺西（Romagnosi）、谷拉齐亚（Grazia）、韦柯（Vico）三人。罗氏的社会学说中的《文明论》，实足以凌越基左，而与孔德比肩。谷氏发表历史三期说，足以唤起孔德的神学的、形而上学的、实理的三段时期说。

孔德亦认韦柯于社会学有深远的造诣，是知二人的学说间必有共同的点。韦氏之为哲学的考察，不忘以历史的人间经验事实为其征验，与孔氏排斥神学上的存在与形而上学上的先天实在，纯征人间的论理性与人间经验的事象，而立关于人类社会的哲学的系统，实相符合。

韦氏为新立人类的科学，即社会的科学，所采用的方法为归纳法，而以经验派在义大利学界比［占］重要的位置。Espinas 批评他说："韦柯采取的方法，与笛卡尔氏采取的方法全相反对。由来欲建设社会诸科学，必从抽象的几何学的观念演译［绎］，至于韦氏，则全然相反。他从历史学、文献学所给与的实证的材料归纳，努力以图建设关于社会的新科学。"

Espinas 在所著《义大利经验哲学》，寻求经验哲学的根源于义大利，同时并觅社会的探究于义大利，而列举经验哲学派多家，韦柯亦在其中。

韦氏为经验哲学派。其专门的造诣，乃在历史，故能开拓历史哲学的新方面。韦氏曾说："经验的知识比反省先进。"可见他非常的重视经验的征验力。他对于从来的哲学，极不满足。他说："从来缺乏把人类历史与人类哲学合而为一的科学，哲学家与宗教的实在并形而上学的实在，有深且不可离的因缘，不敢由别的立场考察人类性。"那么韦氏对于人类性取如何的立场，从而为如何的新考察呢？他的立场与考察点，当在他的学说占重要的位置。所著《新科学论》，便是本此目的以著其说者。

韦著《新科学论》之所谓新科学，以现代的学名名之，可以看作与社会学的名目及其内容相等的东西。他的著作，是由社会学的见地，论究国民的起原、发达、衰颓、灭亡的东西。国民便是此新科学的对象。他把国民的起原、发达、衰颓、灭亡，从人间历史的经验的事实归纳，以图于此树立人类性之道德的原理、政治的原理、权利的原理、法律的原理。这样子得的原理，实为历史的真要素。

他的研究方法，既为经验的归纳法，故其锐利的观察力，往往带唯物的倾向。此点与黑格尔全然相反，颇有马克思派的倾向，以唯物史观的原理或仅由物质的方面解释欲望说的原理为主。他把自然的环境及于个人及国民的影响，看得过大。孟德斯鸠的学说，实承其绪余而起者。

韦柯是社会学的先驱者，是历史哲学的建设者，是唯物史观的提倡者。

在布尔奔（Bourbon）恢复之下的法兰西，开始从 Madame de Staël 所扬言的德国想象的深晦中寻新光明。Herder 的《理想》（Ideas），为 Edgar Quinet 所翻译了；Lessing 的《教育》（Education），为 Eugène Rodvigues 所翻译了；Bousin 是承接 Hegel 的思想的；同时韦柯在历史哲学所放的光明，亦发现于义大利，他的《新科学论》，亦为 Michelet 所翻译了。韦柯的书，此时出世已有百年之久。他的编年上的位置，没有多大的关系，因他未与何影响于世界。他的思想，在十八世纪（是太早的）时代错误（anachronism），他应该产生于十九世纪。他并未宣明或知认何等进步论，但他的想像在他的说明中很迷惑很混乱的，包含着似是预期成立那样一个学说的基础的原则。他的目的，是 Cabanis 与观念学者的目的，置社会的研究于经由笛卡尔与奈端的功业，曾为自然的研究所确立的同一确实的基础上。

他的根本的观念，在社会史的说明须寻之于人类精神中。世界，初是被感觉的，不是被思想的。这是自然状态中野蛮人的境遇，他们没有政治的组织。第二精神状态，是空想的智识，诗的智慧，那英雄时代的较高的半化时期，适合于此。最终是概念的智识，随着他来了文明的时代。这是每个社会都经过的三阶段。这些型式中的每一个，决定法律、制度、语言、文字与人的性质。

韦柯在 Homer 与古代罗马史的研究中，着手作他那有力的搜索，以期得到一个英雄时代的观察点。他断言除非我们超越过我们自己的思想的抽象方法，由一个强迫想像的努力，以原始的眼光注视此世界，他不能够被了解。取回古人的观察点的失败，使他知道历史为不知心理的差异的习惯所损害。他是远在他自己的时代以前。

集中他的注意于罗马古代。他取罗马史的革命，为社会发展的模范的规绳。贵族政治（古代罗马的王政与何美儿的王道在韦柯眼中都纯是贵族政治的形式)、民主政治与君主政治的继续，是政治的政府必然的结果。君主政治（罗马帝国）适合于文明的最高的形式，达于此后又如何呢？社会倾于自然的无政府的状态，由此又转入较高的半化时期，即英雄时代，随着他又是一个文明时代。罗马帝国的瓦解与蛮人侵入而后，随着即是中世，在中世中，但丁当了何美儿的地位。现代的时期，以其强盛的王政，适合于罗马帝国。这是韦柯的反复的原则。使此理论而澈底，他的时代的文明，必仍废弛以归于半化，其周环又将复始，亦为应有之义。但他自己未曾直接的陈白此断案，或敢于为何等的证明。

他的学说很容易适用于进步的概念。在他的周环中，适当的时期不是一致的，不是实在类似的。不论何等相似的点都可被发见于早年希腊或罗马与中世社会间，但那不相似的点，益加繁多而明显。现代的文明，在根本的方面，远大的方面，都异于希腊与罗马。假定普通的运动，把人重复带转回去，重复回到他所出发的点，是诞荒无稽。所以设〈法〉韦柯的反复说有何等价值，这只是指社会的运动可以视为螺旋的升高。故每一向上进步的阶段在一定普通的情状，适合于曾经被妨害的阶段。此种适合，是基因于人的心理的本质的。

一个此类的概念，在韦柯的时代或其次代，不能为人所领会。他的《新科学论》，放在孟德斯鸠的书库里，未曾用之。但在后来的法兰西，自然要发生兴趣了。因为德国的理想的哲学，那时在法兰西惹人注意，而观念学派的法兰西人，亦正在那里如韦柯本人一样寻求一个综合的原则以说明社会现象。虽韦柯的论点像他的方法一样，均异于德国的理想派，然他的想像，总有些是和他们的相共同的。以必然的决定行程的阶段的心性说明历史，是双方相似的。韦柯与他们不同的点，在德国思想家，求他们的原则于逻辑，而应用之由因以到果；韦柯求也〔他〕的原则于实体的心理，从事于劳苦的搜索中，依历史的实际的条件，由果到因以建立之。但是双方的想像，都提出人类发展的行程适合于精神的行程的根本的性质，不为天命的干与或人类意志的自由动作所移于一侧。

孔道西（Condorcet）的历史思想

孔道西在《法兰西百科全书》编辑者（Eneyclopaedists）中是一少年，当时在断头台威胁之下为拥护人类进步的历史而奋斗。

孔道西是涂尔高（Turgot）的友人，并且是为涂氏作传记的人。孔氏以进步的观念的眼光开始为文明史的设计，受涂氏的暗示不少。他的原则差不多都能在涂氏的学说里去寻，但这些原则，于孔氏都有些新意味，他为之附翼，为之加重，为之说明。涂氏是在考究者的沉静的精神中著作，而孔氏有所言论，则挟预言家的热情以俱来。他在死亡的影下预言。他于一七九三年，在潜身匿迹之中，能写出一部乐观的《人类精神进步的史景撮要》（*Sketch of a Historical Picture of the Progress of the Human mind*）。

孔道西是《百科全书》编辑者中的一人，而为《百科全书》编辑者的精神所贯澈。他对于基督教的态度，全与服尔泰（Voltaire）、狄岱鹿（Diderot）相同。涂尔高待遇其所领受的宗教笃恭笃敬。孔道西则认天命，虽其所让与于天命的领域，不过是一种文化发展的名誉主席，他是不加影响于议事录，可以消灭的，而其论到基督教的任务与中世文明，他的观察点与其朋辈的观察点间实有所差异。

这两个思想家间较为重要的差异，与两人著作时所处的环境不同有关连。涂氏不信有猛进的变更的必要，他想在现存制度下确固的改良于法兰西足为惊叹。革命以前，孔道西亦同此主张，但不久此主张便为他的热情所扫尽。美洲自由的胜利，反抗奴制运动的扩大，均足以提高他的自然的乐天主义，巩固他的在进步的教义上的信诚。

他自感生逢不辰，辄以方在孕育的将来自慰。彼时太阳将照耀于只有自由人生存、除去理性无所谓主人者的大地，暴虐者与奴隶、僧侣并其愚蠢而伪善的器具，将一切归于消灭。他不仅以确认开明与社会幸福的无限进步的确定为满足，他自进而想出其本质，预示其方向，决定其标的，而强要辽远将来的探索。

他的奢望的设计，用他自己的话说出，就是要指出"人类社会上不断的变动，一刹那间所做出的及于次一刹那的影响，并那这样子在不断的改正中，人类向真理与幸福的前进。"这种设计，是不能实行的。其不可能，几与有人宣言欲为罗马英雄恺撒（Julius Caesar）着〔著〕一由生到死的详细的生涯日记一样。他用那样的语言，陈述他的目的，适以显出他对于限域我们关于过去的知识的限制没有了解，就令他认出一个最合式最实用的纲领，他亦不能实行之。然而他的公式，则颇值得记取。

孔氏分文明的时代为十期，就中第十期，实潜存于将来。他不承认他的分类和他的新时代，在重要上不是同等的。而他的历史地图的排列，是以企图不依政治上的大变动而依智识上的重要步骤标其级段著称的。最初三期——原始社会的形成，继之以牧畜时代，又继之以耕稼时代——以希腊的拼音文字终结；第四期，是希腊思想史，迄于亚里士多德（Aristotle）时代科学上有限的分类；第五期，智识进步，在罗马统治之下，而遭逢蒙昧的厄难；第六期，是黑暗时代（dark age），一直继续到十字军兴；第七期的意味，是在人类精神上为一革命时代的准备；第八期，以因印刷发明而成就的革命开始，有些书的最良页，发展此种发明的伟大的结果，狄卡儿（Descartes）所影响的科学上的革命，又启发了一个新时代，此时代以法兰西共和国的成立终结。

智识进步的观念，造成社会进步的观念，而留下他的基础。所以孔氏将以智识上的前进，为人种前进的线索，是逻辑的而不可免的。文化的历史，就是启蒙的历史。涂氏以形成各种社会的活动体样的结附，是认此原理。孔氏主张在智力的进步与自由、道德的进步，并天赋人权的尊重间，有不可解的联合；并为破除偏见，主张科学的效果。他断言一切政治上与伦理上的误谬，都起于与物理上的误谬或与对于自然律不了解有密切关连的虚伪理想。他在进步的新学说里，看出一个启蒙的工具，就是对于动摇不稳的偏见的建筑物，与以最后的打击。

在孔氏眼中，文明史的研究，有二用处：一使吾人能建立进步的事实；一将使吾人能决定其方向于将来，由是以增加进步的速率。

孔氏依历史的事实并这些事实所提示的论证，设法指明自然不曾于进步的人类能力的行程上，置何等条件。向完全的前进运动，只有地球的存在期可与以限制。这运动在速率上或有变动，限于地球在天体中的现位依旧，而此天体的普遍法则，又不曾生出足以剥夺人种前此所享有的能力与富源的变动；他将永不逆行，将永不至于退落到蛮荒的境界。对于此危险的保障，在物理科学上确实的方法的发见，我们若是确知启蒙的不断的进步，我们便可以确知社会的情状的不断的改良。

他说假如社会现象的普遍法则为人所知，预见事变，是可能的。这类法则，从过去的历史中能被查出。孔氏依此陈述，确认他所揭出的人类史的第十期潜存于将来为是，并且宣布那在次代为孔德所果成的理想，但不能说他自己考究出来社会发展的任何法则。他的未来的预见，是基于他的时代的理想与倾向。

除了科学的发见并那道德的发展所依赖的自然法的知识的散布，在他的预言的幻想中，还包有二事：一是战争废止，一是两性平等的理想的实现。至于今日，政治上的两性平等，在开明国家，均已次第见诸施行，而废止战争，亦为实践的政家所认为可以达到的地步，使孔氏至今犹存，当大夸其言已得胜利了。孔氏的社会学说，简括起来，只是平等论。两性平等论，亦系由普通平等论推论而出者。他认政治进步的标的，即在平等。平等是社会的努力的目的——革命的理想。

必须延入考虑的，是人类的众庶——工人的群众，不是那少数靠工人们的劳力生活的人。迄于今兹，工人们曾被历史家、政治家完全蔑视。人类的真实历史，不是少数人的历史。人类种族，是由些全靠他们自己工作的果实生存的家族的群众成立的。历史的纯正的主位，是这些群众，决不是几个伟人。

你可以用法律与制度建立社会的平等，但实际上所得享的平等可以甚不完全。这是孔氏所承认的，而归原于三个要因：（1）财富上的不平等；（2）生计确固并且得以传袭于其家族的人，与那靠自己工作为生并且限于一生涯的人间地位上的不平等；与（3）教育上的不平等。他未曾提出何等急进的方法，以救济此艰难。他想此艰难虽不能完全消灭，可以时时渐次趋于减少。他受经济学派的意见的感染甚深，这些经济学派将为卢骚（Rousseau）、马伯莱（Mably）、巴布夫（Babeuf）诸人的学说所眚诱，以趋于拥护共产主义或私有财产的废止。

组成一个文明社会的多数个人间的平等以外，孔氏又冥想地球上一切人民间的平等——一种遍于全世界的统一的文化，并先进种族与未开种族间差别的消灭。他预言后进的民族，将爬上法、美的地位，因为无何民族当受责罚至永不能验试其理性。假使那人性完全不为任何制限所防围的教义既经承认，这是逻辑上必然的推论。这是哲学家间流行的理想之一。

孔氏更不踌躇的为冒险的推测，以谓人的物理的组织可以改进，而依医药科学的前进，人的生命亦可得一相当的延长。又谓即使人类的大脑力的范围是不变的，而其精神的动作的界域、精密与速度，将由新器具、新方法的发明而扩大。

孔氏之世，撰著文明史的设计，固尚未熟，而欲产生任何相当价值的考究，尤须要一位吉彭（Gibbon）的装备方可。孔氏所受的装备，尚不如服尔泰所受之多，故其于撰著文明史的大业，不克奏其全功。然自孔氏认历史的解释为人类进展的键，此种精神在法兰西遂以支配次代关于进步的思辨了。

加般尼（Cabanis）是一位物理学家，为孔氏的文学管理者，并是一位诚信人类完成者。他纯自他自己的特别观察点观察生活与人，他在物理的有机体的研究中，看出人种的智力的和道德的进步的键。依人的物理的情状和道德的情状间关系的认识，人类能由能力的扩大，享乐的增加，达于福乐的境遇。如斯人能依实现无限的进步的确定，把握住在短促生存中的无限。他的学说，是洛克（Locke）和康地拉（Condillac）的学说的逻辑的扩张。若是我们的智识全得自感觉，我们的一切感觉便全靠感觉的官能，而精神便成为神经系统的机能。

革命的事变，于他与于孔氏一样，不能抑止他们热望的信赖。他们都以为这于科学、于艺术、于人类的总进步，是一新时代的开始。他认当时是历史上伟大时代中之一，后世子孙将常回顾而动其倾慕的遐思。他曾说过："你们哲学家，你们的研究，当被导于人种的改进与福乐。你们久已不怀抱虚影了，在希望的心情与悲惨的心情交替之中，既曾注意我们革命的伟大的光景，你们现在以喜悦看他的最后的行为的终结。你们将以大欢喜看此新时代。此新时代许与法兰西人者如兹其久，最后竟开幕了。在此新时代中一切自然的惠利，一切天才的创造，一切时间、劳力与经验的果实，将被利用以厚民生。一个光华繁盛的时代，在此时代中，你们哲学家的慈悲的热情，将依实现而终结。"

这是一个十八世纪对于十九世纪的多血的热情的而特质的祝贺。加般尼是生在新时代，注意他们自己的世代的理想，不要为反动的方兴的洪水所卷荡的最重要的思想家之一人。①

桑西门（Saint-Simon）的历史思想

一、桑西门（Saint-Simon）在社会主义思想史上的地位

近世的社会主义，以马克思及恩格斯的社会主义划一新时代。他们以前的社会主义，为空想的社会主义。他们以后的社会主义，为科学的社会主义。这种名称，纯是为分类的便宜而加的，并没有褒贬的意味存于其间。有些人骤见"空想的"一名，便误认这是含有讥嘲的意思，其实"空想的"社会主义和科学的社会主义，不但在社会主义思想史上有

---

① 本节内容，曾以《孔道西（Condorcet）的历史观》为题，发表于《社会科学季刊》第 2 卷第 1 号，1923 年 11 月。

一样重要的价值，而且科学的社会主义可以说是空想的社会主义的产儿。

空想的社会主义与科学的社会主义的不同的点，就在两派对于历史的认识的相异——就是历史观的相异。

空想的社会主义者流的社会哲学，为十八世纪启蒙派的社会哲学。他们以为宇宙间有超越时间与空间的绝对的真理在。只靠着诉于人间的理性，就是只要人间能理解此真理，把握此真理，无论何时何所，此真理都能实现。此真理实现之时，即是理想社会实现之时。据他们的见解，为实现理想社会所必要的事，只在发见真理，而以此真理诉于人人的理性，为实现此真理的历史的条件，他们绝不看重。欧文曾说："过去的世界历史只以表示人间的非合理性，吾人今始向理性的曙光，向人间的魂再生的时代开始进行。"这话便含有人间的魂、人间的理性能改变历史的进行的意味。结局，他们主张依人间理性的力量能以实现社会主义的社会。这是空想派社会主义者的理想的历史观。

科学的社会主义，把他的根据置在唯物史观的上面，依人类历史上发展的过程的研究，于其中发现历史的必然的法则，于此法则之上，主张社会主义的社会必然的到来。由此说来，社会主义的社会，无论人愿要他不愿要他，他是运命的必然的出现，这是历史的命令。

社会主义的思想，由马克思及恩格斯依科学的法则组成系统，以其被认为历史的必然的结果，其主张乃有强固的根据。社会主义的主张，若只以人的理性为根据，力量实极薄弱，正如砂上建筑楼阁一样。今社会主义既立在人类历史的必然行程上，有具有绝大势力的历史为其支撑者，那么社会主义之来临，乃如夜之继日，地球环绕太阳的事实一样确实了。

立在这由空想的社会主义向科学的社会主义进化的程途而为开拓唯物史观的道路者，实为桑西门。

二、桑西门与孔道西（Condorcet）

桑西门是一位浸染于福禄特尔时代的理想而同情于革命精神的自由人道主义者。他的主要师友，为孔道西和些生理学者。他由他们得到两个主要的观念：（一）伦理和政治全靠物理学，（二）历史是进步的。

孔道西以智识进步的运动解释历史，桑西门亦认此为真理，但他以为孔道西用此原理，嫌狭隘了一点。于是犯了两个错误：（一）不解宗教的社会的意义，（二）说中世是前进运动中无用的中歇。桑西门则看出宗教有一自然而合理的社会的任务，不能被认为单纯的害恶。他说明一切现象都有相互联络的道理：一个宗教的系统，适合于那种科学所出现的社会所达的科学的阶段，实际上宗教只是科学饰以合于他所满足的感情的需要的一种形式就是了。一个宗教的组织，基于当世科学发展的体态，所以一时代的政治组织，适应于那个时代的宗教的组织。中世的欧洲，不是表示一个无用而且可为太息的蒙昧主义（Obscurantism）的暂时的胜利，乃是人类进步上一个有价值的必要的阶段。这是一个很重要的时期，一个社会的组织的重要原理，就是教权与俗权间的正当关系，实现于此期间。

限于中世时期，显出是一个陋劣的枝节，于前进运动没有贡献，宁有迟之阻之的中间，"进步"乃暴露于一种批评论之前，说"进步"是一个任意的综合，只是部分的为历史的事实所产生，并不供给保证于将来。限于《百科全书》派（Encyclopaedic School）的唯理主义者，视宗教为一愚昧而诈欺的麻烦的产物的中间，那"进步论"背后的社会哲学，乃以非科学的而见咎。因为反乎社会现象的密结，他（社会哲学）不承认宗教为这些现象中主要之一，须于"进步"中自行参与而合作。这些见解，把孔道西的理论变成更可承认的样子。

孔道西提议历史的价值，乃在供给可以预见将来的材料。桑西门崇奉此提议为教义，但在孔道西的非科学的方法上，预见将［几］于不可能。为了预告，这运动的法则必须被发见。而孔道西则不但未曾立下这法则，抑且未曾寻求这法则。那些十八世纪的思想家，把"进步"当作一个立在一个极不充分的推论上的单纯的假设遗留下来；他们的承继者乃依发见一个和引力的物理法则一样确实的社会法则，以求把他提到科学的假设之列，这是桑西门的目的，亦是孔德的目的。我们可以说桑西门是孔道西的承继者，孔德是桑西门的承继者。

三、桑西门的历史法则

依桑西门的见解，宇宙一切的现象，形成一个有统一的全体。各种科学的任务，在各于其特有的范围内，发见其统一，即在探究现象间的因果关系。今于人类的历史，从来称为历史家的人们，把那些驳杂万状骤然一见似无何等联络统一的诸事实，照原样看作个个独立的事实，于此等诸事实中，以特记述说明君主战争等所谓显著的政治现象，就算毕了历史学的能事，此等态度，非全行改正不可。历史的现象，如以之为一个全体而观察之，则以个个独立象而表现的诸现象间，必有何等统一，必有何等因果关系。关于此点，历史现象与自然现象无何所择。

恰如自然科学以发见现象间的因果关系为任务，历史学不能不脱于单纯事实记述的范域，而进到因果关系统一之点。换言之，即是不可不以历史为一科学。这样子历史现象间的因果关系弄得明白的时候，历史的法则便能建立。依此法则，凡历史的过程，均能明快以为说明。不宁惟是，被确立的历史法则，不但说明过去及现在，并且说明将来。即依此亦能预测将来的社会如何，将来的历史阶段如何。这样一来，历史的范围，实亘过去、现在及未来，而为一个一贯的法则所支配。

桑西门由历史抽绎出来的法则，为组织的时代与批评的时代的递嬗，亦可以说是建设的时代与革命的时代的递嬗。中世是一个组织的时代。继续此时期的，乃是一个批评的、革命的时代，这个时代，到了现在才渐次终结。继续这个时代的，必是另外一个组织的时代。桑西门既于历史的行程中发见一条导线，他于是能为预告。因为吾人关于宇宙的知识，曾已达到或且现方达到一个在各局部久已不是推测的而是实证的阶段，社会将应之以为变迁。一个新物理学家的宗教将胜过基督教和自然教（Deism），科学家们将扮演中世僧侣所曾扮演的组织者的脚差［色］。

能为桑西门的进步论与以完满的说明的，只有他的弟子巴札尔（Bazard）。他说：按桑西门的说，人类是被认作一个集合的生物，这个集合的生物，在累代的经过间按一种法则——进步的法则——显露其本性。这个法则可称为人类的物理学的法则。这是桑西门所发见的。这是为组织的时代与批评的时代代嬗而成的。他宣传一种对于进步的信仰，认进步为解释历史的关键，为集合的生活的法则。

依桑西门的解释，在一个组织的时代，人类认出一个运命，而协调其一切的能力以达此运命；在一个批评的时代，人类不知有一个标点为共同协赴的鹄的，人们的努力将以消涣与不调。在苏格拉的（Socrates）时代以前，希腊有一个组织的时代，继此时代，乃是一个批评的时代，至于蛮人侵入而止。继此而起的，又是一个组织的时代，此时代由Charlemagne至十五世纪末止。复次又来一个新批评时代，此时代由路德时以迄于今日。现在是预备一个必须继起的组织的时代开始的时候了。

四、知识的历史观与经济的历史观

桑西门有两个历史观：一为知识的历史观，一为经济的历史观。他的知识的历史观，很强烈的表现于他的初期的著作，嗣后他的思想发生变化，经济的历史观，乃以取而代之。

从桑西门的知识的历史观，则横于历史过程的根底而决定其行程的，惟有知识，依人类知识的程度如何，而附与其特性于历史上的各时期。由一时期向一时期之推移，可求于知识程度之变化中。然人类的知识本身，虽亦能直接成为社会力以决定历史的进行，而在很多的时会，知识常经由宗教云者的伟大社会力以于历史上发生作用。这就是说知识决定宗教，宗教决定历史。本此思想以解释历史，便是知识的历史观，后来承继他的知识的历史观而发扬光大之者厥为孔德。

桑西门曾本此思想以说明现实的历史，先从希腊说起，希腊以有筑在多神教上的社会，故希腊各邦间缺政治之统一，有许多互相歧异的道德系统，而社会的调和乃不能维持。然自苏格拉的出，遂开由多神教向一神教的道路。每当历史内一阶段向一阶段推移的时候，随着必有一次显著的社会混乱。由多神教向一神教之推移，遂以演成罗马晚年的社会的混乱，此混乱终依基督教的成立告终，基督教遂以造成中世纪的社会的组织。厥后亚拉伯人科学的知识输入，基督教内部又发生混乱，中世末期的黑暗时代，又复出现，迨经路德的宗教改革，得与当时的知识调和，基督教又被改造，新教时代于是乎诞生。

厥后桑西门观于法兰西大革命及革命后的法兰西的经济情形，他的历史观，乃一变而重视经济的因子，但其方法论，即根本原理，固未尝有所变动。

法兰西大革命时，几多政治的激变，使桑西门确信国家与社会间有本质上的不同。革命时的法兰西，约二十五年间，遭十度政治的激变。虽曾变革其政治的构造，而于社会生活的根底，未有何等可认的变化。桑西门躬逢这种事实，乃以看出政治形式的如何，实于人类生活无何等本质的意义，于社会不过是第二义的。构成社会生活的根底者，又从而附与其特质于各历史阶级者，不是知识，不是宗教，亦不是建筑于知识、宗教之上的政治，实是那致人类物质生活于可能的产业组织。他于是确立一种历史的法则，认历史过程，惟有经由产业组织的变化，才能理解，将来的社会，亦惟依产业发达的倾向，才能测度。这就是他的经济的历史观。后来承此绪余而建立唯物史观的学说者，厥为马克思。

桑西门主张为社会生活的根底而又为历史发展的原动力者，实为产业。他的历史观，就是建筑在这个主张上的。他的社会观，曾于他作的一篇小论文《寓言》（Parable）里巧妙的表示出来。他的大意是说，假定法兰西突然丧失第一流的学者、艺术家、劳动者，其损失真不在小。因为那些人是法兰西人中最活动的人们，是掌重要的生产供给有益的劳动于科学、艺术、工业方面，致法兰西愈益丰富的人们。他们是社会的精华，于是邦也，贡献独多，赍伟大的声誉，促进其文化的发达而致其繁荣。今骤失之，则法兰西直成为"无魂之体"（Corps sans ame），将不能与其他国民竞争，而沉沦于卑劣的状态。法兰西在此等损失恢复、新人物产生以前，不能不屈忍于此种状态之下。由如此的不幸而谋元气的回复，至少亦要一时代的长时间，而且真能供应有用的劳动的人们，实在是例外的人们，自然不是滥行多多产出例外、尤其是这种例外的。又设此等科学、艺术、工业方面的天才的人物，全部保有而无恙，而于一日之中，丧失了皇室宫庭［廷］、王公世爵、达官显位、国务大臣、国会议员、元帅、大僧正、大地主等等，荣华世界之中，突遭意外之厄，仁慈的法兰西人，固必有所不忍而顿兴悲悯，然由法兰西国民的生活上言之，此等享有高爵厚禄的人们，纵一时耗丧至于三万人之多，亦只能与国民以感伤的悲痛而已，国民丝毫不因是而陷于不幸。此果何故？其理极明。填此空位的人，实在易得，彼能继承而又想承继此优游阔绰的生活者，固不知其凡几也。

由他这一段话，可以看出他怎样的推崇科学、艺术、产业等，怎样的轻视政治或政治家、僧侣、贵族等了。但在此时，他的社会观，尚不能说是经济的，这里他尚认科学家、艺术家与产业者有同等的价值，以于社会生活有用的分子相待遇。后来著《产业者问答》，他的思想乃益趋于经济的，他才认只有直接从事产业的阶级，是社会的基本阶级，科学家、艺术家等，只有赍健全的社会生活的副次的因子的价值。

什么是产业者阶级呢？在桑西门的意思，以为产业者阶级，是由为生产货财而劳动的农民并手工业者，以及立于此等生产者与消费者间从其需要而掌配给货财的商人，三大部分而成的。

桑西门认进步的标的，在社会的幸福。因为劳动阶级在社会上占多数而且极其重要，所以向此标的进行的第一步，应是劳动阶级运命的改善。这是改造社会中的政治的主要问题，他主张以社会主义解决此问题。

桑西门认产业者阶级为社会的基本阶级，为历史的原动力。他以此阶级的发达及其社会的地位变动，说明法兰西的历史。据他看来，法兰西大革命，是中间阶级的懒惰的所有者阶级利用产业者阶级的实力，以之为台阶以反抗在社会上无何等实力的贵族阶级的支配势力，而图自立于支配者地位的变动。然其结果，被建设的社会组织未能正当，所以革命以后，社会的混乱与不安，纷至迭起。此等混乱与不安，直到产业者阶级击破所有者阶级握政治的权力，立在社会的最上层的时候，才一扫而清。因为产业者阶级实为社会的富与幸福的创造者，所以他于实质上于形式上都有支配社会的必然性，此为历史过程所证明的。旷观过去的社会的历史，别的阶级都丧失其意义，惟独产业者阶级，其意义反以逐渐增加，吾人不能不由这种事实，断言产业者阶级毕竟是最大重要的阶级。

五、桑西门的"黄金时代"观及其世界的国家思想

拿破仑没落后，桑西门和他的秘书 Augustin Thierry 合刊一本小册子。在这小册子里，表示他的"黄金时代"观并他的世界的国家思想。他说："诗人的梦想，以为只于太古蒙昧人类源〔原〕始的时代，才有'黄金时代'。抑知那却不是黄金时代，宁认他为铁时代尚为得当。黄金时代，不在我们背后，乃在我们面前；不在过去，乃在将来。这是社会秩序的完全。我们的祖若父，未曾看见过他，我们的子若孙，将有达到此境的一日，为他们开辟径路，是我们的责任。"他又在此小册子中重新提起 Abbe de Saint Pierre 废止战争的理想，并且提议一种比 Pierre 的各国同盟更奢望更理想的欧洲新组织。当此时顷，他于那复位的布尔奔朝（Bourbons）在法兰西所建立的议会政治里，看出一个对于政治紊乱的统治权的救济。他想设若将此种政治组织引用到全欧各国，于维持和平的永续上将有长足的进步。设使敌国的英、法，成立一个密切的联合，将比较的容易造成一全欧国家，如同英国的平民政治各州政府共戴一议会的政府一样。这就是"人类的巴力门"（Parliament of man）的理想新萌芽。

历史的发展，是由孤立向联合进动，由战争向平和进动，由反抗向协合进动。将来的计划，是依科学的原理组织成的协合。中世时代的加特利教教会给吾人以立在一个普遍的教义上的大社会组织的例证，现代的世界亦须是一个社会的组织，但那普遍的主义，将是科学的，不是宗教的。精神的权威，将不存于僧侣，而存于指导科学及公共教育的进步的学者。每一公共生活中的会员，都有应给他的地位与本分。社会由工

业劳动者、学者和美术家三级劳动者构成，各阶级优越劳动者的委任，将依其人的能力以为决定。谓各人的地位完全平等，是无稽之说，基于劳绩的不平等，是合理而必要的。不信任国家的权力，是现代的错误。为提出伟大的理想，图维进步上所必要的革新，一个指导民族势力的权威，是必须的。那样一个组织，将以增进各方面的进步：在科学则以协力，在产业则以望誉，在艺术亦然，因为艺术家将求所以表现他们自己时代的理想与情感。现在已有趋向几分属于此类者的象兆，他的实现，必不是由革命而得，乃是由渐进的改革而得。

历史上显著而最可注意的事实，乃为协合精神的继续的扩张。由家族而都市，而国家，而超国家的教会，更进一步，而包括全人类的广大的联合。前面说过，桑西门派的历史哲学，谓历史实由批评的、破坏的和组织的、建设的二种时代迟〔递〕演代嬗。前期则支配的势力的原理，以战争主义、无政府为特征；后期则为宗教所支配，而以服从、献身、协合的精神为特征。此种反拨与结合的精神，乃社会的二大原理。二者的盛衰，依时代的性质。协合（Association）的精神，渐次超越其反对的势力。在原始社会，强者对于弱者施以压迫，是当时主要的情形，这是联合的不完全的结果。但是他的继起的形式，显出一个渐次的和缓。食人风息，继之（以）奴隶制；奴隶制废，继之以农奴制；农奴制绝，最后又发生资本家工业上的榨取。强者对于弱者的压迫，最后的形式，全靠财产权。对此压迫的救济，在把个人的袭有财产权，由家族移转到国家。将来的社会，必须是社会主义的。协合的原理，是将来社会发展的键。社会的主眼，在生产生活必要品，社会生活的终局目的，"在地球的共同利用"。这是桑西门的世界的国家思想。

六、桑西门的宗教观及其门徒

桑西门于其晚年，发表一篇大著《新基督教》。他作此论文的目的，乃在欲把基督教醇化于单纯而又实质的要素。他于此书，揭明加特利教及普罗铁士坦特教所添附的独断、无用的形式和误谬，加以锐利而警透的批评。他认新信仰当以道德为最重要的东西。他说："新基督教不可不把凡人皆宜为互为兄弟的行为的原理推而及于现世的组织。"桑西门更以近世的语言，详细的说明新基督教。他说："全社会不可不努力于改革最贫阶级的道德的及物质的状态，社会当以能达此目的的最善的法则被组织。"

最使他的门徒感激的，就是此《新基督教》。当他临终之际，他的友生孔德（August Comte）和罗德丽格（Rodrigues）围绕他的床头，他殷殷以此书的希望属托于他们。他说："所有的宗教形式不可不消灭，因为加特利教的弱点与缺点既为人所证明，人民全为此教所骗了。宗教不能有自此世界灭亡的事，只是变化罢了。"

桑西门以为新社会的学说，必须不只是由教育与立法所传播的，必须为新宗教所裁决。从前的基督教，不能为此，因为旧基督教是基于物质与精神间的二元论（Dualism）而成者，而且加诅咒于物质。新宗教必须是一元论（Monistic）的。新宗教的原则，简举如下：神是一，神是全体，就是全体是神。他是普遍的爱，自显而为精神与物质。宗教、科学、产业的三界，适合于这个三体一致论（triad）。

桑西门死后，他的门徒巴札尔（Bazard）和恩范亭（Enfantin）辈，自结一社，成一家族的组织，在 Rue Monsigny 营共产的生活。厥后巴札尔派与恩范亭派分裂，至一八三二年，此宗遂归于消灭。但在当时，其影响所被，亦不为不广了。①

马克思的历史哲学与理恺尔的历史哲学

哲学者，笼统的说，就是论理想的东西。理想表现于社会上，或谓以全体而为统一的表现，或谓以部分而为对立的表现。主后说者，谓理想之对立的表现者，为政治，为法律，为经济。所以社会哲学云者，有人释为论社会的统一的法则性的东西，亦有人释为政治哲学、法律哲学、经济哲学的总称。

把立于经济的基础上的政治、法律等社会构造，纵以观之，那就是历史，所以横以观之称为社会哲学者，纵以观之亦可称为历史哲学。具有历史的东西，固不止于政治、法律、经济等，他如学问、道德、美术、宗教等所谓文化的理想，亦莫不同有其历史。然普通一说历史，便令人想是说社会上的政治、法律和经济。再狭隘一点，只有政治的历史被称为历史，此外的东西似乎都不包括在历史以内。这样子一解释，历史哲学由范围上说是社会哲学，而由内容上说便是政治哲学，这未免把历史哲学的内容太弄狭了。

---

① 本节内容，曾以《桑西门（Saint-Simom）的历史思想》为题，发表于《社会科学季刊》第 1 卷第 4 号，1923 年 8 月。

今欲论社会哲学与历史哲学的关系，必先明历史的概念和社会的概念。今欲明历史和社会的概念，最好把马克思的历史观，略述一述。因为马氏述其历史观，却关联历史和社会。原来纵观人间的过去者便是历史，横观人间的现在者便是社会，所以可把历史和历史学与社会和社会学相对而比论。

马克思的历史观，普通称为唯物史观。但这不是马氏自己用的名称。此名称乃马氏的朋友恩格斯在一八七七年始用的。在一八四八年的《共产党宣言》里和在一八六七年出第一卷的《资本论》里，都有唯物史观的根本原理，而公式的发表出来，乃在一八五九年的《〈经济学批判〉的序文》。在此序文里，马氏似把历史和社会对照着想。他固然没有用历史这个名词，但他所用社会一语，似欲以表示二种概念：按他的意思，社会的变革，便是历史；推言之，把人类横着看，就是社会，纵着看就是历史。喻之建筑，社会亦有基址（Basis）与上层（Uberbau）。基址是经济的构造，即经济关系，马氏称之为物质的或人类的社会的存在。上层是法制、政治、宗教、艺术、哲学等，马氏称之为观念的形态，或人类的意识。从来的历史家欲单从上层上说明社会的变革即历史而不顾基址，那样的方法，不能真正理解历史。上层的变革，全靠经济基础的变动，故历史非从经济关系上说明不可。这是马氏历史观的大体，要约起来说，他认以经济为中心纵着考察社会的是历史学，对于历史学而横着考察社会的，推马氏的意思，那是经济学，同时亦是社会学。

对于马氏的历史观，有一派历史家的历史观——在中国及日本，这派历史家，很不在少——，他们大抵把历史分为西洋史、东洋史、国史，认以政治为中心纵着考察社会的，为历史学。以政治为中心，即是以国家为中心，国家的行动依主权者的行动而表现，故以主权者或关系主权者的行动为中心以研究社会变迁的，是历史学。然则马氏的历史观与此派历史家的历史观其所执以为中心者虽彼此各异，而其于以社会变迁为对面的问题一点可谓一致。

由马氏的历史观推论起来，以经济为中心横着考察社会的是经济学，同时亦是社会学。那么由此派历史家的历史观推论起来，似乎以政治为中心横着考察社会的，应该是政治学，同时亦是社会学。然于事实上，他们并不这样想。他们并不注意政治学、社会学的学问的性质，只认以政治为中心研究社会变迁的是历史学罢了。

今日持政治的历史观的历史家，因为受了马克思的经济的历史观影响，亦渐知就历史学的学问的性质加以研考。依他们的主张，于历史研究社会的变迁，乃欲明其原因结果的关系。换句话说，历史学亦与自然科学相等，以发现因果法则为其目的。于此一点，与马氏的历史观，实无所异。依马氏的说，则以社会基址的经济关系为中心，研究其上层建筑的观念的形态而察其变迁，因为经费［济］关系能如自然科学发见其法则。此派历史家，虽在今日，犹以为于马氏所谓上层建筑的政治关系能发见因果的法则，此点实与马氏的意见不同。然其以历史学的目的为与自然科学相等存于法则的发见，则全与马氏一致。而于此点所受马氏的影响者亦实不为小。要之，马克思和今日的一派历史家，均以社会变迁为历史学的对面问题，以于其间发见因果法则为此学目的。二者同以历史学为法则学。此由学问的性质上讲，是说历史学与自然科学无所差异。此种见解，结局是以自然科学为惟一的科学。自有马氏的唯物史观，才把历史学提到与自然科学同等的地位。此等功绩，实为史学界开一新纪元。自时厥后，历史的学问，日益隆盛；于是有一派学者起来，以为依那样的见解说明历史学的学问的性质，不能使他们满足，因为他们以为历史学虽依那样的见解升到科学的地位，但究竟是比附惟一的科学的自然科学而居于附庸的地位，乃努力提倡一种精神科学使之与自然科学对立，作这种运动的先驱者，首为翁特（Wundt，德人），余如郎蒲锐西（Lamprecht）亦欲依此方法定历史的学问的性质。然翁特所主张的精神科学，由学问的性质上说，亦与自然科学相等，以法则的发见为其目的。固然依翁特的说，虽等是说因果的法则，而以为精神科学的目的者是内的法则，与自然科学所研究的外的因果法迥异。然自学问的性质上去看，二者之间无大差别。以是之故，虽在历史学上打上一个精神科学的印章，仍不能依是以对于自然科学给历史学保证独立的位置。于是有斥翁特的精神科学由学问论上主张历史学的独立而起者，则德国西南学派的文化科学是。

德国西南学派，亦称巴丹学派，此派在日本颇盛行。日本学坛一般把西南学派和北德的马尔布尔西学派合称为新康德派。然一言新康德派，普通即认为指海格尔学派分裂后，以兴复康德哲学为目的而起来的一派而言，与今日的巴丹学派和马尔布尔西学派实为异派。于是有属于马尔布尔西学派的某学者自称其学派为新批评主义，以示区别。亦有人提议把德国的南北两康德派，都单称康德派。否则各用别的名称，固然在现今一言康德派，此二派外还有他派，然不是照康德哲学的原样一点亦不动的，只是以康德哲学的精神为哲学的基调的康德学派，即云限于此两派亦无不可。

西南学派与马尔布尔西学派，虽等是以康德哲学的精神为其哲学的基调，而其互相一致的点，只是关于先验的或批评的哲学方法的部分，其关于概念、关于问题，二者实在相异的点，因之关于学风的全体，亦自有其所不同。例如西南学派，则始终于纯粹理论的方面；而马尔布尔西学派，则多关涉于实际问题。尤其是对于社会问题，马尔布尔西学派的哲学者，无论谁何，皆是一面批评，一面研究，所谓社会哲学，即是此派的产物，世间称为康德派的社会哲学者，即系指此。今就直接有关系的学问论考之，马尔布尔西学派，在认识论上考察的科学，似与康德相同，以自然科学为主；而在西南学派的学问论，则对于自然科学，高唱文化科学，即历史的科学，使与自然科学相对峙。

西南学派，创始于文蝶儿般德（W. Windelband），而理恺尔特（H. Rickert）实大成之，拉士克（E. Lask）复继承之。今则文氏终老，拉氏亦复战死于疆场，硕果仅存，惟有理氏一人为此派的惟一的代表者了！由学问论上言之，文化科学的提倡，首先发表此论者，虽为文氏，有造成今日此派在思想界的势力者，实为理氏。故一论及西南学派的文化科学，即当依理氏的说以为准则。依理氏的说，则谓学问于自然科学外，当有称为历史的科学，或文化科学者，此理一察自然科学的性质自明。自然科学的对象，便是自然。自然之为物，同一者可使多次反复，换句话说，就是同一者可使从一般的法则反复回演。如斯者以之为学问的对象，不能加以否认，因而自然科学的成立，容易附以基础。然学问的对象，于可使几度反复回演者外，还有只起一回者，这不是一般的东西，乃是特殊的东西，不是从法则者，乃是持个性者，即是历史。

然则如何才能使历史与自然相等而为学问的对象呢？依理氏的意见，这只细味学问的性质便可知悉。学问云者，即是所构成的概念。此概念构成，从来人们认为只限于一般的东西，所以学问亦只有自然科学存在，然依理氏的见解，概念构成，没有那样狭的解释的必要，依何等方法改造对象以之取入于主观者即为概念，则与把一般的东西依一般化的方法取入主 [于] 主观者为概念构成相等，把特殊的东西，依个性化的方法取入于主观者，不能不说亦是概念构成。前者为自然科学，后者为历史学，或历史的科学。

以上是把学问的对象，由形式上看，区别自然与历史的。理氏以为更可由内容上看，把一般的东西，与前同样名为自然，而把特殊的东西，名之为文化，以代历史。这个意思，就是说自然一语，由形式及内容两方面均可表明一般的东西，而对于特殊的东西，历史一语，则仅能表示其形式的方面，而其内容的方面，非用文化一语表示不可。于此时会，自然虽不含有价值，而文化则含有价值，以故以之构成概念，对于自然用离于价值的方法，而对于文化则不能不取价值关系的方法；自然科学以依离于价值的方法，发见一般的法则为其目的，而文化科学，即历史学，或历史的科学，则以依价值关系的方法，决定只起一回的事实为其任务。

理氏关于历史学性质的意见如此。此意见发表的时候，很招些非难和攻击。即今日我们对于他的学说亦不能全表赞同。他认历史学为一种事实学，于详明史学的特性上，亦未尝无相当的理由，然依此绝非能将马克思认历史学为如同自然科学的一种法则学的理论完全推翻者，不过因为有了他的学说在普遍的科学原则之下，史学的特殊性质愈益明了，其结果又把历史学对于自然科学的独立的地位愈益提高。在史学上，亦算是可以追踪马氏的一大功绩罢了。

理氏考察学问的对象，一方使自然与历史对立，他方使自然与文化对立。他于关于学问论的著作，共有两种：一为《自然科学的概念构成之限界》，一为《文化科学与自然科学》。第一种著作，由使自然与历史对立的论点出发，进而达于使自然与文化对立的论点；第二种著作，则由自然与文化的论点，进而至于自然与历史的论点。由二作的内容比较起来，第一种比第二种大，第二种乃为说明第一种的概要者，而于立论的行序，微有不同。他于一八六九年着手第一种著作时，欲由方法上明自然科学的限界。主张历史学或历史的文化科学的独立，故其考察学问的对象，亦由基于他所谓形式上的区别，自然与历史的对立出发，诚为不无理由。至于第二种著作的内容，乃理氏于一八九八年"文化学会"的第一次例会讲演时，欲以历史学或历史的文化科学的存立为既被证明者，使之与自然科学对立而叙述者，故其考察学问的对象，亦基于他所谓实质上即内容上的区别，自然与文化的对立，以展其立论的步骤，亦是当然的事情。其第一种著作出第一版时，实为一九〇二年，故视其第二种著作的第一版为稍迟。然其于第一种著作欲证明历史的文化科学的方针，至一九一三年出第二版时未尝少变。同时其于第二种著作，欲叙述历史的文化科学的方针，至一九一〇年（出）第二〈出〉版、一九一五年出第三版时，亦全无改易。

理氏于一方使自然与历史对立，于他方使自然与文化对立；前者是以方法为主而考察学问的对象者，后者是以对象为主而考察学问的对象者，由前者生出自然科学与历史学的对立，由后者生出自然科学与文化科学的对立。论者有谓科学根本的分类，须为惟一不动者。固然，类别科学，或以方法为标准，或以对象为标准，均无不可，从而其结果生出不同，亦是当然的事，然因是之故，致科学根本的分类，生出二个的对立，似不适当。依理氏的主张，一方的自然科学，无论以方法为主而分类，以对象为主而分类，依然是自然科学，而谓地〔他〕方的科学以方法为主时则为历史学，以对象为主时则为文化科学，是非表示自然科学存有学问的独立性，而他方的科学总有些地方欠缺独立性而何？果尔，则是他的历史的文化科学的论证，尚未能云得有确固的基础，于是觉得对于理氏的学问论非加以修正不可。日本文学博士铃木宗忠氏即持此见解者。铃木氏举其修正的要点，乃在关于科学根本的分类，承认理氏以对象为标准的对立，而由是引出以其方法为标准的对立，即是把科学大别为自然科学与文化科学，而文化科学更分为历史学与组织学。

理氏把学问的对象一般称为现实界，以为那是依超个人的主观而被构成者。铃木氏关于此点，亦别无异议。理氏又依价值的附着与否，把现实界分为自然与文化。价值不附着的现实界是自然，价值附着的现实界是文化。然彼于此，并未明言如何引出此分类原理的价值。价值豫想主观，对于主观有意义者，斯为价值。理氏既以价值为标准分现实界为自然与文化，以上则不能不把他看作由主观引出者。然如斯以证，则此主观与那构成现实界的超个人的主观有如何的关联的问题，于是乎发生。铃木氏想此主观系个人的主观。固然此个人的主观，在认识论上是离于理氏的超个人的主观则为无意义者，然当把学问对象的现实界分起类来的时候，有分别把他立起来的必要。原来由认识论上说，这是立于他的超个人的主观上者，然实在说来，这是存在于现实的主观。理氏虽于学问论立此主观，而于其认识论上的意味，似未把他弄得十分明白。

依铃木氏的见解，则个人的主观离自己而见的现实界是为自然，使关系于自己而见的现实界是为文化，离自己以观，则现实界只是共通于各主观的方面现出来的，此方面以共通于各主观之故，所以他被认为于主观全无关系，依其自身的法则而生灭起伏者，于是得名之为自然。自然是被认作于主观无关系者，故其中不含有价值。反之，使关系于自己以观，则现实界只是于各主观特殊的方面现出来的，而不是于各主观共通的方面现出来的，惟其于各主观为特殊之故，此方面遂呈出恰如主观把他作出之观，故得名之为文化。文化与主观有特别的关系，故不得不云价值含于其中。他根据这个理由，基于个人的主观把为学问的对象的现实界，分为自然与文化，于是以以自然为对象者为自然科学，以以文化为对象者为文化科学，此二者为科学的根本分类，由方法上考察之，其理益明。夫学问既是把对象构成概念者，而概念构成云者，又不是说把对象照原样模写，是说把他改造，既云改造，于此必要标准。然若只依一个标准以改造对象，合于是标准者即以为本质的东西，而被取入于概念，其不合于是标准者，即以为非本质的东西而被排斥。以故要想把对象毫无隐蔽的全都把握住，改造的标准只有一个，殊不足用，于是有立二个标准的必要。此二个标准如有矛盾对当的关系，则于一方以非本质的东西而被排斥者，于他方亦得以本质的东西而被取入，则现实界得全体为学问的对象而无挂漏了。

然则关于现实界改造的二个标准，当于何求之？铃木氏谓一得求于自然之中，一得求于文化之中。自然是于各主观共通的方面，文化是于各主观特殊的方面，互相矛盾。今于二者之中，求改造的标准，则此二个标准亦自当立于矛盾的关系。被求于自然之中者，是所谓一般的法则的概念；被求于文化之中者，是所谓个性的价值的概念。自然科学于以一般的法则为标准改造现实界时，其方法为一般化的方法；文化科学以个性的价值为标准改造现实界时，其方法为个性化的方法。更由所谓价值的点言之，则自然科学的方法，为离价值的方法；文化科学的方法，为价值关系的方法。换句话说，就是以依一般化的方法研究法则的为自然科学，以依价值关系的方法研究一回起的事实的为文化科学。依铃木氏的意见，以对象为主的科学分类为自然科学与文化科学的对立；以方法为主的科学分类，亦同为自然科学与文化科学的对立。于兹成为问题者，乃为历史学的位置。理氏对于自然科学，称为历史学，历史学的科学，或历史的文化科学，而把历史学与文化科学看成一个东西。铃木氏对于此点，不表赞成。他认文化科学为可与自然科学对立者，而再由文化科学中导出历史学。

为自然科学的对象的自然，是于各主观共通的现实界的方面，其事当不依主观而有所异。自然不依主观而其所异云者，其意即云自然者，横观之，于庶多的主观同样的表现出来，纵观之，亦不依时间而生变化。彼依时间而生的现实界的变化，不妨名之为历史。由是言之，为自然科学对象的自然无历史。反之，为文化科学对象的文化，为于各主观特殊的现实界的方面，故是依主观而异，以是之故，依对于自然的矛盾对当的关系，不能不说文化有历史。由此点观之，理氏以文化科学名为历史的科学，实为正当，然其以历史学与历史的科学、文化科学同视，似未尽妥。固然，文化依〈时〉时代而变迁，为同一的东西只起一回者，过去的文化与现在的文化不能以学问的对象有同等的意义。第一，过去的文化，不过合全体而成□学问的对象，现在的文化，即此亦足为一学问的对象而有余。第二，过去的文化，以之取入于概念，使关系于含于其文化中的价值以决定事实，虽为绰有余裕，而在现在的文化，以之取入于概念的时候，则不可不使关系于可存于吾人的普遍妥当的价值，以组织事实。他于是主张分文化科学为二，而以研究过去的文化者为历史学，以研究现在的文化者为组织学。

此外还有一个应行讨论的问题，即是马克思派及一派历史家以社会的变迁为历史学所研究的对面问题是否适当。夫以社会的变迁为历史学的问题，是即以社会为有历史的。既以社会为有历史的，则社会之为学问的对象，不为自然而为文化。今世俗一般颇滥用"社会"一辞，其意义殊暧昧，即在以社会为对象的社会学，其概念亦因人而各异。大体说来，关于社会的概念的见解，可大别为二类：一以人间结合的形式为社会学对象的社会者，一以人间结合的内容为社会者。此项争论，在学问论上，兹无讨论的必要。今姑以为社会学的对象的社会为人间结合的形式。即在此种见解，由学问对象论言之，社会的概念亦有二种：一则以之为自然，一则以之为文化。以社会为自然者，即以社会学为研究法则的自然科学，反之，以社会为文化者，即以社会学为组织的研究现在事实的文化科学。亦有人谓社会学概与心理学相类，同为研究心作用的学问。由结合方面观之，可为学问的对象，即于个人上把他切断来研究，亦可为学问的对象，前者是社会学，后者是心理学。心理学是研究心作用其物的一般的法则的。社会学是研究心作用的结合其物的一般的法则的。心理学为自然科学，社会学亦为自然科学。此派论者，虽以心理学为自然科学，却研究现于心理学对象的心作用上的价值内容的所谓心理科学（Mental Sciences），如伦理学、美学、宗教学等为文化科学；虽以社会学为自然科学，却以研究现于社会学对象的社会结合上的价值内容的所谓社会科学（Social Sciences），如法律学、政治学、经济学等为文化科学。此派论者的理据，即认心作用有二：一为单独者，一为结合者，单独者即心理，结合者即社会。无论心理与社会，若以之为形式而考察的时候，不依时间而变化，为同一的东西可以屡次反覆回演者，故由学问对象论上观之，此不得不谓为自然，然现于心理及社会上的价值内容在美术与宗教，在法律与政治，皆为一回起的（或云一躺［趟］过的）东西，而有历史，故此不得不谓为文化。等是社会，由内容上观察，称为政治社会的时候，虽为文化科学的对象的文化，而由形式上观察，单指谓（社）会结合的时候，是为自然科学的对象的自然。这是本于理氏的理论的推论。

论者依据以上的推论，谓为社会学的对象的社会，既属于自然，不依时间而生变化，故无历史，而以马克思及一派历史家认社会为有变迁的，以之为历史学的对面问题，为不当。然马克思及其他历史家并未把社会分为自然与文化二方面以为考察，自不能以是相绳，且即以此准绳批判其说，彼等既以有变迁的社会为历史学的对面问题，则其所考察的社会，亦非自然而为文化，亦非此所谓社会学的对象的社会而为历史学的对象。社会科学的对象的经济社会或政治社会，马克思屡以社会一语用为经济社会的意味，凡于其公式的发表他的历史观的《〈经济学批判〉的序文》稍有研究者，皆能注意及此。今为避繁，无暇列举文证。即就一派历史家而论，其所考察的社会为政治社会，亦不待言。然则上述的评论，实不足以难马氏及持政治史观的历史家明甚。

论者又谓马克思的经济史观，是以经济史概历史学的全般。历史家的政治史观，是以政治史概历史学的全般，此亦不当。夫经济史与政治史固为历史学，然是二者不是历史学的全般，而皆为一种特殊的历史学。且个个的文化科学，皆含有其组织学与历史学。各种的文化内容，在逻辑上应是对立的而不是隶属的，应是平列的，而不是支配的，不得以一种组织学概组织学的全般，亦不得以一种历史学概历史学的全般。各文化的历史学，即是各特殊的历史学，离于各特殊的历史学，固无历史学的全般，而一种特殊的历史学，亦断不是历史学的全般。推马克思及历史家的见解，必是以经济或政治为文化的中心，然所取以为文化的中心者，亦因人而异。治法律者容以法律为文化的中心，治宗教者容以宗教为文化的中心，亦将以同一的理由不能加以否认，此以知以一种特殊的历史学蔽历史学的全般，皆为无当。世间往往有对于政治史而称别的特殊历史学为文化史者，凡历史学皆为文化史，以一种特殊的文化史而与其他各种特殊文化史的总合对立，是亦未为允当。

上述的评论，不得不认为有相当的理由。然以之批难马克思的历史哲学，则实有商榷的余地。马氏认社会的构造是个整个的东西，有其基址，亦有其上层，经济关系是其基址，观念的形态是其上层，上层与基址相合而成此构造。马氏虽认上层的变动随着基址的变动而变动，但绝不是把社会构造的整个全体，裂为零碎的东西，而以基址概全构造，以经济史概全文化史，概全历史学。我们承认历史学是各个特殊的历史学的总合，同时亦当承认经济关系在社会全构造中是其基址，承认经济在整个的文化生活中是比较重要的部分。

唯物史观在现代社会学上的价值

唯物史观在社会学上曾经并且正在表现一种理想的运动，与前世纪初在生物学上发见过的运动有些相类。在那个时候，是用以说明各种形态学上的特征关系的重要，志在得一个种的自然分类，与关于生物学上有机体生活现象更广的知识。这种运动，既经指出那内部最深的构造比外部明显的建造若何重要，唯物史观就站起来反抗那些历史家与历史哲学家，把他们多年所推崇为非常重要的外部的社会构造，都列于第二的次序，而那久经历史家辈蔑视认为卑微暧昧的现象的，历史的唯物论者却认为于研究这很复杂的社会生活全部的构造与进化有莫大的价值。历史的唯物论者观察社会现象，以经济现象为最重要，因为历史上质的要件中变化发达最甚的，算是经济现象，故经济的要件是历史上唯一的物质的要件。自己不能变化的，也不能使别的现象变化。其他一切非经济的物质的要件，如人种的要件，地理的要件等等，本来变化很少，因之及于社会现象的影响也很小，但于他那最少的变化范围内，多少也能与人类社会的行程以影响。在原始未开时代的社会，人类所用的劳作工具极其粗笨，几乎完全受制于自然，而在新发见的地方，向来没有什么意味的地理特征，也成了非常重大的条件。所以历史的唯物论者于那些经济以外的一切物质的条件，也认他于人类社会有意义，有影响；不过因为他的影响甚微，而且随着人类的进化日益减退，结局只把他们看作经济的要件的支流罢了。因为这个缘故，有许多人主张改称唯物史观为经济的史观。

唯物史观自鲍丹（Bodin）辈出，已经闪出了些光影，而自孔道西（Condorcet）依着器械论的典型想把历史作成一科学，而期发见出一普遍的力，把那变幻无极的历史现象一以贯之，更进而开了唯物史观的端绪。故孔道西可以算是唯物史观的开创者。至桑西门（Saint Simon）把经济的要素比精神的要素看得更重。十八世纪时，有一种想象说，说法兰西历史的内容，不过是佛兰坎人与加历亚人间的人种竞争。他受了此说的影响，谓最近数世纪间的法国历史，不外封建制度与产业的竞争。其争于大革命期达于绝顶。产业初与君国制联合，以固专制的基础，基础既成，又扑灭王国制。产业的进步，是历史的决定条件；科学的进步，又为补助他的条件。Thierry、Mignet 及 Guizot 辈继起，袭桑西门氏的见解，谓一时代的理想、教条、宪法等，毕竟不外当时经济情形的反映。关于所有权的法制，是尤其重要的。蒲鲁东亦以国民经济为解释历史的键，信前者为因，后者为果。至于马克思，用他特有的理论，把从前历史的唯物论者不能解释的地方，与以创见的说明，遂以造成他的特有的唯物史观。而于从前的唯物史观，有伟大的功绩。

唯物史观的要领，在认经济的构造对于其他社会学上的现象是最重要的，更认经济现象的进路，是有不可抗性的。经济现象，虽用他自己的模型制定形成全社会的表面构造（如法律、政治、伦理及种种理想上、精神上的现象都是），但这些构造中的那一个，也不能影响他一点。受人类意思的影响，在他是永远不能的。就是人类的综合意思，也没有这么大的力量；就是法律，他是人类的综合意思中最直接的表示，也只能受经济现象的影响，不能与丝毫的影响于经济现象。换言之，就是经济现象，只能由他一面与其他社会现象以影响，而不能与其他社会现象发生相互的影响，或单受别的社会现象的影响。

经济构造是社会的基础构造，全社会的表面构造，都依着他迁移变化。但这经济构造的本身，又按他每个进化的程级，为他那最高动因的连续体式所决定。这他［最］高动因，依其性质必须不断的变迁，必然的与社会的经济的进化以诱导。

这最高动因究为何物？却又因人而异。Loria 所认为最高动因的，是人口的稠庶。人口不断的增加，曾经决定过去四个联续的根本状态，就是最［集］合，奴隶所有，奴仆（Servile），佣工。以后将次发生的现象也该由此决定。马克思则以"物质的生产力"为最高动因。由家庭经济变为资本家的经济，由小产业制变为工场组织制，就是由生产力的变动而决定的。其他学者所认为最高动因的，又为他物。但他们有一个根本相同的论点，就是经济的构造依他内部的势力自己进化，渐于适应的状态中变更全社会的表面构造。此等表面构造，无论用何方法不能影响到他这一方面，就是这表面构造中最重要的法律，也不能与他以丝毫的影响。

有许多事实，可以证明这种观察事物的方法是合理的。许多法律，在经济现象的面前，暴露出来他的无能，十七八世纪间，那些维持商业平准奖励金块输入的商法，与那最近美国禁遏脱拉斯（Trust）的法律，都归无效，就是法律的力量不能加影响于经济趋势的明证。也有些法律，当初即没有力量与经济现象竞争，而后来他所适用的范围却自一点一点的减缩至于乌有。这全是经济现象所自致的迁移，无与于法律的影响。例如欧洲中世纪时禁抑暴利的法律，最初就无力与那高利率的经济现象竞争，后来到了利润自然低落，钱利也跟着自然低落的时候，他还继续存在，但他始终没有一点效果。他虽然形式上在些时候维持他的存在，实际上久已无用，久已成为废物。他的存在全是法律上的惰性，只足以证明法律现象，远追不上他所欲限制的经济现象，却只在他的脚后一步一步的走，结局惟有服从而已。潜深的社会变动，惟依他自身可以产生，法律是无从与知的。当罗马帝国衰颓时代，一方面出（现）奴隶缺乏，奴价腾贵的现象；一方面那一大部分很多而且必要的寄生阶级，造成一个自由民与新自由民的无产阶级。他们的贫困日益加甚，自然渐由农业上的奴仆劳动，工业上的佣工劳动生出来奴隶制度的代替，因为这两种劳动全于经济上有很多的便利。若是把废奴的事业全委之于当时的基督教人类同胞主义的理想，那是绝无效果的。十八世纪间，英人曾标榜过一种高尚的人道主义的宗教，到了资本家经济上需要奴隶的时候，他们却把奴制输入到美州［洲］殖民地，并且设法维持他。这类的事例，不胜枚举。要皆足以证明法律现象只能随着经济现象走，不能越过他，不能加他以限制，不能与他以影响，而欲以法律现象奖励或禁遏一种经济现象的，都没有一点效果。那社会的表面构造中最重要的法律，尚且如此，其他如综合的理想等等，更不能与经济现象抗衡。

　　社会学得到这样一个重要的法则，使研究斯学的人有所依据，俾得循此以考察复杂变动的社会现象，而易得比较真实的效果。这是唯物史观对于社会学上的绝大贡献，全与对于史学上的贡献一样伟大。

时
（1923 年 11 月 1 日）

今逢《晨报》第五周年纪念日，吾乃就"时"的观念发生种种感想。"晨"为日之始，新鲜的朝气，清明的曙光，都随"晨"的时光以俱至。"晨"出吾人于长夜漫漫的暗域，"晨"导吾人于生活迈进的前途。一生最好是少年，一年最好是青春，一朝最好是清晨。周为岁之满，天运人生周行不息，盈虚消长，相反相成。逝者未逝，都已流入现今的中间，盈者未盈，正是生长未来的开始。时是无始无终的大自然，时是无疆无垠的大实在，为"晨"为"周"，都是这大自然大实在流露出来的一体。

时是伟大的创造者，时亦是伟大的破坏者。历史的楼台，是他的创造的工程。历史的废墟，是他的破坏的遗迹。世界的生灭成毁，人间的成败兴衰，都是时的幻身游戏。

时是什么东西？吾曾以之问于玄学，问于认识论，问于心理学，问于数学，问于物理学，问于天文学，都只能与吾以一部分的解答，不能说出他的真实的全体。有的物理学者说，他与"以太"有关。但是"以太"云者究为何物？仙乎神乎，百般捉摸，不能得其正体。近来物理学者努力的结果，已知"以太"云者，本无是物。欧洲有一种学问，名为 Chronology，译成国语曰编年学，曰纪年学，曰年代学，亦曰时学。我欲以时为何物，问之 Chronology，但这不过是研究时的计算，并未涉及时的根本问题。心理学家又来告我，时是心造，因境而异。同一时间，欢娱则每恨其短，痛苦则每厌其长；怀人则一日三秋，乐生则百年旦夕。地质学家从旁窃笑，谓史学者把几千几万年间的经过，分成上古、中古、近古诸期，其间盛衰兴亡，纷纭热闹，杳乎久矣，而在地质学上看去，这不抵一朝暮间的事。"朝菌不知晦朔，蟪蛄不知春秋"。

"吾生也有涯，而知也无涯"。吾侪尽自懵着头过这朝菌、蟪蛄的生活罢了。时的问题不能研究，且亦不必研究。说来说去，言人人殊，时的问题，真是不可思议。

哲家者流，究时之义，竭虑殚思，不能得其象迹，乃有拟于空间以为说法者。谓时如一线，引而弥长，既被引者，平列诸点，有去来今。但以此喻说明时的递嬗，亦不合理。因此一线，既已引者，悉属过去，未曾引者，当在未来，现今之点，列于何所？我们知道，三世代迁，惟今为重，凡诸过去，悉纳于今，有今为基，无限未来，乃胎于此。如兹说法，消泯了现今，亦即无异丧失了人生的奥秘。凡诸过去，将于何托？凡诸未来，于何承接？此种说法，不能使人满足。我乃沉思，更得一义：既引的线，确属过去，未引的线，确在未来，然此线之行，实由过去，趋向未来，必有力焉，引之始现。此力之动，即为引的行为，引的行为，即为今点所在。过去未来，皆赖乎今，以为延引。今是生活，今是动力，今是行为，今是创作。苟一刹那，不有行为，不为动作，此一刹那的今，即归于乌有，此一刹那的生，即等于丧失。本乎此理，以观历史，以观人生，有二要义，务须记取：时的引线，与空间异。引线于空间，可以直往，亦可以逆返，我们可从北京来到上海，又可由上海返于北京。至于时间，则今日之日，不可延留，昨日之日，不能呼返。我们能从昨日来到今日，不能再由今日返于昨日。我们在此只能前进不能回还的时的途程中，只有行动，只有作为，只有迈往，只有努进，没有一瞬徘徊的工夫，没有半点踌躇的余地。你不能旁观，你不可回顾，因为你便是引线前进的主动。你一旁观，你一回顾，便误了你在那一刹那在此不准退只准进、不准停只准行的大自然大实在中的行程，便遗在后面作了时代的落伍者。于是另有一义，随之而起。凡历史的事件，历史的人物，都是一趟过的。无论是悲剧，是壮剧，是喜剧，是惨剧，是英雄末路，是儿女长情，都是只演一次的。无论是英雄，是圣贤，是暴君，是流寇，是绝代的佳人，是盖世的才子，在历史的旅途上，亦只是过一回的。垓下的歌声只能听得一次，马嵬坡前的眼泪只是流过一回，乃至屈子的骚怨，少陵的悲愤，或寄于文辞，或寓于诗赋，百千万世的后人，只能传诵他们，吟咏他们，不能照原样再作他们。就是我们糊里糊涂一天一天的过去的生活，亦都为一往而不可复返。看到此处，真令人惊心动魄了。人生既是这样可以珍重的东西，那么朝朝都有晨光，年年都有周岁，光阴似箭，一去不还，我们应该如何郑重的欢天喜地的行动着，创造着过去。凡是遇在这一进不退一往不返的、只能见一面的、只能遇一遭的时的旅途上的人们，都是我们的好朋友、好弟兄，我们应该如何郑重的握着手，欢天喜地的亲爱着、互助着，共赴人生的大路。我们不要迟疑审顾的误了好时光，更不要此猜彼忌的留下恶痕迹。机会不可复得，因缘永难再遇。我们在这万劫长流中，大家珍重，向前迈进，走此一遭，必能达到黄金世界的境域。

在空间论前后，前在我们的面前，后在我们的背后。在时间论前后，却恰与此相反。一说前日，便是指那过去的一日；一说后日，便是指那未来的一日。这样说来，后日却在我们的面前，前日反在我们的背后。日常云用，毫不觉异，此果何故？我尝细思，这等言语，很可以表示我们时的观念的错误，历史观的错误，人生观的错误。寻常设想，总以为时的首脑在于古初，时的进行的方向是向广漠无涯的过去奔驰，吾人只是立在一旁，屹然不动，回过身来，向着过去方面看，这太古的机关车带着这些未来连续不断的时的列车，滔滔滚滚的，似水东流，直向荒古方面奔去，所以误认过去的一日转在吾前，未来的一日反在吾后了。这种时的观念所产生的历史观、人生观，是逆退的，是静止的，是背乎大自然大实在进展的方面的，是回顾过去的，是丧失未来的。要知时的首脑，不在古初，乃在现在，不是向广漠无涯的过去奔驰，乃是向广漠无涯的未来奔驰。吾人是开辟道路的，是乘在这时的列车的机关车上，作他的主动力，向前迈进他的行程，增辟他的径路的，不是笼着手，背着身，立在旁观的地位，自处于时的动转以外的。我们要改变这误谬的时的观念，改变这随着他产生的误谬的历史观、人生观，要回过头来顺着向未来发展的大自然大实在的方面昂头迈进，变逆退的为顺进的，变静止的为行动的。这样子，我们才能得到一个奋兴鼓舞的历史观，乐天努力的人生观。

在中国的思想界，退落的或循环的历史观，本来很盛，根深蒂固，不可拔除。至于今日，又有反动复活的趋势。虽以论坛权威如章行严、梁任公两先生者，亦有退反于退落的或循环的历史观的倾向。章先生则一面说，从前衣服既由宽大而趋于瘦小，今则复由瘦小而返于宽大，又[以]证史相的反复循环；一面又说唐碑不如魏碑，魏碑不如汉碑，以证人文的愈趋愈下，似为一种循环的而又退落的历史观。梁先生则虽犹回顾其《新民丛报》时代的进步的历史观而不忍遽弃，但细味其为文，行间字里，几全为悲观的论调所掩蔽，全为退落的历史观张目，而于进步的历史观深致其怀疑。我本崇今论者，深惧此等论坛权威将为怀古论者推波而助澜，用特揭出"时"的问题以与贤者相商榷，冀其翻然思反，复归于进步论者之林，与我们携手提撕，共到进步的大路上去。这是区区此文的微意。总之，我认时是有进无退的，时是一往不返的，循环云者，退落云者，绝非时的本相。即让一步，承认时的进路是循环的，这个循环亦是顺进的，不是逆退的，只是螺旋的进步，不是反复的停滞。历史的事件与人物，是只过一趟的，是只演一回的。我们今人设若郑重的过这一趟，演这一回，安见不及古人？安见不能超越古人？即让一步，承认古人有非今人所能及的，有非今人所能胜的，他也只是在历史上过一趟的，演一回的，不能因为今人的崇拜与怀思再来一次。我们只有随着这有进无退的时的流转，郑重的过这一趟，演这一回。"要知此一趟的经过，此一回的演行，乃永久存在，永久传流，贯注于人类生活中，经万劫而不朽！"

十二，十一，一。

署名：李守常
《晨报五周年纪念增刊》
1923 年 12 月 1 日

史学概论
——在上海大学的演讲
（1923 年 11 月 29 日）

我们研究史学，第一先要研究的就是，什么是史？

在中国能找出许多关于史的材料来，什么《史记》咧、《汉书》咧、《三国志》、《资治通鉴》、廿四史……，在西洋也可以找出什么《罗马史》咧、《希腊史》咧……等等的书。这类的书，就是史吗？

这类的书，固然浩如烟海，但这不是史，而是供给吾人研究历史的材料。从前许多的旧历史学家，都认这是历史。其实这是研究历史的材料，而不是历史。历史是有生命的，活动的，进步的，不是死的，固定的。

吾人研究有生命的历史，有时须靠记录中的材料，但要知道这些陈编故纸以外，有有生命的历史。比如研究列宁，列宁是个活人，是有生命的。研究他，必须参考关于列宁的书籍，但不能说关于列宁的书籍，便是列宁。

明白了这点，那历史和历史材料的异点，便可以知其大概了。

我们再讲历史学的发展。历史学是起源于记录。英文的史字（History）是问而知道的意思；德文的史字（Geschichte）是事体的意思。发生事件而记录起来，这是史学的起源。

从前历史的内容，主要部分是政治、外交，而活动的事迹，完全拿贵族当中心。所以福理曼（Freeman）说：过去的政治就是历史，历史就是政治。他把政治和历史认成一个，不会分离。

这样解释历史，未免失之狭隘。历史是有生命的，是全人类的生活。人类生活的全体，不单是政治，此外还有经济的、伦理的、宗教的、美术的种种生活。他说历史就是政治，其余如经济、宗教、伦理、美术的种种生活，能说不算是人类的生活吗？可以把它们放在历史以外吗？

及后到了马克思，才把历史真正意义发明出来，我们可以从他的唯物史观的学说里看出。

他把人类生活，作成一个整个的解释，这生活的整个便是文化。

生物学当然是研究生物的，植物学当然是研究植物的，人类历史也当然是研究人类的生活，生活的全体——文化的了。但文化是整个的，不可分离。譬如这座楼，可以分出楼顶、楼身和基础来。假使基础摇动，楼身、楼顶全得摇动。基础变更，楼身、楼顶也得跟着变更。文化是以经济作基础，他说有了这样的经济关系，才会产生这样的政治、宗教、伦理、美术等等的生活。假如经济一有变动，那些政治、宗教等等生活也随着变动了。假使有新的经济关系发生，那政治、宗教等等生活也跟着从新建筑了。

他不但发明文化是整个的，他并且把历史和社会的疆域分开。他说：人类的社会，按时间的，纵起来看是历史，按平面的，空间的，横起来看是社会。他又说历史是"社会的变革"。不但过去的历史是社会的变革，即是现在、将来，社会无一时不在变革中。因为历史是有生命的、活动的、进步的，而不是一成不变的。历史的范围不但包括过去，并且包有现在和将来。

至于什么是历史学家的任务，希腊的历史学家后世称为"历史之父"的希罗陀德（Herodotus）已经告诉过我们：

一、应当整理记录，寻出真确的事实。

二、应当解释记录，寻出那些事实间的理法。

据此，历史家的任务，是在故书篓中，于整理上，要找出真确的事实，于理解上，要找出真理。但同是一个事实，人人的解释各异。比如实在的孔子过去了，而历史的孔子，甲与乙的解释不同，乙与丙的解释又不同，昔人与今人的解释又不同。人人解释既然不同，他整理以后，找出来自以为真确的事实，当然又不同了。

须知历史是有新鲜的生命的，是活动的、进步的，不但不怕改作和重作，并且还要吾人去改作、重作。信手在我们中国历史里边找出几个例来看：

一、在中国历史神话期中，说我们的衣服器具有许多是半神的圣人，给我们在一个相距不远的时代，一齐造出来的。这样记录，我和在座诸君在十年或廿年前，或者都以为真实的。现在我们若拿新的历史眼光来看，知道那些记录完全是荒谬的。现在藉着科学的知识，发明一种新机器，也得费若干年月，在那蒙昧时代，怎能这样迅速！

据人类学家考察，人类的起源，是因人从前有四条腿，和别的动物一样。女性的人，怕他的孩子被他兽残杀，乃习用其前足抱子而奔。人是这样渐渐的进化，才成了用手用胸用两足走路的动物。人类渐渐的站起来用足走路以后，腹部因蔽体的毛稀薄，感畏风寒，乃渐取树叶遮盖，后来旁的地方怕受风寒，也会想法去遮盖了。这就是衣服的起源，由树叶到衣服的进步更不知道经过了多少年月！

由茹毛饮血的生活而渐进于游牧的生活，由游牧的生活而进于畜牧生活，而进于农业生活，手工业的生活，机器工业的生活，这里边有很悠久的历史，并不会一时得到的。我们现在根据进化论去解释这些记录，比在数十年前的观念已大不同了。

二、中国古代的姓，如妫、姞、姬、姜等字，都从女旁，这些字何以都从女？前人的解释，多谓人因地而得姓。例如某某的母居姜水，故姓姜；某某的母居于妫水，故姓妫。但由我来解释，不是这样。我以为妫水、姜水的地方，是因人而得名的。因为有姓姜的在那里居住，所以名为姜水；有姓妫的在那里居住，所以名为妫水。姜、妫的姓都从女旁，是因为那个时候，是母权时期，所以子从母姓。我们再就社会的现状观察，姓张的村子叫张家村，姓李的庄子叫李家庄，都因所在的姓氏而得名，决不是因为住在张家村才姓张，住在李家庄才姓李的。那些妫水、姞水、姬水、姜水的名称，也因为古代的人好临水而居，那水也就各因其姓氏而得名了。

我们拿着新的历史眼光，去观察数千年前的故书陈籍，的确可以得着新的见解，找出真确的事实。

三、就近二十年来，河南所发现的古物，更可以断定旧日史书的虚伪。中国经济学上的名词多从贝，如货字、买字、贾字等都从贝。按历史学家考察，最古的时期中，经过一种靠贝为生活的时期。中国旧史的记录的：中国在太昊、神农时，已有金属铸造货币。但现在按河南发现的龟版文字一为考察，那些上面所刻的字并无从金边的字，而只有从贝的字。果然当时已是用金器时代，何以不能发现一个金字？

中国古书固然伪的很多，然在较为可靠的《书经》的《商书》篇亦是说"具乃贝玉"，当时贝玉并称，而不说具乃金玉。果然当时已有金属制造品，何以在殷代以前，不发现一个"金"字？

到了后来《诗经》上才发现许多"金"字，往往"金"、"玉"并称，便有"金玉其相"一类的话了。

就此可断定，旧史所纪是虚伪的。在殷代以前，还是靠贝的生活，还是石器时代，殷代以后到了周朝，才入了铜器时代，才有金属的制造品了。

这样的例举不胜举，我们按这许多例，可以断定往日记录有许多错误，是可以改作重作的，是必须改作重作的。但我们所改作的重作的，就敢断定是真实的、一成不变的吗？历史是有生命的，僵死沉[陈]腐的记录不能表现那活泼泼的生命，全靠我们后人有新的历史观念，去整理他，认识他。果然后人又有了新的理解、发明，我们现在所认为新的又成了错误的，也未可知。我们所认为真实的事实和真理的见解并不是固定的，乃是比较的。

希腊历史学家格罗忒（Crote）出，又有人说，他的《希腊史》比希罗陀德的好，第一因为希氏缺乏批评精神，第二因为希氏喜欢什么，便注意什么真实。但我们要说公平话，他所注意的未必是话[对]，在希罗陀德时代，能够得到那样结果，已经很难的了。我们不能因见了格罗忒，便来菲薄希罗陀德。格罗忒的《希腊史》，果然就是最完全的吗？这也不过是比较的真实的罢了。

所以历史是不怕重作改作的，不但不怕重作改作，而且要改作重作，推翻古人的前案，并不算什么事，故吾人应本新的眼光去改作旧历史。很希望有许多人起来，去干这种很有趣味的事，把那些旧材料、旧记录，统通召集在新的知识面前，作一个判决书。

从前的孔子观念，是从前人的孔子观，不是我们的孔子观。他们的释迦观、耶稣观，亦是他们自己的释迦观、耶稣观，不是我们的释迦观、耶稣观。他们本着迷信为孔子、释迦、耶稣作传，辉皇孔子、释迦、耶稣为亘古仅有天纵的圣人，天生的儿子，说出许多怪诞不经的话。我们今日要为他们作传，必把这些神话一概删除。特注重考察他们当时社会的背景，与他们的哲学思想有若何关系等问题。历史原是有生命的，不是僵死的，原是进步的，不是固定的。我们本着新的眼光，去不断地改作重作，的确是我们应取的途径了。

以上的话，归结起来：记录是研究历史的材料。历史是整个的、有生命的、进步的东西，不是固定的、死的东西；历史学虽是发源于记录，而记录决不是历史。发明历史的真义的是马克思，指出吾人研究历史的任务的是希罗陀德。我们研究历史的任务是：

一、整理事实，寻找它的真确的证据。

二、理解事实，寻出它的进步的真理。

署名：李守常先生讲

张湛明笔记

《民国日报》副刊《觉悟》

1923 年 11 月 29 日

在中国国民党第一次代表大会上的发言
(1924 年 1 月 28 日)

诸位同志们：兄弟深不愿在本党改造的新运中，潜植下猜疑与不安的种子，所以不能不就我个人及一班青年同志们加入本党的理由及其原委，并我们在本党中的工作及态度，诚恳的讲几句话。

兄弟们到广州来，承本党总理及党中先进诸同志欢悦的接受，令我们在国民革命的工作上得有尽其绵薄的机会，我等不能不敬服本党总理及党中先进诸同志热诚的促进负有国民革命的使命的国民党的精神。但有少数先进的同志终不免对于我等加入本党致其怀疑者，使此怀疑不能涣然冰释，则于本党改造的新机中，即预伏一种妨害将来发展的危机，此断非吾辈之所愿，想亦非先进诸同志之所愿。用是不能不将我等加入本党的理由，开诚布公的讲出来，以求得一共同的了解，而消除那方在潜萌的危机。

我们相信在今日列强的半殖民地的中国，也就是本党总理所说的次殖民地的中国，想脱除列强的帝国主义及那媚事列强的军阀的二重压迫，非依全国国民即全民族的力量去做国民革命运动不可。若想完成此国民革命的事业，非有一个统一而普遍的国民革命党不可。我们认在这种国民革命运动中，不宜使国民革命的势力分歧而不统一，以减弱其势力，而迟阻其进行，非以全民族之心力，集中于一党不可。我们环顾国中，有历史、有主义、有领袖的革命党，只有国民党；只有国民党可以造成一个伟大而普遍的国民革命党，能负解放民族、恢复民权、奠定民生的重任，所以毅然投入本党来。我们觉得刚是革命派的联合战线，力量还是不够用，所以要投入本党中，简直编成一个队伍，在本党总理指挥之下，在本党整齐纪律之下，以同一的步骤，为国民革命的奋斗。我等之加入本党，是为有所贡献于本党，以贡献于国民革命的事业而来的，断乎不是为取巧讨便宜，借国民党的名义作共产党的运动而来的。因为在今日经济落后沦为帝国主义下半殖民地的中国，只有国民革命是我民族惟一的生路，所以国民革命的事业，便是我们的事业，本党主张的胜利，即是我们的胜利。我们以此理由，不但自己愿来加入本党，并愿全国国民一齐加入本党。这种发展本党的责任，是要先进诸同志与我们共同担负的。

有一部分同志疑惑因为我们加入了本党，本党便成了共产党，这亦是一种的误会。我们加入本党是来接受本党的政纲，不是强本党接受共产党的党纲。试看本党新定的政纲，丝毫没有共产主义在内，便知本党并没有因为我们一部分人加入，便变成共产党了。

又有一部分同志提议：本党章程应规定不许党内有党，党员不许跨党。这或者亦是因为我们加入本党而起的。我们加入本党，是一个一个的加入的，不是把一个团体加入的，可以说我们是跨党，不能说是党内有党。因为第三国际是一个世界的组织，中国共产主义的团体，是第三国际在中国的支部，所以我们只可以一个一个的加入本党，不能把一个世界的组织纳入一个国民的组织。中国国民党只能容纳我们这一班的个人，不能容纳我们所曾加入的国际的团体。我们可以加入中国国民党去从事于国民革命的运动，但我们不能因为加入中国国民党便脱离了国际的组织。我们若脱离了国际的组织，不但于中国国民党没有利益，且恐有莫大的损失。因为现代的革命运动是国民的，同时亦是世界的，有我们在中国国民的组织与国际的组织的中间作个联络，作个连锁，使革命的运动，益能前进，是本党所希望的，亦是第三国际所希望的。由此说来，我们对于本党实应负着二重的责任：一种是本党党员普通的责任；一种是为本党联络世界的革命运动，以图共进的责任。所惧我们的才力不胜，不能担当此任，还望先进诸同志不吝指导而匡助之，是我们的欣幸。

总之，我们加入本党，是几经研究，再四审慎而始加入的，不是胡里胡涂混进来的，是想为国民革命运动而有所贡献于本党的，不是为个人的私利，与夫团体的取巧而有所攘窃于本党的。土尔其的共产党人加入土尔其的国民党，于土尔其国民党不但无损而有益。美国共产党人加入美国劳动党，于美之劳动党不但无损而有益。英国共产党人加入英国劳动党，于英之劳动党亦是不但无损而有益。那么我们加入本党，虽不敢说必能有多大的贡献，其为无损而有益，亦宜与土、美、英的先例一样。我们加入本党的时候，自己先从理论上、事实上作过详密的研究。本党总理孙先生亦曾允许我们仍跨第三国际在中国的组织，所以我们来参加本党而兼跨固有的党籍，是光明正大的行为，不是阴谋鬼祟的举动。不过我们既经参加了本党，我们留在本党一日，即当执行本党的政纲，遵守本党的章程及纪律，倘有不遵本党政纲、不守本党纪律者，理宜受本党的惩戒。我们所希望于先辈诸同志者，本党既许我们以参加，即不必对于我们发生疑猜，而在在加以防制。倘认我们参加本党为不合，则尽可详细磋商，苟有利于本党，则我们之为发展本党而来者，亦不难为发展本党而去，惟有猜疑防制，实为本党发展前途的障害，断断乎不可不于本党改造之日，明揭而扫除之。自今以往，我们与先辈诸同志共事之日正长，我们在本党中的行为与态度，当能征验我们是否尽忠于国民革命的事业，即以尽忠于本党，愿我先辈诸同志提携而教导之。（北京代表李大钊意见书。）

据《中国国民党第一次全国代表大会史料专辑》，
台湾"中华民国"史料研究中心 1984 年版排印。
原题为《李守常对共产分子加入国民党之声明》

史学要论
（1924 年 5 月）

一、什么是历史

　　吾人自束发受书，一听见"历史"这个名词，便联想到二十四史、二十一史、十七史、《史记》、《紫阳纲目》、《资治通鉴》，乃至 Herodotus、Grote 诸人作的《希腊史》等等。以为这些便是中国人的历史，希腊人的历史。我们如欲研究中国史、希腊史，便要在这些东西上去研究，这些东西以外，更没有中国史、希腊史了。但是历史这样东西，是人类生活的行程，是人类生活的联续，是人类生活的变迁，是人类生活的传演，是有生命的东西，是活的东西，是进步的东西，是发展的东西，是周流变动的东西。他不是些陈编，不是些故纸，不是僵石，不是枯骨，不是死的东西，不是印成呆板的东西。我们所研究的，应该是活的历史，不是死的历史，活的历史，只能在人的生活里去得，不能在故纸堆里去寻。

　　不错，我们若想研究中国的历史，像那《史记》咧，二十四史咧，《紫阳纲目》咧，《资治通鉴》咧，乃至其他种种历史的纪录，都是很丰富、很重要的材料，必须要广蒐，要精选，要确考，要整理。但是他们无论怎样重要，只能说是历史的纪录，是研究历史必要的材料，不能说他们就是历史。这些卷帙，册案，图表，典籍，全是这活的历史一部分的缩影，而不是这活的历史的本体。这活的历史，固屹然存在于这些故纸陈编的堆积以外，而有他的永续的生命。譬如我们要想研究中国，或是日本，固然要尽量蒐集许多关于中国或日本的纪载与著作，供我们研究的材料，但不能指某人所作的现代中国（史），说这就是中国；指某人所作的现代日本（史），说这就是日本。我们要想研究列宁，或是罗素，固然要尽量蒐集许多关于列宁或罗素的纪载与著作，供我们研究的资料，但不能指某人所作的《列宁传》，说这就是列宁；某人所作的《罗素传》，说这就是罗素。那纪载中国或日本的事物的编册以外，俨然有个活的中国、活的日本在；那列宁或是罗素的传记以外，俨然有个活的列宁、活的罗素在。准此以推，许多死的纪录、典籍、表册、档案以外，亦俨然有个活的历史在。从前许多人为历史下定义，都是为历史的纪录下定义，不是为历史下定义。这种定义，只能告我们以什么构成历史的纪录，历史的典籍，不能告我们以什么是历史。我们当于此类纪录以外，另找真实的历史，生活的历史。

什么是活的历史，真的历史呢？简明一句话，历史就是人类的生活并为其产物的文化。因为人类的生活并为其产物的文化，是进步的、发展的，常常变动的，所以换一句话，亦可以说历史就是社会的变革。这样说来，把人类的生活整个的纵着去看，便是历史，横着去看，便是社会。历史与社会，同其内容，同其实质，只是观察的方面不同罢了。今欲把历史与社会的概念弄得明明白白，最好把马克思（Karl Marx）的历史观略述一述。马克思述他的历史观，常把历史和社会关联在一起，纵着看人间的变迁，便是历史，横着看人间的现在，便是社会。马克思的历史观，普通称为唯物史观，又称为经济的历史观。唯物史观的名称，乃是马克思的朋友恩格斯（Engles）在一八七七年开始用的。在一八四八年的《共产党宣言》里，和在一八六七年出版的《资本论》第一卷里，都含着唯物史观的根本原理，而公式的发表出来，乃在一八五九年的《〈经济学批评〉的序文》。在此《序文》里，马克思似把历史和社会对照着想。他固然未用历史这个名词，但他所用社会一语，似欲以表示二种概念：按他的意思，社会的变革便是历史。换言之，把人类横着看就是社会，纵着看就是历史。譬之建筑，社会亦有基址与上层：社会的基址，便是经济的构造——即是经济关系——，马克思称之为物质的，或人类的社会的存在；社会的上层，便是法制、政治、宗教、伦理、哲学、艺术等，马克思称之为观念的形态，或人类的意识。基址有了变动，上层亦跟着变动，去适应他们的基址。从来的史学家，欲单从社会的上层说明社会的变革——历史，而不顾社会的基址，那样的方法，不能真正理解历史。社会上层，全随经济的基址的变动而变动，故历史非从经济关系上说明不可。这是马克思的历史观的大体。他认横着去看人类，便是社会，纵着去看人类，便是历史。历史就是社会的变动。以经济为中心纵着考察社会变革的，为历史学；对于历史学，横着考察社会的，推马克思的意思，那便是经济学，同时亦是社会学。

依上所述，历史既是整个的人类生活，既是整个的社会的变革，那么凡是社会生活所表现的各体相，均为历史的内容所涵括。因为文化是一个整个的，不容片片段段的割裂。文化生活的各体态、各方面，都有相互结附的关系，不得一部分一部分的割裂着看，亦不得以一部分的生活为历史内容的全体。普通一说历史，便令人想是说社会上的政治、法律和经济，其实道德、学术、宗教、伦理等等，所谓文化的理想，亦莫不应包含在历史以内。说历史只是政治、法律和经济，已经算是狭隘了。还有一派史学家，只认政治的历史为历史，此外的东西似乎都不包括于历史以内。他们认以政治为中心纵着考察社会变迁的，是历史学。像那福利曼（Freeman）说："历史是过去的政治，政治是现在的历史"，就是这种观念。以政治为中心，即是以国家为中心，国家的行动，每依主权者的行动而表现，故结局他们认以主权者或关系主权者的行动为中心以考察社会的变迁的，为历史学。中国旧史，其中所载，大抵不外帝王爵贵的起居，一家一姓的谱系，而于社会文化方面，则屏之弗录。这样的史书，就是本于历史只是政治，政治只是主权者的行动的见解而成的。马克思认以经济为中心纵着考察社会变革的，为历史学；则对于历史学，横着考察社会的，乃为经济学，同时亦是社会学。由此类推，这一派的历史家，既认以政治为中心纵着考察社会变革的，为历史学；则对于历史学，横着考察社会的，亦应该为政治学，同时亦是社会学。但在事实上，他们并未想到此点。他们并不注意政治学、社会学在学问上的性质如何。这一派的历史观与马克思的历史观相同的点有二：(1) 同认历史为社会的变革。(2) 同认历史学的目的，在与自然科学相等，发现因果律。政治史观派虽有此与马克思相同的二点，其说亦终是站不住。因为政治是次级的，是结果不是原因，不能依此求得历史上的因果律。马克思所以主张以经济为中心考察社会的变革的原故，因为经济关系能如自然科学发见因果律。这样子遂把历史学提到科学的地位。一方面把历史与社会打成一气，看作一个整个的；一方面把人类的生活及其产物的文化，亦看作一个整个的，不容以一部分遗其全体或散其全体，与吾人以一个整个的活泼泼的历史的观念，是吾人不能不感谢马克思的。

这样讲来，我们所谓活的历史，不是些写的纪的东西，乃是些进展的行动的东西。写的纪的，可以任意始终于一定的范围内，而历史的事实的本身，则永远生动无已。不但这整个的历史是活的东西，就是这些写入纪录的历史的事实，亦是生动的，进步的，与时俱变的。只有纪录的卷帙册籍，是印版的，定规的。纪录可以终结的，纪入纪录的历史事实则没有终结；纪录是可以完全的（在理论上是可以完全的，在事实上则完全的亦极少），纪入纪录的历史事实，则没有完全。不但那全个的历史正在那里生动，就是一个一个的历史的事实亦天天在那里翻新。有实在的事实，有历史的事实，实在的事实，虽是一趟过去，不可复返的，但是吾人对于那个事实的解喻，是生动无已的，随时变迁的，这样子成了历史的事实，所谓历史的事实，便是解喻中的事实。解喻是活的，是含有进步性的，所以历史的事实，亦是活的，含有进步性的。只有充分的纪录，不算历史的真实，必有充分的解喻，才算历史的真实。历史的真实，亦只是暂时的，要时时定的，要时时变的，不是一成不变的。历史的真实有二意义：一是说曾经遭遇过的事的纪录是正确的，一是说关于曾经遭遇过的事的解喻是正确的。前者比较的变动少，后者则时时变动。解喻是对于事实的知识，知识是天天增长的，天天扩大的，所以解喻是天天变动的。有实在的过去，有历史的过去：实在的过去，是死了，去了；过去的事，是做了，完了；过去的人，是一瞑长逝，万劫不返了，在他们有何变动，是永不可能了，可以增长扩大的，不是过去的本身，乃是吾人关于过去的知识。过去的人或事的消亡，成就了他们的历史的存在，自从他们消亡的那一俄顷，吾人便已发见之于吾人想像中，保藏之于吾人记忆中；他们便已生存于吾人的记忆中、想像中了。吾人保藏之愈益恒久，即发见之愈益完全，即解喻之愈益真切。实在的孔子死了，不能复生了，他的生涯，境遇，行为，丝毫不能变动了，可是那历史的孔子，自从实在的孔子死去的那一天，便已活现于吾人的想像中，潜藏于吾人记忆中，今尚生存于人类历史中，将经万劫而不灭。汉、唐时代人们想像中的孔子，与宋、明时代人们想像中的孔子，已竟不同了；宋、明时代人们想像中的孔子，与现代人们想像中的孔子，又不同了；十年以前，我自己想像中的孔子，与今日我自己想像中的孔子，亦不同了。所以《孔子传》、《基督传》、《释迦牟尼传》、《穆罕默德传》，不能说不要重作。没有一个历史事实，能有他的完满的历史，即没有一个历史事实，不要不断的改作。这不是因为缺乏充分的材料与特殊的天才，乃是因为历史的事实本身，便是一个新史产生者。一时代有一时代比较进步的历史观，一时代有一时代比较进步的知识，史观与知识不断的进步，人们对于历史事实的解喻自然要不断的变动。去年的真理，到了今年，便不是真理了；昨日的真理，到了今日，又不成为真理了。同一历史事实，昔人的解释与今人的解释不同；同一人也对于同一的史实，昔年的解释与今年的解释亦异。此果何故？即以吾人对于史实的知识与解喻，日在发展中，日在进步中故。进化论的历史观，修正了退落说的历史观；社会的历史观，修正了英雄的历史观；经济的历史观，修正了政治的历史观；科学的历史观，修正了神学的历史观。从前的史书，都认天变地异与神意有关，与君德有关，现在科学昌明，知道日食一类的事，是天体运行中自然的现象，既不是什么灾异，亦不关什么神意，更不关什么君德了。从前的史书，都认火的发见，农业及农器的发明，衣服的制作，为半神的圣人，如燧人氏、神农氏等的功德；都认黄、虞时代，为黄金时代，而由进化论及进步论的史观以为考察，此等重大的发见，实为人类生活一点一点的进步的结果，在原人时代，不知几经世纪，几经社会上的多数人有意无意中积累的发见与应用的结果，始能获享用此文明利器。旧史以之归于几个半神的圣人的功德，宁能认为合理？前人为孔子作传，必说孔子生时有若何奇异祥瑞的征兆，把西狩获麟一类的神话，说得天花灿烂。我们若在现今为孔子作传，必要注重产生他这思想的社会背景，而把那些荒正［诞］不经的神话一概删除。本着这一副眼光去考察旧史，必定忍不住要动手改作。一切的历史，不但不怕随时改作，并且都要随时改作。改作的历史，比以前的必较近真。Grote 作的《希腊史》，比 Herodotus 的《希腊史》真确的多，就是这个原故。这不是 Grote 的天才比 Herodotus 的天才高，亦不是 Herodotus 比 Grote 爱说谎，时代所限，无可如何。Herodotus 在他的时代，他只能作到那个地步，再不能更进了。Grote 在他自己的时代，固然算是尽其最善，但亦不能说是作到完全。我们固然不能轻于盲拜古人，然亦不可轻于嘲笑古人。历史要随着他的延长，发展，不断的修补，不断的重作。他同他的前途发展的愈长，他的过去的真实为人们所认识的，愈益明确。中国古人有句话，叫做"温故知新"。普通的解释，就是一面来温故，一面去知新。温故是一事，知新又是一事。但这句话要应用在史学上，便是一件事。温故是知新的手段，知新是温故的目的。改作历史，重新整理历史的材料，都是温故的工夫。在这温的工作中，自然可以得到许多的新知。我们还可以把这句（话）倒装过来说，"知新温故"。这就是说拿我们日新月异所进步的知识，去重作历史。"故"的是事实，"新"的是知识。人们对于实在的事实的认识，终不能完全，所以要不断的温；人们对于事实的认识，是一天一天的进步，所以以此去不断的温故的事实，亦必不断的有些新见解涌现出来。这样子我们认识了这永续生存的历史，我们可以用几句最明了的话，说出什么是历史：

"历史不是只纪过去事实的纪录，亦不是只纪过去的政治事实的纪录。历史是亘过去、现在、未来的整个的全人类生活。换句话说，历史是社会的变革。再换句话说，历史是在不断的变革中的人生及为其产物的文化。那些只纪过去事实的纪录，必欲称之为历史，只能称为记述历史，决不是那生活的历史。"

二、什么是历史学

在今日寻历史的真义，虽如上述，而历史这个名词的起源，则实起于纪录。汉文的"史"，其初义即指秉持典册，职掌记事者而言，再转而有纪录的意义。"历史"在英语为 History，在法语为 Histoire，在义大利语为 Storia，三者同出于希腊语及腊丁语的 Historia，其初义本为"问而知之"，由是而指把问而知之的结果写录出来的东西亦云，遂有纪录的意义了。历史在德语为 Geschichte，在荷兰语为 Geschiedenis，有"发生的事件"的意义。综起来看，"历史"一语的初义，因国而异，而行用既久，滋义甚多，则中国与欧洲诸国同然。但是概括观之，"历史"一语的初义，都是指事件的纪录而言，足征历史学的起源，实起于纪录的历史。纪录的历史，是由记可以流传后世的言行而发生出来的。然其所以记的动机则不必相同：或为使其言行、功业及其所造的事变，永垂诸世勿使湮没；或将以供政治上的参考，俾为后世的模范与戒鉴；或以满足人们的好奇心，以应其知过去明事物的来历的自然的要求；或以满足其欲知邦家种姓的盛衰兴亡，非常人物的言行、经历及其运命的兴味。而其所记的事，又必是有些地方具有特异的性质的，譬如现于水平上的岛屿，耸于云际的山岳，最易惹人们的注意，寻常琐屑的事，则恒不见于纪录。然此种见解，非可适用于今日的历史的情形，欲适用之，则必须附以新解释。今日的历史，不但记述偶然发生的事变，而且记述状态的变迁与沿革；不惟注意例外异常的情形，抑且注意普通一般的事象。历史总是记述以何理由惹人注意的事，至于如何的事才惹人注意，则今古不同。此处所云的历史，是说记述的历史。此类的历史，原是现实发生的各个情形的记述，故其本来的性质，不在就某种事实或对象而为一般的研究，明其性质，究其理法，而在就一一实际的情形，详其颠末，明其来历。即在今日，普通的历史方犹保存此本来的性质，然而今日史学所达的进程，则已不止于单为个个情形的记述与说明。比较的研究，在史学上曾被试用，而历史理论的研究，其目的尤在为关于历史事实一般的说明。

今人一言历史的研究，辄解为沿革的研究，这就是因为认历史是述事物的来历，明其变迁沿革的经过者。通俗谈话，"历史的"这一个形容，表示几种意义，因用的时地不同，而意义亦从之各异：有时单有"过去的"的意味，有时更含有"可记忆的"即"显著"、"卓越"、"可传于后世"的意味，如称某人为"历史的"人物，即是此例。把他当作学术上的用语，就是表明一种考察事物的观察法。这种观察法，专寻事物的起源及过去的变迁、沿革。简单说，于生成发展的关系考察事物，答怎样成了这样的问题，即是历史的考察法。今日论史学的性质，首当注意者，乃为专就生成发展上所研究的事情，即其考察法的"历史的"事情。虽然，只此不能说算是把史学的性质能够充分的明确的决定了，因为史学固有一定的考察法，史学亦有一定的对象。所谓历史考察法，不只能用于人事，即于自然现象，亦能适用之。譬如讲地球的发达，考生物的由来，亦可以说是一种历史的考察，然而那样的研究，不能认为属于史学的范围。史学非就一般事物而为历史的考察者，乃专就人事而研究其生成变化者。史学有一定的对象。对象为何？即是整个的人类生活，即是社会的变革，即是在不断的变革中的人类生活及为其产物的文化。换一句话说，历史学就是研究社会的变革的学问，即是研究在不断的变革中的人生及为其产物的文化的学问。

人以个体而生存，又于种种团体而生存，故人生有为个体的生存，有为团体的生存。人的团体的生存，最显著的例，即是国民的生存。今日史学所研究的主要问题，似为国民的生存的经历。记述为个人生存的经历者，谓之传记；讨究文化的发展者，谓之人文史，亦曰文化史；传记与文化史，虽均为历史的特别种类，然而个人经历与文化发展的研究，亦不能说不是史学范围以内的事。有人说，史学是专研究关于团体的生活者，而不涉及个人的生活。是亦不然，个人生活与团体生活，均于其本身有相当的价值。团体生活的荣枯兴衰，固为吾人所急欲知，所急欲解喻者，而个人的经历与运命，又何尝不一样的感有此兴味？此等要求，盖为吾人自然的要求。且个人生活的研究，不但于其本身有必要，即为团体生活的研究，有时亦非研究个人生活不可。盖个人为构成团体的要素，个人的活动为团体生活的本源，个人在团体的生活中，实亦有其相当的影响，即亦有其相当的意义，故史学不能全置个人于度外。我们固然不迷信英雄、伟人、圣人、王者，说历史是他们造的，寻历史变动的原因于一二个人的生活经历，说他们的思想与事业有旋乾转坤的伟力，但我们亦要就一二个人的言行经历，考察那时造成他们思想或事业的社会的背景。旧历史中，传记的要素颇多，今日的史学，已不那样的重视个人的传记，因为团体的生活，在历史上的意义渐次加重了。然为团体生活的研究，似仍有为传记的研究的必要。

人事的生成发展，不能说不能为演绎的推理的论究，即设某种假设，在其假设之下看如何进行。此种研究法，亦非不可试行于史学。不过史学发展的径路，当初只是沿革的研究，直到今日，才渐知为推理的研究，所以人们多认史学是以事实的研究——沿革的研究——为主的。史学由个个事实的确定，进而求其综合。而当为综合的研究的时顷，一方欲把事实结配适宜，把生成发展的经过活现的描出，组之，成之，再现之；于他一方，则欲明事实相互的因果关系，解释生成发展的历程。由第一点去看，可说史学到某程度其研究的本身含有艺术的性质（不独把历史研究的结果用文学的美文写出来的东西是艺术的作品，就是历史研究的本身亦含有艺术的性质）。由第二点去看，史学的性质，与其他科学全无异趣。实在说起来，所谓事实的组成描出，即在他种科学，亦须作此类的工夫到某程度，所以到某程度含有艺术性质的事，亦不独限于史学，即在地质学、古生物学等，亦何尝不然？

今日的历史学，即是历史科学，亦可称为历史理论。史学的主要目的，本在专取历史的事实而整理之，记述之，嗣又更进一步，而为一般关于史的事实之理论的研究，于已有的记述历史以外，建立历史的一般理论。严正一点说，就是建立历史科学。此种思想，久已广布于世间，这实是史学界的新曙光。

这种严正的历史科学，实际上今尚未能完成其整齐的系统。一般人对于历史科学的观念，仍极泛漠。此种学问所当究论的问题，究竟为何？似尚未有明确的决定。且历史科学（即历史理论）若果成立，他与历史哲学亦必各有其判然当守的界域。直到如今，二者之间并未有明了的界域可守，以致名词互用，意义混同，律以治学明界的道理，似宜加以分别才是。

历史科学能否于最近的将来完成他的系统？历史科学一旦成立，果为如何的性质？历史科学与历史哲学，究有若何的关系？其界域若何？其考察法的相异何在？历史科学所当研究的事实为何？这都是治史学者所当加意研考的问题。

史学原以历史的事实即是组成人类经历的诸般事实为研究的对象，故调查特殊的历史的事实而确定之，整理之，记述之，实为史学的重要职分。就历史的事实为科学的研究，诚不可不基于就特殊情形所为事实的观察与征验，故特殊史实的精查，乃为史学家的要务。然史学家固不是仅以精查特殊史实而确定之，整理之，即为毕乃能事，须进一步，而于史实间探求其理法。学者于此，则有二说：一说谓史家的职分，不仅在考证个个特殊的史实，以求其明确，而寻史实相互的联络，以明其因果的关系，固亦为必要，然考其联络，明其因果关系，以解释史实，说明其发达进化云者，不过是说单就特殊事例的本身所当作的事，至于综合全般的历史以求得一普遍的理法，则非史家所有事。一说则谓史家的职分，不仅在就特殊事例的本身解释史实，更须汇类种种史实，一一类别而为比较，以研究古今东西全般历史的事实，为一般的解释，明普遍的理法，正为史学家的要务。从第一说，则史学家的任务，既不仅在特殊史实的确定，复不在讨究事实的一般性质、理法，而在于特殊史实的确定以外，就特殊事例为推理的考察，以解释之，说明之。从第二说，则史学于特殊事实的考证，固宜有浓厚的兴趣，考察在一一现实的时会，史实如何显现？一般的性质、理法，则［在］各别事情之下，如何各别以为发露？而犹不止此，实际于种种形态，于一一现实的时会，所显诸般史实的普通形式、性质、理法，一般的施以讨究，而抽象的表明之，亦为当然属于史学的任务。由是言之，史学不但就特殊事例为推理的考察，并当关于一般为理论的研究。从第一说，则史学与其他诸科性质迥异，而为一种特别的学问；从第二说，则史学实为与其他科学同性质同步调的东西。史学之当为一种科学，在今日已无疑义，不过其发达尚在幼稚罢了。今日史学的现状，尚在努力为关于事实的考证，而其考证，亦只为以欲明此特殊事例的本身为目的的考证，并非以此为究明一般性质、理法的手段的考证。由这一点去看，第一说似恰适应于今日历史学问的现状。然知识学问，是进步的，发长的，断无停滞于一境，毫无发展进步的道理。研究史学的人，亦不可自画于此之一境，而谓史学不能侪于科学之列，置一般的理论于史学的范围外，而单以完成记述的历史为务。各种学问的发展，其进展的程级，大率相同：大抵先注意个个特殊事实而确定之，记述之；渐进而注意到事实的相互关系，就个个情形理解之，说明之；再进而于理解说明个个事实以外，又从而概括之，推论之，构成一般关于其研究的系统的理论。史学发展的途程，亦何能外是？史学方在幼稚的时期，刚刚达到就各个事实而为解释说明的地步，自与其他已经达到概括的为理论的研究的科学不同。但此之不同，是程度上的不同，不是性质上的不同；是史学的幼稚，不是史学的特色；只能说史学的发展，尚未达到与其他科学相等的地步，不能说史学的性质及观察点，与其他科学根本相异。

史学既与其他科学在性质上全无二致，那么历史科学当然可以成立。史学的要义有三：（1）社会随时代的经过发达进化，人事的变化推移，健行不息。就他的发达进化的状态，即不静止而不断的移动的过程以为考察，是今日史学的第一要义。（2）就实际发生的事件，一一寻究其证据，以明人事发展进化的真相，是历史的研究的特色。（3）今日历史的研究，不仅以考证确定零零碎碎的事实为毕乃能事，必须进一步，不把人事看作片片段段的东西，要把人事看作一个整个的，互为因果，互有连锁的东西去考察他。于全般的历史事实的中间，寻求一个普遍的理法，以明事实与事实间的相互的影响与感应。在这种研究中，有时亦需要考证或确定片片段段的事实，但这只是为于全般事实中寻求普遍理法的手段，不能说这便是史学的目的。

有些人对于史学是否为一种科学的问题，终是有些怀疑。他们说历史的学问所研究的对象，在性质上与自然科学等大异其趣，故不能与其他科学同日而语。盖人事现象，极其复杂，每一现象的发生，大抵由种种原因凑合而动，种种事情，皆有交感互应的关系。于一一时会，人类的心理有甚不定的要素存在，其理法不易寻测，其真实的因果关系，不易爬梳，故学者说历史是多元的，历史学含有多元的哲学，今欲于多元的历史的事实发见普遍的原则或理法，终属难能，因之史学一般理论的构成，亦殊不易。此等论难，亦未尝无几分真理，顾吾人所谓史学，与其他诸科学同其性质、一其步调者，亦只是就其大体而言。各种科学，随着他的对象的不同，不能不多少具有其特色，而况人事科学与自然科学不可全然同视，人事科学的史学与自然科学自异其趣。然以是之故，遽谓史学缺乏属于一般科学的性质，不能概括推论，就一般史实为理论的研究，吾人亦期期以为不可。人事现象的复杂，于研究上特感困难，亦诚为事实，然不能因为研究困难，遽谓人事科学全不能成立，全不能存在。将史实汇类在一起，而一一抽出其普通的形式，论定其一般的性质，表明普遍的理法，又安见其不能？且在心性的学问，如心理学及经济学、法律学等人文诸科学，颇极发达，各就其所研究的对象，为一般理论的研究的今日，而犹以人事现象复杂难测为理由，主张就史实为一般理论的研究之不可能，真令人百思不得其解了。世界一切现象，无能逃于理法的支配者。人事界的现象，亦不能无特种的理法，惟俟史家去发见他，确定他了。况且依概括的推论以明一般的理法，较之就个个特殊情形——讨究其凑合而动的种种原因，其事或尚较易。就个个特殊现实的情境，充分的与以解释与说明，史学亦既冒种种困难而为之；今于超乎随着个个事例而起的复杂错综的关系以外，而就全般考其大体以为理解，论者乃视此比较容易的事为不可能，宁非异事？且我们所谓一般的理法，自指存于人事经历的理法而言，非谓于个个特殊事例，常以同一普遍的形态反复表现。在现实个个特殊的时会，种种事情纷纭缠绕，交感互应，实足以妨碍一般的理法以其单纯的形态以为表现。以是之故，此理法常仅被认为一定的倾向。此一定的倾向，有时而为反对的势力所消阻。虽然，此理法的普遍的存在，固毫不容疑，不过在人事关系错综复杂之中，不易考察罢了。

依上所述，我们知道史学的目的，不仅在考证特殊史实，同时更宜为一般的理论的研究；于专以记述论究特殊史实的记述历史以外，尚有讨论一般的性质、理法的历史理论，亦不可不成立。历史理论与记述历史，都是一样要紧。史学家固宜努力以求记述历史的整理，同时亦不可不努力于历史理论的研求。而今观于实际，则治史学者，类多致其全力于记述历史的整理，而于一般史实理论的研究，似尚置之度外，即偶有致力于此者，其成功亦甚微小，以致历史科学尚未充分发展至于成形。固然，关于考证个个史实的研究，虽在今日，仍不可忽视；因为历史的事实，总是在发展中，进步中，没有一个历史是完成的。一个纪录的本身，可以始终于一定的范围作一结束，而其所纪录的史实，则常须随着人们的新智识，新发见，加以改正，所以记述历史，亦要不断的改作才是。今日关于考证个个史实的研究，虽然有显著的进步，然就大体上看，犹有极重要的事实遗剩下来，未能充分的以为讨究者，尚不在少；人们所最欲确知而不得其证据者，尚不在少，以是知学者对此之努力，仍不可一日懈。且个个事实的考证，实为一般理论的研究必要的材料。必个个事实的考察，比较的充分施行，而后关于普遍的理法的发见，始能比较的明确。有确实基础的一般理论，必于特殊事实的研究有充分的准备始能构成。于个个事实的研究多尚未能作到比较的充分的今日，而望历史理论的系统完全成立，实在是很难。故在今日，于一般理论必要的准备未成的时候，不能认有确实基础的一般理论完全构成。科学不是能一朝一夕之间即能完成他的系统的。历史科学的系统，其完成亦须经相当的岁月，亦须赖多数学者奋勉的努力。有志于历史理论的研究者，宜先立关于其结构的大体计画，定自己所当研究的范围，由与记述史家不同的立脚点，自选材料，自查事实。历史理论家欲图历史理论的构成，必须抱着为构成历史理论的准备的目的，自己另下一番工夫去作特殊事实的研究。这样子研究的结果，才能作历史理论的基础。同时又须采用生物学、考古学、心理学、社会学及人文科学等所研究的结果，更以征验于记述历史、历史理论的研究，方能作到好处。今日一般所作的关于特殊事实的研究，乃是专为整理记述历史而下的工夫，合于此目的者便去研究，否者则不蒙顾及。于为整理记述历史毫无必要的事实，容或于构成历史理论非常的要紧，而且同一的事实，在理论史家看来，其观察法与记述历史家不同，必须立在他的特别立脚点以新方法为新研究，方于自己的企图有所裨益。然则为整理普遍记述历史所要确定的个个事实，即悉为充分的调查与确定，以供之于理论史家，那样的材料，亦于理论史家无直接的效用。所以理论史家为自己的企图的便利起见，不能不自己下手去作特殊事实的研究，或于记述史家所未顾及的事实加以考证，或于记述史家所曾考证的事实，更依自己的立脚点用新方法以为考察，当自辟蹊径，不当依赖他人。这样的研究下去，历史理论即历史科学，终有完全成立的一日。历史理论实为政治学、伦理学、教育学直接的基础，故史学的成立，于人生修养上很有关系。即于记述历史的研究，亦能示之以轨律，俾得有所准绳，其裨益亦非浅鲜。真挚的史学者，幸共奋勉以肩负此责任！

三、历史学的系统

论到此处，我们要论一论历史理论的系统是由些什么部分组成的了。前边说过，历史理论是以一般就种种史的事实研究其普通的性质及形式，以明一以贯之的理数为目的的。史的事实为何？简约言之，便是构成人类经历的诸般事实。在历史理论上所研究考察的事物全体，即是此人类生活的经历。此处所谓人类生活的经历，不是指那作为一个动物在自然界的人类生存的经历而言，乃是指那为意识的活动的一个社会的生物的人类生活的经历而言。此种意义的人类生活的经历，其性质决非单纯，实为一种复杂的组成物。人类的经历，是一个概括的名称，包括人类在种种范围内团体生活的总合。人类在社会上，为一个人而生存，为氏族的一员而生存，为各种社团的一员而生存，为一国民的一员而生存，为民族的一员而生存，又为全人类的一员而生存。故吾人有个人的生活，有氏族的生活，有种种社团的生活，有国民的生活，有民族的生活，又有人类的生活。人类生活的经历，即由这些种种生活相凑泊相错综而成。我们要想了解人类经历的总体，不能不就此种种生活下一番剖析分解的工夫，一一加以精细的研究。

最广义的历史学，可大别为二大部分：一是记述的历史；一是历史理论，即吾人之所谓历史学。严正的历史科学，乃是指此历史理论一部分而言。在记述的历史中，又可分为个人史（即传记）、氏族史、社团史、国民史、民族史、人类史六大部分。在历史理论中，亦可分为个人经历论（即比较传记学）、氏族经历论、社团经历论、国民经历论、民族经历论、人类经历论六大部分。列表如次：

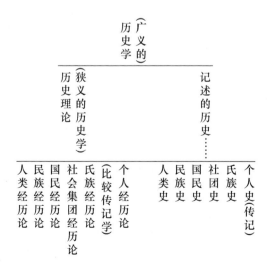

现代史学家多认历史所当治的范域，以社会全体或国民生活的全般

为限，故有人谓历史是社会的传记。如此解释，吾人以为失之太狭。个人的生活，氏族的生活，种种社会集团的生活，民族的生活，乃至全人类的生活，都应包括在历史的范围内。

记述历史与历史理论，其考察方法虽不相同，而其所研究的对象，原非异物。故历史理论适应记述史的个人史、氏族史、社团史、国民史、民族史、人类史，亦分为个人经历论、氏族经历论、社团经历论、国民经历论、民族经历论、人类经历论等。为研究的便利起见，故划分范围以为研究。那与其所研究的范围了无关系的事项，则屏之而不使其混入。但有时为使其所研究的范围内的事理愈益明了，不能不涉及其范围以外的事项，则亦不能取不敢越雷池一步的态度。例如英雄豪杰的事功，虽当属之个人史，而以其事与国民经历上很有影响，这亦算是关于国民生活经历的事实，而于国民史上亦当有所论列，故在国民史上亦有时涉及个人、氏族或民族的事实。反之社会的情形，如经济状况、政治状况及氏族的血统等，虽非个人史的范围以内的事，而为明究那个人的生活的经历及思想的由来，有时不能不考察当时他所生存的社会的背景及其家系的源流。

记述历史与历史理论，有相辅相助的密切关系，其一的发达进步，于其他的发达进步上有莫大的裨益，莫大的影响。历史理论的系统如能成立，则就个个情形均能据一定的理法以为解释与说明，必能供给记述历史以不可缺的知识，使记述历史愈能成为科学的记述；反之，记述历史的研究果能愈益精确，必能供给历史理论以确实的基础，可以依据的材料，历史理论亦必因之而能愈有进步。二者共进，同臻于健全发达的地步，史学系统才能说是完成。

此外尚有种种特殊的社会现象，史学家于其所研究的事项感有特殊兴趣者，均可自定界域以为历史的研究。例如政治史、法律史、道德史、伦理史、宗教史、经济史、文学史、哲学史、美术史等都是。此种特殊社会现象的历史，自与从普通历史分科出来的个人史、氏族史、社团史、国民史、民族史、人类史等不同。个人史、氏族史等皆是考察叙述活动的主体的人或人群的经历者，与政治史、法律史等不同。政治史、法律史等乃考察一种社会现象本身的经历者。但在以叙述考察人或人群的经历为主的普通历史中，亦未尝不涉及此类特殊的社会现象。例如在国民史中，不能不就国民生活经历的各方面为普泛的考察，自然要涉及国民经济的生活、宗教的生活、伦理的生活等，但在此时，不是以研究经济现象、宗教现象、伦理现象的本身为本旨，单是把经济现象、宗教现象、伦理现象，看作构成国民生活经历的全体的一种要素而叙述之，考察之。至于把经济、宗教、教育、文学、美术等社会现象，当作考察的中心，讨究记述此等社会现象有如何的经历，为如何的发展，不是由普通历史分科出来的诸种历史（如国民史等）的目的。为达这种目的，应该另外有研究记述此等社会现象的历史存在。这特殊社会现象的历史，其目的乃在就为人类社会生存活动的效果的人文现象，即所谓社会现象，——究其发达进化之迹，而明其经历之由来。其所考察的目的物，不在为活动主体的人或人群的经历与运命，而在人或人群活动的效果。发展进化的经过，其性质与由普通历史分科出来的诸史迥异，不待辩〔辨〕而自明。

综合种种特殊社会现象的历史所考究所叙述者，就其总体以考察记述那样人类于社会活动的产物，以寻其经历而明其进化的由来，关于人文现象的全体以研考其发达的次第者，最宜称为人文史，亦可称为文化史。人文史恰与普通史中的人类史相当。人类史以把人类的经历看作全体，考究叙述，以明人生的真相为目的。人文史则以把人类生存及活动的产物的来历看作总体，考察记述，以明人文究为何物，如何发展而来的为目的。前者综合在种种形式人的生活经历的历史而成，后者则综合种种特殊社会现象的历史而成。二者的性质，皆系包括〈的〉，记述的；惟其记述的主旨，则各不相同。

对于政治史、经济史、宗教史、教育史、法律史等，记述的特殊社会现象史，已有研究一般理论的学科。对于政治史，则有政治学；对于经济史，则有经济学；对于宗教史，则有宗教学；对于教育史，则有教育学；对于法律史，则有法理学；对于文学史，则有文学；对于哲学史，则有哲学；对于美术史，则有美学；但对于综合这些特殊社会现象，看作一个整个的人文以为考究与记述的人文史或文化史（亦称文明史），尚有人文学或文化学成立的必要。

现代史学家方在建立中的历史理论，当分为六大部分，已如上述。我们现在要进而略论这些部分的内容了。

（第一）人类经历论，是研究记述人类总体的经历的部分。但此一部分理论，非到人类史的系统完成后，不能着手研究。将来记述历史分科的研究，日益发达，终能促进人类史及人类经历论的实现。现在有所谓世界史者，其内容与此处所云的人类史不同。这种世界史，不是并叙各国史，即是叙说列国关系的发达，其内容仍为研究国家经历的事实，在学问的性质上，这不过是国民史的一种，决非吾人所说的人类史。传记里边有只叙一人的，亦有并叙数人的，世界史只是一个并叙数国的传记，故宜列入国民史。各部分的研究，实为总体研究的基础；人类史的研究，又为人类经历论的根据，故人类史及人类经历论，是最后成立的一部分。

（第二）民族经历论，是比较种种民族的经历，研究普通于一般民族经历的现象的部分。其所研究的范围，举其要者，如民族的盛衰兴灭，其普通的理法安在？原因为何？民族的迁徙移动，本于何因？发生何果？如何的天然情境，人事状态，有以促进之，或妨阻之？其移动常取若何的径路？民族间的交通接触与杂居，于文化上发生若何的影响？民族与民族接触后，若者相安于和平，若者相残于争战，其因果若何？杂居以后，必生混合的种族，混种之影响于文化者又何若？先进民族与浅化民族相接触，在浅化民族方面，发生若何的影响？这都是民族经历论所当研究的问题。

一个民族都有一个民族的特性，即各民族都有其特别的气质、好尚、性能。此民族的特性，果与民族的经历有若何的关系？亦为民族经历论所当研究的事项。我想一个民族的特性，可以造成一个民族的特殊历史。民族特性，即是使各民族各有其特殊的经历的最有力的原动力。而在别一方面，各民族于其生活经历中所起的种种事变，种种经验，有时或助长、养成、发达潜在于该民族特性中固有的特色；有时或反阻抑其发展，甚或有以变化之。故在民族经历论，不可不于此点加以详密的考察。或谓民族特性实为受地理的影响而成者，然此亦非以简单的原因所能解释。一民族特性的成立，固受地理的影响不少，但此外如人种的、经济的关系，亦不能说全无影响。历史是多元的，不是简单的，此理应为史学家所确认。

又如民族经历与民族文化的关系，亦为民族经历论所当论及的问题。民族文化者何？即是民族生存活动的效果，包括于其民族社会发展的人文现象的总体。民族文化的成立，民族的经历实有伟大的影响，迨民族文化既已发展成熟，却又为决定民族将来经历的重要原素，其间实有密切的关系。民族经历论应细为比较，以明其理法。

民族经历论与人类学、人种学不同，又与民族心理学亦各异其性质。人类学是人类其物的理学，是关于人类的本质、现状及其由来，所为的一般的学术的考究；人种学是考查现在诸人种的特质及其分布，并其相互关系的学问，皆与历史理论中的民族经历论不同。民族经历论，不是研究人类，亦不是研究人种，乃是关于在民族经历中所显现象的性质及其理法的学术的研究。亦有同一的事实，在民族经历论里要研究他，在人类学里要研究他，在人种学里亦要研究他，但其所研究的事实虽同，而其所以研究的目的各异。例如"移住"这一个事实，在人类学，是为解释人类何以有今日，才去研究他；在人种学，是为说明现时诸人种地理的分布及人种的相互关系，才去研究他；在民族经历论，则是把他当作构成民族经历的事实，而研究其性质与理法，以明其与别的民族生活上的事实的关系。民族心理学是研究有没有可称为民族的精神的东西，若认定为有，那到底是什么东西的学问？他是以征验于神话、言语、文学及其他民族文化的种种要素，为其研究调查的主眼；以民族内的生活现象，为其研究的目的。民族经历论所研究者，乃为民族的外的生活，即构成经历的事实。民族心理学是心理学的一种，民族经历论是历史理论的一部。

（第三）国民经历论，是就一般研究说明普通于国民生活的现象的部分。兹所谓国民者，即是依政治的统一所结合的人民的（集）团〈集〉。于国民经历论中所当论究的问题甚夥，举其要者，略如下述：

国民的成立有种种的原由，其发达状态的主要形式为何？国民的盛衰兴亡，与国土天然的形势，对于他邦的位置，人口的多寡，人民的性质，详细一点说，就是人民的道义、智识、好尚、经济的能力、政治的能力、军事的能力等，有如何的关系？又与政体社会的编制，国内统一调和的程度，宗教、教育、风俗、习惯并财富的分量及其分配的状况，交通机关的整备，有如何的关系？英雄豪杰的出现，于国民的发达进步上，有如何的影响？这都是很重要的问题，很应该在国民经历论中讨论的问题。余如由国际的关系、国民平和的交际及轧轹争斗等所生的种种结果若何？国民的感情、国民的意志之发展进化，与国民的经历有如何的关系？国民文化即所谓国粹的性质若何？并其基因于过去的国民经历者若何？影响于将来的国民经历者若何？亦应在国民经历论所当研究的范围内。

一国民所认为共同生活的大目的，亦因时因所而有差异。或对于外来的攻袭仅为防卫的准备，或整军经武将以征服人种灭亡人国，或奖励探除〔险〕以为拓土开疆的远征，或为经济上产业上的侵略以图压服他国，或不求外展只努力于维持国内的平和，凡此者皆因时因地因境遇的不同而常有变迁。又如国体、政体，亦因国而有不同，同一国家，又因今古异势而有变化，凡此变迁，其主要的原因为何？乃至国民的言语、文字、信仰、思想、风俗、习惯的一致，特别是同民族的观念，影响于坚结国民团结的精神上者，有如何的效果？这些亦都是应该在国民经历论里所当比较对照以为研究的问题。

国民经历论与政治学亦不相同。政治学的用语，其性质范围，固不可以一概而论，而从其最广义的解释，政治学就是国家学。国家学是专研究国家的学问，他的目的在专以究明政治的现象。在国家学、政治学中，多少亦有论到国民的地方，但此不过是为明政治的理论，附带着言其概略，并不专在研究国民的经历。且政治学每置重于直接应用的方面，专在研究适应于现时社会状况的政治组织及其运用，特别注重发达进步的国家编制而详加考察。国民经历论则反是，广搜古今东西的事实而比较对照，以为研究就一般以于国民的经历，考究普遍的现象。国家学、政治学，虽与国民经历论有密切的关系，国民经历论的发达与国家学、政治学的研究以确实的基础，但二者决非同物，在学问的性质上，不可混而为一。

（第四）社团经历论，是研究氏族生活、国民生活、民族生活以外的种种社会集团的生活的部分。这些社会集团，其成立的原因有种种，其发达的程度亦有种种。宗教的团体如教会等；关于政治、学术、文艺、社交的结社，如政党、学会等；为经济的关系而设立的团体，如组合、公司、堂、公所等，这等集团比国民的生活较为薄弱。即有结合较为坚固者，亦不过隐然成为一体，感共同利害，有共同意识，为一致活动到某一定的程度而止。亦有没有巩固的体制的社会集团，例如一国有农民阶级或武士阶级，皆属此类。社会集团有只限于国内者，有为国际的组织者，其范围有极狭隘者，有极广漠者。例如几多的邦国圈，同在一个人文圈内，那个人文圈内的几多国民，像一体似的营共同生活到一定的程度，自然有国际的社会集团发生，就是那个人文圈虽然没有确固的体制，仍不失为一种的社会集团，这就是范围极广的社会集团。把这些种类的社会集团为适当的分类，就构成此等社会集团经历的事实为一般理论的研究，就是社团经历论。在社团经历论里所当研究的问题，就是人在种种社会集团的生活。其所研究的事项，不外种种社会集团的性质，其发生的因由，其主要的形式，因时因地其形态的种种变化，助成或妨阻种种社会集团的成立及其发达的种种要素。

（第五）氏族经历论，就是于血族或可看做血族者的集团生活讨究普通现象的部分。吾人于个人的生活以外，尚有在氏族的生活，研究此在氏族的生活的性质，考察组成氏族生活经历的事实的理法，即是氏族经历论的任务。此研究当自考察家族及氏（族）的组织，其编制的进化，其结合的维持，所以强固其团结的种种要素，及其致分裂、离散、解体的种种情状开始，而于关于氏族的盛衰兴亡，氏族的繁殖力等问题，尤宜慎审周详，以为翔实的研考。此外生理上、心理上遗传的现象，于氏族生活上的关系，氏族的世袭职业资格等，及于其经历上的影响；同氏族者的相互扶助及其对外的联带责任，因时势的变迁如何以为沿革？氏族内部的编制，即族长、家长与其所属的关系，并一般尊属亲与卑属亲的关系如何？于种种的国家社会组织氏族自治的范围若何？相异氏族间的相互关系如何？族的独立自存与婚姻进化的关系若何？乃至关于族的分布、迁徙、隐居、养子等问题，均当研究及之。

（第六）个人经历论，是研究个人生活的普遍现象的部分。就是传记的一般理论，亦可称为比较传记学。凡人的寿命的长短及健康的如何与功业的成否有如何的关系？人生由生理上、心理上、社会关系上可分为若干期？早熟或晚成？因男女性的不同经历的差异如何？个人的性格与其经历间有如何相互的关系？都是于个人经历论所必要调查的事项。个人的生涯，人各异趣，几乎千别万差，实则于其差别中亦有一致的点、平等的点。个人生活云者，一般从大体的途径进行，其经历，自有某种普遍的形式，又有在其经历中起于一定阶段的一定的现象，此普遍的形式、一定的现象如何？各人的经历在大体上虽有一致的点，而于细目则有千别万差，果由如何的原因？人的体质、气质、性能、教育、社会上的位置、职业、所与交际往来的人物、其所遭遇的国家社会的状态，于其经历上有若何的影响？对于此等疑问，尽力与以解释的，即此个人经历论的主要任务。

在研究的次序上，应以个人经历论为着手点。因为个人的生活，视其他诸种的共同生活为单纯的而根本的，故先详察为诸般共同生活的原素的个人生活经历，然后渐及于关系益加复杂、范围益加广大的种种共同生活的经历，其事简而功效易收。且个人的生活经历，为吾人所亲验习知的事，有无数的实例，陈布于吾人的面前，而个人生活的期间，在较短的时期终结，故得详考其始终而察其因果。以视在民族、国民的悠久的生活中寻求因果者，其难易实大悬殊；许多学者从事于此种研究，颇能得利用统计的方法的便利。

历史理论应包含此六部分，而随着分科研究的发达，在此六部分内或可再分细类，如法律之分为民法、刑法、商法等。今将上述的史学系统，列一详表如次（见下页）：

历史理论与历史研究法决非同物，但此二者常易相混。有谓历史研究法上的议论为历史理论者，又有称历史研究法为史学原理者，此皆非是。称一种学问的研究法为其学问的理论与原理，实不妥当。学问的理论与原理，是说明一种学问对象的一般的性质、形式、理法者。例如经济学即经济理论，是说明经济现象的一般的性质、形式、理法的；历史学即历史理论，是说明历史现象的一般的性质、形式、理法的。不得云经济理论即是经济学研究法，历史理论即是历史研究法。一种学问的研究法，是说明怎样去研究那种学问对象的性质、形式、理法的方法的，其性质、范围与一种学问的理论，纯为二物。例如历史研究法，是说明历史学所研究的材料都是些什么？怎样去采集他们，选择他们，编制他们，整理他们？怎样去就史的事实，一一的加以考证，与以确定？怎样去考察事实相互间的因果，而说明之，解释之，明其所以然的道理？怎样去汇类全般的史实，而考察其一般的性质、普通的形式、普遍的理法？更依此理法以为说明与解释，这都是历史研究法的任务。此外还有一种历史编纂法（Historiography），是说明怎样去依学术的方法以编纂记述的历史？怎样去编制图表？这亦可附属于历史研究法内。由是言之，历史研究法中有一部分是历史理论的方法论，但历史理论的方法论与历史理论的本身，迥非同物，此理不待辨而自明。固然，在历史研究法中，亦当有论及历史理论的地方，但不能据此以为历史理论应该附属于历史研究法的理由。历史研究法是教人应依如何的次第、方法去作史学研究的阶梯学问，是史学的辅助学问。历史理论则非别的学问的辅助与预备，实为构成广义的史学的最要部分。当兹历史理论的系统尚未完成确立的时代，每易使人致疑于历史理论就是历史研究法，历史研究法以外，别无历史理论存在的必要，这不能不与以辨明。一以证历史理论之宜独立的存在，一以明二者学问上的性质，告人以不可混同的理由，故特附数言于此。但有一事望读者幸勿误会，我这一段议论，却不是扬理论而抑方法。兹所云云，亦惟在明其性质，毫不含有价值轩轾的意味于其间。研究一种学问，方法论的讨究，亦为极要，而且甚难。吾侪治

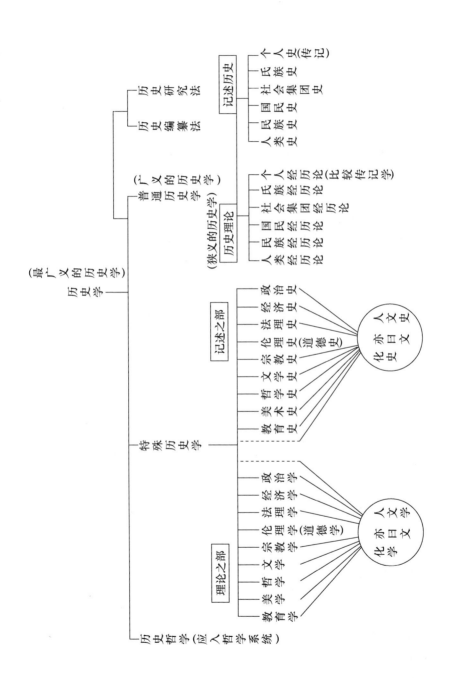

群学、史学者，不可不于史学研究法多多致力。

四、史学在科学中的位置

史学、哲学、文学，可称为三姊妹的学问，关系极为密切。溯其原始，三者皆起于古代的神话传说，渐进而流别各殊，然其间终有互相疏通的自然倾向，大有朝宗归一的趋势。

进化的程序，大抵由浑之画，由简之繁，学问的分科别部以为研究，亦是学术进化的必然的结果，于是学者各分疆域，于自己所研究的范域内，专其力以精其业。顾其流弊所趋则于"专""精"之义做到十分，而于"贯通"之义，几付之阙如。学者于此，类皆疆域自守，老死不相往来，以遂其专一的责业，深造的工夫，殆无博征广涉的余暇。即就史、哲、文三者而论，其关系如兹其接近，而欲通其界域，以成相辅相益的关系，犹非易事，况于其他！

文、哲、史三者并举，始自倍根（Francis Bacon）。倍根以西历一五六○年一月二十二日生于伦敦 The Strand 街约克馆（York House）。所著《学术的发展》（*Advancement of Learning*）（此书的详名为 *The Two Books of Francis Bacon，of tho Proficience and Advancement of Learning，Devine and Humane*），实以一六○五年秋出版。其时倍根年四十六岁。彼于此书，博观学问的全体，详述当时学问的现状，更论今后尚要于如何的方面益进而为研究。厥后，倍根晚年，更以是书为基础，加以补订，于一六二三年复以拉丁文公之当世，即 *De dignitate et augmentis Scientiarum（of the Dignity and Advancement of Learning）*是。倍根曾把全体学问，分为史学、哲学及诗，鼎足而三。其说即见于上述的二书中。

以其前后二书比较对勘，所论不无异同，缺于彼而见于此者有之。今据其腊丁文本，倍根认依心的能力类别学问为最良的方法，而先分之为历史 Historia（History）、诗 Poesis（Poesy）、哲学 Philosophia（Philosophy）三者。其意盖谓心灵有三种能力：一曰记忆 Memoria（Memory），二曰想像 Phantasia（Imagination），三曰理性 Ratio（Reason），而以历史为关于记忆者，诗为关于想像者，哲学为关于理性者。彼可分历史为二类：一为自然史 Historia Naturalis（Natural History），一为人事史 Historia Civilis（Civil History）。此外如宗教史 Historia

Ecclesiastica（Ecclesiastical History）、文学史 Historia Literaria（Lite-
ray History），倍根则悉纳之于人事史中。倍根视文学史极为重要，以
为尚未曾有。他说无文学史，则世界的历史将无特能表现其精神与生命
者，正如 Polyphemus（Cyclopes 岛的首长出何美儿 Homer 诗）的像没
有眼睛一样。故彼以文学史宜作，而尝论其研究编纂的方法。顾倍根之
所谓文学史，非今世所云的文学史，乃为一种学艺史。从倍根的说，则
哲学宜分为三部分：其一关于神明 Numen（the Deity），其二关于自然
Natura（Nature），其三关于人 Homo，此外尚须有一为此等部门的本
源的普遍的学问谓之 Philosophia prima。Philosophia Prima 者，即第一
根源的哲学。倍根之所谓诗，似非韵文的意味，乃指某一种类的文学，
即想象假作而叙事者。又其所谓 Philosophia 者，从通例亦译为哲学，
实则译作"穷理"，较为稳当。

　　"De Augmentis"，在西洋思想史上为特可注意的一种，而史、哲、
诗的鼎立论，亦于欧洲学问分类法的历史上特别的显著。随着时代的迁
移，思想亦生变化。学问发达的程度，既代有不同，从而关于学问的分
类，各种学科的位置，自生新的见解。史、哲、诗的三分法，不足以适
应当代学问的分类，则有孔德、斯宾塞诸子，起而别创新分类法，以求
适应当代学问所达到的程度。即专就历史与哲学而论，今人解此二者，
与倍根不同。古时用哲学一语，义颇含括，今则限制谨严，不容泛假，
普通所谓科学者，则另外认其存在了。历史一辞，偶有用于关乎自然事
物者，即今亦非全无，然在今日，通例一言历史，人即认为专关于人
事，且以历史为关于记忆者，哲学为关于理性者，亦为今人所不能满
足。古今人关于此二者的解释不同，亦不容含混过去。

　　史学在欧洲中世以前，几乎全受神学的支配，以为人间的运命，全
依神的命令而定，历史的行程，惟以神意与天命为准。那教父奥古士丁
（Augustin）的思想，即是这种历史观的代表。所著《神国二十二书》，
即是发表这个思想的。其思想直至今日，尚为全世界的基督教所代表。
他说历史是由魔国移向神国人间努力的过程。个人于兹世的生活，以应
神的思召者为最有价值，国民的活动，亦以尽力于建神的国于地上者始
有价值。厥后谷灵蒲（George Grupp）著《文化系统及历史》，即宗此
说。在此等时代，神学而外，几无科学之可言。到了十六七世纪顷，宗
教的权威，随着文艺复兴的运动，渐归渐灭，所谓启蒙思想，盛行于
时。十六世纪中，已有哥白尼（Copernicus）及凯蒲儿（Kepler）出，

推翻天动说，建立地动说。入十七世纪，加理略（Galilei）见灯笼摇动，而有摆动法则的发见；奈端（Newton）见苹果落地，而有引力法则的发见。依据引力法则，可以解释一切自然界的现象，唯物论无神论的宇宙观、人生观，于是乎发端。到了康德的时代，他已经想望当有凯蒲儿及奈端其人者，诞生于史学界，迨经孔道西（Gondorcet）、桑西门（Saint-Simon）、孔德（Comte）、韦柯（Vico）、马克思（karl Marx）诸哲，先后努力的结果，已于历史发见一定的法则，遂把史学提到与自然科学同等的地位，历史学遂得在科学系统中占有相当的位置。

孔道西认历史是进步的，以智识进步的运动解释历史。他说历史的价值，在供给可以预见将来的材料，但必须发见一种运动的法则，始能据为预见的准则。而孔氏则不惟未曾立下这法则，亦且并未寻求这法则。

桑西门是孔道西的承继者，亦如孔德是桑西门的承继者一样。桑西门继孔道西起，认宇宙一切的现象形成一个统一的全体。吾人于自然现象既可依一定的法则寻出其间的因果关系，历史现象与自然现象何择？何以不能寻出一种如引力法则一样的法则，以于驳杂万状零碎无纪的历史事实中间考察其间的因果关系？换句话说，就是为要把历史学作成一种科学，不可不尽力为历史法则的发见。依此历史法则，不但可以说明过去及现在，并且可以说明将来。他认历史的联续，实亘过去、现在及未来而为一个一贯的法则所支配。

桑西门由历史抽绎出来的法则，为组织的时代与批评的时代的递嬗，亦可以说是建设的时代与革命的时代的代嬗。在苏格拉的（Socrates）时代以前，希腊有一个组织的时代；继此而起的，是一个批评的时代，至蛮人侵入的时候止；继此而起的，又是一个组织的时代，此时代由 Charlemagne 时至十五世纪末止；继此而起的，又是一个新批评的时代，此时代由路德时起，以迄于今；继今而起的，必又是一个新组织的时代。

桑西门初受孔道西的影响，把知识的历史观，很强烈的表现于他的初期著作，谓历史的进动，其动因在知识的进步。知识决定宗教，宗教决定政治，故知识决定历史。后来承继这种历史观而发挥光大之者，实为孔德。

厥后，桑西门观于法兰西大革命及革命后法兰西的经济情形，其历史观乃一变而重视经济的因子，但其根本原理，即其方法论，并未有所变动。他看革命时的法兰西，政治上虽屡遭激变，而于社会生活的根底，未尝有何等可以认出的变化。以知政治形式的如何，于人类生活无何等本质的意义。政治于社会，不过是第二义的；构成社会生活的根底而决定历史者，不是知识，不是宗教，亦不是那建筑在知识上、宗教上的政治，实是那致人类生活于可能的产业组织。他于是确立一种历史的法则，认历史过程惟有经由产业组织的变化才能理解，将来的社会，亦惟依产业发达的倾向才能测度，这是桑西门的经济的历史观。后来把此说发扬光大集其大成者，厥为马克思。

孔德承桑西门的绪余，从知识的进步上考察历史的法则，以成他的"三阶段的法则"（Law of three stages）。孔德认历史的发展，实遵此三阶段的法则而进。不但全个的历史行程是如此的，便是一个知识，一种科学，或是天文学，或是社会学，莫不遵此法则以为进步。所谓三阶段的法则，就是说社会的进化分为三个时期：第一时期，是神学的阶段，或云假设的；第二时期，是玄学的阶段，或云抽象的；第三时期，是科学的阶段，或云实证的。第一阶段，是人智发展的开端，第三阶段是人智发展的终局。这是孔德实证哲学的根本论法，亦即是孔德的学术系统中的社会学的根本理法。

可与桑西门、孔德并称为历史学、社会学的先驱者，还有韦柯。他是个意大利人，生于十八世纪。在那个时代，他的学说并未发生若何的影响。后世学者说他的思想，在十八世纪是太早的"时代错误"（Anachronism）。所著《新科学论》（*Scienza Nuova*），直到十九世纪法兰西革命后，才由 Michelet 译成法文，他的思想在史学界才发生了影响。

韦柯立志想把社会的研究，放在那依笛卡儿（Descartes）、奈端辈的成绩所确保的确实基础上。他的根本观念，在谓社会历史的发明解释，须寻之于人类精神。世界与其说先是想出来的，不如说先是觉出来的，这便是生存于自然状态没有政治组织的原人的情境；第二期的精神状态，是想象的知识，亦可说是诗的智慧，英雄时代（Heroic age）的半开社会，恰当于此境；最后是概念的知识，适当于开明时代。这亦可以说是韦柯的"三阶段的法则"。他认各种社会皆须经过此三期，每一期的知识状态，可以决定那一期的法律、制度、言语、文学并人类的品德与性质。他主张社会是一期衰退，一期昌明，依螺旋状的运动（Spiral Movement），循环着向前进步。

唯物论的历史观，有两派可以代表：一派是海尔革（Hellwald）及席克（Seeck）等的进化论派，一派是马克思及恩格尔（Engels）辈的经济学派。

海氏著有《自然的发展上的文化史》（一八七五年），席氏著有《古代世界衰亡史》（今已出至五卷，一八九四——一九一三年），都以生物学上的根本法则解释历史。

马克思一派，则以物质的生产关系为社会构造的基础，决定一切社会构造的上层。故社会的生产方法一有变动，则那个社会的政治、法律、伦理、学艺等等，悉随之变动，以求适应于此新经变动的经济生活。故法律、伦理等不能决定经济，而经济能决定法律、伦理等。这就是马克思等找出来的历史的根本理法。

这样子历史学在科学上得有相当的位置。治史学者，亦得有法则可循。后来有一派学者起来，不以此为满足。他们以为历史学虽依此得有在科学中的位置，但此位置终系比附自然科学而取得的，于是努力提倡一种精神科学，使与自然科学对立。作这种运动的先驱者，首为翁特（Wundt），余如兰蒲瑞西（Lamprecht），亦欲依此方法定历史的学问的性质。然翁特等所主张的精神科学，由学问的性质上说，亦与自然科学等是以法则的发见为其目的。固然，依翁特的见解，虽等是说因果的法则，但为精神科学的目的者是内的法则，与自然科学所研究的外的因果法（则）迥异。然自学问的性质上看，二者之间，终无大差。这个运动，仍不能给历史学以对于自然科学得有独立的位置的保证。于是又有继翁特精神科学的运动而起者，则德国西南学派的文化科学运动是。

德国西南学派，亦称巴丹学派，与马尔布尔西学派同以新康德派见称于世。此派创始于文蝶儿班德（W. Windelband），而理恺尔特（H. Rickert）实大成之。余如梅理士（G. Mehlis）、拉士克（E. Lask）等，皆为此派的中坚。今也，文氏终老，拉氏亦复战死于疆场，西南学派的重镇，屈指数来，不能不推理、梅二氏了。

此派的历史哲学，亦称为新理想主义的历史哲学。这种运动，就是主张于自然科学外建立历史的科学，即文化科学的运动。自然科学的对象，即是自然。自然为物，同一者可使多次反复，换句话说，就是说同一者可使从一般的法则反复回演，如斯者以之为学问的对象，不能加以否认，因而自然科学的成立，亦易得有基础。然学问的对象，于可使几度反复回演者外，还有只是一回起一趟过者。这不是一般的东西，乃是特殊的东西，不是从法则者，乃是持个性者，是即历史。应该于自然科学外，另立文化科学，即是历史的科学以研究之。自然科学的对象为自然，文化科学的对象为文化；自然是一般的东西，故须用一般化的方法研究之，文化是持个性者，故须用个性化的方法研究之；自然不含有价值，故用离于价值的方法，文化含有价值的意味，故用价值关系的方法。他们不把历史看作法则学，却把历史看作事实学。这文化科学能够成立与否，现方在学者研究讨论中。这是史学在科学系统中发展的径路。

五、史学与其相关学问的关系

与史学有较近的关系的学问，大别可分为六类：

第一类，言语学，文学。

第二类，哲学，心理学，论理学，伦理学，美学，教育学，宗教学。

第三类，政治学，经济学，法律学，社会学，统计学。

第四类，人类学，人种学，土俗学，考古学，金石学，古书学，古文学书。

第五类，关于自然现象的诸种科学，及其应用诸科学（包含医学、工学等）。

第六类，地理学。

在上所举的与史学有关系的学问中，我只择出文学、哲学、社会学三种，说一说他们与史学的关系，因为这三种学问，与史学的关系尤为密切。

甲、史学与文学

古者文史相通，一言历史，即联想到班、马的文章，这是因为文史的发源，都源古代的神话与传说的原故。这些神话与传记［说］的记载，即是古代的文学，亦是古代的历史，故文史不分，相沿下来，纂著历史的人，必为长于文学的人。其实研究历史的学者，不必为文豪，为诗人，而且就史实为科学的研究，与其要诗人狂热的情感，毋宁要科学家冷静的头脑。至于记述历史的编著，自以历史文学家执笔为宜。因为文学家的笔墨，能美术的描写历史的事实，绘影绘声，期于活见当日的实况，但为此亦须有其限度，即以诗人狂热的情热生动历史的事实，应以不铺张或淹没事实为准。这样子编成的历史，含有两种性质：一方是历史的文学，一方是历史科学的资料。

现代的报纸，其性质亦与史相近。有人说在某种意义，历史可以说是过去的报章，报章可以说是现在的历史。这话亦有些道理。作报的人要有文学的天才，亦要有史学的知识，这样子做报，那作出的报章，才是未来史家的绝好材料。

乙、史学与哲学

史学与哲学的关系，得从两个异点考察之：第一，史学与哲学，伊古以来曾于实际有如何的关系？二者之间，事实上有如何相互的影响与感应？第二，二者由其研究的性质上有如何相互的关系？前者谓之历史上的关系，后者谓之性质上的关系。今欲研究二者历史上的关系，其事非我的能力所能胜。兹但就其性质上的关系，由二者的立脚点分别以为观察。

1. 以史学为主对于哲学的关系

（1）史学的对象，既为人生与其产物的文化，则为文化一要素的哲学，当然亦在史学的对象中。研究历史者，有时要研考一时代的文学、美术、宗教、道德、法律、政治、经济，有时亦要研考一时代的哲学思想的由来及其变迁沿革，并其与其他文化诸要素发展进化的相互关系，乃至其及于国性民德的影响感应等。

（2）史学家应否有一个一定的历史观，言人人殊。或谓史家宜虚怀若谷，以冷空的智慧，观察史实，不宜预存一先入为主的历史观。此言殊未尽然，史实纷纭，浩如烟海，倘治史实者不有一个合理的历史观供其依据，那真是一部十七史，将从何处说起？必且治丝益棼，茫无头绪。而况历史观的构成，半由于学问智识的陶养，半由于其人的环境与气质的趋倾，无论何人，总于不知不觉之中，有他的历史观在那里存在。夫历史观乃解析史实的公分母，其于认事实的价值，寻绎其相互连锁的关系，施行大量的综合，实为必要的主观的要因。然则史学家而有一种历史观，其事非概可指斥，不过要提防着过于偏执的或误谬的历史观就是了。然则历史观果何由而成呢？这固然与其人的气质，癖性，所处的境遇，所遭的时势有关，而过去或当代的哲学思想，直接间接有以陶融而感化他的力量，亦不在少。然则哲学实为可以指导史的研究、决定其一般倾向的历史观的一个主要的渊源。

（3）历史理论为寻得究竟的假设与一般原理的阐明，不能不求助于历史哲学，有时尚不能不求助于一般哲学。

（4）史学研究法与一般论理学（含有认识论及一般方法论）或智识哲学有相关涉的地方。

2. 以哲学为主对于史学的关系

（1）哲学要亘人生界、自然界宇宙一切现象为统一的考察。历史事实既为人生现象，当然属于哲学考量的对象中而为其一部分。若于一哲学系统中，不列入历史事实，则其系统决非完全。

（2）哲学门中，人生哲学或历史哲学，特有关于历史事实。其研究虽与特殊科学的学科异其考察法，其性质亦不相同，然非以特殊科学的史学的研究为基础，适当的斟酌采取其结果，则其根据决不确固。

（3）凡于特殊科学的研究上所能得的一般的见解，常有含蓄哲学的要素或暗示哲学的思索者，其影响感应每能及于哲学。哲学固能对于特殊科学供给一般的原理及根本观念，特殊科学亦能供给哲学以某种观察的方法，思考的方法。这些方法，多足以启示其新进路。哲学由数学、物理学乃至生物学的发达进步所受的影响感化，盖不为少。史的研究（虽称为国家学、社会学的研究者，苟其性质为历史的，即以纳于史的研究中为当）的发达进步，亦有给新观察法、思考法于哲学的思索而助其进步的地方。

（4）某一国家某一时代的哲学，恒与其国家其时代的社会情状一般人文的形态有密切的关系。欲明此关系，正当的理解过去及现在的哲学系统的位置，与以适当的评判，以有一般历史的确实知识为必要。

（5）一个哲学家的思想，与其人的体质、人格、教育、环境及一般的经验均有关系。苟欲澈知其人思想的由来，必须就其人的气质、品性、家系、血统乃至亲缘、师友，一一加以考察。此等考察，即传记的研究，为史学上的研究之一种。其研究方法，须合于史学研究法一般的原理。

（6）哲学史即是历史的一种类。关于哲学思想的生成、发展的研究，其性质亦为一种历史的研究，而属于史学研究法所能应用的范围中。

综上所论，则知史学与哲学，实非漠不相关。二者于研究的性质上，有互相辅助的关系。

今为明了其关系起见，特为列表如下：

史学与哲学的关系

性质上的关系 …… 哲学对于史学

6 哲学史的研究亦为一种历史的研究
5 为知各哲学家的学说适用史学研究法的关系有施行传记的研究
4 为明哲学与一般社会及人文状态的关系以各哲学家的学说与其人物的经历为知的必要
3 哲学可由历史的研究得来某种观察法与考量法
2 人生哲学历史哲学尤须以史学研究的结果为基础
1 历史事实属于哲学应该考量的对象中

历史上的关系 …… 史学对于哲学

4 史学研究法与一般论理学或智识哲学有关涉
3 历史理论求其究竟的假设一般原理的阐明于哲学
2 史学家恒由哲学得来历史观
1 史学亦以哲学为其研究的对象

史学与哲学在学问上的接触，实集中于两点：一为哲学史，一为历史哲学。

哲学史普通虽看作哲学的学科之一，同时亦可以说在史学的范围内。其所研究的对象，虽为哲学，而其观察法，则为历史的。由其研究的性质上言之，亦实为一种的历史，只以其所研究的对象与普通历史不同，故人们觉着他似与普通历史大异其趣。然欲研究哲学史，必先搜集史料，下一番选择批判的工夫，由是而确定事实（凡所表明的思想、所主倡的学说均包含之），综合之以明其生成、发展的关系，其研究亦为一种史的研究，与他种历史上的研究大体上毫无差异。

哲学史的主要史料，当为学者的著书。凡关于著书的真伪，笔写校刊时所生的字句的变动、窜入、脱误，撰述的年代、地方、原因、动机，种种研究，皆与一般史料的研究同其性质，可以适用同一的研究法。

哲学史家欲——考察哲学家的为人及其经历，欲知其与其所怀抱的哲学思想有何等的关系，须为传记的研究。当此时会，与普通作传记的研究的历史家立于同样的地位，作同样的工作。

一个哲学家考察一般文化的状态、社会的情境与哲学思想的关系，不止于研究哲学思想的本身，同时亦有就一般研究的问题行某程度、某范围的研究的必要。为应自己研究的特别目的，就一般历史上的某特别事项，不能得到精细确实的依据时，有时亦要自己下手，搜集根本史料，作一番新研究。这样看来，哲学史家同时要具哲学家、史学家的二种资格。

把哲学当作文化的一要素去看，哲学的历史当然为构成文化史的一部分者；由哲学与诸般科学的关系上去看，哲学的历史当然是学术史、思想史的主要部分。但哲学史不但可以包括于此等范围更广的历史中，即其本身亦固有可以独立的存在的理由。

历史哲学是由统一的见地而观察历史事实者，是依哲学的考察，就人生及为其产物的文化为根本的说明、深透的解释者。

在严密的意义上的历史哲学，不当视为属于一个特殊科学的史学，当视为构成哲学的一部分者。于科学的考察与哲学的考察间，当立区别，而防二者的混同，这固然不错；然欲截然分清，则亦势所难能。盖以二者关系的亲密，方有事于此科的研究，自然的易涉及于彼科的研究。

历史哲学一语，若于严正的意义用之，则为哲学组织的一部分，非能离于哲学系统而别自存在者，即非可属于一个特殊科学的史学范围内者；然于严正意义的历史科学（即历史理论），亦非能为哲学组织的一部分，非可存于哲学系统中，而当与记述历史等共包括于广义的史学内。从来习例，哲学一语，每致被人泛用，故于历史哲学，亦常有人以广义解之，漠然视为泛称关于历史事实的理论的考察者。如傅林特（Flint）所称的历史哲学，其概念即极其广泛。兹将其为历史哲学所下的定义，抄译于下：

> The philosophy of history is not a something separated from the facts of history, but a something contained in them. The more a man gets into the meaning of them, the more he gets into it, and it into him; for it is simply the meaning, the rational interpretation, the knowledge of the true nature and essential relations of the facts.

历史哲学不是一些从历史事实分离出来的东西，乃是一些包蕴在历史事实里边的东西。一个人愈深入于历史事实的意义中，愈能深入于历史哲学中，即历史哲学愈能深喻于其理智，因为历史哲学纯是些历史事实的真实性质与根本关系之意义之合理的解释之智识而已。

有些史学家则谓历史哲学一语不宜泛用。夫既于自然科学外认心性及人事诸科学存在，而此心性及人事诸科学，纵令与哲学有极密切的关系，而以既已看作为离于严正的哲学而存在者〈以上〉，则为指示一个当属于人事科学的研究，而用哲学一语，终不妥当。关于历史事实的理论的研究，若为科学的，则不称之为历史哲学，而当以他名锡之，此说颇有道理。为划清学问的界范起见，似宜限定历史哲学的意义，使与历史科学分开，不相混合，以避误解。

哲学的考察与科学的考察，本来不同。哲学的考察，是就一切事物达到某统一的见地，由其见地观察诸般事物的本性及原则者；而科学的考察，则限于必要时，假定某原则定理，专本于特殊研究以说明某种特定事物的性质及理法者。二者之间既有区别，则于就历史事实的哲学的考察，即是历史哲学，与就历史事实的科学的考察，即是历史科学间，亦不可不加以区别。

严正的历史哲学与历史科学间的关系，恰如严正的自然哲学与物理学间的关系。翁特认自然哲学为其哲学系统的一部。此以哲学系统的一部而存在的自然哲学，与以一特殊科学而存在的物理学，自不能不异其趣。历史哲学与历史科学之关系亦然。从前亦有人用自然哲学一语为物理学的别名者，今则无之，而历史哲学与历史科学的界域不清，名辞互用，虽在今日，犹尚有然。

吾人于科学之外，还要哲学，还要攻究世界的原理就全体而与吾人以统一的智识关于一切事物为根本的说明之哲学。在哲学的完全组织中，基于世界的原理，由统一的见地，特就历史事实与以根本的说明之一部分，亦为不可缺者。故吾人于历史科学之外，承认为哲学组织的一部之历史哲学存在，承认二者不可偏废。研究历史哲学，是哲学家的责任，研究历史科学，是史学家的责任。然二者之间，固有极密切的关系，其互相辅助互相资益的地方甚多。历史哲学，有时要借重历史科学研究的结果，利用其所供给的材料。历史科学，研究到根本问题的时候，亦要依据历史哲学所阐明的深奥高远的原理，以求其启发与指导。惟以于研究的性质、于考察的方法有所差异的原故，不能不加以区别。

　　傅林特则谓科学与哲学二语互相代用亦无不可，于二者间严立界域，不惟不能，抑且不可，因为区别二者过严，则有泯视科学与哲学的亲密关系的顾虑。夫谓科学与哲学，不能截然分离，固亦未尝无相当的理由，然为研究的便利起见，而限定其性质与范围，似亦科学分类上之所许。

　　有一派哲学家，于哲学问题中特别看重智识的批评之问题。这一派人自然要认历史的智识的批评为历史哲学的主要问题。此事曩不为学者所注意，近始注意及之。这批评的论究，即智识学的论究，今后将日益精微，诚为最堪属望之一事，然若以历史哲学的任务，为专在论究历史的智识的批评，即形式的批评，此外更无其他应当研究的问题，则未免强历史哲学的广大范围以纳于狭小的局部，而没却其本来的领域，殆非通论。不错，这种形式的批评的论究，于实行历史哲学实质的建设的论究，亦诚为必要，其应该存在，亦为吾人所承认，但他只是历史哲学之准备的研究，入门的初步，不能说他就是历史哲学的全体。

　　历史哲学所当究论的问题，到底是些什么问题呢？大体言之，历史哲学所当究论的问题，应是些比在历史学上所究论的，更普遍、更渊深、更根本的问题。历史学与历史哲学间的差异，如果止于此点，人且疑为这仅是程度上的事，抑知二者之间，尚有更重要的性质上的差别在。原来科学之所穷，即哲学之所始。凡历史事实之非历史科学所能探究、所能解释的问题，都归历史哲学的领域。即凡历史事实之须从哲学的见地基于世界全体的原理以根本的说明其本性及原则者，都为历史哲学所当研究的问题。例如历史事实究竟的本性如何？历史事实的根本原则如何？历史事实或于各个或于全体究竟有如何的意义？这些问题，都是历史哲学领域内的问题。

　　史学是研究人生及其产物的文化的学问，哲学亦是研究人生根本问题的学问，二者原有密切的关系。吾人对于人生现象，有时只靠科学的说明，不能满足，则进而求之于哲学，以期得一比较普遍而根本的解决，这亦是自然的要求。例如由统一的见地去看人生果为如何者？于个人、于氏族、于国民、于民族乃至于人类的人生，各为构成全体的部分，果有特定的意义吗？果有特定的天职吗？人类的经历果有一个前定的轨道吗？宇宙间果有一个能预想的大意匠吗？人生果不能说是和作梦一样吗？所谓历史事实，吾人所认识的，果是真实的？还是幻妄的？人事的现象，果真有如吾人所认识的形式与内容吗？人事果然是受一定的主宰者的统制，遵着他的根本大法以为运行的呢？还是乱哄哄的瞎碰一气，漂流在那无计画无方向的运命的海里，"譬彼舟流不知所届"呢？一个人，一氏族，一国家，一民族，乃至全人类的荣枯、兴亡、盛衰、隆替，果然是命也如此，无可如何呢？还是祸福吉凶，惟人自召呢？茫茫人事，果于不识不知中，由某点进行向某点归宿吗？人生果有目的吗？历史果有目的吗？人事的纷纭变化，果然是依单纯原理的发展而表现出来的吗？所谓历史于世界的进步者，毕竟可认为有何价值有何意义而可理解吗？吾人于纷纷扰扰的生活中，少一驰思于物外，凝想于心中，这些问题，必要自然的发生而不能遏止。骤见之虽似空漠无用，其实皆为关于人生最切要的问题，吾人亦安能忍而不思求一解释？关于此等问题的解答，宜先根据认识论上一般的考察，精察其何者为人智所终不能知，何者可试为推论思议到如何的程度。于其终非人智所及知者，则说明其所以不能为人智所及知的理，所谓"知之为知之，不知为不知，是知也"，于其可试为推论思议到某程度者，则进而为推论思议至于其所能几的程度。这正是哲学家的任务。此等关于历史事实的根本原理原则的研究，应归入历史哲学的范围。被历史哲学的名辞于此等问题的研究，最为稳当。此等属于哲学家范围内的研究，史学家固不必强为包揽，而哲学家则宜引为己任。至若史学家于就历史事实为科学的研究之余暇，亦欲试为历史哲学的研究；或以哲学名世之人，亦欲就历史事实试其科学的考证，皆为无妨，或且必要。不过为明学术分界以图是等研究的健全发展起见，不能不立历史学与历史哲学的区别而已。

丙、史学与社会学

史学与社会学有密切的关系，其理至明，无待赘论。现今所要论的，是历史学与社会学是否同物？倘非同物，其异点安在？既有了社会学，历史理论的一学科，还有没有成立的必要？设使历史学（即是历史理论）这一学科一旦完全成立，那与他性质最近的社会学，还有没有存在的必要？某学者说历史不是汇集过去所起的各种类的事件的东西，乃是人类社会的科学。近顷世人虽造出社会学一语，然此与 Histoire 实为同物。历史是研究社会事实的学问，所以就是社会学。虽然，吾人终认二者之间，有些不同，终以为不可认作全为同物。不错，社会学所研究的对象是社会，历史学所研究的对象亦是社会；社会学的起原，实亦起于历史上理论的考察，是由欲于历史寻出理法的动机自然发生出来的东西。桑西门是寻求理法于历史的一人，所以他又是一个社会学先驱者；孔德是寻求理法于历史的一人，所以他亦是一个社会学先驱者；韦柯亦然，但吾人不能以此而遂不认其间有相异的性质。历史学的目的，在考察人类社会生活的经历及其变革，而社会学乃在人类社会生活的结合及其组织。历史学是就人及人群的生活经历为理论的研究，以寻其理法者，社会学是就人群的共同生存的一切社会现象，为理论的研究，以寻其理法者。简明的说，历史学是把人类社会的生活纵起来研究的学问，社会学是把人类社会的生活横起来研究的学问。吾人若欲把人事现象充分的施行科学的研究，二者悉所必要。自其学问的性质上说，二者有相资相倚的关系，自不待言。

六、现代史学的研究及于人生态度的影响

凡是一种学问，或是一种知识，必于人生有用，才是真的学问，真的知识，否则不能说他是学问，或是知识。历史学是研究人类生活及其产物的文化的学问，自然与人生有密切的关系。史学既能成为一种学问，一种知识，自然亦要于人生有用才是。依我看来，现代史学的研究，及于人生态度的影响很大。第一，史学能陶炼吾人于科学的态度。所谓科学的态度，有二要点：一为尊疑，一为重据。史学家即以此二者为可宝贵的信条。凡遇一种材料，必要怀疑他，批评他，选择他，找他的确实的证据，有了确实的证据，然后对于此等事实方能置信。根据这确有证据的事实所编成的纪录，所说明的理法，才算比较的近于真理，比较的可信。凡学都所以求真，而历史为尤然。这种求真的态度，薰陶渐渍，深入于人的心性，则可造成一种认真的习性，凡事都要脚踏实地去作，不驰于空想，不骛于虚声，而惟以求真的态度作踏实的工夫。以此态度求学，则真理可明；以此态度作事，则功业可就。史学的影响于人生态度，其力有若此者。因此有一班学者，遂谓史学的研究日趋严重，是人类的精神渐即老成的征兆。在智力的少年时期，世界于他们是新奇的，是足以炫夺心目的，使他们不易起热烈的研究世界的过去的兴味。生活于他们是一个冒险，世界于他们是一个探险的所在，他们不很注意人间曾经作过的事物，却注意到那些将来人类所可作的事物。为的是奋兴他们，历史似应作成一个传奇小说的样子，以燃烧他们的想象，

无须作成一个哲学的样子，以启悟他们的明慧。这样的奋往向前欢迎将来的少年精神，诚足以令人活跃，令人飞腾，然若只管活跃，只管飞腾，而不留心所据的场所是否实地，则其将来的企图，都为空笔，都为梦想。本求迈远腾高，结局反困蹶于空虚的境界，而不能于实地进行一步。而在有训练与觉醒的老成的精神则不然，他们很知道世界给与吾人以机会的俄顷，必有些限制潜伏于此机会之下以与之俱。这些限制，吾人必须了喻，有时且必须屈服。所以他们很热心的去研究过去，解喻人生，以期获得一种哲学的明慧，去照澈人生经过的道路，以同情于人类所曾作过的事而致合理的生活于可能的境界。史学的研究，即所以扩大他们对于过去的同情，促进他们的合理的生活的。研究历史的趣味的盛行，是一个时代正在生长成熟、正在寻求聪明而且感奋的对于人生的大观的征兆。这种智力的老成，并于奋勇冒险的精神，不但未有以消阻，而且反有以增进，一样可以寻出一种新世界，供他们冒险的试验。立在过去的世界上，寻出来的新世界，是真的，实的，脚踏实地可以达到的；那梦想将来所见的新世界，是虚的，假的，只有在"乌托邦""无何有之乡"里可以描写的。过去一段的历史，恰如"时"在人生世界上建筑起来的一座高楼，里边一层一层的陈列着我们人类累代相传下来的家珍国宝。这一座高楼，只有生长成熟踏践实地的健足，才能拾级而升，把凡所经过的层级、所陈的珍宝，一览无遗，然后上临绝顶，登楼四望，无限的将来的远景，不尽的人生的大观，才能比较的眺望清楚。在这种光景中，可以认识出来人生前进的大路。我们登这过去的崇楼登的愈高，愈能把未来人生的光景及其道路，认识的愈清。无限的未来世界，只有在过去的崇楼顶上，才能看得清楚；无限的过去的崇楼，只有老成练达踏实奋进的健足，才能登得上去。一切过去，都是供我们利用的材料。我们的将来，是我们凭借过去的材料、现在的劳作创造出来的。这是现代史学给我们的科学的态度。这种科学的态度，造成我们脚踏实地的人生观。从前史学未发达的时代，人们只是在过去的纪录里去找历史，以为历史只是过去的事迹。现代的史学告我们以有生命的历史不是这些过去的纪录。有生命的历史，实是一个亘过去、现在、未来的全人类的生活。过去、现在、未来是一线贯下来的。这一线贯下来的时间里的历史的人生，是一趟过的，是一直向前进的，不容我们徘徊审顾的。历史的进路，纵然有时一盛一衰、一衰一盛的作螺旋状的运动，但此亦是循环着前进的、上升的，不是循环着停滞的，亦不是循环着逆反

史学要论 | 493

的、退落的，这样子给我们以一个进步的世界观。我们既认定世界是进步的，历史是进步的，我们在此进步的世界中、历史中，即不应该悲观，不应该拜古，只应该欢天喜地的在这只容一趟过的大路上向前行走，前途有我们的光明，将来有我们的黄金世界。这是现代史学给我们的乐天努进的人生观。旧历史观认历史是神造的，是天命的，天生圣人则世运昌明，天降鞠凶则丧乱无已。本着这种史观所编的历史，全把那皇帝王公侯伯世爵这等特权阶级放在神权保护之下，使一般人民对于所遭的丧乱，所受的艰难，是暴虐，是篡窃，是焚杀，是淫掠，不但不能反抗，抑且不敢怨恨，"臣罪当诛，天王明圣"，无论其所受的痛苦，惨酷到如何地步，亦只能感恩，只能颂德，只能发出"昊天不吊"的哀诉，"我生不辰"的悲吟而已。在这种历史中，所能找出来的，只是些上帝，皇天，圣人，王者，决找不到我们的自己。这种历史全把人们的个性，消泯于麻木不仁的状态中，只有老老实实的听人宰割而已。新历史观及本着新历史观编成的历史则不然，他教吾人以社会生活的动因，不在"赫赫""皇矣"的天神，不在"天篁""天纵"的圣哲，乃在社会的生存的本身。一个智识的发见，技术的发明，乃至把是等发见发明致之于实用，都是像我们一样的社会上的人人劳作的结果。这种生活技术的进步，变动了社会的全生活，改进了历史的阶段。这种历史观，导引我们在历史中发见了我们的世界，发见了我们的自己，使我们自觉我们自己的权威，知道过去的历史，就是我们这样的人人共同造出来的，现在乃至将来的历史，亦还是如此。即吾人浏览史乘，读到英雄豪杰为国家为民族舍身效命以为牺牲的地方，亦能认识出来这一班所谓英雄所谓豪杰的人物，并非有与常人有何殊异，只是他们感觉到这社会的要求敏锐些，想要满足这社会的要求的情绪热烈些，所以挺身而起为社会献身，在历史上留下可歌可哭的悲剧、壮剧。我们后世读史者不觉对之感奋兴起，自然而然的发生一种敬仰心，引起"有为者亦若是"的情绪，愿为社会先驱的决心亦于是乎油然而起了。这是由史学的研究引出来的"舜人亦人"感奋兴起的情绪。自然，随着史学研究的利益，亦有些弊害影响到我们心性上的。例如治史学的人，临事遇物，常好迟疑审顾，且往往为琐屑末节所拘，不能达观其大者远者，这不能不说是随着史学研究发生的弊害。但若稍窥哲学的门径，此等弊害，均能以哲学的通识达观药之，稍一注意，即能避免。吾信历史中有我们的人生，有我们的世界，有我们的自己，吾故以此小册为历史学作宣传，煽扬吾人对于历

史学研究的兴趣，亦便是煽扬吾人向历史中寻找人生、寻找世界、寻找
自己的兴趣。

署名：李守常
《百科小丛书》第 51 种
商务印书馆出版
1924 年 5 月

孙中山先生在中国民族革命史上之位置
（1926 年 3 月 12 日）

由一八四〇年英人以炮火击破中国的门户，强行输入毒害中国人民的鸦片，中经英法联军之役、中法之役、中日之役、庚子联军之役、日俄之役、日德之役，一直到一九二五年五卅运动以来，帝国主义者在上海、沙面、汉口、九江等处，对于中国民众的屠杀，是一部彻头彻尾的帝国主义压迫中国民族史。

由一八四一年，广东三元里乡民因愤英人挟战胜的余威，迫我偿军费六百万元，割香港，集众数万，奋起平英团。一八四二年粤人听到英迫我缔结南京条约，赔款二千（一）百万元，开五口通商，割香港，留下协定关税的根萌的消息，聚众数万，反抗英人，焚其商馆。一八四五年，粤民举办团练，抗拒英人复入广州。一八四九年，粤人集乡团十余万于河干，拒禁英人入广州城。中经太平天国的革命运动，三合会、哥老会覆清仇洋的运动，乃至白莲教支流义和团扶清灭洋的运动，强学会、保国会的立宪运动，兴中会、同盟会的革命运动，一直到由"五四"到"五卅"弥漫全国的反帝国主义的大运动，是一部彻头彻尾的中国民众反抗帝国主义的民族革命史。

这一条浩浩荡荡的民族革命运动史的洪流，时而显现，时而潜伏，时而迂回旋绕，蓄势不前，时而急转直下，一泻万里。他的趋势是非流注于胜利的归宿而不止。简明的说，中国民族革命运动史，只在压迫中国民众的帝国主义完全消灭的时候，才有光荣的胜利的终结。

孙中山先生所指导的国民革命运动，在中国民族解放全部历史中，实据有中心的位置，实为最重要的部分。他承接了太平天国民族革命的系统，而把那个时代农业经济所反映出来的帝王思想，以及随着帝国主义进来的宗教迷信，一一淘洗净尽。他整理了许多明季清初流衍下来以反清复明为基础、后来因为受了帝国主义压迫而渐次扩大着有仇洋彩色的下层结社，使他们渐渐的脱弃农业的宗法的社会的会党的性质而入于国民革命的正轨。他揭破了满清以预备立宪欺骗民众的奸计，使那些实在起于民族解放运动而趋入于立宪运动的民众，不能不渐渐的回头，重新集合于革命旗帜之下。他经过了长时期矫正盲目的排外仇洋运动，以后更指导着国民革命的力量，集中于很鲜明的反帝国主义的战斗。他接受了代表中国工农阶级利益的共产党员，改组了中国国民党，使国民党注重工农的组织而成为普遍的群众的党，使中国国民革命运动很密切的与世界革命运动相联结。他这样的指导革命的功绩，是何等的伟大！他这样的指导革命的全生涯，在中国民族解放运动中，是何等的重要！

我们要想了解中山先生的思想及其事业的重要，必须先考一考他的时代及境遇。先生的生存期，是从一八六六年到一九二五年，这是帝国主义侵略中国最酷烈的时代。先生的诞生地是广东省的香山县，距广州很近，广州是中国开放海禁最早的地方，这是帝国主义最初侵入中国的门户。西历纪元四世纪时，印度南洋一带，已有闽、粤人的足迹。十世纪至十三世纪间，是广州的繁盛时代，最初来广州的是亚拉伯人，欧人是西、荷、英等国人。一七八四年美舰"中国皇后"号到粤。一八四〇年鸦片战争以前，广州成为澳门的季节出张所，外国在那里设立商馆，只准经过行商的手，与中国贸易。中国对于居留广州的外人，设有种种的限制。一六〇〇年英国东印度公司成立以来，耶利查别士女士〔王〕特许其有对华贸易独占权。到了一八三三年，对华贸易权才由东印度公司转移到私人商业手里。在这东印度公司有对华贸易独占权的期间，英帝国主义者只是羡忌葡人先占的澳门，只是常常在广州的门户以外徘徊着，想伺一个机会进来占据广州，像葡人占据澳门一样，但是因为广东民众严密的监守，强烈的抵拒，终于没有能够偿了他的愿望。所以一八三〇年以前，中英商业的平准，还是于中国方面有利，银币不断的由印度、英国、美国输入中国。在那个时顷，英棉及一定限度的羊毛亦输入了少许。一八三三年以后，英棉及羊毛继长增高的以巨额输入于中国。鸦片的流毒，像潮水一般的涌进来。中国的银币，亦像潮水一般的流出于印度，几乎耗尽了中国民族的膏血。在那一世纪，英国政府的收入有七分之一靠着卖鸦片于华人，同时印人需求英国的制造品，亦全靠在印度的鸦片的出产。那时英国资本主义发展的结果，输出于印度的商品额量日以增高，则其取自印度而需要卖给华人的鸦片额量，亦必随着增高。英国此时需要打破中国门户，不仅是为印度出产的巨额鸦片谋一尾闾，并且是为那在他本国畅旺出产的制造品谋一销售的市场。英人为达此目的，乃于一八四○年用猛烈的炮火，攻击中国南方不给外人开放的门户——广州，以武力强挟鸦片及其他商品等经济势力，压迫中国。结果英国的炮火打破了中国的门户，帝国主义遂由广州侵入了中国。

一八四○年鸦片战争以后，中国的门户洞开，外国商品因得以畅行输入而无阻。这个外国制造品的引入，对于本国的制造品自然要发生破坏的影响。此时这个影响于中国与其曾影响于小亚细亚、波斯、印度者，全是一样。在外货竞争之下，中国的纺者织者遭遇了最大的艰难，社会生活随着外货压迫的比例，呈出不安的现象，发生了破产的手工业者及农民的大众，加以鸦片的不生产的消费，因鸦片贸易而生的贵金流出，鸦片战争的对英赔款，以及关于鸦片贩卖的贿赂公行，以及公家行政的弊端百出。总此诸因，增加了巨大的人民负担，新税增设，旧税增额，遂以酿成太平天国的大革命。

太平天国的运动，是并合明亡以来"反清复明"的民族运动，随着外力侵入中国的耶教运动，以及骤变帝国主义政治的、经济的压迫而发生的国民革命运动三大系统，汇注而成的。有明既亡，许多孤臣遗老，亡命南来。在闽、粤一带的下层民众，留下了秘密组织，把反清复明的民族思想，深深的撒布在中国民族最深最下的层级，希图保存其种萌，而待时以发育，这个藏留民族思想于下层阶级的事实，足以昭示吾人以革命的力量，常含蓄于工农阶级的下层民众之间，并且预示吾人以中国民族解放的成功，多半要靠工农民众的努力。闽、粤一带以及海外的三合会（一名天地会）即是这种反清复明的秘密团体。太平天国的运动中，亦曾容纳了三合会的一部。太平党与三合会的宗旨不能尽合的地方，约有二点：（一）太平党信耶教，而三合会信道教与佛教。（二）太平党主张于颠覆清朝以后建立新朝，而三合会则主张恢复明室。故二者未能完全合一。至于反清复明的民族运动，在满清初入关时，已经与耶教思想有了接触。明室遗族在广东曾与罗马教皇有文书的往来。明皇族及其遗臣，那时已有百数十人加入耶教。太平党人之有耶教的关系，一方是那个时代随着帝国主义侵入中国的耶教影响的反映，一方是明末的民族思想与耶教思想结合的历史的因缘。看那太平党人的教主"朱九畴[涛]"、"洪秀全"的名字，便知他们的教门，必与朱明子遗洪门会党有所渊源。

　　太平天国的半〔年〕代，是由一八五〇〔一〕年到一八六四年。在这十四年间，正是英产业发长最猛的年代。这一班抱有民族思想的农村的青年们，身受外来的经济压迫，目击鸦片的流毒，以及官僚政治的腐败，自然要发号召那些种田烧山不能自给的农夫，破产失业的手工业者，以及那些因为贿赂公行而进身无路、落第不平的士子起来，恢复他们的民族的国家了。

　　太平天国的运动，是满清入关以来中国民族反抗满洲的民族革命运动，同时亦是反抗帝国主义武力的经济的压迫的民族革命运动，他们的严厉的禁吸鸦片，便是表示他们对帝国主义者以炮火护送来的毒物，非常的厌恶，同时又是帝国主义经济的压迫下的农民革命运动。看他们占据南京以后，颁布了一个含有平均性质的土地令，便知那次的革命，多半起于农民经济的要求。

　　太平党人虽然知道鸦片是帝国主义者麻醉中国民族的毒物，而不知宗教亦是帝国主义者麻醉中国民族的东西，其作用与鸦片一样。他们禁止了鸦片，却采用了宗教，不建设民国，而建设天国，这是他们失败的一个重要原因。他们宗教感念，在好的方面减少了狭隘的人种的仇视，在坏的方面，遮蔽了帝国主义者凶恶的真相，埋没了这次革命的反帝国主义性，使他们没有看清他们所认为洋兄弟的，可以摇身一变而为扶助满清、扑灭太平（天国）革命的长胜军。

　　一八五〇年顷，英国产业有猛厉无比的发展，有濒于产业危机的征象。即有大规模的移民出国，即有加里佛尼亚与澳洲，仍不能调剂英国产业伸张与市场扩大的平衡。当时英国茶税的减低，希望以增加茶的输入，奖励增加对华制造品的输出，就是为了开新市场扩旧市场的必要。太平天国动乱，缩小了英国制造品的市场，可以使英国产业危机的迫至，加速社会革命。大师马克思在当时说过，"英国造成了中国的革命，中国的革命将要反响于英伦，经过英伦，反响于欧洲"。所以英国对于太平军动乱取两面的态度，一面利用这次动乱，与法国联军压迫满清，使他放弃那天朝上国妄自尊大的态度，而不能不降服于帝国主义之前，许与增开口岸，为帝国主义者扩大市场；一面以武力干涉太平军，使之不能入重要的港口，援助满清，以消灭中国的民族解放运动。观于一八五八年天津条约成立以后，英公使巡游长江过南京时，以炮艇轰击南京太平军的炮台。一八六〇年李秀成攻上海时，英人卜罗斯以通商大臣的资格，通告以武力干涉中国的内乱。一八六一年英海军大将何伯训令亚柏林舰长，干涉太平军入上海或吴淞境内，干涉太平军攻击宁波，并与太平军关税冲突。一八六二年英舰在长江为清军输送兵士及接济军火。英、法联军以武力干涉太平军入上海。英海军助清廷夺回宁波。英人与清恭王勾结组织中、英舰队。一八六三年李鸿章以英将戈登统所谓长胜军，助平太平天国。至一八六四年，太平天国亡。

这样看来，太平天国的灭亡，不是亡于满清，乃是亡于英、法帝国主义者。满清降服于帝国主义者，以中国民族的权利，贡献于其前。他们遂助满清，扑灭了含有民族革命性的太平军。自是以来，援助反动势力以扑灭民族革命运动，遂成为帝国主义者宰制中国民族的传统政策。

在太平天国的动乱中，英、法忙于侵略中国的时候，美国的势力遂压迫到日本，以后各国踵至，日本民族亦受了不平等条约的束缚。

这是太平天国时代帝国主义压迫东方的大势。

太平天国虽然灭亡，可是中国的民族解放运动，并未即此而中断。太平天国灭后二年——一八六六年孙中山先生诞生。由一八六六年到中山先生逝世的一九二五年，中国民族解放运动，总在那里蓬蓬勃勃的向前涌进。中山先生在这个运动中，是个惟一的指导者。他以毕生的精力，把中国民族革命种种运动，疏导整理，溶解联合，以入于普遍的民众革命的正轨。他那临终的遗嘱，明明白白告诉我们中国的国民革命，是世界革命的一部。

先生所生的时代及其环境，在在都使他自觉其所负民族的历史的使命的伟大；英、法帝国主义的跋扈，太平天国的痛史，在在都足以激动他革命的情绪，而确立其决心，帝国主义对于中国进攻加紧一步，他的革命的奋斗（便）猛进一步。

先生承接了太平天国的革命的正统，而淘汰了他们的帝王思想、宗教思想。整理了三合会、哥老会一类的民间的民族的结社，改进了他们的思想，使入于革命的正轨，一九〇〇年合并兴中会与三合会、哥老会而为中和党、兴汉会。一九〇五年，又在日本东京成立中国革命同盟会。二次革命失败后，又在东京改组中华革命党。一九二四年又在广州改组中国国民党，容纳中国共产党的分子，使中国的国民革命运动与世界革命运动联成一体；使民族主义的秘密结社，过渡而扩成现代的工农团体，一体加入国民革命党；使少数革命的知识阶级的革命党，过渡而成为浩大的普遍的国民的群众党。这都是先生在中国民族革命史上继往开来，铸新淘旧，把革命的基础，深植于本国工农民众，广结于世界革命民众的伟大功绩。

《国民新报孙中山先生逝世周年纪念特刊》
1926 年 3 月 12 日

狱中自述 *
（1927 年 4 月）

　　李大钊，字守常，直隶乐亭人，现年三十九岁。在襁褓中即失怙恃①，既无兄弟，又鲜姊妹，为一垂老之祖父教养成人。幼时在乡村私校，曾读四书经史，年十六，应科举试，试未竟②，而停办科举令下，遂入永平府中学校肄业，在永读书二载。其时③祖父年逾八旬，只赖内人李赵氏在家服侍。不久，祖父弃世。

　　钊感于国势之危迫，急思深研政理，求得挽救民族、振奋国群之良策，乃赴天津投考北洋法政专门学校④。是校为袁世凯氏所创立，收录全国人士。钊既入校，习法政诸学及英、日语学，随政治知识之日进，而再建中国之志趣亦日益腾高。钊在该校肄业六年，均系自费。我家贫，只有薄田数十亩，学费所需，皆赖内人辛苦经营，典当挪借，始得勉强卒业。

　　卒业后我仍感学识之不足，乃承友朋之助，赴日本东京留学，入早稻田大学政治本科。留东三年，益感再造中国之不可缓，值洪宪之变而归国，暂留上海。后应北京大学之聘，任图书馆主任。历在北京大学、

---

　　* 《狱中自述》为李大钊狱中所写，存有三稿。三稿的内容基本相同，但有几处文字略异。现收入第三稿。而对于初稿、二稿中有所叙述而为三稿所略者，予以加注说明。

　　① "在襁褓中即失怙恃"，初稿为"在襁褓之中，即丧父母"。

　　② "应科举试，试未竟"，初稿为"甫经府试"，二稿为"府试中"。

　　③ "其时"之下，初稿有"祖母去世"四字。

　　④ "钊感于国势之危迫"至此数句，初稿为："钊感于国势之陵夷不振，颇起（二稿为"慨然起"）深研政治以期挽救民族（二稿于此有"振奋国群"四字）之思想，遂与二三同学，乘暑假之便，赴天津投考学校。其时有三种学校正在招考：一系北洋军医学校；一系长芦银行专修所；一系北洋法政专门学校。军医非我所喜，故未投考。银行专修所我亦被考取，但理财致个人之富，亦殊违我素志，（二稿在于此有"故皆决然弃之，而入法政。"）乃决心投考法政专门学校，幸被录取。"

朝阳大学、女子师范大学、师范大学、中国大学教授史学思想史、社会学等科。数年研究之结果，深知中国今日扰乱之本原，全由于欧洲现代工业勃兴，形成帝国主义，而以其经济势力压迫吾产业落后之国家，用种种不平等条约束制吾法权、税权之独立与自主，而吾之国民经济，遂以江河日下之势而趋于破产。今欲挽此危局，非将束制吾民族生机之不平等条约废止不可。从前英、法联军有事于中国之日，正欧、美强迫日本以与之缔结不平等条约之时，日本之税权、法权，亦一时丧失其独立自主之位置。厥后日本忧国之志士，不忍见其国运之沉沦，乃冒种种困难，完成其维新之大业，尊王覆幕，废止不平等条约，日本遂以回复其民族之独立，今亦列于帝国主义国家之林。惟吾中国，自鸦片战役而后，继之以英、法联军之役，太平天国之变，甲午之战，庚子之变，乃至辛亥革命之变，直到于今，中国民族尚困轭于列强不平等条约之下，而未能解脱。此等不平等条约如不废除，则中国将永不能恢复其在国际上自由平等之位置，而长此以往，吾之国计民生，将必陷于绝无挽救之境界矣！然在今日谋中国民族之解放，已不能再用日本维新时代之政策，因在当时之世界，正是资本主义勃兴之时期，故日本能亦采用资本主义之制度，而成其民族解放之伟业。今日之世界，乃为资本主义渐次崩颓之时期，故必须采用一种新政策。对外联合以平等待我之民族及被压迫之弱小民族，并列强本国内之多数民众；对内唤起国内之多数民众，共同团结于一个挽救全民族之政治纲领之下，以抵制列强之压迫，而达到建立一恢复民族自主、保护民众利益、发达国家产业之国家之目的。因此，我乃决心加入中国国民党[1]。

大约在四五年前，其时孙中山先生因陈炯明之叛变，避居上海。钊曾亲赴上海与孙先生晤面，讨论振兴国民党以振兴中国之问题。曾忆有一次孙先生与我畅论其建国方略，亘数时间[2]，即由先生亲自主盟，介绍我入国民党。是为钊献身于中国国民党之始。翌年夏，先生又召我赴粤一次，讨论外交政策。又翌年一月，国民党在广州召集第一次全国代

---

[1] "乃至辛亥革命之变，直到于今"，至此，初稿为："而民族独立运动之革命事业，尚未完成。中国如仍不适应世界之潮流，急起直追，以求民族独立与自主，则国脉民生，将无自振拔，以维持其存在于世界矣！"二稿为："中国民族尚困制于列强不平等条约之下而未能解脱。此等不平等条约如不废除，则中国将永不能在国际上恢复其自由、平等之位置，而长此以往，国计民生必将陷于绝无挽救之境界矣！然欲挽此危局，非唤起全国民众及愿与民众结合之武力，共同立于国民党旗帜之下不可，于是决心投入中国国民党。"

[2] "亘数时间"，初稿于此之后，尚有"先生与我等畅谈不倦，几乎忘食"之语。

表大会，钊曾被孙先生指派而出席，被选为中央执行委员。前岁先生北来，于临入医院施行手术时，又任钊为政治委员。其时同被指任者，有：汪精卫、吴稚晖、李石曾、于右任、陈友仁诸人。后来精卫回广州，政治委员会中央仍设在广州，其留在北京、上海之政治委员，又略加补充，称分会。留于北京之政治委员，则为吴稚晖、李石曾、陈友仁、于右任、徐谦、顾孟余及钊等。去年国民党在广州开第二次全国代表大会，钊又被选为中央执行委员。北京执行部系从前之组织，自第二次全国代表大会后已议决取消。中央执行委员会为全国代表大会闭会中之全党最高中央机关，现设于武汉，内分组织、宣传、工人、农民、商人、青年、妇女、海外等部。政治委员会委员长系汪精卫，从前只在上海、北京设分会，今则中央已迁往武汉，广州遂又设立一分会。北京分会自吴稚晖、于右任等相继出京后，只余李石曾及钊，久已不能成会。近自石曾出京，只钊一人，更无从开会起矣。钊所以仍留居北京者，实因不得稳妥出京之道路，否则久已南行。此时南方建设多端，在在需人。目下在北方并无重要工作，亦只设法使北方民众了解国民党之主义，并以增收党员而已。

此外，则中外各方有须与党接洽者，吾等亦只任介绍与传达之劳。至于如何寄居于庚款委员会内，其原委亦甚简单。盖因徐谦、李石曾、顾孟余等，皆先后任庚款委员，徐谦即寄居于其中，一切管理权皆在徐、顾，故当徐、顾离京时，钊即与徐、顾二君商，因得寄居于此。嗣后市党部中人，亦有偶然寄居于此者，并将名册等簿，寄存其中，钊均径自允许，并未与任何俄人商议。盖彼等似已默认此一隅之地，为中国人住居之所，一切归钊自行管理。至于钊与李石曾诸人在委员会会谈时，俄人向未参加。我等如有事须与俄使接洽时，即派代表往晤俄使。至如零星小事，则随时与使馆庶务接洽。

中山先生之外交政策，向主联俄联德，因其对于中国已取消不平等条约也。北上时路过日本，曾对其朝野人士，为极沉痛之演说，劝其毅然改变对华政策，赞助中国之民族解放运动。其联俄政策之实行，实始于在上海与俄代表越飞氏之会见。当时曾与共同签名发表一简短之宣言，谓中国今日尚不适宜于施行社会主义。以后中山先生返粤，即约聘俄顾问，赞助中山先生建立党军，改组党政。最近蒋介石先生刊行一种中山先生墨迹，关于其联俄计画之进行，颇有纪述，可参考之。至于国民政府与苏俄之外交关系，皆归外交部与驻粤苏俄代表在广州办理，故钊不知其详。惟据我所知，则确无何等密约。中山先生曾于其遗嘱中明白言之，与"以平等待我之民族，共同奋斗！"如其联俄政策之维持而有待于密约者，则俄已不是以平等待我之民族，尚何友谊之可言？而且国民党之对内对外诸大政策，向系公开与国人以共见，与世界民众以共见，因亦不许与任何国家结立密约。

政治委员会北京分会之用款，向系由广州汇寄，近则由武汉汇寄。当徐谦、顾孟余离京之时，顾孟余曾以万余元交付我手，此款本为设立印刷局而储存者。后因党员纷纷出京，多需旅费及安置家属费，并维持庚款委员会一切杂费及借给市党部之维持费，数月间，即行用尽。此后又汇来数万元，系令钊转交柏文蔚、王法勤等者，已陆续转交过去。去岁军兴以来，国民政府之经费亦不甚充裕，故数月以来，未曾有款寄到。必需之费，全赖托由李石曾借债维持。阳历及阴历年关，几乎无法过去。庚款委员会夫役人等之月薪，以及应交使馆之电灯、自来水等费，亦多积欠未付。委员会夫役阎振，已经拘押在案，可以质证。最近才由广州寄来两千元，由武汉寄来三千元，除陆续还付前托李石曾经借之债，已所余无几，大约不过千元，存在远东银行。历次汇款，无论由何银行汇来，钊皆用李鼎丞名义汇存之于远东银行，以为提取之便。

党中之左、右派向即存在，不过遇有政治问题主张不一致时，始更明显。其实，在主义之原则上原无不同，不过政策上有缓进急进之差耳。在北京之党员，皆入市党部，凡入市党部者，当然皆为国民党员。市、区党员之任务，乃在训练党员以政治的常识。区隶属于市，积若干区而成市，此为党员之初级组织，并无他项作用。北京为学术中心，非工业中心，故只有党之组织，而无工会之组织。在国民军时代，工人虽略有组织，而今则早已无复存在。党籍中之工人党员，亦甚罕见。近来传言党人在北京将有如何之计画，如何之举动，皆属杯弓市虎之谣，望当局勿致轻信，社会之纷扰，泰半由于谣传与误会。当局能从此番之逮捕，判明谣诼之无根，则对于吾党之政治主张，亦可有相当之谅解。苟能因此谅解而知吾党之所求，乃在谋国计民生之安康与进步，彼此间之误会，因以逐渐消除，则更幸矣！

钊自束发受书，即矢志努力于民族解放之事业，实践其所信，励行其所知，为功为罪，所不暇计。今既被逮，惟有直言。倘因此而重获罪戾，则钊实当负其全责。惟望当局对于此等爱国青年宽大处理，不事株连，则钊感且不尽矣！

又有陈者：钊夙研史学，平生搜集东西书籍颇不少，如已没收，尚希保存，以利文化。谨呈。

李大钊

按原件刊印

李大钊年谱简编

1889 年　一岁

10 月 29 日　清光绪十五年十月初六日，生于河北省乐亭县大黑坨村。生时，父亲已因病逝世。

"在襁褓中，即失怙恃，既无兄弟，又鲜姐妹，为一垂老之祖父抚养成人。"（《狱中自述》）

祖父李如珍（1827—1907），青年时代经商致富，有一定文化，并有"从九品"官衔。

父亲李任荣（1867—1889），字华亭，为李如珍过继的儿子。

母亲周氏（1865—1891），因丈夫早逝，哀伤过度，生下李大钊一年多即病故。

1895 年　七岁

到本村谷家私塾从塾师单子鳌读书。塾师为之起学名耆年，字寿昌。以后改名大钊，字守常。

1898 年　十岁

到小黑坨村从塾师赵辉斗读书。

1899 年　十一岁

完婚，夫人赵纫兰。

1902 年　十二岁

首次到乐亭县城和永平府城卢龙参加童试，未中。落榜后，转入乐亭县城北井家坨村宋家学馆，从黄宝琳读书。

1905 年　十七岁
第二次参加童试。在乐亭县城和永平府卢龙顺利通过县试、府试。
秋，考入永平府中学。"自束发受书，即矢志努力于民族解放之事业。"（《狱中自述》）

1907 年　十九岁
夏，到天津投考新式学堂，先后被长芦银行实习所、北洋法政专门学堂等校录取，而"感于国势之危迫，急思深研政理，求得挽救民族、振奋国群之良策"（《狱中自述》），最终选定北洋法政专门学堂。

1909 年　二十一岁
孙洪伊、王法勤等发起成立实业研究会，李大钊被任命为书记员。

1910 年　二十二岁
冬，被北洋法政学堂推选为代表之一，率领全校学生参加要求清朝政府开设国会的第四次请愿活动。

1912 年　二十四岁
秋，北洋法政学会成立，李大钊与郁嶷任编辑部部长，共同筹办《言治》月刊。
冬，为筹办《言治》赴北京，与孙洪伊和其他政界人物有所接触。

1913 年　二十五岁
4 月　在《言治》月刊第一期发表《大哀篇》、《论弹劾用语之解纷》等文。
7 月—8 月　毕业于北洋法政专门学校。去北京。
冬　东渡日本。在轮船上，"追寻甲午覆师之陈迹，渺不可睹。但闻怒潮哀咽，海水东流，若有殉国亡灵凄凄埋恨于其间者"。

1914 年　二十六岁
春　在东京中华基督教青年会馆内学习英语。

秋　入日本早稻田大学政治本科学习。

1915 年　二十七岁

1 月　日本政府向袁世凯政府提出旨在灭亡中国的"二十一条"。

2 月　中国留日学生总会在东京成立。会议决定，组织归国请愿团，抗议袁世凯政府的卖国行径，公推李大钊为文牍干事，负责起草通电。执笔撰写《警告全国父老书》。

4 月　与张润之翻译出版日本学者今井嘉幸的《中国国际法论》，并撰写译序。

6 月　编印《国耻纪念录》，并在其中发表《国民之薪胆》。

7 月　在早稻田大学修完第一学年。

8 月　在《甲寅杂志》发表《厌世心与自觉心》，对陈独秀的《爱国心与自觉心》提出质疑与批评。

12 月　袁世凯宣布恢复帝制，改中华民国为"中华帝国"，以 1916 年为"洪宪"元年。

1916 年　二十八岁

1 月　乙卯学会与中华学会合并组织成立神州学会，"以研究学术、敦崇气节、唤起国民自觉、图谋国家富强"为宗旨，主要成员有李大钊、林伯渠、高一涵、易象等。李大钊被推为评议长。本月底，为联系反袁事，离日本回国。途中赋诗《乙卯残腊，由横滨搭法轮赴春申，在太平洋舟中作》，指出："逆贼稽征讨，机势今已熟"。

2 月　因长期从事反袁活动，"长期欠席"，被日本早稻田大学除名。开始全力投入创办中国留日学生总会主办的《民彝》杂志工作。

春　中国财政经济学会在日本东京成立。李大钊为发起人之一。

5 月　中旬，从日本返国。15 日，《民彝》创刊号出版，发表《民彝与政治》。

7 月　离上海，赴北京，创办《晨钟》报，任《晨钟》报编辑主任。

9 月　在《新青年》第 2 卷第 1 号发表《青春》。该文撰写于日本。

1917 年　二十九岁

1 月　任章士钊在北京创办的《甲寅日刊》编辑，在该刊创刊号发表《〈甲寅〉之新生命》。

4月　运用国外报刊材料，研究欧洲各国社会党的情况，连续撰写和发表《欧洲各国社会党之平和运动》。

7月　因张勋复辟而避走上海。

8月　在《太平洋》第1卷第6号发表《辟伪调和》。

10月　在《太平洋》第1卷第7号发表《暴力与政治》。

11月　离沪北上。

1918年　三十岁

1月　到北京大学担任图书馆主任。

2月　与周同煌、李辛白等发起成立北京大学"大学公余法文夜校"。

6月　与王光祈、周无、曾琦等发起成立少年中国学会。30日，参加少年中国学会成立大会，被推举为编辑主任。

7月　在《言治》季刊第3册发表《法俄革命之比较观》，该文对18世纪法国大革命和20世纪俄国革命进行了比较分析，阐述了俄国革命的本质及其对世界将会产生的影响。

10月　应邀任北京大学《国民》杂志顾问。

11月　月底，在北京大学于中央公园举办的"庆祝协约国战胜"大会上发表《庶民的胜利》演讲。

12月　任《新潮》杂志社顾问。在《北京大学日刊》上发表《庶民的胜利》。与陈独秀创办《每周评论》。

1919年　三十一岁

1月　1日，在《每周评论》第三号上发表社论《新纪元》。15日，参加筹备学生游艺大会。25日，与蔡元培等发起成立学余俱乐部。本月，刊登《庶民的胜利》、《Bolshevism的胜利》的《新青年》第五卷第五号正式出版。

春　新文化运动迅猛展开，《每周评论》于第17、19两号集中刊载"对于新旧思潮的舆论"。

5月　4日，北京大学等十三校学生三千余人举行示威游行活动，五四爱国运动爆发。5日，指导并协助《晨报》副刊开辟"马克思研究专栏"。本月，负责编辑《新青年》第六卷第五号，计划编成马克思研究专号，并完成《我的马克思主义观》一文的初稿。

6月 11日，陈独秀到北京城南游艺园散发"北京市民宣言"，被北洋政府逮捕。此后，为营救陈独秀出狱而四处奔走。

7月 1日，少年中国学会在北京正式成立。根据李大钊的提议，学会的宗旨改定为："本科学的精神，为社会的活动，以创造'少年中国'。"20日，离京回故乡乐亭，随后又去五峰山，一个多月后回京。临行前收到刊载胡适《多研究问题，少谈些"主义"》一文的《每周评论》第31号。

8月 17日，《每周评论》第35号发表致胡适书《再论问题与主义》。31日，北洋军阀政府查封《每周评论》。

9月初 在《新青年》第6卷第5号"马克思研究专号"发表《我的马克思主义观（上）》，该文是中国首篇较全面、系统地介绍和宣传马克思主义的重要文献。15日，在《少年中国》第3期发表《"少年中国"的"少年运动"》，该文较为系统地阐述了作者的少年中国主义主张。21日，应觉悟社邀请到天津讲演，与周恩来等觉悟社成员见面。

11月 15日，在《新青年》第6卷第6号发表《我的马克思主义观（下）》，全文登完。

1920年 三十二岁

1月 1日，在《新青年》第7卷第2号发表《由经济上解释中国近代思想变动的原因》。

2月 中旬，因陈独秀遭到北洋政府监视，护送陈独秀去天津，帮助其赴上海。

3月 在北京大学发起组织马克思学说研究会。以后，又指导学会设立学习和研究马克思主义的小型图书馆，取名"亢慕义斋"。本月，共产国际派远东局代表维经斯基等来北京，通过北京大学俄籍教授柏烈伟会见了李大钊，李大钊又介绍维经斯基去上海会见陈独秀。

5月 1日，出席北京大学教职员和学生举行的庆祝五一劳动节纪念大会，主持大会并发表了讲话。

7月 8日，北京大学评议会议决将图书馆主任改为教授。23日，正式受聘为北京大学史学系教授。

8月 1日，与胡适、蒋梦麟、陶孟和、高一涵等在《晨报》发表《争自由的宣言》。18日，觉悟社、人道社、曙光社、青年互助团、少年中国学会五团体在北京大学图书馆召开各团体联络筹备会。李大钊为少年中国学会代表。19 日，在少年中国学会茶话会上，提出"有标明本会主义之必要"。

9月　与陶孟和、张慰慈、陈启修一起担任北京大学政治系课程"现代政治讲座"，李大钊讲授《现代普选运动》。

10月　发起建立北京中国共产党早期组织。担任北京大学史学系"唯物史观研究"课程。本月，当选为北京大学评议会评议员。

11月　7日，领导北京中国共产党早期组织创办的通俗工人刊物《劳动音》（周刊）在北京创刊。本月，建立北京社会主义青年团，并亲自参加各类活动。

12月　月初，在北京大学发起组织"社会主义研究会"。

本年　在女子高等师范、北京师范大学、朝阳大学、中国大学等校讲授"女权运动史"、"史学思想史"、"社会学"等。

1921 年　三十三岁

3月　月初，被推举参加北京国立八校索薪斗争的组织委员会。30日，参加北京社会主义青年团第四次大会，当选为执行委员。提议建立"事务所"，并在所内设油印机，开展宣传工作。

春　帮助天津的共产主义知识分子建立社会主义青年团。

4月—8月　担任北京"八校教职员代表联席会议"代理主席，开展索薪斗争。

7月　23日，中国共产党成立大会在上海法租界举行。大会起草并制定了党的纲领，选举了党的中央机构，确定党的名称为"中国共产党"。上海、北京、湖南、湖北、山东等地的共产党支部派代表参加。李大钊虽因故未出席中共一大，但他对建党的贡献为党内公认，故与陈独秀一起被誉为"南陈北李，相约建党"，是中国共产党的主要创始人。

11月　17日，北京大学马克思学说研究会在《北京大学日刊》刊登《发起马克思学说研究会启事》，明确提出将马克思学说研究会作为公开宣传马克思主义、团结进步学生和培养先进分子的机构。

12月　16日，出席北京大学马克思学说研究会公开成立大会并讲话。

本年　年底，根据中共中央的通令，召开党员大会，成立中共北京地方委员会，由李大钊任书记、罗章龙任组织委员、高君宇任宣传委员。

1922 年　三十四岁

2 月　17 日，马克思学说研究会公开招收会员。19 日，马克思学说研究会第一次公开举办讲演会，李大钊应邀到会，并作题为《马克思的经济学说》的讲演。

春　在北京党组织领导下，成立了"非宗教同盟"，开展反对唯心主义和反对基督教文化侵略的宣传活动。

4 月　4 日，世界第十一次基督教学生同盟大会在北京清华学校举行。同日，《晨报》刊登由李大钊起草并有多人签名的《非宗教者宣言》。9 日，出席非宗教同盟在北京大学召开的讲演大会，并发表演讲。

5 月　1 日，出席北京大学马克思学说研究会等组织的五一劳动节纪念会，并发表演讲。同日，在《晨报》发表《五一纪念日于现在中国劳动界的意义》。5 日，北京大学马克思学说研究会举行马克思诞辰一百零四周年纪念大会，李大钊出席并发表演说。

6 月　为了利用军阀之间的矛盾，为工人运动的发展创造更有利的条件，亲赴保定与吴佩孚会谈。

7 月　中国共产党召开第二次代表大会，当选为中央委员。

8 月　下旬，去上海、杭州。参加中共中央在西湖举行的特别会议，讨论国共合作问题。月底，在上海与孙中山先生会见，"讨论建国种种问题"，"畅谈不倦，几乎忘食"（《狱中自述》）。

11 月　7 日，出席北京各进步团体联合举行"苏俄十月革命纪念会"，被推举为主席，并发表演说。

12 月　辞北京大学图书馆主任职务，担任北京大学校长办公室秘书。

1923 年　三十五岁

1 月　北京各校学生和教职员展开驱彭斗争，反对北洋军阀政府任命的教育总长彭允彝。李大钊联络北京大学教授蒋梦麟、顾孟余、马叙伦等二十人，以北京大学全体教职员名义上书大总统，请罢免教育总长彭允彝，挽留蔡元培以维持教育。

2 月　月初，应武汉高等师范学校的邀请，为当地教职员作寒假学术演讲。期间发生吴佩孚镇压工人运动的"二七惨案",李大钊亦遭到直系军阀秘密通缉。随后,李大钊从武汉转赴上海。

4月 应邀在复旦大学、上海大学作学术演讲。月底,离沪返京。

5月 4日,出席北京学生联合会在北京女子高等师范学校召开的五四纪念大会,并作演讲,号召"组织民众","对现政府立于弹劾的地位"。

6月 在广州出席中国共产党第三次全国代表大会。大会决定与国民党建立统一战线,共产党员以个人身份加入国民党。在这次大会上,李大钊当选为中央委员。会后,在广州与孙中山进行了会谈,讨论了统一战线和对外政策问题。下旬,从广州抵达上海。

7月 月初,在上海拜访蔡元培,并参加蔡元培婚礼。中旬,离沪返京。

8月 在北京大学《社会科学季刊》第1卷第4号发表《桑西门的历史观》。

9月 9日,出席在北京大学第二院召开的欢迎苏联代表加拉罕大会。

10月 月初,在北京会见共产国际代表和苏联驻广东革命政府代表鲍罗廷。19日,孙中山致电国民党上海事务所,命其密电李大钊赴上海商讨国民党改组问题。

11月 7日,上海大学于俄国十月革命六周年纪念日成立社会问题研究会,李大钊在成立大会上作了题为《社会主义释疑》演讲。24日—25日,出席中共三届一中全会。会议检查了中共三大以来各项决议的执行情况,主要讨论了国民革命运动、工人运动等。

12月 中旬,离上海返回北京。下旬,赴天津,指导筹建中共天津地方党组织。

本年 亲自领导北京党组织,开始在北京蒙藏学校的青年学生中进行工作,发展了第一批中国共产党蒙古族党员。

1924 年 三十六岁

1月 4日,主持在京国民党全体党员大会会议在北京大学召开。会议选举李大钊、谭熙鸿、许宝驹等六人为出席国民党第一次代表大会代表。5日,离京南下。11日,抵达广州。18日,鲍罗廷召集出席国民党第一次代表大会的中共党团会议,李大钊参加了会议并发言。20

日，出席中国国民党第一次全国代表大会，为大会主席团五名成员之一，并任大会宣言审查委员会委员、国民党章程草案审查委员会委员和出版及宣传审查委员会委员。28日，针对国民党右派反对国、共合作的主张，李大钊代表中国共产党在会上发言并印发了《意见书》，严正指出："我们之加入本党，是为有所贡献于本党以贡献于国民革命的事业而来的"；"我们来参加本党而兼跨固有的党籍，是光明正大的行为"。30日，当选为国民党中央执行委员。31日，参加孙中山主持召开的国民党中央执行委员会和监察委员会第一次全体会议。

3月　8日，根据中共中央的有关要求，中共北京区委进行改组，由李大钊任委员长，蔡和森任秘书。30日，在北京主持中华民国国民追悼大会。

4月　20日，任国民党北京执行部组织部部长。

5月　9日，出席北京大学评议会第三次特别会议。下旬，因张国焘被捕叛变，北洋政府加紧了对共产党人的搜捕。李大钊前往家乡昌黎五峰山避难。

6月　上旬，接到中共中央紧急通知，派李大钊作为中共中央代表团首席代表，赴莫斯科出席共产国际第五次代表大会。中旬，启程赴苏。17日至7月8日，共产国际第五次代表大会在莫斯科召开。李大钊到莫斯科，与中共其他代表王荷波、彭述之、刘清扬等出席了这次会议，并代表中国共产党就中国民族革命问题发表声明。

7月　1日，与王荷波、彭述之联名致信共产国际执行委员会主席团。12日，向共产国际提交《全国学生运动状况》等四份报告。会后，留在苏联，任中共驻共产国际代表。

初冬　回北京。

12月　中共北方区执行委员会成立，由李大钊负总责，以《政治生活》为北方区党委机关刊物，由区党委宣传部长赵世炎任主编。北大红楼设有中共北方区委接头机关，和《政治生活》发行的房间。31日，孙中山扶病入京，李大钊率领北京的共产党员和共青团员前往车站迎接。

1925年　三十七岁

1月　4日，北京"国民会议促成会"在中共北方区委和国民党北京执行部领导下成立。20日，主持在北京大学举行的北京各界纪念列宁大会。

3月 1日，出席在北京举行的国民会议促成会全国代表大会，并作演说。10日，参加国民党中央执行委员会会议，讨论了抵制国民党右派"国民党同志俱乐部"的种种办法。12日，孙中山在北京逝世。李大钊参加了治丧处秘书股的工作。16日，国民会议促成会全国代表大会召开第三次大会，李大钊被推举为国民会议运动委员会委员。

夏秋 领导北京党组织发动多次大规模的群众示威活动，声援"五卅运动"。

冬 去张家口，主持内蒙古工农兵大同盟成立大会。

10月 月初，为了加强对北京地区（包括天津、山西等地）工作的指导，经中共中央决定，中共北方区委和北京地委分开，李大钊任中共北方区委书记。

11月 28日，在北京爆发了以推翻段祺瑞政权和建立"国民政府"为目的的"首都革命"。李大钊领导了这次斗争。

1926年 三十八岁

1月 1日，国民党北方区党部在北京举行升旗典礼，李大钊以国民党北京执行部负责人的身份出席，并发表题为《青天白日旗帜之下》的演说。同日，北京总工会正式成立。13日，出席"北京国民反日大会"在民国大学举行的讲演大会。14日，国民党北京特别市党部、北京学生总会等团体在天安门举行反日讨张的国民示威大会。21日，出席北京各界在北京大学举行的列宁逝世两周年纪念大会。

3月 1日，出席北京学生总会在北京女子师范大学举办的讲演会，作了题为《日本维新运动与中国国民革命运动比较观》的讲演。8日，出席北京妇女界纪念三八国际妇女节大会，并作演讲。12日，出席国民党左派在太和殿举行的孙中山逝世一周年纪念活动。13日，同陈毅一起参加清华学校举行的孙中山周年纪念会，并发表演说。17日，率领各校学生、各团体代表要求段祺瑞政府以强硬态度"驳复最后通牒"，驱逐签署通牒的八国公使，径赴国务院、外交部，政府当局卫兵竟用刺刀当场刺伤多人。18日，北京市总工会、学生总会等二百多个团体十万多人集会天安门，召开国民大会。会上通过了要求驳斥日本等八国最后通牒、驱逐八国公使等八项议案。会后，李大钊亲自带领群众赴段祺瑞执政府门前请愿。北洋政府对群众实行了有预谋、有组织的大屠杀，死者四十七人，伤二百多人，制造了"三一八"惨案。19 日，遭到北洋政府当局通缉。月底，在北洋政府加紧迫害的形势下，为保存和发展革命力量，李大钊领导中共北方区委机关转入地下，开始进入秘密工作状态。6 月，在《政治生活》第 79 期发表《日本帝国主义最近进攻中国的方策》，署名猎夫。8 月，在《政治生活》第 80 至 81 期合刊上发表《鲁豫陕等省的红枪会》，署名猎夫。9 月，向中共中央撰写了数份政治报告，汇报了南口陷落后北方的形势，分析了南口之战失利的原因，介绍了北方区委对冯玉祥和奉系军阀工作的情况。冬，继续领导中共北方区委的工作，致信刘伯坚、魏野畴等，对西北军、国民二军的政治工作加以指导，并为配合北伐胜利进军做了大量工作。

1927 年　三十九岁

1 月　10 日，在《政治生活》第 86 期发表《日本帝国主义的赤化观》。14 日，向国民党中央政治会议撰写《关于晋阎之报告》。24 日，向国民党中央汇报北京政治分会在政治、外交和情报等方面的工作情况和具体进展。月底，国民党北京特别市党部举行改选，在这次选举中，国民党左派全胜，实现了中共北方区委所提出的"将党权（国民党党权）交给左派"的口号，在组织上加强了中共领导的革命统一战线。

4 月　6 日，在北京被捕。当日，张作霖的奉军及所谓"京师警察厅"出动数百名宪兵、警察、特务，袭击苏联大使馆以及附近的远东银行、中东铁路办事处、庚子赔款委员会等处。与此先后被捕的，还有范鸿劫、谢伯俞、谭继尧、杨景山等共产党员以及邓文辉、张挹兰等国民党左派。12 日，蒋介石在上海发动反革命政变。28 日，北洋政府奉系军阀在北京警察厅秘密进行军法会审，对李大钊等二十人宣布死刑。当日下午，李大钊等被秘密处以绞刑，从容就义。

中国近代思想家文库

康有为卷	张荣华	编
宋育仁卷	王东杰、陈阳	编
汪康年卷	汪林茂	编
宋恕卷	邱涛	编
夏曾佑卷	杨琥	编
谭嗣同卷	汤仁泽	编
吴稚晖卷	金以林、马思宇	编
孙中山卷	张磊、张苹	编
蔡元培卷	欧阳哲生	编
章太炎卷	姜义华	编
金天翮、吕碧城、秋瑾、何震卷	夏晓虹	编
杨毓麟、陈天华、邹容卷	严昌洪、何广	编
梁启超卷	汤志钧	编
杜亚泉卷	周月峰	编
张尔田、柳诒徵卷	孙文阁、张笑川	编
杨度卷	左玉河	编
王国维卷	彭林	编
黄炎培卷	余子侠	编
胡汉民卷	陈红民、方勇	编
陈撄宁卷	郭武	编
章士钊卷	郭双林	编
宋教仁卷	郭汉民、暴宏博	编
蒋百里、杨杰卷	皮明勇、侯昂妤	编
江亢虎卷	汪佩伟	编
马一浮卷	吴光	编
师复卷	唐仕春	编
刘师培卷	李帆	编
朱执信卷	谷小水	编
高一涵卷	郭双林、高波	编
熊十力卷	郭齐勇	编
任鸿隽卷	樊洪业、潘涛、王勇忠	编
蒋梦麟卷	左玉河	编
张东荪卷	左玉河	编

图书在版编目（CIP）数据

中国近代思想家文库. 李大钊卷/杨琥编. —北京：中国人民大学出版社，
2014.7

ISBN 978-7-300-19659-6

Ⅰ. ①中… Ⅱ. ①杨… Ⅲ. ①思想史-研究-中国-近代②李大钊（1889～
1927）-思想评论 Ⅳ. ①B250.5

中国版本图书馆 CIP 数据核字（2014）第 148321 号

中国近代思想家文库

李大钊卷

杨　琥　编

Li Dazhao Juan

出版发行	中国人民大学出版社		
社　　址	北京中关村大街 31 号	**邮政编码**	100080
电　　话	010 - 62511242（总编室）	010 - 62511770（质管部）
	010 - 82501766（邮购部）	010 - 62514148（门市部）
	010 - 62515195（发行公司）	010 - 62515275（盗版举报）
网　　址	http://www.crup.com.cn		
经　　销	新华书店		
印　　刷	涿州市星河印刷有限公司		
开　　本	720 mm×1000 mm　1/16	**版　　次**	2014 年 7 月第 1 版
印　　张	34 插页 1	**印　　次**	2025 年 1 月第 3 次印刷
字　　数	546 000	**定　　价**	116.00 元